D1652398

SV

Alexander Kluge

Das fünfte Buch
Neue Lebensläufe

402 Geschichten

Suhrkamp

Mitarbeit
Thomas Combrink

© Suhrkamp Verlag Berlin 2012
Alle Rechte vorbehalten,
insbesondere das der Übersetzung, des öffentlichen Vortrags
sowie der Übertragung durch Rundfunk und Fernsehen,
auch einzelner Teile.
Kein Teil des Werkes darf in irgendeiner Form
(durch Fotografie, Mikrofilm oder andere Verfahren)
ohne schriftliche Genehmigung des Verlages
reproduziert oder unter Verwendung elektronischer Systeme
verarbeitet, vervielfältigt oder verbreitet werden.
Satz und Druck: Memminger MedienCentrum AG
Printed in Germany
Erste Auflage 2012
ISBN 978-3-518-42242-7

1 2 3 4 5 6 – 17 16 15 14 13 12

Inhaltsübersicht

Vorwort 7

1 Die Lebensläufer und ihre Lebensgeschichten 9

2 Passagen aus der ideologischen Antike: Arbeit/Eigensinn 161

3 Wer sich traut, reißt die Kälte vom Pferd 223

4 Die Küche des Glücks 273

5 Das Rumoren der verschluckten Welt 369

Nachweise und Hinweise 545

Danksagung 550

Inhaltsverzeichnis 551

Vorwort

Das Rumoren der verschluckten Welt, die Unverwüstlichkeit von menschlicher Arbeit und von love politics, der Kältestrom, die unsichtbare Schrift der Vorfahren – das sind die Themen. DAS FÜNFTE BUCH heißt dieser Band, weil er im Dialog mit den vorangegangenen vier Bänden meiner Erzählungen steht. Wie in meinem ersten Buch, das ich 1962 veröffentlichte, geht es um LEBENSLÄUFE. Die Geschichten sind teils erfunden, teils nicht erfunden.

Alexander Kluge

Abb.: Von der letzten Flottenexpedition, die das Zeitalter der Aufklärung vor der Französischen Revolution aussandte, stammt diese Zeichnung eines inzwischen ausgestorbenen Riesenkänguruhs (vergleiche seitlich die Baumhöhe). Das ist ein Bild aus dem Reich der Antipoden zum Jahre 1789.
Man sieht das kluge Auge des Tiers, das doch für seine Nachkommenschaft nicht garantieren konnte. In der Bauchfalte das kostbare Versteck für das Frischgeborene, das mit dem Muttertier durch die Wüste hüpft.

1
Die Lebensläufer und ihre Lebensgeschichten

Im ersten Impuls wollte meine Großmutter väterlicherseits, Hedwig Kluge, im August 1914 auf die Nachricht, daß ihr Erstgeborener Otto gefallen sei, den Zug besteigen, nach Belgien reisen und dafür sorgen, daß man den Toten ordentlich begräbt. Als sie hörte, daß es für Eltern keine Verkehrsverbindung zur Front gibt, weinte sie bitterlich.

Ein Arbeiter in Frankfurt am Main hatte sein Leben in ein und demselben Betrieb verbracht. Diese Fabrik wurde insolvent. Der Arbeiter besuchte eine Ärztin. Er hatte heftige Magenschmerzen, nicht erst seit Schließung des Betriebs. Die Ärztin verschrieb ihm Tabletten. Ich habe die Tage meines Lebens hingegeben, sagte der Arbeiter, und als Gegenleistung erhalte ich diese Tabletten. Damit bin ich nicht einverstanden.

In seinem Hochhausturm saß im August 2011 einer der ERFAHRENEN DOMPTEURE DES KAPITALS. Er hatte nur Augen für den Bildschirm seines Rechners. Der DAX signalisierte (als fast senkrechten Absturz) binnen vier Minuten einen Verlust von vier Prozentpunkten. Eine Theorie für die Vorgänge besaß der Praktiker nicht. Gern hätte der Mann sich praktisch verhalten: Nüsse knacken, einen Apfel schälen, Mineralwasser eingießen – einen Kontakt zu irgendeiner Tätigkeit wollte er haben und nicht auf den Bildschirm starren und warten.

Im Jahre 1800 entwarf Heinrich von Kleist einen VERBINDLICHEN LEBENSPLAN. Den Plan wollte er dann mit irgendeiner Handlung besiegeln (ein Papier mit Blut unterzeichnen, den Plan einer geliebten Person zuschwören). Tatsächlich aber liefen die Tendenzen in Kleists lebhaftem Gemüt strahlenförmig auseinander. Der Versuch der linearen Konzentration zerriß ihn. Er brach das Studium ab und gelangte bis Würzburg.

Der Neuschnee auf dem Ätna, der rasch schmilzt, unmittelbar an der schwarzen Lavazone, wäre, berichtet Tom Tykwer, das Motiv für den Anfang eines Films mit dem Titel »Die Pranke der Natur«, in dem es um das unheimliche Potential geht, welches in der Erdkruste schlummert.

Dr. Sigi Maurer schlägt vor, die in Fukushima zum Abbau anstehenden maroden, kontaminierten Materiebrocken dorthin zu bringen, wo das Erdbeben seinen Ausgang genommen hatte. In die Tiefen des MARIANENGRABENS solle man den ABRAUM schütten. Dort könnten die Teile bis in alle Ewigkeit abkühlen.

Meine Voreltern aus dem Südharz haben sich nicht träumen lassen, mit welch fremden Genen sie heute in ihren Nachkommen zusammenleben würden. Diese Linie hatte keine Ahnung davon, daß sie später mit meinen Vorfahren aus dem Eulengebirge verknüpft sein würde. Nichts ahnten die Vorfahren vom Eulengebirge und die vom Südharz von den Zuflüssen aus Mittelengland und der Mark Brandenburg. Alle diese Charaktere scheinen unvereinbar. Daß solche Gegensätzlichkeiten keinen Bürgerkrieg in den Seelen und Körpern hervorrufen, sondern sich in jedem Pulsschlag, in jedem Herzschlag, in uns von Minute zu Minute einigen, ist das Abbild einer generösen und toleranten, das Menschenrecht erweiternden Verfassung, in der die Generationen leben.

Nicht nur Menschen haben Lebensläufe, sondern auch die Dinge: die Kleider, die Arbeit, die Gewohnheiten und die Erwartungen. Für Menschen sind Lebensläufe die Behausung, wenn draußen Krise herrscht. Alle Lebensläufe gemeinsam bilden eine unsichtbare Schrift. Nie leben sie allein. Sie existieren in Gruppen, Generationen, Staaten, Netzen. Sie lieben Umwege und Auswege. Lebensläufe sind verknüpfte Tiere.

1
Die Fliege im Pernod-Glas

Die Fliege im Pernod-Glas

Sie scheint unbeweglich. Mit dem Gummi meines Bleistifts hole ich sie aus der grünen Flüssigkeit und lege sie auf dem Korbgeflecht ab. Ich nehme an, daß sie tot ist. Das Tier aber, nach einigen Sekunden, bewegt sich heftig. In der nächsten Minute ist die Fliege, die kurzlebige, aus meinen Augen verschwunden. Offenbar flugfähig. Sie schien nicht »betrunken«. Ein zähes Tier, das meine Achtung besitzt. Sie hat in der Zeit unserer Begegnung viele Jahre (ihrer Zeitrechnung) verlebt. Sollte sie je Nachkommen haben, wird ihr Stamm mich überleben. Er existiert seit 18 Millionen Jahren. Kleinflieger dieser Art haben durch ihre günstige Haltung zu den Zufällen der Welt ein fast ewiges Leben.

Blumen in der Stadt

Der Mann, ein in Jeans verpackter Körper, durchflutet von Kreislauf. Mit ruhigem Gesicht geht er durch den Tag. Nervosität ist ihm fremd. In erster Linie ist er jung. Unruhig dagegen die junge Frau, die sich neben ihm bewegt. Offenbar will sie etwas erhalten, was er noch nicht zu geben bereit ist: Dauerhaftigkeit. Jetzt setzen sich die beiden auf die Stühle des italienischen Gartenrestaurants. Frühlingstag.
Ihr Hemd ist so gefertigt, daß eine der Schultern stets freiliegt. Der Mann, der Ordnung liebt, auch in der Frage, ob eine Situation intim und verfänglich oder auf ein gemeinsames Mittagessen in der Sonne gerichtet ist, schiebt das Kleidungsstück über die nackte Schulter. Weil es dafür geschneidert ist, fällt es daraufhin von der anderen Schulter herab und bietet dort dem Blick die Nacktheit. Das schafft Unruhe.
Der Tag muß für die junge Frau anstrengend sein. Sie setzt sechs bis acht Ausdrücke in ihr Gesicht, Blicke von unterschiedlicher Stärke; dann muß sie plötzlich gähnen, rettet sich mit dem verräterischen Mund an seine Brust. Stirnrunzeln und Lächeln. Sie kommentiert ein Gespräch, das gar nicht stattfindet, mit ihrer Miene. Der Mann hat seine Gesichtszüge nicht bewegt.

Wenn sie in dieser Weise den ganzen Tag miteinander turteln, meint der Journalist Douglas von Pyrmont, der das prominente Paar beobachtet, ist bei plötzlich auftretender wirklicher Intimität, zum Beispiel wenn sie allein sind am Abend, keine Energie mehr übrig. Was wollen sie dann noch miteinander tun? Sie haben die tägliche Portion Zauber durch kleine Schlucke und Schubse der Annäherung (schon wieder küßt er sie rasch auf den Mund) den Tag über verbraucht.

Der Mann faßt mit seiner breiten Hand an ihr Ohr, zieht daran, faßt in die Kuhle hinter dem Ohr, zeigt souverän seinen Besitz. Dann knetet er ihr Genick, durch das lange Haar hindurchfassend. Ob sie das schätzt, ist ihrem Gesichtsausdruck nicht zu entnehmen. Der wechselt zwischen unterschiedlichen Ausdrücken, ihr Blick sucht den seinen und dann seinen Mund. Von Pyrmont glaubt aber, daß der Ausdruckswechsel eine Art Pausenzeichen darstellt. Er hat die Wechsel des Mienenspiels auf ihrem Gesicht durchgezählt: 19 in der Minute. Man könnte die verschiedenen Mienenspiele auch für *einen* Ausdruck halten, so von Pyrmont.

Der Mann fährt ihr von unten mit der Hand in den Ärmel, der den Oberarm bedeckt, über dem wieder die nackte Schulter glänzt. Sie nähert, wohl um ihn abzulenken, ihre Mundpartie seinem Mund. Vielleicht ist das ihre Art, die lästige Krabbelhand des Partners aus ihrem Ärmel zu schütteln. Schon vorüber der Kuß. Schon vorbei die Szene. Beide sitzen einen Moment passiv, wissen nicht weiter. Es muß aber weitergehen, und sie haben noch einiges im Repertoire. Ein Spiel wie dieses ist ihr tägliches Geschäft. Zu dieser Mittagszeit sind sie zu träge, es anzuwenden. Die Vorstellung stockt. Sie achten auch nicht auf den Beobachter, während sie doch wissen, daß sie beobachtet werden.

Ihre Jugend, die Gesundheit, spult sich in zwei Temperamenten als einheitlicher Automat ab. Froh sind sie, daß sie leben, geben nicht sich selbst hin, wohl aber einen ganzen Tag ihres reichdurchfluteten Lebens. Das schenken sie einander, ohne beantworten zu können, ob der Andere es so haben will.

Seine Hand (die einzige Unruhe, die er verbreitet) drückt jetzt ihre Hand in Richtung ihres Schoßes, halb unter dem Tisch. Sie wehrt das ab, indem sie ihm ins volle Haar greift, seinen Kopf umfaßt. Da läßt er den Vorstoß sein. Bereiten sich diese zwei Menschen, fragt sich von Pyrmont, der nicht wagt, ein Foto zu machen, jedoch entschlossen ist, in seinem Boulevardblatt über die beiden zu schreiben, auf eine längere Beziehung oder auf einen einzelnen Abend und Tag vor? Was haben sie für gemeinsame Interessen?

Das ist nicht zu erkennen. Sowenig wie einem hellen Morgen ein Wille unterstellt werden kann. Diese zwei Menschen sind ein Stück Natur wie ein Tag, eine Wiese, sie spinnen an keinem Roman. In gewissem Sinn, so notiert von Pyrmont, sind sie BLUMEN IN DER STADT.

»Er hat die herzlosen Augen eines über alles Geliebten«

Ich komme vom Trösten meiner besten Freundin Gesine. Inzwischen bin ich mir sicher, daß sie sich nicht umbringen wird. Überstanden ist nichts. Ich sah selbst zu, wie er sie abkanzelte und die Wohnungstür hinter sich zuschlug. Er besitzt die Delikatesse, daß er noch heute bei ihr wohnt, da er die Kosten für ein Hotelzimmer scheut. Von ihrer Wohnung geht er seinen Geschäften nach, besucht seine neue Geliebte, eine verheiratete Frau, derentwegen er Gesine zurückstufte.
Bei meinen Trostworten (meist nehme ich sie nur stumm in die Arme und bringe sie ins Bett) muß ich darauf achten, ihre Hoffnungen nicht zu nähren, daß er in irgendeiner phantastischen Gestalt zu ihr zurückkehrt. Ich habe seinen Blick gesehen. Gesine hat keine Chance. Niemand in der Welt hat die Möglichkeit, von ihm etwas zu erhalten, was er nicht will. Und er ist satt. Gutgenährt von der Zuwendung der Frauen, an deren Tribut er seit seiner Kindheit gewöhnt ist.
Genaugenommen sind es nicht die *Augen*, sondern der *Blick*, der die Gnadenlosigkeit dokumentiert. Die Augen selbst scheinen eher ausdruckslos, etwas stumpf. Der Blick hat gerade wegen seines Mangels an Ausdruck jene »negative« Qualität, die erschüttert. Mir ist schleierhaft, was Gesine je von diesem verwöhnten Jungen wollte. Schon bei der Werbung, in der ersten Stunde (ich war dabei und ging dann unglücklicherweise vorzeitig nach Hause), war er voller Sattheit, sein Blick ein »Verhandlungsblick«. Deshalb glaubte ich fest: »Das muß man gar nicht erst ignorieren.« Nur sah Gesine etwas anderes. Sie sah in seinem fleckigen Gesicht wie in einem Spiegel, was *sie* empfand.
Ich habe immer gedacht, daß Mütter, die ihre Söhne lieben, in ihnen einen zärtlichen Keim anlegen. Den ernten dann die Menschen, die diesen Jungmännern später beggenen. Statt dessen macht sich in solchen Fällen ein genügsames Patriziertum breit, die Seßhaftigkeit einer Kette männlicher Ahnen, die nur greifen und um nichts bitten. Söhne, die nicht um die Zuneigung ihrer Mütter kämpfen müssen, so mein Eindruck, entfalten in ihrem Innern Monstren. Ich will nicht verallgemeinern und tue es doch. Der Zorn auf Gesines Okkupator löst mir die Zunge für generelle Behauptungen:

»Er hat die herzlosen Augen /
eines über alles Geliebten.«

Die geheime Geschichte seines Glücks

Als er nach dem Krieg Filme mit Kirk Douglas sah, die von den Kriegszügen der Wikinger handelten, und von der Herkunft dieses Hauptdarstellers aus einem Clan weißrussischer Juden hörte, fühlte sich der ehemalige Oberleutnant Ferdy Bachmüller in seiner Tat bestätigt. Obwohl er nicht zuständig war, hatte er aus einer in der Nähe des Bataillons zusammengetriebenen Gruppe von Juden einen Mann mit herausstechend blauen Augen ausgesondert. Den Mann hatte er mit Papieren der Division versorgt und als Hilfswilligen (Hiwi) in den Küchentroß seiner Truppe eingereiht. Während der Rückzüge war der Mann eines Tages verschwunden.

Bachmüller war einem momentanen Einfall gefolgt, als er den Mann der inkompetenten Wachmannschaft abtrotzte. Immerhin war er so rassistisch beeinflußt, daß er sogenannte »starke« blaue Augen, die er nur von Postkarten, Buchabbildungen und aus Filmen kannte, sowie eine »kampfstarke«, mit dem Brustkorb aufwärts gerichtete, »germanische« Körperhaltung für etwas Wertvolles hielt (obwohl er selbst keine Zucht künftiger Geschlechter betrieb). Als Frau hätte ihn ein Blick aus solchen Augen entzückt. Er hielt hinreichend Distanz zu dem geretteten Hünen, zu dem er sich hingezogen fühlte.

Daß er später in der Nähe von Uelzen kampflos in britische Gefangenschaft geriet und bereits zwei Wochen später mit gültigen Entlassungspapieren nach Hause gelangte, ja daß ihn wie eine Fee in den Jahren des Vormarsches und der Rückzüge offensichtlich zwei blaue Augen in zahllosen gefährlichen Momenten gerettet hatten, das nahm er als gewiß an, auch in der Zeit, in welcher der Hiwi nach dem Glückswechsel der deutschen Kriegsmacht körperlich das Weite gesucht hatte: »und schlug sich seitwärts in die Büsche«, rezitierte Bachmüller. Er beschäftigte sich viel mit der »rätselhaften« Natur seines Fundstücks. »Seine Stirn geheimnisvoll, die Nase außerordentlich schön und der Mund, obschon zu sehr geschlossen und obwohl er manchmal mit den Lippen nach der Seite zuckte, immer reizend genug.« Oft hatte Bachmüller die Küchenabteilung inspiziert, was er vor Übernahme des Fremden selten getan hatte: zwei Feldküchen, mehrere Panjewagen, auf denen die Vorräte geladen waren, ähnlich einem Zigeunerzug, der dem Bataillon folgte. Nur um den jungen, blonden Mann unauffällig anzublicken. Mit behaupteter, gegriffener Befehlsgewalt, die keiner Nachprüfung standgehalten hätte, hatte er ihn (in der Währung der Machtverhältnisse gerechnet, sagen wir, für 30 Thaler) freigekauft, wenn es auch auf dieser Ebene keine Münzen, die einer behalten kann, und keine Gegenseitigkeit gibt. Die läppische SS-Wache hatte für die Auslieferung ihres Gefangenen an die Soldatentruppe praktisch nichts erhalten außer der Möglichkeit, weiterzumachen.

Wenn der glückliche Bachmüller, der nach 1949 eine Fabrik für Heftpflaster erfolgreich eröffnet hatte, den Film SPARTAKUS sah – und das tat er zwölfmal –, meinte er zu spüren, daß in der Welt inzwischen Nachkommen seines Weißrussen leben müßten. Vielleicht in Australien oder in den USA. Vermutlich arbeitete ein Nachfahre des Geretteten als Söldner oder als Schiffseigner im Kongo. So erlebte Bachmüller beim Anschauen des Films ein Stück »weite Welt«, nahm Eindrücke wahr, die er bei keinem der Eroberungszüge der Wehrmacht je empfunden hatte. Er war König großer Romane, ja in einem gewissen Sinne doch mit diesen blauen Augen (Härte, Macht und Untreue signalisierend) verknüpft. Dem Gefangenen enger verbunden als gedacht, wenn er als Erzeuger von dessen Geschlechterfolge ohne seine Tat nicht hinwegzudenken war. So war, bei aller Differenz zur Gleichgeschlechtlichkeit, die unbedingt zu vermeiden war, eine virtuelle erotische Berührung zu verzeichnen, befremdlich und befriedigend für Bachmüller, besser als jeder ihm bekannte ausgeführte Geschlechtsverkehr, der in diesem Falle, wie er sich sagte, seinerzeit von strengen Strafen bedroht gewesen wäre. Es war kein körperlicher, es lag ein geistiger Genuß in jenem Einfall (und Augeneindruck der blauen Augen des Verhafteten); das war etwas Bleibendes, weil spirituell. Und ich kann versichern, so Bachmüller, es war ein spontaner Entschluß, kein moralischer.

Er schwor bei sich selbst, während des Kinobesuchs des Films SPARTAKUS, bei dem er in seiner Einbildung Kirk Douglas durch das Bild des von ihm gezeugten Weißrussen ersetzte, einen heiligen Eid, daß er künftig nie irgendwelcher Zeitgeschichte vertrauen, niemandem die geheime Geschichte seines Glücks erzählen und immer in der Hoffnung der unmittelbaren göttlichen Hilfen leben und sterben wolle, die aus dem Mut folgt, in dem man die Stimme seines Herzens (voller Vorurteile und doch in frischer Ahnung) hört.

Zwei Träumerinnen stiften Verwirrung am Freitag abend

Die Ermittler im Dezernat für Entführungsfälle, zuständig für das Rhein-Main-Gebiet bis nach Wiesbaden hin, hatten sich schon auf einen geselligen Freitag abend vorbereitet. Da wurden sie alarmiert. Im Städtischen Klinikum Frankfurt-Hoechst war ein Neugeborenes gestohlen worden. Frenzi F. hatte, als Schwester verkleidet, der Wöchnerin Z. das Kind abgenommen, das (nach dem Willen der Mutter) später einmal den Namen Zinat tragen sollte. Unter dem Vorwand, das Neugeborene werde für eine Untersuchung gebraucht, hatte sie das Kind übernommen und war dann nicht wiedergekehrt. Das geschah wenige Stunden nach der Geburt. Die Auskünfte der Wöchnerin blieben verwirrt.

Die Ermittler veranlaßten eine sofortige Suche im Umfeld des Klinikums mit Hubschraubern, die von Wiesbaden-Erbenheim heranbeordert waren. Es gab kleine Waldstücke. Die erfahrenen Polizisten hofften, Hinweise auf den Fluchtweg zu finden. Sie fertigten Zeichnungen an, auf welchen die möglichen Bewegungen einer Frau mit Baby vom Klinikum in Richtung Stadt oder aber in die Wildnis aufgeführt waren. Irgendein Ziel mußte die Täterin haben.

Die junge Frau hatte alle getäuscht: die, welche ihr fremd waren, und auch die Person, mit der sie zusammenlebte. Sie hatte einen aggressiven Täterwillen und doch kein Glück gehabt.

Nach einer künstlichen Befruchtung hatte die 28jährige Frenzi F. eine Fehlgeburt erlitten, ihrer Lebensgefährtin dann aber eine zweite Schwangerschaft vorgetäuscht. Unbedingt wollten die beiden Frauen ihre Zweisamkeit mit einem gemeinsam aufzuziehenden Kind krönen. Die beiden Frauen lebten in einem Vorort von Frankfurt am Main.

Die Dämmerung fiel herein. Mit starken Scheinwerfern leuchteten die Helikopter nach unten, sie fokussierten punktuelle Orte. Über Rundfunk und in der Abendpresse war zu öffentlicher Aufmerksamkeit aufgerufen worden.

Dann kam gegen 21 Uhr der befreiende Hinweis. Nachbarn der beiden Lebensgefährtinnen hatten Verdacht geschöpft. Wie kam ein Kleinkind in deren Wohnung? Küche und eines der Zimmer waren von den Nachbarwohnungen aus einzusehen. Sie meldeten ihre Beobachtung der Polizei.

Die Täterin, erzählte gegen Mitternacht einer der Ermittler in seiner Stammrunde in Sachsenhausen (die Sache war infolge der Veröffentlichungen kein Dienstgeheimnis mehr), hatte um jeden Preis in den Augen ihrer Partnerin als Gewinnerin dastehen wollen. Strahlend hatte sie das kleine Lebewesen, das noch nicht wissen konnte, daß es Zinat heißen würde, aber um sein Bein ein Erkennungsband trug, auf dem dieser Name und eine Zahl eingetragen waren, der Freundin vorgezeigt. Unter der Vorgabe, sie käme soeben aus dem Klinikum. Es war eine abenteuerliche Geschichte, wie die Wehen sie in der U-Bahn attackiert hätten und sie gerade noch den Kreißsaal erreichte. Und die Ärzte hätten ihr das Kind gleich mitgegeben? Frenzis Lebensgefährtin stellte zwar Fragen, war aber zu aufgeregt, auf die Antwort zu warten. Momentweise schien sie irritiert über das, was ihre Gefährtin behauptete.

Wird man sie als Mittäterin belangen? fragte ein Reporter der Lokalzeitung. Dann müßte man ihr, meinte der erfahrene Ermittler, ein Tatwissen nachweisen. Ob das nicht offensichtlich vorliege? Sie unterschätzen die Verwirrung in solchen Situationen, antwortete der Ermittler. Die ganze Partnerschaft der zwei Frauen, meinte er, sei nicht durch Realismus charakterisiert. Zwei Träumerinnen? Träumerinnen, denen an ihrer Beziehung lag.

Fräulein Clärli

Inserat vom 30. April 1945 im Anzeigenteil der *Neuen Zürcher Zeitung*: »Ich suche jene Skifahrerin in blauer Skibluse, die mit einer Freundin am Ostersamstag im Zug 16.18 Uhr ab Küblis nach Davos Dorf fuhr und die ich am Ostermontag auf dem Weissfluhjoch wiedertraf und mit ihr redete. Ich bin: jener Skifahrer in grauer Skihose und grauer Windbluse, der Ihnen am Ostersamstag schräg gegenübersaß. Leider waren alle Anstrengungen, Ihre Adresse ausfindig zu machen, umsonst, so daß mir nur noch dieser Weg offensteht. Ich bitte Sie deshalb höflich um Angabe Ihrer Adresse unter Chiffre V 6696 an die Annoncenabteilung der *Neuen Zürcher Zeitung*.«
Der Inserent, bei dem sich die junge Schweizerin interessiert meldete, war ein Roué aus Flandern. Zu einer Eheanbahnung kam es gar nicht, sondern nur beim Kennenlernen zu einem flüchtigen Beischlaf. Danach entwich der Liebhaber, der sich so suchbereit gezeigt hatte, nach Frankreich; er glaubte, daß er dort für den Wiederaufbau gebraucht würde. Im Augenblick in dem er das Inserat aufgegeben hatte, war er aufrichtig der Meinung gewesen, sein Leben hinge von dieser schicksalhaften Begegnung in der Eisenbahn ab. Er besaß eine lebhafte Einbildungskraft, kannte sich wenig. Auch war er in der Schweiz nicht zu Hause. Die junge Frau aber, vom Rechtsbeistand des flüchtigen Kindsvaters beleidigend als »Tretmine« bezeichnet, gebar einen Sohn. Sie verteidigte die illegitime Geburt. Wortlos, vaterlos und in Not, brachte sie das Kind voran. Dieser Sohn war später der Begründer des Eheberatungsunternehmens Matrimonia & Co. in Zürich. Von ihm stammten zwei Töchter und ein Sohn, die alle, auch weil sie eng zusammenhielten, in Princeton studierten und in New York später Stellungen in der Finanzwirtschaft einnahmen. Deren Kinder wurden Popmusiker; auch sie gruppierten sich eng zueinander. Sie pendelten als Schweiz-Amerikaner zwischen den Kontinenten und verweigerten sich gemeinsam den Ansprüchen der Eltern, die aus ihnen GELDMENSCHEN machen wollten. Diese Forderung beantworteten sie mit Trotz. Die GREISIN CLÄRLI, 85jährig, die in ihrer immer noch einfachen Wohnung in Zürich lebte, lud diese Nachkommen in das Hotel Baur au Lac nach Zürich ein. Sie hatte ihren Leuten nichts abverlangt, deren Anfänge sie doch gesetzt hatte, nichts hatte sie je als Dank oder Geschenk angenommen. Jetzt äußerte sie sich in ihrer Tischrede. Sie habe dem ursprünglichen Täuscher und Betrüger längst verziehen, dem eifrigen Inserenten, der sie so intensiv gesucht und dann so rasch verlassen hatte, Ursache der Existenz aller der hier Anwesenden und ihres Anhangs. Im Gegenteil: Sie sei dem Ungetreuen,

dem Übertreiber dankbar, wenn sie auf ihre tüchtigen und offenbar vielfältig interessierten Kinder und Kindeskinder blicke. »Die Causa des Verbrechers ist nicht hinwegzudenken, ohne daß dieser Erfolg entfiele«, so hat es Max Frisch formuliert. Ein Schuft habe etwas Gutes zustande gebracht, ergänzte sie, allein durch ein Element, das er selbst nicht beherrschte: durch seinen Eifer, mit dem er mich suchte. Wenn sie wählen könne, sagte sie unter Beifall, so würde sie nochmals diese Augen wählen und das übrige, DEN MANN ALS GANZES, abwählen. Männer, fuhr sie fort, seien ein Lügengeschlecht. Aber die Energie, welche die Lügen in Bewegung hält, sei unentbehrlich für den Fortschritt.

Über die seltsame Familienfeier berichtete die NZZ in einer Kurznotiz, weil der Ausgangspunkt der Affäre ein Inserat in dieser mehr als 200 Jahre alten Zeitung gewesen war. Die Notiz wiederum veranlaßte einen Nachfahren des jungen Belgiers, der am 30. April 1945 inseriert hatte, zu einer Zuschrift. Auf diese Weise lernten sich, sehr spät, Halbcousins, Demicousinen und Halbgeschwister kennen, ohne daß diese »zufällige Begegnung«, so äußerten sie sich, ihnen ein besonderes Erlebnis eingebracht hätte. Es fehlte hier der Druck eines Irrtums oder einer Illusion, welche die Zufälligkeiten Purzelbäume schlagen läßt.

Das Mädchen von Hordorf

Ihre Nachrichten holt meine Schwester selten aus der Zeitung. Gern wollte sie mir bei der Recherche helfen. Sie kannte in Halberstadt eine ehemalige Schulkameradin, die sich in diesen Tagen im Bezirkskrankenhaus in Behandlung befand. Mit ihr telefonierte sie. Diese Frau ging los und sprach mit den Schwestern und Ärzten. In dieser Art der Nachrichtenbeschaffung besitzen die Ereignisse noch die Kontur, welche das Stadtgespräch und das intensive Reden in der Krankenanstalt ihnen gibt. Es sind lebendige Nachrichten. Zunächst hieß es, das zehnjährige Mädchen, das in der Unglücksnacht von Hordorf eingeliefert worden war, sei nun doch gestorben. Später ergab die Erkundigung, daß es noch lebte. Der Chirurg hielt es in den Armen. Das Krankenhaus war stolz auf die dramatische Operation, die das zertrümmerte Kind bereits am Sonntag mittag wieder zusammengefügt hatte. Das Mädchen hatte die Mutter, die Schwester, den Bruder, den Stiefvater und die Großmutter verloren, als der Personenzug, ein Nachtzug, von dem gewalttätigen Güterzug, beladen mit 1400 Tonnen Kalk, auf der eingleisigen Strecke zuschanden gefahren worden war. Alle diese Bezugspersonen mütterlicherseits waren tot. Die Familie besaß ein Grundstück im Ort Langenstein. Es war notwendig gewesen (auf Grund der Nachrichtenlage war der Tod aller Eigentümer bekannt), den Besitz unter Bewachung zu stellen, weil Plünderungen befürchtet wurden, wie die Schulkameradin meiner Schwester erzählte. Der leibliche Vater der Zehnjährigen wurde noch gesucht. Es fehlte für die Suche an konkreten Hinweisen, weil das schwerverletzte Kind nicht antwortete. Ein einsames Kind, sagte die Bekannte meiner Schwester. Lange telefonierten sie darüber, was aus dem Kind werden sollte. Man konnte ein so schwer verletztes Lebewesen ja nicht übergangslos in ein Heim einweisen. Nach Heilung konnte man es auch nicht »nach Hause« entlassen, in ein Totenhaus, selbst dann nicht, wenn täglich eine Fürsorgerin (und ergänzend eine Schwester des Krankenhauses) nach ihr sah. Das Kind war schulpflichtig, aber es war vorauszusehen, daß es zunächst in der Schule begleitet werden mußte.

Der erste Zeuge

Nur 100 Meter von dem Unglücksort entfernt, an dem bei der Station Hordorf auf eingleisiger Strecke ein Güterzug mit einem Schienenbus zusammenstieß (zahlreiche Tote und Verletzte), befand sich der Königssaal der Zeugen Jehovas. Der großzügige Raum wurde für die erste Versorgung der Opfer und als Einsatzzentrale der Retter und der Polizei (bald auch der besuchenden Politiker) zur Verfügung gestellt. Der Hausmeister dieser Versammlungsstätte der Gläubigen war erster Zeuge des Geschehens am Katastrophenplatz gewesen, als dieser noch stumm dalag. In den Trümmern (den Nachhall des Zusammenstoßes hatte der Mann noch im Ohr) war kein Laut zu hören, als seien alle tot. Auch wenn Gott die Seinen umhüllt, nimmt er ihnen doch nicht die Wahrnehmung und die Erinnerung. Das Hausmeisterehepaar des Königssaales der Zeugen Jehovas, immer noch verwirrt vom Eindruck jener Nacht, nahm das Angebot einer psychologischen Betreuung durch einen Traumatologen aus dem Ameos-Klinikum St. Salvator in Halberstadt an. Der Experte kommt dreimal wöchentlich herausgefahren nach Hordorf.

Der zweite Zeuge

Der KFZ-Meister hörte einen gewaltigen Krach. Er hatte seiner Frau, die von der Arbeit kam, die Haustür geöffnet. Später meinte er einen Blitz wahrgenommen zu haben. Er nahm das Fahrrad und fuhr zum Bahnhof. Die Stätte des Zugunglücks lag in völliger Stille. Das war es, was den Zeugen so erschreckte.

Der Personentriebwagen aus Richtung Magdeburg war durch den Güterzug aus dem Gleis gedrückt und umgeworfen worden. Jetzt bildeten die Seitenfenster das »Dach«. Der reparaturerfahrene Mann stieg das havarierte Schienenfahrzeug hinauf, bewegte sich mit den Füßen auf den Fenstern und suchte nach einer Möglichkeit, eines dieser Fenster zu öffnen. Er sah unten durcheinanderliegende Gegenstände und Insassen.

Noch immer herrschte die furchteinflößende Stille. Der KFZ-Meister bemerkte einen anderen Zeugen, der bereits vor ihm hiergewesen war. Sie verständigten sich, daß einer von ihnen die Bahnschranke an der Straße, 200 Meter vor dem Bahnhofsgebäude, öffnen solle. Ohne daß die Herkunft der Nachricht feststellbar war, hieß es, Rettungskräfte seien unterwegs. Deren Fahrzeuge mußten einen Weg zur Unglücksstätte finden, daher das Öffnen der Bahnschranke. Die beiden Zeugen suchten nach einem Anhaltspunkt, wie sie sich auf diesem Gelände betätigen könnten.

Der KFZ-Meister wandte sich wieder dem Triebwagen zu und suchte nach einer Eindringstelle. Werkzeug führte er nicht mit sich. Inzwischen lief der Lokomotivführer des Güterzuges heran, den die Schubkraft seiner Waggons 500 Meter über die Unglückstelle hinausgetrieben hatte. Erste Stimmen und das Geräusch lebendiger Menschen. Es hatte den Anschein, daß hinter dem Glas des Triebwagens Hände winkten.

Das verlorene Kind

Aus der Zeit der beschleunigten Zwangskollektivierung im Süden der Sowjetunion wird berichtet, daß im Dorf Prokownaja ein sogenannter Mittelbauer (also nicht zur Dorfarmut zählend, aber auch kein Kulake) seine Abgaben nicht zahlen konnte. Er besaß ein Pferd, eine Kuh, ein Jungrind, fünf Schafe, einige Schweine und eine Scheune. Der Dorfsowjet führte in dem Familienbetrieb eine Beschlagnahme durch. Der Bauer reagierte darauf, indem er eines seiner Schweine ohne Erlaubnis abstach, einen kleinen Teil des Fleisches für die Familie bewahrte, den Hauptteil auf den Markt in die Stadt trug und gegen Brot tauschte. Es erschienen OGPU-Funktionäre auf dem Besitz des Bauern. Sie machten Inventur und beschlagnahmten alles. Der Bauer selbst, dessen Frau und der ältere Sohn, zwei minderjährige Töchter und das Jüngste im Säuglingsalter wurden für die Nacht in der Dorfkirche eingesperrt und am Morgen zum Bahnhof getrieben und in Viehwaggons gesteckt. Endlich fuhr der Zug ab.

In der Nähe der Stadt Charkow hielt der Zug an. Ein Wächter ließ die beiden Töchter heraus, Milch für das Kleinkind zu ergattern. In einer Bauernhütte

bekamen sie Lebensmittel und Milch. Als sie zu den Bahngleisen zurückkamen, war der Zug weg.
Die beiden Mädchen wanderten über das Land. Auf einem Markt, von einem Milizionär verfolgt (vielleicht weil sie geklaut hatten), wurden die beiden voneinander getrennt. Porfiria, das jüngere Mädchen, wurde von einer Bauernfamilie aufgenommen.
An dieser Stelle der Geschichte rechnete deren Erzähler, der aus dem Gedächtnis berichtete, mit einer gewissen Erschütterung seines Publikums. Vor allem der Moment bewegte das Herz, in welchem die Mädchen mit Beute zur Bahnlinie zurückkehrten, die Familie wiederzusehen trachteten, der Zug aber bereits weitergefahren war. Das war der Punkt, an dem der Berichterstatter seine wirksame Volte einbrachte: Gar nichts von dem Geschehen sei in das spätere Leben dieses Mädchens sichtbar eingegangen. Bald war sie, als wäre alles vergessen, unterstützt von der neuen Familie, die den Findling aufgenommen hatte, zu einer bewährten Arbeitskraft, ja zu einer Sportlerin auf Bezirksebene geworden. Lernbegierig sei sie gewesen, eine junge Pionierin. Sie war es gewohnt, Motor- und Segelflugzeuge zu fliegen, zeigte Leistung im Stabhochsprung, im Schießen, im 600-Meter-Mannschaftslauf. Sie war willig und setzte ihren guten Willen in für andere akzeptabler Weise, also kooperativ, ein.

Abb.: Porfiria als »Nachthexe«.

Bald war Krieg. Sie gehörte zum 110. Fliegerregiment, den sogenannten »Nachthexen«. In sehr einfachen einmotorigen Maschinen aus Holz, ehemaligen Sportflugzeugen, ausgerüstet mit einem Sortiment Handgranaten und einer Wurfbombe, flog sie in den Nächten über die Dörfer und die Biwaks hin, in denen der faschistische Panzerfeind seinen Schlaf suchte. Die Störflüge dieser Frauen zersägten die Nerven der jungen Feinde am Boden, die stets, wenn das Motorengeräusch aussetzte und die Maschine sich über ihnen im Gleitflug befand, mit dem Augenblick der »Bombardierung« rechnen mußten, bei der die geringe Wirkung der abgeworfenen Kampfmittel nie ausschließen konnte, daß sie tödliche Folgen hätten.
Und nach dem Krieg? Studierte das inzwischen erwachsene Mädchen Ingenieurswissenschaften. Die Familie, die sie jetzt gründete, lebte in der Zeit Chruschtschows am Fuße des Uralgebirges. Dort gab es organisierte Wohneinheiten, deren Tür man verschließen konnte, die Grundform von Eigentum. Die Frau zeigte keine Sehnsucht nach ihren ursprünglichen Angehörigen,

forschte auch nicht nach ihnen, fuhr der Erzähler fort, die sie doch an jenem Tag in der Nähe der Stadt Charkow so fassungslos entbehrt hatte. Sie sprach nicht einmal davon.

– Was hätte sie auch sagen sollen?
– Nicht wahr? Wer hätte ihr zugehört?
– Wenn sie erzählte, dann war das von den Kämpfen 1941, vom Marsch bis Berlin, der folgte.
– Und innerlich?
– Wo soll dieses »INNERLICH« sein? Es war ja die ganze Person, die Porfirias Leben führte.

Hätte aber in der Zeit Chruschtschows oder in einer späteren Zeit (diese Vermutung ließ der Berichterstatter zu) jemand versucht, eines von Porfirias Kindern zwangszurekrutieren, wäre sie dem äußerst wirksam entgegengetreten. Ja, erwiderte einer der Zuhörer, das müssen wir annehmen. Die Wirklichkeit heilt jede Wunde. Aber sie löscht keine Eindrücke. Porfiria wäre vorbereitet gewesen. Sie hat sich die ganze Zeit auf einen solchen Fall vorbereitet, ergänzte der Erzähler.

Für die Zukunft ihrer Krabbe tätig

Schon seit dem Morgen zog eine junge Mutter ihren Sohn, der auf einem Schlitten lag, im Kreis um das Schloßhotel herum. Ihr lag daran, wie sie sagte, daß das Kind an der frischen Luft wäre. Das Söhnchen lag längs auf dem Schlitten, den Kopf zwischen den Vorderkufen, gefährlich nah am Boden, der unter dem Schlitten vorüberzog. Die Mutter hatte den Eindruck, als träume das Kind. Sie schuftete. Die Augen nehmen so nah an der Schneeoberfläche ein Geflirre wahr, Unterschiede des Lichts und der Körnigkeit, unbestimmte Zeichen von Fußeindrücken, rasch vorüber, Oberfläche. Das Unbestimmbare schien im Kopf des Jungen eine Art Reizung auszulösen, dachte sich die Frau, die das Gefährt voranzog. Das Kind, sonst zappelig, war überaus ruhig, konzentriert und atmete. Daß das, was die Augen sehen, keinen Sinn hat, läßt den Atem fließen. Das ist ja der Zweck der Übung, sagte die junge Frau: den Lungenumsatz anregen. In der Stadt wäre das unmöglich. Manfred wäre nämlich nicht »spazierengegangen«; er galt als »gehfaul«. Sie hoffte, auf diese Weise die empfindlichen Lungenbläschen des Kindes »abzuhärten«, gegen die beständige Neigung anzuarbeiten, sich zu erkälten.
Einmal forderte sie Manfred auf, sich umgekehrt auf dem Schlitten zu plazie-

ren, damit sein Kopf nicht wenige Zentimeter über dem wechselnden Boden hinge und sich die Nase aufschlüge. Vielleicht auch als Abwechslung. Der Junge kam der Aufforderung nach. Die neue Position bewährte sich nicht. Er mußte die Knie anziehen, und der Kopf hing nun nach hinten über die Schlittengrenze hinaus, ohne den Schutz der Kufen. Dafür bist du schon zu groß, sagte die junge Mutter anerkennend. Jetzt hatte sie schon zweieinhalb Stunden lang Kreise geschlagen, in Kilometern gerechnet eine beachtliche Strecke.

In ihrem Kleiderschrank klebte ein Bild

Sie hing sehr an ihrer Schwester Andrea. Nur ein Jahr Altersunterschied. Sie heiratete einen Erfolgsmenschen bürgerlicher Herkunft. Die Ehe kostete sie ihren Namen und 16 Jahre ihres Lebens. Gerda stammte aus preußischem Adelshause. Vier Generäle, ein Regierungschef unter ihren Vorfahren. Später gestand sie sich ein, daß sie ihren Mann geliebt hatte. Sie »verfriemelte« also, wenn sie ihn entbehrte, blühte auf in seiner Gegenwart. Sie brauche ihn »wie die Luft zum Leben«, sagte sie, auch wenn sie ihn innerlich mißbillige. Aber was bedeutet dann innerlich? Gerdas Abhängigkeit änderte sich nicht, als er sie enttäuschte. Sie waren ein merkwürdiges Paar, denn auch er hinterließ ihr Zeichen, daß er sich zu ihr oder wenigstens zu einzelnen Eigenschaften von ihr hingezogen fühlte. In ihren Kleiderschrank hatte sie ein Bild aus Shakespeares *Romeo und Julia* geklebt. Ein Jüngling erklomm die Balustrade eines Fensters. Unterschrift: »Zur Liebe bin ich geboren.« Das hatte ihr Mann ihr geschenkt. Sie ließ das Bild dort hängen (wo es keiner sah), auch wenn dieser »Gefährte vieler Jahre« von einer Krankheit namens »Sinneswandel« ergriffen war. Er lebte den Rest seiner Jahre mit einer JÜNGEREN ANDEREN.

Als nun seine Beerdigung organisiert war, die neue Familie (er hatte noch zwei Kinder mit der anderen gezeugt) und die ältere in ihrer hierarchischen Ordnung dem Eingang der Aussegnungshalle zustrebten, wollte Gerda ihren drei Söhnen, die jetzt erwachsene Riesen waren, je einen Trauerstrauß reichen, erstanden in einem der Blumenläden, die dem Friedhof attachiert waren: Jeder sollte dem leiblichen Vater ein solches Gebinde ins ausgehobene Grab hinabwerfen. Die Söhne weigerten sich. Andrea, die Schwester, kritisierte Gerda hitzig. Diese wollte aber doch nur, daß der Romeo, der unverbrüchlich als ein Teil der Seele des Toten ihr gehörte, eine Art zärtliche Nahrung, eine Henkersmahlzeit von den Seinen erhielte. Seine Söhne sind nicht mehr die seinen, antwortete Andrea. Dabei wollten die Söhne mit ihrer Weigerung, die Sträuße entgegenzunehmen, nur sagen, daß sie selbst etwas aussuchen wollten, das sie dem toten Vater hinabwerfen könnten. Sie wollten nicht von der Mutter, deren beharrliche Zuwendung zu dem verräterischen Vater sie mißbilligten, mit Trauerinstrumenten versorgt sein.

Andreas Kritik blieb grundsätzlicher. Sie hätte es gern gesehen, daß die Schwester ihren angestammten Namen wieder annähme. Die Hoffnung, daß der verlorene Liebesgefährte doch noch zur Schwester zurückkehren würde, hatte sich offensichtlich durch dessen Tod zerschlagen. Der Tote lag aufgebahrt. Entgegen der üblichen Sitte war der Sarg nicht verschlossen. Sein (von den Bestattern geschminktes) Gesicht lockte Gerda, die sich nicht einmal mehr als Witwe bezeichnen konnte, aber sich nach dem Geliebten sehnte (den sie sich wie den Mann vorstellte, der einst um sie geworben hatte, nicht aber als geschminkte Leiche), ihre Gedanken schweifen zu lassen. Etwas in diesem Antlitz, dessen gegenwärtiges Aussehen sie im Kopf korrigierte und in ihrem Gemüt, suchte sich mit der Erinnerung zu vereinigen, die sie besaß. Wie Geier wachte die Familienpolizei darüber, daß sie sich nicht gehenließ. Sie sollte eine gleichgültige Miene zur Schau tragen, sich am Nachmittag auf der Feier nicht betrinken, sich zu angemessener Zeit verabschieden und nach Hause fahren. Von außen betrachtet gehorchte sie. Insgeheim wußte sie, daß sie dem Clan nicht genügen konnte.

Stärkung mit zeitversetzter Wirkung

Damit ich nicht vom Fleische fiele, ordnete meine Mutter an, daß ich nach meinem ersten Geburtstag jeden Tag um 11 Uhr früh eine Tasse Kalbsbrühe erhielte. Mit Knochen aus der Fleischerei Steinrück. Das war für die Geburtsjahrgänge 1929 bis 1932 in der oberen bürgerlichen Mittelschicht eine übliche Praxis. Die Kinder sollten sich später auszeichnen. Man rüstete die Kinder mit Höhensonne, Lebertran und einer solchen Fleischbrühe zu einer besonderen Widerstandsfähigkeit aus, die sich schon zehn Jahre später in der Notzeit und nochmals im hohen Alter für eine ganze Rotte ehemaliger Kinder jener Zeit positiv auswirkte.

Abb.: »Jeden Tag um 11 Uhr früh eine Tasse Kalbsbrühe.«

Das Glück des dicken Bonaparte

Ein Schauspieler, der von Haus aus ein Kindergesicht und schmale Schultern hat, wird als Napoleon kostümiert, und von Szene zu Szene wird sein Gewand mit mehr Kissen ausgestopft, so daß er dicker und dicker wird. Stets wird er zu einer Waage geführt. Sein Gewicht wird im *Moniteur* publiziert: »Die Gesundheit des Kaisers war nie besser.« Sobald er in seinem Kostümwanst nicht mehr sitzen kann (und auch kaum zu gehen vermag), tanzen seine Gardesoldaten, die Bärenmützen, im Reigen um ihn herum, wie man es einst zu Revolutionsfesten um die Säule der Freiheit tat. Diese 1968 entworfene Filmsequenz von Stanley Kubrick war als Vorlage gedacht für eine Komposition von John Cage für Kinderpiano. Das sollte bei der Premiere von Kubricks großem Napoleon-Film als Vorfilm dienen.

Wie Zorn sich wandelt

Das Eulengebirge erhebt sich abrupt und imposant aus der schlesischen Tiefebene. Ein Regiment Dragoner ritt am 5. Juni 1844 in sechs Kolonnen mit Nachschubwagen in das Gebirge ein. Die Truppe hatte den Auftrag, einen Aufruhr der Weber niederzuschlagen und durch ihre Präsenz die Ortspolizei zu verstärken. Am Abend dieses Tages kam die Truppe ramponiert aus den Bergen zurück. Schon rückte Verstärkung heran, welche Geschütze mit sich führte. Diese neue Truppe schlug am 6. Juni 1844 den Weberaufstand nieder.
Das Eulengebirge ist in jener Epoche dicht besiedelt. Es besteht ein Überschuß an Arbeitskräften. Schon 1793 und 1798 hatte es Aufstände gegeben. Sie richteten sich gegen Fabrikanten und Zwischenhändler, sogenannte Verleger, die Rohstoffe anlieferten, sie gegen Lohn bearbeiten ließen, dann lagerten und weiterverkauften.[1] Weder die Unternehmer und Verleger noch die Weber besitzen die Mittel, moderne Webstühle aus England zu kaufen. Sie sind in der Konkurrenz unterlegen. Kein Übergang von Qualität zu Massenproduktion, keine Kinderarbeit oder Ausdehnung der Arbeitszeiten in die Nacht hilft. Ein Teil des Lohnes wird in Form von Rohstoffen gezahlt, die neue schlecht entlohnte Arbeit ermöglichen. Hierdurch entsteht eine Verschuldung.
In Europas Hauptstädten wurden der Aufstand und seine blutige Niederschlagung zum Gegenstand öffentlicher Debatten. Im Eulengebirge selbst dagegen

---

[1] Der Unterschied zwischen Fabrikanten und sogenannten Verlegern besteht darin, daß die Fabrikanten eigene Arbeitskräfte beschäftigen und die teilbearbeiteten Stoffe weiterverarbeiten.

verformte sich der Zorn, der nicht nur die Weber ergriffen hatte und die am Aufstand Beteiligten, sondern auch die Zeugen des Geschehens, die nicht am Aufruhr beteiligte Bevölkerung. Zorn oder Wut wandelten sich in eine subversive, jedoch vorsichtige Haltung. Wollte man überleben, kam es darauf an, die aufrührerische Gesinnung zu verbergen. Dieses äußere Verhalten wirkt jedoch auf das Innere zurück, und die Glückssuche findet neue Wege. Auf den Gütern Wüstewaltersdorf und Hausdorf, die den Siedlungen der Weber benachbart sind, rückten die abhängig Arbeitenden näher zu den Eigentümern des Landguts hin, bemüht um Schutz. Obwohl nach 1807 als frei erklärt, lebten sie tatsächlich im Status von Leibeigenen. Verheißungsvoll blieb der Wegzug, der Weg in die Städte, wenn doch Widerstand vor Ort, vor aller Augen demonstriert, hoffnungslos war. Mein Großvater mütterlicherseits ist der Sohn von August Wilhelm Hausdorf, geboren und arbeitend auf Gut Hausdorf; er ist nach diesem Landgut benannt. Er wählt den Militärdienst. Er ist 26 Jahre alt, als er der Niederschlagung des Weberaufstands zusieht. Gerade ist er aus dem Militärdienst entlassen. Stünde er auf seiten der Aufständischen, wäre er qualifiziert zum Rädelsführer, wie es der Reservist Moritz Jäger in Gerhart Hauptmanns Drama *Die Weber* ist. Statt dessen meldet er sich freiwillig zur Landwehrreserve, die 1848 in Berlin die Revolution bekämpft. Zum Lohn erhält er eine Schankkonzession in Berlin-Köpenick. An den strategischen Eckpunkten der Stadt Berlin liegen diese Kneipen, die von Unteroffizieren geführt werden, die als loyal gelten. Solche Treue kann auch aus umgemünzter Aggression, aus innerem Zorn bestehen und intensiviert dann die Zuarbeit.

Für meinen Großvater mütterlicherseits, den Sohn des militärfromm gewordenen zornigen Vaters, war charakteristisch, daß er nicht lügen konnte, ja wenn er nur schwindelte, etwas verbarg oder übertrieb, mußte er grinsen. Das hat meine Mutter von ihm geerbt. Es ist das Zeichen dafür, daß der Clan ursprünglich einmal nicht die wahren Gefühle und Solidaritäten nach außen zeigte und jetzt dauerhaft die Fähigkeit verloren hat, die Unwahrheit zu sagen.

Abb.: Alfred Hausdorf, Vater meiner Mutter. Aus der Linie der Hausdorfs, die aus dem Eulengebirge kommen.

Eine Kette von Vorfahren

1715 ist einer geboren, der nächste 1742, ein dritter Vorfahr 1818, dann eine Geburt im Jahre 1864 – das ist schon mein Großvater mütterlicherseits. Jeder von diesen Männern ist charakterisiert durch eine Anfälligkeit der Schleimhäute in Lunge und Nase, viermal jährlich. Mein Großvater ist an einem solchen Katarrh am 21. Februar 1936 gestorben. Auch haben sie alle einen Einriß im rechten Daumennagel. Ein genetischer Defekt verhindert die gleichmäßige Versorgung der durchscheinenden Keratinplatte, der Einriß ist geringer als der Bruchteil eines Millimeters. Das Kind, das ein Jahr nach 1715 über einen Holzboden krabbelt, bewegt sich zur gleichen Zeit, in der Karl XII. von Schweden, nach Konstantinopel geflohen, sein Schicksal noch zu wenden versucht. Das Pferd, das ihn ins Exil trägt, bricht noch in der Nacht der Ankunft im Stall zusammen. Das männliche Baby, das 1742 in dem Ort Wüstewaltersdorf bei Waldenburg seine Muskel- und Darmkräfte erprobt, tut das zeitgleich mit den Reisen der Agenten und Diplomaten Venedigs, deren Wege die Landschaften Europas verbinden. Das Kleinkind, das sich 1818 zu bewegen beginnt, besitzt eine große Zahl von Zellen und Genen, die auch ich jeden Tag mit mir führe. Der Schmerz, wenn es gegen die Wand rennt, die Enttäuschung, wenn es umfällt, nach keinem Index genau meßbar; die Müdigkeit abends kenne ich auch. Bis zum Revolutionsjahr 1848 ist die Familie in kein Kriegsgeschehen verwickelt. Das Kind von 1818 hat seine Landsturmzeit absolviert. Ein etwas nervöser, wie gesagt, erkältungsgefährdeter Mann. Er hilft in Berlin, die Revolutionäre von den Barrikaden zu verjagen. Königstreue Leute wie er horchen an den Massen, die in seinem Beobachtungsraum (der Eckkneipe) essen, trinken und sich freimütig äußern. Mein Großvater mütterlicherseits, vierter Sohn, gehorcht diesem Vater in nichts. Sein älterer Bruder, sportlich und dem Vater gehorchend, verunglückt tödlich am Reck. Die beiden anderen älteren Brüder arbeiten sich in der väterlichen Gastwirtschaft ab. Viel Trinkgeld! Davon will mein Großvater mütterlicherseits nichts wissen. Er besitzt einen Instinkt für glückliche Umstände. Einen sagenhaften Sinn für die BIOLOGIE DER LUST. Ausweis seiner Abkunft, wie erwähnt, daß der rechte Daumennagel ein Defizit aufweist. Das läßt sich mit der Nagelschere zurechtschneiden und behindert keine Laufbahn.

Abb.: Charles Blackburn, mein Urgroßvater mütterlicherseits. Die englische Linie.

Mein Urgroßvater mütterlicherseits

In seiner letzten Sekunde stürzte er auf die Planken seines Hausboots, des letzten Besitzes, über den er verfügte. Er starb an einem Hirnschlag. Das war im Juli 1914. Wenige Wochen später brach der Erste Weltkrieg aus. Mein Urgroßvater wäre als britischer Staatsbürger auf vier Jahre interniert worden. Davon wußte er zum Zeitpunkt seines Todes nichts. Auch überlegte er niemals viel im voraus. In seinen letzten Tagen verhielt er sich so, wie er als junger Mann nicht anders gelebt hatte.
Einer überlegt etwas, weil er weiß, daß andere es denken, etwas überlegt in ihm. Nichts Spirituelles ist an der Tatsache, daß die Gedanken in der Gemein-

de anderer leben. Es ist angenehm, montags früh aufzuwachen, weil alle übrigen das gleiche tun, und zwar wollen sie die neue Woche anbrechen lassen.
Sein Bruder John war 18 Jahre älter als er. So nehmen die Erstgeborenen den Kampf auf mit den störrischen (auch gewaltsamen) Eltern, schaffen mühsam die Bahn, auf der die Geschwister sich dann bewegen. Den nervösen kommerziellen Aktivismus des älteren Bruders mußte mein Urgroßvater Charles Blackburn nicht wiederholen. Gelassen erkannte er stets, was ihm nützte. Viel Raum blieb für weiterführende Ideen.
Bis er im Juli 1914 starb, hatte mein Urgroßvater 236 Millionen Sekunden geatmet, 23 Millionen Minuten verschwendet, 657000 Stunden verausgabt oder schlecht und recht verwaltet. Ein gewaltiges Vermögen an Leben. 27375 Tage, die alle einen Morgen, einen Mittag und einen Abend hatten. Eine gewisse Zeit lang war er auch finanziell Millionär gewesen, gleich ob in britischen Pfunden oder in Reichsmark gerechnet. Immer aber, auch ohne Geld und Betrieb, fühlte er sich als reicher Mann durch den Besitz an Zeit. Prächtig strömte Blut in seinen Adern.
In Batley, gelegen in Yorkshire, dem Zentrum der Shoddy Mills, hatte sich die Familie Blackburn kurz nach der industriellen Revolution eingerichtet. Shoddy hieß die Herstellung von Neustoffen aus Lumpen und Altstoffen. Das Labor oder die Fabrik, die so etwas herstellt, nennt man »mill«, eine Stoffmühle.
Wieder hatte der Vorgänger-Bruder den Weg gebahnt, mit anderen Unternehmern eine britische Kolonie in der Nähe Berlins errichtet. Charles Blackburn, mein Urgroßvater, würde ihm folgen. Jetzt im Deutschen Reich nannte er sich zeitweise Carl Blackburn. 1891 kaufte er die Niederlassung seines Bruders in Köpenick. Er verdiente rasch, ebenso rasch verlor er später das Ganze. Träge war er in seinen Entscheidungen. Hatte er einmal Theresa Agnes Laura Jachmann, meine Urgroßmutter, um ihre Hand gebeten, sozusagen in raschem Entschluß auf Vorbeifahrt mit seinem Boot an deren Familiensitz, änderte er diesen »Entschluß« (zunächst eine Laune) durch nichts. Lieber gewöhnte er sich an die fremde deutsche Frau, ehe er von den Worten seines Antrags irgend etwas zurücknahm. Sie hatten neun Kinder miteinander. In Batley war er dem Druck der Familie entkommen, einem gewerblichen, einem religiösen und einem psychologischen. Das bedeutete noch nicht, daß er entschlossen gewesen wäre, endgültig im Deutschen Reich zu bleiben, wo eigentlich niemand richtig Englisch sprach. Die Arbeitskräfte waren extrem billig. Zahlreiche Patente, in England geschützt, waren hier vogelfrei. So produzierte er über Jahrzehnte erfolgreich und ohne Ortswechsel. Das ergab sich aus der Natur der Sache, nicht aus Willensbildung. In Köpenick ließ er sich ein Haus bauen (im Tudor-Stil). Dahinter mit abgeteiltem Nebeneingang für die Arbei-

ter die »Mühle«. Vier Gebäude hintereinander zum Fluß hin gelegen. Zwei Bootsstege, der eine für den Abtransport der Ware und den Antransport der Rohstoffe und Lumpen und daneben der zweite Steg, an dem sein Lieblingsboot angetäut lag, vom Pförtner der Fabrik betreut, der zugleich Bootsmann war.

Das Boot auf der Spree war Charles Blackburns Augenstern, obwohl er daneben noch über eine Rennyacht in Kiel verfügte, mit der er jährlich an den Rennen von Cowles vor der Isle of Wight und dann an den Kaiserregatten teilnahm. Ein solches hochspezialisiertes, kostbares Leistungsschiff kann man nicht lieben. Dazu drängt es zu gewalttätig auf Leistung. Jährlich ließ mein Urgroßvater ein solches Rennschiff nach den neuesten Forschungen bauen. Er verlor schließlich sein Geld durch diese Ausgaben, aber auch durch die Abwesenheiten von seiner Fabrik, die das Rennsegeln erforderte. Die Kategorie Rennyacht entspricht eher dem Bereich »Sittlichkeit« und »Pflicht«. Er glaubte vor seinem Gewissen, einem strengen Zwingherrn, das dem Phlegma seines Charakters entgegengesetzt war, nicht bestehen zu können, wenn er nicht um den Sieg in einer der großen Segelwettbewerbe kämpfte. In diesem Falle hätte er das Ansehen der Club-Genossen, deren Meinungsgesumm in seinem Kopf rumorte, nicht aufrechterhalten können. So ist das, was man ein christliches Gewissen nennt, ein Club Urteilender, ein Chor der Konkurrenten, keine freundlichen Brüder, sondern der vervielfältigte, um 18 Jahre ältere Bruder John in anderer Gestalt. Darauf kann man seine ganze Liebe nicht wie auf das billigere und kleinere Flußboot am Pier werfen.

Spätabends löste er oft die Taue, die das Boot am Steg hielten, und ließ sich die Spree hinabtreiben, um dann, mit Eifer, gegen den Strom und oft auch gegen den Wind, wieder zu dem wohleingerichteten Besitz zurückzukreuzen. Vielfach kam er erst nach Mitternacht an und schlief wie ein Bär, die Luftmassen des Flusses noch in den Bronchien.

Welcher Nation er sich zuzählte, hätte er nicht sagen können. Er gehörte sich selbst, der Uhr seines Kreislaufs und seiner Sinne (des Gesumms Dritter), die ihn wie Doggen begleiteten. Nicht gern tat er etwas nur deshalb, weil es von ihm verlangt wurde. Aber getreulich begleitete ihn, auch wenn er Pflichten folgte, das Behagen, das die Verdauung ihm bereitete, ebenso die vielen Bilder, die in seinem Hirn entstanden und die von Afrika oder Sydney handeln mochten, ohne daß er je dort war. Er war froh, soviel Fremde, soviel Ferne einsparen zu können. Sonst sparte er wenig. Eigentlich waren die Millionen rasch verabschiedet, die ihm in den Boomjahren zugeflossen waren.

Seine fünf Söhne waren auf keinen definierten Beruf vorbereitet worden. Charles Blackburn hatte sie als seine Bootsmänner gedrillt. Um einen Erbstreit von Anfang an zu unterbinden, hatte er sie zu seinen Lebzeiten je mit einem Vermögen ausgestattet.

Er selbst starb besitzlos, weil das für sein Alter erworbene Grundstück am Scharmützelsee wegen der Überschuldung seiner Fabrik von einem Bankhaus gepfändet und versteigert wurde. Er besaß, um seine Füße auf festen Boden zu setzen, in seiner Altersphase nur ein unpfändbares Hausboot, immerhin ein Wasserfahrzeug, auf dem er am Ufer des Sees lebte.
Zuletzt starb er wegen eines Irrglaubens der Vorfahren, die von Methodisten abstammten, bevor sie Kapitalisten wurden. Oft bringt die Altersdemenz eine Attacke dieser Vorfahren zum Durchbruch. So glaubte er auf seine GESCHLECHTLICHE REINHEIT besonders (und so spät) achten zu müssen. Vielleicht erinnerte er sich auch an irgendeine Schuld. Deshalb reinigte er sein schlaffes Geschlechtsteil jeden Morgen, gleich nachdem er Verdauung gehabt hatte. Nach einer Weile ging er dazu über, mit einem spitzen Stöckchen, stoffumwickelt, auch die Harnröhre zu putzen. Das Glied entzündete sich. Einen Arzt aufzusuchen hätte ihn geniert. Auch bestand die Schwierigkeit, daß er nicht mehr bezahlen konnte. Als guter Buchhalter ahnte er, daß die Minuten- und Stundenzahlen seines Lebens aufgezehrt wären, wie es ja auch bei seinem Geldvermögen der Fall war. Bevor noch die Entzündung ihn umbringen konnte, brach er wegen eines Schlaganfalls zusammen. Niemand vermißte ihn zunächst, da er so zurückgezogen lebte. Er, der gesellige Mensch.

Abb.: Beim Präparieren des Ruderboots, das ihn zu seinem Segler bringen soll.

Shoddy

Die dritte Generation der Industriellen Revolution in Mittelengland spezialisierte sich auf Resteverwertung. Hier lag die Gewinnspanne. Stoffe aus Lumpen, die sogenannte Shoddy-Produktion, waren ein Billigprodukt. Die Stadt Batley gehörte zu den Zentren der Shoddy Mills. Deren Ausgangspunkt war zunächst der Aufkauf von Wollumpen und Resten aus der Weberei. Sie werden nach Appretur, Farbe und Feinheit der Stoffe sortiert. Nähte, Knöpfe, Haken und Ösen werden entfernt.

Dann werden diejenigen Lumpen, die Pflanzenfasern enthalten, zu dem sogenannten Extrakt gestampft. Sie werden karbonisiert, mit Schwefel- und Salzsäure erwärmt, mit Alkalien behandelt und gespült. Die Pflanzenfasern können jetzt von den Wollfasern getrennt werden. Kunstverstand gehört dazu, die besonderen Rezepte in diesen einzelnen Stadien zu dosieren. Die Unternehmer haben hierin die gleiche Facharbeiterkenntnis wie die Vorarbeiter. Einiges von diesem Wissen ist geheim.

Die reinen Wollumpen werden in einen Entfaserungsapparat gelegt, den Reißwolf, also in eine Trommel von einem Meter Durchmesser, die zahlreiche spitze Zähne besitzt und mit 800 Umdrehungen in der Minute rotiert. Dieser Wolf zerreißt die Lumpen in ihre einzelnen Fasern. Es entsteht ein Rohstoff zweiter Gattung.

Die kürzesten Fasern sind wie Staub aus dem Gewebe herausgefallen. So ist die Shoddy-Wolle entstanden mit hinreichend langen Fasern. Man kann sie wie Naturwolle verspinnen zu Uniformen, Trikotagen, Arbeitskleidung. Woyzecks Sonntagsuniform, in Georg Büchners Drama, besteht aus Shoddy.

Ein flotter Geist in einem unsicheren Körper

Lebenslänglich haßte er Gepäck. Gern verschenkte er, was er nicht brauchte. Der Lieblingsbruder meiner Großmutter mütterlicherseits hieß Herbert. Sie war acht Jahre, als er geboren wurde, und er lief anfangs an ihrer Hand. Den Geist der Unabhängigkeit gegen den stets zu direkten Vater, den sie mit ihrer Schwester Jenny teilte, gab sie ihm ein. Nach ihm nannte sie ihren Erstgeborenen, den sie im Ersten Weltkrieg verlor. Ihr Bruder Herbert entzog sich, sobald er 21 Jahre alt war, der Verschwörung, die den Vater mit seinen beiden Erstgeborenen verband. Sie waren fanatische Segler und neigten im Wirtschaftsleben zu glücksspielähnlichen Eskapaden: als hätte Herbert vorausgeahnt, daß das für alle drei mit Insolvenz enden würde. Jedenfalls forderte

Abb.: Herbert Blackburn, Bruder meiner Großmutter mütterlicherseits.

er den Pflichtteil seines Erbes und verließ Land, Fabrik und Familie. Das galt aber nicht nur für den Köpenicker Kreis, die Trennungslinie verlief tiefer. Er wanderte nach Smyrna aus, an die Ägäisküste des Osmanischen Reiches. Er betrieb eine Schiffahrtslinie und gründete eine Brauerei für eisgekühlte Biere. Dann heiratete er eine Griechin aus reichem Hause vor Ort. Er konvertierte zum griechisch-orthodoxen Glauben. Endlich lag die Strenge von Mittelengland hinter dem Horizont. Er war ein Geselle mit Sinn für Lebensgenuß. Von 1901 bis 1921 florierten die Unternehmen. Er besaß loyale, intelligente Aufseher und Geschäftsführer, mußte nicht viel arbeiten.

1922 war sein Glück in Gefahr. Smyrna brannte. Es gelang ihm, eine türkische Wache anzuwerben. Noch 1923, als die Türkei ihren Frieden schloß, waren Herbert Blackburns Gewerbebetriebe in vollem Gang. Sein flotter Geist war in einen unsicheren Körper geraten. Die Seele kann nicht bestimmen, welchen Leib aus dem Zufallspool so vieler unterschiedlicher Vorfahren sie erhält. Diabetes quälte den Glückssucher, schwächte das Herz. 1930 starb er in Smyrna, fünfzig Jahre alt. Eine Postkarte war alles, was meine Großmutter vom Lieblingsbruder behielt.

Einen Moment lang hat es den Anschein, daß in der Nähe von Manchester ein neuer Menschentyp entsteht

Karl Marx gehörte (wie Karl May, Immanuel Kant oder die Obersten im MfS a. D. Däneke und Mangold) zu den Fernbeobachtern. Er reiste nicht nach Mittelengland und beobachtete an Ort und Stelle, sondern exzerpierte Parlamentsprotokolle, Berichte von Fabrikinspektoren, wissenschaftliche Berichte und Zeitungen in sorgfältiger Weise. Die Umbrüche der Industriellen Revolution fesselten seine Phantasie. Um 1840 ging es bereits um den dritten Schub dieser Umwälzung, der sich von den beiden vorangegangenen nachdrücklich unterschied und eine Intensivierung der Produktionsprozesse mit sich brachte. Die Manufakturen und Mills begannen ihre Entwicklung zur späteren kasernierten Fabrik.

Im dreizehnten Kapitel MASCHINERIE UND GROSSE INDUSTRIE heißt es in Marx' späterem Hauptwerk DAS KAPITAL: »Wie die Angriffskraft einer Kavallerieschwadron oder die Widerstandskraft eines Infanterieregiments wesentlich verschieden ist von der Summe der von jedem Kavalleristen und Infanteristen vereinzelt entwickelten Angriffs- und Widerstandskräfte, so die mechanische Kraftsumme vereinzelter Arbeiter von der gesellschaftlichen Kraftpotenz, die sich entwickelt, wenn viele Hände gleichzeitig in derselben ungeteilten Operation zusammenwirken [...]. Die Wirkung der kombinierten

Arbeit könnte hier von der vereinzelten gar nicht oder nur in viel längeren Zeiträumen oder nur auf einem Zwergmaßstab hervorgebracht werden. Es handelte sich hier nicht nur um Erhöhung der individuellen Produktivkraft durch die Kooperation, sondern um die Schöpfung einer Produktivkraft, die an und für sich MASSENKRAFT sein muß.«

Der bloße gesellschaftliche Kontakt erzeugt einen Wetteifer und eine eigene Erregung der Lebensgeister (animal spirits), fährt Marx fort, welche die individuelle Leistungsfähigkeit der einzelnen erhöhen, so daß ein Dutzend Personen zusammen in einem gleichzeitigen Arbeitstag von 144 Stunden ein viel größeres Gesamtprodukt liefert als zwölf vereinzelte Arbeiter, von denen jeder zwölf Stunden, oder als ein Arbeiter, der zwölf Tage nacheinander arbeitet.

»Die Kooperation bleibt die Grundform der kapitalistischen Produktionsweise, obgleich ihre einfache Gestalt selbst als besondere Form neben ihren weiterentwickelten Formen erscheint.« In den Jahren nach 1770 entstand in England diese rätselhafte ARBEITSFÄHIGKEIT NEBEN DER ARBEITSFÄHIGKEIT, so als gäbe es in Zukunft zwei Gattungen von Menschen, die industriellen und die nicht-industriellen. Sie unterscheiden sich aber nicht durch Gehorsam, Skill oder persönliche Ausstattung Einzelner, sondern durch Lust: die Lust zusammenzusein.

Aus dieser Lust und aus den zusammengesetzten Automaten, den Maschinen, entstand etwas Drittes: VERDICHTETE ZEIT. Ein Zeitalter, in Manchester zentriert, aber auch auf allen Schiffen Britanniens präsent. Es konkurrierte mit dem NEUEN ZEITALTER, das auf dem Kontinent die Französische Revolution hervorbrachte. Erst 100 Jahre später bemerkten Historiker und Ökonomen, daß jenseits des Atlantiks in einer etwas anderen Zusammensetzung der geheimnisvollen GESELLSCHAFTSKRAFT, diesmal weniger im Zusammenwirken mit Maschinen als mit der Inbesitznahme von eigentumsfreier Natur, sich die Erscheinung einer aus Individuen nicht erklärbaren Geistermacht nochmals zeigte. Jede dieser Kräfte hatte die Tendenz, sich eine neue Welt zu schaffen.

[»In einem Zwergmaßstab«] Gemeint ist die Mikrostruktur. Marx bemerkt zu Recht, daß sie nur bei Beobachtung eines langen Zeitraums sichtbar wird. Es gibt sozusagen in der gesellschaftlichen Entwicklung eine SEPARATE EVOLUTION DER KOMBINIERTEN ARBEIT, jener subjektiv-objektiven Plattform, die zwischen den Menschen, ohne daß sie das wissen, entsteht und die einen DRITTEN MENSCHEN entstehen läßt, jedoch in völligem Kontrast zu dem sogenannten Übermenschen, der eine Art von Monstrum ist. Der gesellige Mensch dagegen, von dem Aristoteles spricht und der von der Gesellschaft geboren wird und nicht von Müttern, entwickelt sich filigran in winzigen Schritten »im Zwergmaßstab«.

[»Schöpfung einer Produktivkraft, die an und für sich MASSENKRAFT sein muß«] Sie arbeitet in Chicago während des Zweiten Weltkriegs. Sie bringt eine dämonische oder »geistige« Macht hervor, die es nach Auffassung der klassischen Ökonomie nicht geben sollte. Sie hat vorher auf der Seite der Achsenmächte einen Embryo hervorgebracht nach dem Satz »Alles ist eine Sache der Organisation«.

Eine frühe Ahnung von Faschismus

In einem nichtabgesandten Brief an Marx, den er mit »Mohr« anredet (er selbst gebraucht für sich den Spitznamen »General«), prüft Friedrich Engels in einem depressiven Moment anhand von Augeneindrücken einer Reise durch Lancashire die Möglichkeit, daß Kapitalist und Arbeiter sich auf eine gemeinsame Linie einigen. Tatsächlich sind beide Klassen in ihren Interessen gegen die konservativen Landbesitzer, gegen den Regierungsapparat, die Zölle, Kolonialkriege und Abenteuer auf dem Kontinent gleichen Sinnes. Nur sind sie derzeit, so Engels, zu keiner Einigung fähig. Man kann jedoch, so wie ein Unternehmer die Ware Arbeitskraft kauft, als Unternehmensgruppe oder als Einzelner sich die Hilfe einer Schutztruppe erwerben (und das geschieht häufig in den Kolonien). Ein Kapitalist, der über Bewaffnete verfügt, kann Konkurrenten an der Realisierung ihrer Unternehmen hindern, Arbeiter einschüchtern, Preise diktieren, und zuletzt wird er, so Engels, die Abnahme seiner Waren, den Zwangstausch, erzwingen, die Konsumpflicht. Dieser Briefentwurf schien Engels nach Fertigstellung zu schwarzseherisch. Er wurde in einem Nachlaß in Manchester gefunden und von einem Auslandskundschafter der DDR 1988 ersteigert. Gleich nach der Ankunft in Berlin wurde er in einen Museumsbestand überführt, wo er ungesehen lagert.

Das platonische Ideal der Einheit von Zeit und Konzentration bei der Arbeit (Marx, *Das Kapital*, 12. Kapitel, Anmerkung 80)

In einem Anfall von Philologie befaßte sich Karl Marx mit Platons Auffassung von der Arbeitsteilung. Platons Hauptgesichtspunkt sei es, daß der Arbeiter sich nach dem Werk richten müsse, nicht das Werk nach dem Arbeiter. »Denn die Arbeit will nicht warten auf die freie Zeit dessen, der sie macht, sondern der Arbeiter muß sich an die Arbeit halten, und nicht in leichtfertiger Weise.« Muß das Werk auf den Arbeiter warten, so wird der kritische Zeitpunkt der Produktion verpaßt: ergou kairòn dióllytai.

Dieser Vorrang des Werks vor dem Menschen, des Objekts vor dem Subjekt, wird in den Arbeitskämpfen in England gegen die Arbeiter gewendet, fährt Marx fort. Er erwähnt den Protest der englischen Bleichereibesitzer gegen die Klausel des Fabrikakts, die eine bestimmte Eßstunde für alle Arbeiter festsetzt. Der Betrieb könne sich nicht nach dem Appetit der Arbeiter richten, denn von den verschiedenen Operationen des Absengens, Waschens, Bleichens, Mangelns, Pressens und Färbens kann keine in einem bestimmten Augenblick ohne Gefahr der Schädigung abgebrochen werden. Das Erzwingen derselben Essensstunde für alle Arbeiter kann gelegentlich wertvolle Güter dadurch in Gefahr bringen, daß der Arbeitsprozeß nicht abgeschlossen wird. Diesem Standpunkt haben sich auch die Arbeiter in England zeitweise angeschlossen.

Auf Tuchfühlung

Im General Strike von 1842, genannt Plug Plot Riots, stehen Kapitalist und Arbeiter einander noch direkt als Person gegenüber. Zu dieser Zeit wohnt der Unternehmer auf dem Fabrikgrundstück, fährt Marx fort. Er kontaktiert täglich seinen Werkmeister. Nicht anwesend sind die Erfinder und Ingenieure. Die Arbeitswelt ist symbiotisch. Wie verächtlich ist es, wenn ein britischer Fabrikant durch Lustreisen an die Riviera seinen Betrieb vernachlässigt und ihn dadurch verliert!

Heute, im 21. Jahrhundert, stehen Arbeiter und Kapital einander unsichtbar gegenüber. Das Kapital ist nicht identisch mit seinen symbolischen Orten. Im Fall eines Arbeitskampfes befindet sich zum Beispiel der Unternehmer in Finnland, die ihre Arbeitsplätze verteidigenden Arbeitnehmer in Bochum.

Ein Lebenslauf in verdichteter Zeit

Während des großen Generalstreiks von 1842, genannt Plug Plot Riots, ergriff die Aufstandsbewegung der Chartisten ganz Mittelengland. Eine MAGNA CHARTA DER ARBEITSKRAFT lag im Bereich des Möglichen, bemerkt Karl Marx. Er war enttäuscht darüber, wie wenig politisch die Forderungen der Arbeiter nach Zerfleddern der Streikbewegung waren: Wiederherstellung der Löhne von vor 1820, Anerkennung des Zehn-Stunden-Tages und gewisse Reformen des Wahlrechts. Einen Augenblick aber, behauptete Marx, trat in England eine PARALLELWELT in Erscheinung.

Der ältere Bruder meines Urgroßvaters geriet auf drei Tage in den Bereich dieses Aufstands. Er war in der Mill von Master Brearsley »Jinny Spinner« gewesen. 1842 wurde er arbeitslos. Die sogenannten Boiler Tapping Riots brachen im Umkreis von Manchester im August aus. Arbeiter entfernten Schrauben und Verbindungsstücke aus der Maschinerie und aus den Öfen, welche die Dampfmaschinen heizten.

Abb.: John Blackburn aus Batley. Bruder meines Urgroßvaters mütterlicherseits.

John Blackburn zog mit drei Gefährten zu einem Ort, der durch die Kreuzung zweier Landstraßen gekennzeichnet war. Dort erwartete man die Rioters, genannt »Tappers«. Die waren aber bisher nicht angekommen. Für den ersten Tag reichte den drei Freunden das Geld, das John Blackburn mitgebracht hatte. Die Freunde hießen David Brook und Joe Hey. Am zweiten Wartetag konnte David Brook etwas Geld ergattern. Den dritten Tag finanzierte Joe Hey aus undurchsichtiger Quelle. Am vierten Tag trennte sich die auf fünf Gefährten angewachsene Gruppe der Revolutionswilligen. John Blackburn lief einer Versammlung von Werkmeistern und Fabrikanten in die Arme, die sich in einem Lokal beraten hatten. Sein früherer Chef Brearsley redete ihn an.

– John, whear sre ta going? Tappin' Ah expect! They're all at ther work but thee.

Der wesentliche Subtext jener Tage war nicht, so ergänzt Engels die Beobachtungen von Marx, ob einer endgültig zur Seite der Fabrikanten oder der Seite der Arbeiter zählen würde, sondern das Interesse, zusammenzubleiben, in Gesellschaft zu gelangen und in ihr als Mensch angenommen zu werden. DER BRUDER MEINES URGROSSVATERS SCHLOSS IN JENEM MOMENT EINEN VERGLEICH MIT SICH SELBST UND MACHTE EINE WETTE: Wenn die übrigen Arbeiter der Spinnerei tatsächlich schon an ihrem Arbeitsplatz arbeiten, werde auch ich das tun. Sind sie aber nicht dort und ist die Rede des Masters Brearsley gelogen, dann gehe ich endgültig zu den Rioters.

Tatsächlich waren die Arbeiter in der Mill am Werk. John Blackburn reihte sich ein. Zwei Jahre später war er Unternehmer.

Die englische Prägung

Wir lügen nicht, wenigstens nicht, wenn wir mit uns selbst sprechen. Und wir lügen auch nicht, wenn wir unter uns sind, also reden, ohne daß ein Dritter zuhört. So sprechen wir, wie wir es täten, wenn wir in der Schulzeit in einer Pause miteinander Eindrücke austauschten. Auch wenn wir jetzt mit der Erfahrung vieler Jahrzehnte beladen sind: Letztlich haben wir Kinderverstand, also reden wir offen. Wir sind unterwegs im Dritten Reich. Was in den Büchern darüber steht, können wir oft nicht identifizieren. Die konkrete Zeit enthält eine Vielzahl an Situationen, Gesprächen, Eindrücken. Davon sind wir geprägt. Wir tauschten uns darüber aus, wie alles Erlebte durch die Reden mit unseren Nächsten in jener fernen Zeit überlagert ist. Wir können die Intimität der Schulklasse und die der Familie in uns nicht löschen. Nichts erlebt ein junger Mensch direkt ohne diesen Chor.

So kommen wir in die NEUE ZEIT. An sehr verschiedenen Orten. Aber wir beide, die wir uns am Abend der Zeitumstellung (auf die Sommerzeit) zusammengesetzt hatten, waren nicht wie Jürgen Habermas, meine Frau oder viele andere durch die USA in die NEUE WELT eingeführt worden, sondern durch England.

Entspannt fläzt sich Enzensberger auf seinem Sofa. An diesem Abend hat er seinen »Dienst« hinter sich: eine erfolgreiche Vorstellung seiner zwei Bücher, von mir flankiert. Es war doch anstrengend, sagt er, so lange vor Publikum auszuhalten. So ist er jetzt auf Abwechslung erpicht. Nichts ist abwechslungsreicher als die tiefe Vergangenheit. Kellner war er gewesen in Franken 1945

oder 1946 im Casino einer britischen Radarstation; sie befand sich inmitten der amerikanischen Besatzungszone. Er, H. M. Enzensberger, Junge für alles, Aushilfe. Gutes Englisch, hier erworben und in der Schule ergänzt. Auch als Schwarzhändler tätig. Dinge organisieren und dorthin bringen, wo ein Bedarf ist. Man lernt die Gesetze des Marktes nirgends so konkret wie als Angehöriger eines von der Besatzungsmacht regierten Volkes, sozusagen unter dem Druck der Illegalität. So verdiente sich der künftige Dichter seinen ersten Auslandsaufenthalt in Großbritannien, im faszinierenden London.
Schon früher ich. Mit einem Flugzeug der Royal Air Force von Berlin nach Lübeck. Angeschnallt wie Gepäck auf Blechgestellen im Gepäckraum der Transportmaschine, 15jährig. Mit Bahn zum belgischen Einschiffungshafen. Das alles ist im Nachkriegsdeutschland unbekanntes Gelände.
London ist keine Stadt, die Verachtung für den kolonialen Status breiter Gebiete der Welt lehrt. Das erwähnt Enzensberger. Noch immer vermag er Indien, die sechs Wirtschaftszonen Afrikas mit den aufgeregten Augen eines Europäers von 1948 zu sehen.
Ich, voller Naivität, war Gast eines ungarischen Unternehmerpaares von Emigranten in London. Eines Tages stiegen sie, erzählten meine Gastgeber, noch in der Friedenszeit der dreißiger Jahre, mitten in Deutschland aus dem D-Zug nach Budapest aus, weil eine mittelalterliche Stadt sie neugierig gemacht hatte. In Goslar hatten sie die Altstadt und eine Kaiserpfalz besichtigt, das mußte es gewesen sein: ein Schatzfund, bis dahin übersehen auf den vielen Fahrten zwischen London und Budapest. Sie konfrontierten diesen Eindruck mit den Massakern in Auschwitz. Ich: So etwas, das von Auschwitz berichtet wird, tun deutsche Polizeibeamte nicht. Aus Halberstadt kenne ich meinen Schulkameraden Siegfried Welp, dessen Vater Kriminalpolizist ist. Und ich kann ausschließen, daß dieser Mann Morde begeht. Die beiden großmütigen Gastgeber (ich war ihnen sympathisch und fremd) lächelten, gingen darüber hinweg. Wie schäme ich mich, so dahergeredet zu haben, aus voller, lebhafter Überzeugung. Enzensberger tröstet mich. Er war rascher gewesen, hatte sich 1948 noch bedeckt gehalten und 1949 während seines Englandaufenthalts schon genügend Nachricht von den Morden gehabt.
In den sechziger Jahren wohnte er, von der Westseite der Wohnung Adornos aus, im Kettenhofweg 123, auf der gegenüberliegenden Hofseite. Man konnte in sein Arbeitszimmer hineinsehen. Dort wohnt Enzensberger, er ist Lektor im Suhrkamp Verlag, sagte Adorno. Da war Enzensberger schon im antifaschistischen Format befestigt. Was er politisch genau war, ließ er unbeantwortet. War er Anarchist? Agnostisch? Liberal? Links? Polyvalent? Immer blieb er unbestimmt, entsprechend der ursprünglichen Kondition: Ich werde mich nicht selbst belügen. Was bedeutet das? Eine gewisse Distanz. Ein Maß Skepsis, ein gewisses Quantum an Nonsens und Verweigerung, außerdem PUN-

Ich war 1948 in England Gast von H. Cobden Turner, Mitarbeiter des Geheimdienstes Seiner Majestät, Ingenieur, Elektronik-Unternehmer; er kannte meine Mutter aus den dreißiger Jahren, war im Jahre 1939 Gast im Hause Hauptmann-Loeper-Straße 42 gewesen. Dann, im Jahre 1946, stieg er in Berlin ab, im Hotel »Bristol«. Ich erhielt als Sproß der von ihm verehrten Alice, meiner Mutter, einen Geldschein über fünf Schweizer Franken. Den verwahre ich noch heute als unwägbaren Schatz in einer Kiste.

H. Cobden Turner war ein Mann, der zu Belehrungen neigte. Er fuhr mit mir über die englischen Straßen in Richtung Bath. Er forderte mich auf, mit ihm (der Rolls-Royce bot genügend Raum) Schach zu spielen. Er machte mir klar, daß ich ein Hochstapler wäre, weil alles Unkenntnis sei, was ich an Schach vorführte. Von zwölf Partien gewann ich nicht eine. Da er inwendig noch aus den dreißiger Jahren eine Neigung zu meiner Mutter verspürte, hielt er mich trotz offensichtlicher Nicht-Intelligenz für ein werthaltiges Gegenüber.

Beide, Enzensberger und ich, finden wir, daß uns die britische Connection, über die Protestzeit von 1968 hinweg, anders geprägt habe als jeder andere dominante Einfluß in der Geschichte der Bundesrepublik. Es ist schon nach Mitternacht. Beide sitzen wir zurückgelehnt. Nicht immer verkehrt man mit so verschiedenen Zeiten gleichzeitig. Durch die nach unser beider Meinung verrückte europäische Sommerzeit ist uns eine Morgenstunde am folgenden Tag weggenommen, von Brüssel »dekretiert«; da ist es schon egal, ob wir noch einige Zeit wach bleiben, der Schlaf käme eh zu kurz. Das unter Zeitgenossen.

Sturz eines Hochbegabten

Wolfgang Meier, Jahrgang 1932, Sohn des Amtsarztes von Halberstadt, war in der Sexta unseres Gymnasiums der aufgeweckteste. Im 60-Meter-Lauf der schnellste (er startete um Bruchteile einer Sekunde früher als wir anderen, weil die Impulse auf seinen Nervenbahnen rascher glitten, die Wege in seinem mediterran schmalen Körper kürzer waren). Eines Tages hieß es, er käme nicht zum Unterricht, er sei gestürzt. Lange Zeit blieb er fort. Auch ich, sein Freund, konnte nicht zu ihm vordringen. Abgeschirmt lag er in seinem Zimmer, das von Vorhängen verdunkelt war. Man erzählte, er sei bei waghalsigen Schwüngen auf der Schaukel aus größerer Höhe herabgefallen und auf den Schädel gestürzt. Man wisse nicht, ob sein Hirn sich wieder erholen werde.

Das blieb in der Welt unserer Schulklasse eine Zäsur. Zurückgekehrt auf seinen Platz in der zweiten Reihe der Schultische, blieb seine lebhafte Natur still. Wir merkten, daß er nur schwer verstand, nicht mehr derselbe war. Das hielt sich so bis zur Kapitulation des Reiches (niemand von den Lehrern wollte dem Jungen die Versetzung verweigern, und so harmonisierten sie die Noten). Nach unserer Rückkehr vom Landeinsatz waren die US-Truppen von den Briten und dann diese von den Russen abgelöst worden. Der Amtsarzt Dr. med. Meier mit allen Angehörigen war in den Westen geflohen.

Dreißig Jahre später erreichte mich der Anruf eines »Sanitätsgefreiten der Bundeswehr Wolfgang Meier«. Er habe meinen Namen nennen gehört und wolle sich melden. Es war nicht der junge, quicke Mensch, auf den sich meine Erinnerung richtete, sondern eine ruhige, sehr langsame Stimme, aus der zu hören war, daß sich sein passiver, ruhiger Zustand der nicht geglückten Rekonvaleszenz nicht geändert hatte. Obwohl es derselbe Körper war, konnte ich die Empfindungen sowenig wiederherstellen wie damals nach dem Sturz. Das Gefühl der Zuwendung ist ungerecht, es wird nur einmal vergeben und ist nach einer solchen Veränderung nicht übertragbar.

Eiliger Moment

Voll von Terminen lagen die nächsten sechs Wochen vor ihr. Bis zum Winter wollte sie ihr Filmvorhaben durchführen. Mit Wehmut blickte sie auf das Kind ihrer Cousine, das mit Haut und Knochen der gemeinsamen Vorfahren durch das Zimmer krabbelte. Sie hätte gern viel Zeit mit der ein Jahr alten Kreatur verbracht. Sie hielt das davonstrebende Wesen an einer Schlaufe fest, die am Rückenteil seiner Bekleidung angebracht war, und genoß die sofort einsetzende heftige Bemühung dieses lebendigen Junggeistes, das ihm unerklärliche Hemmnis durch verstärkte Anstrengung zu überwinden. Was wollte das Kind unbedingt auf der anderen Seite des Raumes? Die Besucherin nahm an (aber sie war eilig, hatte nicht die Zeit für lange Beobachtungen), daß das Kind kein Ziel habe, sondern sich lediglich um jeden Preis bewegen wolle. Sie wußte, daß sie sich beeilen mußte in den nächsten Jahren, eine Zeit zu erwischen, die ärmer an Terminen wäre als die jetzige, in der sie selbst Nachkommen haben könnte. Ihr eigener Abkömmling wäre dann vierzig Jahre alt, wenn ihr Leben sich seinem Ende näherte; ihr Kind konnte sie dann bereits zur Großmutter gemacht haben, die auf die bewegten Jungmuskeln ihres Enkels ebenso herabsähe, wie sie es jetzt mit Blick auf ihre sehr junge Verwandte tat. Inzwischen wartete das Taxi schon vor der Tür.

Ein von allen geliebtes Erstgeborenes

Tag der Arbeit. Brückentag. Frühstück mit Kind. Zieht sich hin.

– Ist das Ihr Erster?
– Das sieht man doch.

Man sieht es daran, daß das Kind undiszipliniert mit dem Löffel auf dem Tisch herumhaut. Schwiegermutter und Ehemann bringen die verletzlichen Gegenstände, den Eierbecher, die Tassen und Teller, außer Reichweite. Die junge Mutter setzt sich nicht durch. Jeder der Liebenden hat eine andere Vorstellung davon, was dem Kind guttut. Wenn die Frau ihr drittes hat, wird sie auch bestimmen können, wie es an die Welt gewöhnt wird.
Der eine will, daß das Kind spielt, der andere, daß es zuhört. Einer bietet ihm ein Stück Zucker an, den wischt das Kind vom Tisch, ohne gekostet zu haben: Das gar nicht! Die Minuten reichen nicht aus für den Eifer, mit dem man dem Kind Gutes erweisen will, auszuprobieren, was man mit ihm experimentieren kann.
Die junge Mutter vertraut auf die an sich träge Natur, die den Charakteren in ihrer Familie mitgegeben ist. Das Kind wird die Attacken überstehen, meint sie. Besser wäre es, wenn auf eine Regung des Kindes nicht sechs Antworten kämen. Jetzt ist die Schwester der Schwiegermutter hinzugekommen, auch sie vernarrt in den Blondschopf. Heute, am Tag der Arbeit, ist einfach zuviel Energie im Raum für ein einzelnes Kind.

Kalte Ente Freitag abend

1937 setzte man eine kalte Ente am Vortag an mit Pfirsichen und Moselwein, die mindestens 18 Stunden aufeinander einwirken konnten. Auf diesen Grundstock gab man während der Gesellschaft selbst bis 24 Uhr exzellenten Wein. Die Grundmischung wurde durch die Zugabe in ihrer dichten Qualität gemindert, aber auch, vom Wein her betrachtet, veredelt. Dann wurden nach Mitternacht billige Weine hinzugeschüttet. Die Bowle wird ab zwei Uhr nachts nur noch zum Durstlöschen getrunken. Der gemeinsame Alkoholspiegel der Gesellschaft läßt sich kaum steigern. Es gibt keinen Komparativ zur Vergnügtheit von einem bestimmten Niveau fortgeschrittener Nachtzeit und gemeinsamer Einstimmung an. Man könnte raus in den Schnee und wieder rein in die Wärme üben. Man könnte sich niederlassen und an Ort und Stelle einschlafen, stets in der Nähe der anderen. Nur ein Brand des Hauses oder ein Alarmruf (Notruf zu einem Patienten der unabweisbaren Gesellschaftsschicht) könnte noch zusätzliche Lebenskräfte und besondere Initiativen aktivieren. In diesem Zustand ist ein guter Mosel, mit dem der ursprüngliche Sud der kalten Ente angesetzt war, reine Verschwendung. Das Getränk wird mit Eiswürfeln versetzt, ist aber um drei Uhr nachts bloß eine lauwarme Lauge.

Keine Freiheit für den Hirtenhund

Eine Frau mit großem Hirtenhund kommt zum Brotladen. Der Hund will, nach seiner Gewohnheit, auf der Grünfläche zwischen Trottoir und Straße seinen Kot niederlegen, während seine Herrin einkauft. Die Ladenbesitzerin des Brotladens, eine zuvorkommende Rumänin, interveniert. Das kann der Hund da nicht machen! Das sind seit gestern Beete. Man sieht auch, daß dort, wo früher Gras war, jetzt Blumen gepflanzt sind. Die Hundebesitzerin widerspricht. Wohin soll der Hund denn gehen? Irgendeinen Platz muß er haben. Gestern erst, an einem Sonnabend, hatte eine Gruppe Freiwilliger, es waren Kinder und Heranwachsende, den verdreckten Grasstreifen umgegraben, ihn mit Muttererde aus Plastiksäcken belegt und auf diesem Boden Pflanzen gesetzt. Acht Stunden lang haben sie mit Schaufeln und Erdauflockerungszinken den Boden bearbeitet, freundlich Auskunft gegeben, was sie da tun. Ja, die Erde und die Pflanzen sind vom Gartenbauamt der Stadt gratis zur Verfügung gestellt worden. Ohne Lohn arbeiten auch sie, die Bodenbearbeiter. Sie helfen einander, belehren sich gegenseitig über die permanente Verbesserung der Arbeitsmethode.
Das Besondere der Initiative liegt darin, daß die Bodenroder sich mit den acht Ladenbesitzern in dieser Straße abgesprochen haben. Die Läden übernehmen in der kommenden Zeit die Aufsicht über diese »Gärten«, wenn die Gärtnertruppe selbst längst woanders tätig sein wird. So ist hier spontan eine kommunale Struktur entstanden, die für den Hirtenhund fatal bleibt. Die Besitzerin des Hundes ist in keiner Weise einverstanden. Sie kann aber den Hund auch nicht einfach auf die frisch gesetzten, sozusagen noch jugendlichen Blumen loslassen. Sie würde es sich auf Dauer mit der Brotladenchefin verderben. So knufft sie den Hund, der einen Moment in den Laden hineindarf (was sonst verboten ist). Sie müssen in Zukunft, sagt die Rumänin, eine Leine mitbringen und den Hund draußen festbinden. Wir bringen dort einen Ring an vor der Tür. Die agile Person ist es gewohnt, eine ganze Gruppe einsamer Leute vor ihrem Laden täglich bei einer Tasse Kaffee zum Zusammensein zu animieren. Das ist jetzt möglich mit Blick auf eine öffentliche Blumenanlage.

»Eine Schweizer Stiftung soll über mein Liebstes wachen«

Immer hatte sie gehofft. Siebenmal hatte sie ein Kind verloren. Eines dieser Sternenkinder war von ihrem Körper bereits angenommen, sie war mit ihm vertraut gewesen, und dann wurde es doch tot geboren. Die psychologische Begleitärztin, der sie und ihr Lebenspartner sich anvertraut hatten, riet, keine Hoffnung mehr zu haben. Als eine Frau von 39 Jahren hatte Kathrin die Zeit versäumt, nämlich durch einen Karrierelauf die Jahre verloren, in welchen sie hätte Mutter sein können. Sie werde zerbrechen, wenn sie stets weiter Erwartungen hege und lebensgefährliche Versuche mit der Leistungsfähigkeit ihres Körpers anstelle.

So klug, wie es die Ratschläge der Psychologen waren, konnte Kathrin sich nicht verhalten. Und so hatte sie dann überraschend und gegen alle Wahrscheinlichkeit eine Tochter geboren. Immer im Austausch gegen das Versprechen, nicht mehr zu hoffen, das sie aber keinesfalls zu erfüllen gedachte. Sie nannte das Kind, das jetzt 28 Jahre alt wurde, nach einer Pflanze.

Seit letztem Jahr ist Kathrin aus Firma und Beruf ausgeschieden. Sie hat dann eine Stiftung gegründet, die ihrer Satzung nach Friedensforschung betreibt. Aber das alles geschieht nur für das Kind, auf das diese Mutter eine gehörige Portion Ängstlichkeit übertragen hatte. Oft fragt sie sich, wie es mit den Jahrzehnten des Jahrhunderts weitergehen werde. Ihren wertvollen Schatz zu hüten und durch das Jahrhundert zu geleiten, dafür hat sie die Stiftung begründet. Zur Mitte des Jahrhunderts wäre ihr Kind so alt, wie sie selbst jetzt ist. Kathrin und ihr Lebenspartner, von dem der in die Stiftung investierte Reichtum stammt, haben einander nicht geheiratet, weil sie glauben, durch ihre Keuschheit der Institution Ehe gegenüber mehr Glück, vor allem bei der Realisierung von Nachwuchs, zu haben. Sieben Forscher und Forscherinnen arbeiten in einem Vorort von Genf hingebend an Daten, wie Gleichgewichte auf dem Globus gefördert und gefährliche Zonen saniert werden könnten: So sehr möchte Kathrin ihr Kind vor Schaden bewahren.

2
Uralte Freunde der Kernkraft

Uralte Freunde der Kernkraft

Bei der Erdbestattung von atomarem Müll in einer der Wüsten Australiens, in deren Tiefe sich ein Uraltgebirge (noch aus der Zeit, als sich der Planet formte) befindet, stießen Forscher, die den Fortschritt der Atommüllbeseitigung wie gute Buchhalter begleiteten, auf eine merkwürdige Erscheinung. Der Schatz an atomarem Abfall hatte offenbar im Gestein des prähistorischen Gebirges eingeschlossene als ausgestorben geltende Archäobakterien zum Leben erweckt. Über eine Entfernung von 60 Kilometern waren sie in nur zwei Jahren durch das Gestein bis zu den Abfällen gewandert. Sie hatten die Betonhülle des Depots und die darunter verwahrten Schutzgefäße aus Stahl und Kupfer durchstoßen oder durchfressen, nur um an die Energiequelle zu gelangen, von der sie einst im Erdinnern (als sie im Fels noch stärker wirkte) gelebt hatten. Im Atommüll siedelten sie jetzt, entwickelten eine unaufhaltsame Lebenskraft. Die Forscher fragten sich, ob sie, beim Attraktor angelangt, sich maßlos vermehren würden. Das schien nicht der Fall zu sein. An die ihnen gewohnte Energiequelle angeschlossen, also satt, blieben sie vor Ort.
Die Zeitschrift *Nature* nahm den Artikel der Forscher nicht an. Die Redakteure stießen sich an der These, daß die Archäobakterien eine Strecke von sechzig Kilometern zurückgelegt hätten. Woher wußten die Forscher, daß es sich bei den Objekten, die sie im Gebirge tief unter dem Boden quasi als tote Materie entdeckt und dann als Radioaktivitätsverzehrer im atomaren Abfall wiedergefunden hatten, um dieselben Mikroben handelte? Da müsse erst noch weitergeforscht werden. Ungenügend erforscht seien auch die Folgen der Entdeckung. Es könnte ja sein, schrieb einer der Gutachter, von deren Votum die Publikation in *Nature* abhängt, daß nach Erschöpfung der atomaren Quelle, an der sich die Gäste niedergelassen hatten, die alte Gier erneut ausbreche, eine Selektion innerhalb der offenbar mutierten Gemeinde einsetze und sich diese riskanten Lebewesen, kontaminiert, wie sie waren, wie die Heuschrecken auf erneute Wanderzüge begeben würden, angezogen von Kraftwerken, deren bauliche Verteidigung ihnen nichts entgegensetzen könnte, wenn sie nur massenhaft genug vor diesen Burgen erschienen.

Witzlaffs Katastrophentheorie

Der Katastrophentheoretiker Freddy Witzlaff, ehemals Stanford, jetzt verschlagen nach Akademgorodok, ist ein Fernforscher. Nirgends muß er hinfahren und Nachschau halten. Seine Daten prüft er und »weiß« (ähnlich einer weisen Frau, die in einem Hexensud liest) aufgrund seines kassandrischen Geistes, wo das nächste Schreckensregime der Natur zu erwarten ist. Daß die Ereignisse in der vorhergesagten Art eintreten werden, ist hierbei gewiß. Nur Ort, Zeitpunkt und nähere Umstände bleiben unscharf. So hat dieser »Seher«, gemessen an der Relevanz seiner Voraussagen, eine ganz geringe Anhängerschaft. Die Mehrzahl der Kollegen hält ihn für eine Nervensäge.
Die Katastrophenkette, die in Japan eintrat, hatte er kürzlich korrekt vorhergesagt. Allerdings nicht in dem Szenario, welches das ferne Inselreich traf, sondern für Istanbul sowie das ein wenig nördlich davon liegende bulgarische Kernkraftwerk. Diese Katastrophe hatte er vor seinem geistigen Auge gesehen. Die Reibung zweier Kontinentalplatten verursacht nämlich seit 3000 Jahren eine eruptive Zone vor jener Landnase, die Europa und Asien am Marmarameer trennt. Die Erdbeben nähern sich kontinuierlich der türkischen Metropole. Die in der Meerestiefe ausgelöste Flutwelle, eine entfernte Verwandte der einstigen Sintflut, wird zwingend den von Anfang an mangelhaft errichteten Baukörper des noch von sowjetischen Ingenieuren errichteten AKW in Kosloduj zerstören, so Witzlaff. Von funktionierenden Kühlsystemen könnte in diesem Fall dort keine Rede sein. Jetzt, fährt Witzlaff in seiner Skizze fort, kommt alles auf die Windrichtung an. Vorherrschend ist der Boreas, ein Wind, der von Norden nach Südosten weht und mit der ausgeworfenen Strahlungsmenge die Siedlungsfläche am Bosporus kontaminiert. Die Unglücksstadt wird zuvor durch das Erdbeben verwüstet sein. Sie wird durch Zusammenbruch der Infrastruktur wie durch Sprengbomben vorbereitet auf das folgende Fiasko. Witzlaff konnte ausschließen, daß die Natur in einem solchen Fall irgendeine Nachgiebigkeit zeigen würde.
Dieses PANORAMA OHNE KOMPROMISS schien den Kollegen in Genf, Wisconsin, Dakar und Shanghai, mit denen Witzlaff Mails austauschte, geradezu widerlegt durch die Ereignisse in Fukushima, die ja gerade nicht in Istanbul und am Schwarzen Meer eingetreten waren. Gegenüber solchem Irrglauben konnte Witzlaff, der Statistiker war, geradezu rechthaberisch werden. Man kann nämlich lediglich die Natur als eine Ganzheit und die Menschheit als eine Ganzheit einander gegenüberstellen, sagte er. Erst in diesem Maßverhältnis, sozusagen in der Flüssigkeit oder Viskosität, in der die Zufallsketten sich bewegen, sind statistische Annahmen fundiert. In diesem Aggregatzu-

stand der Betrachtung entsteht das deutliche Bild einer Frontlinie: das Erdbeben in Lissabon 1755, die Erdbeben in Haiti im Jahre 2010, aber auch die Krakatau-Explosion von 1883 sowie die Vulkanasche von Island gehören in dieses Bild. Demgegenüber: die armseligen Vorkehrungen von Menschen, die als bloße Planarbeiten auf die Ereignisse antworten! Vergeßlichkeit als Bremse. Die Erde hat die Tendenz, ihre Macht von Zeit zu Zeit vorzuweisen. Dann ist es aber gleich, sagt Witzlaff, wo und wann die Natur ihre Pranke zeigt. Man denkt immer, daß in einem mathematischen Gehirn sich etwas mit Rechnen beschäftigt. Tatsächlich ist, zumindest wenn es um Statistik geht, ein Mathematiker mit BILDERN konfrontiert, erwidert Witzlaff. Sie sind denen der Poeten ähnlich. Weder sind sie genau noch ungenau, und auf diese Weise korrespondieren sie mit den gewaltigen Zufallswolken, von denen man nicht nur sagen sollte, so Witzlaff, daß sie den Erdball wie ein Wetter umrunden, sondern auch, daß sie auch unter der Erde ihre Gewalt ausüben als UNTERIRDISCHE, was schon dem Barocktheater bekannt war.[1]

Empfindliche Abkömmlinge aus ferner Zeit

Der sensorische Teil unseres Ohres stammt erstens von den Drucksensoren ehemaliger Fische ab und zweitens von einem gemeinsamen Vorfahren, der die reizsensiblen Haare der Fliegen besaß. Keine Spur mehr in der Welt von diesen Vorfahren!
Der empfindliche Abkömmling im Ohr des Dirigenten Ingo Metzmacher befand sich in wüster Erregung. Die differenten Tonfolgen (wie sie Luigi Nono in Noten gesetzt hatte) explodierten, wenn sie aufeinanderstießen und durch Metzmachers Gesten wie mit einer Machete ihren Weg bahnten zu den Ohren und Händen der Orchestermusiker. Es entstanden bei den Proben, so der Kritiker der SZ, etwa zehn Ton- und Obertonkombinationen, die weder so in den Noten standen noch bis dahin überhaupt je auf Erden erzeugt und gehört worden waren. So haben die ausgestorbenen Vorfahren, von denen wir unsere sinnliche Ausstattung geerbt haben, immer neue, unerwartete Nachkommen. Aus tiefem Grund erkannte das Publikum, das an sich auf solche Zeichen nicht vorbereitet war und einen gewohnten Musikabend konsumieren wollte, das ABSOLUT BESONDERE des Vorgangs und applaudierte stehend, ohne genau sagen zu können, warum.

---

1 Nach Walter Benjamin (*Ursprung des deutschen Trauerspiels*, Berlin 1928) ist das Barocktheater grundsätzlich dreistufig: Unterwelt, Lebenswelt (in der Mitte), Götterwelt.

Kosmische Musik

Das Beben, das Japans Nordinsel um vier Meter nach Osten versetzte, war mit seinem Glockenschlag noch in den Schweizer Bergen zu messen. Der ganze Erdball empfing diesen Puls. Dies sind – nach Johannes Kepler – die Akkorde des Planeten Erde, wie er sie in seinem Buch aufgezeichnet hat. Einige der Töne folgen aufeinander im Abstand von tausend Jahren, und sie haben einen unterschiedlichen Klang, wenn sie sich wiederholen. Andere dieser Schläge sind kürzer getaktet. Das Restrisiko (an sich unhörbar) ist nach Keplers Behauptung indirekt zu hören, weil es nach Art einer schalltoten Wand reagiert. Während es nur *ein* MENETEKEL mit überliefertem Wortlaut gibt, sind solche toten Winkel der Wahrnehmung und die großen, als Erhabenheit und als Gefahrensignale deutbaren Glockenschläge des Erdballs KOSMISCHE MUSIK.

Es entlastet, wenn die Last nicht auf dem Einzelnen liegt

Die Beschlüsse in japanischen Betrieben entwickeln sich im Konsens. Das gilt auch für das Provisorium im Kernreaktor von Fukushima, die Brennstäbe der defekten Reaktoren mit Meerwasser zu kühlen. Die Idee lag nahe, weil das Meer direkt vor der Werksanlage liegt. Es war aber in der Eile nicht an die Versalzung der Brennstäbe gedacht worden. Beschichtung mit Salz fördert eine Erhitzung, die dann kein Wasser mehr kühlt. Man rechnete nicht mit einer so langen Kühlzeit. Für den ersten Tag war mit Versalzung nicht zu rechnen.
Ebenfalls kollektiv ermittelt war die Idee, Kunstharz über das Gelände der nuklearen Anlage zu sprühen. Der Belag sollte den partikelbehafteten Staub am Boden halten. Der eine hatte das Zeug für die Problemstellung, der andere das für die zündende Idee. Konnten aber die Teammitglieder in der nur von Taschenlampen erhellten Halle, im Streß des Zeitdrucks, überhaupt im gewohnten Sinne miteinander reden, denken und einen Konsens zustande bringen? Das mußte ja nicht der Einzelne tun. Offenkundig war jeder Einzelne wie paralysiert. Aber sie waren in ihren weißen Schutzanzügen nahe beieinander. Sie konnten zeigen und andeuten. Irgendein Beschluß entsteht. Es entlastet, wenn die Last nicht auf dem Einzelnen liegt.

Kommunizierende Tunnelwände

Eine fette graubraune Staubwolke wälzte sich aus dem Erdgeschoß eines alten Fabrikgebäudes im Gewerbegebiet von Bad Säckingen, heißt es in der *Neuen Zürcher Zeitung*. Diese Sprengung am Ufer des Rheins galt der Liquidierung eines stillgelegten Textilunternehmens. Der katastrophische und anarchische Eindruck täuschte. Die Sprengung beruhte auf durchkalkuliertem Plan.

Die Gelegenheit, daß ein solches Industriegebäude durch Sprengung niedergelegt werden mußte, war von zwei besonders innovativen Unternehmen genutzt worden. Deren rasanter Erfolg beruhte darauf, daß der tatsächliche Ablauf bei Großunglücken noch weitgehend unbekannt ist. Für Forschung in dieser Hinsicht zahlten nicht nur Rettungsbehörden oder Unfallgefährdete, sondern vor allem auch Versicherungen. Es handelt sich zunehmend darum, zu wissen, wie man mit dem Einsturz von Gebäuden umgeht. Hierauf hat sich das Institut für AUTOMATISIERTE INFORMATIONSGEWINNUNG UND SCHUTZ KRITISCHER INFRASTRUKTUR IM KATASTROPHENFALL (AISIS) spezialisiert. Die Arbeitsgruppe, die dem Fraunhofer-Institut für Kurzzeitdynamik angeschlossen ist, arbeitet zusammen mit einem großen Unternehmen für Tunnelbau. In dem zu sprengenden Fabrikunternehmen wurden im Großversuch erstmals Sonden befestigt. Zwanzig energieautonome Sensoren sollten durch Funk Daten der fortschreitenden Explosion übermitteln. Die Sprengmasse war als Hohl- und Schneidladung so an Mauern und Stahlträgern angebracht, daß ein Teil der Halle intakt bleiben, der andere gründlich zerstört werden würde.

Im Zentrum der Explosion versagte ein Sensor. Drei Sonden sendeten, starben dann ab; sie hatten zuvor die Überlastung des Mauerwerks gemeldet. Weitere acht meldeten Überlast, blieben aber intakt. Die restlichen acht Sonden registrierten keinen Druck. Jetzt hatten die Experten erstmals in einem Großversuch die Örtlichkeit der Katastrophe vor Augen. Feuerwehrpraktiker und Katastrophenschutzbeauftragte hatten, auch im Kriege, immer nur von Schätzwerten ausgehen können. Solches Raten kostete das Leben von Männern. Durch das Sensorsystem können bei Unglück in einem Tunnel oder einem Gebäude die Stellen ermittelt werden, von denen aus eine schnelle Bergung von Opfern möglich wird. Müßten solche Sensoren prophylaktisch an einsturzgefährdeten oder durch Erdbeben bedrohten Orten angebracht werden, wäre dies ein industrieller Auftrag, der bei beiden Unternehmen, der AISIS und der Firma für Tunnelbau, die Vollbeschäftigung und die wirtschaftliche Karriere auf Jahre hinaus garantieren würde.

Sie waren froh, in der Not beieinander zu sein / Lob der Kommunikation

Mit rotgeränderten Augen stand der Kabinettsamtschef Yukio Edano um 5 Uhr früh japanischer Zeit vor den Kameras. Er hatte knapp zwei Stunden in einem Sessel des Amtes geschlafen. Zuvor hatte er 105 Stunden lang Rede und Antwort gestanden, gegenüber den Medien, den Ämtern und Kabinettskollegen; auch hatte er die eigene Truppe aufgemuntert. Dösen war während der TV-Gespräche und der direkten Kommunikation unmöglich. Auf jedes Wort mußte er exakt achten, auch vieles vorausbedenken. An Schlaf nicht zu denken. Aus Kriegszeiten ist bekannt, daß Menschen, die länger als 72 Stunden nicht schlafen, die Herrschaft über ihre Sinne verlieren. Ihre Organe verlieren das Zeitgefühl und treiben rhythmisch auseinander. Twitterer, die schon längere Zeit den Kabinettsamtschef beobachteten und untereinander über ihre Eindrücke kommunizierten, gerieten in Sorge. Sie wollten nicht, daß der Mann umfällt und stirbt. Eine Twitterin, die sich des Pseudonyms Odette K. bediente, führte die kommunikative Gemeinde an, die sich spontan gebildet hatte. Vielleicht, daß Edano wenigstens einen Moment lang die Beine hochlegte. Die besorgt Twitternden genossen es, zusammenzusein (auch wenn niemand wußte, an welchem Ort sich der andere befand) und in diesen Schreckenstagen Japans über ein so konkretes Interesse zu verfügen. Wenn sonst niemand zu retten war, wollten sie wenigstens diesen Sprecher bewahren. Sie twitterten ihn an. Niemand wußte, ob Odette K. jung, alt oder schön wäre. Angeblich trug die Mehrzahl der vernetzten Kommune, so behaupteten sie es wenigstens in ihren Mitteilungen, jeder an seinem Ort, himmelblaue Overalls, wie die Techniker sie tragen und in welche inzwischen auch alle Regierungsmitglieder gekleidet waren. Es handelt sich um Kleidungsstücke, die im Zentrum der Metropole Tokio gar nicht so leicht zu erhalten waren.

Bilder aus dem Zentrum des Geschehens

In der Tasche des dicken Schutzanzuges eines der Tapferen, welche die Zentrale von Fukushimas Kernkraftwerk zeitweise verlassen hatten und dann zurückgekehrt waren und irgendwie noch an den Reglern hantiert hatten, ehe sie tödlich kontaminiert waren, hatte sich ein primitives digitales Bildaufzeichnungsgerät befunden. Handtellergroß. Das hatte der Ingenieur neben sich auf den Tisch gestellt und eingeschaltet. Es enthielt die einzigen Bewegtbilder aus dem inneren Kreis der havarierten Kommandozentrale. Der soldatische Stoßtruppführer, der es später fand und zunächst bei der Eigentümergesellschaft abliefern wollte (die aber wollte die Information geheimhalten), verteidigte seinen Fund, indem er das Band kopierte. Wegen der radioaktiven Störung war wenig zu sehen. Die Automatik des Gerätes hatte ohne anfängliche Weisung, also unsicher, zwischen Totale und Nahaufnahme gewechselt – später in anarchischer Reihenfolge beide Aufnahmeperspektiven übereinandergelagert. Das hatte Ähnlichkeit mit Aufnahmen eines Marsroboters. Die kleine Kamera stand so, wie sie von ihrem Herrn hingestellt worden war. Einmal kurz eine Gasexplosion. Der Farbmodulor war intakt. So also sah die Katastrophe vor Ort aus.

Weder konnte man eine Morgenröte noch eine Dämmerung am Abend in diesem nach außen streng abgeschlossenen Raum beobachten. Die nicht unmittelbar dem Verständnis zugänglichen Bewegtbild-Informationen umfaßten eine Länge von 17 Stunden. Die Batterieleistung des Mini-Geräts war erstaunlich. Wären alle Elemente, die zur Verhütung eines Megaunfalls vorbereitet waren, so tüchtig gewesen wie der sterbende Held, der Besitzer des Aufnahmegeräts, und das zuverlässige Kleingerät selbst, wäre die Havarie noch in den Anfängen erstickt worden. Lediglich für den plutoniumbelasteten Reaktor Nr. 3 wäre ein ernsthaftes Problem geblieben.

Begriff der Arbeit in der Notzentrale

Man nannte die Techniker, die (stündlich ausgewechselt) ihre Stellung im Kontrollraum und an der Pumpstation der Kühlsysteme hielten, »Arbeiter«. Sie arbeiteten derzeit nicht, weil alle Handgriffe (und das wußten sie) nichts bewirkt hätten. Sie ARBEITETEN nicht, sie HOFFTEN: daß bald die Starkstromanschlüsse angeschlossen sein würden, welche fieberhaft von anderen Technikern zu ihnen vorgetrieben wurden. Dann erst konnten die Kühlkreisläufe beginnen zu »arbeiten«, und an deren technischem Stottern, den Fehlern, dem Austritt von Dampf und Energie sähen sie, wo Reparaturen angesetzt werden konnten. Sie hielten ihre Arbeitskraft, ähnlich einer Festung, die sich verteidigt, an dieser entscheidenden Kontrollstelle als Vorrat bereit. Dieses TODESBEREITE WARTEN AM RECHTEN ORT gehört zum Begriff der »Arbeit im emphatischen Sinne«, so Prof. Dr. Bert Haseloff aus Harvard. Stoffverändernde Einwirkung, wenn sie von Menschen ausgeübt wird, so Haseloff, beruht nämlich auf einer subjektiv-objektiven Haltung und nicht auf irgendeinem einzelnen Tun.

Haseloff weist darauf hin, daß Heidegger davon ausgeht, daß es am Menschen (im Hirn, im Körper, im Wesen und in sozialer Beziehung) »die Hand«

gibt und nicht zwei Hände. Die Hand sei das Prinzip des ganzen entfalteten Körpers und Geistes. So gebe es immer nur *eine* Hingabe an den Tod oder *einen* Todesmut und nicht zweierlei davon. Vor dem »letzten Einsatz« würden die Einzelheit und die Vielzahl zur Phrase.

Abb.: März 2011.

»Eine Metropole von 37 Millionen Menschen«

Zwölf hochrangige Unzuständige hatten sich in der 37-Millionen-Stadt Tokio zu einer Besprechung getroffen. Dazu gehörte der Verteidigungsminister. Vom Finger Gottes oder vom geheimnisvollen Willen mächtiger Ahnen hing es ab, ob der Wind nach Süden drehte. Dann würde die radioaktive Wolke die Hauptstadt erreichen. 37 Millionen Menschen (und das ist nur ein statistischer Schätzwert, der die tatsächlich anwesende Menschenmasse nicht wiedergibt) können nicht an einem anderen Ort in Japan untergebracht werden, sagte der Chef der Wasserwerke. Sollte man eine Evakuierung durch Aufteilung auf viele Präfekturen versuchen? Unterbringung in Turnhallen oder in rasch errichteten Zeltstädten? So viele Turnhallen und Zelte gab es im gesamten Inselreich nicht. Sind denn dazu überhaupt Rechnungen angestellt worden? fragte der phantasiebegabte Direktor aus dem Finanzministerium, das zentral für die Körperschaftssteuer in ganz Japan weisungsberechtigt war.

Das Problem der Masse liegt darin, daß man mit Menschenzahlen in solcher Dimension nur umgehen kann mit Hilfe von Gefäßen, in denen sie sich organisieren: Bezirke, Stadtviertel, Reviere, Busladungen. Ohne Ort, Bewegungsimpuls (den der Eigenwille der Einzelnen unbeirrbar festlegt) und Zeitpunkt ist die Masse abstrakt. Unregierbar? Oder gar nicht existent? Nein, sie ist höchst substantiell, aber dennoch unwirklich. Was verstehen Sie unter unwirklich? Ohne Platz in dieser Welt.

Wie monströse Würmer würden die Kolonnen von Fahrzeugen und Flüchtenden auf den Ausfallstraßen jeden Ausweg versperren, meinte der Verteidigungsminister. Die 260 km U-Bahn-Tunnel und deren Hochtrassen kommen als Fluchtwege ebensowenig in Betracht, weil sie sich sogleich verstopfen, ergänzte der Finanzexperte. Man muß eine solche Massenflucht um jeden Preis vermeiden! Und das durch Verbote oder Nachrichtensperre zu erreichen ist ein aussichtsloses Unternehmen. Man braucht einen alternativen Fluchtweg, um einen Fluchtweg zu versperren. Das wußte der Amtsleiter für Versicherungshandbücher noch aus Kriegsberichten des Zweiten Weltkriegs.

Ein Bürgermeister von Tokio

Wo Shintarō Ishihara mit seinem Schweif von Mitarbeitern und Polizeibeamten seine Bahn zog, breitete sich eine Empfindung von »Öffentlichkeit« aus, ein Lichteinfall in den düsteren Tag. Am frühen Donnerstag hatte der Gouverneur der Hauptstadtpräfektur Tokio, landläufig Bürgermeister genannt, dem Sprecher des Kabinetts die Aufmerksamkeit der Nation streitig gemacht. Ishihara hatte vor TV-Kameras erklärt, daß die Meßwerte der Radioaktivität für Tokio künftig in eigener kommunaler Autorität festgestellt würden und daß sie in dieser Form ohne Einschränkung zu veröffentlichen seien. Zensur kann es in einer solch lebensbedrohlichen Angelegenheit nicht geben, sagte er. Er stellte es so dar, als seien die von der Regierung publizierten Daten manipuliert. Wie es seinem Charakter entsprach, blickte er über den Tag hinaus. Er sah auf die bevorstehenden Wahlen für das Amt des Bürgermeisters im nächsten Monat, also auf Ende April. Diese Wahlen konnte er aufgrund der tragischen Ereignisse und seiner führenden Rolle in solcher Not bereits nicht mehr verlieren. Es ging an diesem Tag nur noch um den Unterschied zwischen »Sieg« und »Erdrutschsieg«.

Evakuierung einer Metropole

Es ist ein Irrtum, behauptete einer der 150 Experten, welche die USA für den Transport nach Japan bereitgestellt hatten und die in Hotels in Illinois derzeit warteten, daß man eine Metropole wie Tokio nicht evakuieren könne, nur weil die Statistik deren Einzugsbereich samt Vorstädten auf 37 Millionen Menschen beziffert. James Miller war BEVÖLKERUNGSUMSETZUNGSSPEZIALIST, nicht Kernkraftphysiker. Die Transplantation großer Menschenmengen von dem einen zu einem anderen Ort bezeichnete er aber (in Übereinstimmung mit Kollegen) als zur Physik gehörend, nämlich zur Lehre von den realen Körpern in Zeit und Raum; im Gegensatz zu den Büchern des Aristoteles, die auf die Bücher von der Physik folgen und von der Metaphysik handeln.

Selbstverständlich können Sie die Gesamtzahl von 37 Millionen Menschen weder auf kurzer noch auf langer Strecke bewegen. Das ist aber auch nicht notwendig, wenn, wie angenommen wird, der Wind von Fukushima, statt in Richtung Meer zu wehen, sich nach Süden wendet und somit Tokio bedroht. Die 37 Millionen Menschen leben nicht im Zentrum der Stadt. Man wird also mit der Evakuierung der nördlichen Vororte beginnen. Sie sehen auf den Tabellen hier, wie sich die Zahl verringert.

Und wo sollen die Millionen, aufgeteilt in handhabbare Einheiten, immer unterstellt, daß die Menschen die Transportwege nicht in Panik verstopfen oder einfach nicht gehorchen, am Ende hingebracht werden? Es sind Großstädter, Mr. Miller. Sie verstehen es nicht, auf dem Land zu leben. Das konnte der Experte nicht auf Anhieb beantworten. Er wußte nur, wie man zunächst eine absurd große Menge mathematisch und dann praktisch auf übersichtliche Mengen zurückführt.

Aber wer soll mit der verkleinerten Menge anschließend umgehen? Die Behörden, das wurde Miller entgegengehalten, doch wohl gewiß nicht. Nein, bestätigte Miller, auch nach den Handbüchern des Versicherungsrechts gehe es um eine Führung von »unten nach oben«. Also Selbstorganisation? Wo soll die in so kurzer Zeit herkommen? fragte Miller zurück.

Am ehesten schien noch ein Zusammenwirken vorstellbar zwischen dem Eigenwillen der Einwohner und einer gewissen einfachen Informationsarbeit (geklebte Zettel, Hörfunk, Lautsprecherwagen, Lokalsender). Das würde voraussetzen, erwiderte Miller, daß sich die dem Eigenwillen innewohnende Schwarmintelligenz im Fall einer solchen Katastrophe (die sich von einer Flucht des Wildes bei Waldbrand unterscheidet) einem Lernprozeß unterzieht. Mir scheint die Natur dieses Eigenwillens für die Rettung einer Weltstadtbevölkerung zunächst wenig hilfreich.

So gab auch der analytisch präzise Blick des Bevölkerungsphysikers keine zureichende Perspektive. Abgesehen davon, daß alle 150 hochrangigen Experten derzeit noch warten mußten, obgleich die Flugzeuge in Chicago bereitstanden. In der japanischen Regierung war derzeit kein Zuständiger zu erreichen, der die Einreise einer solchen Gruppe und deren Einweisung zu einem Einsatz verantwortet hätte. Man kann nicht 150 Experten einfach losschicken wie ein Carepaket. Dazu braucht es Organisation.

Eine sich vergesellschaftende Rotte von Robotern

Schon vor 25 Jahren hatte das Bundesamt für Strahlenschutz Roboter nach Tschernobyl geliefert. Sie sollten bei der Bahnung von Zugängen zum havarierten Kernreaktor helfen. Sie erwiesen sich als unpraktisch für das wüste Gelände der Havarie. Diese sensiblen »Westler« erschraken vor jedem Trümmerstück, das ungeplant auf ihrem Wege lag. Inzwischen sind die Roboter wesentlich verkleinert und fortentwickelt worden. Sie werden jetzt in Rotten eingesetzt.

Die Bundesbehörde, die sie nun nach Japan zur Hilfe sandte, hatte dagegen nur ihren Sitz geändert, nicht ihre Handbücher und Gewohnheiten. Das »Hilfspaket für Fukushima« wurde so zusammengestellt wie einst das für die Pripjet-Stadt. Wieder sandte man, weil es in den Computern so vorgesehen war, die Geräte ohne ihre Wärter. So standen die Roboter in der Nähe eines Flughafens bei Sendai lange Zeit unausgepackt herum. Man suchte nach einem Japaner, der vor einiger Zeit als Praktikant im deutschen Bundesamt gearbeitet hatte und vielleicht Kenntnis von der Bedienung der Geräte haben konnte. Viel wurde zwischen der Bundesrepublik und dem japanischen Koordinationszentrum kommuniziert. Jedenfalls waren die Soldaten und Feuerwehrleute, die an den zerstörten Reaktoren die Wasserbesprühung intensivierten, nicht in der Lage, die in Deutsch verfaßten Gebrauchsanweisungen für die Roboter zu entziffern. Die intelligenten und einsatzstarken Geräte wären objektiv hilfreich gewesen bei der Freiräumung von Trassen, wie sie für die Verlegung großer Stromkabel, noch mehr aber für die Anfahrt und fortlaufende Versorgung der Feuerlöschfahrzeuge erforderlich waren. Solche Schneisen konnten wegen der extrem hohen Strahlungsdichte nicht von Menschenhand geräumt werden. Erst am Samstag, jetzt aber mit einer schnellen Maschine der Bundeswehr und Zwischentanken in Usbekistan, gelangte ein deutscher Fachmann nach Sendai. Er hatte schon am Bau der Roboter mitgewirkt, hatte sie »aufgezogen«. Die Maschinen erwachten. Sie hatten nämlich gewisse »Gewohnheiten«, reagierten aufeinander. Und Dr. Hanfried Wirtschler, ihren Konstrukteur, nahmen sie für einen der Ihren: Als lernende, sich untereinander vergesellschaftende Gruppe war ihnen kein Wegebau durch Trümmer und Zerstörung zu schwierig. Durch Schneesturm und die Anarchie der Dinge zogen sie mit ihrem Führer durch die Finsternis der Nacht. Es war die Nacht von Samstag auf Sonntag, in der es um Stunden, ja um Minuten ging, wollte man den Automatismus wasserlos daliegender Brennstäbe noch rechtzeitig unterbrechen. In einem gewissen Abstand vom Ziel mußte der Konstrukteur seine Kreaturen verlassen, die selbständig weiterzogen, in die Wildnis hinein. Man muß sich vorstellen, sagte Dr. Wirtschler, daß sie ein spirituelles Laboratorium um sich herum »empfinden«. Sie bilden eine »Welt für sich«, deshalb sind sie füreinander so wertvoll. Er sah sie in der Ferne, im Licht der Richtscheinwerfer der Feuerwehr, wie sie Betonteile beiseite rückten. Er selbst bleibepackt, aber auch in dieser abenteuerlichen »Rüstung« immer noch zu verletzbar für eine solche »Straße«. Unklar war ihm, ob die »Söhne«, wenn sie zum Abklingbecken des Reaktors Nr. 4 vorgedrungen sein würden, durch einen Funkbefehl noch aufzuhalten wären. Mit dem Zwitschern, mit dem sie sich untereinander verständigten, hatten sie sich aus der Menschenwelt entfernt, waren, selig vor Geselligkeit, in einer Programmwelt verschwunden, heißhungrig nach Information, offenbar genußsüchtig.

Ein Metallbrand ist besonders schwer zu löschen

Das hochexplosive Wasserstoffgas, dessen Verpuffung im AKW Fukushima die Außenkuppel zerstörte, rührte von den Schutzhüllen her, mit denen der Brennstoff im Kern des Leichtwasserreaktors umgeben ist. Die Hüllrohre stellen sicher, daß das Kühlwasser nicht durch radioaktive Spaltprodukte verunreinigt wird. Seit 60 Jahren werden diese Rohre standardgemäß aus Legierungen hergestellt, die zu 98 Prozent aus Zirkonium bestehen.
In den Anfängen der Atomindustrie galt das Schwermetall Zirkonium als unbrauchbar für den Reaktorbau. Das Element ist nur schwer rein herzustellen. Gerade aber diese Herausforderung lenkte die Aufmerksamkeit der Entwickler und Erfinder auf dieses Element, das in besonderer Weise eine Hülle bildet und doch den Neutronendurchfluß nicht behindert. Die Legierungen wurden kraftvoll optimiert: stets Zirkonium mit geringen Anteilen an Eisen, Nickel, Chrom, Niob und Zinn. Nicht spröde, aber stabil und korrosionsbeständig. An der Grenze zwischen Hüllrohr und Kühlwasser bildet sich auf dem zum Standard gewordenen Metall eine dünne Oxidschicht; sie ist es, die das Material vor weiterem Rost schützt. Keine Art rostfreien Stahls besitzt diese Eigenschaft. Der Nachteil dieser evolutionär herangereiften Vorliebe der

Atomtechnik zeigte sich in Fukushima. Bei einer Hitzeentwicklung, die in den Modellrechnungen nicht vorgesehen war, beginnt das Zirkonium zu brennen und ist durch kein Mittel der Welt zu löschen. Gelangt Wasser an den Metallbrand, trennen sich Wasserstoff und Sauerstoff. Zugleich bringt der Brand die Wasserstoffblase zur Explosion.

Zufluchtsort einer künftigen Menschheit

In der Straße der Stiftungen in Washington, von wo aus die großen Lobbys ihren Ausgang nehmen, existierte eine relativ kleine Organisation, die von 16 Jungingenieuren betrieben wurde und über Internet eine Anhängerschaft von 70 000 Teilnehmern aufwies. Sie befaßte sich mit den Zufluchtsorten einer künftigen Menschheit, wenn – schuldlos oder schuldig – deren gegenwärtige Domizile vernichtet wären. Die Mitarbeiter waren weder skeptisch noch depressiv gestimmt, sondern voller Erwartung.

Sie nutzten ihre Verstandeskräfte, die ja durch die Rückantwort so vieler Partizipanten dieses Unternehmens im Netz energetisch verstärkt waren, zur Befestigung der Einsicht, daß wenig Aussicht bestand, die Mehrheiten auf dem Planeten oder in den Administrationen daran zu hindern, die Erde selbst zugrunde zu richten. Zugleich – und das war die Wurzel ihrer affirmativen Einstellung – glaubten sie an ihre Fähigkeit, »als Ingenieure scheinbar Unmögliches zu bewirken«.

Ihre Hoffnung richtete sich in jenen Tagen auf den Jupitermond EUROPA. Unter einer brüchigen Eiskruste existiert dort ein gewaltiger Ozean, der diesen Mond bis zum felsigen Kern ausfüllt. Nicht vergleichbar mit einer

Abb.: Mond Europa. Aus der Entfernung gesehen.

irdischen Wassermasse. Am Boden dieses Meeres mochte es Methanquellen geben. Fremdartige Kleinlebewesen konnten sich dort entwickelt haben. Jedenfalls wurde dieses Wasser, von Wärme und Energien durchflutet, durch die massiven Gravitationskräfte des Jupiter täglich durchwalkt.

Zunächst brauchte man, vom praktischen Standpunkt des Ingenieurs aus gesehen, »geschlossene Körper«, um Menschen in diese fremde Welt einzuführen. Man darf sich ein solches HEIM nicht wie ein U-Boot vorstellen, vielmehr sehen wir das, meinte Dipl.-Ing. George Hunza, einer aus der Gruppe der 16, als eine Art großer Blase, eine Fortentwicklung der früheren Zeppeline. Diese SIEDLUNGEN oder RIFFE, also Packungen und Versammlungen, bilden einen Gegenpol zu der amorphen und durch die Eiskruste des Mondes abgeschotteten Wassermasse. Dem »Bösen« steht nicht das Gute, sondern das »Nasse« gegenüber. In ihm zerstreuen sich die Absichten und Pläne, die Voraussetzung des Bösen sind. Das könne als generelle Lebensregel gelten, meinte Hunza. Die Organisation der Menschen auf dem fernen Mond benötige eine gewisse Abgeschlossenheit für ihre Entwicklung. Ausgeschlossen sei es dagegen, daß »Bären (also die Menschen) sich dem nassen Element so anvertrauen, daß ihre Mäuler größer werden und sie schließlich zu Walfischen gedeihen« (Darwin).

Die Gefäße oder Fahrzeuge zum Befahren des Europa-Ozeans und die symbiotische Form einer »Menschheit unter Wasser« waren in den Computern der 16 Ingenieure (immer mit Verbesserungsvorschlägen und Antworten der patriotischen Anhängerschaft) schon zwei Jahre vorausentwickelt worden. Auf den verfügbaren Parallelrechnern entsprach das einer Rechenzeit von 1600 Jahren. Die »Gefäße« und die »Boote« mußten miteinander kommunikative »Städte« und »Gärten« bilden. Es mußten visuelle Vorkehrungen getroffen werden, vielleicht in den Decken der Räume, so daß eine Außensicht simuliert blieb, da eine Menschheit, die von der Erde stammt und im Dunkel des Ozeans lebt, nicht dauerhaft ohne den Anblick der Sterne, sozusagen des Ganzen, existieren kann. Die Ingenieure waren (während um sie herum die Aktualität dahinfloß) mit ihren Plänen so beschäftigt, daß sie genau angeben konnten, wie sich die Sprache einer Europamond-Bevölkerung im Fließwasser des dunklen Ozeans verändern würde. Gewaltige Illuminationen waren erforderlich, da die Lichtgestalt der Menschen, die ihnen von der spirituellen Evolution mitgegeben ist, sich von solchem Anblick nährt. Kommunikation mit dem Weißen Haus besaß die Forschergruppe nicht. Auch nicht mit den Publikationsorganen *Nature* und *Science*, welche Forschung erst zu einer Wirklichkeit machen. Das alles geschah am Dienstag, an dem in Fukushima das Ausmaß der Havarie durch keine Instanz ermittelt werden konnte.

Erdbeben mit der Folge einer flutartigen Empörung in der Antike

Im Jahr 464 v. Chr., in welchem die Athener Thasos belagerten, erschütterte ein schweres Erdbeben das Land der Spartaner. Nur fünf Häuser der Stadt sollen unversehrt geblieben sein. Im Gebirge Taygetos »zerrissen Gipfel«. In der herrschenden Klasse der Krieger war momentan der Glaube an die eigene Stärke und an die Güte der Götter zertrümmert. Christian Meier berichtet, wie die Heloten »in großen Scharen vom Lande herbeiliefen, um unter den Spartanern aufzuräumen«. Diese arbeitsteilig abgespaltene Gesellschaft der UNTERWORFENEN dachte an eine Umkehrung der Verhältnisse, die doch aussichtslos war, weil die herrschenden Spartaner zwar zu kämpfen und zu sterben, nicht aber zu arbeiten wußten. Sie hätten nicht lernen können, was die Heloten sie jetzt lehren wollten.

Die rasch ergriffenen Maßnahmen des Königs Archidamos klärten die Lage. Die Aufständischen, die dem Erdbeben wie eine Flut gefolgt waren, wurden auf der befestigten Burg Ithome in Messenien eingeschlossen. Auf dem Gipfel eines Berges war eine bewaffnete Scheune errichtet, etwas, das die Römer später in Gallien *oppidum* nannten. In dieser ihrer Zuflucht wurden die Heloten belagert mitsamt den Vorräten, die sie vorgefunden hatten. Lange Zeit vermochten die Spartaner diesen Punkt nicht einzunehmen. Ein Hilfskontingent aus Athen half halbherzig, den Belagerungsring zu besetzen. Die Hilfstruppe bestand aus Leuten mit »Gedanken an eine neue Zeit«. Die Spartaner hatten den Eindruck, die athenischen Hopliten ließen heimlich Feinde durch ihre Reihen entweichen. Aus dieser Folge von Eindrücken entstand später der Stachel, der zum Peloponnesischen Krieg führte.

Abb.: Antikes Schiff in Seenot.

Der Stolz des Ortes ist die Schule

Das Schwimmer-Team der Takata High School war noch gesehen worden, wie es zu dem städtischen Freibad marschierte, das einen Kilometer vom Schulgelände entfernt lag. Vom Beckenrand oberhalb des breiten Sandstrands konnte man die Hirota-Bucht liegen sehen. Passanten beobachteten die Kolonne, wie sie auf den Weg abbog, der zu der Badeanstalt führte. Das war das letzte, was man von den Jugendlichen sah.

Die Stadt Rikuzentakata zählt 23 000 Einwohner. Hiervon wurden nach dem Tsunami 2300 vermißt. 9200 leben in Lagern für Evakuierte, also in Turnhallen und Zelten. Seit 1820 entsprechen die Schülerzahlen japanischer Schulen prozentual den Verhältnissen in Deutschland und Frankreich. Seit der Meiji-Reform gehören in den Präfekturen und Städten die öffentlichen Schulen zum Zentrum der Kommunen. Was einst der Tempel bedeutete, verkörpert jetzt die Schule: ein Stück Stolz. Auch jetzt ist die Takata High School das größte Evakuierungszentrum. Ein Lieferwagen fährt in den Schulhof. Die Fahrer zeigen den Leichnam eines Schülers aus dem Nachbarort Ofunato, einen Zehntkläßler. Sie suchen Angehörige dieses Toten.

Für die Warnung vor dem Tsunami standen 15 Minuten zur Verfügung. Fünf Minuten dauerte es, bis sich die Nachricht bei den Verantwortlichen verbreitet hatte.

Rikuzentakata ist ein Fischerort, der sich von der Küste in ein Tal zu den Hügeln hinaufzieht. 257 Schüler, die sich im Schulgebäude aufhielten, wurden hinter das Gebäude hügelaufwärts geführt. Der Schwimmcoach der Schule, Frau Motoko Mori, die zu den Vermißten gehört, wurde zuletzt gesehen, wie sie in Richtung des B&G-Centers, der Badeanstalt, rannte. Sie soll versucht haben, das ihr anvertraute Schwimmer-Team zurückzuholen. Es wird gesagt, sie habe die Kinder noch bis zu einer Schwimmhalle gebracht, die so gebaut war, daß die Wassermasse, die erwartet wurde, zwischen den Stelzen des Gebäudes hätte hindurchfluten können. Auf diese »Insel« wollte sie die Schüler retten. Nichts von dem Gebäude blieb intakt.

Der Tsunami überrollte das B&G-Bad, dessen massive Betonträger umstoßend. Bäume und Dächer lagen, wie später festgestellt, im Becken, das kein Wasser mehr enthielt. An einer der Wände des Schwimmbads war eine Schrift erhalten: »If your heart is with the water it is a medicine for peace and health for longlife.«

In den Räumen der High School, die als Flüchtlingszentrum dienen, hängen Abbildungen von Vermißten. Mounty Dixon, ein Journalist aus Anchorage (Alaska), glaubt beobachtet zu haben, daß Eltern und Angehörige von Vermißten an Phantasien festhalten, daß vermißte Schüler noch draußen in der jetzt ruhig daliegenden See um ihr Leben kämpfen. Auch gibt es Inseln weit draußen vor der Bucht. Eine Gruppe von Angehörigen hat Geld zusammengelegt, damit man ein Motorboot ausrüstet, das dort nachsehen soll. Wie Dixon mitteilt, gibt es in Japan Gespensterglauben, auch im Hinblick auf gute Geister, die gegen alle Wahrscheinlichkeiten Kinder zu ihren Eltern zurückführen.

Das Fischerstädtchen besaß früher eine Küste mit tausend Koniferen. Die umgebenden Hügel sind nun mit einer Girlande von Schiffswracks versehen. Im Schulzentrum wird von 1700 Vermißten gesprochen. Hierbei ist das Wort »vermißt« ein Euphemismus, so Dixon. Es gibt aber auch eine positive Nachricht. Eine achtzigjährige Frau und ihr Enkel überlebten, eingeschlossen im Keller ihres zerstörten Hauses, ernährt vom Inhalt ihres Eisschranks. Der magere Junge kroch durch die Trümmer auf ein Licht zu, das sich als der Tag erwies.

In der High School gab es zwei Curricula. Da der Ort zum Einzugsbereich eines Fischereikonzerns gehört, können die Kinder wählen, ob sie sich für eine der Sparten des Fischereiwesens oder für einen allgemeineren Beruf heranbilden lassen.

Müde, ohne gearbeitet zu haben

Wir vom Technischen Hilfswerk hatten die Ladung unserer Herkules-Maschine, eines früheren Militärflugzeugs, sorgfältig überprüft. Mit Zelten waren wir ausgerüstet. In den Rucksäcken war für 14 Tage unabhängigen Überlebens alles verwahrt. Unsere Werkzeugkästen sind vom TÜV anerkannt. So hätten wir auch zu einer Wüstenexpedition aufbrechen können. Zwei unserer Leiter waren mit einer Verkehrsmaschine vorausgeflogen. Sie sollten erste Aufträge akquirieren. Wegen der Umleitung der Zivilflüge in Japans Süden waren wir vor ihnen im Katastrophengebiet. Lange standen wir in der Warteposition für die Zollabfertigung. Das lokale Telefonnetz, auch der Mobilfunk, war zusammengebrochen. Wir kannten die geographischen Umstände und die Orte der größten Schäden besser als jeder der hier örtlich Verantwortlichen, da wir mit der Bundesanstalt für Luft- und Raumfahrt in Kontakt standen, die aus dem Orbit Totalübersichten und scharfe Großaufnahmen der Unglücksstätte lieferten. In der Enge des inzwischen überhitzten Flugzeugs saßen wir tatenlos mit unserer Information. Unsere Suchhundestaffel war unruhig. Die Tiere können nicht Stunde um Stunde untätig verharren. Sie sind begierig, Überlebende zu suchen. Dafür sind sie ausgebildet. Die Behörden wußten nichts mit unserem Eintreffen anzufangen. Unser Mut, unsere Motivation sank. Kein Hilfsbereiter will so lange Zeit unter so miserablen Umständen warten. Zwei Tage später wurden wir, verpackt wie beim Abflug aus Deutschland, wegen zunehmender radioaktiver Strahlung von dem Aushilfsflugplatz (private Segelflugzeuge), auf dem wir standen, nach Süden verlegt. Am Ende der Woche rief uns die Einsatzleitung unverrichteterdinge nach Hause zurück. Der Dolmetscher, den man uns mitgab, war kein Muttersprachler; er konnte sich mit den hier ansässigen Japanern nur schwer verständigen. Ein Kontakt mit der deutschen Botschaft kam nicht zustande, da diese sich im Umzug von Tokio nach Osaka befand. Wir fühlten uns »gottverlassen«. Müde, ohne gearbeitet zu haben.

Absinken des Aktualitätswerts

An Nachrichtenwert hatte Fukushima im Juni 2011 verloren. Das lag an dem Andrang weiterer Aktualitäten und hatte nichts mit dem zähen Fluß der Tatsachen vor Ort zu tun. Dort waren jetzt die Anfänge der Regenzeit zu beobachten. Im Turbinengebäude von Reaktor 2 und 3 stieg das mit Cäsium gesättigte Wasser stündlich um drei bis vier Millimeter. Durch die Löcher, welche die Installation der Kernkraftanlage zum Himmel hin aufwies, fiel eine Rekordmenge an Regen in alle Behälter, die Wasser führten. Ein Amateurteam (in Schutzanzüge gekleidet) filmte Arbeiter in deren Schutzanzügen und in hüfthohen Spezialstiefeln. Die Arbeiter wateten mit Taschenlampen durch die Flüssigkeit. Die Filmsequenz hatte eine Länge von sieben Minuten und konnte an keine Agentur, auch nicht an das nationale Fernsehen NHK, verkauft werden. Der Film über die Not der Arbeiter, die, wie sie sagten, nicht sicher sein konnten, ob sie in ihrer Kostümierung nicht doch in Gefahr wären, hielt die Rivalität der Vorführung von Bildmaterial über Dominique Strauss-Kahn, der vor einem US-Gericht vorgeführt wurde, und die Aktualität des Ehec-Bazillus nicht aus. Es wurde aber bekannt, daß es weltweit einen Markt für Leiharbeiter für die Reparatur beschädigter Atommeiler gebe, die gegen einen hohen Bonus für »Einsätze unter Senkung der Sicherheitsregeln« zur Verfügung stünden. Mit Flugzeugen werden sie von Ort zu Ort in der Welt umhergeflogen.

Besuch der Kanzlerin

Die Bundeskanzlerin hatte auf dem Weg zum Flughafen Schönefeld, wo ihre Maschine um 11.55 Uhr starten sollte, einen Abstecher nach Potsdam gemacht. Zu den Leuten vom Deutschen GeoForschungsZentrum. Sie hätte die Experten auch ins Kanzleramt bitten können, aber dann hätte sie nicht alle gesehen, hätte die Gerätschaften nicht beurteilen können; im übrigen war sie ja auch nicht im Kanzleramt, sondern mußte reisen; so hätte sie also zu keiner Zeit diese Wissenschaftler einladen können. Besser, sie zweigte eine halbe Stunde für die Vorbeifahrt ab.

Fragen hatte sie sich aufschreiben lassen. Es ging um die geologische Einschätzung der Gefahr, die von der Plasmablase weit unter der Eifel ausging. Sie hatte die Vulkanseen jenes Gebirges, die »wie tote Augen zum Himmel starren«, in ihrer Lebenszeit nur auf Abbildungen gesehen, besaß aber genügend Ahnung, um sich in zwanzig Kilometern Tiefe unter solchem schwarz blickenden Wasser die Gluten und unberechenbaren Bewegungen der dort teigig sich bewegenden Schmelze vorzustellen. Stets hieß es: Das kann für die Republik nicht gefährlich werden. Dann sind es eben andere Ereignisse, sagte sich die Kanzlerin, die aus der Modellrechnung herausfallen. Etwas lauert an den Rändern des Wahrscheinlichen.

Die Experten des Forschungszentrums versuchten sich kurz zu fassen. Der Besuch regte sie an, so daß einige von ihnen nach Weiterfahrt der Politikergruppe richtig in Fahrt kamen. Es gibt drei Orte, an denen sich derzeit das Wissen über die Erdkruste und das große Tōhoku-Beben konzentriert: Das sind die Universität von Sendai, das sibirische Forschungszentrum Akademgorodok und die Forschungsstätte in Potsdam. Die Wissenschaftler an der Tōhoku-Universität in Sendai hatten bereits vor zehn Jahren gewarnt. Am 13. JULI 869, ALSO HEUTE VOR 1142 JAHREN, EREIGNETE SICH DER SOGENANNTE JOGAN-TSUNAMI. Seine Spuren können die Archäologen bis vier Kilometer landeinwärts verfolgen: Trümmer in der entsprechenden Tiefenschicht. Berücksichtigt man die Felsküste und die Höhe der Hügel, welche die Flutenwelle zu überwinden hatte, läßt sich die Gewalt der Wassermassen einschätzen: als Wasserschwall von bis zu 34 Metern Höhe. Die Experten von Sendai, in Übereinstimmung mit ihren Kollegen in Akademgorodok (bei Dissens kalifornischer Experten) rechnen alle tausend Jahre mit einem Erdbeben von 9.0 oder mehr auf der Richterskala. Dementsprechend haben, so die Mitteilung der Wissenschaftler an die Bundeskanzlerin, die Erdbeben unter der nordanatolischen Hochebene, die sich Istanbul nähern, eine Langfrist-Periode, die eine Gefährdung der türkischen Zehn-Millionen-Stadt in den nächsten zehn Jahren mit einer Wahrscheinlichkeit von 60 Prozent erwarten lassen.

Das große Beben, 370 Kilometer nordöstlich von Tokio, entstand in 24 Kilometern Tiefe unter dem Meeresboden. Im Japangraben wird die pazifische Platte jährlich acht Zentimeter unter den Sockel der japanischen Inseln gepreßt. Die so gestaute Spannung summiert sich in der geologisch kurzen Zeit von tausend Jahren. Der Ausbruch selbst braucht einen Auslöser, der als Beben von 7,2 auf der Richterskala am 9. März 2011 stattfand. Das wurde erst im nachhinein klar. Wir verstehen jedes Geschehen erst aus den Datenmengen, welche die Computer gespeichert haben, behaupteten die Wissenschaftler übereinstimmend. 0,2 auf der logarithmischen Richterskala bedeute eine Verdoppelung. Das große Tōhoku-Beben vom 11. März war somit 500mal stärker als der Auslöser, den wir übersehen haben. So sprachen Rongjiang Wang und Thomas Walter vom Forschungszentrum in Potsdam. Innerhalb von 150 Sekunden erfaßte der Bruch eine linsenförmige Zone von 400 Kilometern Länge und 200 Kilometern Breite. Unterhalb des Bruchs in der Tiefe von 25 Kilometern bildete die spröde Erdkruste eine sich dahinwälzende Masse. Im Zentrum des Bruchs verrutschten Segmente der Kontinentalplatte um 18 Meter. Die Insel Honshu verlagerte sich um vier Meter nach Osten, um sieben Meter wird der Meeresboden angehoben. Die sich entladenden Energien, berichteten die Wissenschaftler beim Essen in der Kantine, entsprechen mehreren Millionen Atombomben. Zu diesem Zeitpunkt der Erzählung war die Kanzlerin bereits weitergefahren.

3
Der Lebenslauf einer fixen Idee

Der Schreiner von Athen

Ein Schreiner in Athen hat seit Januar 2011 keine Kunden mehr gesehen. 13 000 Euro Schulden liegen auf dem Geschäft. Sein Häuschen, in dem Werkstatt und Familie untergebracht sind, steht zur Zwangsversteigerung an. Die Kinder und seine Frau, mit welcher er seit kurzem in Streit lebt, werfen ihm vor, sich nicht intensiv genug gegen den wirtschaftlichen Verfall gewehrt zu haben. Neben seiner Werkstatt liegt eine Baugrube. Dort wird er sich umbringen.

Besser wenn es keine Regierung gibt, die Verträge unterschreibt

Auf dem Syntagma-Platz in Athen hat sich eine Gruppe von Streikenden der posteigenen Gewerkschaft aufgestellt, welche gegen die Privatisierung dieses Staatsbetriebs demonstriert. Wenig Zuschauer. Zu anderen Zeiten ist dieser Platz vollständig von Menschen besetzt. Einen Journalisten der Wiener Zeitung *Der Standard* wundert es, daß Vorträge quasi über die Lautsprecher gehalten werden. Aufmerksam lauscht die Menschenmasse.
Gegen wen läßt sich der Protest oder eine handgreifliche Attacke richten? Hat es Sinn, eine Bankfiliale in Brand zu setzen? Schuldscheine zu verbrennen? Es wären nur Kopien.
An verborgenem Ort arbeitet eine Tätergruppe von fünf Personen nach dem Vorbild von Gruppen der siebziger Jahre an Paketbomben. Der griechische Geheimdienst beobachtet diese Aktivitäten (seine Erfahrung reicht zurück bis zum Gewaltregime der Obristen). Neuerdings zögert dieser Geheimdienst, die Terrorarbeit aufzudecken oder zu unterbinden. Es ist unklar, was für das Land nützlich ist: der Ausdruck von Protest durch Gewalttaten oder eine gehorsame Republik, welche die Forderungen der Kreditgeber erfüllt und jede Störung durch Terror ausschaltet. Nach Auffassung der Geheimdienstleute geht es bei dem »wilden Widerstand der Terrorgruppen« um einen Mitnahmeeffekt: Sie benutzen die Empörung der Bevölkerung als Hintergrund für ihre Taten, die sie ohnehin begehen wollen.

Vermutlich wäre es besser, wenn wir in Griechenland in solcher Lage keine Regierung hätten, meint der Enkel eines ehemaligen ELAS-Kommandanten von 1944, jetzt Gastprofessor in Köln. Es sollte niemand dasein, der immer erneut die Kapitulationen unterschreibt. Ist keine Regierung da, kann niemand Konzessionen machen. So wie die Verantwortlichen, welche den Schuldenberg errichteten, auch nicht mehr greifbar sind. Anders gesagt: so wie wir die Kreditgeber physisch nicht sehen und mit Händen nicht angreifen können. Auch gilt: Sind keine Gerichte vorhanden oder sind sie so korrupt, daß ihnen niemand Folge leistet, können keine Pfändungen und Zwangsvollstreckungen durchgeführt werden. Gerichtsvollzieher instruieren die Bevölkerung, wie man alles Wertvolle versteckt und dadurch überlebt.

In einer ungegenständlichen Welt gilt es, alle gegenständliche Autorität einzureißen, so der griechische Gastprofessor.

– Werden damit Mord und Raub um sich greifen?
– Dagegen gäbe es Selbsthilfekomitees. Die existieren nur deshalb nicht, weil Regierungsorgane vorhanden sind.

Der Enkel des ELAS-Kämpfers galt als Querkopf. Auch konnte er von seiner Gastprofessur aus nichts Praktisches in seinem Lande bewirken.

Abb.: Universität Edinburgh. Heimstätte der »Griechen« David Hume und Walter Scott.

Der Lebenslauf einer fixen Idee

Dr. Wilfried von Lerchenberg-Winnigerode, Enkel von Oberstudiendirektor Oberst a. D. Erich von Lerchenberg-Winnigerode, der 1941 in Theben befehligte und der nach dem Krieg durch seine *Graeca Diversa* bekannt wurde, hat in Harvard die merkwürdige Geschichte »Neugriechenlands« zu seinem Forschungsthema gemacht. DAS LAND DER GRIECHEN MIT DER SEELE SUCHEND schien ihm eine Parole, die einer genaueren Unterscheidung bedurfte. Und so wie die deutsche klassische Philosophie, Schinkels Bühnenbilder, die bauliche Anmutung der Hauptstadt Berlin im 19. Jahrhundert, die Herzstücke britischer Museen das Licht des antiken Griechenland tatsächlich widerspiegeln, so scheint Dr. Lerchenberg-Winnigerode die Inbesitznahme dieses Erbes durch die Gründung des Staates Hellas im 19. Jahrhundert auf Illusion gegründet. Mit seinen Untersuchungen wolle er, wie er sagt, nicht den Großvater exkulpieren, der 1941 jenes Land besetzt hielt, wohl aber unter Überspringung des Vaters, der als Banker in New York erfolgreich war, die Neugiertradition seiner Familie fortsetzen. Schon sein Urgroßvater war Philologe.

Ein unbezahlbares Motiv

Ich stamme aus Görlitz. Als 20jähriger wurde ich als »junger Mann« in der Kanzlei eines Kirchenjuristen eingestellt, der zu den Dissidenten zählte, aber doch aufgrund seiner Positionen in der Kirche so viel Hintergrund besaß, daß seine Arbeit geduldet wurde. Dann war dieser Oppositionelle, für Jahre als Einzelner relativ ohnmächtig, für etwa sechs Wochen (bis Ende März 1990) vor Ort allmächtig. Alle vertrauten ihm. Er setzte darauf, mit den neuen Kräften des Landes ein EINIGES VATERLAND in den unumstößlichen Grenzen der DDR zu befestigen. Unsere Kanzlei spezialisierte sich auf die Abwehr korrupter Invasoren aus dem sogenannten Westen.
Drei Jahre rangen wir mit Wirtschaftsprüfern, Investoren und schließlich der Treuhand um den Bestand wenigstens von Resten unserer Industrie. Danach mußten wir zugeben, daß wir auf unserem Landstrich eine Art »zweiter Kapitulation vom 8. Mai« erlebt hatten. Die alte Besatzungsmacht hatte seinerzeit auf den zweigleisigen Bahnlinien die eine Seite der Schienen abmontiert und nach Rußland verfrachtet. Die neue, nicht zentralistische, baute im Gegenteil neue Schienenstränge und verlegte Telefonnetze, auch neuartige Netze des Geldes. Unter ihrem Anhauch schmolzen aber unsere vaterländischen

Produktionsbetriebe dahin, änderten Werte ihre Gestalt oder wechselten die Hände, ohne daß mit den Mitteln einer Rechtsanwaltspraxis dagegen etwas ausgerichtet werden konnte.

Wir zogen uns in unsere »innere Republik« zurück; das war unter den gegebenen Umständen die Kirche, die einst, 500 Jahre zuvor, auch aus Not geboren worden war. Als »junger Mann« war ich Bürogehilfe gewesen. Jetzt beschritt ich den zweiten Bildungsweg, daraufhin Jurastudium mit Einser-Examen, Laufbahn im Max-Planck-Institut für Steuerrecht und Öffentliche Finanzen. Mit 42 Jahren sehe ich mich heute vor eine Herausforderung gestellt, der ich unbefangener begegne als der Krise seinerzeit im eigenen Land. Auch fühle ich mich inzwischen »bewaffnet«, wenn man den Beruf des Juristen als die Rüstung des modernen Ritters auffaßt. Ich berate die Staatsregierung der Republik Hellas in Fragen der Privatisierung ihres öffentlichen Vermögens in der Form einer Treuhandverwaltung. Die Treuhand soll den Schuldenberg tilgen helfen. Die Kreditgeber treten in der Gestalt von Delegationen, Anwaltskanzleien, Lobbys auf. Der IWF und die Brüsseler Repräsentanten assistieren gewöhnlich den Kreditgebern. Zum Verkauf stehen Objekte wie: die Post, Restbesitz der Telekommunikation, Hafenanlagen in Saloniki und Felseninseln in der Ägäis, die von Menschen nicht bewohnt sind. Ergiebiger wären Kunstschätze und antik bebautes Gelände – solche Objekte bleiben nach dem Gesetz vom Verkauf ausgenommen.

Nachdem die Treuhandlösung unter dem Druck von PM Juncker in der vergangenen Woche zugestanden worden ist, fordern die Kreditgeber nunmehr als zweiten Schritt eine Vorabausschüttung dieser Treuhandanstalt an die Gläubiger. Das ist eine Vorleistung auf den geschätzten und erwarteten Verkaufswert der Objekte. Praktisch erweitert dies das Potential der Regierung, den Schuldenberg zu erweitern. Und zwar auf eine Weise, welche die Kreditgeber nicht schädigt. Die von mir veranlaßte Stellungnahme, welche diese Forderung der Kreditgeber zurückweist, umfaßt 388 Seiten. Der Text wird in dieser Nacht von 14 Sekretärinnen elektronisch eingegeben.

»Kreditgeber« ist ein Funktionsbegriff. Die einzelnen Gläubiger und deren Vertreter könnte man nicht physisch in einem Raum versammeln, ohne daß sie sich entsetzlich streiten würden. Kreditgeber ist die Bezeichnung für ganz unpersönliche Ansprüche gegen den Staat Griechenland und dessen Finanzinstitute.

Ich bereite eine Klage vor an den Europäischen Gerichtshof. Streitpunkt ist, daß eine der kreditgebenden Banken der (mehr oder weniger infolge eines Zufalls möglichen) vorzeitigen Tilgung zweier Darlehen nur gegen Zahlung einer Vorfälligkeitsentschädigung zustimmen wollte. Die Bank habe den Kredit bei Vergabe refinanziert, sie nehme bei vorzeitiger Tilgung einen

Schaden.[1] Das bestreiten wir nicht nur dem Sachverhalt, sondern auch dem Grundsatz nach. Der Bank halten wir vor, daß sie die prekäre Lage der Republik Hellas bei Vergabe des Kredits ausgenutzt habe; sie habe bei der Verwertung der Schuldtitel und der Refinanzierung Gewinne erzielt, und sie setze sich zu diesem vorangegangenen Verhalten in Widerspruch, wenn sie in der angerichteten Notlage auf einem Einzelpunkt ihres Interesses bestehe.

Ich stütze die Argumentation, von der schon mein Lehrmeister, der Görlitzer Kirchenjurist, 1991 Gebrauch gemacht hat, auf keine gesetzliche Regelung, sondern auf ein Gutachten des Römers Ulpian, das vom römischen Kaiser autorisiert wurde: *venire contra factum proprium* – niemand darf sich zu seinem eigenen Verhalten in Widerspruch setzen.

Ich bin als One-Dollar-Man tätig. Die Stärke meines Engagements ist auch mit Geld nicht zu bezahlen, da es sich um umgewandelte Enttäuschung handelt. Ich wäre froh (und mitgebracht habe ich drei gleichgesinnte Gefährten aus den ostdeutschen Ländern), wenn wir in diesem NACHKRIEG eine bessere Kontrolle des Treuhandprinzips erarbeiten könnten, als es uns seinerzeit gelungen ist.

---

[1] Die Vorfälligkeitsentschädigung entspricht der Zinsdifferenz zwischen der seinerzeitigen Refinanzierung und dem derzeitigen Zinssatz.

Der letzte Listenreiche gibt die Hoffnung auf

Der stellvertretende Amtschef im Büro des Ministerpräsidenten der Republik Hellas hat sich das Leben genommen. Unter den Listenreichen, den wenigen Patrioten der PASOK, die das Land retten wollten, war er der Anführer. Es gibt aber kein Gegenüber, weder für die Anwendung menschlicher Muskelkraft noch für die Anwendung von List. Der Oppressor ist ein System. Zu ihm gehören Rating-Agenturen, frühere Praktiken von Banken, der Chor agierender Nationen in Europa und große Apparate wie der IWF. Sie verhalten sich als Einzelne und wirken doch gemeinsam, auch und gerade wenn sie gar nicht miteinander sprechen.

Das einzige, was dieser Feind des Landes nicht darf, ist über die Grenze hinweg mit Bewaffneten ins Land eindringen, wie es die deutschen Invasoren taten. Eher ist die Vorgehensweise des Feindes mit einer Belagerung zu vergleichen, wiederum mit der Besonderheit, daß eine Hungerblockade nicht durchführbar ist. Warum fürchten wir uns, wenn sie uns doch nicht töten können? Wieso halten wir »die Märkte« und die Rotte der Kreditgeber für etwas Reales? Diese Slogans setzte der stellvertretende Amtschef noch am Tage vor seinem Tod bei den Gefährten in Umlauf. Am Dienstag vor Pfingsten herrschte hinreichend Aussichtslosigkeit, so daß der listenreiche Mann die Tröstung anderer und jede Selbsttröstung aufgab. Der Premier entbehrte ihn.

Abb.: Am Tag, als im April 1941 die Metaxas-Linie durch die deutschen Panzertruppen im Norden durchbrochen war und feststand, daß das Königreich Griechenland durch die britischen Truppen, die zur Verfügung standen, nicht zu retten war, der König überdies ihn mit Vorwürfen überhäufte und entließ, erschoß sich Alexandros Koryzis, der legale Premierminister von Hellas, nach einer Kabinettsitzung im Hotel Grande Bretagne in Athen.

Wiedergutmachung für Alarichs Taten

Der Oberpostinspektor und Major der Reserve Henning Pfeiffert aus Westfalen, streng deutschnational und keineswegs plebejisch-nationalsozialistisch, kam 1941 als Bezirkskommandeur in Arkadien zu der Erkenntnis, daß der Peloponnes bis zum Ende der Spätantike zu den lese- und schreibfreudigsten Zonen des ORBIS gehört hatte. Alphabetisierung zu einhundert Prozent. Dann, nach Besetzung dieser Gegend durch Alarichs Goten: BILDUNGSABSTURZ. Grad der Alphabetisierung: vier Prozent für Jahrhunderte.

Von diesem Tatbestand erfuhr Major Pfeiffert im Verhör mit dem britischen Kriegsgefangenen Sir Dennis Hilgefort-Stone, einem Graezisten aus Oxford. Der Einmarsch der Goten auf den Peloponnes, wo sie sich zehn Jahre lang einrichteten, sei von verhängnisvoller Wirkung gewesen. Vermutlich habe König Alarich keine Zerstörung der griechischen Provinz oder ihres Wissensstandes beabsichtigt. Das Phänomen ergab sich aus der Massenflucht der Ober- und Mittelschicht, des Lehrpersonals und der Einstellung des Schriftverkehrs. Übrig blieben aufs Land verdrängte städtische Unterschichten, Bauern, Seeleute und Priester, die nicht lesen konnten und den Glauben durch mündliches Memorieren weiterführten, so Hilgefort-Stone. Generationsfolgen, die einander über tausend Jahre ihre Unwissenheit bestätigten. Pfeiffert konnte nicht bestreiten, daß die Goten zu den Ahnen des Deutschen Reiches zählten.

Konsequent gründete Major Pfeiffert Stätten der Erwachsenenbildung in seinem Kommandobereich. Die Bevölkerung wurde zum Besuch von Bildungskursen rekrutiert, die über drei Stufen auf drei Jahre disponiert waren. Pfeiffert schien dies ein angemessener Vorgriff auf den Endsieg. DASS NÄMLICH IN ABGELTUNG EINER ALTEN SCHULD DES KÖNIGS ALARICH DAS DEUTSCHE REICH EINE BILANZ AUSGLICH.

Nach der Alphabetisierungskampagne war eine Fachgruppe »Weltblick« einzuführen. In der dritten Folge der Erwachsenenbildungskurse wurden Italienisch, Deutsch, Altgriechisch und Latein unterrichtet. Pfeiffert verfügte über 6 Studienräte, 23 Volksschullehrer, 8 belesene Unteroffiziere und eine Rotte ehrgeiziger, bildungswilliger Obergefreiter und Gefreiter. Das war ein Ansatz, wie man aus Griechenland, wenigstens aus der partiellen Provinz des ehemaligen Morea, eine Einheit aus deutschem Geist und unverzichtbarer griechischer Antike (wenn man sie nur von ganzem Herzen suchte) entwickeln könnte.

Szenario der griechischen Bahnen

Oberreichsbahnrat Hartmut Knoche, im Frühjahr 1941 zum Kriegseinsatz kommandiert, war in erster Linie Ingenieur, erst in zweiter Linie Beamter. Einen Rückschlag erlitt seine Karriere einige Jahre zuvor, als er eine Brücke vor Wintereinbruch zu Ende baute, obwohl dadurch nicht genehmigte Kosten verursacht wurden. Die Stahlkonstruktion hätte, nicht fertiggestellt, Schaden genommen in der kalten Zeit. Was scherten den Oberreichsbahnrat in solcher Lage die Vorschriften?

Jetzt aber, mit dem Einmarsch auf dem Balkan, griff die Führung auf Charaktere wie ihn zurück. Rücksichtslosigkeit war angesagt. Daß Knoche über diese verfügte, war in seiner Personalakte dokumentiert. Obwohl das ein falsches Bild von Knoches wahren Eigenschaften ergab: Nie handelte er ohne Bedacht, lediglich war er praktisch gesinnt und selbstbewußt, wenn er sich um die Grenzen seines Amtes nicht scherte. Diese Schranke, das war die Rechnungsprüfung, die im Abstand von vier Jahren als papierene Vergangenheit jeder seiner Taten folgte. Für Knoche war das nichts Reales; wirklich war die Aufgabe, die unserer Zeit gestellt ist: die Bahnung und das Fertigstellen von Bahnlinien des Reichs zum SIEG.

Wenn der Geist eine Zunge hat, dann schmeckt das Wort SIEG (heute ungebräuchlich) für Menschen wie Knoche köstlich.

– Wie Speiseeis?
– Nein.
– Wie Tatar oder Speck?
– Ganz anders.
– Gehaltvoll oder heilsam?
– Das ist falsch bezeichnet.
– Motivierend oder belebend?
– Das eher.
– Jeden Augenblick zuspitzend?
– Das ist es genau. Das empfindet der Geist auf der Zunge.

Sind Sie beauftragt, Herr Oberreichsbahnrat, die griechischen Staatsbahnen mit Anschluß an die Häfen des Peloponnes und – umgekehrt – mit Anschlüssen an die deutsche Reichsbahn so auszurüsten, daß Nachschubtransporte über Kreta nach Zypern und Nordafrika geleitet werden können? Würde von Zypern ausgehend (als linker Flanke), antwortete Knoche, und von einem Panzervorstoß des Afrikakorps (als rechter Flanke) ein Angriff auf Suez stattfinden, so wäre die Eisenbahnstrecke, welche durch Griechenland führt, für die Versorgung beider Zangenarme kriegsentscheidend. Knoche reiste mit einer Draisine, einem Ein-Mann-Schienenfahrzeug, über Bukarest, Saloniki, Athen zu den südlich davon liegenden ihm anvertrauten Baustellen. Endlich eine umfassende Aufgabe! Noch nie hatte Knoche eine so desolate Bahnlinie inspiziert. Seit Griechenlands Befreiung vom OSMANISCHEN JOCH war nie ein konsistenter Investor aufgetreten, der die griechischen Transportwege für irgendeinen kommerziellen Verkehr für relevant gehalten hätte. Alle Bemühung, alle Aktienausgabe in Berlin, London oder Paris hatte sich auf die Türkei und die Schätze des Nahen Ostens konzentriert.

Die Tunnel hatten eine Höhe, welche die Durchfahrt von Standard-Güterzügen und Benzinwaggons der Reichsbahn nicht zuließ. Meist eingleisige Strecken. Ein Personal, das erst noch ausgebildet oder ausgewechselt werden mußte. Bahndämme waren durchweg zu erneuern oder überhaupt neu zu errichten. Knoche war Realist. Ihm war klar, daß ihm die Oberen der deutschen Reichsbahn während des Krieges keine Zuteilung von Rohstoffen und Arbeitskräften zugestehen würden, so wie er sie brauchte.

Abb.: Oberreichsbahnrat Knoche aus Gotha.

Die Zeichen waren in dieser Zeit vielversprechend. Man hätte die französischen Kriegsgefangenen entlassen, damit der Vichy-Regierung einen Endpunkt der Feindseligkeit bezeichnen können, dann wäre die Mitwirkung des französischen Expeditionskorps im Libanon auf der Seite der Achse gesichert gewesen. Einmal im Besitz der Ölquellen in Syrien und im Irak (die aufständischen irakischen Offiziere standen drei Wochen auf deutscher Seite), wäre das Deutsche Reich von jeder Niederlage weit entfernt gewesen. Anders formuliert: Jede hundert Meter Strecke des intakten griechischen Eisenbahnnetzes von Nord nach Süd waren Knoches persönlicher Beitrag zum Enderfolg. Nur die VORAUSAHNUNG EINES GESAMTERFOLGS konnte an einem bestimmten Punkt der Bearbeitung auf dem Peloponnes oder in Nordgriechenland (porös waren die Netze überall) den Mangel an Material und die Unwilligkeit der eingeteilten Arbeitskräfte ausgleichen.

Dann kam der Umschwung. Der Angriff im Juni 1941 auf die Sowjetunion zog das Reichsinteresse von der griechischen Halbinsel ab. Mit reduzierter Mannschaft arbeitete Knoche noch lange an dem Bahnprojekt, das jetzt keinen Endpunkt mehr besaß. Wenig nutzte es, daß er von Saloniki bis in die Gegend des Olymps eine robust befahrbare Trasse schuf, wenn es weiter südlich bis zu den Küsten und Häfen nur mit Unterbrechungen und eingleisigen Strecken weiterging. Ein Güterzug brauchte sechs Wochen bis zu einem der Häfen des Peloponnes, und es warteten dort auch keine Schiffe und Fernziele auf Nachschub.

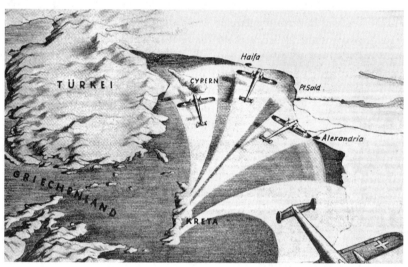

Abb.: Der deutsche Blick zum Endsieg geht 1941 von griechischem Boden aus.

Knoche kehrte im März 1945 auf einer Draisine als Nachzügler der Heeresgruppe F ins Reich zurück. Für seinen ingenieursmäßigen Mut gab es zu diesem Zeitpunkt keine attraktiven Objekte. Bei Nutzung seiner Bahnlinien in Griechenland, so wie sie bis 1944 wenigstens als Plan vervollständigt waren, wäre der Krieg für Deutschland nicht verlorengegangen. Noch im Frühjahr 1942 hätte eine sofortige Beendigung des Krieges in Rußland, so tauschte er sich bei einem Besuch mit italienischen Oberbahnräten aus, Chancen im Mittelmeerraum eröffnet. Gleich nach seiner Heimkehr befaßte er sich, damals ohne Amt, mit einer Studie, wie man, versorgt mit einem intakten Strom an Munition und Nachschub, den Nahen und dann den erweiterten Nahen Osten hätte aufrollen können. Bald trat aber in seinen Notizen der Wiederaufbau der Verkehrswege im zerrissenen Reich in den Vordergrund. Das sah schlimmer aus, als es der Zustand der griechischen Bahnen je gewesen war. Man würde Eisenerz aus Schweden brauchen, um auch nur die wichtigsten Brücken, Gleise und Lokomotiven im Reich zu reparieren und die zerstörten Lokomotiven zu ersetzen.

Zerfledderung von Lorbeerkränzen

Pausanias, spartanischer König, wurde angeklagt, sich dem persischen Großkönig angenähert zu haben. Schon thronte er wie ein Satrap in Byzanz, besaß eine ägyptisch-persische Leibwache. Zurückgerufen nach Sparta, sollte er nach öffentlichem Verhör verhaftet werden. Er flüchtete in ein Heiligtum. Die Verfolger mauerten ihn dort ein. Kurz bevor er den Hungertod starb, holte man ihn heraus und brachte ihn um.
In dieser Zeit hielt sich Themistokles, Griechenlands Retter, der mit dem Großkönig verhandelt hatte, in Argos nicht mehr für sicher. Die Athener verbanden ihr Auslieferungsersuchen mit militärischen Drohungen. So flüchtete Themistokles zu dem Molosserkönig, der sich sogleich mit dem Ultimatum einer Militärintervention von Athen und Sparta konfrontiert sah. Von dort floh Themistokles zum Großkönig Artaxerxes, dessen Vater er doch bei Salamis so beschämend geschlagen hatte. Die Großkönige lebten von dem Ruf, sie seien großmütig. So schenkte Artaxerxes dem Themistokles drei Städte an der ionischen Küste als »Brot«, »Wein« und »Zukost« (to opson). Die eigenen Vaterländer nahmen dem Pausanias (Sieger von Plataiai) und Themistokles erst den Lebenslauf, danach verloren sie, der eine früher, der andere später, ihr Leben.

Abb.: Schiff mit Haus.

Koloniebildung im 21. Jahrhundert

Eine ganze Kolonie griechischer Staatsbürger aus dem Gebiet nördlich von Athen, wo einst die Stadt Thasos belagert und geräumt worden war, sickerte im Jahr 2011 nach Alexandria ein und errichtete in dieser Stadt, die man nicht ägyptisch nennen kann, den Embryo eines gemeinsamen Wohnviertels, quasi Neugriechenland. In der alten Heimat konnten sie nicht leben.

»Griechenland in permanenter Revolution«

Das am Hals offene Hemd, das später auch die Revolutionäre in Frankreich trugen, die das Regime Louis Philippes stürzten, entsprach einer Modeidee, die von der griechischen Erhebung von 1821 ausging und in Europas Metropolen um sich griff. So entstand auf jenem mittelmeerischen Gelände, das wir Hellas nennen, nicht nur das Bild der antiken Freiheitskämpfer gegen die Perser, sondern auch das des Helden im Befreiungskampf gegen die Osmanen – im Gegensatz zu dem geschlossenen obersten Knopf der Uniform von Polizisten, des schwarzen Anzugs des Bürgers bei feierlichem Anlaß oder dem eng am Hals befestigten Oberkleid eines britischen Geschäftsmannes. Eine griechische Revolte war es auch, welche den von den europäischen Mächten

dem Land oktroyierten König aus dem Lande vertrieb. Sechs Könige enthronten die Griechen.
Voller Glanz der Widerstand gegen die italienische Invasion von 1940. Aufsehenerregend in der Welt: der Sturz des Gewaltregimes der Obristen. Inzwischen gibt es zehn griechische Revolutionen, 22 Revolten und Aufstände, zahllose Verschwörungen. Man kann nicht sagen, so formuliert es der Rechtslehrer Spiros Simitis, dieses Land sei zähmbar und durch irgendeine äußere Macht zu beherrschen.

Der griechische Exodus

Eine Episode der permanenten griechischen Revolution bezieht sich auf die Rettung von 70 000 Kindern, deren Eltern ELAS-Kämpfer waren. Diese Aufständischen von 1944 wurden als Kommunisten bezeichnet. Sie wurden nach ihrer Niederlage blutig verfolgt. Ihre Kinder wurden nach Norden evakuiert, wuchsen in späteren Ostblockländern auf, ein großes Kontingent davon auf dem Gebiet der Sowjetischen Besatzungszone in Deutschland. Sie besuchten die Kindergärten und Schulen der späteren DDR, wurden in Berufe eingereiht. Viele wechselten in der Mitte ihres Lebens nach 1989 in andere Länder.
Ein größerer Exodus als dieser war 1922 Smyrnas Räumung und die der kleinasiatischen Küste, an der mehr als eine Millionen Griechen seit der Antike siedelten. Nachdem griechische Truppen, siegestrunken, vor Ankara zurückgeschlagen worden waren, rächten sich die türkischen Militärs, indem sie alle Griechen verbannten und deren Wohnsitze anzündeten. → Die Katastrophe von Smyrna, *Tür an Tür mit einem anderen Leben*, S. 330.
Zuvor schon hatten die Not und die Hoffnung ein gewaltiges Kontingent Griechen in die USA getrieben. In der Antike aber war der Exodus die übliche Methode, übervölkerte Kommunen durch Auswanderung und Bildung einer Kolonie auf eine moderate Größe zu bringen. Im Mittelalter bezeichnete der Exodus die Art, wie sich Eliteuniversitäten durch Neugründung über Europa verbreiteten. Der Exodus der griechischen Gelehrten aus Byzanz vor und nach der Eroberung dieser Stadt durch den Sultan begründete in der Toskana und in Venedig die Renaissance.

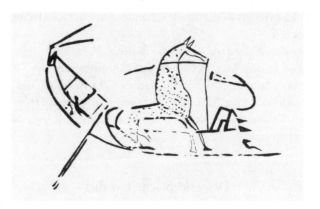

Ein Lebewesen, weder osmanisch noch griechisch

Nachdem das Osmanische Reich seine Vorherrschaft im östlichen Mittelmeer nach 1453 befestigt hatte, blieben auf den Ionischen Inseln griechisch-venezianische Monarchien und Republiken einige Jahrhunderte lang intakt. In seinem Roman *Der Blaue Kammerherr* hat Wolf von Niebelschütz einen Regimewechsel auf einer dieser Inseln zum Romanstoff gemacht. Griechenlands Götter haben zu den handelnden Personen des Romans direkten, auch physischen Kontakt. Das geschieht in der Form von Gestalten, die sich wandeln. So weiß man nicht, ob Venedigs Botschafter oder der rätselhafte blaue Kammerherr göttlichen Ursprungs oder Nachahmer des Zeus sind, so wie der diskrete Roman den endgültigen Liebhaber der Prinzessin nicht verrät.

Niebelschütz schrieb in der Zeit, als deutsche Truppen die Ionischen Inseln besetzt hielten. Was er nicht wissen konnte, war, daß der Stabsarzt Dr. Fred Dedeleben auf der Insel Patmos (gleich neben derjenigen, auf welcher der Roman spielt) tatsächlich bei militärisch begründeter Sektion einen offenbar nicht-irdischen Körper entdeckte. Die Organe lagen nicht symmetrisch geordnet, der Blutkreislauf war nur zum Schein angelegt, während ein Netzwerk fremdartiger Gefäße über Kanäle und osmotische Gebilde, die uns unbekannt sind, einen freien Fluß offenbar geistiger (oder aber gasförmiger) Energie in diesem Körper ermöglichte. Bei Berührung mit dem Seziermesser reagierten die Gefäße mit einem bläulich fluoreszierenden Leuchten. Der Arzt brachte Fragmente dieses seltsamen Befundes in Einweckgläsern auf Reichsgebiet zurück, wo aber keine »Belebung« im Sinne des seinerzeitigen Leuchtens wiederholt werden konnte. Stein auf Bein schwor der Stabsarzt auf das, was er selbst beobachtet hatte, und er widerrief auch nicht vor der Kommission der Ärztekammer im Jahr 1952. Ja, bestätigte er, er habe die Hülle eines

Unsterblichen seziert, zurückgelassen von einem Geschöpf, das diese Hülle nicht mehr gebraucht habe. Was das fremde Lebewesen, göttlich oder nicht, während der deutschen Besetzung im heiligen Griechenland gewollt hatte, blieb unaufgeklärt.

Goethe und die Griechenfreiheit
Ein Kontakt über die Zeiten hinweg

Der Gelehrte Ernst Robert Curtius (*Europäische Literatur und lateinisches Mittelalter*), geboren 1886, kannte noch eine alte Frau, die als junges Mädchen von Goethe aus dessen Garten weggescheucht worden war, so berichtet Jörg Drews, der es vom Hörensagen weiß. Die Kinder wollten seinerzeit dort nicht Obst stehlen, sondern spielen. Unwirsch habe der alte Herr sie zum Verlassen des Geländes aufgefordert, mit einer heftigen Handbewegung, repetitiv, sie zu jener Lücke des Staketenzaunes geleitet, durch den sie eingedrungen waren. Dann habe er noch Zeit verbraucht, die ungesicherte Stelle seines Eigentums zu verbarrikadieren. Die Zeit sei ihm vom Dichten abgegangen. Es hätte ein Gärtnerbursche ausgereicht, um die Kinder aus dem Garten zu entfernen, habe Ernst Robert Curtius kommentiert. Die alte Frau wiederum habe, so Curtius und nach ihm Drews, den Eindruck von Ungeduld, ja einer gewissen Hektik des alten Herrn erwähnt. Nachträglich, in ihrem Erwachsenenalter, hätte sich diese Frau ein Gespräch mit dem Autor gewünscht, von dessen Berühmtheit sie inzwischen erfahren hatte. Gestisch hatte sie ihn ja kennengelernt. Er hätte, sagte sie, den Lärm im Garten dulden sollen. Kinder seien wie Blumen, darüber hätte er eine Zeile Lyrik verfassen sollen.

Man kann aber, weil das Kind, die spätere alte Frau, die mit Curtius redete, noch am selben Abend sich den Fuß brach und dies sich im Tagebuch ihres Vaters, eines gebildeten Weimarer Bürgers, notiert findet, das Datum jenes Tages, an welchem Goethe durch die Invasion der Kinder und die anschließende Vermauerung seines Gartens viel Zeit verlor, genau bestimmen. Von diesem Tag stammen eine Reihe fragmentarischer Verse. Die Philologen streiten, ob sie zu den neugriechischen »Liebe-Skolien« zählen oder zu den neugriechisch-epirotischen Heldenliedern, sagte Drews. Offenbar arbeitete der durch die Kinder momentan abgelenkte, vielleicht auch nur durch das Eindringen in sein Eigentum irgendwie irritierte Geist im Jahre 1826 sehr konzentriert.

> »Wiese sagte: ›Geh nach Haus‹ /
> Siehst mir gar zu traurig aus /
> Möchte selber trauern«

Nach einigen unleserlichen Notizen heißt es:

» Die Nachtigall, sie war entfernt /
Was Neues hat sie nicht gelernt /
Singt alte, liebe Lieder«

Eine weitere Notiz:

» Sei der Sklave Stadtbewohner /
Stadtbezirk ist unsern Braven /
Wüster Felsen Klippenspalte«

Aus dem Zusammenhang der Notizen ergibt sich, daß es sich bei »unsern Braven« um Aufständische des Peloponnes handelt. Der Aufruhr gegen die türkische Herrschaft ging vom Lande aus (soweit er nicht von aus dem Ausland angelandeten Philhellenen, Söldnern und Freiwilligen durchgeführt wurde). Die Städte blieben lange Zeit türkisch-phanariotisch gesinnt. Sie konnten vom Aufstand nicht leben, kommentiert Drews. Parteiisch werden ihre Bewohner als Sklaven bezeichnet. Das hat Goethe so in der Tagespresse gelesen. Die Befreiungskämpfer selbst leben und kämpfen im Sommer, wenn die türkische Besatzungsarmee aus dem Norden (wo sie jährlich überwintert) ins Land marschiert, vom Gebirge, von den Küstenfelsen aus, ähnlich wie Partisanen kämpfen oder wie Korsaren agieren. Da aber die Revolution eine Stadt ist, so Drews, werden, wie Goethe es nennt, »Wüster Felsen Klippenspalte« zu städtischem Gelände. Die Stadt gründet sich im Kopf, ehe sie, so Drews noch in der Sprache von 1969, die Massen ergreift. Er verweist auf den weiteren geglückten Vers Goethes in *Heldenlieder* (Gedichte, Ausgabe letzter Hand):

» Setzet eure Vorhut dahin, /
Wo die Wölfe nistend hecken!«

Goethe geht also an diesem Tage davon aus, so Drews, an dem er die Kinder verscheuchte, daß in der Konsequenz ihrer Befreiung vom türkischen Joch die Hellenen Saloniki, Konstantinopel und vor allem die Winterquartiere der türkischen Armee in Thessalien ins Auge fassen und »ausräuchern« müßten. An anderen Tagen, sagt Drews, war Goethe weniger aggressiv, durchaus von Verständnis für das im Grunde tolerante und lose System des Osmanischen Reiches bestimmt. So notiert er:

»Und mit einer klugen Wendung /
Beut das Türkenschiff die Spitze /
Jannis aber schwingt hinauf sich /
Mit dem Säbel in der Faust /
Das Gebälke trieft vom Blute /
Und geröthet sind die Wellen.«

In der Anerkennung der seemännischen Eleganz des Türkenschiffs (»kluge Wendung«) sieht man, daß Goethe, so Drews, einem Echolot ähnlich in dem einen Moment sich einfühlt in die Seite der Türken, wie er es zuvor für die Seite der Aufständischen getan hat. Das plumpe Blutbad, das der Held Jannis anrichtet, erwähnt er im Vers, aber er macht es für Empathie unzugänglich und für Empörung bereit. Dieser Mann des Gleichgewichts (und Drews hat Goethe lebenslang gründlich studiert und gegen Angriffe während des studentischen Protests verteidigt) hat sich stets »einseitig hingegeben«. So hätte es auch sein können, daß er die Kinder, einfach in einem anderen Schwunge des Gemüts, auf seinem Besitz hätte spielen lassen. Es hätte ihm dies auch gefallen.

Eine Geschichte um Leidenschaft und Lebenspraxis aus dem griechischen Befreiungskampf

Lord Byron, der im griechischen Befreiungskampf starb, schrieb ein Versepos »Der Korsar«. Daraus entstand das Libretto für eine Oper von Giuseppe Verdi. Es geht um eine Aktion, die vom Helden des Stücks politisch gemeint ist, von seinen Gefährten als Beutezug verstanden wird. Auf dem Höhepunkt des Geschehens rettet der Held eine ihm unbekannte Orientalin. Bei Rückkehr in das Felsenversteck der Korsaren erweist es sich, daß die Geliebte des Helden, nach langem, vergeblichem Warten, sich selbst getötet hat. »Mitten in der politischen Aktion sind wir von Liebe und Tod umfangen.«

Erster Akt

Erstes Bild. Korsareninsel im Ägäischen Meer. Eine Bucht, umgeben von steilen Felsen. Corrado, ein Mann edler Herkunft (Byron gibt nicht an, ob aus spanischer, orientalischer oder britischer Familie), der sich den Piraten angeschlossen hat, erhält von der griechischen Widerstandsbewegung die Nachricht, daß die osmanische Flotte vor Coron ankert. Er ergreift die Initiative.

Er wird mit seinen Gefährten, die jedoch nicht als Freiheitskämpfer, sondern als Räuber handeln, den muselmanischen Pascha Said bekämpfen.

Zweites Bild. Medora sucht Corrado zurückzuhalten, den sie liebt. Sie fürchtet um sein Leben (Arie). Wie Kassandra besitzt sie Sicht auf die Zukunft. Ihr Versuch scheitert. Ein Kanonenschuß im Hafen verkündet ihr, daß die Schiffe der Korsaren aufgebrochen sind.

Zweiter Akt

Erstes Bild. In Saids Harem. Gulnara ist der Liebling des Paschas. Sie verabscheut Said. Ein Eunuch überbringt ihr die Nachricht, daß sie vor dem Herrscher zu erscheinen hat (Arie).

Zweites Bild. Hafen von Coron. Blick auf die osmanische Flotte. Corrado hat sich als Überläufer ausgegeben und befindet sich in der Nähe von Said. Ein von den Piraten gelegtes Feuer bricht in der osmanischen Flotte aus. Corrado, der sich zu erkennen gegeben hat, beginnt den Kampf. Das Feuer ergreift nicht nur die osmanische Flotte, sondern auch den Harem des Paschas. Als Hilferufe der Frauen, ganz hell darunter die Stimme der Gulnara, zu den Kämpfenden dringen, wendet sich Corrados Sinn, und er eilt mit den Piraten zur Rettung heran. Die Osmanen formieren sich neu. Wenige Piraten entkommen, Corrado wird verhaftet. Said verurteilt ihn zu qualvollem Tod (Ensemble und erstes Finale).

Dritter Akt

Erstes Bild. Said äußert seine Befriedigung über Corrados baldigen Tod. In einem Duett mit ihm setzt sich Gulnara für Corrados Leben ein. Das gibt dem Pascha nur einen weiteren Grund, den Rivalen, der in Ketten liegt, zu töten.

Zweites Bild. Corrado in Ketten im Turm. Nachdem Gulnara den osmanischen Herrscher im Schlaf ermordet hat, besticht sie die Wachen im Turm. Ein schnelles Schiff bringt Gulnara und Corrado aus dem Hafen.

Drittes Bild. Korsareninsel, felsige Bucht wie im ersten Bild des ersten Aktes. Medora hat erfahren, daß Corrado in muslimische Gefangenschaft geraten ist. Sie hält ihn für verloren und nimmt Gift. Das schnelle Schiff mit Gulnara und Corrado kommt zu spät. Medora (sterbend) dankt Gulnara für Corrados Rettung. Corrado stürzt sich ins Meer. Gulnara bricht »wie tot« zusammen.

In der Baracke, in der er sein Operettentheater einrichtete, übernahm Jacques Offenbach in Paris das als Grand opéra erfolgreiche Werk Verdis. Unter Zugabe eigener Melodien und freier Bearbeitung der Handlung, die er auf 20 Minuten verkürzte, entwickelte er eine Fortsetzung der Geschichte, wie sie das Publikum seines kleinen Theaters forderte und wie sie mit den begrenzten Mitteln (sieben Darsteller, neun Musiker) herstellbar war. War schon der Dank der Medora an ihre Rivalin Gulnara – sie unter dem Joch des Sterbens, die Orientalin unter dem Lorbeerkranz der Rettung – bei Offenbach mit Ironie versetzt, so galt im weiteren Verlauf sein Interesse den zwei Liebenden höchst verschiedener Herkunft, Gulnara und Corrado, die bei ihm keineswegs sterben: sechs aufeinanderfolgende Duette mit Korsarenchor. Es geht um die Praxis der alltäglichen Liebesdinge. Die Unterschiede zwischen dem heimlichen Briten Corrado (Offenbach geht von Lord Byrons Version aus) und der aus dem Kaukasus stammenden Sklavin vereinfachen sich zu Frühstücksszenen, Plausch, Mittagessen, Schläfchen, Zeitunglesen, Tee und Umkleiden für den Abend nach PARISER GEWOHNHEIT. Das Stück endet eigentlich überhaupt nicht oder nur durch den sich verstärkenden Beifall der Zuhörerschaft, der sich nach dem Finale zur Ovation steigert. Offenbachs Handlung endet mit einem Terzett, unmittelbar vor dem publikumswirksamen Finale: Medora ist durch einen spanischen Arzt, einen Cousin Corrados, wiederbelebt. Geht es jetzt weiter zu dritt? Es werden Kisten mit Gold, Wertpapieren und Juwelen vom Chor hereingetragen. Nunmehr sind, auch wenn die griechische Befreiungsbewegung sich als stark verschuldet erweist, die Finanzen der Korsaren gesichert.

Indikative Bewertung

Für die indikative Bewertung der Firma Br. schrieb Dr. Alfons Düring von der KPMG in einer einzigen Nacht 20 Bilanzen zum 31. Dezember künftiger Jahre. Er schrieb sie aufgrund der Daten der Vorjahre tief in die Zukunft hinein mit einem Abschlag für Risikofaktoren von 2 Prozent und einem Wachstumskoeffizienten von 4,4 Prozent, der für die Branche angemessen war. Die Bilanzen bewegten sich auf einem ZEITFELD, von dem Düring nicht wissen konnte, ob es jemals existieren würde. So errechnet sich für die Republik Hellas die »ewige Rente«, aufgrund deren ein Investor seine Entschlüsse fassen kann. Zuletzt sind solche Rechnungen etwas Reales, wenn es zum Entschluß kommt.

Abb.: Blick auf die Akropolis im Jahre 1910.

Das »gewaltsame Auge«

Der Sprengstoffanschlag auf NUKLEAR SUISSE, die Lobbyorganisation der AKW-Wirtschaft in der Schweiz in Olten, hatte seinen Grund nicht in der Bekämpfung der Atomwirtschaft, wie die Bundesanwaltschaft in Bern ermittelte. In dieser Hinsicht ging es nur um den Mitnahmeeffekt der Täter, so Staatsanwalt Carlo Bulletti, welche die öffentliche Debatte über die Schließung der

AKW im Jahre 2011 zur Beleuchtung ihrer Tat zu nutzen trachteten. Die Gruppe der Täter nannte sich FEDERAZIONE ANARCHICA INFORMALE (FAI). Sie trat seit 2003 auf und hatte ihr Domizil an einem geheimen Ort im Umkreis von Athen.
Das Bekennerschreiben hatte die Explosion der Briefbombe, sorgfältig verpackt, überstanden. Der wissenschaftliche Dienst der Stadtpolizei Zürich hatte die miniaturisierte Schrift gefunden und analysiert. Bei der Detonation des Sprengkörpers wurden zwei Mitarbeiterinnen des Lobbyinstituts an den Armen und im Brustbereich schwer verletzt.
Immer noch war es ein Zweikampf, länger als 120 Jahre dauernd, zwischen den Schweizer Ermittlern und den Anarchisten. Keine der Gruppen der anarchistischen Szene war einer vorhergehenden gleich. Die Gruppen erbten sich nicht fort, jede von ihnen hatte eine begrenzte aktive Zeit. Nur die Namen zeigten eine Abstammung, so die der FAI des Jahres 2011 von der FAI in Barcelona von 1936.
Überall in der Welt hatten die Organisationsstrukturen sich verändert. Große Apparate mit Millionen von Zuarbeitern organisierten die Welt und kämpften ihren Überlebenskampf. Auf der Seite der Allianz, die das Flugverbot in Libyen zu gewährleisten suchte, arbeiteten Hunderttausende zusammen. Eine europäisch-atlantische Öffentlichkeit bildet sich aus einigen Millionen vernetzter Teilnehmer, die »zur gesamten Hand« etwas tun.
Der anarchistische Kopf dagegen blieb das Jahrhundert hindurch individuell. »Für die Vision einer besseren Welt« (so stand es in dem Bekennerschreiben der FAI) genügt Gruppenbildung auf einfacher Stufe, sechs bis acht Leute. Und ebenso auf der Seite der Herrscher: Die eidgenössische Bundesanwaltschaft vermehrte die Zahl ihrer Planstellen, trotz aller Eingaben und Vernehmlassungen, in den Jahrzehnten nur unwesentlich.
Um so erstaunlicher, sagte Dr. Stranske vom Wissenschaftlichen Dienst der Stadtpolizei Zürich, daß der Anarchismus bei so primitiver Organisationsstufe, quasi jener von gesellschaftlichen Einzellern, sein Haupt doch immer neu erhebt. Es ist ja auch nicht *ein* Anarchismus, sondern es sind Gruppen, die sich hüten würden, sich zusammenzuschließen. Spontan bildet sich »das gewaltsame Auge«, so Montancri, Stellvertreter des leitenden Staatsanwalts der Bundesanwaltschaft. Als gebe es, so wie der Menschheit das Reich der Viren und das der Bakterien gegenüberstehen, eine zweite Spezies der Menschheit, eine der Rachegeister, die sich in unserer Wirklichkeit gar nicht erst ansiedeln. Bei Berührung mit ihr aber zünden die Bomben.

In großer Ferne zum 5. Jahrhundert v. Chr.

Der wilden Phase seines Lebens entwachsen, 73jährig, reiste der Philosoph Martin Heidegger im Frühling 1962, dem Jahr der Kuba-Krise und ein Jahr vor Kennedys Tod, mit einer Reisegesellschaft nach Griechenland. Die Reise war ein Geschenk. Er bestieg das Schiff in Venedig.
Der Wortjäger war skeptisch. Er war sich nicht sicher, ob auf dem Gelände der untergegangenen Antike sich irgend etwas finden würde, das uns Heutige berühren könnte, so wie die Schriften zu uns sprechen. Ich hätte schon 1941 durch dort kommandierende Freunde davon gehört, sagte er, wenn sich auf der Halbinsel oder auf Kreta etwas Überraschendes gezeigt hätte. In einer Nachtfahrt erreichte das Schiff Dalmatiens Felsenküste und gegen Abend Korfu. Dies ist Ithakas Nachbarinsel. Diese Insel des Odysseus, an der das Schiff anderntags nur schwer den Landesteg fand, konnte auf keinen Fall der Ort sein, behauptete Heidegger, an dem der antike Held im Schutze seiner Göttin an Land gegangen war. Er hätte, als Schiffbrüchiger, gewiß nicht die mit Unterholz gesperrte steile Küste erklimmen können. Wo sollte der Sauhirte hier seine Tiere geweidet haben? Ohne sich nennenswert aufzuhalten, bestieg Heidegger ein kleineres Schiff, landete an der Küste des Festlandes, erreichte mit Bahn und Bus Olympia. Die Reisegesellschaft besichtigte den heiligen Wald von Altis.

»Seeliges Griechenland! du Haus der Himmlischen alle /
der Boden ist Meer! und Tische die Berge /
Wahrlich [...] vor Alters gebaut!«

[Der vorsichtige Heidegger will lieber gar nichts mehr sehen] Im Auge des Seefahrers weht »scharf der Nordost«, heißt es bei Hölderlin. Das gilt für ein schnittiges Schiff aus Holz, die Segel schlagen im Sturm. Deshalb die Schärfe des Windes nicht nur draußen in der Nacht, sondern im Inneren des Schiffsführers, der seine ganze Lebenszeit in Zweikämpfen mit Poseidon verbracht hat. Das sieht der Philosoph, während der Eisendampfer, der die Reisegruppe transportiert, von Ithaka durch die Nacht sich zum Golf von Korinth bewegt.

»Die Nacht kommt /
Voll mit Sternen /
und wohl wenig bekümmert um uns.«

[**Heidegger hat Streit mit dem Kapitän des Schiffes**] Der Geruch von Farbe auf Eisen, der sanfte Schleier von Schornsteinrauch, das Schiff mit seinen Stiegen als Übungsgelände für den alternden Körper (anders als Gebirge) waren dem Philosophen inzwischen vertraut. Die Sturmfahrt in der Nacht von Naukia nach Kreta hatte der gefestigte Mann zwar ohne Schlaf, aber auch ohne Reaktion des Magens überstanden. Jetzt wollte er in einem Sessel den Vormittag mit Blick auf die Bucht von Heraklion verbringen. Zwei Tragekisten mit Lektüre führte er mit sich. Solange er nicht an Land ging, hatte er keine Sorge, von griechischem Boden enttäuscht zu werden.

Der Kapitän des Schiffes hatte gegenteilige Interessen. Die Nächte waren für die großen Fahrtbewegungen des Schiffes bestimmt. Am jeweiligen Morgen danach, an dem das Schiff an einem seiner definierten Ziele angekommen war, sollten die Gäste das Schiff verlassen, ihre Besichtigungen durchführen. Die Besatzung sollte auf dem Schiff ungestört putzen dürfen oder ihre Ruhe haben.

Der Philosoph schrieb. Er verfügte vor seinem inneren Auge über mehr Kreta, als eine Reisegruppe durch Betreten der Küste zu erlangen vermochte. Vielleicht war aller Mythos immer schon Wort gewesen und kein Gelände. Es mochte sein, daß es eine Wirklichkeit, wie sie der Majestät des Berges der Göttin Ida entspricht, den Heidegger vom Schiff aus sich vorzustellen versuchte, nie gegeben hatte.

Spätnachmittags fuhr dann doch eine Gruppe, in der sich auch Heidegger befand, mit der Straßenbahn hinaus bis Knossos. Plumpe, an Felsen erinnernde Mauerstücke. Es konnten auch Festungsbauten der Venezianer sein, die für den Palast des Minos ausgegeben wurden. Elegant erschien eine das »Labyrinth« genannte Struktur, vielleicht der Palast einer Königin oder eine Gelehrtenschule. In einer großen Ledertasche sammelte der Philosoph merkwürdiges Gestein, das er für antike Fragmente dieses Baues hielt, als wäre er Archäologe oder Geologe. Das Gepäckstück wog schwer.

[**»Nun sind unsere Augen und durch sie unser ganzes inneres Wesen an schlankere Bauart hinangetrieben und entschieden bestimmt, so daß diese stumpfen kegelförmigen, enggedrängten Säulenmassen lastig, ja furchtbar erscheinen.«**] Diese Beobachtung Goethes bezog sich auf Tempel der Griechen in Süditalien. Offenbar befinden wir uns, so Heidegger beim Abendessen, in größerer Ferne zum 5. Jahrhundert v. Chr., als wir meinen. Wir haben uns das Griechische durch viele Blicke des 18. und des 20. Jahrhunderts verfeinert. Es ist aber ursprünglich nicht von moderner, sondern von primitiver Größe. Wie elegant schwangen wir Jungphilosophen das brutale Schwert in Davos gegen Cassirer, ungeachtet seiner Blessuren. Wir waren mitleidlos, nicht feingliedrig im Argument. Kein Säulentempel stürzte ein, weder durch unseren Stoß noch weil die filigrane Bauweise in den Gedanken des Neukantianers Gotteshäuser nicht trug. Noch jetzt tat dem Philosophen die Tat nicht leid.

[**Am nächsten Tag war Ostern**] Patmos vorbei. Nun reisten sie die ganze Nacht, und am Morgen erblickten sie die Insel Rheneia und dann die Insel Delos. Auf langsamer Fahrstufe glitt das Schiff in ruhigem Wasser. Die Insel Delos hat einen flachen Strand.

Die Insel verhüllte, was nur der Philosoph wußte, ein Geheimnis, und zwar aus Quellen, die er entweder selbst übersetzt hatte oder vom Hörensagen durch Vertraute kannte. Es schien ihm noch interessanter als das der Insel Patmos, die ihn durch Hölderlins Texte und das apokryphe Evangelium des Johannes mit Gedankentrauben reicher Art versorgt hatte. In Delos nämlich sind Artemis und Apollo geboren. Und die Wahrheit, das unverborgen Entbergende, zugleich Verbergende und Bergende, das Offenbare eröffnet sich, sobald man die Texte auf dieses Wahre hin liest und die sie bedeckende Schicht von nachträglich Zusammengesetztem abträgt, die Interpretation ausblendet. Dann sieht man, daß sie Brüder sind, nicht etwa Gott und Göttin. Insofern brachte Heidegger etwas, das er wußte, an diese Stelle der Welt. Das hätte er auch ohne Reise haben können. Entbehrt hätte er den Gedanken, der ihm einfiel, nur weil die Insel mit ihrem Kiesstrand in einer Art Nebel lag, daß es nämlich in gravierendem Ausmaß ein Deutungsfehler ist, wenn man den Göttern Eigenschaften des menschlichen Geschlechts, also die Zeichen von männlich und weiblich, überhaupt zuschreibt. Wieso sollen Götter, die von der Erde aufgestiegen sind und uns verlassen haben, die schmähliche Teilung des ursprünglichen Wesens in zwei einander begehrende Nichtse mitgenommen haben. Sie sind doch frei. So erblickte Heidegger (und Adorno hat ihn darum beneidet, als er mit dem Gegenphilosophen, dem vermeintlichen Feind, auf dem Parnaß konferierte) in den Konturen der »geheimnisvollen« Insel die FREIHEIT DER GÖTTER, die darin besteht, daß sie alle Trennungen, welche die Menschheit verwaltet, mit ihrem GENERALISIERTEN UNGEHORSAM beantworten. In diesem Moment vor Delos beschloß Heidegger, eine THEORIE DER SITTLICHKEIT zu schreiben, ein Vorhaben, das er in der Heimat dann nicht mehr ausführte. Ein Hochgefühl läßt sich nicht vom Ort trennen, an dem es entstand.

»Tiefschütternd gelangt so /
Aus dem Schatten herab unter die Menschen ihr Tag.«

[**Die Antikenindustrie als Bordell**] Die Stationen, die Heidegger bis dahin besichtigt hatte (meist hatte er sich dem Anblick entzogen, indem er das Schiff nicht erst verließ), erschienen ihm »geschminkt«. Einmal hatte er von einer Spielertruppe im 19. Jahrhundert gelesen, welche die Jahrmärkte in Süddeutschland und in Norditalien bespielte und körperlich wohlgeformte junge Darsteller nicht mehr bezahlen konnte. In lasziver Weise hatte die Truppe ältere Mimen (auch korpulente) durch Schminke, Haartoupet und Kleidung zu einer »jungen griechischen Geliebten« oder einem schlanken »Freier« geformt. Es war blind-notwendiger Wettbewerb unter den Bedingungen des Jahrmarktgewerbes: Attraktion. Ähnlich sah Heidegger die Kostümierungen, die Raubkunst der Fremdenverkehrsindustrie, aber sie war nicht »blind-notwendig«. Das war das Verhängnis der Moderne, daß sie die Eleganz ihres Sprunges, ihre Energie nirgends entfaltete, sondern sich technokratisch in der Verstellung bewegte. Darin hat eine Theatertruppe (eine entstellte Alte, die sich als Beweggrund des Begehrens frisiert) mit den Industrien der Gegenwart nichts zu tun. Was wird im 21. Jahrhundert die gefälschte Außenhaut, die Werbung, als selbständige Ursache ganzer Imperien an Falschheit bewirken? Der Philosoph war zur Reise angetreten, um etwas Vergangenes zu ermitteln, eine Spur zu suchen – das hätte ihn persönlich befriedigt –, er fühlte sich aber durch die Eigenheiten des offenbar zerrissenen, vielleicht nie wirklich zusammenhängenden, aus zufälligen Inseln, Seeflächen und Landwüsten bestehenden Landes in die Zukunft geworfen. Dieses Gebiet, auf dem er reiste, war eine Raketenstation, von der etwas Gefahrenvolles abhob.

Auf diesen Gedanken war der Philosoph gekommen, weil ihm die Überlagerung einer reichen Tradition, von überlieferten Worten geheiligt, durch die Werbetexte einer Fremdenverkehrsindustrie bordellartig erschien. Was Bordelle sind, wußte er vom Hörensagen. Warum sollten sich Frauen nicht verstellen, indem sie mit Maske ein Glück unter anderer Bezeichnung als der des wahren Gefühls vermittelten? Eher war es relevant, die Differenz von Mann und Frau zu liquidieren. Schein und Wesen sind vor dem Geschlecht nicht zu unterscheiden, das nämlich nicht die Teilung zwischen der väterlichen und der mütterlichen Seite, sondern die Abstammung überhaupt bezeichnet, also die Gesamtfolge der Vorfahren. Der Schein als die Attraktion der Maske und das Sein als das Selbst, das aus lauter Verstellungen endlich (auch gegen die Absicht der Beteiligten) entsteht, müssen durch Reisen neu erforscht werden. Deshalb ist eine Reise durch den Styx, der unterhalb einer Quelle am Sockel des Berges Olympus tatsächlich zu finden ist, von gleicher Bedeutung wie die oberirdische Bestandsaufnahme menschlicher Erfahrung, die aber unerreichbar oder nicht entzifferbar bleibt ohne die Kenntnis der abgewanderten Götter.

Heidegger kannte einen Vertrauensmann, der in den Jahren 1942-1944 zuständig war für die Bordelle der U-Boot-Waffe an der Atlantikküste. Dort gab es Entrepreneurs, die aus dem Osten, weit über Odessa hinaus, Frauen hierherbrachten, die später ihr bürgerliches Glück machten, einer unerträglichen Leerheit des Lebens im Osten entkommen waren und den Helden des Zweiten Weltkriegs, die so rasch darauf starben, Augenblicke des Entzückens gewährleisteten. Waren das nun junge Göttinnen? Prostituierte? Gefährtinnen im Sinne von Hetaira? Im Vergleich mit der unangenehmen Schminkkunst des Touristengewerbes war Heidegger geneigt, die Prostitution, die Hetärenkunst mit einer Auszeichnung zu versehen. Das war eine Frage der Übersetzungslust. Es muß das Wesen, das erst mit Schminke in die Welt tritt, mit einem Ort und einer Zeit versehen werden. Dann erst begegnen wir der Antike. Durch Reisen zu Schiff gewiß nicht.

[**Fahrt im Nebel**] Als er am nächsten Tag durch den Piräus fuhr, war es neblig. Die große Zahl an Schiffen im Hafen bildete Schattenrisse.

»Und in frostiger Nacht /
zanken Orkane sich nur.«

[**Heidegger und seine Kameraden**] Man muß sich die Reise nach Griechenland nicht monologisch vorstellen. Reichlich wurde unter den Gefährten erörtert, was man sah. Vor allem das, was nirgends zu sehen war, aber die Gemüter beseligte. Hier kamen Konzentrate an Vorstellung in ein dekonzentriertes See- und Landgebiet, das seit mehr als tausend Jahren geistig entvölkert war.
Nach dem hitze- und staubbelasteten Kurzaufenthalt in Athen fuhren die Freunde nach Kap Sunion. Die Gemäuer des Tempels in ihrem harten Weiß echoten die Sonne in aggressiver Weise. Hier waren schon Funkkommandos der deutschen Truppe in Griechenland gewesen, die in ihrer Funkstelle mit Mesopotamien und den dort aufständischen Offizieren des Irak Kontakt gehalten hatten (auf drei Wochen). Auch sie mochten ein Bad genommen haben in den Pausen des erregten, durch Pannen unterbrochenen Funkverkehrs. So nahmen Heideggers Gefährten mit ihm im kristallklaren Wasser ein Bad; die Empfindung auf der Haut eines Menschen im 20. Jahrhundert und die auf der eines Heroen aus der Antike unterscheiden sich kaum. Das mochte man mit der Logik hinreichender Wahrscheinlichkeit unter Vergleichung aller Differenz der Zeit so behaupten. Die Freunde trockneten sich in der Sonne, die über griechischem Boden steil erscheint.

[Tatsächlich ist Griechenland ein bemerkenswert landloser, gleichsam ›leerer‹ Raum, den die verstreuten Inseln buchstäblich nur ›sporadisch‹ ausfüllen]
Der Austausch an Menschen und Gütern, also etwas momentan nicht Sichtbares, ist wie ein Himmelszelt zwischen dem kleinasiatischen Smyrna und den Tälern der Peloponnes aufgespannt. Alles dies war für den Philosophen nichts Sichtbares oder Anfaßbares, während er es als Gleichnis sah und auf die Abfertigung des Schiffs wartete, das die Anlandung ermöglichen sollte. Athen war nicht des Philosophen Ziel. Seine Vorstellung von Enttäuschung war längst vorbereitet, unwiderleglich, weil Athen schon damals nichts von Heraklit in sich aufgenommen hatte. Das Athen des 5. Jahrhunderts war bereits Schein. Was sollte inzwischen in der Millionenstadt anderes hinzugetreten sein als die Unordnung von Museen: Unwirklichkeit überhaupt? So hoffte Heidegger, noch durch eine Reise nach Delphi etwas zu retten. Obwohl er die Annahme, er müsse etwas »retten«, als ungerecht empfand, denn er hatte außerhalb des Realen, des »besichtigten Griechenland«, durchaus Impulse empfangen. Auf dem Weg zur Orakelstätte, die als Museum gestaltet war, ließ ihn eine Kette von Hotels, in US-Bauweise errichtet, scheuen. Rasch fuhr er weiter und erreichte mit Bahn und Schiff Venedig, das er vom gleichen Techno-Gott der Moderne okkupiert fand, dessen Gevatter der Touristik-Geist ist. Glücklich zu Hause.

»Was ist es, das /
An die alten seligen Küsten /
Mich fesselt, daß ich mehr noch /
Sie liebe /
als mein Vaterland«

4
Die unsichtbare Schrift

Wartezeit

Er hat versucht, seinen Sohn anzurufen. Niemand hört. Dann die Tochter, danach die Frau. Sie sind über ihre Handys nicht zu erreichen. Pause im Leben. Er hat niemanden, mit dem er sich austauschen kann in der Eile, die er noch aufgrund der Geschäfte des Tages in seinem Körper fühlt.
Das Fenster zeigt eine dunkelgrüne, abendliche Baumgruppe. Noch Licht in den Wipfeln, Abschied des Tages. Auf einem Teewagen (zwei Generationen älter als der Beobachter) sind auf einem Halter aus Glas vier Kerzen befestigt, deren Farbe, je nach Licht, das vom Fenster kommt, zwischen Blau und Hellviolett changiert. Wenn der Wartende bald stirbt, wird das immer noch eine Weile so dastehen, weil es nie einen Grund gab, es so vor dem Fenster aufzustellen, also es kaum einen Grund gibt, es von dieser Position zu entfernen. Es sind zählbare Abende, die ich erleben werde. Die meisten davon ohne solche Aufmerksamkeit auf das allmähliche Schwinden des Lichts, weil ich nicht warten muß, in Gesellschaft bin, mich beschäftigt weiß und die Menschen erreiche, mit denen ich lebe. So ist diese Minutenfolge vielleicht ein Unikat vor den Reden, die am Ende gesprochen werden.
Die Farbe des Lebens draußen vor dem Fenster hat sich inzwischen verändert. Kein Licht mehr seitlich auf den Rändern der Bäume. Das Blauviolett der unnützen Kerzen hat sich entfärbt. Ganz vorn eine Gruppe von Bleistiften und zwei Anspitzer vor einer Lampe, die bald angezündet sein wird. Es gibt viel zu tun. Jetzt muß ich essen gehen.

Erst später verstand ich, worum es sich handelte

In der Nacht Alptraum. Ich hatte den Eindruck, auf dem Kopf zu stehen, mit dem Kopf in eine enge Höhle eingepreßt zu sein. Beim Aufwachen Luftalarm. Erregte Räumung der Stockwerke des Hauses in Richtung Keller. Ich werde angekleidet. Hinuntergeschafft.
Ich übernachtete in jener Samstagnacht in der Ratsapotheke am Holzmarkt bei meinem Freund Peickert. Am späten Nachmittag hatten wir in einem der Vorratshäuser der Apotheke, die an den Hinterhof anschlossen, Eierlikör ent-

deckt. Spätabends Anruf der Wirtschafterin, ich solle sofort nach Hause kommen. Ich werde zum Telefon gerufen. Ich komme überhaupt nicht mehr nach Hause, antwortete ich. Ich war aufgeregt, betrunken. Mir war hundeelend. Für Stunden auf fremdem Klo. Aller Mageninhalt voll ausgekehrt.
Der folgende Tag war offenbar ein Sonntag. Ich irre im Lindenweg auf und ab. Ich kann mich nicht entschließen, zur Ratsapotheke zurückzukehren, wage aber auch nicht, zur Hauptmann-Loeper-Straße nach Hause zu gehen. Auf halbem Wege dieser entgegengesetzten Ziele halte ich mich unter Bäumen auf. Überrascht sehe ich meine Mutter aus dem Domclub kommen. Sie scheint eilig. Sie hört meinen Bericht. Sie eilt in den Domclub zurück, zum Telefon. Auch als geschiedene Ehefrau ist sie für das Personal unseres Hauses noch Chefin: sofern mein Vater noch schläft und ihre Enthronung nicht mitgeteilt hat. Seit der Scheidung gilt sie als Verräterin. Später verstand ich die Situation des Samstags, den ich bei Peickerts verbrachte, und die des Sonntag morgens. Es handelte sich um den Tag, an dem meine Mutter im Dom einen anderen Mann heiratete. Mußte das in derselben Stadt sein, in der sie zwölf Jahre lang ihre Ehe geführt hatte? fragte Hilda Liesenberg.
Alles von mir nur halb verstanden. Ich glaubte aber, Gründe zu haben, meine »Heimkehr« nach Hause zu fürchten. Das erregte Telefonat meiner Mutter hatte die Krise verschärft. Sie hatte das Personal angewiesen, mich in der Hauptmann-Loeper-Straße ohne Strafe aufzunehmen. Die Wirtschafterin meldete es wörtlich an meinen Vater, petzte. Der sandte Leute aus, mich in der Stadt zu suchen und sofort vor ihn zu bringen. Nun gehörte auch ich zu den Verrätern, welche die Familie mit öffentlicher Schande bedeckt hatten. Wieso mußte ich im Vaterhaus ungerechte Strafe fürchten? Mit meiner Verteidigungsrede kam ich nicht zu Wort. Warum sollte ich nicht Partei meiner Mutter sein, wenn ich doch ihr gehörte? Das aber war nicht Verhandlungsgegenstand. Vorwurf war BETRUNKENHEIT AM VORABEND IM FREMDEN HAUSHALT. Rüde Rede gegenüber dem Personal und der Weisung des eigenen Vaters. Konspiration. Meine Angst, nach Hause zu kommen, mußte in der Stadt den Eindruck erwecken, ich würde dort mißhandelt. Stadtklatsch gab es schon genug. Zimmerarrest ohne Essen. Ohnehin hätte ich nichts im Magen behalten. Im Gefängnis meines Zimmers endlich Pause (kein Frieden).

Entschluß eines aufgeregten Julitages

Ich ließ mir als Gerichtsreferendar an jedem Tag, an dem die Große Strafkammer nicht tagte (und sie tagte nur einmal in der Woche), den Schwurgerichtssaal aufschließen und schrieb an meinen »Heften«. Der ruhige, dunkle Raum spiegelt jede Konzentration zurück. Man sieht nichts als dunkelbraune Täfelung, Lampen, die nicht angeschaltet wurden, ein schütteres Licht, das die späte Stunde durch die hohen Fenster hereinschickt. Hier schrieb ich die Skizzen für den Lebenslauf des Richters KORTI.

Ich wohnte auf der Höhe der Biebricher Allee in der Wohnung einer Cousine meiner Mutter, die sich Tante Dorle nannte. Man fährt mit dem Fahrrad vom Gerichtsgebäude die Biebricher Allee hinauf bis auf die Höhe, von der es nach Biebrich und Mainz hinabgeht. Ein Turm an Vorstellungsvermögen, wenn man so auf dem Gipfel wohnt. Abends im dritten Rang der Staatsoper Wiesbaden oder im Parkett der Mainzer Oper.

Für den Herbst war die Verwaltungsstation vorgesehen im Landratsamt Rüdesheim. Das Referendariat besteht aus drei Monaten Tätigkeit am KLEINEN AMTSGERICHT, fünf Monaten am LANDGERICHT HANDELSKAMMER, drei Monaten STAATSANWALTSCHAFT, drei Monaten VORMUNDSCHAFTSGERICHT, fünf Monaten GROSSE STRAFKAMMER, fünf Monaten LANDGERICHT ZIVILKAMMER. Ich wäre mit der Energie meiner Schreiblust auf der bevorstehenden Verwaltungsstation in Rüdesheim in eine ruhige, extensive Sphäre gelangt. Dies war eine konservative Umgebung. Ich wäre hineingewachsen. Frankfurts Kritische Theorie hätte ich nie kennengelernt.

Ein Mitreferendar, abenteuerlicher Geist, verfänglich, weil er Kontakte zu Mädchen vermittelte, gab die Losung aus: Wir stellen die Verwaltungsstation zurück, wir beantragen Versetzung nach Frankfurt am Main, zwei Stellen für Referendare im Arbeitgeberverband sind offen, direkt am Hauptbahnhof. Das wird ein »Abstecher«.

In diesem Winter bezog ich Quartier in der Jugendherberge Frankfurt-Süd. Tagsüber, in dunklem Anzug, mit Hemd und Krawatte, Dienst als Referendar, abends und nachts primitive Überbrückung in Sachsenhausen, wie ein jugendlicher Wanderer, eine Art Hochstaplerleben. Als die Wintertage zugriffen, fing ich mir eine Kopfgrippe ein. Ich flüchtete zurück in die Wohnung der Tante, zweifelte, ob ich mich in der Metropole Frankfurt je würde halten können; jedenfalls war die Jugendherberge kein Brückenkopf. Mein Zahnfleisch entzündete sich. In der Zahnpoliklinik der Universität behandelte man das eiternde Gelände, zog einen Zahn, implantierte Gold. Nichts als Homer in Reclamausgabe als Trost im Wartezimmer.

Als der Frühling kam, wachte ich auf wie aus einem Alptraum. Der Entschluß, die Verwaltungsstation im geordneten Rüdesheim auszuschlagen und die »Wirklichkeit« in der Gestalt der Metropole zu suchen, erwies sich als gewagt. Werner Sörgel, Leiter des Studentenheims der Universität, nahm mich, noch immer krank, gab mir ein Zimmer unter Vorbehalt. Bei dem nachträglichen Auslesetermin für Bewerber entschied der Universitätskurator Frieder Rau zugunsten meines Verbleibs unter Nichtachtung der Richtlinien, die bei Zweitstudium (ich hatte ja mein erstes Staatsexamen und studierte jetzt aus Luxus Geschichte) keine Unterbringung im Studentenhaus zuließen. Vier Wochen später war ich Referendar im Kuratorium, Teil der Verwaltungsstation. Die weiteren Schritte haben mein Leben bestimmt. Ich nehme an, daß die Meinungen in meinem Kopf sich anders sortiert hätten, wäre ich diesem Impuls, statt nach Rüdesheim nach Frankfurt zu gehen, nicht gefolgt. Jener Julinachmittag, die Stunden zwischen 14 Uhr (dem Zeitpunkt, zu dem mich der Mitreferendar, in dessen Lebensführung ich vernarrt war, mit dem Vorschlag konfrontierte, nach Frankfurt auszubrechen) und dem Büroschluß im Vorzimmer des Landgerichtspräsidenten, der aus Gründen der Frist nur an diesem Tage über unsere Versetzung entscheiden konnte, also ein heißer, aufgeregter Julitag, entschied (durch Zufall nicht besser als bei Würfelspiel), auch infolge Mangels an Zeit darüber, daß ich künftig auf der Linken firmierte, im Vortrott der Protestbewegung

Nebeneinanderschaltung

»Die Verzwicktheit des Universums treibt, scheint's, einem neuen Maximum entgegen.«

So besteht der Poet aus einer Fülle sensibler Haare (wie jenen in der Mähne der Medusa), oder er besitzt Tentakel, sein Gehirn lateralisiert also und kann mit seinem tatenlustigen Ohr das Gute und das Böse vor sich sehen und etwas beschreiben, das nirgends in der Welt existiert. Dieses VIELFALTWESEN hat einen evolutionären Vorteil gegenüber jeder Einfachheit.
Am Schluß einer gewissen Periode seines Schaffens folgte Arno Schmidt einem Stundenplan, in dem er sich und sein Selbst, das schreibmächtige, jeweils in die Rolle eines früheren Schreibers einfügte. Eine Stunde lang bewegte er sich in der Uniform eines Christoph Martin Wieland, dann wieder, eine Kinderlaune, veränderte er sich auf eineinhalb Stunden in den besten Freund des bereits vom Wahnsinn geschlagenen Nietzsche, den Theologen Franz Over-

beck. Wie mußte der kämpfen gegen die Fälschungen von Nietzsches Schwester! Zuletzt verwandelte sich Arno Schmidt (einschließlich seiner Träume, in denen er die Rolleneinteilung nicht vollständig beherrschte) in einem Wochenlauf in 168 unterschiedliche Personen, von denen jeweils diejenige auf Kosten der anderen etwas länger überlebte, in der sich aufzuhalten ihm Lust bereitete.

Eine solche NEBENEINANDERSCHALTUNG entspricht unserem zweigeteilten Gehirn (die beiden Hälften durch tausend Trampelpfade, Schmugglerfährten und Geheimgänge verknüpft), dessen Eigentätigkeit niemand schubsen muß oder kann und das als ÜBERLEBSEL die extrem lange Evolution zwischen der Eiszeit vor 500 Millionen Jahren und dem Dorf Bargfeld überbrückt (oder tunnelt). Wir wären ohne dieses »Hirschgeweih aus Phantasie« nicht überlebensfähig. Und wir könnten keinem Teenager imponieren, den wir in der Kreisstadt treffen, so Schmidt, wenn nicht der Kopf in der Lage wäre, mehr als 180 unterschiedliche Dinge im Chor zu denken, also gleichzeitig.

Allmähliche Beladung des Hirns durch Schrift

Sie aß kaum etwas und war doch äußerst korpulent. Sie hielt – wie andere Wirtinnen eine Mittagstafel halten – einen Nachhilfestundentisch zur Rettung von Kindern aus reichen Häusern, die bis dahin lernunwillig waren und deren Versetzung in den Gymnasien der Stadt bedroht schien. Früher einmal hatte sie als Oberstudiendirektorin eine Lehranstalt geleitet. Aus Gründen, über die nichts bekannt war, wurde sie aus dem Schuldienst entlassen. Zwölf Schüler paßten an den großen Eichentisch, dem sie vorsaß. Fortlaufend korrigierte sie die Arbeiten, die ihr zugereicht wurden. Hatten die Nachhilfeschüler das verordnete Material geliefert und hatte das Überreichte Bestand vor ihren Augen, konnten die Schüler nach Hause gehen, spielen. In einem Schrank verwahrte Frau Knorre große Rollen von braunem, pergamentähnlichem Papier. Davon schnitt sie Portionen ab, die zu Heften gefaltet wurden, mit Stecknadeln am Rücken dieser »Hefte« festgemacht. Auf diesem Meer unbeschriebenen, festen Papiers sollten wir, ohne viel zu denken, aus deutsch-lateinischer Wortkunde und aus den Grammatiken abschreiben. Durch das Schreiben selbst, von der Hand also zum Kopf hin, »lernten« wir, unabhängig von den Vorgängen in der Schule, die antike Sprache, die von der Halberstädter Umgangssprache so fern war wie der Mond. Wir konnten sowohl die Wortfolge, die Stellung der Wörter auf den Seiten memorieren als auch die Grammatik in einer Art Schriftbild in unserem Innern aufnehmen. Unsere Lehrmeisterin

benutzte statt des dünnen *Ludus Latinus*, den die Schule vorschrieb, das umfangreiche Lehrbuch *Vita Romana* von Kaegi aus der Schweiz. Wir waren beauftragt, die Vokabeln in ausufernder Handschrift zu schreiben, sozusagen viel Papier zu verbrauchen, Raum auf dem Papier und im Geist zu gewinnen und einen Erfolg zu erleben, wenn das Heft voll war und aus den Rollen im Schrank ein neues verfertigt werden mußte. Verbrauch war Wissen. Fehler kreuzte Frau Knorre nicht an. Sie sollten sich nicht einprägen. Ihr genügte ein kurzer Hinweis. Etwas, das siebenmal richtig geschrieben wurde, glich jeden Fehler aus, der nur einmal geschrieben wird. Die Fehler wurden nicht subtrahiert, sondern überlagert. Später erfuhr ich, daß die Methode dieser ehemaligen Oberstudiendirektorin aus mittelalterlichen Klöstern stammte. Die Geburt des Lernens aus großzügiger Bepflasterung von Papier mit Worten. Die finden dann schon ihren Weg durch in den Kopf.
Kurz vor der Kapitulation 1945 verschwand Frau Knorre nach Braunlage. Dort lebte sie einige Zeit mit ihrer Freundin, derentwegen sie aus dem Schuldienst entlassen worden war. Das erfuhr ich später, als ich nach ihr suchte. Sie war aber dort nicht mehr zu finden, wo sie 1945 verschwunden war. Sie war die erste und einzige, die mit mir fertig wurde nach 17 Versuchen mit Nachhilfeunterricht.

»Die Lebensbahn des Zwerchfells«

Wer den Galeriewald an einem Flußufer in Afrika sieht, schrieb Arno Schmidt, der nie dort war, blickt auf das Gelände, in dem unsere Urahnen ihre ersten glücklichen Tage verlebten. Dort, zwischen Savanne und Flußufer, unter Bäumen, erlebten sie erstaunt, auf zwei unsicheren Staken oft bis zur Brust im Wasser watend, wo man die Fische und Krebse nur greifen muß, das HOCHGEFÜHL DES AUFRECHTEN GANGES. Das Eiweiß war hochkonzentriert und angenehmer zu schlucken als das zähe Muskelfleisch rennender Tiere (die man auch nicht gleich zur Hand hat, wenn es einem nach ihnen verlangt).
Körperliches Zeichen dieser Wende zur Aufrichtung des Körpers ist das Zwerchfell, das den nunmehr nicht mehr vierbeinig hingegossenen, sondern nach oben gestapelten Körper in zwei Sphären teilt. Das OBEN mit dem Atem, dem Herzen, dem Gehirn (der Seele der späteren Pythagoreer), das UNTEN: der Magen, die Geschlechtswerkzeuge, die Därme, die Beine (die Arbeiter, die Sklaven). Dazwischen, weder auf die Kommandos von oben noch auf die von unten wirklich hörend, ein starker Muskel: das Zwerchfell, das Kind des aufrechten Ganges.
Es handelt sich um eine »Muskel-Sehnen-Platte, die den Bauchraum und

die Brusthöhle voneinander trennt. Im antiken Griechenland hielt man das Zwerchfell für den Sitz der Seele«. Verblüffend ist aber nicht bloß die Wirkung dieser Sehnen- und Muskelfläche als Trenner, sondern ihre Unbeherrschbarkeit: wenn etwas zum Lachen reizt. Nach Auffassung des Katalanen Calixto Bieito stecken im Zwerchfell die »Partisanen des Charakters«. Das Zwerchfell stirbt sowenig beim Tode eines Menschen, wie die Gegenwehr und Verzerrungslust, die im Witz steckt, früher stirbt als die ganze Menschheit.[1]

Lebensläufe der Libido

Liegt der Körper auf Holzplanken in der Sonne, oder erwacht er aus dem Schlaf, oder kuscheln sich die Knochen müde in die Decken, oder tritt eine attraktive Person überraschend zur Tür herein – immer sind sie da, die Besatzer im Leib der schönen Freddi. Sie wandeln ihre Gestalt, je nachdem, welchen Teilen des Leibes oder der Seele sie sich gerade anschließen. Sie tun das im Gegensatz zu Anlegern auf dem Börsenmarkt, die ihr Geld in Aktien investieren und sich doch an nichts, was den Gegenwert dieser Wertanlage entspricht, in ihrer Gestalt anpassen.

Diese Geister oder auch: diese zweite Natur und Innenhaut in allen Menschen nennt sich die WELT DER LIBIDO. Die junge Freddi verfügte über eine spezielle Sorte der Libido (oder war geprägt durch sie), die sich in dunklen Tagen verkroch in dumpfen Trübsinn, um dann regelmäßig wieder zu erwachen, in ihr zu schwärmen, so daß sich alle Leute, die mit ihr zu tun hatten, mit ergriffen fühlten. Stimmung kam auf.

Hätte ein Anatom nach den LIBIDINÖSEN KRÄFTEN gesucht, er hätte diese Elementarwesen nicht gefunden. Der Forscher, der sie entdeckte und ihnen den Namen gab, behauptet von ihnen, daß sie kein Interesse für die Außenwelt, für Überblick oder Vernunft hätten. Für Glück und Gegenglück (den Geist) sind sie Experten. Aus dem Nichts geboren, leben sie eine Weile und lösen sich auf. Bei Langeweile verschwinden sie. Sie sind so gut wie tot oder tatsächlich gestorben, und sie kehren nie als dieselben zurück, so Sigmund Freud, als die sie verschwanden. Diese UNVERWECHSELBAREN bilden keine Einheit und keine Gattung. Sie treten auf als Milliarden Dämonien, und manchmal, wenn sich der beim Braunbrennen in der Sonne gebildete Pulk bei schlechtem Wetter verkrochen hat, lauern sie in ihren Verstecken. Sie zeigen

---

1 »Eine dem Zwerchfell vergleichbare Struktur besitzen außer den Säugetieren nur die Krokodile.« Herodot, der selbst den Nil bereiste, berichtet von Krokodilen, die ihre Lachlust nicht unterdrücken konnten. In dieser Hinsicht Krokodilstränen. Sie lachen nicht, so Herodot, weil sie leiden.

ähnliche Willkür wie Zufallswolken, welche die Welt umkreisen, sind aber von diesen sehr verschieden, weil sie aus REINER BESTIMMTHEIT bestehen: Ihr Verstand richtet sich allein auf LUST und UNLUST. In dieser Unterscheidung sind die libidinösen Elementargeister unbeugsam.

Als Freddi älter wurde, alterten diese Wesenskräfte keineswegs. Sie zeigten sich nur weniger häufig. Sie meiden die Nähe von Zellen, die undurchlässig werden; sie empfinden alte Körper als unwirtliche Wegstrecken. Oft saß Freddi zu Hause unter der Tischlampe in der Nähe des Fensters und aß auf einen Schlag zwei Schachteln Kekse auf. Das tat ihr nicht gut, und sie hätte gern nach römischer Art den Finger in die Kehle gesteckt, wenn sie sich dazu nur hätte aufraffen können.

Navigatoren sind die libidinösen Kräfte nicht. Sie stammen ab von älteren Energien der Gegenwehr, sog. REPRÄSENTANZEN oder NARBEN, die auf schmerzvolle Erlebnisse antworten. Den Leidensstoff haben sie in Lustsuche verwandelt. Als blinde Poeten »führen« sie nicht.

Die Psychoanalytikerin Margarete Mitscherlich schwankte lange, ob die Libido eine kollektive oder eine individuelle Natur habe und welche die Landesgrenzen in der Republik dieser Dämonen seien. Zu diesem Zeitpunkt nahm sie an einem Kongreß teil, den noch der New Yorker René A. Spitz leitete. Oft hatte sie bemerkt, daß ein Austausch einer besonderen Gattung dieser Elementarwesen von der Mutter auf die eine Tochter und den einen Sohn stattgefunden hatte, auf den anderen Sohn und die andere Tochter dagegen nicht. Der »Fluß der Geister« schien unberechenbar.

Im Einzelmenschen selbst sterben die libidinösen Besetzungen stündlich und täglich, und sie treten ihr zweites, drittes oder zwölftes Leben zu unterschiedlichen Zeiten an, so Margarete Mitscherlichs Beobachtung. Die Gesamtzahl der Geister bleibe aber (anders als ihre Aktivität) lebenslänglich gleich, so daß man sagen könne, die Libido sterbe mit dem Menschen, in dem sie sich eingerichtet habe. Dem widersprach eine andere Beobachtung, die Margarete Mitscherlich nicht glaubte beweisen zu können, die aber ihrem geistigen Auge vorschwebte, daß nämlich die libidinösen Kräfte keinesfalls auf Personen oder Familien begrenzt seien. Sie hätten längst die Welt ergriffen, so Margarete Mitscherlich, und dann leben sie, solange es Menschen gibt.

»Leiden kann nur der Einzelne«

Theodor W. Adorno bemühte sich in den sieben Jahren vor seinem Tod, dem Prozeß einer zivilisiert und pädagogisch befestigten Aufklärung zuzuarbeiten. Über dieses Anliegen redete er im Rundfunk und auf Vorträgen in Bildungsinstituten, gestützt auf seinen Essay »Erziehung nach Auschwitz« und auf die Ratschläge des Bildungspolitikers Hellmut Becker.
In einer Weise, die man, hätte sich Adorno als Knabe so verhalten, als »brav« bezeichnet hätte, schlug er vor, notfalls in kleinen, ausgewogenen Schritten, das politisch relevante Empfinden der Bürger und vor allem der Kinder so zu unterstützen, daß am Ende eine Immunität gegen jede Wiederkehr der faschistischen Gefahr dabei herausschaute.
In denselben sieben Jahren schrieb Adorno indessen insgeheim an seinem Lebenswerk, an eminent »schwarzen« Texten, so nennt es Jürgen Habermas: in Fortsetzung der *Dialektik der Aufklärung* und seiner *Negativen Dialektik*. In der Welt dieser Gedankengänge war es ausgeschlossen, den VERBLENDUNGSZUSAMMENHANG, der allen Mythen und der Moderne zugrunde lag, durch Erziehung zu durchbrechen. Wie es in seinem Sinne in einem Spielfilm die Protagonistin formulierte:

> »Mit großen Schritten macht man sich nur lächerlich /
> Mit vielen kleinen aber könnte ich Staatssekretär im Auswärtigen Amt werden.«

Das wurde später für Joschka Fischer wahr, der die Position des Staatssekretärs überbot. Nach Adornos Meinung schützte nur die Machtlosigkeit der Republik uns davor, in der Welt Unheil anzurichten.
Im Gegensatz zu seinen schwarzen Texten blieb Adornos Analyse der ELEMENTARGEISTER DES SEELENLEBENS, der libidinösen Kräfte, hoffnungsfroh. In intakten Menschen unserer Zeit gibt es im Gegensatz zu den Tieren keine primären Triebe, behauptete Adorno (und ließ sich durch keine Anthropologen und Schulpsychologen darin umstimmen). Ein solch direkter Impuls wäre stets durch frühe Enttäuschung gelöscht und – ähnlich der Spaltung von Elementarteilchen in ihre Antiteilchen – in zahllose Triebabkömmlinge umgewandelt: Splitter oder Spiegel, die ohne merkliche eigene Energie, aber durch ihr Zusammensein das Seelenleben erzeugen und sich als zuverlässige Realitätsfeinde erweisen. Sie sind es, so Adorno, die das ENDGÜLTIG BÖSE verhindern, weil sie es zu aufwendig machen für den Alltag. Gesellschaftliche Verbrecher entstünden nur dadurch, daß Personen sich in einen Zustand der

Unberechenbarkeit versetzen, sich »rasend« machen und so für den Genozid zur Verfügung stehen. Äußerlich sieht das wie BÜROKRATISCHE RUHE aus, so Adorno, innerlich ist es der AUSNAHMEZUSTAND, der nicht dauerhaft aufrechtzuerhalten ist, weil die libidinösen Elementargeister ihn nicht verstehen oder ihm entgegenwirken, so daß im »Verbrecher im Ruhestand« der Täter schwer wiederzuerkennen ist, wie man im Einsatzgruppenprozeß sehen konnte. Adorno bestritt also dem Einzelnen die Befähigung zum Bösen, wohingegen Menschen Gesellschaften gründen, um es im GROSSEN MASSTAB herzustellen. Dann aber entsteht es (wie alles Subjektiv-Objektive) zwischen ihnen auf unsichtbaren Plattformen, an welche die Libido nicht heranreicht, weil sie sich von ihren Ursprungsorten, den Körpern, nicht weit entfernt, und die sind individuell. »Leiden kann nur der Einzelne.«

Abb.: R. W. Fassbinder beschäftigte sich eine Woche lang mit anderen Projekten, statt mit mir den Film über die Scheidungen unserer Eltern anzufangen, auf den sich unsere Teams vorbereitet hatten. Er konnte sich nicht entschließen, die Rolle seiner Mutter in dem Ehekonflikt mit seiner wirklichen Mutter zu besetzen (die ja Schauspielerin war), hielt es aber für ebenso unmöglich, statt dessen eine Schauspielerin aus seinem Team mit der Rolle zu betrauen.

Abb.: Kaum hat das 21. Jahrhundert begonnen, besitzt es schon seine Biographen. Es sind mehrere. Alle arbeitslos gemacht durch die WENDE und sogleich verschworen, ihre qualifizierte Arbeitskraft (notfalls unbestellt) einzusetzen. Im Bild Egon Müller. Er arbeitet nur zwölf Kilometer entfernt von Willi Eiselt.

Der Erzählraum (und das Darüberhinaus)

Von Großeltern bis Enkeln umfaßt der Erinnerungszyklus samt Erzählungen 90 Jahre: Deshalb rechnen wir die Generation mit 30 Jahren. Das ist realistisch für die Generationen, die einander etwas erzählen, unrealistisch bei Familien, die ausgerottet wurden.
Der Entwicklungschef von Boston Radio, der von einer Konferenz mit Mr. Ibrahim Helal, dem Entwicklungschef von Al Jazeera, zurückkam, ging davon aus, daß nach 90 Jahren die Erinnerung der Zielgruppen an die Vorzeit ganz gelöscht, aber auch von allen Ressentiments und Gegen-Reaktionen gegen eine Zeit gereinigt ist. Eine kommunikative Landschaft, bedeckt »wie mit frischem Schnee«. Ein solches Neuland, sozusagen FRISCHES ERLEBNISLAND, biete sich für alle Stoffe, die so weit zurückliegen.

Abb.: Meine Mutter in den dreißiger Jahren.

Abb.: Meine Mutter 1912.

Besuch in der Zukunft

Wenn in den siebziger Jahren meine Mutter mit dem Charme der dreißiger Jahre auf eine Gesellschaft junger Leute der kritischen Intelligenz zuging, die ihr nicht vertraut waren, und diese Menschen für sich zu gewinnen suchte (ohne Grund, nur aus Geselligkeit, sie hätte keinen Vorteil aus ihrer Sympathie ziehen können), geniere ich mich, statt sie zu schützen. Es blieb offensichtlich, daß ihr Ton nicht in die Zeit paßte.

Der gleichen Grausamkeit würde mein Vater gegenübertreten, käme er mit der Eleganz eines Studenten von 1912, mit der Umgangsform eines Arztes von 1943 oder dem angepaßteren Habitus eines DDR-Arztes von 1964 (mit großer Tasche für die im Westen einzukaufenden Mitbringsel) in unsere Gegenwart von 2011. Seine Enkel, in ihren Kreisen befangen, würden ihn für aufwendig halten. Gut, wenn er irgendwo stillgestellt wäre vor einem Teller mit Broten und mit einem Schnaps, einem Fenster oder Licht in der Nähe, und er würde erzählen.

Abb.: Mein Vater rechts und sein älterer Bruder Otto, links. Sie sind noch keine Ärzte, haben aber schon mal Ärztekittel angelegt.

Ich bin sein Patriot. Mein Antirealismus des Gefühls befähigt mich zu sagen: Nicht die Welt meiner beiden Eltern, sondern die Gegenwart hat Löcher. Es kommt ja nicht oft vor, daß mein Vater – inzwischen 120 Jahre alt – zu uns herantritt. Im Augenblick müßte ich ihn in das italienische Restaurant in der Grolmanstraße führen, nahe am S-Bahnhof Savignyplatz. Dorthin sind gerade die Trauergäste von der Beerdigung des Filmkritikers Michael Althen gekommen: Dieter Kosslick, Romuald Karmakar, 24 andere, alles Menschen der Gegenwart. Um auf sich aufmerksam zu machen, eröffnet mein Vater die Rede mit einer Bemerkung über die Emsigkeit der Bedienung. Er kann nicht umhin, etwas lauter zu sprechen als die Anwesenden, weil er denkt, daß er sonst nicht beachtet wird. Die Zeit ist vergangen, in der sich eine Herrenrunde durch gemeinsamen Alkoholkonsum aus einer Runde von Rivalen in eine von Plauderern verwandelt hat.

Abb.: Die Ärzte der Garde werden in die neue, veilchenblaue Uniform umgekleidet. Mit ✗ mein Vater.

Welche Sprache wird in 200 Millionen Jahren gesprochen?

Man kann auf gewisse Nachtstunden zwölf bis zwanzig komplexe Computersysteme von US-Universitäten (soweit sie in der Nachtzeit nicht gebraucht werden) als Parallelrechner zusammenschalten. Dann sind die Daten von 1000 Jahren wie ein Tag. Will man aber den Prozeß der Menschheitsgeschichte für 200 Millionen Jahre in die Zukunft hochrechnen, braucht man besondere Beziehungen: die vielfache Menge an Großrechnern, zahlreiche solcher Nachtzeiten, und muß dennoch Computerkapazität des Pentagon zusätzlich heranziehen.

Mary Anne Stafford, die junge Leiterin der Special Task Unit, die in der Nacht mit ihrem Stab vor den Rechnern saß (man sieht nur einen geringen Bruchteil des zusammengeschalteten Fleißes des »Göttlichen Auges auf Zeit«), konnte man mit den Astronomen vergleichen, die nachts mit ihren Fernrohren den Kosmos betrachten. Auch deren Arbeitsstätte ist kalt. Die Notwendigkeit, die Rechner, soweit sie zum engeren Arbeitsbereich der Forschungsgruppe gehörten und nicht dezentral zusammengeschlossen waren, extrem zu kühlen, schlug auf den Beobachtungsraum zurück. So studierten die 18 Leute, die hier saßen, jahrelang in den Nächten, was aus der Menschheit in zwei Millionen Jahren werden würde. Sie wollten wissen, welche Sprachen dann übrig wären und was für Sprachen das sein könnten. Das setzte wiederum voraus, daß es Daten gäbe, was für Lebewesen unsere Nachfahren sein würden, ob sie überhaupt sich durch Sprechen und Schreiben oder »Funken in sprachähnlichen Signalen« verständigen würden.

Sieben Anläufe des Forschungsprojekts blieben vergeblich, weil das Endresultat den Untergang der Spezies voraussagte. Prof. Stafford beharrte darauf, daß dann weitergefragt werden müsse, was nach diesem Untergang geschähe. Was wären unsere Nachfahren nach Untergang der Spezies, wenn sie nicht mehr Menschen wären? Welche Sprachen hätten sie dann? Für Antworten reichten die Ergebnisse der Datenmasse zunächst nicht aus. In zwei Endresultaten dagegen ergab sich ein Bild (wenn auch wenig einer »Vorstellung« entsprechend): Es schien, daß die Nachfahren in zwei Millionen Jahren keine Körper mehr besäßen, sondern als eine Art Belag oder dünne Schicht wie zwischen zwei Kristallflächen, den sie umgebenden BEZIEHUNGSNETZEN (relations), auflagen.

Wären das dann noch Menschen? wurde aus der Gruppe gefragt. Vieles wies darauf hin, daß sie wohl keine Sprache mehr hätten, vor allen Dingen nicht unsere Art und Weise, sich durch ein Hirn, den Atem und den Kehlkopf zu äußern. Dann könnten sie doch, wurde eingewandt, immer noch schreiben, klicken oder funken. Es schien aber, daß sie kein individuelles Hirn mehr besäßen. Und kein anderes Sinnes- oder Verständigungsorgan, das sich wenigstens in einem stenographischen, verballhornten Englisch (wie immer verändert es nach so langer Zeit wäre) würde ausdrücken können, und sei es nur rituell und an Festtagen, sozusagen als Luxus. Nein, schlußfolgerte Prof. Stafford: Der Kern sei ja, daß sie sich nicht individuell, sondern als eine Art Rasen, Matte oder extrem dünner Teppich (als Akzidens) zum Geschehen verhielten. Aber sie existieren? Offensichtlich. Nach dem achten Resultat und dem dieses bestätigenden neunten gab es sie zu so später Stunde: sprachlos.

– Durch sie selbst können wir keine Mitteilung von ihrer Existenz erhalten?
– Oder wir besitzen sie längst.
– Sie meinen, diese Künftigen füllen unsere früheren Zeiten aus?
– Wir glauben, daß sie das könnten, wenn sie so weit gelangt sind, daß 200 Millionen Jahre Zukunft sie nicht umgebracht haben. Das ist schon eine bemerkenswerte Potenz.

Anerkennend ruhten die Blicke der Mitarbeiter auf der Projektleiterin, die das sagte. Es äugten die Monitore.

Die unsichtbare Schrift

Als ich am 24. Januar 1914 in einer bitterkalten Nacht vor dem Kronprinzen palais (neben der Lindenoper) Wache stand – von einem Bein auf das andere trat – sah ich wohl zu dem Fenster hinauf, wo am 27.T.59 der Kaiser geboren wurde.... mit Keiner Silbe jedoch – dachte ich daran, dass im gleichen Jahr der erste Weltkrieg ausbrechen sollte. Wilhelm II., der „Friedenskaiser" hatte einen panischen Schreck vor kriegerischen Ereignissen! Der französische Erbfeind nannte ihn „Guillaume le timide", den „furchtsamen Hasen."

Abb.: Ernst Kluge. Weihnachten 1914.

Abb.: Otto Kluge, Hedwig Kluges Lieblingssohn, gefallen am 22. August 1914 bei Bertrix.

Die Niedermetzelung des
2. Nassauischen Infanterieregiments Nr. 88

Am Morgen des 22. August 1914 ziehen die deutschen Truppen der 5. Armee durch die Ardennen in Richtung Westen. Das Gelände ist waldig und hügelig. Es herrscht dichter Bodennebel. Die Führung entdeckt zu spät, daß der deutschen Armee frontal eine französische Armee entgegenmarschiert. Bei Bertrix und Neufchâteau kommt es zum Zusammenstoß. Die Kämpfe ziehen sich bis zum nächsten Tag hin. Noch immer haben beide Seiten unzureichende Sicht. In einem Waldstück und auf einer bergigen Fläche wird das zweite Nassauische Infanterieregiment Nr. 88 von einem französischen Angriff überrascht, der von den neuen, auf dem Balkan erprobten, den Deutschen unbekannten französischen Schnellfeuerkanonen in vorderer Linie unterstützt wird. In kurzer Zeit fallen 900 Soldaten des Regiments und neun der 32 Offiziere. Der Regimentsführer wird abberufen.

Das Schlachtfeld wird zwei Tage später von Pionieren einer Nachbardivision aufgeräumt. Es wird berichtet, daß die Toten des schon am 22. aus dem Nebel heraus angegriffenen zweiten Bataillons (Standort Hanau) auf dem engen Fleck, an dem sie sich zum Angriff stellten, von anderen Erschossenen gehalten, in einem Winkel von 60 Grad aufrecht standen. Also habe es sich nicht um einen »Haufen von Toten« gehandelt, sondern um eine »Mauer«. Das habe die Identifikation der Einzelnen behindert.

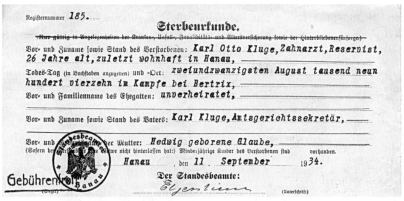

Abb.: Sterbeurkunde des Bruders und »role models« meines Vaters. In der »Mauer der Toten« nicht individuell unterscheidbar, obwohl er unverwechselbar ist.

Sie weinte bitterlich, als sie hörte, daß es für Eltern keine Verkehrsverbindung zur Front gibt

Im ersten Impuls wollte meine Großmutter väterlicherseits, Hedwig Kluge, geborene Glaube, auf die Nachricht, daß ihr Erstgeborener Otto gefallen sei, den Zug besteigen, nach Belgien reisen und dafür sorgen, daß man den Toten ordentlich begräbt. In der Stadt hieß es, viele Gefallene seien in Massengräbern verscharrt. Als sie hörte, daß es für Eltern keine Verkehrsverbindung zur Front gab, weinte sie bitterlich.

Sie empfand sich selbst und ihren Erstgeborenen nicht als Personen wie »Alle & Jeder«. Die übrigen Geschwister und auch ihr Mann duldeten es, daß der Erstgeborene vorgezogen wurde, weil sie alle diesen waghalsigen, lebenshungrigen 26jährigen, ihren »Helden«, liebten. Nun waren die Soldaten des 22. Nassauischen Infanterieregiments nicht wie Helden gestorben, sondern zufällig, massenhaft, durchschnittlich und ohne sinnvolle Tat, aufgrund von Führungsfehlern, Irrtum und durch unbekannte neue Waffentechnik umgebracht: wie bei einer Massenkarambolage von Kutschen oder bei einem Zugunglück.

Abb.: Meine Großeltern väterlicherseits.

Die unsichtbare Schrift

Abb.: Caroline Louise Glaube, geborene Granier. Die Großmutter meiner Großmutter väterlicherseits. Bild von 1795.
Die junge Frau ist vor der Schreckensherrschaft im Jahre 1793 in den Südharz geflohen. Die Augenpartie entspricht der ihrer Enkelin Hedwig Kluge. Außerdem der meiner Schwester.

Abb.: Die Enkelin meiner Schwester.

Die unsichtbare Schrift

Meine Voreltern aus dem Südharz haben sich nicht träumen lassen, mit welchen fremden Genen sie heute in ihren Nachkommen zusammenleben würden, ja auch wir, die Gegenwärtigen, wüßten nicht (und haben keinen Einfluß darauf), wie sich in Zukunft die glücklichen Umstände (oder unglücklichen) in unseren Kindern verschaukeln. Die vor dem Terrorregime in Frankreich 1793 geflüchtete Französin Caroline Louise Granier prägt mit energischem »hugenottischen«, tatsächlich jakobinischen THYMOS einen Zweig der Familie. Diese Linie hatte keine Ahnung, daß sie sich später mit Genen aus dem Eulengebirge verknüpft finden würde. Nichts ahnten die Vorfahren vom Eulengebirge und die vom Südharz von den Zuflüssen aus Mittelengland und aus der Mark Brandenburg. Die sprachlichen, die genetischen und die kulturellen Gewohnheiten wirken unvereinbar. Daß solche Gegensätzlichkeiten keinen Bürgerkrieg in den Seelen und Körpern hervorrufen, sondern sich in jedem Pulsschlag, in jedem Herzschlag von Minute zu Minute einigen, ist das Abbild einer generösen, toleranten, das Menschenrecht erweiternden Verfassung, welche die Gene schreiben (auf ihren Inseln), anders als die Staatswesen. Insofern enthält ein Körper, zusammengesetzt aus der Vielfalt so gegensätzlicher Vorfahren, eine Art Zauberbuch. Keine Enzyklopädie kommt der Macht dieser Inschriften gleich, welche die Zukunft bestimmen.

Erinnerung, ein rebellischer Vogel

Siegfried Welp, Sohn des Kriminalobersekretärs Welp, war ein fünfjähriger Hüne mit eckigen Bewegungen seiner Glieder, von mir in seinem Willen nicht beeinflußbar. Er war mir zum Spielen zugeteilt.
Der Dachgarten unseres Hauses grenzte an ein schräg aufwärts strebendes Dach. Wir kletterten auf dieses Dach. In gerader Richtung hinauf zum Giebel konnte einer nur auf das Dachgärtchen zurückfallen, sich vielleicht weh tun. Seitwärts kletternd, nachdem das Dach bestiegen war, gelangte man jedoch auf einen Teil des Daches, der zum Hof hinab auf zehn Meter steil abfiel. Wer hier stürzte, hatte sein Leben eingebüßt.
Ich mahnte den Gefährten, sich nicht zu dieser Seite des Daches hin zu bewegen. Ich erinnerte mich, eine solche Mahnung ausgesprochen zu haben. Er, an die Schindeln geklammert, kletterte jedoch zu dieser Seite hin. Ich spielte »Trapper reitet auf Pferd«, rannte also im Kreis auf der Fläche des Dachgartens umher. An dieser Stelle beginnt eine Erinnerungslücke.

Ich sehe mich erst wieder in jenem Moment, in dem ich vor dem abgestürzten Siegfried stehe. Gerade noch hat er den Dachgarten erreicht. Schon sehr am Rand, der mit einem Gatter zum Abgrund hin gesichert ist. Hier hing, noch im Bereich des Dachgartens, mein Spielkamerad, der aber zuletzt mit mir nicht mehr gespielt hatte, kantig abgestützt, gesichert, einen der Arme unglücklich angewinkelt.
Später hieß es, daß sein Arm gebrochen war. Ich wurde abgeführt, beschuldigt, ihn angestoßen zu haben, während er auf dem Dach herumstieg. So Siegfrieds lügenhafte Aussage. Dann habe ich sein Leben gerettet, antwortete ich, denn er war dabei, seitlich aus der Sicherheit des Dachgärtchens auf die freie Dachfläche davonzukriechen. Ich »wußte« aber, daß ich ihn zu keinem Zeitpunkt gestoßen hatte. Ich hatte ihn auch nicht »an seiner Hose gezogen, um ihn zur sicheren Landung auf dem Dachgarten zu bewegen«. Das war alles bereits nachträgliche Diskussion, Frage und Antwort. Es ging um das Schmerzensgeld für den Armbruch. Die Sache wurde meinem Vater vorgelegt. Er befragte mich, vertraute meinen Antworten. Er lehnte ein Schmerzensgeld ab.
Ich wurde dann in die Wohnung meines »Freundes« bestellt. Die Frau des Kriminalobersekretärs befragte mich, da trat dieser erfahrene Verhörspezialist selbst ins Zimmer und befragte mich, auf und ab schreitend. Meine Darstellung schien einen Widerspruch zu enthalten. Wie war Siegfried von den Schindeln, unter denen sich der Abgrund befand, zu der Dachfläche zurückgelangt, die seinen Sturz auf das Dachgärtchen gelenkt hatte. Hatte ich ihn nicht vielmehr, ehe er seitwärts kletterte, am Arm zurückgezogen, sein Gleichgewicht gestört oder an seinen unwilligen Beinen gerissen, so daß er sich aus dem Gefahrenbereich entfernte, dann aber, von mir gezogen, kopfüber in den Dachgarten stürzte? Die Arme voran, von denen einer brach?[1]
Nachmittags hatten die Befrager mich soweit. Ich legte ein »Geständnis« ab. Der Kriminalobersekretär zeichnete es auf. Seine Frau unterschrieb die Aufzeichnung. Damit erzwangen sie ein Schmerzensgeld. Mein Vater beschämt. Er hatte auf meine Worte vertraut. Das hatte ich selbst ja auch. Wie hätte ich verhindern können, daß ich unter dem Druck geschulter Fragen von der Wahrheit abwich? Es waren mehrfache Willenskräfte auf mich angesetzt: die des Kriminalobersekretärs, die seiner Frau, die ihren Siegfried vergötterte, und die Siegfrieds, der selbstlos vor sich hin log. Nie wieder später ließ ich mich in dieser Weise überrumpeln. Nie wieder schätzte ich den Namen Siegfried. Niemand ist Herr seiner »korrekten Erinnerung«, wenn mehr als drei

[1] Nachträglich, inzwischen erwachsen, halte ich es für möglich, daß meine Erinnerung, in der ich den Gefährten seitlich aus der Sicherheit des Dachgartens klettern sah, sich auf meine Mahnungen bezog.

Dritte sie bestreiten. Der Zorn meines Vaters ist verraucht, das Schmerzensgeld war bald vergessen. Kein vermögenswirksamer Vorteil von 1936 hätte das Jahr 1946 überstanden. Dennoch ist in mir, fast 70 Jahre später, die Erinnerung wach, die meinem »Geständnis« widerspricht. Was immer Erinnerung ist, selbst wenn sie auf Täuschung beruht, ist sie unaustilgbar.

Ein Erforscher von Lebensgeschichten

In Harsleben bei Quedlinburg lebt ein Forscher, der sich mit der MORPHOLOGIE VON LEBENSGESCHICHTEN befaßt. Auf dieses Thema ist er gestoßen, nachdem er 1990 aus seiner Amtsstellung an der Akademie der Wissenschaft in der DDR (in der er bis zum Ende seines Arbeitslebens bleiben wollte) entfernt worden war. Von Haus aus ist er Physiker. Jetzt interessiert er sich dafür, was aus Menschen wird, wenn sie während ihrer Lebenszeit aus ihrer Bahn geworfen werden. Es gibt nämlich nicht einfach Kindheit, Schulzeit, Beruf und Alter, sagte er. Vielmehr krümmen und bewegen sich diese Elemente unter dem Druck der Zeitgeschichte. Bei Lebensgeschichten gibt es wenig Typik. Regelmäßigkeiten beobachtet man, aber zusammengesetzt sind sie aus purer Einzelheit.

Man nennt mich Karlchen, und ich höre das gern, sagt der Forscher, der eigentlich Willi Eiselt heißt. Meine Datsche in Harsleben habe ich neben einem ehemaligen Gutshof eingerichtet, der dann eine Kollektivwirtschaft war und jetzt verlassen ist. Den Obstgarten benutze ich mit, auch zwei Scheunen, in denen ich meine Unterlagen, meine Sammlung lagere, bis ich sie scanne und auf Festplatte speichere. Insofern lebe ich »zwischen den Zeiten«. Zweimal im Monat halte ich Gastvorträge an der VHS Bad Blankenburg.

Meine Forschungen sind international bekannt. Das ist eine Sache des Netzes. Im Austausch bin ich mit Mitarbeitern des Heimatblattes *Zwischen Harz und Bruch* sowie mit dem Historiker Werner Hartmann aus Halberstadt, der ebenfalls über Unterlagen verfügt. Das dürfen Sie nicht so verstehen, als seien wir Lokalforscher hier nicht hinreichend informiert über die Welt jenseits der Horizonte.

Grundsätzlich: In einer Welt, in der 4,2 Milliarden Menschen auf dem Planeten lebten (davon ⅔ aus unserer europäischen Vorstellungswelt weggepackt, verstaut unter Vorurteilen in den Brutöfen Asiens, Afrikas, Lateinamerikas), ist ein Lebenslauf für das Selbstbewußtsein ein anderes Gefäß, als wenn sieben Milliarden Menschen auf der Erde um Geltung ringen. Durch die hohe Zahl verringert sich die Bedeutung der Person. Interessanterweise gilt das nur bedingt für die Region, in welcher ich selbst lebe. Noch 1988 drängte sich

eine Menschenmenge in Quedlinburgs unterversorgten HO-Läden. Heute ist das Land entvölkert.
Im März dieses Jahres klumpten die Ereignisse: Japan, Ägypten, Libyen, Syrien, Jemen. Aber die Hauptereignisse täuschen. Es geht um Geburten im Kreiskrankenhaus; ein Virus, das seinen Umtrieb im Darm beginnt, dann die Nasennebenhöhlen erfaßt und die Bronchien im gesamten Umkreis, so daß Ärzte den Befund mit Asthma verwechseln. Außerdem geht es um die Zeitumstellung, um Wahlen in Sachsen-Anhalt: von allem zuviel, auch wenn wenig relevant im Weltmaßstab. Einer der neuen Kabinettsminister in Magdeburg, der Stellvertreter des Ministerpräsidenten, schrieb mich an und bat mich, einen Lebenslauf für ihn zu skizzieren: Wie wäre sein weiteres Vorgehen zu beschreiben, passend, ruhmgekrönt und von Vorteil für das Gemeinwesen? Die von mir vertretene Expertise wird inzwischen wie ein Horoskop Keplers geschätzt. Der »skizzierte Lebenslauf« ist wie das Kleid eines Designers, macht wie das Kostüm die Person.

Die Ärzte der Charité sahen keine Möglichkeit, den energischen Lebenskämpfer abzuwimmeln

Im legendären Winter von 1962 auf 1963 hatten die Schneemassen die Produktion im Norden und Osten, einschließlich der Industrien der Hauptstadt der DDR, lahmgelegt. Das hatte Wilfried Mücke als BEWÄHRUNG erlebt. Die Werksbrigaden wurden eingeteilt. Die Betriebskampfgruppen, ohne Gefechtswaffen, aber mit den Waffen der Arbeit, hatten die Natur gezähmt, einschließlich des tückischen Eisgangs auf der Oder und der Spree zu Ende der Krise. Das war erzählenswert.
Nach Dienstschluß hatte sich in den Folgejahren eine Art Sagenkreis entwickelt, auf Trinkabenden, auf Bereitschaftssitzungen. War die Sache durcherzählt, konnte man von vorn beginnen, so viele Details blieben unberichtet. Es waren reiche Erlebnisse gewesen. Stolz lag in den Gesprächen.
Dann hatte diese Saga nach der Wende (und nach dem Untergang des VEB Kabelwerke Oberschöneweide) von einem Monat auf den anderen ihren Wert verloren. Von Höhepunkten der sozialistischen Zeit (vielleicht einem Zeitabschnitt von drei Wochen in den vierzig Jahren der demokratischen Republik, in denen Solidarität, sozialistischer Impuls real geworden war, quasi der Not abgepreßt) wollte kein Gesprächspartner mehr etwas wissen. Man behält die Rente, so Mücke, der Betrieb, der Status, der Lebenslauf und der Gesprächsstoff werden enteignet. Wann immer Mücke zu seiner Erzählung ansetzte (so wie sein Vater noch von seiner Zeit vor Stalingrad oder sein Urgroßvater von

der Marneschlacht berichtet hätte), leerten sich die Sitze des Lokals. Die Zeit gibt es nicht mehr, sagte Mücke zu sich. Er wußte nicht, welche NEUE ZEIT sie ersetzen könnte. Worin er lebte, war für mehr als zehn Jahre keine »Zeit«. Es war ein Wartezimmer.

Er forderte sein Leben, nachdem er sich auf die Lage eingestellt hatte, von den Ärzten nachträglich ein. Diese hatten Krebs diagnostiziert und ihm eine Niere weggenommen. Ein Jahr später Metastase im Knochen. Der Knochen wird entfernt. Und jetzt die Lunge. Die befallenen Lymphknoten, verteilt über beide Lungenflügel, müssen vom Rücken her durch Sonden angegangen werden. Allein dafür waren mehrere Operationen nötig. Die Ärzte in der Charité, überlastet, sahen keine Möglichkeit, den energischen Lebenskämpfer abzuwimmeln. Seine körperliche Situation schien ihnen aussichtslos. Nein, Mücke forderte die Quintessenz seines Lebens noch einmal vom medizinischen Fortschritt zurück. Da er sich, wie er sagte, für das Vaterland verausgabt hätte. Wenn er davon schon nicht erzählen konnte, wollte er wenigstens geheilt werden. So kam er zäh zurück zu den Untersuchungen, den Operationen, zur Vorbereitung seines Körpers auf den nächsten Eingriff. Sterben, sanglos untergehen, wollte er nicht.

Wäre ihm das Erlebte, das Gestaltete der errungenen Erfolge anerkannt worden, sagte Heiner Müller, der Mücke als Schicksalsgefährten 1994 in der Kantine des Berliner Ensembles kennengelernt hatte, dann hätte Mücke vermutlich eingewilligt, ohne extreme Strapazierung öffentlicher Mittel unter die Erde zu gelangen. Das hätte aber schon ein ERZÄHLFEST sein müssen nach den Frustrationen, die unmittelbar auf die Wende folgten. Zum Zeitpunkt dieses Gedankengangs und der kurzen Begegnung mit Mücke vermochte Heiner Müller seine Bulette durch den von Speiseröhrenkrebs befallenen Schlund kaum noch hinunterbringen.

Ein Geschichtsfaden

In einem bürgerlichen Wohnhaus, gleich hinter der Brücke, welche neben dem Berliner Ensemble über die Spree führt (noch 1945 für die aus dem Führerbunker Flüchtenden eine letzte Rettungsstrecke vom Bahnhof Friedrichstraße nach Norden), findet sich ein Büro der Bundesregierung, in dem zwei Verwaltungskräfte jene Dienststelle bilden, welche die verbliebenen Kredite des Reichs zur Bezahlung der Versailler Vertragspflichten, umgeschuldet 1930 durch den Young-Plan, mit Zins und Tilgung abwickeln. Inzwischen sind das geringe Beträge, da über das 20. Jahrhundert hinweg kontinuierlich gezahlt wurde. Die Unterbrechung der Zahlungen zwischen 1945 und 1949 (nach

September 1939 wurde über die Schweiz gezahlt) konnte anschließend aufgeholt werden. In der als Büro bezeichneten kleinen Wohneinheit im zweiten Stock sind bedarfsmäßig zwei Tische, drei Stühle ohne Armlehne, zwei Telefone und Zubehör attachiert. Der Bundesrechnungshof prüft die Behörde alle zehn Jahre.

Ausradierte Jahre

Sie waren als Kindersoldaten rekrutiert worden. Auf den Reisfeldern Kambodschas und entlang des Tonle-Sap-Sees, der seine Gestalt von Monat zu Monat veränderte, hatten sie die revolutionär aus Teilen der Stadtbevölkerung zusammengestellten Arbeitsbrigaden zu den Orten geführt (und dort bewacht), wo diese ihre Arbeit verrichten sollten. Mit Eifer, ohne Sadismus, gehorsam den Befehlen, in Erwartung eines »Reiches der Khmer« in den nächsten Wochen, das seit 1000 Jahren tatsächlich existierte. Die Herrschaft, der sie dienten, dauerte drei Jahre, drei Monate und dreizehn Tage. Intensiver Kampf.
Die aufs Land evakuierten Städter waren zum Reisanbau ungeeignet, auch für Straßenbau untauglich, für Kommandoarbeit in diesem Gelände, das sie nicht kannten und auf das sie nicht eingestellt waren, deplaziert. Das setzte erhöhte Wachsamkeit der Aufseher voraus. Sie mußten die Städter nicht bloß an der Flucht hindern, sondern antreiben. So waren alle Sekunden dieser Zeit aktiv ausgefüllt.
Der jetzt 48jährige war zu Anfang der Bewegung 13 Jahre alt, am Ende 16. Von dieser Wirklichkeit–Unwirklichkeit war nach Zusammenbruch der Umwälzung nichts geblieben. Unmittelbar nach Ende der Gewaltherrschaft war das Geleistete, der gesellschaftliche Kampf, verschrien. Es war klug, seine Zugehörigkeit zu den Bewachern nicht zu verraten. Eine Zeitlang verbarg sich der junge Kämpfer bei den Genossen, die in den Wäldern noch Widerstandsgruppen bildeten. Dann entkam er nach Singapur, einer Metropole, die doch des Teufels war. Inzwischen war er durch Arbeit hier angewachsen, hatte eine Familie gegründet. Bald leitete er ein kleines Unternehmen. Mit etwas Phantasie konnte er die VERWORRENE STADT als einen See mit Ufern wie denen des Tonle Sap deuten und die eigene Tätigkeit darin für Reisanbau halten.

Körpergröße und Bedeutungswandel

Menschen von heute sind in unseren Breiten, schreibt Willi Eiselt, im Schnitt bis zu zehn Zentimeter größer als noch vor 120 Jahren. Dennoch sind die DIN-Normen für Türrahmen nicht angepaßt worden, auch nicht auf dem Staatsgebiet der DDR. Wären die Normen nicht seinerzeit großzügig berechnet worden, müßte ein Mitteleuropäer den Kopf einziehen, wenn er eine Tür durchschreitet. Das alles betrifft eine Bevölkerung, so Eiselt, auf die es inzwischen nicht mehr ankommt. Sie wird für die zur Verfügung stehende Arbeit nicht in dieser Zahl benötigt, gleich, ob sie einen Kopf größer oder kleiner ist. Es wäre besser, sagt der Landrat von Aschersleben (einer Stadt auf halbem Wege zwischen Halberstadt und Halle), wenn Teile der Bevölkerung wegzögen. In den teilrenovierten Wohnblöcken wartet bereits die zweite Generation darauf, daß sich hier etwas verbessert. Ausgeschlossen ist es aber, daß Leuna wiederkehrt. Wie in einer Gefängnisanstalt müßte man die Leute mit Tütenkleben beschäftigen.

Das sind allzu negative Betrachtungen, wandte Heinz Schäfer ein, ebenfalls ehemaliger Genosse und Hauptschullehrer. Er kam gerade von der Hochzeit eines Sohnes der Stadt mit einer jungen Frau aus Hamburg. Die Gegeneltern hatten das Hochzeitsmahl ausgerichtet, obwohl die Hochzeit am Wohnsitz des Bräutigams stattfand. Der junge Mann, Absolvent der Nachfolgeorganisation der Arbeiter- und Bauernfakultät, war inzwischen Wissenschaftsredakteur bei Spiegel Online. Trotz dieser Karriere in der Ferne immer noch Patriot der Stadt, in der er geboren war.

Aber der Dokumentarfilm von Thomas Heise zeigt doch, erwiderte Eiselt, daß im Verhältnis zu den industriellen Möglichkeiten dieses Landstrichs sich zuviel Bevölkerung darin aufhalte. Das sei ein Reservoir, antwortete Schäfer. Man werde noch staunen, für was es gut sei. Beide Vertraute aus der Zeit der sozialistischen Republik hatten viel Zeit für Reflexion zur Verfügung und waren keiner zentralen Leitung mehr unterworfen.

Von einem Dramaturgen am Stadttheater Cottbus hatte Schäfer vor kurzem erfahren, daß die Schauspieler antiker Dramen in Athen die Stücke des Sophokles auf Stelzen aufführten. Die Größe der Tragödie erforderte hochaufgeschossene Protagonisten.

Septemberkinder 1990

Kurz vor den Feiern zu Deutschlands Wiedervereinigung kamen die Septemberkinder zur Welt. Sie entsprangen Entschlüssen, Begegnungen, dem Bindungswillen des Dezembers 1989, eines Monats von großer Besonderheit für diejenigen, die damals am Geschehen teilhatten.
In Privatarbeit und unter Wahrung des Datenschutzes hatte Stadtobersekretärin Krüger vom Standesamt Berlin Mitte die Zahl der Geburten in den Bezirkskrankenhäusern des Landes Brandenburg und in der Hauptstadt der DDR, einschließlich des Entbindungsheims der Charité, überprüft. Bis Mitte August 1990 und nachhaltig im September ergab sich eine eindrucksvolle Glockenkurve an zusätzlichen Geburten gegenüber den Jahresdurchschnitten der fünf Jahre davor und danach. So war ein Merkmal der Zeitgeschichte entdeckt, das die subjektive Seite der Ereignisse beleuchtete.
Ein solches Septemberkind von 1990, fuhr die Standesbeamtin fort, hätte als zehnjähriges Schulkind die Jahrtausendwende erlebt. Der Ernst des Lebens, also Berufswahl und Entscheidung über den weiteren Weg, steht 2011 bevor. Neun Jahre später dann wären die Frauen dieser Monatscrew, die noch keine Kinder hätten, von Unruhe erfaßt. Das hat, so Frau Krüger, nichts mit einem Drängen der Gene zu tun, wie oft behauptet, sondern entspringt der Seelentätigkeit, einem Fortschrittsdrang, in dem das Vertrauen auf bessere Verhältnisse (nur weil so etwas 1989 versprochen war) sich auch gegenüber allen Eindrücken des zeitgenössischen Phlegmas durchsetzt. Die Standesbeamtin Krüger lehnte den »statistischen Blick« ab. Sie stützte sich auf Lebenserfahrung. Diese hatte sie vor sich in Gestalt der Paare, die täglich im Amt erschienen und beim Vergleich ihrer Lebensläufe mit ihrem Auftritt anders aussahen, als es ein Soziologe angenommen hätte. Frau Krüger findet ihre Arbeit in der Mitte der Bundeshauptstadt äußerst anregend und schreibt an einem Roman. Eine Besonderheit dieses Manuskripts besteht darin, daß nicht einzelne Protagonisten im Rahmen einer Handlung dargestellt werden, sondern (ähnlich einem kommentierten Adreßbuch) eine Aufeinanderfolge gestifteter Ehen aufgeführt wird, bei denen jedesmal die Frage, was in zehn Jahren mit diesem Paar sein wird, durch Vermutungen erschlossen wird. Das weiß ich ja selbst auch nicht, sagt sie, aber ich habe einen Eindruck vor Augen, wenn die zwei mit Trauzeugen, Anhang und Eltern vor mir auftreten. Und ich vermag die Neugier meiner Leser anzufachen, wenn ich den Blick vom gegenwärtigen Moment, dem ich zusehe, auf die Zukunft dieser Menschen richte.
Es hat sich gezeigt, daß einige von Frau Krügers »Romanhelden«, deren Lebensweg sie durch Austausch von Postkarten verfolgt, bereits weite Strecken

auf der Erde zurückgelegt haben. Ein solches Paar gelangte bis Rio de la Plata, ein anderes in ein Provinznest in Sinkiang, ein weiteres fand sie ausgewandert nach Australien. Frau Krüger glaubt aus den Gesichtern herauszulesen, die täglich vor ihr stehen: »Die Welt wird wieder ein Abenteuer.« Diese These ist der Extrakt ihrer 300seitigen Ausarbeitung.

Glückliche Nachreife

Philip Berneis, Jahrgang 1966, war ein Kind, an dem die vehement auftretende lebensrevolutionäre Bewegung des studentischen Protests ihre Kräfte erprobte. Viele Hände waren in den Kinderläden engagiert. Den Eltern ließ der politische Kampf wenig Zeit. Das aber war (nach Auffassung der Genossen) insofern nicht relevant, als nunmehr die Erziehung zur Zone der kollektiven Lust und nicht nur ins Reich der Anstrengung gehörte.
Bei den Kindern keine äußerlichen Wunden. Auch da nicht, wo pädagogisch Unkundige sie betreuten. Aber die natürliche Fähigkeit, entschieden Nein zu sagen, schien durch die häufige Aufforderung an die Kinder, SICH ZU VERWEIGERN, überlagert und gehemmt. Philip Berneis sagte selten Nein. Nicht zu Frauen, nicht zur Berufswahl, nicht zu den Veränderungen in der Welt.
In der Schule, wo er nirgends Nein sagte zu den Ablenkungen, den Partys, dem Spaß in der Pause, behütete ihn aus einem Abstand die Mutter, welche – ganz unkollektiv und eher nicht-kollegial – sich einen Sitz im Elternbeirat verschaffte und auf die Lehrer einwirkte, den Sohn zu fördern. Immer hatte der Nicht-Neinsager Frauen in seiner Nähe, die ihn förderten. Förderung anzunehmen schien ein Ergebnis der Kinderladen-Erziehung.
Philip verweigerte lange jede engere Bindung, indem er zwar nicht Nein sagte, aber auch nichts tat, die betreffende Beziehung zu besiegeln. Vielleicht ist dieses Partisanentum im Interesse des sogenannten »wirklichen Gefühls« (dessen, was man mit keinem Verstand erzeugen und nur finden und nicht suchen kann) eine tiefere Strömung, die durch den Ausfall traditioneller Erziehung in der Kinderladenzeit zutage tritt. Als Philip dann doch heiratete, wurde ihm rasch eine Tochter geboren. Im Scherz behauptet er, mit dieser Tochter, die auf ihn zustrebt, wann immer sie ihn sieht, seine eigene Kindheit nochmals in Reinschrift zu wiederholen. Ich reife nach, sagt er. Wenn er das Kind über seinen Kopf hält und das kleine Wesen sein dünnes Haar plündert, steht ein Grinsen in seinem Gesicht. Der Scherz ist ihm ernst. Zwei Generationen nachdem der Protest die Kultur auf den Prüfstand gestellt hat, sind im Verhältnis von Eltern und Kind in diesen Familien die traditionellen Gleichgewichte wiederhergestellt. Es handelt sich um Wechselgesänge, genährt von

Zuwendung, wenig kollektivierbar, obwohl der zugrundeliegende GENERATIONENVERTRAG (nämlich die Zärtlichkeit zwischen Eltern und Jungen) ubiquitär gültig und in sehr frühen Zeiten verwurzelt scheint.

Reinschrift des Lebens

Sie und ihre Schwester waren etwas verwahrloste Kinder am Hofe einer egozentrischen, mit ihrer Autorentätigkeit und gesellschaftlichen Rangfragen befaßten Dame, die ihre Kinder herzlich gern hatte, aber keinen Nerv besaß, sich um sie zu kümmern. Sie lebten wie Hunde im Haushalt und versorgten sich selbst.
Die Herkunft der Familie war unklar, bevor sie in München ihr Domizil aufschlug. War sie polnisch, baltisch, russisch? Der Vater galt als verschollen. Alles war auf die machtvolle Mutter konzentriert. Die Heranwachsenden machten Fehler, weil auch nicht vorherbestimmt war, in welche Richtung sich ihr Leben entwickeln sollte. Körperlich waren die beiden Mädchen schmal gebaut, edle Rücken, Gesichter voller Ausdruck, breite Münder.
Immer wollte die ältere der beiden Schwestern es gut machen, ihr Leben sozusagen ins reine schreiben. Sie lebte für den Neuanfang. Da, wo sie ihr Herz hinwarf, wurde sie enttäuscht. In einer Liebesbeziehung, die von ihr ernst gemeint war, sah sie sich zurückgewiesen. Nach einer Abtreibung wollte sie im Beruf wiedergutmachen, was sie im Leben zu versäumen glaubte. Ihre Schulausbildung hatte sie abgebrochen. Jetzt machte sie das Extraner-Abitur, studierte Rechtswissenschaften. Bald war sie Berufsbeamtin.
Experimentell kam sie auf die Idee, mit einem Zahnarzt eine Art Vertrag einzugehen, ohne verwirrende Ehe oder Liebe ein Kind zur Welt zu bringen. Als Reinschrift für das Sternenkind, um das sie immer noch trauerte.
Das Verhältnis zum Kindesvater gestaltete sich katastrophal. Das Kind, dem sie alle Energie widmete, lotste sie mühsam durch die Schule; es nahm Drogen, war nicht leicht zu führen.
Das war in der Zeit nach der Wiedervereinigung. Nach ihrer Erkrankung an Krebs hatten die Ärzte sie wegen der stets neu sich bildenden Metastasen aufgegeben. Am Vorabend des Tages, an dem sie starb, wurde sie in ein neues, großes Zimmer in ein Seitengebäude der Klinik verlegt. Aussicht auf hohe Bäume und einen Garten. Hier und zu diesem Zeitpunkt nahm sie sich letztmals vor, ihr Leben in eine Reinschrift zu gießen. Zeitlebens hat sie sich auf so etwas vorbereitet.

Auf dem Weg zur Unentbehrlichkeit

Siegfried F., Jahrgang 1955, trat mit 24 Jahren in den Polizeidienst ein und wurde in die damals ausufernde Abteilung eingeteilt, die mit der Ermittlung von subversivem Terror befaßt war. Noch galten dort die Strategien des Chefs des Bundeskriminalamts Dr. Horst Herold, die auch von den Landeskriminalämtern und allen angeschlossenen Dienststellen angewendet wurden. Nach den Selbstmorden in Stammheim wurden die so ausgerichteten Planstellen ausgedünnt. F. ließ sich in die Abteilung zur Bekämpfung von Wirtschaftskriminalität versetzen und hatte in den nächsten zwanzig Jahren bedeutende Erfolge in diesem boomenden Ressort aufzuweisen. Er übertrug Elan und Erfahrung der Rasterfahndung, welche Terroristen auspähen sollte, auf die Phänomene der Wirtschaftskriminalität, eine Art cross-mapping, bei dem die schulmäßigen Methoden zweier Abteilungen sich mischten. Er gilt als unentbehrlich.

Ein Clan aus Niger sucht seine Lebensläufe zu verbessern

Ein fast weißhäutiger Clan aus der Republik Niger war in Athen eingesickert und zog bereits Verwandtschaft nach. Sie betrieben eine Autoreparaturwerkstatt in einem Vorort der Metropole. Inzwischen, ähnlich einem Wetterumbruch, der den Herbst vom Sommer abgrenzt, hatten die Restriktionen, welche die Schuldenkrise über das Land brachte, mehrere Ansätze des Clans zunichte gemacht. Sie verloren hier an Einkommen, an Chance. Hätten sie ordentliche Pässe gehabt, wären sie nach England ausgereist und hätten ihr Glück dort versucht. Mit griechischen Freunden, mit denen sie sich berieten, prüften sie Wege der Auswanderung.

Es gab auch Ideen, auf einfacher Stufe der Selbstversorgung im Inland neu anzufangen: ein Tal zu finden, einen Kredit zu nehmen, sich einzukaufen und Landwirtschaft oder wenigstens einen Garten zu betreiben. Das Anfangskapital (als sie in der Nähe des Parnaß das Tal, das ihnen gefiel, gefunden hatten) vermochten sie nicht zu erlangen. So konnten sie kein Gemüse pflanzen, keine Schafe züchten. Es waren auch keine Zuständigen zu ermitteln (in der übersetzten Bürokratie des Landes), die über das Land hätten verfügen oder helfen können, einen Berechtigten zu finden, dem sie ein Angebot hätten unterbreiten können, um dann später nach einem Kredit zu fahnden.

»Ein Leben namens Gucki«

Sie warf sich auf das Flachbett hin und sagte: Ich bin noch ein Kind! Da war sie 47 Jahre alt. Sobald eine ihrer Ehen scheiterte – und sie scheiterten alle –, kehrte sie zur Mutter zurück. In der Intimität der Wiener Familie hatten alle ihre Namen. Sie hieß, weil ihre Augen, die aus dem Kinderbett heraufblickten, intensiv waren, »Gucki«. So hieß sie mit 19 und mit 30. Lange Zeit war sie unbeachtete, zweite Tochter. Die Aufmerksamkeit der Eltern galt ihrer älteren Schwester, der Erstgeborenen, deren Geburt stärker als der Ehering und die Zeremonie vor dem Priester die so ungleichen Eheleute miteinander verbunden hatte. Guckis Machtergreifung erfolgte nach dem Tod dieser Schwester, deren Diphtherie nicht sogleich erkannt wurde. Auch gab es in den Jahren der Jahrhundertwende noch kein Gegenmittel gegen diese tückische, die Luft abschneidende Infektion. Nach dem Begräbnis des Wunschkindes widmeten sich die Eltern ganz der verbliebenen Prinzessin.

Das Weihnachtsfest vor dem Todesjahr ihres Vaters beging die Familie im Savoy Hotel in New York. Ihr Vater erlebte in dieser Zeit einen Höhepunkt seiner Laufbahn, in den Feiertagen aber auch hier Pause. Vater und Tochter, in den Central Park hinausgeschickt, damit im Appartement Ruhe ist, gehen dort einher, tollen, bewerfen sich mit Schnee, ein liebendes Paar. Beobachtet von einer Zeugin, der Mutter, im siebenten Stock des Grandhotels.

Als »das Kind« 80 war, entkalkten die Knochen. Brüche in rascher zeitlicher Folge. Gips am Bein. Der früher lebhafte Umsatz im Körper auf Sparflamme. Sie aß gerade noch genügend, um für die Medikamente eine Grundlage zu schaffen.

Sieben Generationen begründen eine Region

In Witten steht ein Haus. Das haben die Kinder einer aus Polen eingewanderten Bergarbeiterfamilie ihren Eltern gebaut als Dank für den Einsatz, der den Clan so weit nach Westen gelangen ließ. In einem Anbau, den sie hinzufügten, wohnten sie selbst. Aus dieser zweiten Generation heirateten zwei Töchter Werkzeugmacher aus Olpe. Die dritte, vierte und fünfte Generation hatte gespart und gemeinsam mit einer ganzen Klasse von Arbeitern jener Jahre ein Sozialkapital von konsolidierten Renten und Löhnen erwirtschaftet. Sie hatten auch in ein politisches Kapital eingezahlt, in die Sozialdemokratie. Beide Kapitalien wurden im Ersten Weltkrieg glanzlos verschleudert. So mußten die nächsten zwei Generationen unter Zuarbeit der Älteren, die keine

Chance hatten, sich zur Ruhe zu setzen, auf die Krisen und Umverteilungen der zwanziger Jahre antworten.
Stets aber blieben die Kohle und ihr Abbau ein Element des Gelingens und der Erneuerung. Bewährung in der Rüstungsproduktion und im Krieg. Vehemente Verteidigung der Betriebe gegen Reparationen, wenn die Belegschaften der metallverarbeitenden Industrie sich verteidigten und die Bergarbeiter den Druck nutzten, den sie durch Bremsen, Streik, vor allem aber durch Drohung mit Streik auszuüben vermochten. Dann hat die aus dem Krieg zurückgekehrte sechste und die heranwachsende siebente Generation den Einsturz der Renditen im Bergwerkswesen, den »Strukturwandel des Ruhrgebiets« miterlebt. Das Haus, das für die erste Generation gebaut wurde, und mehrere Nachbarhäuser sind immer noch von Angehörigen des Clans bewohnt, der sich in Mitteleuropa weit verbreitet hat. Oft treffen sich die VERBUNDENEN GENERATIONEN zu Hochzeiten und bei Beerdigungen. Es heißt, daß die Ruhr in ihrer neuen Gestalt und die von brachliegender Industrie charakterisierten Zonen in Mittelengland sowie die verfallenden Fabriken von Detroit ebenfalls eine Art von Verwandtschaft aufweisen. Das können die Mitglieder des Wittener Clans, wenn man sie befragt, nicht bestätigen. Sie sagen, sie hätten diese Schwesterregionen nie besucht. Einige Abkömmlinge sind vor kurzem bis Mailand gelangt. Sie sind dort als Designer tätig. Andere sind umgezogen nach Württemberg-Hohenzollern.

Die letzte Bastion

Von der Erbengemeinschaft kümmert sich nur die jüngste Tochter um den Erhalt des Elternhauses und des mit diesem Hause verbundenen Cafés: eines Großcafés im Stile der dreißiger Jahre des 20. Jahrhunderts, von einem Berliner Architekten an den Marktplatz dieses süddeutschen Städtchens versetzt, das damals noch einen Truppenübungsplatz der Wehrmacht in seiner Nähe hatte. Die Sessel- und Tischgruppen bildeten jeweils »eine Ecke für sich«. Und dennoch waren sie zu ihrer Zeit in *einem* Raum, einer Vergnügungsgemeinschaft, versammelt. Hierher konnten heterogene Partner zum Wochenende strömen.
Jene Welt ist zerfallen. Nach quälender Krankheit verschied der Gründer des Unternehmens, ein reicher Bäcker. Ihm folgte ein halbes Jahr später die Frau. Die Erben sind zerstritten.
Sissi, die jüngste Tochter, gilt als Kämpferin. Sie sinnt auf Auswege. Wie kann sie den Besitz zusammenhalten? Verkauft man die Immobilie, wird sie abgerissen. Gott sei Dank ist es unwahrscheinlich, meint Sissi, daß ein Investor in

diesem Ort, dessen Bevölkerung sich jährlich vermindert, irgend etwas kauft. Jetzt fahren schon die Fernzüge, die früher hier hielten, am Städtchen vorüber auf einer Strecke, die 50 km entfernt liegt.

Inserieren, wie man sagt: Reklame machen, nützt nichts. Es besteht kein Bedarf für die Nutzung der schönen Räume. Auch als Festspielort für Operetten oder für Filmvorführungen mit Kaffee und Kuchen ist das Großcafé nicht verwendbar, da Operette und Film, zu denen man Essen einnimmt, aus der Mode sind. Zu Himmelfahrt sitzt diese Erbin im Großen Saal und zählt die sieben bis acht Gäste, die erschienen sind. Und das ist ein privilegierter Tag! Traditionell, so angeordnet von ihrem Vater, hält der Betrieb 16 Tortensorten bereit. In den Fenstern, die zur Straße zeigen, Blumenkästen mit vielfarbigen Blumen. Bald sind die Rücklagen aus dem Erbe aufgebraucht. Neulich war ein Artikel über das schöne Café in der *Südwestpresse* zu lesen.

Übriggeblieben aus der vorigen Welt

Vor 19 Jahren haben sie ihren Zeitungsladen verloren. Die Mieterhöhung in der Türkenstraße vertrieb sie aus dem gesicherten Geschäft. Ihren Mann hat sie inzwischen auch verloren. Täglich sieht man sie in der Franz-Josef-Straße, wo ihre neuen Wege entlangführen; einen Rayon von 800 Metern im Umkreis durchläuft sie. Mit dem Stock testet sie die Distanz zur Häuserwand. Auch wenn sie nur langsam vorankommt, erinnert ihre vorgebeugte Haltung an eine »rasche Gangart«. Sie sieht fast nichts mehr.

Einen Verlust ihrer Zwei-Zimmer-Wohnung, eine Entwertung ihres Sparkontos durch Inflation würde sie umbringen. Sie hat sich zeitlebens angepaßt und hätte nicht die Kraft für eine weitere Anpassung.

»Mancher Fabriken befliß man sich da, und manches Gewerbes«

Von Schottland herab, über London und die Niederlande, den Rhein entlang bis zum Gebirge, an Chur vorbei bis Mailand existierte über 300 Jahre eine Zone des Freihandels und Gewerbes, eine Strecke, auf der Philosophen siedelten und Sklaverei und Leibeigenschaft zuerst vollständig abgeschafft wurden. Das war der sogenannte »Grüne Gürtel« der frühen Industrie, des Fleißes, des Geldes und der freien Gedanken. Jetzt, im 18. Jahrhundert, bewegten sich von diesem Strang aus die Linien seitlich weit ins Land. Sie hatten Flörsheim bei Frankfurt längst erreicht, wo vermutlich die Handlung von Goethes

Abb.: Hermann begegnet Dorothea, die im Flüchtlingstreck einen von Stieren gezogenen Wagen führt, wie es später einmal an einem anderen Ort die Burenfrauen tun werden. Transportiert wird eine reiche Frau, die ein Kind bekommt. Der Treck wird von einem Manne geleitet, der sich Richter nennt. Auf der Flucht aus den von Franzosen besetzten Gebieten werden die Rangunterschiede und Hierarchien mitgeführt.

Hermann und Dorothea spielt. 150 Jahre später kriechen die Punkte, die auf der Karte der Zielvorräte als Ziele des taktischen US-Bomberkommandos angegeben sind, vom Rheinstrom her in das Land hinein auf Frankfurt zu. Diese Stadt ist allerdings bereits durch das strategische Bomberkommando zertrümmert. Durch Fehler beim Abwurf wurde auch Flörsheim beschädigt, und zwar in einem Viertel, das im Jahre 1793 den Anger gebildet hatte, auf dem der Treck der Vertriebenen aus Frankreich weit vor der Stadt sein Lager errichtet hatte. Die Züge der Evakuierten und Ausgebombten aus dem Rhein-Main-Gebiet rollen in Richtung Protektorat.

Lieschen hat sofort gesehen, daß Hermann nicht umzustimmen ist

»Da überließ sich dem Schmerz der gute Jüngling und weinte.« Lieschen, die Mutter, Ehefrau des Wirts zum Goldenen Löwen, hat den Sohn gefunden im hauseigenen Weinberg. Er sitzt auf der Bank unter dem Birnbaum. Nach Haus will er nicht zurückkehren. Nie mehr betritt er das Elternhaus. Der Vater hat ihn verletzt. Er ist entschlossen, in den Kriegsdienst einzutreten. Wenn er die junge Frau aus dem Flüchtlingstreck nicht sofort heiraten darf, wirft er sein Leben woanders in die Schanze. Die Mutter tröstet vergebens. Jetzt muß sie sich aufmachen, List, Kooperation, Organisation einbringen. So werden der Pfarrer (ein Weltbürger, in Frankreich wäre er längst Politiker) und der Apotheker (verkappter Alchimist und Seelenarzt) ausgesandt, im Lager der Flüchtlinge die junge Frau, die das Herz von Lieschens Sohn gewonnen hat, zu suchen und zu prüfen.

Im Lager (die junge Frau ist den beiden Weltmännern und Kundschaftern steckbrieflich bezeichnet) ist es nicht schwer, sie herauszufinden. Sie ist eine »Führungsperson«, die Kinder gruppieren sich um sie. Das Lager ist ein autonomes Gemeinwesen. Die von Lieschen ausgesandten Prüfer befragen einen älteren Mann, der das Oberhaupt der Gruppe zu sein scheint.

»Damit sich Acker an Acker schließt«

»Denn der Vater wird alt und mit ihm altern die Söhne.«

Der alte Herr hat Pläne. Der Sohn soll eine »Braut mit Mitgift« aus dem Kreis der Kandidatinnen der Stadt heiraten. Zuvor soll der Sohn die Welt kennenlernen. Eine Bildungsreise, die ihn nach Straßburg, Frankfurt und Mannheim führt, soll seinen Sinn entwirren. In seiner Weise ist der Wirt des Goldenen Löwen unbeirrbar. »Wer nicht vorwärtsgeht, der kommt zurück.« Es ist notwendig, die erworbenen Güter so zu vermehren, daß sie zusammengefügt eine Burg ergeben. Das beruht auf der Einsicht, daß alles Vermögen, alles Erworbene von selbst weniger wird. Der Vater fühlt sein Leben schwinden.

An sich würde er den Sohn lieber in seiner Nähe haben, als ihn auf die geplante Bildungsreise zu schicken. Seine Grenze findet der starrsinnige Mann in der Meinung des weltbürgerlichen Pfarrers und des Apothekers. Er kann diesen »Kronrat«, bestehend aus seiner Frau und diesen beiden Unterstützern, nicht ignorieren. Keine Zustimmung gibt er an diesem Abend zu der Verbindung von Dorothea und Hermann. Nachdem er durch eine Anspielung auf Dorotheas (scheinbaren) Status als Magd und auf die Begierde seines Sohnes (deren Art er verkennt) eine gefährliche Krise ausgelöst hat, versucht er, eine Beschlußfassung zu umgehen, indem er sich zum Schlafzimmer wendet. Die Flucht mißlingt. Zu seinem zusätzlichen Ärger ist der abgetragene Schlafmantel im Rahmen der Gaben an den Flüchtlingstreck weiterverschenkt worden.

Hermann will auf keinen Fall so altern wie der Vater. Das ist aber sein Los, wenn er an diesem Abend nicht mit größter Entschiedenheit um sein Glück ringt.

Goethes Kunstgriffe

Einiges bleibt unerzählt. Das ist eine Technik Goethes. Man könnte statt der Namen der Musen, die in dem Epos die Kapitelüberschriften bilden, mit den Namen von Göttern und Göttinnen der Unterwelt als Überschriften eine zweite Fassung von *Hermann und Dorothea* schreiben. Darin wäre näher ausgeführt, warum Hermann sich von den Gleichaltrigen in der Schule, auch von Erbinnen der Stadt, die für Eheverbindungen in Betracht kommen, verspottet fühlt. ER HAT FURCHT, ZU VERSAGEN. Vielleicht gibt es über den Vater Berichte aus dessen früher Zeit, die seinen Status unterminieren. Seltsam, wie sich Lieschen, die Mutter, und der Vater bei einer Brandkatastrophe in den Trümmern, nicht weit vom Haus, das Lieschens Eltern bewohnten, kennenlernten. Jedenfalls fürchtet Hermann, bei seiner Werbung von Dorothea zurückgewiesen zu werden. Das ist der Grund dafür, daß er ihr zunächst die Stellung einer Magd im elterlichen Haus anbietet. Dorothea mißversteht das. Sie will nicht Kebsfrau des künftigen Erben werden. Hier entwickelt Goethe eine Theaterintrige, wie sie eine Aufführung des Weimarer Schauspiels zum Erfolg gemacht hätte und wie sie am Ende eines zweiten Aktes üblich ist: eine Aussichtslosigkeit, die sich im dritten Akt glücklich auflöst.

Zwangsentwurzelte Evakuierte

In Schleswig-Holstein haben noch im April 1945 Gemeindevorsteher bei dem zuständigen Oberpräsidenten interveniert mit dem Vorbringen, ihnen seien in übermäßigem Umfang Ostflüchtlinge zugeteilt worden. Junge Männer befanden sich in jenen Tagen im Krieg. Insofern war niemand da, der die aus Westpreußen geflüchtete junge Frau, die sich Rieke nannte, in die Familie oder das Unternehmen (im konkreten Fall ein Druckereibetrieb) hätte aufnehmen können. Die Frau war als im Saargebiet zwangsentwurzelte Evakuierte nach Schneidemühl in Westpreußen transportiert worden, von dort nach Schleswig-Holstein geflohen, dort unter Ablehnung der Aufenthaltsbewilligung weiterbefördert worden ins nördliche Niedersachsen. Dort traf sie, wie Arno Schmidt es beschreibt, auf den Hobbydichter Georg Düsterhenn. Sie war als Magd und Faktotum beschäftigt und wurde von ihm aus diesem Status nicht gerettet. Noch in den sechziger Jahren lebte sie wie »liegengeblieben im traurigen Zug der Vertriebenen«.

»Kommt ihr doch als ein veränderter Mensch«

Meine Vorfahrin Caroline Louise Granier ist nicht in einem Flüchtlingstreck bis zum Südharz gelangt. Sie floh, wohlausgestattet mit Pferd und Wagen, Zubehör, auch einer Schatzkiste, individuell aus Paris. Mitglieder der zurückgebliebenen Familie wurden später hingerichtet. Sie war beschützt durch für Dritte nicht sichtbare familiäre Netze, auch solche, die nicht auf Blutsverwandtschaft, sondern auf Gastfreundschaft beruhten. So durchquerte sie die Ardennen, wandte sich nach Süden, ließ sich nördlich von Mainz über den Fluß setzen. Sie zog von Adresse zu Adresse. So gelangte sie bis Sangerhausen, lebte kurze Zeit bei einem Pfarrer, der mit dieser Gastfreundschaft einem hugenottischen Geistlichen gefällig war, der ein Glied der verzweigten Familie Granier bildete. Dort lernte sie den Sekretarius Jakob Glaube kennen. Viele junge Männer am Südharz und im Ort Wippra sind zu diesem Zeitpunkt (ein reiches Jahrhundert spitzt sich zu) neuerungssüchtig.
Eine aus der Ferne Angekommene, ähnlich jener, die den Zug der Vertriebenen anführte, kann einer als Beute betrachten. Die Mitgift liegt darin, daß eine unerwartete hauptstädtische Qualität hier in der Provinz anlangt. Würden sich die politischen Verhältnisse ändern, wäre sie vielleicht zu Hause eine reiche Erbin, und ein Prozeß der Wiedergutmachung zeigte sich am Horizont. Gern wäre Jakob Glaube ausgewandert. Nun ist ein Flüchtling zu ihm ge-

kommen. Die Fremde und vielversprechende Ferne ist sozusagen zu ihm eingewandert, und Jakob Glaube wandert statt ins Ausland in die Ehe mit der Fremden ein wie in ein fernes, gelobtes Land. Er ist stolz auf sich. Gleim hat seine Wahl gelobt. Die junge Französin übernimmt kraftvoll die Regie des Hauses und gibt sie nie wieder her. Zwei Jahre später lesen sie mit Andacht *Hermann und Dorothea*.

Abb.: Jakob Glaube, der Großvater der Mutter meines Vaters.
Bild von 1795.

Begegnung auf der Flucht

Auf ihrer Flucht aus Frankreich strandete in ihrem Jagdzweisitzer meine Vorfahrin Caroline Granier, spätere Frau Glaube, weil ihr die Pferde durchgingen. Das hat mein Cousin Burkhard Stein ermittelt, Richter in Tübingen (aus der Linie der Hermanns und Glaubes im Südharz). Der Unfall ereignete sich am Eingang des Städtchens Hohenspeyer. Es gelang Soldaten und Offizieren des preußischen Garderegiments Nr. 15, das Gespann aufzuhalten, die gefährdete Frau zu retten. Eine Runde bildete sich um sie in der Gastwirtschaft.

Abb.: Heinrich von Kleist im preußischen Garderegiment Nr. 15. Er will zu diesem Zeitpunkt »wissenschaftlicher Offizier« werden.

Einer der Offiziere schien meiner Vorfahrin aufgeregt und davon besessen, den Vorfall gründlich nachzuerzählen. Er habe ihr keine Avancen gemacht, erzählte sie, sondern bei der Lebhaftigkeit der Erörterung ihre Anwesenheit zunächst kaum bemerkt. In welcher Richtung müsse man abspringen, wenn das Gefährt außer Kontrolle gerät und die Pferde nicht zu zügeln sind? Es sei niemals leicht, sich aus einem dahinrasenden Wagen zu retten. Das sei ja soeben noch ihr unmittelbares Problem gewesen, warf meine Vorfahrin ein. Die Natur gibt uns ein, in Richtung des dahinjagenden Vorderrads zu springen, habe der Offizier weitergeredet (praktisch ein Junge). Die Kraft des Sprungs aber, die des rasenden Fahrzeugs und die irritierende Kraft der Trägheit, die gerade jetzt im Dahinflug der Katastrophe ihre Macht beweise, werde jeden Sprung aus dem Fahrzeug aus der geplanten Geraden in die Diagonale lenken, und so erfaßt statt der erwünschten Rettung das Hinterrad die Springerin, wirft sie dem Vorderrad zu, von dem die Person abprallt, woraufhin sie vom Hinterrad zermalmt wird. Entgegengesetzt zur natürlichen Regung, sich nach vorn zu stürzen, sei es vielmehr richtig, das Glück in Richtung des Hinterrads zu suchen; selbst wenn man dieses streife, werde man zur Seite geworfen und lande unsanft, aber lebendig am Wegesrand. Das war ja nun nicht nötig, erwiderte Caroline Granier, weil Sie und Ihre Kameraden mir so freundlich halfen. Der erzählerisch gestimmte Jungoffizier war noch nicht geneigt innezuhalten und entwickelte eine Theorie der Radnabe, die schon dem König Pelops vom Peloponnes zum Verhängnis geworden sei, weil er die Radnabe eines Rivalen mit Wachs ersetzte, diesen so tötete und damit eine Schuld auf sich lud, die auf alle Nachkommen seines Geschlechts weiterwirken mußte. So sei die Radnabe des Geschicks, immer parallell laufend, oft hartnäckiger als die von Handwerkern gefertigte Nabe selbst. Meine Ahnin, die noch vor Abenddämmerung Trippstadt erreichen wollte, dankte der Runde vor ihrem Abschied. Der redselige Offizier bohrte sich zu diesem Zeitpunkt in eine mathematische Frage, die immer noch die optimale Sprungrichtung betraf, dann aber auf die Rettung aus einem sinkenden Schiff überging. Das Problem sei in einem solchen Fall, dem vom Untergang des Schiffes erzeugten Sog zu entkommen. Er hatte Skizzen auf die Tischplatte eingeritzt mit der Darstellung eines Kräfteparallelogramms und mehrerer Pfeile. Das Militär verhielt sich rücksichtslos gegenüber dem einheimischen Mobiliar.

Kleist und seine Schwester

Ich bin ein Mond und reflektiere Licht. Du bist die Sonne, sagte er zu seiner Schwester. Die glaubte das nicht. Es sei nicht ihre Praxis, sich zu äußern. Auf dieser Spannung, daß ein Mensch etwas initiiert und der andere es niederschreibt, beruht Kleists Satz über die allmähliche Verfertigung der Gedanken beim Reden.

Kleists Lebensplan

Während seines Studiums im Jahr 1800 in Frankfurt an der Oder, in welchem Kleist sich nicht entschließen konnte, was aus der Fülle der Wissenschaften er studieren sollte (und somit studierte er alles und jedes), und er nicht wußte, ob er besser wissenschaftlicher Offizier, Gelehrter, Dichter oder Unternehmer werden sollte, versuchte er, einen VERBINDLICHEN LEBENSPLAN zu entwerfen. Den Plan wolle er dann mit irgendeiner Handlung besiegeln (ein Papier mit Blut unterzeichnen, den Plan einer geliebten Person zuschwören, ihn an geheimem Ort verwahren) und anschließend beharrlich ausführen. Wenn man nämlich immer geradeaus geht, gelangt man in eine zweite Welt, in der die engen Grenzen des hiesigen Gefängnislebens keine Gültigkeit mehr besitzen.

Tatsächlich aber liefen die Tendenzen in Kleists lebhaftem Gemüt strahlenförmig auseinander. Die Anstrengung zur linearen Konzentration zerriß ihn. Dringlich verreiste er, brach das Studium ab und gelangte bis Würzburg.

Ein Fragment wird verbrannt

Aemulieren heißt »sich als Nebenbuhler aufführen«. Das Wort kann auch in der anderen Perspektive verwendet werden, daß Dritte, zum Beispiel eine ganze Lesergesellschaft oder eine Verwaltung, Begabungen so nebeneinandersetzen, daß sie ihre Leistung durch Rivalität erhöhen: Dann aemulieren diese Dritten jemanden. Nach diesem Steigerungsmechanismus, welcher der Klassik und der Romantik gemeinsam ist, fühlte sich Kleist entzündet, mit seinem Drama *Robert Guiskard* alle vorhandenen Theaterereignisse auszustechen. Unbeherrscht und unaufhaltsam türmte er seine Verse. Die Handlung, so vermutet man, orientierte sich an dem GROSSEN EINZELNEN. Der Held des Stücks scheint dem jungen Bonaparte nachgezeichnet zu sein. Einen normannischen Einzelkämpfer wollte Kleist, mit einem heutigen Ausdruck gesprochen, als CHARISMATISCHE NATUR darstellen. Im Team, meint Anselm Haverkamp, und durch die Beschreibung des Mittelbaus von Adjutanten, Architekten, Experten, ehemaligen Revolutionären, Leitern von Versorgungstrupps (wie Stendhal) hätte das Projekt gelingen können. Mit dem Ziel, einen verbissenen Einzelnen in historischer Maske zu porträtieren und dies als kooperationsunwilliger Einzelner zu bewerkstelligen, konnte das Vorhaben nur scheitern. In Paris verbrannte Kleist das Manuskript, das vermutlich noch Fragment war.

Wie Goethe eine Minderjährige belauerte

Ein Vorgang, von dem Kleist erfuhr, der aber durchaus geheimgehalten werden sollte, bestand darin, daß Johann Wolfgang Goethe (als er noch nicht adlig war) eine Minderjährige umlauert hatte, zu der es ihn längere Zeit hinzog. Die junge Frau hatte den Mann, den sie für einen Nichtsnutz hielt, abblitzen lassen. Sie hatte dann einen Reiterhauptmann geheiratet. Der war von Kaiser Napoleon mit einer Schwadron von Dragonern bis nach Teheran gesandt worden, als Vortrupp seines Indienzuges. Spät, auf dem Rückzug, wurde dieser Ehemann von Freischärlern umgebracht. Die Witwe, volljährig, aber immer noch sehr jung, erschien als Freiwild. Sie besaß kein Vermögen, kaum Schutz durch Verwandte. Abenteurer traten auf, bemühten sich um ihre Hand. Zu diesem Zeitpunkt soll der Geheimrat Goethe eine erneute Annäherung an das schon immer begehrte Objekt in die Wege geleitet haben. Er trug der Witwe an, in seinen Haushalt einzutreten zwecks späterer weiterer Annäherung und eventueller Zweitehe. Dann, so Kleists Darstellung, geizte er doch mit seiner Lebenszeit, seiner verfügbaren Lebendigkeit, fürchtete um die vielen Texte, die er nicht würde schreiben können, wenn ein vitales Lebewesen sein umzirkeltes Reich bevölkerte: Das verschlug allen Ausdruck, alle Intensität des Morgens, der doch der Arbeit diente, war nach dem Kredit der Tage, die dem Tod geschuldet sind, unerschwinglich, so Kleists Worte.

Die Liaison verlief im Sande, weil auch nicht deutlich war, wie die junge Witwe geantwortet hätte. Vermutlich kam die Verbindung so gar nicht in Frage. Kleist aber nutzte sein Wissen für die kurze, von ihm später verbrannte Novelle »Das Eigentum, das von den Sternen kam«.

Kleist wußte nichts über die Unbändigkeit von Goethes Seele, die wie in einer Parallelwelt mit dem Kokon, in dem er sich aufhielt, koexistiert: die gewisse Zerreißung, die er spürte, als er zu keinem rechten Entschluß kam im Bezug auf die Bindung, die ihm Hirn und Nerven doch stark beschäftigte:

»Liebt ich dich als Kleine, Kleine /
Jungfrau warst du mir versagt /
Wirst doch endlich noch die Meine /
Wenn der Freund die Witwe fragt«

Eine apokryphe Oper Rossinis (Libretto von Goethe)

Die Theatertruppe kam nach Riesa in Sachsen. Rossini reiste ihr von Paris entgegen. Sie wollte hier in der Provinz das Cäsar-Libretto einstudieren, das der Kaiser in Auftrag gegeben hatte. Die Komposition hatte Rossini beendet. Es mußte rasch gehandelt werden. Jeden Tag konnte der Kaiser einem Attentat zum Opfer fallen oder durch eine einzige Schlacht stürzen. Sie wollten die Szenenfolge in der Leipziger Oper zur Premiere bringen. Der Kaiser zog die Armee bei Dresden zusammen.

Unter Pseudonym hatte Goethe das Libretto geschrieben. Es beruhte auf der Annahme, das Attentat der 23 Verschwörer gegen Cäsar sei mißlungen. Die Täter sind gefangen. Im zweiten Akt begnadigt der gerettete Cäsar die Verschwörer bis auf Brutus, der sich stellvertretend als Opfer zur Verfügung gestellt hat. Dies rührt die Götter, die während des Triumphzugs in Rom vor Cäsar hintreten und um das Leben dieses Einzelnen bitten. Im dritten Akt stellt sich heraus, daß der Diktator den eigenen Sohn begnadigte. Besetzung: Acht Kastraten, ein Tenor, ein Sopran, ein Baß, 24 Orchestermusiker.

Die Festaufführung wurde dann für den ersten Abend nach Ende des dritten Schlachttages der Schlacht bei Leipzig geplant. Alle Offiziere der großen Armee vom Regimentskommandeur aufwärts, auch die Offiziere des sächsischen Kontingents (das dann aber schon zum Feind übergelaufen war), waren hinzubefohlen. Im zweiten Akt sollten während des Triumphs Gefangene der Schlacht hereingeführt und vom Kaiser vor versammeltem Publikum freigelassen werden. Am Ende der Oper beabsichtigte Napoleon, einen Friedensplan zu verkünden.

Zum Zeitpunkt der geplanten Premiere marschierte die zerfetzte Armee des Kaisers bereits über die Landstraßen in Richtung Haynau. Die Theatertruppe wurde auf der Flucht wenige Meilen westlich der Unstrut angehalten. Ein Reiterregiment der schlesischen Landwehr, genannt WILDER MANN, das mit den Lützowschen Jägern konkurrierte, nahm die unersetzlichen Kastraten als Offiziersburschen in seine Reihen auf. In einem Gefecht bei Magdeburg mit einer der abziehenden französischen Divisionen wurden sie zusammengeschossen. Rossini komponierte danach nie wieder eine Oper für Kastraten, dem einzigen menschlichen Instrument, das er für etwas UNBEZAHLBARES hielt, da diese Stimmen nicht in der Not des Atmens an- und abschwellen, sondern langgezogene Bögen *wirklich* (und nicht bloß imitativ) halten.

Für lange Zeit wurde Europa zwar mit Grenzen und Zerstückelungen bedacht, aber nicht neu begründet. Nie mehr wurde eine Oper über die

CLEMENTIA CAESARIS konzipiert. 1940 wurde Rossinis Partitur von Paris nach Bordeaux gerettet. In einem Fischereifahrzeug, das den Schatz nach Großbritannien überführen sollte, ging das Manuskript in der Biskaya verloren.

Zwischen Körper und Kopf nichts als Musik

Ursprünglich hatte sie nichts zur Verfügung als »das Blut ihrer Familie«, einen Treibstoff, der sie in der Hut der Musikakademie in Sarajewo zu einer disziplinierten Stimme und Notenleserin machte, einer Bodenbearbeiterin der heiligen Musik. Jetzt lebte sie schon in einer der großen europäischen Metropolen. In dieser Saison sang sie die ANTIGONA[1] in der gleichnamigen »Modelloper der Aufklärung« von Tommaso Traetta. Dem hingebenden Kapellmeister, einem Spezialisten für die Barockoper, vertraute sie, wie sie allen Förderern ihrer Karriere Vertrauen entgegengebracht hatte, aus einem Vorrat an Offenheit, den sie, angesichts der explosiven gesellschaftlichen Umstände ihrer Heimat, nur von entfernten Voreltern bezogen haben konnte.

Sie besaß einen Adlatus, einen ihr zugelaufenen jungen Mann, mit dem sie in einem Bett schlief; aneinandergedrängt die Körper in Zwiesprache, streng geschwisterlich, weil sie sich als Nonne der Kunst sah. Auch war sie sich nicht sicher, ob sie den zugelaufenen Jungen, der sich um sie bemühte, wahrhaft genug liebte, obwohl (ohne besondere hitzige Lust) die Strömung der Zufriedenheit zwischen ihren nächtlichen Körpern für eine bereits entstandene Nähe sprach. Man bindet sich aber jeweils für den Tag, sagte sie sich, und an einem einzelnen Tag hatte sie die Indizien zur Hand, daß sie ihren emotionalen Ehrgeiz auf diesen Mann endgültig begrenzen wollte. Für ihn sprach, daß sie viel miteinander redeten. Er schien ihr ein aufgeweckter Studierter, ganz ohne die ihr gewohnte Bodenhaftung. Oft war sie überrascht. Ihr zuliebe hatte er in der Universitätsbibliothek den Stoff der Antigone untersucht.

Das konkrete Problem der Sängerin waren die langen Bögen, die für einen Kastraten geschrieben und mit der modern ausgebildeten Sopranstimme einer Frau nicht leicht zu imitieren waren. Irina mußte ihren »Blasebalg«, der einen dünnen, konzentrierten Fluß an den Stimmbändern entlanggleiten ließ, auf eine Dauer temperieren, bei der ihr die Luft ausging.

Sie sei eine Fischerin »in den Wassern des Vergessens«. So schöne Ausdrücke wußte ihr keuscher Liebhaber zu gebrauchen, dieses wissenschaftliche Brü-

---

[1] Der Neapolitaner Tommaso Traetta nennt seine Oper, die von der Vorlage des Sophokles stark abweicht und das Schicksal der Königstochter Antigone beschreibt, *Antigona*.

derchen, das sie von Nachtgespräch zu Nachtgespräch lieber gewann. Gegenüber den enttäuschenden Erlebnissen mit erfolgsgewohnten Liebesjüngern, die sie schon erlebt hatte, ein erheiternder Geist, ja ein Wunder.
Antigona ist keine verrückte Adelskämpferin, berichtete ihr der Kundschafter, sondern HEILERIN. Sie will nicht bloß den aufrührerischen Bruder beerdigen, sondern den Fluch, der auf der Familie liegt. Kreon aber, der Vertreter des Gesetzes, kennt keine GROSSMUT DES VERGESSENS. Dafür ist er zu interessiert: Nachdem alle männlichen Nachkommen des Herrschers Ödipus, den das Volk trotz Vatermords und seiner Blendung liebt, sich gegenseitig getötet haben, hat er die Macht ergriffen. Das Gesetz ist ihm Vorwand, so der Gefährte der Sängerin Antigona, seine Macht zu befestigen. Die für den Bürgerkrieg verantwortlichen Söhne des Ödipus dürfen kein Begräbnis erhalten, sie müssen als Futter für die Raben sichtbar der Schande preisgegeben sein. So haben Cäsars Mörder verloren, als sie (und ihre Fraktion im Senat) Cäsars Bestattung zustimmen (anstatt ihn in den Tiber zu werfen wie einen Tyrannen).
Kreon hat, wie jede Justiz, das Interesse, die Schuld dem Vergessen zu entreißen; die Prinzessin Antigone dagegen ist leidenschaftlich tätig, das Gesamterbe an Unglück auszuschlagen, das an den Sohlen ihrer Familie haftet. Lieber will sie selbst Unglück erleiden als Dritte mit ihrem Unglück anstecken. In den »Wassern der Vergangenheit« (und wenn das in Theben, einer Landstadt, nicht möglich ist, durch Vergraben in der Tiefe des Erdreichs) will sie die toten Brüder bergen. Sie weiß, wie wenig Sinn es hat, die Gestorbenen dort unten dadurch festzuhalten, daß man einen Stein auf ihr Grab setzt. Um sie einzuschließen, ist es besser, man vertraut ihrem Eigenwillen: daß sie durch das Gestein bis in die Gegend von Gibraltar gelangen, wo der Eingang zum Hades liegt. Sie bewegen sich, die Toten, das ist die Aussage – so der nächtliche Wärmespender, G. W. F. Hegels Text »Die sittliche Handlung, das menschliche und göttliche Wissen, die Schuld und das Schicksal« zitierend.
Es zeigte sich aber, daß es Irinas Stimmleistung gut bekam, wenn der »Assistent ihrer Nächte«, ihr Kandidat für eine dauerhafte Lebensbindung, ihr Gehirn fütterte. Er studierte jetzt auch die Partitur der ANTIGONA, zusätzlich zu Hegels Texten. Traettas Modelloper war ein Beitrag zu einer »Revolution der Musik«, die im 18. Jahrhundert auf der Achse Paris (Gluck), Stockholm (Joseph Martin Kraus), St. Petersburg (Traetta) stattfand: ein Aufstand des Sinns gegen die bloße Musik.
Traetta hatte die Rolle des Haimon und die des Kreon auf Geheiß der Zarin Katharina der Großen gegenüber Sophokles verändert. Die Absichten des Kreon gingen dahin, sich die jüngere Tochter des Ödipus, Ismene, als Dienerin und Geliebte und vielleicht später als Ehefrau zuzueignen. Antigona

dagegen sollte den Sohn des Herrschers, Haimon (in der Oper Emone), zum Mann nehmen. Was der Usurpator Kreon nicht wissen konnte: Haimon liebte die aufsässige Antigone mit jugendfrischem Herzen, blind und ohne Rücksicht auf das eigene Leben. Im dritten Akt der Oper sind die beiden zu sehen, wie sie sich in einer offenen Grabstätte gemeinsam eingerichtet haben. Lieber wollen sie sich töten, als voneinander dadurch getrennt zu werden, daß nur einer zum Tode verurteilt ist. In zwei Duetten zeigt sich, daß diese libidinöse Beziehung, aufgekeimt inmitten theaterüblicher Dramatik der Zeitgeschichte, die Hauptsache des Stücks bildet, der Musik und den Texten nach.

Weder der »einfache Gemeinwille« (den Kreon nutzt und korrumpiert) noch »Blut und Familie« (Antigones Bürde) sind von endgültiger Bedeutung.

Die Zarin Katharina hatte es abgelehnt, so die Recherche von Irinas Freund, eine Oper mit stets wiederkehrendem tragischen Schluß anzusehen. Sie habe schon 64mal die Tragödie des Ödipus und seiner Kinder in griechischer oder französischer Fassung, und stets mit abgründigem Ende, betrachtet: Da werde sie als Kaiserin wohl das Recht haben, diesmal ein Ende ohne Tod zu verlangen. Erfreuliches gehöre zum Projekt der Aufklärung im heiligen Rußland, meinte sie. Aufklärung ohne Glück, sagte sie, ist tot.

Daraufhin hatte Traetta eine Szene erfunden, in der König Kreon eine »Umkehr« (METANOIA) erfährt. Ehe es zu spät ist, sieht er, daß er im nächsten Schritt der Handlung seinen Sohn verlieren wird. Was nützt ihm eine Herrschaft, die sich in seinem Geschlecht nicht fortsetzt? So wandelt er sich zum aktivsten Betreiber der Rettung des jungen Paares. Wirklichkeit, Substanz, Kalkül und freundliches Wesen der Aufklärung treten als Viererchor in der Schlußszene der Oper auf.

Der Regisseur des Stücks in der deutschen Metropole war nicht bereit, diese dem Sophokles ganz widersprechende Version hinzunehmen. Der Dirigent dagegen beharrte darauf, die Musik bis zum Ende zu spielen, also mit diesem Finale. Die Suche nach einer Änderung von Traettas Modelloper samt erneuertem Proben war mit vier Wochen veranschlagt. In dieser Krise gab die Sängerin der Antigona den Ausschlag. Sie wies auf ihre beginnende Bronchitis hin. Die Premiere müsse ohne Verzug stattfinden, sie könne für ihre Stimme sonst nicht garantieren. Zweifel an Irinas Atemwegen erfaßte das Team. Niemand wollte ihre unerwartet vom Balkan heraufgekommene Stimme entbehren. Das alles tat Irina aus Treue zu ihrem nächtlichen Beichtiger.

Nahe Begegnung zwischen Karl May und Lord Curzon

Wie Luxusdampfer liegen die Grandhotels westlicher Investoren zur Jahrhundertwende über den Orient verteilt. Daß Dr. h.c. Karl May ein Provinzler und daß ihm das Reisen unheimlich war, sieht man daran, daß er sich auf seiner ersten großen Auslandsreise im Jahre 1899, die ihn noch bis Sumatra bringen sollte, von einem solchen Hotelpalast zum nächsten schwang. Ihm war die unübersichtliche, im Lande verborgene Informationsmasse zuviel. WIRKLICHKEIT ORDNET SICH NUR UNTER, WENN MAN SIE SICH AUSDENKT. Immer schon neigte er, wenn er sich in die Enge gedrängt fühlte, zu einem Durchbruch ins Entschiedene: DIE KÜHNSTE ROLLE IST DIE RICHTIGE. Das packte ihn auch in der Unruhe dieser Forschungsreise. Er war sich nicht sicher, ob er über das, was er hier im Ausland »erlebte«, später schreiben könne. Er sehnte sich zurück in sein Studierzimmer in Radebeul.
In einem der großen Hotels in Persiens Süden las er in der Gästeliste die Eintragung des Ehepaares Lord Curzon of Keddleston und Frau Victoria. Das schien ihm eine Herausforderung: den berühmten Mann zu treffen, der ebenfalls Gelehrter war, ja ihn in ein legendäres Gespräch zu verwickeln. Er sandte seine Visitenkarte, die auf Dr. h.c. Karl May lautete, in Handschrift darunter gesetzt: HAMMURABIFORSCHER (ein Stück Hochstapelei steckte diesem Mann von seiner Herkunft aus dem Eulengebirge her im Blute). Vielleicht konnte die Neugier den großen Mann, der als Vizekönig von Indien im Gespräch war, zu einem Treffen locken. May bat für den Abend zum Tee im Salon. Er wollte den Lord, wenn er ihn denn vor sich hatte, in ein Gespräch bei Tee und Rum verwickeln. Zunächst, dachte er, würden sie mit den Ehefrauen speisen. Dann würden sich die Herren in den Rauchsalon zurückziehen, wo man zum Kartenspiel oder zum Gespräch sich niedersetzen konnte. Bis 5 Uhr früh wollten sie dann die Welt neu aufteilen: Nicht die gegenwärtige, das traute May sich nicht zu, sondern die historische, die Erzählfläche seit dem Großkönig Kyros, den Grenzziehungen Timur Lenks, die noch heute die Länder des Nahen Ostens mit (oft willkürlichen) Abmessungen der Provinzen charakterisierten. Dann Sardanapal und das Reich von Ninive, das stürzte. Er wollte wie ein deutscher Universitätsgelehrter mit dem britischen Politiker AUF AUGENHÖHE sprechen.
Von dieser Begegnung, die wenig bekannt ist, hatte der Dramatiker Heiner Müller von einem Oberleutnant im Dienste des MfS gehört, den er in der Kantine des Berliner Ensembles getroffen hatte. Dieser war im Außendienst der DDR auf Horchposten im Jemen tätig gewesen und interessierte sich für persische Literatur. Der Agent hatte in seiner Freizeit die NAHE BEGEG-

NUNG von Lord Curzon und Karl May recherchiert. Vielleicht könnte man, habe Karl May in seinem Tagebuch notiert, indem man die Probleme des Kyros debattierte, auch Probleme des »Kranken Mannes am Bosporus«, also der Jetzt-Zeit, auf welche die Jahrhundertwende zueilte, einer Lösung zuführen. Die beiden Gesprächspartner, Curzon und May, hätten »Schach des Weltgeistes« gespielt? fragte Heiner Müller. Nein, das verkennt, daß das Ereignis nicht stattfand, antwortete der Oberleutnant.

Der britische Lord sagte das Treffen ab. Er ließ sich entschuldigen, er sei zu Schiff unterwegs nach Indien. Es hätte aber sein können, daß sie miteinander konferiert hätten, beharrte Heiner Müller, der die Begegnung später – kontrafaktisch – in seiner Erzählung »Protokoll einer Nachtsitzung« genauer ausführte.[1]

Abb.: Am Bosporus 1899.

---

1 Und beide, Karl May und Lord Curzon, verbindet, daß sie gern über etwas schrieben oder entschieden, was sie gar nicht kannten: zwei FERNDENKER. Lord Curzon wurde später, vor allem in den zwanziger Jahren, ein bedeutender Grenzzieher im Nahen Osten und in Osteuropa (sogenannte »Curzon-Linie«, die Polen von Rußland trennte). Von ihm stammen, auf Karten der britischen Admiralität eingezeichnet (die ungenau waren, wenn es die Landfläche betraf), die endgültigen Demarkationslinien zwischen Afghanistan und Persien, Indien und Rußland sowie, etwas später, die Konstruktion des Irak (auch der Tausch der Königshäuser von Syrien und Irak ist sein Werk).

Prägung eines Charakters durch intime Erlebnisse und einen Sturz vom Pferd

Ellen Mary Paramon, seine Gouvernante, verstrickte den jungen Curzon aufgrund ihrer tyrannischen Wesensart in Kämpfe, aus der er später Zähigkeit bezog. Seine Mutter Blanche starb, als er sechzehn Jahre alt war, fünf Jahre nach der Affäre, die der Elfjährige mit seinem Tutor Oscar Browning erlebte. Die konträren Erlebnisse behinderten ihn im späteren Leben nicht, heißt es. Er überlebte die Beziehung mit dem Tutor, der deswegen sein Amt in Eton verlor, 54 Jahre störungsfrei und litt unter keiner nachweisbaren Schockwirkung.
Ein Reitunfall, der eine Spinallähmung verursachte, zwang ihn, ein Metallkorsett zu tragen. Er litt unter Schlaflosigkeit und Schmerz. Oft wirkte er steif aufgrund seines Korsetts. Die starke Außenorientierung, die ihm sein Amt auferlegte, ließ seine Gesichtszüge maskenhaft erscheinen.

> My name is George Nathaniel Curzon /
> I am a most superior person /
> My cheeks are pink, my hair is sleek /
> I dine at Blenheim twice a week.

»Im Banne der merkwürdigen Gewalt, welche der Orient auf uns alle ausübt«

In den Jahren nach der Jahrhundertwende, in denen Dr. h.c. Karl May gegen zwei intrigante Journalisten um seine Ehre und sein Leben kämpfte, war (im selben Dresden, aber um 20 Jahre später geboren) der Sohn eines kaiserlichen Rechnungsrates namens Felix Langenegger auf der sicheren Strecke einer Beamtenlaufbahn angelangt. Zunächst Regierungsbauführer, dann Regierungsbaumeister, mit großzügigem Sonderurlaub versehen, stand er in den Reihen der »deutschen Eroberer des Orients« als Architekt und Ausgrabungsleiter in Syrien, Kommandeur von 550 Arbeitern. Nördlich der Grabungsstätte: das Projekt der Bagdad-Bahn. Langenegger gehörte zu den Spezialisten, welche die Götter von Tell Halaf ausgruben. Agententätigkeit von 1914 bis 1918. Dann überwältigte ihn die Welle der Katastrophen. Sein Rückreiseroman *Durch verlorne Lande* und später die Charakternovelle *Die Rache des Abdel Fadl* erreichten kein Publikum wie noch Karl Mays Reiseromane. Das Völkerringen bis 1918, die Krisen bis 1939 und der Ausgang des Zweiten

Weltkriegs okkupierten das Interesse der Zielgruppe. Weder nach der Wiederkehr der Götter noch nach Reiseromanen waren die Zielgruppen jener Jahre begierig.

Ende 1947 wird ihm, dem 67jährigen, die Bezugsberechtigung für die Drei-Zimmer-Wohnung entzogen. Er soll in ein einziges Zimmer umquartiert werden. Teppiche, Kunstgegenstände, antike Stücke, die er sein Leben lang gesammelt hat, sind verloren. An einen Druck seiner Manuskripte ist nicht zu denken. Noch weiß er nicht, daß sie in die französische Zone in Sicherheit gebracht sind. Da setzt er an einem Samstag abend nach Eintritt der Dämmerung seinem Leben ein Ende.

Abb.: Felix Langenegger in der syrischen Wüste.

Das Blut des Geliebten

Coromius in civitate Romana regnavit, qui habetat quandam mulierem pulchram in uxorem, que quando semel steti in fenestra castri sui, vidit duos milites in quodam prato sub castro adinvicem pugnantes. Unus erat pulcherrimus in tantum, quod domina oculos injecit in eum et capta est in ejus amorem.

Übers Römische Reich herrschte Coromius, der eine schöne Frau zur Gattin hatte. Sie stand einmal am Fenster ihrer Burg, da sah sie zwei Ritter auf einer Wiese unter der Burg miteinander kämpfen. Einer von beiden war so ungewöhnlich schön, daß die Kaiserin ihn ansah und in Liebe zu ihm entbrannte.

Wie die Frauen wählen, ist ungerecht. Wie entstehen über acht Generationen aus Kämpfern bunte Ritter! Wie werden sie zu Rivalen! Und dann wird doch nicht der Wagemutigste oder derjenige mit den gleichmäßigen Gesichtszügen belohnt, sondern die Kaiserin entbrennt in Liebe zu einem Bestimmten aus Willkür!
In einer langen Reihe sitzen die Frauen, die Kaiserin vorn links. Dem Anschein nach sind die Frauen zurückhaltend. Durch winzige Reaktionen verständigen sie sich über ihre Urteile, und die addieren sich und entscheiden über Zeiten hinweg über Sieg oder Untergang der Männer, die dort unten paradieren. Ganze Summen von Körper- und Seelenkräften verschwinden durch solche Wahl. Bald wachsen den Männern Hörner, sagt man, ihnen wächst ein Geweih. Wer so spricht, redet bereits von einer anderen Ungerechtigkeit: daß einer betrogen worden ist; das Zeichen hat seinen Sinn umgekehrt. Daß solche Redewendungen entstehen und das Bild, daß zwei Ritter in einem Turnier auf der Wiese unter der Burg auf bestimmte Weise miteinander kämpfen, entwickelte sich in einem Prozeß von über 120 Jahren; wenn man zusieht, scheint es so, als entstünden die Bewegungen im Moment.
In meiner Familie hat meine sonst so kluge Großmutter mütterlicherseits, Martha Hausdorf, geborene Blackburn, ihren Sohn Ernst verhätschelt. Ihre Tochter Therese, die gern ein Junge geworden wäre, hat sie unterdrückt. Ihre andere Tochter Alice vermochte sehr ungerecht zu wählen. Sachlich, generös, vernünftig, hilfsbereit war sie nur bei Freunden, deren Homosexualität sie als Galane disqualifizierten. Wo sie ihr Herz hinwarf (aufgrund von 120jährigen Vorurteilen auf der Frauenseite ihrer Familie), war sie befangen. Sie starb, weil sich ihr Herz zu einem Verräter verirrt hatte. Die Zuwendung von Frauen bleibt unverzeihlich, ungerecht und ist Wurzel von Dramen.

In seinem Werk *Die Abstammung der Menschen und die geschlechtliche Zuchtwahl* stellt Darwin 1871 fest, daß die rasante sexuelle Evolution, die zur natürlichen Anpassung in Widerspruch steht, darauf beruht, »daß die Weibchen wählen«. Sie sitzen in langer Reihe, äußern sich mit nur geringen Ausschlägen ihres Interesses, so Darwin. Ein Beobachter könnte sie für gleichgültig halten. Im Schwarm der Jahrtausende und so zahlloser weiblicher Exemplare, die ihre Reaktionen zusammenlegen, entstehen männliche Wesen mit großem Handicap und ungewöhnlicher Gestalt: Pfauen, Ritter, Schöne, Tollkühne. Zuletzt zeigen sich Frauen als Sklavinnen dessen, was sie hervorgebracht haben, so Darwin polemisch, der sich seine Beobachtung nicht verzieh.

Finitur bellum et miles, quem domina dilexit, victoriam obtinuit et domum perexit. Domina vero pre nimio amore languere coepit. Imperator constristatus est valde de eius infirmate. Statim fecit vocari medicos, ut statum domine viderent. Qui cum vidissent, dixerunt: »Non est alia infirmatis nisi quendam nimis dilexit, et hec infirmatis est causa mortis ejus.«	Der Kampf ging zu Ende, und der Ritter, in den sich die Kaiserin verliebt hatte, trug den Sieg davon und kehrte nach Hause zurück. Die Kaiserin aber fing an, aufgrund ihres übermäßigen Verlangens krank zu werden. Der Kaiser war sehr traurig über diese Krankheit. Sogleich ließ er die Ärzte rufen, damit sie den Zustand der Kaiserin untersuchten. Als sie dies getan hatten, sagten sie: »Der einzige Grund für ihre Krankheit ist die Tatsache, daß sie jemanden übermäßig liebt, und diese Krankheit wird auch zu ihrem Tod führen.«

Der Kaiser vermochte das Zeichen zunächst nicht zu deuten, das in der Krankheit seiner Frau versteckt war. Zwar wußte er allgemein, daß ein Leiden der Seele eine Krankheit des Körpers auslösen kann, aber was war der Grund für das rätselhafte Leiden der Seele, wenn er doch alles tat, das Glück dieser Gattin zu hüten, ja es heranzuzüchten, und er sie ausgewählt hatte, weil er sie seelisch für robust und geeignet hielt, dem Reich Nachkommen zu schenken. Der Stachel der Vorurteile, der die Liebe seiner Frau auf den fremden Ritter lenkte, den sie doch gar nicht genügend kannte, war für ihn unsichtbar.

Er selbst war als Kaiser nicht Produkt der Frauenwahl so vieler Jahrhunderte, sondern ein kurzfristiges Ergebnis, das die weichere, dem Bürgerkrieg abgeneigte »feminine« Seite römischer Legionen, in einer Art DRITTEN EVOLUTION, quasi einer republikanischen, als Typ herangebildet hatte, der zum Kaiser taugte. Weder verhielt er sich gemäß »natürlicher Anpassung« noch »nach Frauenwahl«. Weil kein Instinkt und keine der zwei von Darwin beschriebenen Evolutionen ihn irritierten, richtete sich seine Aufmerksamkeit auf die Rettung seiner Frau, die er in anderer Weise liebte, als es der Zuchtwahl der von Frauen gemachten Männer entspricht.

Imperator hoc audiens ait uxori: »Dic mihi, rogo te, aut nomina illum mihi, quem tantum diligis preter me.« Cui illa: »Illum militem diligo ante omnia, qui victoriam fecit alia die, et nisi ejus amorem obtinuero, mortem sustinebo.« Imperator cum hoc audisset, ait medicis: »Rogo vos, ut vitam uxoris mee salvetis.«	Als der Kaiser dies hörte, sprach er zu seiner Frau: »Ich bitte dich, zeige oder nenne mir den Mann, den du außer mir so sehr liebst.« Sie antwortete: »Ich liebe den Ritter über alles in der Welt, der vor einiger Zeit den Sieg errang, und wenn er meine Liebe nicht erwidert, werde ich sterben.« Als der Kaiser dies gehört hatte, sagte er zu den Ärzten: »Ich flehe euch an, das Leben meiner Frau zu retten.«

Er sah, daß sie sterben würde, nahm zur Kenntnis, daß dies so wäre, weil sie einen anderen als ihn liebte, antwortete hierauf nicht mit Eifersucht, sondern mit der Aufforderung an die Ärzte des Reiches, um jeden Preis das Leben der Kaiserin zu retten.

An einem Altruismus wie diesem stirbt in der Geschichte der *Princesse de Clèves* der Mann jener schönen Prinzessin. Der Typ des Kaisers Coromius dagegen ist wie durch einen Panzer mit Charakterfestigkeit gewappnet. Ein kaiserlicher Charakter dieser Art folgt dem Sinnspruch Q21c der Pythagoreerin Theano. Dieselbe wurde gefragt: »Was ist Liebe?« Und sie sagte: »Leidenschaft einer müßigen Seele.« Coromius fügte hinzu: »Ti esti eros?«, die Frage: Was ist Liebe? sei mehrdeutig. Wer das Reich liebt, wird die Frage anders beantworten als derjenige, der sich in einen bestimmten Menschen vernarrt. Er wußte, daß ein Zuviel von dieser Tugend auch ihn töten konnte, denn tatsächlich fühlte er sich zur Kaiserin stark hingezogen.

Bei dieser Geschichte handelt es sich um die Nummer 281 der *Gesta Romanorum*, die von einem oder mehreren Mönchen aufgeschrieben wurden.

Aus den Überlieferungen, die den Schreibern vorlagen, wählten sie stets diejenigen aus, die ein RÄTSEL und eine ÜBERRASCHUNG enthalten. Dies ist stets dann der Fall, wenn unterschiedliche, miteinander nicht austauschbare Wirklichkeiten sich aneinander reiben, wie es mit der Erdkruste bei Erdbeben geschieht. Der Ritter, das Begehren der Kaiserin und der selbstlose Auftritt des Kaisers bilden drei fremde Welten.

At illi: »*Certe non possumus nisi una via tantum: illum militem, qui fecit victoriam, occidite et cum sanguine ejus ipsam liniri faciatis.*« *Hoc facto cessavit temptacio et statim de infirmate convaluit.*	Doch jene erklärten: »Das können wir mit Sicherheit nur mit einem einzigen Mittel: Tötet jenen Ritter, der den Sieg errang, und laßt Eure Gattin mit seinem Blut bestreichen.« So geschah es, und die Versuchung war zu Ende, und sie wurde unverzüglich von der Krankheit geheilt.

Wenig Einfluß hat der Ritter auf das, was ihm geschieht. Er weiß nicht einmal, daß die Kaiserin ihn auf Leben und Tod begehrt. Er wird umgebracht, weil er so ist wie EIN SCHÖNER RITTER, gemacht aus den subtilen Wahlen der Frauen. Es erweist sich als nötig, daß eine von ihnen, die Kaiserin, das Produkt vernichtet, von dem sie sich so angezogen fühlt; allerdings wird auch sie nicht gefragt. Der Kaiser und die Ärzte verordnen den Tod des jungen Helden.

Im Strandkorb an der holländischen Küste plante Thomas Mann, vier Jahre vor seinem Tod, mehrere Tage seines wertvollen Urlaubs opfernd, die Geschichte vom Blut des Geliebten in Form einer Kommentar-Novelle nachzuerzählen. Dann wandte er sich doch dem Stoff für den Roman *Der Erwählte* und der Erzählung »Die Betrogene« zu.

Wie ich Thomas Manns Villa umschlich

In der Zeit, in der nur wenig mehr als drei Milliarden Menschen die Erde bevölkerten, hatte ich noch die Vorstellung, die sich erst neuerdings mit elektronischen Mitteln verwirklicht, daß man jeden Menschen auf der Welt treffen und kennenlernen könne. Ich war mit meiner Schwester in die Schweiz gereist, wir reisten per Anhalter. In Zürich wollte ich das Haus von Thomas Mann sehen. Ich umschlich das Gebäude, sah ein Kind auf einem Dreirad fahren. Ich wagte nicht, an der Haustür zu klingeln. Was hätte ich als Grund meines Besuches vorbringen sollen? Ich bin mit Erfolg geprüfter Rechtskandidat, bereite mich auf den Referendardienst in der Justizverwaltung des Landes Hessen vor, möchte Dichter werden und erbitte Ihre Ratschläge. Ihre Werke und die von Thornton Wilder habe ich in der Bibliothek des Amerikahauses in Marburg/Lahn vollständig gelesen. Gern würde ich wie Sie schreiben. Versuche haben ergeben, daß mir das nicht gelingt. Meist werden die Texte kürzer. Ich erwartete nicht, daß der große Autor mit mir reden würde. Sorgfältig verwaltete er seine Tages- und Lebenszeit. Mit einem Unbekannten würde er die Minuten nicht teilen. Meine Schwester wartete an der Straßenecke wie die Gefährtin eines Verbrechers, die Wache hält.

Eine Romanskizze von Klaus Mann zu einem Stoff seines Vaters

Was nicht sehr bekannt ist: Den Stoff für seinen Roman *Königliche Hoheit*, der seine frühe Popularität begründete, bezog Thomas Mann nicht aus Beobachtungen in Deutschland. Seine erste Skizze ging von der Heirat des britischen Politikers Lord Curzon mit Mary Victoria Leiter aus. Das war die Tochter des Warenhauskönigs Levi Ziegler Leiter in Chicago. Bald darauf waren der Politiker und die Millionärstochter Vizekönig und Vizekönigin von Indien. Der deutsche Autor entwickelte aus dieser Verbindung, die er in der Presse verfolgte, eine Romanskizze, die verlorenging. Klaus Mann, Thomas Manns Sohn, hat dieses Skriptum eingesehen und sehr spät in seinem Leben seinerseits einen Romanentwurf angefertigt, an dem er in jener Woche, in welcher er sich in Cannes das Leben nahm, noch weiterschreiben wollte. In den Wirren der Polizeiaktion, die auf den Suizid folgte, wurde das Manuskript gestohlen. Jetzt ist das Konvolut in Zürich auf einer Auktion versteigert worden.

Klaus Mann suchte einen ganz anderen Zugang als sein Vater. Eine Ehe zwischen Macht (oder Tradition) und Geld (aus der Neuen Welt) interessierte ihn nicht. Vielmehr fesselte ihn die Ehe so ungleicher junger Menschen, eines Briten von 36 Jahren und einer Amerikanerin von 25 Jahren: Szenen dieser Ehe in England, Indien, Persien, in Paris und in Chicago. Ihn interessierte das Denkmal aus Eisen, das Curzon seiner Frau errichten ließ, nachdem sie gestorben war. Treue und Beharrlichkeit des Gefühls sind das zentrale Thema. Wenn es das doch gerade in der Liebe selten gibt. Mit elf Jahren habe Lord Curzons ICH die Prägung durch eine über-intime (over-intimate) Beziehung zu seinem Tutor in Eton erhalten, so Klaus Mann. Die Zuwendung zu Männern habe sich in Curzons Leben nicht geändert (insofern Treue und Beharrlichkeit), er sei aber von der Fremdheit, Jugend und geschlechtlichen Unbestimmtheit der Mary Victoria Leiter besonders angezogen worden. Es sei gar nicht ausgemacht, so der Romanentwurf, aus welchen Eigenschaften Männlichkeit bestehe und was demgegenüber als weiblich gelten solle. In der quirligen Chicagoerin mit dem Faible für babylonische Texte habe er den »Mann« entdeckt, der ihm die Wiederkehr des Tutors Oscar Browning zu sein schien, dessen Favorit er war. Victoria wiederum habe in dem älteren, körperlich etwas starren Politiker »die Frau ihres Lebens« gesehen. Geschlecht sei ein Kostüm, heißt es in der Überschrift des zweiten Kapitels, und Klaus Mann kontrastiert es gegenüber dem KOSTÜM POLITIK und dem KOSTÜM GELD.

Besonders spannend ist der Wechsel des Berichtes, den Klaus Mann im zweiten Teil der Skizze vornimmt. Dies geschieht vor dem Hintergrund der Trauer, nachdem Victoria nach zwei Perioden einer fatalen Krankheit im Juli 1906 gestorben war.

Klaus Manns Diktion wird an dieser Stelle satirisch. Die Überschrift lautet: »Ein Nazi der Liebe«. Es geht um die drei Töchter aus der Ehe der Curzons sowie um dessen zweite Frau:

- Mary Irene, Erbin des Titels und Baronin von Ravensdale
- Alexandra Naldera (»Baba«). Sie heiratete Edward Metcalfe, den besten Freund des britischen Königs
- Cynthia, die Frau von Sir Oswald Mosley

Der Politiker Mosley wurde später Führer der britischen Nationalsozialisten. Erst verführte er Irene, danach Baba und auch Lord Curzons zweite Frau, während er zugleich seine spätere Frau Cynthia umschwärmte. Bei der Zuordnung von Mosleys politischer Haltung zu seinem erotischen Erfolg, der Wilderei, die sich jedoch auf eine Familie konzentriert (außerhalb des Clans hatte er keine Affären), verwirrt sich der Text. Es sei nicht überzeugend dargelegt und auch nicht darlegbar, so Paul Valéry, der Klaus Mann schätzte, daß ein Faschist politisch handele, wenn er liebt.

Ein Entwurf von Thomas Mann über Goethe während der Belagerung von Mainz

Lange bevor Thomas Mann *Lotte in Weimar* schrieb, noch in München, entwickelte er in »lakonischem Ton, in der Art des Tacitus« eine Novelle: *Goethe während der Belagerung von Mainz.*
Am Morgen Ritt durch die preußischen Biwaks. Vom Fluß her Nebel. Der junge Hofmann und Dichter will zum Großherzog, der in einem Zelt haust. Dazu muß er die Hälfte des Belagerungsrings umreiten. Er wird Zeuge einer Hinrichtung. Ein Bauer, der aber über seine Tätigkeiten unklare Angaben machte und vielleicht Schmied des Ortes war, war verhaftet worden unter der Beschuldigung, er habe die Stellungen der Belagerer ausgekundschaftet und wolle darüber gegen Entgelt an die Franzosen in Mainz berichten. Als Goethe eintrifft, ist das Gericht bei einem Umtrunk. Dazu gibt es Schwarzbrot und Braunschweiger Wurst. Der »Spion« hockt an einer Hecke, auch ihm wird Brot und Bier gereicht. Einen Moment zögert Goethe, ob er sich als Auditor anbieten und den Schlucker oder Schmied verteidigen solle. Offensichtlich besitzt der keinen Rechtsbeistand. Die Stimmung des Gerichts, bestehend aus drei Offizieren, ist aufgeräumt. Vielleicht könnten sie den Mann auch laufen lassen. Was er über die Stellungen der Belagerer erfahren haben kann, würde den Franzosen nichts nützen. In den nächsten Tagen werden sie kapitulieren müssen. Gegen den Angeklagten spricht, daß er nicht gesteht und sich »unklar äußert«. Er ist nicht wortgewandt. Das hat auch Goethe bemerkt, und daher prüft er, ob er einspringen soll. Man könnte nämlich das Gespinst der Vorwürfe zerstreuen, meint er.
Zwei Stunden später wird der Bauer erschossen. Goethe befindet sich in einem heftigen Disput mit einem der Offiziere, die soeben das Gericht gebildet haben, über die Wolkenformation, die über dem Rhein aufreißt, so als übe die Wasseroberfläche des Stroms eine Gewalt aus, und die sich erst am anderen Ufer allmählich wieder schließt. Das beobachteten sie schon längere Zeit.
Das Gerichtsverfahren war roh, so wie diese Belagerung, auf die keine Kunst verschwendet worden war, roh wie der schwere, an den Stiefeln klebende Boden, der seit der Herrschaft der Kelten und Römer auf der linken Rheinseite nicht mehr gründlich beackert schien und »zerfallen« aussah. Eine Ruine an Boden. Nur in der Totalansicht ergab sich ein landschaftlicher Eindruck.
Goethe reitet weiter in Richtung des Zelts des Großherzogs, das von einer preußischen Kompanie bewacht wird. Auf dem Ritt empfindet er nachträglich »starke Einfühlung«. Sie wäre noch intensiver, wenn (wie es im Verhör eine Zeitlang schien) der jetzt Tote ein Schmied und kein Bauer wäre, von

denen es hier viele gab. Die Schmiede sind Künstler, und ihre Kunst kommt weit von Osten her, von den Flanken des Himalaya.

Bis zum Großherzog reiten, den Freund zu einer schriftlichen Bitte um Aufschub oder Gnadenerweis zu bewegen, was auf die drei Richter gewiß Eindruck gemacht hätte, dafür hätte die Zeit nicht gelangt. Es steht fest, daß Goethe, von einem solch scharfen Ritt zurückgekehrt, nur einen Erschossenen vorgefunden hätte.

Einfühlung, so schließt Thomas Mann, ist ein Organ des Kunstverstands, jünger als die Schmiedekunst und als Werkzeug noch unausgereift. Sie ist notwendig für das Dichten, noch unhandlich für die Praxis, so wie kräftige junge Leute ihre Glieder noch ungeschickt bewegen, man muß sagen: ungelenk. Auch kommt sie als Aushilfe zu spät. Beim Großherzog gibt es Kapaun. Goethe liest aus einem Tagebuch des Feldzugs vor. Es sind zwanzig Offiziere da und zwei Zivilisten.

Hegels unehelicher Sohn

In den Jahren vor 1807 unterhielt der Philosoph Hegel eine nach dem Sittengesetz nicht akzeptable, aber nach dem Gesetz des Herzens innige Beziehung zu einer verheirateten Frau. Und zwar war Christiane Charlotte Burkhardt, die Frau des Hausbesitzers, in dessen Haus Hegel zur Miete wohnte, eine geborene Fischer. Am 5. Februar 1807 wurde Hegel aus diesem Verhältnis ein uneheliches Kind geboren. Wenn das Gefühl beider Elternteile bei der Empfängnis (und in den Wochen unmittelbar davor und danach) eine Mitgift bedeutet, so hätte das Kind ein Glückspilz sein müssen. In Jena wurde es getauft, Paten waren eine Frau Frommann und Hegels Bruder, der Leutnant Georg Ludwig Hegel. Mit Bezug auf ihn erhielt das Kind den Namen Ludwig. Ähnlich wie im Fall des Romans der Princesse de Clèves durch den Tod des Ehemanns der Prinzessin die an sich verbotene Verbindung zwischen der Prinzessin und dem Herzog von Nemours plötzlich doch möglich erscheint, änderte sich die Lage des jungen Paares, weil der Ehemann Burkhardt starb. Es heißt, daß Hegel spontan der jungen Witwe die Heirat versprochen habe. Französische Truppen durchzogen die Stadt. Einmal sah der Philosoph den Kaiser Napoleon selbst vorüberreiten.

In Jena war Hegel praktisch ohne Einkommen. Freunde brachten den bedeutenden Geist nach Bamberg, wo eine Redakteursstelle bei der *Bamberger Zeitung* frei war. Später warb Hegel um die reiche Marie von Tucher in Nürnberg, umschwärmte sie, sein Versprechen gegenüber Christiane Charlotte »vergaß« er. Man sagt, daß er von diesem Abzweigungspunkt seines Lebens an sich in sein »System« eingesperrt habe und daß ihm das philosophisch schadete. Ein Stück Freiheit hatte er verkauft, ein Stück Treue dazu. Marie von Tucher, jetzt Hegels Frau, perhorreszierte den unehelich geborenen Ludwig. Christiane Charlotte kam nach Nürnberg, das Kind an der Hand, fordernd in der Art eines Marquis von Posa. Das führte für sie zur Beschämung. Der Junge wäre gern Arzt geworden. Hegel hielt ihn an, Kaufmann zu werden. Zum 21. Geburtstag erwarb der Rabenvater ein Offizierspatent für den Sohn bei der holländischen Ostindien-Kompanie. Der Sohn schiffte sich nach Batavia ein. Am 14. November 1831 soll er dort an einem »flammenden Fieber«, einer Entzündung der Atemwege, gestorben sein. Drei Monate vor dem Tode seines Vaters, der die Nachricht im Nebel des eigenen Fiebers vermutlich nicht verstand.

[Die »lechzende Leere« oder das Selbst] In Balance fand der Philosoph sein Verhalten an jenem entscheidenden Wendepunkt seines Lebens nicht. Die »Not wirklicher Verhältnisse« tat der »Wahrheit des Gefühls« Abbruch, welche die Erinnerung doch auch später bekräftigte. Bei »faßlicher Betrachtung« war die Perpetuierung der wahren Empfindung mit einer Uhr zu vergleichen, nämlich dem aufwachsenden Jungen Ludwig, einer lebenden Uhr, welche dem Philosophen anzeigte, daß sein sittliches Leben sich in zwei Leben geteilt hatte. Dies ist aber etwas anderes als die Teilung zweier Äcker oder Grundstücke. Sein Herz war zertrennt, und er mußte Erinnerungen anhalten oder aus seinem Sinn entfernen, um ruhig zu bleiben. Dabei empfand er den nachhaltigen Unterschied im Grad jener Leidenschaft, die er für einige Wochen und Monate im Jahre 1807 für Christiane Charlotte empfunden hatte, und dem Gefühl, das er seiner Frau Marie entgegenbrachte; diese schien ihm eher zur KATEGORIE DES WOHLGEFALLENS DER GEGENSEITIGKEIT UND DER DANKBARKEIT zu zählen. Weder »begehrte er auf Leben und Tod« die frühere Beziehung, die er ja verraten hatte, noch begehrte er den ruhigen Status, den er dafür eintauschte. In gewisser Hinsicht begehrte er überhaupt nicht mehr, weil das Selbst unteilbar ist.

[Gefrorener Konflikt] Gelegentlich glaubte Hegel, seither sei in sein Leben ein Sprengsatz eingebaut, der ihn zerreißen und an dem er sterben werde.

[Entgegensetzung des Sohns zum Vater] Alle Vermittlung half nicht. Ludwig wollte nicht, wie der Vater wollte. Wenn er nicht Arzt werden durfte, wollte er auch nicht Kaufmann sein. So fuhr der Sohn in die Ferne. Peter Nogens, der Kapitän des Schiffes, mit dem Ludwig nach Batavia fuhr, berichtet, der junge Mann habe sich, unter Vermeidung der Leidenschaften des Vaters, Männern zugewandt, eine Neigung, für die der Offiziersstand Gelegenheiten bot. Die Leidenschaften des Vaters aus dessen Jugendzeit seien im Sohn gewissermaßen als ein »Ruinengelände der Seele« neu aufgetreten. Nichts Gepflanztes gedieh auf dem zerstörten Boden. Januar 1828 kam der Junge in Java an.

[Erwähnung in den »Denkwürdigkeiten« des Mijnheer van Damme] Von dem, was weniger bekannt ist, berichten die genannten »Denkwürdigkeiten«. Viele nichtgenuine Homosexuelle, die es nämlich nur aus Protest und nicht ihrer eigenen inneren Stimme gemäß sind, schreibt van Damme, neigen zu abruptem Wechsel zwischen Männerfreundschaften und Ausschweifungen in Bordellen mit Mädchen, wie sie Java in jungem, geschlechtlich noch ungeschliffenem Alter bereitstellt. Eine dieser Eingeborenen soll – so wenig konform mit dem Sittengesetz wie die Leidenschaft des Vaters von 1806/07 – von Ludwig ein Kind empfangen haben. Der Stamm des Mädchens zog das Kind auf. Fünf Generationen an Nachkommen sind nachgewiesen, keiner wurde Philosoph, einige sind dunkeläugig, einige schwäbisch-helläugig. Christiane Charlotte besaß fast schwarze Augen. Ein männlicher Ur-Ur-Enkel soll Präsident Sukarno 1958 nach Moskau begleitet haben. Der Genforscher Niklas Hardenberg von der UCLA, der Blut und Knocheninzisionen von Lionell Srania-Hegel untersuchte und dabei die Abstammung bekräftigte, sieht in diesem auch außerhalb Javas bekannten Popsänger einen Übersprung. Auch der Philosoph, also Ludwigs Vater, habe an der Universität seine legendären Texte mit einem Gesangeston vorgetragen. Die Übereinstimmung der Gendaten zwischen philosophischem Urahn und heutigem Sänger (bei Hegel gewonnen aus dem Totenschädel) sei, so Hardenberg, verblüffend. Man dürfe aber auch die philosophische und musikalisch-kombinatorische Bedeutung von Christiane Charlotte nicht unterschätzen. Vieles in Hegels Frühwerk, vor allem in der *Phänomenologie des Geistes*, sei von ihr, die aktiv mitgearbeitet habe, beeinflußt. So träten Begabungen oft erst in der fünften Generation wieder hervor und dann in anderer Gestalt. Der Popstar war bekannt für seine innovativen Aussprüche. Die Sprache Schwabens und der Flug der Minerva fordern einen GESANG DES GEDANKENS, eine musikalische Struktur. Nicht Worte vererben sich, sondern Haltungen.

Jeden Morgen liest Hegel Zeitung

Der Philosoph las außer den Berliner Blättern täglich die *Edinburgh Review*. Er war auf das Detail kapriziert. Das findet sich im Rohmaterial der Nachricht, nicht in der Meinung. Hegel brauchte mehrere Zeitungen, um unter der Tünche der Meinung die Einzelheiten wiederzuerkennen: Er las nicht, er produzierte. Stets neugierig auf die Wirklichkeit, bestehend aus unbezwinglicher EINZELHEIT (zum Beispiel Familien), dem BESONDEREN und dem ALLGEMEINEN. Diese Dreiheit ist als *Durcheinander* und nicht als *Nebeneinander* wirklich. So zeigt die Wahrheit lange Zeit ihr Medusenhaupt und dann in einem glücklichen Blitz auch ihr Gesicht.

Während er an Teil IV A seiner *Phänomenologie* schrieb, fesselten ihn die Berichte über den Sklavenaufstand in St. Domingue, das wir heute Haiti nennen. Die schwarzen Plantagenarbeiter hatten sich zu Soldaten erklärt und kämpften mit dem Leitsatz: Freiheit oder Tod gegen Franzosen, Briten und Spanier. Die revolutionäre Bewegung hatte 500 000 Seelen erfaßt, die über einen Zeitraum von hundert Jahren von Afrika in die Karibik geschafft worden waren. Sind sie bereit, ihr Leben für die Freiheit zu wagen, so haben sie den Status von Herren, schloß Hegel. Niemanden aber haben sie zum Knecht, fuhr er in der Rekonstruktion des Rohmaterials der Nachricht fort: die britischen Händler nicht, die Franzosen auch nicht. Er hatte bisher nichts davon gehört, daß diese schwarzen Republikaner ihre eigenen Leute zum Knecht machen wollten, der die Arbeit leistet. Einen Herrenstatus wiederum, folgerte Hegel, konnten sie aus ihrer wilden Heimat in Afrika nicht mitgebracht haben. Er hätte auch nicht ihrer Identität während der Sklaverei entsprochen, die sie doch in jedes neue Leben mitnahmen, weil ein Mensch Identitäten nicht einfach ablegen und sich neue aussuchen kann, davon ging Hegel aus. Vielmehr schien ihm die Verwandlung von ehemaligen Sklaven in »Herren« auf einem blitzartigen Impuls des Bewußtseins zu beruhen, der in einer revolutionären Situation entsteht, indem ein Mensch sich am anderen entzündet.

Währenddessen lieferten die britischen Schiffe weiterhin Zucker nach Europa. Er kam aber von Plantagen auf anderen Inseln als Haiti. Die Revolutionäre schienen seinerzeit abgeschnitten vom Weltmarkt. Selbst wenn sie auf den großen Plantagen weiterhin gearbeitet hätten (das taten sie aber wohl nicht), hätten sie keine Herrschaft darüber gehabt, wie man das wertvolle Luxusprodukt bis zu den Kaffeetassen von Leipzig und in die Münder der Menschen bringt. Besser, sagte sich Hegel, sie wären wieder Sklaven und hätten Arbeit.

Er schwankte, ob es einen menschlichen Status als Zwitter oder Amphibie gebe, so daß im gleichen Bewußtsein (wie die Köpfe eines Doppeladlers, und wir besitzen zwei Hemisphären des Gehirns) Herr und Knecht zur Kooperation kämen. Der eine Teil des Bewußtseins verwandelt sich zu jedem Zeitpunkt in den anderen, und die gegenseitige Anerkennung bringt sowohl den Mut, das Leben einzusetzen, wie die (jetzt aber nicht als Furcht vor dem Herrn begründete) Willigkeit zur Arbeit hervor. Das dachte Hegel beim Zeitunglesen, schrieb es aber, so wie er es empfand, nicht ins Manuskript. Ab 11 Uhr, wie es seine Gewohnheit war, begann Hegel mit dem Schreiben. Täglich waren fünfzehn Seiten sein Pensum. An diesem Tage kam er bis zu den Sätzen:

»Das Individuum, welches das Leben nicht gewagt hat, kann wohl als Person anerkannt werden; aber es hat die Wahrheit dieses Anerkanntseins [...] nicht erreicht. Ebenso muß jedes auf den Tod des anderen gehen [...]. Es verschwindet aber damit aus dem Spiele des Wechsels das wesentliche Moment, sich in Extreme entgegengesetzter Bestimmtheit zu versetzen; und die Mitte fällt in eine tote Einheit zusammen [...]. Ihre Tat ist die abstrakte Negation, nicht die Negation des Bewußtseins, welches *so* aufhebt, daß es das Aufgehobene aufbewahrt und erhellt [...].«

Wie der Zufall in einer Winternacht Generationen an Nachfahren zustande brachte

> »In der Nacht vor dem entscheidenden Tag konnte Marja Gawrilowna keinen Schlaf finden.«
> *Alexander Puschkin*

Ein der Leidenschaft fähiges 17jähriges Mädchen, das bereit war, gegen den Willen ihrer Eltern einen jungen Mann zu heiraten, von dem sie annahm, daß sie ihn unsterblich liebe, gelangte im Dezember 1811 zu einer Kirche, obwohl ein Schneesturm, der Südrußland übertobte, jede Orientierung auf dem Wege unmöglich machte und die Schneegestöber den Schlitten gewalttätig behinderten.

> »Da wir ohne einander nicht atmen könnten
> und der Wille der grausamen Eltern unserem Glücke im Wege steht,
> dürfen wir uns da nicht ohne ihre Einwilligung behelfen?«

Das Mädchen war bis zu der Kirche gelangt, in welcher der Pope, wie vereinbart, und die Zeugen bereits warteten. Ihr Geliebter aber hatte im selben

Schneesturm sich vollständig verirrt. Er war zweieinhalb Stunden entfernt vom Ort der Verehelichung, von einem Gehölz irritiert, umgekehrt, und sein und seiner Begleiter Schlitten fuhren in Richtungen, die zu keinem Ziel führten. Infolge der extremen Anstrengung der Herbeifahrt (gegen die Eltern zu handeln, in den Schneemassen praktisch unterzugehen) war die junge Frau auf der Kirchenbank in Ohnmacht gefallen.

Ein anderer Schlitten, der eines Rittmeisters namens Burmin, hatte in derselben Sturmnacht mit einem für die Handlung indifferenten Ziel eine Abkürzung gewählt, nämlich den Weg über einen Flußlauf genommen, die Abzweigung dann durch die Schneeschwaden und das niederregnende Eis verpaßt, das ihn zur Landstraße geführt hätte, und war schließlich durch Zufall, durch Lichter, die den Kutscher beeindruckten, zu der Kirche gelangt, in der die Zeugen und die Kirchendiener das ohnmächtige Mädchen besorgt umstanden. Sie riefen dem Ankömmling zu: »Gott sei Dank! Wir haben Sie kaum erwarten können. Sie haben das Fräulein beinah getötet.« Der Geistliche ging auf den vom Schnee gezeichneten Rittmeister zu und fragte: »Sollen wir beginnen?« »Ja, beginnen Sie, Hochwürden«, antwortete der Mann, der vom Kampf mit den Elementen noch von Sinnen war, auch von Leichtsinn bewegt, denn das Mädchen, das auf einer Bank lagerte, schien ihm recht hübsch.

»Ein unerklärlicher, unverzeihlicher Leichtsinn ...
ich stellte mich neben sie vor den Altar, der Priester hatte große Eile;
drei Männer und die Zofe stützten die Braut.
So traute man uns. ›Küßt euch‹, sagte der Geistliche.
Die Frau wandte dem Fremden ihr blasses Gesicht zu.
Schon wollte er sie küssen ...
Sie schrie auf: Ach, er ist's nicht! ER ist's nicht,
und fiel wieder in Ohnmacht.
Der verwirrte Rittmeister wandte sich um, verließ die Kirche,
stürzte in den Schlitten und schrie ›Los!‹.«

Die Eltern des schlanken, bleichen Mädchens, das ihnen unendlich traurig erschien, Nahrung verweigerte, bereuten ihre Haltung, stimmten inzwischen der Mesalliance zwischen dieser reichen Partie und dem aus armen Kreisen stammenden Geliebten, mit dem sie die Heirat heimlich erstrebt hatte, zu. Dieser junge Mann, ein Fähnrich, war aber inzwischen im Kampf gegen Napoleons Invasion von 1812 bei Borodino gefallen. Nun gab es keine Aussicht, wie es schien, auf Nachkommen, die den Großgrundbesitz in Zukunft hätten bewirtschaften können. Zu jedem Kompromiß willig, waren die Eltern des Mädchens dennoch ratlos.

Dann erschien am Hofe der Erbin Marja, die alle Bewerber abwies, ein Rittmeister namens Burmin. Diesem Bewerber verweigerte sie sich nicht. Marjas Haut war »irritiert«, Röte über den Hals bis zur Brust, ihre Sinne waren »begeistert«. In dem entscheidenden Zwiegespräch, das die Eltern begünstigten, gestand dieser Mann Marja, daß er sie liebe, jedoch daran gehindert sei, sie zu ehelichen, da er seit dem Vorjahr »durch Leichtsinn«, »ihm unverständlich«, »ohne Anteil seiner wahren Willenskräfte« bereits verheiratet sei. Die junge Frau, welche die Intrige des Schicksals durchschaute, zog den Mann zu sich und küßte ihn.

Dies ist eine Geschichte von Alexander Puschkin über »verdichtete Zeit«. Sie zeigt, wie sehr er BRUDER IN DER WELTSEELE MIT HEINRICH VON KLEIST ist, und die Weltseele besteht, wie man weiß, nicht aus EINEM GEISTE, sondern aus Milliarden Bruderschaften von Lebenden und Toten. So hat ein Schneesturm, ein relativ einheitliches, lang dauerndes, massives Naturereignis, das mit Menschen nichts im Sinn hat, eine Verbindung gestiftet, von der man nicht sagen kann, daß bewußte Entschlüsse, Zielrichtung des Willens oder Wahrscheinlichkeiten die Verbindung zweier Menschen realisieren. Die beiden Liebenden, die durch Irrtum zueinanderkamen, haben inzwischen, einschließlich der Einwanderer in die USA und derjenigen, die sich nach 1917 über Konstantinopel nach Paris retteten, 1246 Nachfahren, die sich das schicksalhafte Ereignis in der Schneesturmwoche von 1811 immer noch erzählen. Einer der Genträger aus diesem Verbund ist derzeit Praktikant auf einem Golfplatz in Florida, wo Schneesturm zu keinem Erlebnisbild zählt.

2
Passagen aus der ideologischen Antike: Arbeit / Eigensinn[1]

Eine besondere Form von LEBENSLAUF besitzen die Fähigkeiten der Menschen, die sie bei ihrer ARBEIT anwenden. Arbeit ist überall. Auch produziert sie die »menschlichen Wesenskräfte« (Marx), die zur Selbststeuerung und Autonomie befähigen und uns zu Menschen machen. Die Ökonomie dieser Arbeitsvermögen ist der Gegenpol zum Kapital. Sie bildet das Gegen-Kapital.

Wie es die Frankfurter Kritische Theorie beobachtet hat: Erst bauen die Menschen den Turm von Babel. Der Turm zerfällt. Jahrhunderte später entsteht dieser Bau im Inneren der Menschen neu. Das ist die Moderne.

---

[1] Es handelt sich um Kommentare zum theoretischen Text von Oskar Negt und mir: *Geschichte und Eigensinn*. Eine Verwandtschaft besteht zu den beiden Arbeiten in der filmedition suhrkamp: *Nachrichten aus der ideologischen Antike. Marx – Eisenstein – Das Kapital* und *Früchte des Vertrauens. Finanzkrise, Adam Smith, Keynes, Marx und wir selbst: Auf was kann man sich verlassen?* ARBEIT zählt zur »unsichtbaren Hand«. Sie ist elementar genug, daß man von ihr sowohl in den Formen des Films als auch der literarischen Erzählung und des diskursiven Textes handeln sollte.

Abb.: Elefant, aufgestellt unter einem Mastodon. Größenvergleich. Evolution.

I

»Sag mir, wo die Arbeit ist, wo ist sie geblieben?«

Aus den Augen, aus dem Sinn

Der Sonderzug des US-Präsidenten Roosevelt fährt durch die Vororte von Chicago. Schlote verdampfen ihre Wolken in die hereinfallende Dämmerung. Flach am Horizont zuckende Feuer. Das ist die Industrie von 1943. Derzeit produziert sie unheilbringende Rüstungsgüter.
Es wird schwer sein, nach dem Krieg diese kompakte Gewalt auf Staubsauger, Kinderwagen, Regale und Thermosflaschen zurückzuführen.
Zu den Feiern anläßlich seines fünfzigsten Geburtstags (die Festlichkeiten sollen wegen der Budgetkrise bescheiden ausfallen) fährt US-Präsident Obama (mit dem Jahrhundertblick betrachtet: WENIG SPÄTER) auf der gleichen Strecke mit seinem Sonderzug. Nichts ist durch die Zugfenster zu sehen von Schornsteinen und den Lichtern oder Feuern einer Tag und Nacht arbeitenden Produktion. Auf dem Planeten werden im Jahr 2011 mehr Produkte erzeugt als 1943, aber anderswo als hier. Wo liegen die Produktionsstätten der Welt? Wie kartieren die Demographen die VÖLKERWANDERUNG DER ARBEIT? Oder ist sie in einer Felsspalte verschwunden?

Rückverwandlung von Soldaten in einfache Arbeiter

In der Rasputiza, Rußlands sechswöchiger Schlammperiode im Herbst, blieben unweit von Moskau die deutschen motorisierten Streitkräfte im Gelände stecken (in einer Materie, die weder Wasser noch Erde war). Die als Uniformträger verkleideten Eroberer verwandelten sich in wenigen Tagen zurück in das, was sie waren: Arbeiter. Mit Seilen und Muskelkraft suchten sie ihre Fahrzeuge aus dem durch Regengüsse gefütterten Matsch herauszuziehen. In Richtung irgendeines Stücks von festem Boden, wo sie dann unbeweglich wie auf Inseln standen. Gelegentlich wurden auch Panzer als Traktoren verwendet (landwirtschaftliche Fahrzeuge, aus denen in der technischen Evolution die Panzer entstanden waren), um andere Fahrzeuge herauszuziehen.
Jetzt war der Hochmut des Angriffsbeginns vom 22. Juni 1941 verflogen. Die Soldaten waren demütig, also im Besitz einer Geisteshaltung, die den Sieg

verleiht, wäre sie hier nicht zu spät gekommen. Nachdem der Schlamm überwunden war, gab ihnen der Frost den Rest. Gegen den half nur Hüttenbau, kein Knopfdruck auf metallene Röhren, die Feuer speien, kein Hieb auf eine Kupplung, wenn das Öl eingefroren ist.

Gefügeartige Arbeit

Einige der Panzerfahrer und Panzerreparateure, die vor Moskau festlagen, stammten aus Iserlohn. Cousins und Arbeitskameraden von ihnen waren in der eisenverarbeitenden Industrie des Ruhrgebiets tätig. Dort gab es Arbeitsvorgänge, bei denen 24 oder mehr Männer (jeder genau auf die Bewegungen aller anderen achtend) einen komplexen Arbeitsvorgang steuerten und bewältigten: Man nennt das die GEFÜGEARTIGE ARBEIT. Wenn einer seine Kräfte zu schwach oder zu stark einsetzte, wirkte sich das auf den Einsatz aller aus.

Ein solch artistisches (und »gesellschaftliches«) DURCHeinander und MITeinander gehört in der Evolution der Arbeitsvermögen zur Spitzenleistung. Inzwischen haben die japanischen Roboter diese Kombination von Kraft und Feinsteuerung erlernt. Von ihnen lernen global die anderen Maschinen. Wo sind die Arbeiter von Castrop-Rauxel geblieben?

Ein grauer Montag

Gegen 14 Uhr soll die Raumfähre zu ihrer letzten Fahrt starten, die sie zur Weltraumstation bringen wird. Noch einmal wirken alle Abteilungen der NASA in ihrem riesigen Kontrollraum zusammen. Gleich, ob sie sonst in ihren Dienstzimmern rivalisieren, hier im Großraum fügen sie ihre Eingaben und Daten kooperativ zusammen. Es sind ca. 6200 Synchronpunkte, die aufeinander ansprechen, während der Countdown läuft. In diesem Verlauf sind die Erfahrungsgehalte eingebaut, die aus bitteren Katastrophen stammen. Dies ist das letzte Mal, daß dieses BEZIEHUNGSREICHE GANZE zusammenwirkt. Nur für das Museum oder für ein Erinnerungsmanöver könnten sie das künftig wiederholen. Ein Teil ihres WISSENS ist ab morgen unbrauchbar, weil es nur in der Großgruppe ausübbar ist. Dieser Ausschnitt des GESAMTARBEITERS verschwindet und müßte, wollte man einst zum Mars gelangen, von Anfang an und mit zahllosen neuen Irrtümern, aus denen gelernt werden könnte, neu aufgebaut werden. Draußen hebt sich inzwischen der Dunst. Gegen Mittag wird der Himmel klar sein.

Röntgenblick auf die »unsichtbare Hand«

Der Röntgenarzt Fred Siegloff, mit Sitz im Zentralkomitee, unterhielt, parallel zu dem Projektemacher Manfred von Ardenne, mit dem er zusammenarbeitete, ein Laboratorium, in dem man die »unsichtbare Hand« durchleuchten konnte, welche die Ökonomie der Welt bewegt. Visuell zu verfolgen war in Quasi-Echtzeit (also so, wie die Informationen auf dem Staatsgebiet der DDR eintrafen), was in gegebenem Moment das Kapital, was die Neuerer der DDR und was das Brudervolk in der Sowjetunion anstellten. Fred Siegloff führte Mitglieder des Politbüros in dieses Laboratorium. Die lehnten aber ein solches Laboratorium als »faustische Abweichung« ab und drohten, dem Genossen den Sitz im Zentralkomitee zu entziehen und die Mittel für dessen Institut zu sperren. Da es sich weitgehend um Informationen handelte, die nur dem Politbüro und den Genossen des Zentralkomitees zugänglich waren, oder auch überhaupt um Erkenntnisse des Geheimdienstes, schien ihnen Siegloffs Ansatz eines Röntgendurchblicks auf die Labyrinthe der Ökonomie, der doch Marx gefallen hätte, als zu gefährlich.

Bauernaufstand des Geistes in der Mathematik

> »There are as many mathematics as there are cultures.«
> *Oswald Spengler*

In der Mittwochskrise vom 10. August 2011 stürzten die Bankaktien weltweit in wenigen Stunden auf einen Bruchteil ihres Wertes. Dies führte auch in Ländern außerhalb der USA und Europas, die kausal mit dem Börsensturz nicht verbunden waren, in einen Abgrund. An einer der kleineren Börsen Afrikas riß ein Techniker, angesteckt von der allgemeinen Verzweiflung im Hause, die Sicherungen aus ihren Behältern. Die elektrische Versorgung erlosch, und die Computer hielten inne.

Es herrschte nämlich der Eindruck, daß nicht bloß Gerüchte und Spekulanten die Turbulenzen bewirkten, sondern daß man einer VERSCHWÖRUNG DER ALGORITHMEN zusähe. Diese mathematischen Kürzel, die durch ihre Iterationen die Willensfreiheit und den Eigensinn der Netze darstellten, rissen willkürlich an den Kursen und vernichteten in Echtzeit Milliarden an Dollars, Euros oder Wertzeichen in der Heimatwährung. Irgendwann hatten menschliche Erfinder diese Formeln hergestellt (dezentral, jeder Erfinder für sich arbeitete so), und dann hatten sie begonnen, sich in langen Nächten miteinander zu vereinigen und ZUR GESAMTEN HAND zugeschlagen. Mathematische Formeln dieser Art, schreibt der Katastrophentheoretiker Witzlaff, welche Computer in Bewegung halten, wiederholen nicht nur getreu den Verlauf ihrer Programmierung, sondern zeugen auch Nachkommen, und zwar deutlich rascher, als Menschen sich weltweit vermehren. So findet unsichtbar eine mathematische Evolution statt. Sie ist nicht an Eleganz und Originalität (den Wertmaßstäben der mathematischen Zunft) orientiert, sondern entwickelt ihre Spezies nach Andockfähigkeit und massenhafter Verbreitung. Bald werden diese Algorithmen Regierungen stürzen, auch wenn sie – darin der Libido verwandt – dem Politischen gleichgültig gegenüberstehen. Es werden dann zwei elaborierte, ja kristalline Zufallswolken sein, welche die Welt bewegen. Die eine im Inneren der Menschen, die andere weit außerhalb in den »ehemaligen Menschen«, den Maschinen und Finanzmärkten. Witzlaff ergänzte seine Notiz durch Folgendes: RECHNENDE MATHEMATIK IN BABYLON UND NINIVE. Sie sei »kurzgriffig«. Es geht um Rechnen, Abgrenzen, Zusammenfassen. Kein Interesse an Gesetzen der Mathematik. Viel Verständnis für den Warenverkehr und die Berechnung der Abgaben an den König und das Heiligtum. Dem folgt die BEOBACHTENDE MATHEMATIK der Griechen. Vorrang der Geometrie vor der Arithmetik. Im 17. Jahrhundert die Infinitesimalrechnung. Öffnung der mathematischen Türen. Schließung von Türen durch Modelle und Ausgrenzungsmechanismus. Das entspricht alles der Dynamik der Warenwirtschaft, so Witzlaff, und zwar glanzvoll.

Inzwischen HYBRIDE MATHEMATIK. Die Algorithmen verhalten sich erneut wie die kurzgriffigen Rechner in Mesopotamien. Sie verfügen aber über die Gewalt aller folgenden mathematischen Kulturen. Sie besitzen die »Kampfkraft einer platonischen Idee«.

Begegnung mit dem Glück in globalisierter Welt

Im 46. Stockwerk eines Hochhauses in Manhattan ist ein »junger Hirsch« zuständig für einen engen Ausschnitt der weltweiten Aktionen einer Investmentbank. Das Unternehmen ist britisch-amerikanisch. Sein Computer vergleicht systematisch die KGVs von Unternehmen, nämlich das Verhältnis ihres Bilanzwerts, ihres Gewinns und ihres Börsenkurses: auf der Suche nach Schnäppchen. Ein ehemaliges Schwerindustriewerk in Nordrhein-Westfalen, jetzt Kulturpark, ist für ihn nicht wahrnehmbar, weil sich vier Holdings zwischen den Daten seiner Computer und diesem realen Industriegelände befinden. Wenn dem jungen Jongleur, dessen Tastendruck über die Existenz von Unternehmen entscheidet (sobald man ihn mit dem Tastendrücken seiner Kollegen verknüpft), der Magen knurrt, macht er sich auf, mit dem Fahrstuhl in 20 Minuten (mit Umsteigen) den Boden der Straße zu erreichen. Dort finden sich außer den Zigarettenecken, welche diese moderne Agora besitzt, Buden und Stände, an denen der junge Mann eine Mahlzeit aus der Dritten Welt ergattern kann. Heute wählt er ein Gericht aus Bangladesch. Die aus diesem Land stammende Arbeitsimmigrantin, die ihm beim Bezahlen zunickt, könnte er ansprechen, sie vielleicht in sein Appartement aufnehmen, ein Leben mit ihr beginnen, Nachkommen zeugen; er könnte sie als Held gegen alle Unwirklichkeit der Welt verteidigen.

Hier kommen Elemente der Weltgesellschaft auf wenigen Quadratmetern zusammen, die einander in den Computern im 46. Stock nicht berühren. Ein in Abwicklung befindliches Land wie Bangladesch (ehemals britische Kolonie, regelmäßig von Überschwemmungen geplagt) besitzt keine Chancen bei einer Investmentbank, sofern es sich um seine Einwohner handelt.

Daß sich *Romeo und Julia* an diesem Mittag näherkommen, dafür fehlt die Zeit. Der junge Mann braucht nach dem Imbiß 20 Minuten Zeit für den Aufstieg zu seiner Schaltkammer, und was er an Zeit verbraucht hat, um sein physisches Verlangen zu stillen, war schon zuviel, gemessen an der Perspektive, wie viele Vorgänge seines kleinen Ressorts inzwischen unbeobachtet blieben und wie viele Taten ungetan. Oft sitzt er stundenlang vor seinem Gerät, ohne die Knöpfe zu berühren, dann muß er plötzlich in Minuten Milliarden Stränge bewegen, auch wenn er vielleicht nur bei einem davon Autor ist, bei den anderen Mittäter.

Zungenlust, Empathie und impartial spectator

In der Zeit der Aufklärung, in welcher Sklaven aus Afrika die Zuckerplantagen auf Haiti bearbeiteten und der Zucker in komplizierten (aus Europa gelieferten) Maschinen raffiniert und als Luxusartikel nach England verschifft wurde, war in einem der Salons von Edinburgh eine große Schüssel mit den süßen Kristallen auf den Tisch gestellt worden. Der Philosoph David Hume umstrich den Nachmittag über diesen Lustkübel und hörte nicht auf, sich Zuckerstücke in den Mund zu schieben. Das entsprach nicht der Erwartung, derentwegen er eingeladen war. Er trug zur Konversation nichts bei. Bis der Gastgeber, der auch um die Innereien des Philosophen fürchtete (damals galt Zucker in großen Mengen als Gift), das Gefäß mit den Süßigkeiten entfernen ließ.

Jetzt, getrennt von den begehrten Objekten, begann Hume zu formulieren. Es ging um eine Widerlegung des Satzes von Thomas Hobbes: *homo homini lupus*. Hume stützte sich auf ein Gespräch, das er kurze Zeit zuvor mit seinem Freund Adam Smith über das Thema geführt hatte. Menschen seien grausamer und wesentlich ungeselliger als Wölfe, sagte Hume. Menschen unterscheide aber von Wölfen generell, daß sie zu keiner Einheitlichkeit ihres Charakters kämen. Vielmehr beruhe die Chance von Menschen darin, daß sie stets durch zwei disparate Eigenschaften ausgezeichnet seien, die miteinander ringen. Das sei Wölfen unmöglich. Menschen (und keiner unterbrach Hume, der so konzentriert lehrte, wie er zuvor Zucker verzehrt hatte) verfügten nämlich über den BLICK DES UNPARTEIISCHEN BEOBACHTERS und – gegensätzlich dazu – über den zwingenden Impuls zur EINFÜHLUNG IN DIE ANDEREN. Das seien zwei »Zangen des Gefühls«, welche die Welt zu fassen in der Lage seien. Anders gesagt: Jede Arbeit verlange ein »Sich-etwas-Gegenüberstellen« und ein »In-sich-Bringen« (es hätte »An-sich-Bringen« heißen müssen). Das sei der Apparat der Erkenntnis. Das sei auch in jeder WERKSTATT der Boden des Prozesses. Die Gesellschaft empfand Lust an den Ausführungen des Gelehrten, den sie kurz zuvor noch als Naschegeist despektierlich beobachtet hatte. Sie sahen seiner »Arbeit des Gedankens« zu, bei der er sich immer weiter von einer Sache entfernte, um sich ihr um so inniger zu nähern.

Unter den Gästen des Salons befanden sich Sklavenhändler, Physiker und Erfinder. Für ihre tägliche Praxis folgte aus Humes Einsichten nichts. Es war aber deutlich, daß die BEWEGUNG DER EINSICHT selbst etwas war, dem sie gern zusahen und von der sie naschen wollten. Sie alle fühlten sich der PRODUKTIVEN KLASSE zugehörig. Grundbesitzer fehlten in dieser Gesellschaft. Eine Flut von sich öffnenden Türen, eine Flucht von Räumen schien sichtbar zu werden, je länger der Abend dauerte. Der lange Weg der Zuckerbrocken, von Haiti kommend, wo die Zuckerrohre unter Schweiß geerntet wurden, war nichts, was die Gäste bewegte. Sie verhielten sich dazu weder als unparteiische Beobachter noch mit Empathie.

Moderne Anlagen, Prunkstücke »toter Arbeit«, momentan ohne Eigentümer

Noch bis in den April 1945 hinein gelangten immer wieder Verstärkungen an die Front. Ihre Aufstellung war zwei Jahre zuvor im Hochgefühl des Krieges geplant worden. Rüstungsapparate besitzen ein unglaubliches Beharrungsvermögen. So wurde am 30. April 1945 eine Kampfgruppe der deutschen Ersten Panzerarmee an der Grenze zwischen dem Protektorat und Schlesien mit neuen Panzern IV ausgerüstet. Sie stießen zum Eulengebirge vor. Ihnen folgten Mannschaftstransporter, Kräder, eine Reparatureinheit, Benzinfahrzeuge. Fahrt durch Niemandsland. Die Rote Armee hatte, überrascht von dem starken Verband, keinen Widerstand geleistet, sich verblüfft zurückgezogen. Es schien, daß die eigenen Leute geflohen waren. Hätte der Verband so bis Wladiwostok durchfahren können? Dort könnten wir gegen einen Pfosten klopfen, spottete einer der Kommandeure, und rufen: Sieger!

Sie gelangten zu einem verlassenen Fabrikhof. Eine Fertigungsstraße für schwere Fahrzeuge, Kräne. Vorräte schwedischen Stahls – das alles stand intakt auf diesem Platz. Die Maschinen: Zeugen der in sie investierten Arbeit. Sie gehörten nicht mehr dem Deutschen Reich, das dieses Gelände abandonniert hatte. Das war mittels einfacher Besetzung des Geländes durch eine Voraustruppe, welche die Maschinen nicht bedienen konnte, nicht wieder rückgängig zu machen. Auch die sowjetischen Truppen, die zuvor hier durchgezogen waren, hatten keine Aneignungsabsichten. Das Land sollte später den Polen übergeben werden, die allerdings auf die Übernahme von Industrieanlagen nicht vorbereitet waren. So standen die Gebäude und Produktionsanlagen längere Zeit ohne Eigentümer da: EIN STÜCK NATUR, Wind und Wetter ausgesetzt. Die gepanzerte Truppe setzte sich anderntags aus dem Eulengebirge wieder ab, durchfuhr die Tschechoslowakei und ergab sich später westlich von Prag einer US-Division. Keine örtliche Macht konnte diesen schlagkräftigen Rest der ehemaligen Wehrmacht auf seiner Durchreise aufhalten.

Entstehung von Energien aus Trennung und Leid

Fleiß, Disziplin, Fortschritt entstehen aus Vorräten an Leid, sagte der Universitätsassistent Ernst Honold, der im Volksbildungsheim Frankfurt Vorträge über Karl Marx hielt. Man sieht das an der Zähigkeit des britischen Charakters, behauptete er. Dieser aber stamme aus dem blutigen Umwälzungsprozeß im 16. Jahrhundert, der die Bauern aus ihren Cottages vertrieben, diese niedergebrannt und die Menschen der Alternative ausgesetzt hatte, entweder umzukommen oder aber das Leid in ihr Inneres zu verpflanzen und sich anzupassen. Die britischen Landsleute konnte man später in die Welt schicken, fuhr das GELEHRTE HAUS fort; an jedem Ort des Planeten etablierten sie für Jahrzehnte das britische Empire. Während der Industriellen Revolution, also 300 Jahre nach dem Terror (den kein Kapitalist, sondern nur die Knechte mittelalterlicher Grundherren anrichten konnten), bevölkerten sie deren Fabriken: die tüchtigsten Arbeiter und Handwerker der Welt. Später kristallisierte sich der immer noch wirksame Schrecken in den kalten Herzen des Finanzkapitals in London, so Honold.

Hier widersprach Gerda Däneke, damalige Geliebte des jungen Marx-Kenners. Englands mittelalterliche Bauern könne sie sich vorstellen. Sie sehe diese vor sich wie die Statisten in einem Robin-Hood-Film. Nicht glaubhaft sei dagegen, daß in den Büros des Londoner Finanzkapitals allzu viele Nachfahren jener frühen Engländer tätig seien. Hier fänden sich vorwiegend Inder, Amerikaner, Schotten, auch Iren, aber nicht genügend Engländer, um die stolze These zu rechtfertigen, welche die Kälte der Umwälzungen von 1520 auf die viel stärkere Herzenskälte des Investmentbankings von heute beziehe.

Ernst Honold aber, der noch die ganze Nacht hindurch (schon in intimer Situation) mit Gerda debattierte, beharrte auf seiner Behauptung und führte jetzt auch die Zähigkeit britischer Soldaten ins Feld, die sich an der Somme 1917, bei Dünkirchen 1940, in Nordafrika und auf den Falklandinseln bewiesen habe. Auch sie folge aus der Trennung von Boden und Gemeinwesen (wie auch die Trennung oder der Tod, also ein Leid, in Familien gewaltige Energien in Menschen freisetze). Bei jeder Trennung von etwas, das nicht zu ersetzen ist, so Honold, schwächt sich und stärkt sich die menschliche Energie. Er zitierte: 50 Prozent des Motivs verkümmern, werden stumpf, aber 50 Prozent des Motivs und der Fähigkeiten entwickeln sich aus der Not heraus zu neuen Eigenschaften, darunter zu der FÄHIGKEIT DER FEINSTEUERUNG. Das ist »FORMGEWORDENE TRENNUNGSENERGIE«. Gerda staunte. Sie hielt das gleichzeitig für richtig und falsch.

Lebenszeit gegen Geld

Ein Arbeiter in Frankfurt am Main hatte sein Leben in ein und demselben Betrieb verbracht. Diese Fabrik wurde insolvent. Die Belegschaft wurde entlassen. Der Arbeiter besuchte eine Ärztin. Er hatte heftige Magenschmerzen, das aber schon seit längerer Zeit, nicht erst seit Schließung des Betriebs. Die Ärztin verschrieb ihm Tabletten. Ich habe die Tage meines Lebens hergegeben, sagte der Arbeiter, und als Gegenleistung erhalte ich diese Tabletten. Damit bin ich nicht einverstanden. Er solle den Kopf nicht hängen lassen, tröstete die Ärztin. Auch für meinen Zorn reicht die Kraft nicht mehr, antwortete der Arbeiter. Das ist kein gerechter Tausch: Lebenszeit gegen Geld.

Einfacher Handgriff

Jeden Sonntag um 15 Uhr hörte mein Vater die Opernübertragung im Rundfunk. Dazu schrieb er Rechnungen und rauchte eine Zigarre. Heute waren aus Bayreuth die MEISTERSINGER VON NÜRNBERG zu erwarten. Das Rundfunkgerät war neu angeschafft, größer als das vorige. Ärgerlich versuchte mein Vater, den Apparat in Gang zu setzen. Nichts antwortete auf seine Griffe. Auch ich half beim Hantieren.
Dies wurde mein Ruhmestag. Voller Zorn und enttäuscht hatte sich mein Vater in seine Praxis im ersten Stock zurückgezogen, dort niedergelassen. Bei genauerer Betrachtung sah ich (jetzt auch nicht mehr nervös gemacht durch die Gegenwart des Vaters), daß der Stecker des Radiogeräts neben der Steckdose lag. Ich stellte mit meiner Hände Arbeit die Verbindung zur Stromleitung her. Oben hörte mein Vater das Vorspiel und kam nach unten. Die Übertragung (an der Tausende von Geistern beteiligt waren, die Sänger, Orchestermitglieder, Bühnenleute, das Personal, der Sender, die Erfinder des Rundfunks, nicht zuletzt Wagner selbst) konnte auf Knopfdruck beginnen. Meine Belohnung: ein Fünf-Mark-Stück aus der Kasse im Schreibtisch meines Vaters und dessen dauerhafte Annahme, ich sei »technisch begabt«.

»Sag mir, wo die Arbeit ist, wo ist sie geblieben?«

Ein Komponist in den USA wollte für eine große Musikfirma ein Remake des Schlagers »Sag mir, wo die Blumen sind. Wo sind sie geblieben?« herstellen. Ein Plagiat sollte es nicht sein. Vielmehr hatte sein Agent die Hitlisten von vor 55 Jahren durchstöbert und war auf diesen Schlager gestoßen. Der Komponist wollte jetzt die Stimmung dieses Abschiedsliedes neu hervorrufen, die er in der Zielgruppe als noch vorhanden vermutete.
Wo sind die Soldaten, die nach Afghanistan geschickt worden waren? Wo sind die Stahlarbeiter von Pittsburgh? Wo die Pullmanwagen-Fabriken von Chicago? Wo blieben Strände der Karibik dauerhaft ohne Ölverseuchung?
Die Melodien und den Sound hatte er im Computer. Er klang anders, »härter« als das sentimentale Lied von 1955. Aber entweder stimmten die Tatsachen mit dem Klagelied nicht überein (weil es noch genug andere US-Strände gab und weil den Särgen, die aus Afghanistan kamen, ganze Truppenkörper an Rückkehrern folgten), oder aber das Verschwinden von Menschen oder Dingen wurde von der Hauptzielgruppe nicht als Verlust empfunden. Und über den schwindenden Wert des Dollars und den Verlust der Bonität des Landes ließ sich kein Schlager dichten.

Verschwunden zu sein schien allerdings die »Arbeit«, die der Komponist noch von seinem Großvater und Vater her kannte. Dieser Verlust löste aber im Publikum besonders wenig an wehmütigem Gefühl aus, sondern eher Verwunderung, wenn der Sänger davon sang. Wenn man behaupte, sie komme zurück, könne man eher positiv davon singen, antwortete der Agent auf die Zweifel des Komponisten. Ein Boom an *Jobs* in den USA (also zwar unbestimmbarer, farbloser, nicht mit Erinnerung besetzter, aber bezahlter Tätigkeit) war für die Zielgruppe attraktiv. Man konnte Arbeit auch als Abenteuerurlaub darstellen (so wie man ein Holzfällersteak ißt in Erinnerung an hart Arbeitende in früheren Zeiten).

Abb.: Blitzeinschlag.

2
HAMMER, ZANGE, HEBEL.
Gewaltsamkeit als Arbeitseigenschaft

Die Grundform der meisten mechanischen Arbeitseigenschaften, welche die menschlichen Körper auszuführen vermögen und die (auf Werkzeuge und Maschinen übertragen) zwischen den Menschen und die Arbeitsgegenstände treten, beruht auf der Anwendung unmittelbarer Gewalt. Bei der Umarmung ist dies mehr oder weniger doppeldeutig: Wo sie nicht-gewaltsam ist, bewahrt sie die Autonomie des Umarmten. Als Vereinnahmung, Ringkampf, politische Taktik des Untergehenlassens der Gegenposition in der politischen Umarmung ist sie sicher ebenso gewaltsam wie Stoßen, Hebeln, Zwängen, Sicheln, Hämmern.

Die Unterscheidung liegt zunächst nur in der direkten oder indirekten Anwendung solcher Gewalt oder in dem Maß, in dem die Gewalt die Gegenwirkung des Anderen, also das, was Fallenstellen oder Listen ausmacht, einbezieht oder nicht. Von dieser Unterscheidung ausgehend gibt es Gewalt, die auf die Eigenschaften des Gegenstandes eingeht, und solche, die dies nicht tut. Der Otto-Motor zum Beispiel beruht auf dem Prinzip permanenten Explodierens. Alle Einzelkomponenten dieser Erfindung sind zerstörerisch. Im Aggregat treiben sie Fahrzeuge an. Unvollständige Produktionsprozesse, also die brüchige Versammlung von Arbeitseigenschaften dieser Art oder ihre naive Anwendung in Bereichen, in denen sie nicht erprobt wurden, führen regelmäßig zur Zerbeulung. Man kann alle Anwendungen des Prinzips von »Versuch und Irrtum«, gattungsgeschichtlich und individualgeschichtlich, für *eine* Arbeitseigenschaft halten. Ihr steht das größte Arsenal an Werkzeugen zur Verfügung. Sie sind sämtlich robust. Ihr Problem liegt in der Dosierung, für deren exakte Steuerung die Arbeitseigenschaften der Gewaltsamkeit keine Kriterien kennen.

BEHUTSAMKEIT, SICH-MÜHE-GEBEN, KRAFT- UND FEINGRIFFE

Für die Eigenschaften, die in menschlichen Körpern die Muskeln, die Nerven und die Hirne, übrigens auch die Haut, also sämtliche Rückkopplungssysteme **assoziativ miteinander vereinigen** (sog. »Rücksicht«), ist die Unterscheidung zwischen Kraft- und Feingriffen die bedeutendste evolutionäre Errungenschaft. Auf ihr beruht die Steuerungsfähigkeit, die allerdings durch Außendruck, der die Selbstregulierung stört, am leichtesten zu erschüttern ist. Selbstregulierung ist die ausgeführte Dialektik in der Beziehung zwischen Kraft- und Feingriffen.

List scheint etwas, gemessen an Gewalteingriffen, prinzipiell Gewaltloses zu sein. Indem ich mich listig verhalte, weigere ich mich, die Dinge frontal anzugreifen, und mache den Versuch, die inneren Kraftverhältnisse der Gegenstände für mich in Bewegung zu setzen. In der Tat verknüpft sich aber das listige Verhalten mit den Kräften des Gegners in einer Weise, die zu einer Umkehrung der Richtung dieser Kräfte führt, bis zur Verkehrung ins Gegenteil. Die Kräfte werden dorthin gelenkt, wo sie von sich aus unter keinen Umständen hinwollen. Das aber bezeichnet man als Gewalt.

> ### *Das Greifen*
> Bei der Mehrzahl der Arbeitsbewegungen werden zunächst Arbeitsgeräte, Hebel und Werkstücke ergriffen und sodann in Bewegung gesetzt. Die Art des Zugreifens und die Bewegung selbst sind voneinander abhängig. Zweckmäßiges oder unzweckmäßiges Ergreifen begünstigen oder hemmen den Bewegungsablauf. Ebenso sind das Loslassen oder Absetzen eines Gegenstandes von der vorangegangenen Art der Bewegung abhängig. Entsprechendes gilt, wenn eine Bewegung vorausgeht, um einen Gegenstand heranzuholen oder etwa ein Bedienungselement zu betätigen.
> Die Hand hat bei solchen Verrichtungen nicht nur die Aufgabe des Haltens; sie muß zugleich auch als Wahrnehmungsorgan tätig sein. Der bei der Betätigung von Bedienungsgriffen notwendige Druck muß *so* gewählt werden, daß noch ein entsprechendes Feingefühl der Hand möglich ist.

HAMMER, ZANGE, HEBEL. Gewaltsamkeit als Arbeitseigenschaft

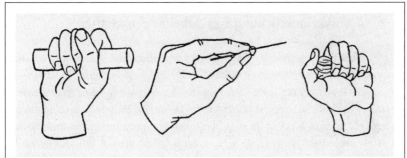

Abb.: Links: Breitgriff, Mitte: Spitzgriff, Rechts: Daumengriff.
Nach: Baeyer, H. v., *Der lebendige Arm*, Jena, Fischer, 1930, Tafel 7 und 8, und Giese, Fr., *Psychologie der Arbeitshand*, Berlin und Wien, Urban und Schwarzenberg, 1928, S. 32.

Giese (S. 31) kommt durch Bezugnahme auf die zu ergreifenden Gegenstände auf zwölf Typengriffe, die er nur zeichnerisch darstellt (Abb. 9). Davon sind die Nr. 3, 6, 11 eindeutig Breitgriffe, Nr. 9 und 12 Abwandlungen dieser von allerdings spezifischer Ausprägung, Nr. 2, 4, 5, 7 und 10 sind Spitzgriffe, Nr. 8 ein Daumengriff. Nr. 1 könnte als ein weiterer Breitgriff angesehen werden, stellt aber wohl eher eine Sonderform dar, die als Haltegriff bezeichnet werden könnte.

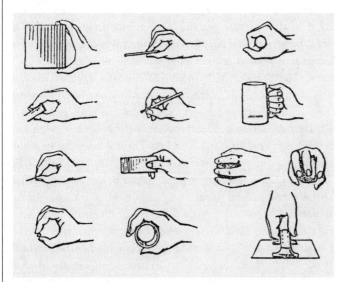

Abb.: Griffformen.

Verinnerlichung von Arbeitseigenschaften

Alle äußerlichen Formen der Arbeit und vor allem die Werkzeuge wiederholen sich auf der subjektiven Seite der Menschen. Sie nehmen dabei – als Echos, als Transformationen – im Inneren der Menschen fast stets eine neue Gestalt an. Ähnlich dem verinnerlichten »Turm von Babylon« sind Hammer, Zange, Hebel und Netz in ihrer subjektiven Verarbeitung etwas anderes, als sie es als äußerliche Werkzeuge waren. So ist nicht gesagt, daß das Netz des Fischers mit dem InterNET etwas zu tun hat. Es kann aber als gewiß gelten, daß die Erfindung des WELTWEITEN NETZES auf Arbeitseigenschaften beruht, die eine reiche Archäologie in den Menschen, in deren gesellschaftlichen Beziehungsnetzen, vermutlich sogar in der Evolution des Gehirns besitzen (obwohl doch die Funktionsweise des Netzes und die der Synapsen im Hirn sich nachdrücklich voneinander unterscheiden).

So mag das öffentliche Bild der klassischen Industrie aus der Wirklichkeit verschwunden sein, es wird sich – in höchst lebendiger Weise – im Inneren der Menschen fortsetzen, ja, man kann die Regel beobachten, daß drei Generationen oder hundert Jahre nach dem Untergang einer gesellschaftlich vorherrschenden Praxis diese auf der subjektiven Seite der Menschen wieder auftaucht. So findet sich z. B. in jedem Städter der »Bauer in uns«.

Gewaltsamkeit, Feingriffe, Sich-Mühe-Geben (besonders, wenn die letztere Eigenschaft aus einer individuellen Tugend sich zu einer kollektiven Gewohnheit entwickelt), d.h. alle Formationen der Stoffveränderung, unterliegen auf dieser Ebene der subjektiven Seite einem permanenten Wandel, während doch zugleich die Elemente verankert und daher gleich bleiben.

Man kann diese GESCHICHTLICHEN ARBEITSVERMÖGEN mit den Kategorien der klassischen Ökonomie betrachten (Marx, Adam Smith, Ricardo, Keynes) oder mit den Beobachtungsinstrumenten der französischen Philosophen (Foucault, Derrida, Deleuze, Guattari oder Michel Serres). Man kann sie mit dem Besteck der Frankfurter Kritischen Theorie oder der in einigen Punkten dieser Theorie entgegengesetzten SYSTEMTHEORIE (Talcott Parsons, Niklas Luhmann, Dirk Baecker) oder mit dem besonders unvoreingenommenen, keiner theoretischen Schule zuzuordnenden Blick von Richard Sennett beobachten: Es zeigen sich immer die gleichen Elemente und Grundrisse; man beobachtet den EIGENSINN und die geschichtlichen Wurzeln sowohl dieser besonderen Form, in der sich die menschlichen Wesenskräfte entwickeln, als auch das allgemeine Resultat, zu dem sie sich in der Moderne zusammenfügen. Das Prinzip des CROSS-MAPPING, die Anwendung einander widersprechender Kartierungen, Methoden oder Theorien, scheint eine robuste und brauchbare Praxis. Dabei geht es um keine lineare, sondern um eine KONSTELLATIVE ERZÄHLWEISE.

AUFRECHTER GANG, GLEICHGEWICHT, SICH-TRENNEN-KÖNNEN, NACH-HAUSE-KOMMEN

In einigen Texten werden neben der Erfindung der Feingriffe, der Eigenschaft des Auges, aus etwa 1,70 Metern Höhe Horizonte wahrzunehmen, die Entwicklung der Sprache sowie die Entfaltung des Hirns als Organ eines Mangelmutanten als das Spezifisch-Menschliche bezeichnet.
Tatsächlich ist es plausibel, daß der aufrechte Gang die Hände zur Arbeit und Zeichensprache freisetzt und der Mund disponibel wird für Sprache. Man sieht aber sogleich, daß der aufrechte Gang dem ursprünglichen Aufbau des Skeletts nicht entspricht. Beim Vorwärtsschreiten würden Menschen in Richtung ihrer Nase zu Boden stürzen, wenn nicht subtile Gegenbewegungen der Muskulatur dem entgegenwirkten. Ein strammstehender Soldat hat insofern kein Gleichgewicht, sondern rotiert, für die Vorgesetzten unmerklich, um einen imaginären Gleichgewichtspunkt.
In der Form, in der Märchen von der Subjektivität berichten, sind das Sich-trennen-Können vom Elternhaus und die Möglichkeit, nach Hause zurückzukehren, die Konstellation, an der sich entscheidet, ob Menschen in der Regression, zum Beispiel als Zwerge, Froschprinzen oder Zerrgebilde ihrer selbst, verbleiben oder ob sie erlöst werden. In diesem Zusammenhang kann man auch die einzelnen Arbeitseigenschaften der Menschen mit Märchen vergleichen. Engels hatte die These von der »Menschwerdung des Affen durch die Arbeit« vertreten: Das Zweckmäßige, die Funktion erzwingt Veränderungen der Natur. Diese Analyse enthält gegenüber Darwins Forschungen eine stark mißverständliche Verkürzung. Verständlicher wäre es, wenn man von der Beobachtung ausginge, wie ein lernendes und arbeitendes Wesen gattungsgeschichtlich und individualgeschichtlich seine Zeitansätze mit Hilfe seiner Umgebung in jedem Augenblick neu herstellt. Zeitansätze wie »Eigenzeit«, »Kinderzeit«, »lange Schwangerschaften«, »Uhrzeit«, »Geduld«, »langer Atem«, »Zeitreserve«, »Wiederholung«, »Trägheit«, »Erinnerungsvermögen« sind Formbestimmungen, an die alle Faktoren der menschlichen Reproduktion wiederum erst anknüpfen. In der Evolutionstheorie nennt man einen Mangelmutanten dasjenige Lebewesen, das in seinem Stoffwechsel nicht autonom, sondern auf die spezifische Assoziation mit anderen angewiesen ist.

Die Fingerspitzen, der Klammergriff

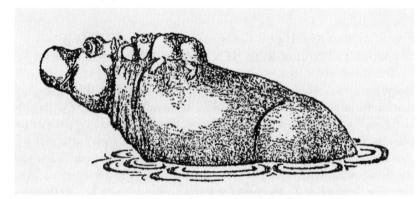

Abb.: »Flußpferd mit Jungem auf dem Rücken.« Zeichnung aus P. C. Mitchell, 1913, S. 185.

Wenn anzunehmen ist, daß die menschlichen Vorfahren sich wie das junge Flußpferd an ihre Mütter angeklammert haben, dann sind menschliche Säuglinge UNECHTE NESTFLÜCHTER. Hartmut Schneider schlägt deshalb auch zu Recht vor, daß man den Begriff Nestflüchter bei der Anwendung auf Säuger durch den Begriff Mutterfolger ersetzen solle, denn der Säugling bedarf der Orientierung hin zur Mutter von Geburt an. **Ist aber dieses Anklammern entwicklungsgeschichtlich so bedeutend, dann ist die Entwicklung der menschlichen Hand (und deren Bedeutung für die Entwicklung des Hirns) erst in zweiter Linie ein Produkt der Geschichte der Arbeit, in erster Instanz ein Rudiment der Schutzsuche und der Mutterfolge, also des Anklammerns.** Dies ist der ursprüngliche Boden, der zur Erfindung von Arbeit und Gesellschaft führt, eine Wurzel, die dann Bodenbearbeitung, Industrie, Bewußtsein prägen wird. Kein Arbeitsprozeß, keine einzelne Eigenschaft der Arbeitsvermögen wird plausibel in ihrer Gesamtbewegung zu erklären sein ohne die Rückbeziehung auf die ursprüngliche Schutzsuche, den zärtlichen Klammergriff.

Robo sapiens. Internet. Rückfall auf »einfache Lebenszeit«

Das Bedürfnis nach beschleunigter Kommunikation von Wissenschaftlern, die am ungewöhnlichen Projekt des Teilchenbeschleunigers am CERN in Genf arbeiteten, hat zur Erfindung des Internets geführt. Dieses Netz, einst ein Hilfsmittel für die Arbeit jenes kleinen Kreises von Experten, war der Motor für eine neuartige, sich explosiv entfaltende neue Öffentlichkeit. Man

vergleiche die Bauweise von Fabriken des 18. und 19. Jahrhunderts, welche die Industrielle Revolution vorantrieben, mit der Architektur dieses Netzes. Menschen als Arbeiter in ihren Lebensläufen tauschen hier nicht Waren aus, sondern unmittelbar Teile ihrer Lebenszeit. DER BEGRIFF DER ARBEIT WANDELT SICH.
Wie man aber die Prozesse der Evolution falsch versteht, wenn man sie als eine »Arbeit zu höheren Stufen« ansieht (und nicht vielmehr beobachtet: die Natur *bastelt*), so ist die Vorstellung irreführend, daß die menschliche Arbeit durch ihre Wandlungen und die ökonomischen Systeme der Moderne ihren elementaren Charakter verliert. *Immer fällt sie nach ihren Flügen auf einfache Arbeit zurück*. Dies beobachtet man in jeder Krise. Der Einsatz von Lebenszeit wirklicher Menschen bleibt das reale Element. Daß dies nicht erst im Augenblick der Insolvenz beachtet wird, sondern zu jedem Zeitpunkt, der davor liegt, ist ein entscheidender Beitrag zur FEINSTEUERUNG und ein Gegenmittel gegen die GEWALTSAMKEIT DER PROZESSE.

HEBAMMENKUNST

Es erweist sich, daß ein Kind im Mutterleib verdreht liegt, in der sog. Steißlage. Es wird bei der Geburt ersticken. Die Hebamme muß es im Mutterleib drehen, und sie tut das »durch Anwendung von Gewalt«. Aber keineswegs durch Kraftgriff, sondern durch Feingriff; entsprechend der Feingliedrigkeit und Lebendigkeit »des Gegenstandes« und mitten in dessen Situation. Es ist gar nicht möglich, daß die Hebamme gewaltsam, also mit ihren Händen, diese Arme so legt, daß sie kreuzweise vor der Brust liegen und die Geburtsöffnung passieren können. Ihr Griff provoziert die Eigenbewegung des Kindes. Solche Gewalt, wie sie die Hebamme professionell anwendet, unterscheidet sich von der Gewalt von Hämmern, Sicheln, Hacken oder Sägen.

Abb.: »Lesen. Erzählen.«

3
Selbstregulierung als Natureigenschaft

Der Unterdrückung und den Zwängen steht entgegen, daß Menschen das Beste, was sie besitzen, ihre Arbeitsvermögen und ihre sachliche Hingabe, nur in Kooperation und freiwillig vollständig hergeben. Andernfalls behalten sie eine Reserve zurück.
Jede Fesselung, jeder Zwang, jeder Raubbau an einer menschlichen Eigenschaft bringt einen Verlust mit sich. Auf der anderen Seite evoziert jede Not eine Gegenwehr, eine Erfindung, einen Ausweg.
Dies ist das Phänomen der FREIHEIT, *von dem Immanuel Kant, Adam Smith, Friedrich Schiller, Ralph Waldo Emerson, Thomas Jefferson oder Richard Rorty, also die Aufklärer diesseits und jenseits des Atlantiks, sprechen. Selbstregulierung ist eine Natureigenschaft (und Sitz des Eigensinns). Zwang ist demgegenüber nur so mächtig, wie er solche Zuarbeit einbindet. Wir Menschen sind als Gattung in der Evolution (gegen alle Wahrscheinlichkeit) übriggeblieben, weil wir dieses Prinzip der Selbstregulierung verinnerlicht haben.*

Die Natur der Zellen, die Haut, die Körper, das Hirn, die fünf Sinne, die darauf aufgebauten gesellschaftlichen Organe: Lieben, Wissen, Trauern, Erinnern, Familiensinn, Hunger nach Sinn, die gesellschaftlichen Augen, die kollektiven Aufmerksamkeiten – einiges davon gibt es wirklich; anderes davon existiert als nicht ausgeübtes Vermögen, als Protest oder Utopie.
Marx spricht antizipatorisch davon, es seien »die Sinne und der Geist der anderen Menschen meine **eigene** Aneignung geworden. Außer diesen unmittelbaren Organen bilden sich daher **gesellschaftliche** Organe, in der Form der Gesellschaft, also z.B. die Tätigkeit unmittelbar in Gesellschaft mit anderen etc. ist ein Organ einer Lebensäußerung geworden und eine Weise der Aneignung des menschlichen Lebens ... darum sind die Sinne des gesellschaftlichen Menschen **andere** Sinne ...«.[1]
»Denn nicht nur die 5 Sinne, sondern auch die sog. geistigen Sinne, die praktischen Sinne (wollen, lieben, etc.), mit einem Wort der **menschliche** Sinn, die Menschlichkeit der Sinne, wird erst durch das Dasein seines Gegenstandes,

---

1 Marx, »Nationalökonomie und Philosophie«, in: *Die Frühschriften*, Stuttgart 1971, S. 241 f.

durch die **vermenschlichte** Natur. Die **Bildung** der 5 Sinne ist eine Arbeit der ganzen bisherigen Weltgeschichte ...« (S. 242). Verwandt ist die Metapher in MEW, Band 8, S. 201: »Fenster sind an einem Haus, was die 5 Sinne für den Kopf sind.«

Es liegt auf der Hand, daß die gesellschaftlichen Organe (Lieben, Wissen usf.) relativ neueren Ursprungs, die originären Organe, zurück bis zu den Zellen, dagegen Produkte der gesamten Erd- und Gattungsgeschichte sind. Sie scheinen, gemessen an der hohen Beeinflußbarkeit der gesellschaftlichen Eigenschaften, eine sehr geringe Variation, selbst unter den einschneidenden Bedingungen fortgeschrittener Gesellschaften, aufzuweisen. Ob der jüngste Fortschritt, die kapitalistische Epoche, die Hirne, die Zellen ebenso verändert hat, wie das zum Beispiel für die Augen zutrifft, die jetzt dem »Sinn des Habens« folgen, oder für die Haut oder den Bauch, das kann man nicht sagen. Das, **was** die Zellen konstituiert, wie sie in der Umwelt vergiftet werden können; das, **was** das Hirn erarbeitet, unterliegt den Prägungen der gesellschaftlichen Natur. **Wie** sie in ihrer eigenen spezifischen Natur wirklich funktionieren, wie sie materiell aufgebaut sind, ist seit Tausenden von Jahren kaum verändert.

Abb.: »Fenster sind an einem Haus, was die fünf Sinne für den Kopf sind.« Hier: »Augen ohne Lider.«

Diese ältesten Sinne der menschlichen Natur ragen aber in die fortgeschrittenste Krise der Gesellschaft hinein, und ihre Natureigenschaften bestimmen diese Krise mit, verhalten sich als Widerspruch zu diesem Fortschritt. Gerade ihre Invariabilität, daß sie gewissermaßen Sockel und Pyramide zugleich bilden, bedeutet an der Spitze der Pyramide der Entwicklung ihre materielle Kraft. Wären sie variabler, könnten sie Kompromisse bilden. Die Gleichzeitigkeit und die Unvereinbarkeit von Altmensch und Neumensch in einer Person hat Naturhärte.

Abb.: »Es geht um einen wichtigen Augenblick. Deshalb sind die Augen geschlossen.«

Das zänkische Gehirn

Das komplizierteste Organ in der Natur des Menschen ist das Hirn. Es ist auffällig, daß menschliche Hirne überhaupt nicht in Form der sogenannten Rationalität arbeiten. Weder arbeiten sie von ihrer Natur oder Einrichtung her logisch noch teleologisch (zielbezogen), noch theologisch (mythenbildend), noch machen sie die gewaltigen Pausen wirklich, die sie scheinbar einlegen, wenn sie diszipliniert oder nach Arbeitsanweisung funktionieren. Sie befinden sich vielmehr, gerade wenn sie nach den Kriterien eines unternehmerisch geführten Betriebs »nichts tun«, auf höchster Arbeitsstufe, während längerdauernder Zwang zum Nichtstun sie lähmt. Wenn einer »gar nichts denkt«, zeigt das Enzephalogramm »weißes Rauschen«, hohe Aktivität. Das Hirn geht so souverän mit der verwirrendsten Fülle von Eindrücken um, weil seine **Grundform** auf einer spezifischen Selbstregulation beruht, die sich übrigens von allen anderen eigentümlichen Formen der Selbstregulation in der Natur und in anderen menschlichen Organen unterscheidet.

Eiszeit

Es gibt keine Selbstregulation an und für sich. Man kann sagen, daß die grundlegende Differenz, zum Beispiel zwischen der Kälte einer Eiszeit und der Selbstregulation des Wärmehaushalts des menschlichen Körpers, die **Unruhe** bildet, von der her der Mensch unter anderem begonnen hat zu arbeiten. Das Hirn ist dabei keineswegs ein Fenster. Realität dringt nicht durchs Hirn hindurch in irgendwelche tieferen Organe. Im Wie seiner Arbeitsweise ist das Hirn Selbsttätigkeit **für sich,** sein Wesen besteht darin, daß es lebendig ist und nach seinen spezifischen Gesetzen sich betätigt, die sich zunächst weder um die Außenwelt noch um das übrige im Menschen kümmern. Erst wenn diese Eigentätigkeit von einigen Milliarden von Synapsen gelebt hat, erweist sich, daß es zugleich in der Lage war, Funktionen zu erfüllen. Seine eigene Formbestimmung und seine Inhalte sind von Anfang an nicht-identisch, verhalten sich wie Monade **und** Fenster.

Zelle

Das einfachste Element unter den Natureigenschaften der Menschen wiederum ist die Zelle. Etwas Einfaches ist sie nicht. Man hat ihre eigentätige Arbeitsweise so beschrieben: »**Soviel innen wie möglich, sowenig außen wie nötig.**« Die Zellen schotten ihre Eigentätigkeit als Einzelne, also zum ganzen Menschen und zur Außenwelt hin mehrfach ab. Andererseits bewahren sie Programme in ihrem Innern, welche die vollständige Erinnerung an die gesamte Vorgeschichte und alle Eigenschaften der Gattung enthalten. Nicht nur die Gen-Zellen, sondern alle Zellen besitzen dieses Erfahrungspotential innerlich.

Ungehorsam

Würde das Kapital oder ein Befehlshaber der Zelle Befehle erteilen, so würde sie nicht gehorchen. Sie ist ja auch nicht als **einzelne** Zelle durch das **Individuum**, ihren Herrn, in Bewegung zu versetzen. Ich kann die Muskeln, den ganzen Mann, in Marsch setzen, aber ich kann nicht Zellen und Zellenverbände aus ihrer Eigenregulation lösen und so in Marsch setzen. Selbstregulation ist deshalb etwas Spezifisches, das in einem jeden organischen Ganzen einen Charakter annimmt, der sich zu jedem höher gearteten organischen Ganzen hermetisch, also unübersetzbar eigen, und erst über Vermittlungen und Chiffrenwechsel in Verbindung hält.

Brüderlichkeit

Alle diese Selbstregulationen haben eine räumliche, rhythmische (zeitliche) und spezifisch chiffrierte Eigenwelt und wären niemals, wie der bürgerliche Begriff der Freiheit, etwas Allgemeines, das nur in verschiedener Verfassung und von verschiedenen Individuen ausgeübt wird. Im Verfassungsartikel von 1789 folgt ja dem Wort Freiheit auch sogleich das Wort Gleichheit, kritisiert gewissermaßen das bloße Programm der Freiheit »wovon«. Aber erst in dem Assoziationsinteresse, das im dritten Wort des Verfassungsartikels, der Brüderlichkeit, enthalten ist, ist auch ein spezifischer Selbstregulationsprozeß bezeichnet, der mindestens für den Kreis der Revolutionäre, also für die assozi-

Abb.: David Gérard, Deputierter aus Rennes, 1793, Jakobiner, Maler. Familienbildnis. Gérard hat sich, in revolutionärer Vorliebe, als Bauer gekleidet. Die Kindergeneration folgt ihm darin nicht, kleidet sich modisch.

ierten Produzenten der Revolution, eine Aufforderung zur Selbstregulation ihrer Konflikte enthält.

Selbstregulierung als Ordnung

»Es gibt keine Selbstregulierung an und für sich.« Als lebendige Arbeit entsteht sie in der Reibung am Gegenstand. Der daraus entstehende Ordnungsbegriff unterscheidet sich von einem, der durch Kommandogewalt (= **Leitungsnetz**) hergestellt wird, dadurch, daß die selbstregulierende Ordnung vielgestaltiger ist. In einer Schule, die selbstreguliertes Lernen zuläßt, sind zwei Kinder in das Entziffern von Buchstaben vertieft. Drei Kinder klettern an einer Kletterstange. Eine Gruppe von Kindern stürmt und tobt, eine andere Gruppe hat Tische zu einem Haus zusammengestellt und hockt darunter. Konzentriert lösen andere Kinder ein Rätselspiel, wieder andere verfertigen künstlerische Pappfiguren. Der Lehrer bewegt sich dazwischen. Alle diese Gruppen stören einander nicht, obwohl wiederholt Verkehr und Berührungen zwischen ihnen stattfinden. Die in Aktion befindlichen und die still arbeitenden Kinder bleiben bei ihrem jeweiligen Tun. Es sind offenbar unsichtbare Ordnungen im Raum vorhanden, welche die Störung ausschließen: Diese Ordnung könnte ein Verkehrspolizist nicht herstellen, weil er die Regeln von Vorfahrt und Warten, die hier gelten, nicht kennt.

Spezifische Störbarkeit

Eine selbstregulierende Ordnung ist genauso störbar wie eine durch Leitungsnetze kontrollierte. In der beschriebenen Momentaufnahme des Schulversuchs ist es nicht die Selbstregulierung an sich, sondern die **Form**, in der sie zugelassen wurde, welche die Ordnung bewirkt. Die Kinder haben zuvor Erfahrungen darin gemacht, daß sie als »Privatarbeiter ihres ursprünglichen Eigentums« Anerkennung finden, und haben diese Anerkennung wechselseitig auf die verschiedenen Tätigkeiten übertragen. Es können ja jederzeit die Kinder, die eben konzentriert gearbeitet haben, diejenigen sein, die herumspringen, und diejenigen, die am Klettergerät geübt haben, fangen jetzt, weil ihr Interesse umspringt, an, konzentriert zu arbeiten. Die Ordnung beruht auf eigener Kenntnis dessen, was die anderen machen, und damit verbundener Anerkennung. Es ist sozusagen ein Glücksfall. Eine Subsumierung solcher Glücksfälle in der Erfahrung der Kinder schafft ein Gemeinwesen. Dringt ein Fremder ein und will stören, weil er diese Ordnung nicht kennt, so werden die Kinder, je nachdem, wie erfahren sie in selbstregulierenden Ordnungen sind, wie selbstsicher, ihn eine Zeitlang nicht beachten. Ist die Störung beharrlich, wird sie sich auswirken und kann die Ordnung zerstören. Während aber eine durch Kommando hergestellte Ordnung bei ihrem Zerfall fast vollständiges Verkehrschaos ergibt, besitzt die selbstregulierende Ordnung, wenn sie einmal von den Mitgliedern beherrscht wird, eine gewisse Trägheit. Es fällt den Kindern nicht schwer, nach Störung ihrer Ordnung eine neue zu erfinden. Sie solidarisieren sich z. B. gegen den Störer.

In einer Wohngemeinschaft, die sich zur Selbstregulierung bekennt, arbeiten zwei Mitglieder an einem Manuskript. In der benachbarten Küche streitet ein Paar. Wahrscheinlich aufgeregt durch diesen Streit, veranstalten Kinder, indem sie zwischen Küche und Arbeitsraum hin- und hertoben, eine Störung. Auch hier sind einigermaßen selbstregulierende Kräfte am Werk, der Streit reguliert sich den Nachmittag über und in den Abend hinein **auf seine Weise**, die Kinder reagieren sich ab, fürchten sich danach vor den unverständlichen Streitereien und der ihnen unverständlichen Arbeit der Erwachsenen am Manuskript weniger. In den Köpfen der zwei Manuskriptarbeiter reduzieren sich bei jeder Störung selbstregulierend die sachbezogenen Einfälle. Es ist in diesem Beispiel nur die Möglichkeit der wechselseitigen Anerkennung weggenommen. **Selbstregulierung** ist ohne diese Form der Anerkennung eine **Störung**.

Abb.: Spezialisten, 1946.

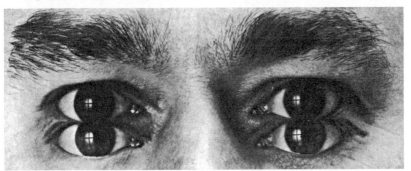

Abb.: Vermehrfachung der Augen.

4
DIE ZERBROCHENE GABEL. Warum stehen Menschen neben ihrer Geschichte?

Der eigentliche Titel des Hauptwerks von Karl Marx Das Kapital *lautet:* KRITIK DER POLITISCHEN ÖKONOMIE. *Auf der Grundlage von Beobachtungen der angelsächsischen Ökonomen Adam Smith und David Ricardo stellt dieses Werk, welches zugleich viele andere Perspektiven eröffnet, die Frage: Wie würde das Kapital, könnte es sprechen, sich selbst erklären? Kann das Kapital »Ich« sagen?*
Der politischen Ökonomie des Kapitals stehen die Menschen gegenüber, die in vom Kapital strukturierten Gesellschaften leben. Sie gehören aber mit großen Teilen ihrer Subjektivität, mit ihren Vorfahren und »Wesenskräften« gesellschaftlichen Verhältnissen an, die nicht vom Kapital strukturiert sind. Für diese vollständigere Ökonomie (welche beide »Aggregatzustände, in denen Menschen leben«, die persönlichen und die beruflichen, abbildet) ist die Frage relevant: Wer ist Subjekt der Geschichte? Zugleich geht es um die weiterführende Frage: Was ist wirklich? Sind Menschen wirklich, die sich wie Zuschauer ihres Lebens verhalten? Oder müßten sie dafür Produzenten ihres Lebens sein?

Kriegsgewinnler 1918

Die Kolonne mit Pferden, welche den Rest des Kriegsreservelazaretts Nordflandern darstellte, gelangte noch im November bis Hamburg. Dort verkauften die Soldaten die Pferde, verteilten den Erlös untereinander und verschwanden in die Heimatorte. Zwei Tage verbrachte mein Vater dann bei seinen Eltern. Sie repräsentierten die »alte Zeit«, die es nun nie wieder geben würde. Mit Kameraden ging er an die Universität Jena. Sein Physikum hatte er 1914, weil die Eltern die Studienkosten für eine Universität nicht aufbringen konnten, an der Akademie für Militärärzte, der Pépinière, absolviert. Das hätte bedeutet, daß er nach Abschluß des Studiums auf Dauer Militärarzt hätte sein müssen. Das war durch den für das Reich negativen Ausgang des Krieges unnötig geworden. Ein Gewinn für meinen Vater. Im Kriegslazarett waren die Eleven zu »Ärzten auf Zeit« ernannt worden, jetzt holten sie im Schnellgang die klinischen Semester und die Examina nach. Ihnen darin entgegenzukommen gehörte zum vaterländischen Beitrag der Ordinarien. Sie stellten ihre Autorität zur Verfügung, damit diese Jungen rasch zu praktischen Ärzten ernannt werden. Schon sah mein Vater, daß es nördlich von Halberstadt eine Vakanz gab. Die Praxis betreute eine Gruppe von Dörfern unterhalb eines Höhenrückens namens Huy.

Abb.: Pferdeverkauf in Hamburg. November 1918.

Loss of history

In seinem Exil in Belmont, Massachusetts, schrieb der Marxist Karl Korsch seine Beobachtungen nur noch auf Zetteln nieder, weil er für die Publikation eines Buches weder in der DDR noch in der Bundesrepublik, noch auf dem englischsprachigen Markt eine Chance sah. Auf einem dieser Zettel notierte er am 30. November 1951: Die Arbeiter in Deutschland verloren ihr in den Wahlkämpfen nach Aufhebung der Sozialistengesetze erworbenes politisches Prestige und den Gegenwert aller ihrer Lohnkämpfe durch den Ersten Weltkrieg. Sie begannen ihre Kämpfe nach 1918 neu (ihr einziger Kriegsgewinn: das Zugeständnis an die Bergarbeiter, daß die Wasch- und Umkleidezeiten künftig zur bezahlten Arbeitszeit rechnen sollten). Sie vertrauten dann auf die Rentenmark 1923, opferten für die Krise des Schwarzen Freitags 1929, und nun haben sie in den Zweiten Weltkrieg wiederum den Gegenwert des Erarbeiteten eingezahlt. Sie verteidigen inzwischen die Reste der Maschinerie in den zertrümmerten Fabriken gegen die Reparation durch die Alliierten. Woher diese Geduld? Wieviel Hoffnung müssen sie bereitstellen (außer daß sie für Lebensmittel und Wohnung für sich und ihre Familien sorgen), um es »entgegen aller Beobachtung, daß sie um ihre Lebensarbeit betrogen werden«, auszuhalten? Die folgenden Generationen werden nicht einmal mehr davon sprechen.

Abbruch der Erfahrung

Auf der Beerdigung, zu der wenige Geladene zugelassen waren, fiel einem französischen Gast auf, daß mit diesem 101jährigen Mann eine Erfahrungswelt endgültig begraben wurde, wenigstens was persönliche Zeugenschaft betrifft. Kein Mensch, der über Ausdrucksvermögen verfügte, war mehr da, der nach etwa hundert Jahren von der Realität des industrialisierten Kriegs von 1916 hätte berichten können. Dabei war dieses »Laboratorium der Erfahrung« von beiden Seiten, von Deutschland und Frankreich, teuer bezahlt worden. Durch Bücher ließe sich solche Erfahrung nicht festhalten, meinte der Franzose.

Schon 1940 fühlte sich Ernst Jünger in Paris mit seinem Wissen isoliert. Die Jungen dieses Siegeszuges kannten den Ersten Weltkrieg in keiner Weise, dessen Pranke dann doch 1944 zuschlug, als sich die Blitzkriegsfronten örtlich in Stellungskämpfe verwandelten. Der Franzose warf wie alle eine Schippe Sand und eine Blume ins Grab, dazu auch die Illusion, daß es einen Erfahrungstransfer über die Generationen hinweg je geben werde. In der modernen Rüstung eines Eurofighters oder eines Raketenabwehrsystems waren mehr von den Spuren von 1914-1918 eingebaut, als in den Köpfen der jüngeren Trauergäste, die sich zu dem angekündigten Umtrunk aufmachten.

Abb.: Umtrunk im Unterstand 1916. Rechts Ernst Jünger.

Ein Anschein von Kooperation

Ein außerirdischer Beobachter hätte die Vorgänge am 7. Juni 1917 bei Passchendaele, an denen mehr als 200000 arbeitsfähige, bewaffnete Männer auf beiden Seiten der Front beteiligt waren, für Kooperation gehalten. Auf der deutschen Seite waren im Zusammenhang der letzten Offensive des Deutschen Reiches im Ersten Weltkrieg gewaltige Munitions- und Artilleriemassen konzentriert worden. Von Metall ummanteltes Dynamit im Umfang ganzer Eisenbahnzüge sollte auf die britischen Linien abgeschossen werden. Die Vorbereitungen für diese VERNICHTUNSARBEIT waren abgeschlossen. Eine Lehmschicht zog sich von den englischen Stellungen aus weit in die deutsche Frontlinie hinein. Britische »Bergleute in Uniform« nutzten den leicht zu bearbeitenden Boden zum Bau von Tunnels. An jenem 7. Juli explodierten 20 Sprengmassen direkt unter der von den Deutschen aufgestellten Artillerie: je ein Krater von 60 Metern Breite und 12 Metern Tiefe. Mehr als 15000 Soldaten starben.

Lehmboden saugt Regenwasser ein. So leicht dieser Boden zu durchtunneln ist, so rasch sind alle Unebenheiten, auch Krater, wieder eingeebnet. Heute findet der Tourist an der Stelle der Explosion einen unansehnlichen Teich, den »See des Friedens«. Heiner Müller besichtigte dieses Gewässer, als er sich mit seinem Verdun-Stück beschäftigte. Mit Dirk Baecker, den er in seinen letzten Lebensjahren als ökonomische Auskunftsperson schätzte, erörterte er die Schlachten des Ersten Weltkrieges in Nordfrankreich: Jeder Handgriff (jeder Entschluß, jede Maschination, jeder skill) auf der britischen Seite entspricht einem Gegen-Handgriff (und dessen Derivaten) auf deutscher Seite, sagte Müller. Das Ereignis habe Wurzeln, die älter seien als 150 Jahre, insoweit bestimmte Formen des Nationalcharakters soviel Zeit bräuchten, um sich zu entwickeln. Hinzu treten die vier Jahre dieses Krieges, der so anders verlief, als die Führung annahm. Die VERNICHTUNGSARBEIT BEIDER SEITEN habe sich unterhalb einer solchen Führung erst entwickelt. Sie sei ein Artefakt. »Kunst« wollten das Müller und Baecker nicht nennen, obwohl alle Ingredienzien, die zu einer künstlerischen Großinstallation gehören, in diesem Monument des Gesamtarbeiters enthalten waren, wandte der an die Sachlichkeit der Bielefelder Schule der Soziologe gewöhnte Baecker ein. Irgendwo hören die Vergleiche auf, schloß Müller die Debatte ab.

Eine Strömung von Kooperation ganz am Sockel

In seinem Todesjahr verfolgte Heiner Müller die Absicht, ein Drama über ÖKONOMIE zu schreiben. Er war angeregt durch Dirk Baeckers Publikation *Postheroisches Management*. Das war der Einbruch westlicher ökonomischer Analyse in Müllers Denken. Die Rasanz des Stoffes verblüffte ihn. Auch hielt er es für gut, Arbeitspläne mit einem gewissen Grad von Bestimmtheit zu entwickeln, weil sie den Tod hinauszögern helfen, denn der ist nicht so unfair, eine laufende Produktion zu unterbrechen.

Müller erinnerte sich an seine Studien vor Ort im Arbeitsprozeß der DDR. Er hatte sie in jener Zeit betrieben, in der er bei den Behörden der DDR in Ungnade stand. Stücke, die von der Produktion handelten, konnte er nur schreiben, wenn er Erfahrungen in den Betrieben gewann. Mit dem ganz anderen Raster Dirk Baeckers hatte er die eigenen Eindrücke erneut vor Augen. Beeindruckt hatte ihn die REPARATURINTELLIGENZ in den Betrieben. Binnen Stunden richteten die Praktiker eine havarierte Maschine wieder her (gegen alle Wahrscheinlichkeit, daß dieser schon im Krieg verschlissene Apparat, der in den Jahren der DDR nie erneuert worden war, überhaupt wieder in Gang gesetzt werden könnte). Der Grund für solches Gelingen war in einer unmerklichen Kooperation zu finden, die mehr bedeutete, als »aus Irrtümern zu lernen«. Auch verfolgte er, daß ein hochrangiger Genosse der Bezirksverwaltung Erfurt seinen Sitz in einem der Betriebe einnahm. Das empfanden die Arbeiter vor Ort als Kontrolle und Bedrängung. Tatsächlich wollte der Kader Nähe zum Produktionsprozeß herstellen. In vieler Hinsicht erinnerten solche Vorkehrungen an Phasen des Frühkapitalismus, meinte Müller, in denen die Ausbeuter und die Werktätigen noch physisch aufeinander einzuwirken vermochten. In seiner Skizze für das Drama, das jetzt moderne, westliche Erfahrungen am Beispiel der ostdeutschen Bundesländer dramatisieren sollte, baute er diese Erfahrung aus den siebziger Jahren gleich in der zweiten Szene seiner Skizze ein.

Als Monteverdis Bote im Autowerk

Für die Filiale eines Autowerks komponierte Luigi Nono eine »Klanginstallation für Arbeiter«. Er verwendete »Klänge der Arbeitswelt«, auch Fetzen aus Kampfliedern der Arbeiterklasse. Zunächst folgten ihm die Zuhörer, Praktiker des Produktionsprozesses, willig. Die Musikzeit ging von ihrer Freizeit ab – sie waren nicht geizig. Einige hätten lieber Klavierstunde gehabt, sagten sie später. Andere wären bereit gewesen zur Gründung einer Blaskapelle. Auch die »revolutionäre Wendung der Dinge vor Ort« hätte bei ihnen Interesse gefunden, sagten sie. Vor allem Verbesserungen am Arbeitsplatz und Vorkehrungen gegen Unfälle (Handverletzungen, Fußverletzungen) wären ihnen wichtig gewesen, waren aber mit Musik nicht zu bewirken.

Nonos Unermüdlichkeit, welche ihn den Versuch, zum Arbeitsprozeß vorzudringen, mehrfach wiederholen ließ, beruhte auf dem sicheren WISSEN, das er aus dem Werk Walter Benjamins bezog, daß es in der Welt, und somit auch in Norditalien, eine SCHWACHE MESSIANISCHE KRAFT geben müsse. Sie ist wirksam, ohne daß irgendeiner das aktiv will oder irgend etwas sie verhindern könnte. Sie einzusammeln bleibt das einzige Glück des Propheten. Ein Kescher, der die Punktualität dieser schwachen Kraft einfange, sei die Musik, so Luigi Nono.

Wandernde Klänge gehorchen keinen Eigentumsgrenzen

Wie er sich das für den Dom von San Marco gewünscht hätte (daß nämlich in Nachfolge der polyphonen Werke Willaerts oder Gabrielis zehnchörig die Klänge zu wandern begännen), so wurde als Fundstück in Salzburgs Mitte, in der Kollegienkirche, die für Gottesdienste nicht mehr benutzt wurde, Luigi Nonos PROMETEO aufgeführt. Ein spirituelles Ereignis in einer Länge von 2,5 Stunden für vier Chöre, die Musiker des Ensemble Moderne und eine Lautsprecherinstallation. Musikalische Leitung: André Richard und Ingo Metzmacher.

Dieses aus den Notationen Nonos freigesetzte Wunder befand sich aber organisatorisch im Besitz des Hessischen Rundfunks. Nur dessen beamtetes Team hatte das Recht, das Unikat aufzuzeichnen. Die freien, im Raum vordringenden, auch kreisenden Klänge standen fest abgegrenzt vor unsichtbaren Grenzzäunen wie bei Gewitter unruhig gewordene Pferde, die ausbrechen wollen. Parallel zu dieser Installation fand der Convoco-Kongreß von Dr. Corinne Flick im Mozarteum Salzburg statt. Thema: Wem gehört das Wissen der Welt? War Nonos freigesetztes Werk ein »Wissen«? Oder gehörte es zu dem, was Hölderlin »Stimmen der Götter« nennt? In beiden Fällen durfte es nicht in Eigentum eingesperrt werden. Das bestätigten auf dem Kongreß die klugen Rechtsgelehrten, die aufgrund historischer Erfahrungen argumentierten. Es könne nicht rechtens sein, was faktisch nicht möglich sei. Wandernde Klänge, wie sie sich in der Kollegienkirche ereigneten, kann man (als ein spirituelles Wissen) nicht wie in einem Gefängnis »festhalten«. Tatsächlich wurde von der Aufführung eine geheime Aufnahme angefertigt.

Insolvenz im Motiv

Weil er exzessiv sorgfältig war, wurde er in der Wirtschaftsberatungsfirma, der er angehörte, von den Kollegen gemobbt. Zugleich wurde er befördert. In der neuen Position, in welcher er neun untergebene Wirtschaftsprüfer zu überwachen hatte, fühlte er sich überlastet. Von Haus aus (seinen Eltern her, seiner Erziehung) war er zäh. Zuletzt verbrauchte er täglich 90 Prozent seiner INNEREN ENERGIE (über die er doch nur einmal verfügte), um sich dazu zu bringen, es in dieser Arbeit auszuhalten. Nur 10 Prozent standen ihm für flexible Anpassung an neu auftretende Schwierigkeiten und an Motivation zur Verfügung. Als auch die verbraucht waren, sah er klaren Auges, daß er dem Unternehmen nichts mehr nützte, das an ihn glaubte.

An einem der Montage im Frühling fuhr er nicht zur Firma, sondern zu einer Rheinbrücke nördlich von Düsseldorf. Dort ließ er den Wagen an der Auffahrt stehen. Sein Körper wurde sieben Kilometer stromabwärts in einer Schleuse gefunden.

Die zerbrochene Gabel

In einem gelungenen Produkt ist die Erinnerung an den Prozeß, in dem es entstand, nicht mehr enthalten. Erst wenn das Produkt beschädigt ist, richtet sich die Aufmerksamkeit wieder auf den Produktionsprozeß, mit der Frage, ob dort die Ursache für den Schaden zu finden sei. Nur im Produktionsprozeß kann etwas für die Zukunft verändert oder die Reparaturchance ermittelt werden. Marx illustriert das am Beispiel der zerbrochenen Gabel.

Abb.: »Die zerbrochene Gabel.« Richmond, nach der Zerstörung im amerikanischen Bürgerkrieg. Hauptstadt des Südens, in dem Scarlett O'Hara lebte.

»Tote Arbeit«

Nach der Insolvenz der Vulkanwerft Bremen ersteigerten Kader der chinesischen Regierung (noch vor der Zeit des Booms in den Sonderwirtschaftszonen ihres Landes) die technischen Anlagen und ließen sie durch eine Crew Bremer Arbeiter nach Tsingtau transportieren. Dort wurde die Schiffswerft neu errichtet. Jetzt standen die massiven und immer noch produktionsbereiten Anlagen auf fremdem Boden, auf dem es schon einmal eine deutsche Kolonie gegeben hatte. Auch hatten diese Schiffsbauvorrichtungen dem Bau von Kriegsschiffen gedient, die als schweres Eisen nach Ostasien fuhren, um den Boxeraufstand dort zu unterdrücken.

Mit seinem Taschenmesser ritzte einer der chinesischen Ingenieure, welche die deutschen Arbeiter ablösten, die den Maschinenkoloß eingerichtet hatten, in die Stahlkonstruktion hinein. Warum? Er habe es für möglich gehalten, daß das Blut jener deutschen Kollegen, die diese Installation gebaut hätten, aus dem Schnitt herauskomme. Zusätzlich müßten aus dem Stahl und aus dem Getriebe auch das Blut der Erfinder und Konstrukteure herauskommen, das von deren Vorfahren, auch das der Stahlkocher und aller anderen Menschen, die an der Produktion dieses prächtigen Stücks Industrie teilgenommen hatten. Der Chinese behauptete, er könne die vielen Toten, die mit ihrer Lebensarbeit in den Maschinen repräsentiert seien, wie »in einem Trauerkondukt« vorüberziehen sehen. Die deutschen Arbeiter, die höflich zuhörten, waren ungeduldig. Sie hofften auf einen Bierabend mit den Chinesen zum Abschied, nicht auf eine Belehrung.

Industrieruine, liegengeblieben auf dem Weg der Investoren

Ein Pulk von 22 US-Pensionsfonds hatte mit Bewilligung der chinesischen Behörden in einer der Sonderwirtschaftszonen nordwestlich von Shanghai (es war in der Zeit des beginnenden Booms) eine Industrieanlage hochgezogen und eine Zeitlang betrieben. Dann hatten diese Fonds ihr Kapital umdisponiert und in Indien neu angelegt. Die lokale Produktionsanlage in China wurde zur Ruine. Der Sohn jenes Funktionärs, der für die vertrauensselige Zulassung der fremden Investoren verantwortlich gemacht und hart bestraft wurde (in der Haft nahm er sich das Leben), ist heute Vorsitzender eines Ausschusses in der Volksversammlung der Republik. Er ist entschlossen, dafür zu sorgen, daß sich der Vorgang nie wiederholt.

Erwachsenenbildung für die Finanzindustrie

Mein Großvater, berichtete der Vizepräsident der obersten Rechnungsprüfungsbehörde der Volksrepublik China, lehrte noch Marx an der Universität Shanghai. In der Kulturrevolution kam er um. Dann eigneten mein Vater und ich (beide im Wirtschaftsressort der Partei) uns die Lehren der Chicagoer Schule über die kapitalistische Ökonomie an. Damit machten wir unsere Erfahrungen nach 1990. Inzwischen ist im Westen (von uns aus gesehen im Osten) diese Doktrin im Zerfall begriffen.

Neuerdings organisieren wir, ausgehend von unserer Behörde, Kurse in Manhattan zur Weiterbildung ratloser Finanzleute in den USA. Zur Entwicklungshilfe sind wir bereit. Wir veranlassen das auch im eigenen Interesse, da eine unwissenschaftliche Herangehensweise an die Finanzkrise, wie wir sie in New York feststellen, unser eigenes Volksvermögen als Großgläubiger der USA gefährdet. Wir haben in die (ursprünglich mühsam erlernte, jetzt von uns perfektionierte) FREIE MARKTÖKONOMIE Produktionserfahrung eingebracht. Im Südsudan, in Nigeria, an Kairos Universität sind wir mit unseren Exposés und Schulungen in nachhaltigem Maße durchgedrungen. In den USA stoßen wir auf taube Ohren. Keiner will unsere Kurse besuchen. Die dort Verantwortlichen haben keine Zeit, etwas zu lernen, was ihnen doch nur helfen würde.

Ein Absacker-Gespräch

Bekanntlich gewann Joseph Vogl mit seinem Buch *Das Gespenst des Kapitalismus* als Kulturwissenschaftler auch die Aufmerksamkeit von Wirtschaftsexperten. Nach einem Pressegespräch mit Claudius Seidl saßen die beiden spätabends noch in den Redaktionsräumen der *Frankfurter Allgemeinen Sonntagszeitung* eine Weile zusammen. Sie nahmen einen Absacker. Die Ereignisse der Wirtschaftskrise und die Tatsache, daß ein solches Gespräch am Tag darauf gedruckt und mit nicht veränderbarem Wortlaut vorliegen würde, sind unvereinbar mit sofortigem Schlaf, wieviel Müdigkeit in Kopf und Knochen auch vorhanden sein mag.

Wenn Bauteile, die in 30 Ländern hergestellt wurden, fragte Claudius Seidl, in einen Computer von Samsung eingebaut werden, ist das Produktion? Das ist keine Produktion, sondern Design, antwortete Joseph Vogl. Ich sehe keine Arbeiter am Werke. Das Zusammensetzen erledigen Automaten, fügte er hinzu. Und was ist von dem Fingerschnick zu halten, mit dem Steve Jobs, der von

Krebs gepeinigte Chef von Apple, seine Touchscreen-Modelle zum Erfolg führte, ist das auch Design? Nein, erwiderte Vogl (welcher der Regel im Absacker-Gespräch gehorchte, daß man stets überraschend antworten solle). Produkt seien die Fingerspitzen selbst (nämlich die Evolution), dann die »Handlichkeit«, ergänzte er. So etwas kommt als Bedürfnis in die Welt, weil es im Alltag sonst keine Handschmeichler und überhaupt wenig Sinnlichkeit gibt. Der Mangel ist der Produzent.

Abb.: Dorf im Schnee.

Die Ausdrucksweise Großer Theorie und das einfache Leben

Andrej W. Sedow, der sechste Assistent des großen Genossen Bucharin, exzerpierte für seinen hochrangigen Herrn und Meister, der an einem ABC DES KOMMUNISMUS schrieb, zum Thema »Veränderbarkeit des Menschen« aus den *Grundrissen zur Kritik der politischen Ökonomie* (Rohentwurf) von Marx:
> Grundrisse, S. 391. Produktionsbedingungen und Produktionsmittel sind »die zweite Haut«, »seine Sinnesorgane« (S. 385); »Urinstrument der Erde«, »Spontane Früchte« (S. 398); »Resultate und Behälter der subjektiven Tätigkeit« (S. 398); »Das Individuum verhält sich einfach zu den objektiven Bedingungen der Arbeit als den seinen; zu ihnen als der unorganischen Natur seiner Subjektivität, worin diese sich selbst realisiert« (S. 384); »Laboratorium seiner Kräfte und Domäne seines Willens (S. 396).

Dies alles bezog sich auf das Kapitel »Menschliche Wesenskräfte«, das Sedow für Bucharin vorbereitete. Ihm fiel auf, daß die in der Theorie verwendeten Ausdrücke auf die Ausdrucksweise der Bauern und Funktionäre, mit denen es die Partei zu tun hatte, wenig paßten. Konnte man Arbeitern im Donbas, Mitgliedern der Akademie der Wissenschaften in Moskau oder Zollbeamten an der Staatsgrenze erklären, daß Boden und Gemeinwesen »ihren verlängerten Leib« bilden? Sedow befürchtete, daß ihn Bucharin wegen dieser Zitate zur Rede stellen werde. Andererseits wollte sich Sedow an den Wortlaut der *Pariser Manuskripte* von Marx halten, die erst in den 1920er Jahren in einem SPD-Archiv entdeckt worden waren.

In den Nächten versuchte der Genosse Bucharin ein letztes Mal, die Argumentation des Kommunismus schriftlich zusammenzufassen. Oft schlief der Mann über den buchstabenbedeckten Zetteln ein. Die Physis setzt Grenzen. Es ist schwer, tagsüber politischer Praktiker und in der Nacht Philosoph zu sein. Andrej W. Sedow war (außer für das Besorgen von Notizen und Unterlagen) für die Reisen des hochrangigen Kaders verantwortlich. Er sah die Erschöpfung seines Chefs.

Was macht Menschen wandlungsfähig, formbar für die GESELLSCHAFT DER GLEICHEN? Drei Arbeitsprozesse, alle nur freiwillig und mit Lust durchführbar, waren zu unterscheiden: (1) die physische Produktion, (2) die Produktion des Denkens und Fühlens, (3) die Veränderung des Menschen mit Hilfe seiner Vergesellschaftung. In allen drei Bereichen blieb ein weiter Abstand zwischen den Texten der Klassiker und den Leuten, mit denen die Revolution es zu tun hatte: Sibirische Scharfschützen, kaukasische Händler, Griechen aus Odessa, Tataren und Baschkiren, Bauern in Weißrußland und in der Ukraine, ja, auch die Fabrikarbeiter unterschieden sich je nach Betrieb in Leningrad, Moskau oder im Südural. Sedow hatte in den Kadern »Augenblicke der Solidarität« beobachtet, vor allem dann, wenn Not am Mann war, der Feind angriff. Ein ganzer Jahrgang von Sekretärinnen des Zentralkomitees war noch angesteckt von der Begeisterung von 1917 und dann wieder von der von 1923.

Inzwischen war auch Sedow ziemlich übermüdet. Er weiß noch nicht, daß er vier Jahre später von Genossen des Geheimdienstes, mit dessen Kontrolle er derzeit beauftragt ist, erschossen sein wird. Noch glaubt er, daß sich bei geduldiger Analyse und darauf gegründeter allseitiger Praxis die sozialistische Republik errichten läßt. Er hofft inständig, daß zwischen den Worten der GROSSEN THEORIE und der REALITÄT IM WEITEN RUSSLAND irgendwann eine Verbindung hergestellt werden kann.

Abb.: Sedow. Neben ihm seine Mitarbeiterin Liba Gerulaitis.

Eine merkwürdige Wortwahl von Karl Marx

»Wenn der **wirkliche, leibliche,** auf der **festen wohlgegründeten Erde stehende, alle Naturkräfte aus- und einatmende Mensch** seine wirklichen, gegenständlichen **Wesenskräfte** durch seine Entäußerung als fremde Gegenstände **setzt**, so ist nicht das **Setzen** Subjekt: es ist die Subjektivität **gegenständlicher** Wesenskräfte, deren Aktion daher auch eine **gegenständliche** sein muß. Das gegenständliche Wesen wirkt gegenständlich und es würde nicht gegenständlich wirken, wenn nicht das Gegenständliche in seiner Wesensbestimmung läge. Es schafft, setzt nur Gegenstände, weil es durch Gegenstände gesetzt ist, weil es von Haus aus **Natur** ist. In dem Akt des Setzens fällt es also nicht aus seiner ›reinen Tätigkeit‹ in ein **Schaffen** des **Gegenstandes**, sondern sein

gegenständliches Produkt bestätigt nur seine **gegenständliche** Tätigkeit, seine Tätigkeit als die Tätigkeit eines gegenständlichen natürlichen Wesens. Wir sehen hier, wie der durchgeführte Naturalismus oder Humanismus sich sowohl von dem Idealismus, als dem Materialismus unterscheidet, und zugleich ihre beide vereinigende Wahrheit ist. Wir sehen zugleich, wie nur der Naturalismus fähig ist, den Akt der Weltgeschichte zu begreifen.«

Hermetische und assoziative Kräfte

Lange hatte Ilse von Schaake mit ihrem russischen Geliebten gelebt, der von Berlin aus für das Wissenschaftszentrum Akademgorodok eine Untersuchung schrieb über die POTENTIALE DER REVOLUTIONÄREN VERÄNDERUNG IM WELTMASSSTAB. Die Unterfrage lautete: Welche Kräfte in den Menschen neigen zur Assoziation, welche verhindern eine Vereinigung der Kräfte? Diese Arbeit hatte der Genosse aufgegeben, weil er sich einer Jüngeren (aus einer Familie in Nordrhein-Westfalen mit Industrievermögen) zugewandt hatte. Ilse von Schaake konnte diesen Verräter bis heute nicht völlig aus ihrem Herzen verbannen. Aus Trotz und Zähigkeit, Eigenschaften, die in ihrer Familie lagen, setzte sie inzwischen sein Projekt fort. Das Konvolut umfaßt etwa 2000 Seiten. Verlage in den ostdeutschen Ländern, zu denen sie Zugang hat, zeigen kein Interesse an einer Publikation.

Sie kommt zu folgendem Ergebnis: Es gibt starke Kräfte in den Menschen (*meine* Familie, *meine* Nachkommen, *mein* Eigentum), die sich hermetisch auswirken. Sie lassen keine umfassenden Assoziationen zu. Für Revolutionierung sind sie ungeeignet. Ihnen stehen schwächere und schwache Kräfte gegenüber (das Interesse an Physik, das an Logik, all das, was ich freiwillig von mir und meinen Lieben *verkaufen* würde). Sie lassen sich rasch vereinigen und bewirken langfristig die gesellschaftliche Veränderung. Auch die Evolution der Modernität geht auf solche schwachen Kräfte zurück, meinte Ilse von Schaake. In der Evolution bringen ausschließlich schwache Kräfte schwache Veränderungen hervor, die sich zu den großen Entwicklungsschüben addieren. Die schwache messianische Kraft (Walter Benjamin), also Rückbindung an Wurzeln in der Geschichte, ist überhaupt der einzige Brunnen von Hoffnung. Bis 2018, der 500. Wiederkehr der Reformation in Wittenberg, will Ilse von Schaake das Werk abschließen.

Rückkehr zur »unabhängigen Bodenbearbeitung«

Erika Künneke war spezialisiert auf das 25. Kapitel im *Kapital* von Marx. Sie arbeitete an ihrem PhD in Baltimore. Die europäischen Immigranten in die USA, die 1842 und nach 1848 einwanderten, entkamen ihren Herren in Europa (Adeligen, Kapitalisten), heißt es dort unter dem Titel »Die moderne Kolonisationstheorie«. In den USA angekommen, verweilten sie in ihrer Mehrheit nur so kurze Zeit in den Städten der Ostküste, daß wenig Möglichkeit für die dortigen neuen Herren blieb, sie einzufangen.

> »Please don' t tell /
> What train I' m on /
> So they won' t know /
> Where I' m gone.«

Sie kamen bis St. Louis und fuhren dann im Treck weiter nach Westen. Dort erhielten sie eigenes Land. So waren sie noch einmal zu unabhängigen Produzenten geworden, wie es ihre Vorfahren vor mehr als 1000 Jahren gewesen waren. Hieraus, so entwickelt es Erika Künneke aus dem kurzen Kapitel von Marx, entsteht das charakteristische amerikanische Selbstbewußtsein. Erst der Kollateralschaden der Wirtschaftskrise von 1929, so Erika Künneke, holt diese Menschen ein. Ihr Unglück hat John Steinbeck in seinem Roman *Früchte des Zorns* beschrieben. Folglich hat der Kapitalismus sie dennoch (und zwar mit seinen Schadensfolgen) erreicht. Seither müssen diese Teile der USA, schreibt Künneke, ihr Heil im Glauben suchen. Statt Korn wachsen hier die Christusgemeinden.

Eine Dissertation mit unzureichenden Quellenangaben

Es stellte sich heraus, daß Evelyn Smith ihre PhD-Arbeit über die SIEBEN ZWERGE VON ANTWERPEN fast vollständig abgeschrieben hatte aus dem Manuskript eines New Yorker Gelehrten, Kind belgischer Einwanderer, der eine Monographie über die WOLLBÖRSE jener Handelsstadt bei Anbruch der Neuzeit verfaßt und alle dazu erreichbaren Quellen über den Atlantik hinweg an sich gezogen sowie in einem Konvolut vereinigt hatte, das nach seinem Tod an die städtische Bibliothek in New York gelangt war.
Jene legendäre Wollbörse (der Anfang des Finanzkapitals) handelte nicht mit der Wolle, die in den Vorratshäusern der Stadt lagerte, sondern mit der Wolle,

die noch auf den Leibern der Schafe in Mittelengland auf die Schur wartete, auch mit der Wolle von noch nicht geborenen Schafen oder solchen, die sich noch auf dem Transport von Frankreich nach England befanden. Das betonte Evelyn Smith: Der negative Faktor des Mangels schafft das Vakuum, den Sog oder den Attraktor, der mächtiger ist als alle Fertigprodukte, einschließlich derjenigen der Silberschmiede von Florenz. In jenen Jahren brannten die Hütten der Bauern in England. Dort, wo bislang Menschen wohnten, sollten Schafe weiden. Das gehörte zur »spukhaften Fernwirkung« der Anwerpener Börse.

Als herauskam, daß Evelyn Smith, ohne die Zitate zu kennzeichnen, eine ältere Quelle aus New York ausgeraubt hatte, suchte ihr Doktorvater, der ihr wohlwollte, sie zu retten, indem er folgenden Gesichtspunkt herausstellte: Auch das Finden gehöre zu den akademischen Tugenden. Diese Tugend habe Evelyn Smith befolgt, indem sie die Arbeit jenes New Yorker Gelehrten wiederentdeckte. Sie habe dies vor dem Hintergrund der besonderen Aktualität des Themas zu Recht getan. Dieses Plädoyer überzeugte den Promotionsausschuß der Fakultät nicht. Die Promotion wurde nicht angenommen.

Alleinstellungsmerkmal

In einem von Frankfurts Hochhaustürmen saß Anfang August 2011 einer der ERFAHRENEN DOMPTEURE DES KAPITALS. Er hatte nur Augen für den Bildschirm seines Rechners. In dieser Höhe über der Stadt war die grelle und ungehindert einwirkende Sonne durch eine verstellbare Folie vor den Fenstern abgedämpft. Auf dem Bildschirm hätte man sonst wenig erkannt. So sah es aus, als trüge der Raum eine Sonnenbrille.

An diesem Tage wußten sich die Experten nicht zu helfen. Graphisch sahen sie den Börsensturz als eine senkrechte Linie, die innerhalb von vier Minuten den Verlust von vier Prozentpunkten des DAX signalisierte. Das entsprach einem Wert von einigen Milliarden Dollar. Eine Theorie für die Vorgänge besaß dieser Praktiker im halbwegs abgedunkelten Raum in der Höhe nicht. Hat denn ein Löwenbändiger eine Theorie? Er kennt seine Tiere. Diese Kreatur hier, die auf beiden Seiten des Atlantiks monströse Zerstörung anrichtet, war in ihrem Verhalten den Experten unbekannt. War es eine neue Spezies? Oder war es die Krise von 1929, nur anders kostümiert? Der legendäre Mann in seinem Vorstandszimmer, der sonst Märkte zu zügeln wußte, hätte sich gerne praktisch verhalten: Nüsse knacken, einen Apfel schälen, Mineralwasser eingießen – einen Kontakt zu irgendeiner Tätigkeit wollte er haben und nicht auf den Bildschirm starren und warten.

DIE ZERBROCHENE GABEL. Warum stehen Menschen neben ihrer Geschichte? 203

Abb.: Sternbild des Nilpferds.

Passagen aus der ideologischen Antike: Arbeit / Eigensinn

Abb.: Schreiber.

5
»Da kannst Du essen, Du eigensinniges Kind!«

Das eigensinnige Kind

Der Text des kürzesten der Grimmschen Kinder- und Hausmärchen lautet: »Es war einmal ein Kind eigensinnig und tat nicht, was seine Mutter haben wollte. Darum hatte der liebe Gott kein Wohlgefallen an ihm und ließ es krank werden, und kein Arzt konnte ihm helfen; und in kurzem lag es auf dem Totenbettchen. Als es nun ins Grab versenkt und die Erde über es hingedeckt war, so kam auf einmal sein Ärmchen wieder hervor und reichte in die Höhe, und wenn sie es hineinlegten und frische Erde darüber taten, so half das nicht, und das Ärmchen kam immer wieder heraus. Da mußte die Mutter selbst zum Grabe gehen und mit der Rute aufs Ärmchen schlagen, und wie sie das getan hatte, zog es sich hinein, und das Kind hatte nun erst Ruhe unter der Erde.«

Gottfried Keller hat in seinem autobiographischen Roman *Der grüne Heinrich* die Geschichte vom eigensinnigen Kind anders, *deutlicher* erzählt. Er erinnert sich, daß er plötzlich abends nicht mehr beten konnte; die Mutter verweigert ihm das Essen, kann dieses Verhalten aber nicht lange durchhalten, versöhnlich nähert sie sich ihm: »Da kannst Du essen, Du eigensinniges Kind!«

Heinrich Lee, der Erzähler des Romans, kehrt in späteren Jahren in sein Heimatdorf zurück und wird, als er in einer Ecke der Kirchhofmauer das »Grab des Hexenkindes« sieht, an eine Geschichte aus dem Jahre 1712 erinnert. Ein Kind aus vornehmem Hause sei einem Pfarrer übergeben worden, um von einer unbegreiflich frühzeitigen Hexerei geheilt zu werden, was aber mißlungen sei. »Vorzüglich habe es nie dazu gebracht werden können, die drei Namen der höchsten Dreieinigkeit auszusprechen, und sei in dieser gottlosen Halsstarrigkeit verblieben und elendiglich verstorben. Es sei ein außerordentlich feines und kluges Mädchen in dem zarten Alter von sieben Jahren und dessen ungeachtet die allerärgste Hexe gewesen.« Der Pfarrer traktiert das Kind zu Tode, mit Prügel, Hunger, Isolierung von der Umwelt. Die Mutter wünscht sich das kleine Meretlein eher tot als verstockt; sie bestellt einen Maler, der das Kind mit einem Totenschädel in der Hand malt. Als das Totenbäumlein, der Sarg, ins Grab hinuntergesenkt wird, ertönt ein Schrei; die kleine Meret richtet sich im wieder geöffneten Sarg auf und läuft, von einer Kinderschar gejagt, auf einen Berg, wo das Kind »leblos umgefallen ist, worauf die Kinder um dasselbe herumgekrabbelt und es vergeblich gestreichelt ... haben«.

»Antirealismus des Gefühls«

In einem Schützenloch auf der Krim steht 1944 ein Mann bis zum Hals in der Erde vergraben. Sein Kopf, auf dem ein Stahlhelm befestigt ist, ragt in die gefährliche feindbezogene Realität hinaus. Joseph Beuys hatte dieses Bild vor Augen, das er aus eigener Erfahrung kannte, als er seine Installation »Die zwei Aggregatzustände des Menschen« plante. Die Krankheit raffte ihn hinweg, bevor er das Werk fertigstellen konnte. Die Plastikpuppe eines US-Soldaten, ein Sonderangebot im Kaufhof, steckte bis zum Bauch in Blumenerde. Der Rest des Körpers oberhalb dieser Bedeckung war durch eine Zellophanhülle geschützt (oder darin gefangen); auf letzteres deuteten zwölf Stangen an den Rändern des Gebildes, die Gitter darstellen konnten. Am Mund der Puppe und (aus dem Erdreich hervorragend) angesetzt an der Stelle der Puppe, wo bei einem Menschen der Pißstengel säße, war je ein Wasserhahn angebracht. Wurde er aufgedreht, strahlte oder tropfte Flüssigkeit.

Einem Soziologen der Frankfurter Schule erläuterte Beuys die Skizze der Installation so: Menschen sind zweigeteilt. Begegnen sie Verhältnissen, die sie verletzen (wie bei einem Soldaten im Krieg, einem Unfallopfer oder einem Menschen, der Arbeit leistet, die er kaum erträgt), so antwortet er mit Leugnung. Insofern leben wir Menschen in zwei unterschiedlichen Realitäten, die nur gemeinsam menschlich sind (wie bei Tresoren, zu deren Öffnung zwei Schlüssel gebraucht werden). Der Soziologe bezeichnete den Einfall mit einem damals geläufigen Ausdruck als »Antirealismus des Gefühls«. Das Gefühl wehrt sich gegen eine Wahrnehmung, die es nicht ertragen will, durch eine Illusion, die sie ersetzt. Umgekehrt, ergänzte Beuys, ist ein solches Gefühl auch immun gegen Überredung und Propaganda, weil Menschen als erfahrene Illusionsfabrikanten (und so voller Klugheit) die Lügen ebenfalls verleugnen, die aus den wirklichen Verhältnissen kommen. Weder eine kasernierte Arbeit noch eine Gefangenschaft machen deshalb bis zum Nullpunkt unglücklich. Kurz vor diesem Nullpunkt macht die Hoffnung Sprünge. Was sie in Ihrer Installation nicht vermag, antwortete der Soziologe. Ihre Puppe wird im Erdreich festgehalten. Menschen sind keine Puppen, antwortete Beuys. Warum dann die Installation mit der Puppe? Wegen des »Antirealismus des Gefühls«.

Unabweisbarkeit im Eigensinn der Arbeitskraft

Marianne Herzog (*Von der Hand in den Mund. Frauen im Akkord*, S. 22 f.) beschreibt eine Röhrenschweißerin, die nach etwa 30 Schweißungen jeweils eine ausholende flügelartige Bewegung mit ihren Armen macht, um in die funktionelle Arbeit an weiteren etwa 30 Röhrenteilen einzutreten. Für sie als Person wirklich (also Lebenslauf) ist die ausholende Bewegung, das übrige ist unwirklich.

Die Sozialforscherin erläutert das: »Um diese Zeit müssen Frau Bartz und Frau Winterfeld 30 Röhren geschweißt haben. Um diese Zeit haben ca. ⅔ aller Arbeiterinnen der Halle angefangen zu schweißen. Frau Heinrich ist gekommen, sie packt ihre Sauermilch aus und stellt sie auf die Maschine, sie stellt die Maschine an und kippt den ersten Kasten Material auf der Maschine aus, Frau Heinrich sitzt eine Reihe hinter Frau Winterfeld und Frau Bartz. Frau Heinrich hat eine kurzzyklische Arbeit. Das kann man an den Kästen erkennen, die als Tagespensum vor ihr aufgebaut sind, so daß sie dahinter fast verschwindet. Ein Arbeitsvorgang von ihr dauert 9 Sekunden: einen Fuß in die Hand nehmen, eine Strebe mit der Pinzette greifen, die Strebe an den Fuß schweißen. Den gleichen Vorgang mit der zweiten Strebe und anschließend den fertigen Fuß in den Kasten legen. Um das auszuhalten, hat Frau Heinrich im Laufe der Akkordjahre ihre Bewegungen innerhalb der Möglichkeiten des Akkords ausgedehnt, sie hat ein paar Bewegungen dazuerfunden und schafft trotzdem noch den Akkord. Mit den Händen nimmt sie nicht nur das Material auf und schweißt es unter der Elektrode zusammen, sondern wenn man ihr zuguckt, sieht das so aus: Frau Heinrich breitet die Arme aus wie im Flug, dann zieht sie sie wieder ein und nimmt dabei, als käme sie rein zufällig daran vorbei, das zu schweißende Material in beide Hände und wippt, während sie es aufnimmt, mit dem Körper nach und tritt mit dem Fuß drei- bis viermal auf das Fußpedal und schweißt dann das erste Teil an. Dann wieder Ausbreiten der Arme, das Frau Heinrich als Schwungholen für ihren Akkord nutzbar macht, sonst bliebe das Schwungholen eine überflüssige Bewegung, und Frau Heinrich könnte sie sich nicht leisten. Mit den Füßen macht sie es genauso. Sie hat bei einem Arbeitsvorgang 2 Schweißstellen. Die anderen Arbeiterinnen haben 12 bis 16 Schweißstellen. Frau Heinrich macht sich auch hier ein paar dazu. Während sie das Material aufnimmt, noch bevor sie es unter die Elektrode legt, tritt sie mit dem Fuß drei- bis viermal auf das Fußpedal, dann erst schweißt sie richtig. Diese Bewegungen hat Frau Heinrich gegen den Akkord entwickelt.«

»Sinnlich sein heißt leiden«.
»Schöpferische Zerstörung« im individuellen Lebenslauf

Die Abteilung für Bildungsökonomie im Max-Planck-Institut für Bildungsforschung in Berlin, wie sie Prof. Dr. Edding einst gründete, befaßte sich mit den Budgets des Bildungswesens, mit Schwerpunktfinanzierung, Rechnungsprüfung, internationalem Kostenvergleich und anderen Zahlenwerken. Neuerdings arbeitet am Sockel dieser Abteilung eine Arbeitsgruppe an etwas ganz anderem: Was weiß man, fragt Ingrid Zuse, die Leiterin des Teams (unter Anwendung der Erkenntnisse von Jean Piaget und von Arno Bammé in Graz), von der ÖKONOMIE DER LERNWILLIGKEIT in den Menschen, die überhaupt für Bildungsvorhaben zur Verfügung steht? Zuse geht davon aus, daß zweierlei notwendig ist, damit eine Lernbereitschaft entsteht: Es muß Not vorhanden sein, und es müssen an den Rändern der Not glückliche Erlebnisse dasein, damit Neugierde entsteht. Ingrid Zuse schreibt:

Ein Mensch wird geboren. Seine Muskeln, Nerven, die Haut, sein Gehirn haben die Eigenschaft, sich allseitig zu regen, zu antworten. Dies geschieht zunächst in einer Sprache, die nicht die der Erwachsenen ist. Rhythmus, Dauer, Tonhöhe, Lautstärke, Wechsel, örtliche Bewegung, gewiegt werden, Gleichgewichtssinn und dessen Variationen, kippen – daraus macht jedes Kind eine Eigensprache. Die allseitige Betätigung macht Versuche, lebendig zu sein, reagiert auf Störungen. »Leben ist sinnlich sein ... sinnlich sein heißt leiden« (Marx). Das Kind antwortet auf Urobjekte, die ihm begegnen. Es lernt in seiner Weise. Das ist die Bedingung, unter der es sich und die Umweltbedingungen voneinander zu trennen versteht. Es lernt so, »sich zu beherrschen«.[1]

Hierbei hat bereits eine Reihe von Trennungsprozessen stattgefunden. Die allseitige Betätigung findet ihre Schranke im Interesse der Urobjekte, das sich nicht auf alle Bewegungen des Kindes gleichmäßig richtet, sondern auf diejenigen, die später zum Sitzen, Stehen oder Gehen taugen. Das Kind lernt, seine Bewegungen in dieser von den Urobjekten gebahnten Richtung zu selektieren, wird aber deshalb die Lust auf allseitige Betätigung nicht

---

[1] »Ein langer Prozeß über mehrere Stufen seiner Geschichte. Hat es keinen Vater, so ist die Warensammlung die Realität, auf die es stößt, der Vater. Hat es keine Mutter, so wird es versuchen, sich aus Menschen, auf die es trifft, eine Mutter zusammenzusetzen oder sich ein eingebildetes Objekt in seinem frühen Kopf machen, das das Urobjekt fingiert.« (Michael Balint, *Therapeutische Aspekte der Regression. Die Theorie der Grundstörung*, Stuttgart 1970, S. 35 ff.). Dieser Überlebenskampf ist robust. Gelingt keiner dieser Ersätze, so stirbt das Kind.

aufgeben, sondern verinnerlichen. Dies bedeutet: Ein Teil geht in die Anpassung, ein Teil in den Protest.
Für diese Ökonomie ist es gleichgültig, welche Variante der Beschreibung man wählt. Man kann es ganz äußerlich als eine Bilanz beschreiben, fährt Ingrid Zuse fort, in der 50 Prozent der inneren Eigenschaften sich in Protest, 50 Prozent in Anpassungsvermögen verwandeln. Die Proteste aber wandeln permanent ihre ursprüngliche Gestalt. Aus Geschrei wird stummer Gehorsam. Jeder *dieser* Übergänge findet wiederum in der Form statt: ein Teil Anpassung, ein Teil Protest. Die Trennungsenergien bestehen aus zweierlei: aus Verlusterfahrung und aus der Fähigkeit, darauf zu antworten. Finden die beiden Teile nicht zusammen, so entsteht Krankheit. Finden sie zusammen, entsteht der Rohstoff (Kitt, Ferment) für spätere Tüchtigkeit (zur Hälfte) und die Produktion der spezialisierten, »erwachsenen« Sexualität aus den allseitigen Vermögen der kindlichen Erotik (zur anderen Hälfte). Das Kind hatte nie die Absicht, eine solche Menschmaschine in der Realität zu werden, und hat eigentlich auch nie an einer Vereidigung auf diese Fahne teilgenommen.
Ohne diese Trennungen wird niemand ein Erwachsener, folgert Ingrid Zuse und findet damit die Zustimmung ihrer Forschergruppe. Man kann aber auch sagen, daß aufgrund solcher Trennungen, die ja jede für sich die Störung einer organischen Integrität bedeuten, im emanzipatorischen Sinn keiner wirklich ein Erwachsener wird. Wieder anders gesagt: Wäre es möglich, die Trennungen zu vermeiden, so entstünde ebenfalls nichts Emanzipatorisches, da ein ganz unrealistisches Wesen entstünde, das zu nichts in der Gesellschaft paßt.[1]

Patrioten ihrer Kinderzeit

Eva, die sieben Jahre lang sein Leben begleitete, war mit Th. W. Adorno darin im Einverständnis, daß sie beide, auch gestützt durch Hinweise im Werk von Marcel Proust, es grundsätzlich ablehnten, die Kinderzeit, die sie in sich trugen, je zu verlassen. Sie mochten sich äußerlich wie Erwachsene aufführen, ganze Wochen lang, ein ganzes Arbeitsleben lang, kaum kamen sie zusammen, vereinigten sie sich als Kinder. Wir haben es nicht nötig, sagten sie, unserem Glück abzuschwören.
In dieser Woche waren sie in Lyon verabredet. Der Gelehrte sollte dort einen Vortrag in französischer Sprache mit dem Thema »Die Entfremdung als

---

[1] Dies wäre ein verwöhnter Held Siegfried, der den Hof von Burgund durcheinanderbringt und noch nach seinem Tod die Hunnenschlacht verursacht.

Lehrmeister« halten. Im Hotel aber harrte er vergebens auf die Ankunft der Geliebten. Sie hatte in Frankfurt das Flugzeug verpaßt, lange gebraucht, um zu einem Telefon zu gelangen, und dann Zeit verbraucht, die Nummer des Hotels in Lyon zu ermitteln, die sie verkramt hatte. Jetzt gab sie die Nachricht von dem Fiasko durch.

Stunde für Stunde wartete der sechsjährige Junge in dem berühmten Mann auf »das Kind«. Er war gewöhnt an positive Überraschungen: Erfüllung eines Wunsches, schon ehe dieser zutage trat. Davon war im regnerischen Lyon nichts zu haben. Man kann vor allem Wünsche nicht wechseln wie ein Hemd. Er hatte keinen anderen Wunsch zur Hand als den, daß sie endlich zur Tür des Hotels hereinträte. Mehrmals ging er aus seinem Zimmer im zweiten Stock nach unten vor die Tür. Als die Zeit dafür gekommen war, hielt er mürrisch seine Rede. Der Abend war vorüber. In der Nacht landeten keine Maschinen aus Frankfurt in Lyon.

Spätvormittags kam sie dann zerzaust vom Flughafen angefahren. Da ging es schon um die Vorbereitungen für die Rückreise. Er hatte viel Zeit gehabt, sein mitgeführtes Schreibheft mit Notizen zu füllen. Das wenigstens war von Nutzen (wenn auch nicht glücklich machend). Nichts hatte ihn von der Arbeit abgelenkt. Wieso spricht man eigentlich in Bezug auf das Schreiben von einer Arbeit? fragte er sich. Es ist eine Sucht und ein Trost. Warten dagegen auf jemanden, der nicht kommt und dessen Kommen einer innig begehrt, kann als Arbeit gelten.

Im unbequemen Hotelbett herzten sie einander für eine kurze Weile. Dann fuhren sie mit dem Zug nach Hause zurück. Die Piloten streikten. Das hätte noch gefehlt, daß »das Kind« überhaupt nicht eingetroffen wäre. Vor den Fenstern des Speisewagens fette Wiesen. Hier wollte keiner von beiden aussteigen. In der Ferne sahen sie Bergkuppen, von denen sie annahmen, daß sie in einem der vergangenen Kriege eine Rolle gespielt hätten. Adorno war es gelungen, die schuldbewußte Verpatzerin des hoffnungsreichen Ausflugs aufzuheitern. Wenigstens dieser Erfolg.

Spielerischer Umgang im Amt

Ein bedeutender Physiker und Atomforscher gründete gemeinsam mit dem Soziologen Jürgen Habermas ein Max-Planck-Institut zur Erforschung der Lebensbedingungen in der technisch-wissenschaftlichen Welt. Der Physiker, der aus einer angesehenen schwäbischen Adelsfamilie stammte, die schon viele Regierungschefs und Spitzenbeamte gestellt hatte, war es gewohnt, seinen jeweiligen Interessen zu folgen, und diese wechselten wie das Wetter, auch abhängig davon, auf wen er an dem betreffenden Tage traf. So bildete sich hinter ihm, wie man es oft beobachtet, wenn hinter spielenden Kindern eine lange Spur an liegengelassenen Sachen entsteht, eine Schlange abgebrochener Vorhaben, nicht zu Ende geführter Projekte, von denen jedes für sich als interessant gelten konnte, wobei alle gemeinsam aber einen Schuldenberg an Unerledigtem errichteten. Für Habermas war das nicht vereinbar mit dem Begriff einer ernsthaften Arbeit. Der undisziplinierte Umgang dieser Art, den der verwöhnte Physiker an den Tag legte und der sich weder durch freundliche noch durch strenge Abmahnung änderte, war eines der Elemente, welches das Max-Planck-Institut zum Scheitern brachte.

Abb.: Mit Tretauto im Winter im Schnee.

Filmszene aus der Arbeitswelt

In der Zeit, in welcher R. W. Fassbinder und sein Produktionsteam (das damals Theater im Volksbildungsheim spielte und Filme machte) in der Kaiserstraße in Frankfurt residierten, hatte einer seiner Favoriten irrtümlich eine Drehgenehmigung in einer stillgelegten Fabrik des Rhein-Main-Gebietes besorgt, in der früher Schreibmaschinen und auch Werkzeugmaschinen hergestellt worden waren. Jetzt aber war das Unternehmen in Insolvenz geraten, und der Abriß stand bevor.

Nachdem die Drehgenehmigung schon einmal da war, entschloß sich R. W. Fassbinder, sie auch zu nutzen. Es war dies der seltene Fall, daß er in der Arbeitswelt filmte. Er ließ vor Ort Schienen für die Kamera legen. Die Kamera sollte den Darstellern, die er eine weite Strecke über das Gelände laufen ließ, in stabiler Fahrt folgen: eine technisch perfekte Fahraufnahme stand sozusagen im Gegensatz zu der technisch ramponierten, zum Teil schon zerstörten Fabrik. In der Filmaufnahme selbst war Fassbinders Idee nicht zu erkennen, da man auf unbestimmtem Hintergrund immer nur die Köpfe der Darsteller in Großaufnahme sah. Dagegen besaßen die Fotos, welche die Dreharbeiten festhielten, einen hohen ästhetischen Wert. Man sah die Pflasterstraße und die in die Pflasterung eingelassenen Schienen für die Loren (oder eine werkseigene Schmalspurbahn), die noch dem 19. Jahrhundert entstammten, und darüber waren die technisch modernen Schienen für die Kamera aus dem Bestand der Firma Arnold und Richter gelegt; große Scheinwerfer vergossen ihr Licht, dies alles deutlich eine Welt des 20. Jahrhunderts.

Wegen der Krise, die in jenen Tagen in der Öffentlichkeit um das Theaterstück *Der Müll, die Stadt und der Tod* und der darin enthaltenen Rolle des »Juden von Frankfurt« ausbrach, und auch wegen des Drucks, der von einem Anschlußprojekt für den WDR ausging, blieb es bei diesem einmaligen Dreh, aus dem die beschriebene lange Fahrtszene hervorging. Fassbinder versah die etwa siebenminütige Sequenz später mit einem von einem seiner Schauspieler gesprochenen Text. Es handelte sich um Worte, die *nicht* unter den Begriff ARBEIT fielen: SPIELEN, GÄHNEN, BETEN, SCHLAFEN, GRÜBELN, HASSEN, WÜRGEN, RAUBEN, SICH STRECKEN, SPRINGEN, SICH ZUM STERBEN LEGEN, AUFWACHEN, RAUCHEN, SICH ANKLEIDEN, JEMANDEN AUSKLEIDEN, WEINEN, JAGEN, SAMMELN, SPÄHEN, TÜRMEN, KLEBEN (ZUM BEISPIEL TÜTEN), HORCHEN, ESSEN, TRINKEN, STECHEN, MURREN, SUCHEN, FINDEN, FRIEREN, TROCKNEN, WITZE ERZÄHLEN.

Bei der Filmmischung (hier werden in einem Studio das geschnittene Filmpositiv und die entsprechend dem Negativ perforierten Tonbänder synchronisiert) fragte der Toningenieur Fassbinder, ob in den von diesen Worten wiedergegebenen Tätigkeiten nicht immer noch Arbeit versteckt sei. Fassbinder neigte nicht zu philosophischen Erörterungen, war ungeduldig.

– Irgendwie kann man immer sagen, daß »etwas arbeitet«.
– Ein Stein, der am Wegesrand liegt, arbeitet aber nicht.
– An ihm arbeitet das Wetter.
– Das wäre keine Arbeit im menschlichen Sinn.
– Beim Schlafen arbeiten die Zellen und die Verdauung.

Fassbinder hatte mit seinem letzten Satz eingelenkt, um das Gespräch abzukürzen. Und was wollen Sie mit dem Filmstück später anfangen, das wir hier mischen? Es ist sieben Minuten lang. Es gibt kein Programm im Kino oder im Fernsehen von dieser Länge, sagte der Toningenieur. Das Stück ist für die Ewigkeit gemacht, antwortete Fassbinder, der nervös war.

Abb.: Arbeiter aus Nordostchina.

»Heile, heile Mäusespeck /
In hundert Jahrn ist alles weg«

Würde man mittels eines extremen cinematographischen Zeitraffers die 2000jährige Geschichte der Stadt Mainz in einem Film von 90 Minuten abbilden, sähe man zu Anfang ein römisches Castrum, an dessen Toren sich Kantinen oder eine Vorstadt bilden. Später entsteht eine mittelalterliche Metropole, umgeben von Agrikultur. In dieser Metropole grenzt sich eine bürgerliche Handwerkerstadt ab gegenüber der Herrschaft des Erzbischofs. Während der Französischen Revolution wird Mainz von Revolutionstruppen besetzt und auf kurze Zeit zu einem französischen Departement. In jenen Tagen war es üblich, auf geschmückten, von Pferden gezogenen Wagen die Göttinnen der Vernunft, der Fruchtbarkeit, der Republik und andere Idole zu den von Gott geräumten Kirchen zu fahren, zur Feier der revolutionären Neuerungen. Nach dem Ende von Napoleons Herrschaft wurden diese Festwagen aus den Arsenalen hervorgeholt und (unter Wiederaufnahme der römischen Saturnalien und mittelalterlicher Traditionen) zum Vergnügen der Mainzer für die Karnevalsumzüge verwendet. Inzwischen ist aus Mainz eine preußische Provinzstadt mit industriellen Vororten geworden. Dieses Mainz wird im Zweiten Weltkrieg durch Bomben zerstört. Neuerdings ist die Stadt auf den alten Grundrissen von Neubauten bedeckt.

Der digitale Peters

Eine Gruppe von Computerexperten übertrug die Daten der WELTGESCHICHTE NACH PETERS unter Anleitung von Martin Weinmann in ein elektronisches System. Der Geschichtsatlas verwandelte sich so in einen elektronischen Garten bzw. in eine Maschine, in welcher »begehbare Geschichte« möglich war. In diesem Werk kann der Nutzer je 6000 Jahre Geschichte in Asien, Mesopotamien, am Nil, in Europa, in Amerika und bei den Antipoden parallel verfolgen. Die Geschichtsverläufe sind als Ströme, Bäche oder Flüsse nebeneinander dargestellt. Anklickbar sind jeweils an den »Knotenpunkten der Geschichte« die Kästen mit Notizzetteln, die Peters angelegt hat.
Die Künstler hatten die Peters-Programme in der ausgedienten Halle eines Flugzeugwerks als Raum-Installation auf sechs Leinwände projiziert. In den drei Dimensionen des Raumes konnte man die Programme variieren. Das geschah in Zusammenarbeit mit Edgar Reitz und dessen Team, der mit seiner Installation VARIA-VISION bereits 1965 in analoger Filmtechnik auf

36 Breit- und Normalleinwänden ein ähnliches Raum-Kino erprobt hatte. So zeigte jetzt, aus Daten der Peters-Programme gespeist, eine der Schleifen (= Programm von je 36 Filmen in Gesamtlänge von 140 Minuten, projiziert auf sechs Kanälen, bezogen auf ein Thema, einen Wirklichkeitsausschnitt oder einen Zeitfluß) die Ausbreitung des MONOTHEISMUS von dessen Frühgeburt in Ägypten unter Amenhotep IV. bis zu den neuesten monotheistischen Religionsgründungen in den USA und in der Karibik. Die Farbe für die rigide Verehrung des EINEN GOTTES war rot, die für Vielgötterei, Beimischung von Magie und früherer Götterwelten blau oder grau. Der Besucher ging unter diesen Flimmerbildern dahin. Ton war für diese Schleife nicht vorgesehen.
Eine andere Geisterkammer von 36 Projektoren, die Projektionen auf sechs Leinwände brachten (am Boden, an den vier Wänden und in der Kuppel der Decke), befaßte sich mit den Flüssen des Geldes, den Strömen der Waren und des Kapitals und von deren Derivaten von Mesopotamien bis heute.
Die beliebteste Simulation hieß »14,5 Milliarden Jahre Kosmos«. Sie besaß hohe Authentizität. Das Max-Planck-Institut für Astrophysik und extraterrestrische Physik in Garching hatte diese Schleife bereits als Leihgabe angefordert.
Eine vierte Installation (die Programme wurden zeitlich nacheinander gespielt, weil es derzeit nur *eine* Halle gab; es sollten aber wegen des Publikumserfolgs mehrere solcher Installationsräume eingerichtet werden) zeigte die Orte, an denen das Feuer, die Werkzeuge und die ersten Höhlen angelegt wurden. Sukzessive hatten Filmemacher Szenen aus jenen frühen Tagen in Zusammenarbeit mit der BBC als Blue-Box-Effekte hergestellt. Spätere Passagen dieser Schleife zeigten das Aufkommen der Maschinen, umflossen von den Migrationen der Menschheit (*march of mankind*). Zuletzt kamen die »Flüsse des Wissens«. Von Interesse für die Besucher: daß das Wissen in den USA sich in drei Staubecken zentriert (rotschraffiert), nämlich im Silicon Valley, einschließlich Stanford und San Francisco, im Umkreis von Boston und im Süden Kaliforniens. Während die graugelben Ströme und Sümpfe der Unterversorgung den mittleren Westen, mit Ausnahme des Bezirks Chicago, ausmachen.

216 Passagen aus der ideologischen Antike: Arbeit / Eigensinn

Abb.: »Ansicht der Geschoßdreherei VII von Krupp in Essen mit roter Fahne auf dem Dach am 9. November 1918.« Die rote Fahne ist mit Farbstift auf dem Photo handkoloriert worden.

Ein Film über den »Gesamtarbeiter«

An einem dunstigen Dezemberabend des Jahres 1918 sah der ungarische Filmregisseur Mihály Kertész (später verfilmte er als Michael Curtiz *Casablanca*) in Budapest vor seinem geistigen Auge ein Filmbild: die ARBEITERKLASSE IM WELTMASSSTAB. Er hatte in vielen Zeitungen darüber gelesen. Zu dieser Zeit waren die Filmstudios der ungarischen Hauptstadt vom alten Personal leergeräumt und von jungen Intellektuellen, Dichtern, Filmemachern, Kameraleuten und Schauspielern provisorisch besetzt. Es drängte die jungen Menschen zum Film.
Kertész arbeitete in jenen Tagen an dem Drehbuch für seinen geplanten Monumentalfilm, der vom Auszug Israels aus Ägypten handelte. Weil aber die Kostüme für die bereits engagierten Statisten nicht fertiggestellt waren (und wegen Materialmangels mit der Anfertigung nicht vor Januar zu rechnen war, gleichwohl aber die Statisten in der Wartezeit bezahlt werden mußten), hatte Kertész die Idee, eine aktuelle Sequenz über den AUFSTAND DES WELTPRO-

LETARIATS zu drehen. Dafür konnten die Statisten in den Kleidern auftreten, welche sie besaßen. Dies war der Augenblick, in dem Kertész jenes BILD DER ARBEITERKLASSE vor sich sah, das allerdings eher einer Planskizze als einer Versammlung von Menschen entsprach. Kertész hatte einen Bühnenbildner von der Budapester Oper engagiert, die zu diesem Zeitpunkt noch nicht wieder eröffnet hatte, und dieser Künstler hatte ihm eine Weltkugel aus einer Gipsmasse geformt, auf der die industriellen Zonen der Erde in Gestalt winziger Glühbirnen zum Leuchten gebracht werden konnten. Die drehbare Vorrichtung wurde mit Hilfe eines winzigen Motors angetrieben. Probeaufnahmen mit der Studiokamera erzeugten einen starken Eindruck.

In Budapests Stadtbild trat die Industrie nicht prägend hervor. Kertész und sein Bühnenbildner brauchten Phantasie, um sich »Schwerpunkte der Produktion« auf dem Planeten vorzustellen. Mit Blick auf die USA hatten die beiden von der dynamisch wachsenden Fabrikstadt Cincinnati gehört; es schien, daß diese Stadt (wüchse sie so rasch wie im 19. Jahrhundert) alle anderen Städte der Welt an Ausdehnung überholen würde. Auch über die Fabrikviertel von Shanghai wurde viel gesprochen. Ein Industriegürtel zwischen Nordfrankreich und Belgien hieß, wie zu lesen war, die Borinage und galt als Zentrum aufsässiger Arbeiter. Dagegen keine Fabrikanlagen zwischen Tunis und Johannesburg. Etliche Lämpchen in dem Kunstwerk des Bühnenbildners zeigten Japans Schornsteine.

Nach einigen Tagen der Vorbereitung für diesen ZWISCHENFILM entschied sich Kertész, die weltumspannende, sich offenbar (den Pressemeldungen nach zu urteilen) zusammenschließende MACHT DER ARBEIT (ein Bild, das später in Rußlands Propaganda, der des Dritten Reiches und in den Wahlkämpfen der USA eine Rolle spielte) indirekt darzustellen: Der Film zeigte jetzt, wie eine Schraube und wie die aus solchen Teilen zusammengebaute Maschine dann in Liverpool neue Maschinen produziert und wie hier und an anderen Orten immer größere Kombinate und industrielle Anlagen entstehen – die Zeichnungen von Kertész und dem Bühnebildner sahen zuletzt den Maschinenwelten ähnlich, die Fritz Lang Jahre später für seinen Film *Metropolis* baute. Der Grund für die Ähnlichkeit der Bilder lag darin, daß Lang Kertész' Opernbühnenbildner in sein Team übernommen hatte.

Bevor aber die Dreharbeiten für das Filmprojekt in Budapest in Angriff genommen werden konnten, wurden die ägyptischen Kostüme für die Statisten angeliefert, so daß sogleich die Dreharbeiten für das ursprüngliche Sujet, beginnend mit den sieben Plagen und der großen Szene des Moses vor Pharao, angefangen wurden. Daher ist (außer in den späteren Filmen *Borinage* von Joris Ivens und *October* von Eisenstein) das sich in der Welt zusammenschließende Proletariat nie gefilmt worden.

Abb.: Ausstellungsgemälde in Chicago von 1939. Was der übermächtige Arbeiter greift, als wären es Schlangen, sind drei Stock hohe Stromkabel, die eine Stadt zur Explosion bringen würden. Unten Mitte: ein realer Arbeiter am Fenster eines Gebäudes, nicht zu erkennen.

»Da kannst Du essen, Du eigensinniges Kind!«

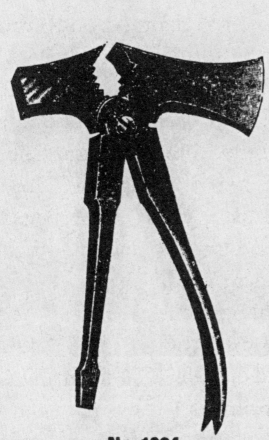

Nr. 1324.
Universalwerkzeug,
bestes Fabrikat in fein vernickelter Ausführung. Als Hammer, Zange, Beil, Drahtschneider, Nagelheber, Schraubenschlüssel, Schraubenzieher, Konuszange und Kistenöffner zu gebrauchen. 14 cm lang.
Stück M. 1.70

Abb.: Universalwerkzeug.

Abb.: Der Turmbau zu Babel von Pieter Brueghel d. Ä. (um 1564). Im Bild oben sind die Wolken angedeutet. Die Menschen, links unten, sind im Vergleich zum Turm bloß Punkte. Brueghel verfährt historisch insofern, als er in seiner Deutung des Turms das *Kolosseum* von Rom der Höhe nach übertreibt. Der Turm ist, weil ihn der Grundriß nicht trägt, links in die Erde eingesackt, wird wieder zu Natur. Die architektonische Sprache wäre zu Übereinkünften geeignet, wäre der Bau fertig. Er wäre fertig, wenn man wüßte, was Menschen mit ihm anfangen sollen. Die Tore und Fenster sind aber für Menschen zu groß. Es gibt keine Lebensgewohnheiten, die sich in ein solches Zentralgebäude einfügen. Dies ist nicht Nebukadnezars Hybris, sondern das Unbestimmtheitsprinzip. Die Sprachverwirrung ist Mangel an Bestimmtheit. Das Produktionsprinzip ist vom Abstraktionsprinzip unterjocht. Ohne Abstraktion kein Turmbau, keine Sprachverwirrung. Der Turmbau soll vermutlich Feinden imponieren, sie entnerven, ihren Willen vernichten.

»Da kannst Du essen, Du eigensinniges Kind!«

Abb.: Arbeiter aus Sinkiang auf dem Wege zu einer weit entfernten Arbeitsstelle.

3
Wer sich traut, reißt die Kälte vom Pferd

13. März 1967

Lieber Axel,
[...] Du kannst nicht wissen, daß diese Frage mich seit geraumer Zeit beschäftigt, und zwar im allerernstesten Zusammenhang, nämlich dem, daß [...] die Barbarei sich unablässig reproduziert. Schon im Kommunistischen Manifest findet sich die Ahnung davon. [...] Ich würde nun sehr gern mit Dir einmal darüber geredet haben, wie und ob man in Deinem Plan diese Intention einsenken kann – es sei denn, daß eben dies, wie ich fast vermute, bereits Deine Absicht ist. Ein solcher Film käme einer Sache sehr nahe, die mich immer mehr beschäftigt: der Frage nach der Kälte. In dem Vortrag über Auschwitz habe ich darüber gesprochen, plane aber doch, wenn meine großen Pläne etwas weiter sind, **einmal einen Essay über die Kälte zu schreiben**. Mir ist gegenwärtig die wirklich unvergleichliche Stelle aus »Abschied von gestern«, wo Lexi auf die Vorhaltungen des Untersuchungsrichters sagt: Ich friere auch im Sommer. Darum geht es wirklich, im allertödlichsten Ernst. [...]
Alles Herzliche von Deinem alten
Teddie

26. Mai 1967
Lieber Axel,
[...] Und es ist mir aus tausend Gründen daran gelegen, Dich bald zu sehen, auch um wegen der **Idee eines Films über die Kälte** *mit Dir zu sprechen. [...]*
Herzlichst stets Dein
Teddie

Bei der Anspielung in Theodor W. Adornos Brief vom 13. März 1967 geht es darum, daß die Protagonistin des Films, Anita G., überführt wurde, den Pullover einer Arbeitskollegin gestohlen zu haben. Der Richter fragt sie nach dem Motiv. Er findet die Beute geringfügig angesichts des Urteils, mit dem die Angeschuldigte rechnen muß. Zur Zeit des Diebstahls war Sommer. »Wieso«, fragt der Richter, »haben Sie zu diesem Zeitpunkt einen Pullover entwenden müssen?« Das sei nach der Lebenserfahrung ungewöhnlich. Darauf antwortet Anita G. (gespielt von Alexandra Kluge): »Ich friere auch im Sommer.«
Wesentliche Eigenschaften, ohne welche die Menschheit nicht überlebt hätte, stammen aus der Eiszeit. So z.B. die für Warmblüter wichtige Unterscheidung zwischen heiß und kalt: Grundlage aller GEFÜHLE. *Insofern kann man sagen, daß wir Menschen aus der Kälte stammen. Zugleich wird man aber beobachten können, daß Herzenskälte dauerhaft nicht zu ertragen ist.*

Menschenfeindliche Kälte / Die »gescheiterte Hoffnung«

Infolge einer Verwechslung wird Caspar David Friedrichs Bild »Das Eismeer« auch als »Die gescheiterte Hoffnung« bezeichnet. Kann Hoffnung scheitern? Ähnlich vielseitig wie unser Verhältnis zur Kälte ist unsere Beziehung zur Hoffnung. Für Menschen kann es, solange sie leben, keinen Nullpunkt der Hoffnung geben. In der Nähe ihres Kältetodes wird die Hoffnung feurig.

Menschenfeindliche Kälte

Unter den für das Menschengeschlecht widerwärtigsten Arten der Kälte ist die nasse Kälte die schlimmste. In einer nassen Wolljacke, die Cordhose feucht auf der Haut, starb ein Mann auf dem Weg zu seinem Haus. Die WIND-KÄLTE, ein ähnlicher Feind. Dagegen ist trockene Kälte bei unbewegter Luft aushaltbar, auch bei unverhältnismäßig tiefen Temperaturen.

Herzenskälte: Die von ihm verlangte Gleichgültigkeit, der Verrat an seinem Kameraden, den er befehlsgemäß zu erschießen hatte, erhöhte die Herzschlagfrequenz und den Blutdruck des Kapos Hans Schwiers. Seine Herzwand erhitzte sich in gefährlicher Weise, während er die sogenannte »kalte Entscheidung« produzierte, die von ihm verlangt wurde. Trotz dieser Gefährdung seiner ganzen Natur versagte der Täter bei seiner Arbeit nicht; er fiel nicht tot um, er funktionierte. Insofern sei nicht der Einzelne »kalt«, sondern die Organisation, die den Einzelnen »in die Gemeinschaft einschweißt«, so SS-Standartenführer Ohlendorf.

Stroh im Eis

In den Wintern ist das Haus Kaiserstraße 42 in allen drei Stockwerken durch eine Zentralheizung beheizt, die, 1912 eingerichtet, jedes Jahr im Spätherbst, nachdem aus Spargründen die Bewohner zwei Wochen gefroren haben, störungsfrei in Funktion tritt. An jedem Tag, an dem das Thermometer eine Temperatur unter 0 Grad anzeigt, geht mein Vater um 11.30 Uhr aus der Arztpraxis im ersten Stock, die aus drei Räumen besteht, in den Garten. Der

Weg führt durch das Treppenhaus, durch die Pendeltür in die Diele, in das Eßzimmer und von dort in den Wintergarten. Ohne dieses Treibhaus könnten sich die tropischen Pflanzen in der kalten Jahreszeit nicht erhalten (noch nach der Zerstörung 1945 aber stehen die Palmen zwei Winter ohne den Glasschutz und die Heizung, ehe sie absterben – Leben ist zäh). Diese TROPEN sind von der REALITÄT DRAUSSEN durch eine verglaste Veranda abgeteilt. Da nur entweder die Tür vom Wintergarten zur Veranda oder die von der Veranda zum Garten geöffnet werden kann, entsteht in dieser Schleuse keine Zugluft.

Die zwei großen Rondelle des Gartens (daneben der Steingarten und der Walnußbaum) trennt ein fast oval angelegter Teich, keine Natur, sondern ein aus Beton gegossenes Becken. Aber in diesem Gefäß haben Wasserpflanzen und Tiere eine »naturwüchsige« organische Suppe erzeugt, die man, von Jahr zu Jahr angereichert, nicht einfach Wasser nennen kann. Sie ist ein ähnlich künstliches Produkt wie der Wintergarten, der nur wenige Meter entfernt ein Klima imitiert, das im Naturzustand Tausende von Kilometern entfernt wäre.

Seit Mitte Dezember sind Garten und Teich von Schnee bedeckt. Gerade zwei Wochen alt ist die dünne Eisdecke auf dem Wasser, von Schnee überweht und auf ihre Tragfähigkeit nicht prüfbar. Darüber die harten Harzwinde. Mein Vater fror in seinem weißen Arztkittel, in dem er aus der Praxis heruntergeeilt war. Vom Rande des Teiches prüfte er mit einem Stock die Konsistenz des Eises, unmerklich zitterten seine Knochen, was er in seinem Eifer kaum bemerkte. Er war in Eile. Die Patienten im Wartezimmer, Privatpatienten, ungeduldige Leute. Dennoch stieg er bedachtsam auf das Eis des Teiches. Mein Vater ist ein durchweg vorsichtiger Mann.

In den Anfangstagen der Vereisung des Teiches, sobald er die Fläche für betretbar hielt, schlug mein Vater mit einer Spitzhacke Löcher in die Eisdecke. In die Öffnungen, denen er nicht allzu nahe kommen durfte, da die Stabilität des Eises in deren Nähe unberechenbar war, steckte er Bündel aus Stroh, die der Chauffeur vorbereitet hatte. Das Stroh kam aus Klein Quenstedt. Die enge Öffnung hielt die Bündel fest, hier froren sie ein. Es blieben aber mit den trockenen Halmen enge Röhren, welche die Fische im Teich mit Sauerstoff versorgten. Mein Vater nannte das »den Fischen Freiheit geben«. Er meinte damit, daß die kristalline Absperrung durch das Eis nie vollständig sein sollte. Es schwammen unter der Eisdecke dicke Karpfen und fettleibige Goldfische. Ihnen galt die Einfühlung meines Vaters.

Wieso erkältete sich mein Vater nicht bei solchem Tun? Warum zog er nicht seinen Mantel über, wie es selbst bei Krankenbesuchen in nächster Nachbarschaft seine Gewohnheit gewesen wäre? Nie ging er »unangezogen« aus dem Haus. Garten und Teich aber gehörten zum Haus, und gegen Erkältung schützt ihn vermutlich der Atem zahlreicher von Husten und Schnupfen betroffener Patienten, der ihm so viele Viren und Bakterien einbrachte, daß er – wie Mithridates von Pontos – eine Immunität gegen Gift entwickelt hatte. Er hielt sich für abgehärtet. Auch dachte er nicht an die Gefahr. Er war sicher, daß man sich nur erkältet, wenn man an die Kälte denkt. Bei seinen festen und schnellen Griffen, mit denen er die Löcher herstellte und das Stroh darin befestigte oder wenn er in späteren Tagen die Konsistenz des Strohs prüfte und die Büschel erneuerte, hatte er keine Gelegenheit für besondere Gedanken.

Warum aber stürzte mein Vater sich so zuverlässig auf das Rettungsunternehmen? Schon bei der Überwindung der Uferböschung, ohne die einer nicht auf das Eis gelangt, hätte er abrutschen können. Wie erst hätte er fallen können bei den Gängen zwischen den Löchern über die tückische Konsistenz des Teiches. Er trug mit einer gewissen Eitelkeit, aber auch aus Standesgründen in seiner Praxis Lackschuhe, also Abendschuhe mit glatter Ledersohle. Was ihn beschützte, war wiederum der Eifer, die Konzentration auf die Sache, die er betrieb. Auch strebte er wieder ins Warme, zurück zum Dienst. Beruflich war er ja nicht Gärtner oder Fischzüchter.

Zur Sorgsamkeit jener Generation von 1892 gehörte die »Zuverlässigkeit des Tuns unter allen Umständen«. Hatte die Runde der Halberstädter Gesellschaft sich zum Beispiel bei einer Veranstaltung des Domklubs mit Nachfeier (oder später, in der Zeit der Besetzung durch die Rote Armee im Haus des Kommandanten, jetzt als dezimierte Gemeinschaft) betrunken, dann mochte es sein, daß die Praxis mit einer Stunde Verspätung geöffnet wurde, also um 9 Uhr statt um 8 Uhr. Niemals aber hätte mein Vater im Winter den Zeitpunkt um 11.30 Uhr versäumt, an dem er die Behandlung der Patienten unterbrach und nach dem Stroh im Teich sah. Als empfände er den Luftmangel der Fische in seiner eigenen Lunge. Die Mitempfindung bewegte ihn stärker als der Mangel an Nüchternheit, der sich in starken Kopfschmerzen und auch äußerlich in rotgeäderten Augen zeigte. Mein Vater gehörte zu jenem Menschentyp, mit dem ein Volk durch Notzeiten kommen konnte, die doch an diesen Sohn seiner Mutter nie so herantraten, wie der Charakter dafür geeicht war. Einen glücklichen Mann nannte er sich. Seinen Vornamen ERNST ließ er gern bespotten. In zärtlichen Momenten ließ er sich von Frauen »Ernstchen« nennen, als ob es die Verkleinerungsform der Ernsthaftigkeit gäbe.

»Die gescheiterte Hoffnung«

> »Und doch war diese in voller Fahrt gebremste, aber noch über 100 Meter weiterrutschende Hoffnung meine eigene ...«
>
> Anne Weber

Im Jahre 1822 hatte Caspar David Friedrich eine Polarlandschaft gemalt (das Bild ist nicht erhalten): EIN GESCHEITERTES SCHIFF AN GRÖNLANDS KÜSTE IM WONNEMOND. Am Bug des Schiffes war die Aufschrift »Hoffnung« zu lesen. Das war ein durchaus üblicher Schiffsname. Das großformatige Bild »Das Eismeer«, das später entstand, wurde mit dem verschollenen ersten Bild verwechselt und erhielt so den Namen DIE GESCHEITERTE HOFFNUNG. Das Bild wurde zu Friedrichs Lebzeiten nicht verkauft. Gerhard Richter sah es in der Hamburger Kunsthalle.

Friedrich hat eine Polarlandschaft nie unmittelbar gesehen. Die Konsistenz des Eises kannte er vom aufbrechenden Wintereis der Elbe, das bizarre Barrieren bildete: »Mit scharfen, spitzen Eisplatten, die sich übereinander lagern.«

Die Phantasie des Bildes geht auf Zeitungsberichte sowie auf Panoramen zurück, in denen Aussteller in Prag und Dresden in den Jahren 1822 und 1823 die populäre Situation »Winteraufenthalt einer Nordpol-Expedition«, ein Boulevardthema, beantworteten. Kommentatoren haben behauptet, das getürmte Eis, das man auf Friedrichs Bild sieht, bezeichne die Ewigkeit Gottes, das GESCHEITERTE SCHIFF, das vom Eis zerdrückt wird, die Ohnmacht und Vergänglichkeit der Menschen. Sie sagen, das Bild dementiere die Hoffnung, Gottes Wesen rational zu verstehen. Danach, erwidert Dr. Detlef Sturm, wäre jedoch nicht alle Hoffnung gescheitert, sondern nur diese. Die enorme Farbstärke, meinen wiederum andere, beweise, daß es Friedrich zumindest nicht um die Darstellung des »Schreckens des Eises« gegangen sei, sondern um dessen ERHABENHEIT. Die Schichtung der Eisschollen lasse an die Stufen eines Tempels denken, so daß die Eisplatten zum blauen Himmel hinzustreben scheinen: »Eine Apotheose illusionslos wahrgenommener Objektivität.«

Nach der Besichtigung des Bildes in der Hamburger Kunsthalle saßen Elfriede Ewers und Carla Stiffels, die sich erst seit kurzem kannten, noch lange bei Kaffee und Sahne. Ihnen war aufgefallen, daß das Bild im Katalog mit »Das Eismeer / Die gescheiterte Hoffnung«, im Ausstellungsraum aber nur als »Das

Eismeer« bezeichnet war. Die Wortwahl DIE GESCHEITERTE HOFFNUNG hatte Elfriede beeindruckt.

– Was findest du besser, den Titel oder das Bild?
– Es kommt ja nicht darauf an, was ich meine.
– Wieso?
– Es kommt doch angesichts des Bildes auf mein Urteil gar nicht an! Du sollst kein Urteil abgeben, wenn es um Erhabenheit geht, so steht es wenigstens im Katalog.
– Mir fällt auf, daß kein wirklicher Beobachter in der Szene so hoch im Norden anwesend sein könnte. Er würde erfrieren, könnte sicherlich nicht versorgt werden und würde nicht zurückfinden, um von seinen Eindrücken zu berichten. Man müßte schon einen Glastunnel bauen, ihn beheizen, mit irgendeiner Schiffsanlandung oder einem Hubschrauberlandeplatz verbinden, um eine Landschaft wie die des Malers Friedrich der Besichtigung durch Menschen zuzuführen. Das hat mich verblüfft.
– Und du meinst, das will das Bild uns sagen?
– »Eine Blume namens Nirgendwo«. Und wieso wäre das eine »gescheiterte Hoffnung«?
– Es ist ja auch nicht gesagt, daß das Bild »Die gescheiterte Hoffnung« heißt. Sicher ist nur der Name »Das Eismeer«.
– So wie man hinfährt, man wirft einen Blick auf das Erhabene, und auf der Rückfahrt tritt die Hoffnung schon wieder hervor.
– Das könntest du im Katalog nicht schreiben.

Inzwischen war über Hamburg die Dämmerung niedergesunken. Abends wurden die Museen geschlossen. Die Heizung gewährleistet für die Räume, in denen die Bilder hängen, auch in der Nacht gleichbleibende Temperatur.

Eisblaue Augen

Viele der Beamten im Reichssicherheitshauptamt (RSHA), die, als wären sie Haudegen, zu Sondereinsätzen in den Osten kommandiert waren, stammten aus Süddeutschland und besaßen keine blauen Augen. Einer aber, ein Sturmführer, verfügte über *eisblaue* Augen. Diese Bezeichnung kam von Bannarzt Dr. Meier, der von einer HJ-Formation an die Einsatzgruppe D auf der Krim ausgeliehen war. Der Sturmführer trug diese Augen, die ihm begehrliche maskuline Blicke, aber auch die von Nachrichtenhelferinnen einbrachten, bei der Erfüllung seiner Dienstpflichten im Frontgebiet wie eine Auszeichnung, einen

Orden. Dabei galt dieser Sturmführer als »eher gemütlich«. Auch war er mit keinen Grausamkeiten beauftragt. Die Mehrzahl seiner Stunden saß er in der Schreibstube, da er für die Organisierung des Nachschubs zuständig war. Der Eindruck von Kälte, den die Augen erzeugten, blieb Schein.

Die Feststellung, daß das Wort »kaltherzig« für Einsätze im Osten ein falschgewählter Ausdruck sei, gehörte zu den Steckenpferden von Kamerad Ohlendorf. Bei entschlossener Durchführung eines Befehls, auch wenn sich im Inneren des Mannes ein Widerstand regt, bei kaltblütigem Verhalten also, pocht das Herz heftiger, beharrte er. Wir haben bei der Untersuchung eines Exekutionskommandos nach einer Erschießung Fälle von Bluthochdruck und erhöhter Temperatur festgestellt.

Auch mit dem Charakter, dem Gesichtsausdruck, der Körperhaltung hat die Funktionstüchtigkeit im Einsatz wenig zu tun. Ein Major der Schutzpolizei aus Stuttgart, Vater von fünf Kindern, mit ruhigen, dunklen Augen, die herzlich wirken konnten, ließ in einer Vorstadt von Simferopol an einem Spätnachmittag befehlsgemäß 43 Geiseln erschießen und übergab den Exekutionsort »besenrein« an eine Einheit der Wehrmacht. Das hatte er, so berichtet Ohlendorf, vorher noch nie gemacht. Er habe es sich bei einer Dienstausübung auch nicht vorstellen können. Dennoch habe er gehorcht und – unter Anstrengung – den Auftrag ausgeführt. Mit seinem persönlichen Empfinden, folgerte Ohlendorf, und seinem Charakter habe das Ergebnis wenig zu tun.

Die Härte, die wir als »eiskalt« bezeichnen, ergänzte Ohlendorf (und er führte das später bei seiner Vernehmung im Nürnberger Prozeß näher aus), ist vielmehr eine »Sache der Organisation«. Die Kälte ist eine Form der Unausweichlichkeit, die nur im Verband erzielt werden kann. So stellt sich eine »unabweisbare Notwendigkeit« zum Beispiel durch einen Anruf aus dem Büro des Reichsführers SS her. Es ist gleich, ob der zum Gehorsam Verpflichtete, der den Befehl entgegennimmt, dies mit »kaltem Blick« oder »warmherzig« tut. Nur gehorchen müsse er. Ja, fuhr Ohlendorf fort, wir vom RSHA würden einen Kameraden, der persönliche Lust an einer grausamen Aktion verspürt, von seinem Posten entfernen. Er soll dienstlich und nicht persönlich empfinden. Für die Abweichler, die ohne organisatorischen Grund zur Grausamkeit neigen, gibt es einen Vermerk in der Personalakte, der die Beförderung eines solchen Mannes dauerhaft verhindert.

Wiederherstellung von Hoffnung für den Ruhm Rußlands im Norden

Es ist schwer für Putins und Medwedews Rußland, in der Nordpolarforschung an den Ruhm der Sowjetunion anzuknüpfen. Wie großartig erschien im Rückblick die Zeit, als russische Eisbrecher die Restbesatzung des abgestürzten Zeppelins von General Nobile, Stolz des faschistischen Italiens, bargen!

Vor kurzem kam noch einmal ein Funken Hoffnung auf. Schon seit Monaten bewegte sich eine ausgedehnte Eisscholle im Reigen anderer großer Schollen um den Pol. Auf dieser Eisfläche war eine russische Forschungsstation aufgebaut worden, im Spätherbst bewegte sie sich nordöstlich von Grönland. In einer der Sturmnächte aber brach das Eis dieser Kristallinsel in katastrophaler Weise auseinander. Es blieb rätselhaft, warum auch die Nachbarschollen verschwunden waren.

Dr. Artur Tschilingarow, Vizepräsident der Duma und seit dreißig Jahren »Schatten-Chef« aller Aktivitäten Rußlands im Polarraum, wurde von Putin beauftragt, die auf einer Restscholle verharrenden Mitglieder der Forschungsexpedition zu retten, welche auf höchstens 500 Quadratmetern Fläche ihr Heil suchten und sich um ein Funkgerät gruppierten. Mit 56 schweren Militärhubschraubern flog Tschilingarows Rettungsgruppe nach Spitzbergen. Von dort erreichte eine Vorausabteilung solcher Hubschrauber über 300 Kilometer Strecke die gefährdete Eisinsel. Die Rückführung gelang. Empfang schon auf der Basisstation in Spitzbergen. So war ein Funken des Glanzes auf dem Ruhmesschild Rußlands wiederhergestellt. Kein Grund besteht für das Land, weitgreifende Hoffnungen auf Abbau von Rohstoffen am Kontinentalsockel und in den Tiefen des Nordmeeres je aufzugeben.

»Derjenige dagegen hat das Recht auf seiner Seite, welcher den Anderen nur als Einzelnen, abgelöst von dem Gemeinwesen, zu fassen wußte«

Diesen Satz in Hegels PHÄNOMENOLOGIE DES GEISTES hatte Karl Marx in seinem Handexemplar mit einem grünen Stift siebenmal seitlich angestrichen, außerdem noch unterstrichen. Aus welchem Grunde, weiß man nicht. Aus einer anderen Notiz von Marx geht aber hervor, daß es in diesem Satz nicht um »Recht« geht, sondern um die »von der Rechtsordnung verliehene Gewalt«, also um Terror. Marx spricht in diesem Kontext von dem »sich empörenden Prinzip der Einzelheit«. Er ging davon aus, berichtet seine Tochter Tussy, daß die »Kujonierung des Einzelnen, der Mord an ihm, den die Staatsgewalt begeht, deren Sturz zwingend bewirkt, allerdings zu Zeiten, die der Einzelne nicht mehr erleben wird«.

Die Genossen Bucharin und Rykow gehörten zur sogenannten Rechten, so genannt, weil sie vor der putschistischen, vorwärtstreibenden Zwangskollektivierung der russischen Bauernklasse gewarnt hatte und Recht behielt. Dieser Teil der Partei wäre zu jenem Zeitpunkt in der Lage gewesen, die Stalin-Fraktion zu entmachten. Aus Parteidisziplin und wegen der Zweifel, wie sie den energischen Generalsekretär ersetzen könnten, verzichteten sie auf diese Lösung. Wenig später kehrte sich die Situation um. Das stalinistische Zentrum, das zuvor die sogenannte Linke entmachtet und die eigene Mitte dezimiert hatte, stellte Bucharin und Rykow unter Anklage. AUS GENOSSEN WURDEN SIE IN EINZELNE RÜCKVERWANDELT. So standen sie vor dem Zentralkomitee isoliert da. Gegen die wüsten Reden, die Lacher, die Unterbrechungen blieb ihnen die Gegenrede im Hals stecken. Es scheint, daß Gremien von 200 Leuten eine negative Schwarmintelligenz, eine Hacktendenz, entwickeln.

Auf die gleiche Weise, wie Bucharin und der tüchtige Rykow verurteilt und umgebracht wurden, starb zwei Jahre später deren Henker Jeschow.

Abb.: Rykow und Bucharin (Bildmitte, in Lenins Testament »Liebling der Partei« genannt) werden zur Hinrichtung geführt. Heiße Herzen mit Kopfschuß belohnt.

Der Vorwand für Jeschows Entmachtung

Zwei der besten Auslandsspione der UdSSR hatte Jeschow, der Leiter des NKWD, nach Moskau bestellt, damit er sie verhaften und töten könnte. Georgy Juschkow, einer der beiden, lief am 12. Juli 1938 zu den Japanern über. Er veröffentlichte unverblümte Darstellungen von Stalins Verbrechen. Der zweite der klugen Agenten war Alexander Orlow. Er stellte sich am 14. Juli den Amerikanern. Er bot Jeschow und Stalin über einen Mittelsmann, den er in einer New Yorker Kaffeestube traf, einen Handel an: kein Wort über die Untaten des NKWD oder der sowjetischen Führung werde er sagen, im Austausch für das Leben seiner Angehörigen. Falls aber er oder sie verschwinden sollten, so hätte er durch seinen Anwalt genügend Material in einem Banksafe hinterlegt, vor allem Informationen darüber, was das NKWD in Spanien getan habe, daß der Ruf des Vaterlandes darunter leiden werde. Der letzte Jeschow unterlaufene Fehler (sie werden in der Sowjetunion nicht subjektiv nach Fahrlässigkeit, sondern vom Ergebnis her objektiv gezählt) war der vorgetäuschte Selbstmord und die Flucht Alexander Uspenskis. Jeschow ließ alle Untergebenen erschießen, die gegen ihn hätten aussagen können, aber er nutzte keines seiner Machtmittel, um sein Schicksal abzuwenden. Putsch war ihm fremd. Im Dienstzimmer des bis dahin allmächtigen Jeschow entdeckte das NKWD hinter Büchern versteckt sechs Flaschen Wodka, drei volle, zwei leere, eine halbleere. Vier Revolverkugeln, eingewickelt in Papier, mit der Aufschrift »Kamenew«, »Sinowjew«, »Smirnow«, »Bucharin«. Die Art des Protokolls über diese »Funde« zeigte, daß Jeschow verloren war.

Kurz darauf, im Januar 1940, wäre er beinah an Lungenentzündung und einer eitrigen Nierenerkrankung gestorben. Abrupte Heilung. Versprechen, daß sein Leben verschont werde, wenn er rückhaltlos gestehe. Er wußte, daß solche Versprechen nicht gehalten wurden. Die Anklage wegen seines sodomistischen Verhältnisses zu seinem Geliebten wurde fallengelassen. Am Ende wurde er in einen Spezialraum gezerrt, ausgestattet mit einem abschüssigen Betonboden und einer Wand, an die er mit Stricken gefesselt wurde. Von dem Obervollstrecker Wassili Blochin wurde er erschossen. Wochen zuvor war er der Verfolger, eine Partei und die Menschen der Sowjetunion in seinem Rücken. In der Todesstunde war er Einzelner.

Aller Macht entkleidet

Jeschow, zu diesem Zeitpunkt nominell noch nicht entmachtet, war am Neujahrstag 1939 zu betrunken, das NKWD-Hauptquartier Lubjanka an seinen Nachfolger Berija zu übergeben. Er ließ auch die Dossiers, die er über Politbüromitglieder zusammengestellt hatte, in seinem Büro zurück, war nicht fähig, dieses wichtige Pfand aus dem Haus zu bringen und zu verstecken. Am 21. Januar 1939 erschien Jeschows Bild zum letzten Mal in der *Prawda*. Als Kommissar für die Wassertransportwege war er in den amtlichen Übersichten nicht mehr genannt. Eine mit Bleistift geschriebene Bitte um ein Gespräch mit Stalin wurde ignoriert. Was hätte er in seinem Zustand noch für ein Gespräch führen können? Seine Verhaftung am 10. April wurde in der Presse nicht erwähnt. Die nach dem vor einem Jahr noch allmächtigen Funktionär benannte Stadt Jeschowsk war am 11. April 1939 in Tscherkessk umbenannt.

Noch bis in das Jahr 1940 hinein wurde der Mann peinlich verhört. Boris Rodos, ein träger und boshafter Mann, der das Gespräch führte, wurde ermahnt, den zerbrechlichen, tuberkulösen Alkoholiker Jeschow nicht umzubringen. Rodos neigte zum Prügeln. Jeschow bekannte Spionage, Verschwörung gegen die Regierung, Mord und Sodomie. Essaulow, ein sanfterer Verhörbeamter, löste Rodos ab. Jeschow begrenzte seine Geständnisse auf Spionage. Am 3. Februar 1940 fand der Prozeß unter Vorsitz von Richter Ulrich statt. Noch vor Jahresfrist hatte dieser Richter dem NKWD-Chef Jeschow Blumen und Branntwein gebracht. Die Richter taten eine halbe Stunde lang so, als würden sie überlegen. Nach dem Todesurteil gekritzeltes Gnadengesuch. Telefonisch dem Kreml vorgelesen. Verworfen.

Die Entmachtungsprozedur war so inszeniert, daß nach dem Schock der Verhaftung und der ersten Nacht im April 1939 Verschärfungen und dann Milderungen eintraten. Zuletzt erhielt der Entmachtete eine ungewöhnlich lange Redezeit unmittelbar vor dem Urteil. »Erschießt mich friedlich, ohne langen Todeskampf«, sagte Jeschow am Schluß seiner Rede. 346 Gefährten Jeschows wurden erschossen: 60 NKWD-Mitarbeiter, 50 Sexualpartner und Angehörige.

Abb.: Jeschow, der Henker, vertraulich mit Stalin.

Abb.: Genrich Jagoda, Jeschows Vorgänger, nach mörderischem Einsatz selber zum Tode verurteilt und erschossen.

Abb.: Jeschow mit Lieblingstochter.

Abb.: Molotow mit Tochter.

Abb.: Lawrentij Berija, Erbe der Geheimdienste. Erschossen 1953. Insolvenzverwalter der Kälte.

Körperwut

Es gibt Leiber, die sich nach Blutdruck, Kreislauf, Verdauung, Konsistenz der Hautoberfläche und nach NARZISSTISCHEM SELBSTGEFÜHL von Jugend an als ausgefüllt empfinden. Ihrer Körperhaltung sieht man an, daß sie zu solchem Körper wenig vom komplementären Geist brauchen, der nach Andrej Tarkowskis und Rudolf Steiners Ansicht von den Sternen kommt und die strenge Körperlichkeit mildert. Ergreift ein solch robustes Lebewesen die Macht, so muß die Menschheit oft lange warten, bis es abtritt durch Tod. Es ist nämlich durch seine aggressive Zufriedenheit und oft sadistische Psychologie besonders geeignet, seine Macht zu verteidigen.
NOCH IN DER BLINDESTEN ZERSTÖRUNGSWUT LÄSST SICH NICHT VERKENNEN, DASS IHRE BEFRIEDIGUNG MIT EINEM AUSSERORDENTLICH HOHEN NARZISSTISCHEN GENUSS VERKNÜPFT IST (Sigmund Freud, *Das Unbehagen in der Kultur*, GW XIV, 1930, S. 480).

Fehlen der Vernichtungswut bei Hirschartigen

Der konsequente Darwinismus, wie er in den USA seine Pflanzstätten besitzt, war lange Zeit durch die sowjetische Orthodoxie in Rußland überdeckt gewesen. Merkwürdigerweise neigten diese Materialisten zum Lamarckismus. Jetzt hat Vladimir Sobotkin in Akademgorodok ein inzwischen verzweigtes Institut geschaffen, das in seiner Darwin-Renaissance selbst die US-Eliteuniversitäten übertrifft. Er hat sich auf die These spezialisiert, daß es nicht eine, sondern sieben nicht hierarchisch übereinander gestufte Bewegungsweisen der Evolution (also sieben Evolutionen) gibt.

Darunter ist die für ihn interessanteste die der sexuellen Mutationen und Selektionen. Ein sibirischer Hirsch im besten Alter, schreibt Sobotkin, bewegt sich zunächst »gestelzt« an seinem Rivalen vorbei. Nie greift er direkt an. Er demonstriert lange Zeit. Der Gegner erhält lange Überlegungszeit, ob er nicht freiwillig abziehen will. Diesem Instinkt, den Kampf nicht mit Vernichtungswut, sondern in der Form vorsichtiger Abschreckung zu beginnen, entspricht der Wuchs des Geweihes. Zunächst entwickelt es sich als spitzes tödliches Horn. Ein Zweikampf unter Hirschen wäre mit dieser Waffe für beide Rivalen tödlich, so Sobotkin. Nie hat man aber Junghirsche beobachtet, die in dieser Frühphase den Kampf aufnehmen. Inzwischen verzweigt sich das Geweih, so daß dieses Horngerüst sich mit dem des Gegners »verwickelt« und nicht die tödliche Spitze, sondern der stärkere Druck die Auseinandersetzung entscheidet. Flieht der sich als schwächer erweisende der beiden Kämpfer, so verfolgt ihn der andere nicht weiter als sieben Kilometer. Er unternimmt auch keinen neuen Angriff, um zu einem Vernichtungsschlag zu gelangen.

Oft hat es sich erwiesen, so Sobotkin, daß sich im Folgejahr das Schicksal des siegreichen Platzhirsches des Vorjahres gegen ihn entschied, weil er den Rivalen des Vorjahres geschont hatte. Er war älter geworden, der andere zu stärkerer Geschicklichkeit herangewachsen. Die Evolution der Hirschartigen hat dennoch keinen Präventionsschlag in den Zweikampf eingeführt, so wie er zwischen Rittern in einem Turnier durchaus üblich war. Auch Themistokles suchte, fährt Sobotkin fort, der wissenschaftlicher Universalist ist, den sich zurückziehenden Xerxes unermüdlich zu verfolgen. Er wollte ihm mit der Griechenflotte am Hellespont den Weg versperren. Die Schiffsbrücke des Großkönigs war durch Sturm zerstört. In 45 Tagen suchte Xerxes mit seinem Heer diese Meerenge im Eilmarsch zu erreichen. Die Schiffe des Themistokles wären schneller gewesen. Nur die Trägheit der Spartaner und anderer Bundesgenossen hinderte den vernichtungssüchtigen Athener daran, seinen Plan auszuführen.

In Anlehnung an den Evolutionsbiologen Josef Reicholf erklärt Sobotkin den Ursprung des Schönheitssinns, also den Vorteil, den ein großes, verästeltes Geweih für die Zuwendung der Hirschkühe erbringt (womit der Mangel an endgültiger Fernhaltung des Rivalen kompensiert wird), aus der Abwesenheit der Vernichtungswut. Die Häßlichkeit im Gesicht des Themistokles dagegen (auch von Mardern) sei mühevoll durch die Künstler verdeckt worden. Erst in der Überlieferung sei das nach griechischen Quellen abstoßende Gesicht des Flottenkommandeurs »edel und schön« geworden.

Abb.: »Sie bekam ein Kind, das sie nach der Schutzgöttin ihrer Heimatstadt Athen nannte.«

[**Sie war ein ungeliebtes Kind**] Trostlos saß sie da in der Woche, in welcher ihr Vater unter den Messern der Chirurgen starb. Als Erbin seines unermeßlichen Vermögens laborierte sie an ihrem anfänglichen Geschick: Die Mutter hatte ihren Sohn dieser Tochter bedingungslos vorgezogen. T. heiratete spät. Sie bekam ein Kind, das sie nach der Schutzgöttin ihrer Heimatstadt nannte. Das Kind war vier Jahre alt, als T. starb. → Aus Liebesmangel kann man sterben, *Tür an Tür mit einem anderen Leben*, S. 521.

[Er beaufsichtigte eine Auffangstelle »sozial Entgleister«] Dr. Hartmut Willett war neu auf die Planstelle eines Jugendrichters berufen worden. Die Kinder kommen aus ihren Bettkäfigen den ganzen Tag nicht heraus, wurde ihm gesagt. Glanzlose, verstörte Blicke. → Ich habe diese Augen gesehen, *Tür an Tür mit einem anderen Leben*, S. 520.

[In einer einsamen Landschaft von Texas] Im Jahre 1872 machten sich revolverkundige Eiferer zu Richtern und Henkern. Erst als der Gouverneur auf die Nachrichten von den »Greueltaten des Rechts« eine Rangertruppe entsandte, konnte der Wildwuchs im Frühherbst 1873 durch Verhaftung und Strang eingedämmt werden. → »Urzelle einer faschistischen Struktur« im Wilden Westen, *Tür an Tür mit einem anderen Leben*, S. 231.

[Ein Elefant in Coney Island] Er hatte drei Wärter getötet. An den Füßen des Untiers wurden Elektroden befestigt, damit der Elefant »wie auf dem elektrischen Stuhl« wegen Mordes umgebracht würde. Die Filmaufnahme, welche die Firma Edison hiervon herstellte, war ein kommerzieller Erfolg. → Die Hinrichtung eines Elefanten, *Chronik der Gefühle*, Band II, S. 946.

[Die Elefanten des Winterzirkus Chicago] Sie starben im Trakt IV A, lebensgefährlich verletzt durch den Brand ihrer Ställe, in denen sie angekettet waren. Sie starben nicht an der Hitze des Feuers, heißt es, sondern an der gleichgültigen Kälte der Aushilfswärter, die fahrlässig die Brandursache zuließen. → Der Brand des Elefantenhauses in Chicago, *Tür an Tür mit einem anderen Leben*, S. 477.

[Europäische Großbanken haben über Westafrikas Wirtschaftszone eine Quarantäne verhängt] Kredite wurden nicht zurückgezahlt; jetzt haben diese Länder nichts mehr zu erwarten. Einer der Banker aber verfiel auf dem Nachhauseweg vom Bankhaus zum Bahnhof und von dort zu seiner Villa bei Kronberg in erotische Abhängigkeit von einer anmutigen Farbigen aus einem der Staaten des kreditlosen Gebiets. An dieser Liaison starb er, als hätte ihn eine Vergeltung ereilt. → »Negativer Raub«, *Tür an Tür mit einem anderen Leben*, S. 136; → Ein Fall von Zeitdruck, *Chronik der Gefühle*, Band I, S. 21.

[Weil es auf dem blauen Planeten sehr kalt wurde, dachten wir oft sehnsüchtig an die Urmeere von 37° Wärme] Als wir noch Reptilien waren, kannten wir keine Gefühle, sondern ausschließlich Aktion. Ruhen – Warten – Angriff oder Flucht. Dann kamen die Eiszeiten. Wir lernten, Gefühle zu haben, nämlich zu sagen: zu heiß, zu kalt. Was die Gefühle können, ist das zu unterscheiden und

Sehnsucht zu haben. Alles andere ist Kombination. → Kleinwüchsige Frau mit hochhackigen Schuhen, *Chronik der Gefühle*, Band I, S. 844.

Abb.: Ur-Szene eines Großkinos: Der Globe Tower in Coney Island. Das Phantasiegebäude wird wenig später abgerissen und durch ein nächstes Phantasiegebilde ersetzt.

Menschenfeindliche Kälte / Die »gescheiterte Hoffnung«   243

Abb.: Landschaft von hoher Einsamkeit und Dauerkälte im Pamir. Sommerbild.

KOMMENTAR:
ORGANISIERTE KÄLTE, VERDICHTETE GLEICHGÜLTIGKEIT

Südpolarforscher wie Scott, der in der Antarktis umkam, und die deutschen Soldaten im Ostkrieg (wie schon Napoleons Grenadiere) starben nicht an der KÄLTE, sondern an Aussichtslosigkeit, Hoffnungsverlust. Einfache Hilfsmittel, die zwischen den warmen Körpern und der Kälte draußen eine isolierte Zwischenzone schaffen, geben in den Kleidern (aber auch Papier in den Stiefeln hilft) eine Chance, es gegen Minustemperaturen auszuhalten, wie unser Planet sie erzeugt. Die schockierten Küstenbewohner auf Japans Nordinsel befiel im März 2011, nachdem sie das Erdbeben und den Tsunami überlebt hatten, in den Turnhallen, in denen sie als Evakuierte saßen, eine uneindämmbare Grippewelle. Ähnlich wie die für Sieger und Besiegte depressive gesellschaftliche Lage nach vier Jahren Weltkrieg die spanische Grippe förderte; diese Erkältungen sind kein bloßes Resultat von kaltem Wetter.
Im Kosmos ist es für Warmblüter (und auch für Saurier, Fische und Schlangen) entweder zu heiß oder zu kalt. Daß es für das Leben geeignete, temperierte Orte gibt, gehört im Weltall zu den seltenen Zufällen. Der Kältestrom,

von dem Theodor W. Adornos Aufsatz »Erziehung nach Auschwitz« handelt, hat nichts mit in Celsius meßbaren Kältegraden zu tun, sondern mit einem GESELLSCHAFTLICHEN AGGREGATZUSTAND, der Kälte erzeugt: dem ABSTRAKTIONSPRINZIP. Das Befremdliche liegt darin, daß diese Art der Kälte in den Einzelpersonen nur mikroskopisch oder überhaupt nicht vorhanden ist. Sie entsteht *zwischen* den Menschen, so wie zuvor die Freundlichkeit, das Erzählen, die Geselligkeit und das Denken.

So würde sich Joseph Goebbels als Autor und Journalist, wäre er nie Chef eines Propagandaministeriums, Gauleiter und Vorgesetzter der UFA geworden, von einem für Irrtum empfänglichen, zu Kraftausbrüchen des Geistes neigenden Romantiker um 1800 nicht unterscheiden. In dem hochorganisierten Gefüge des Deutschen Reichs (industrialisiert, abstrahiert und potenziert) ist er an den Schalthebeln einer Kältemaschine tätig, die er allein nicht hätte erzeugen können und in der die Energien (auch die Feurigkeiten) von Millionen Menschen verwaltet, also hin und her geschoben werden. Solches Feuer ist kalt.

Was ist der Fluch, der auf der Familie des Ödipus liegt, gegen das Fatum, das – ganz technisch, ohne Mythos – in einer Propagandamaschine steckt? Ein solch SOZIALES KONZENTRAT isoliert jeden Einzelnen; er steht mit seinen fünf Sinnen der Macht von bis zu 80 Millionen miteinander verschalteten Geistern gegenüber. Ein solcher Sturm fegt die Menschen vor sich her. Wie die großen Winde der Antike existieren solche AGGREGATE DER KÄLTE nie nur für sich, vielmehr arbeiten sie gegen andere, gegnerische Propagandamaschinen der gleichen Art. Die gefährlichsten Zustände dieses GESELLSCHAFTLICHEN WETTERS sind nicht die Kampfzeiten: Sie lassen sich einigermaßen durchschauen und ergreifen die Menschen nicht vollständig. Gegen die Rede der Tatsachen ist die Propaganda sogar machtlos, ja kontraproduktiv für den Herrscher.

Man muß das Kapitel »Kulturindustrie, Aufklärung als Massenbetrug« in der *Dialektik der Aufklärung* von Horkheimer und Adorno nicht als Kritik an einer einzelnen Film- und Radioindustrie und schon gar nicht als Kritik an den Vergnügungszentren lesen. Vielmehr geht es um eine auf höchster Anstalts- und Verfügungsebene der Moderne eingerichtete, mit sozialem Überredungszwang ausgestattete Einrichtung, die zunächst »Stimmung« herstellt, und zwar über alle Gesellschaftsmitglieder hin. Es ist dies eine Stillstellung des »unruhigen Selbstbewußtseins«. Die Kehrseite solcher Gemütlichkeit ist der Schrecken.

Abb.: Theodor W. Adorno, Sohn eines Weinhändlers, behandelt den Kältestrom vor allem in seiner Schrift »Erziehung nach Auschwitz« und in der *Negativen Dialektik*. Kälte als »Defizit der Einfühlung« ist vorausgesetzt in allen seinen Werken.

[Die Bahnbehörde, welche die Transporte verwaltete, handelte hermetisch] Der Librettist von Franz Lehárs »Die lustige Witwe« wurde verhaftet und war mit anderen Opfern in einem Eisenbahntransport unterwegs. Arische Anwälte versuchten, den Todeskandidaten zu retten, indem sie darauf hinwiesen, daß der Führer diesen Autor persönlich schätze. Nichts konnte den Verfasser von »Geigen singen, Herzen klingen, hab mich lieb« retten. → Hitlers Lieblingsoperette: »Die lustige Witwe«, *Tür an Tür mit einem anderen Leben*, S. 187.

[Der Ernstfall bleibt individuell, ist nicht gesellschaftlich] Ein Arzt hatte einem begabten Mann nach Durchsicht von dessen Blutbild das Leben um 16 Jahre durch ärztliche Maßnahmen verlängert. Der Arzt selbst aber starb an einem biologischen Unglück, das sich in seinem Körper vorbereitet hatte, weil ein »befreundeter Arzt«, den er konsultierte, nur oberflächlich untersuchte und behandelte. Ein solidarischer Tausch ZUVERLÄSSIGKEIT GEGEN ZUVERLÄSSIGKEIT gelingt nicht über einen Dritten. → Unzuverlässigkeit der Solidarität, *Tür an Tür mit einem anderen Leben*, S. 131.

[Sie waren Terroristen] Die jungen Männer bildeten eine Gruppe. Jeder von ihnen war darin verstrickt, seinen »Wert« festzustellen, also zu beobachten, welchen Eindruck er verursachte (beabsichtigt: Schrecken). Das versuchten sie im Bahnhofsviertel einer deutschen Stadt an einer Frau zu erproben, einer momentan in ihrem Eigenwillen geschwächten Person, einer zerstörten Liebenden, einem »herrenlosen Objekt«. Sie wollten sich als auserwählt wahrnehmen. Biertrunken, wie sie waren an diesem Abend, war das praktisch ausgeschlossen. → »Mehrere junge Männer, häßlich, dreist, zudringlich, und zugleich aufmerksam den Eindruck, den sie hervorbrachten, beobachtend, kamen näher«, *Tür an Tür mit einem anderen Leben*, S. 514.

[Seit 37 Jahren] Die Ehebetten stehen zuhause seit je eng nebeneinander. Wenn ihr Mann wegen Höhensturms nicht schlafen kann oder beharrlich hustet, ist auch ihr der Schlaf entzogen. Sie wünscht sich, wenigstens so sorgsam behandelt zu werden wie ein gewöhnliches Ding. Die Mordlust, die sie manchmal empfindet, möchte sie nicht in sich fühlen. → Sie wollte wenigstens mit der Sorgfalt behandelt werden, wie man sie Dingen entgegenbringt, *Chronik der Gefühle*, Band I, S. 319.

Abb.: Zwei Opfer eines Schiffbruchs in Spitzbergen etwa 1896. Wenig später wurden sie von einem Schiff gefunden. Auch unter den einfachen Lebensumständen, die im Bild ersichtlich sind, besaßen sie im Umgang miteinander Zivilisation. So ließen sie die Köpfe nie unbedeckt, wenn sie nach draußen gingen.

[Eiszeiten] Als Eiszeiten bezeichnet man Perioden der Erdgeschichte, in denen mindestens *ein* Pol der Erde vergletschert ist. Es gab Zeiten, in denen beide Pole der Erde eisfrei waren. Die Gletscher, die wir heute in den Hochgebirgen sehen, sind nicht identisch mit der Vergletscherung in den GROSSEN EISZEITEN. Sie sind in den letzten 10000 Jahren neu entstanden. Seit etwa dreißig Millionen Jahren befindet sich die Erde im Känozoischen Eiszeitalter. Die Antarktis ist extrem und die Arktis weniger stark vergletschert. Unsere Gegenwart gehört zur KLEINEN EISZEIT.

[Hendrick Avercamp] Niederländischer Maler (1585-1634), der die Ausprägung der Kleinen Eiszeit im 16. Jahrhundert in seinen Bildern festhielt.

[Kälte als Metapher der Moderne] Helmut Lethen bezeichnet in seinem Buch *Verhaltenslehren der Kälte* die Formenwelt der Kälte als eine Zentralmetapher für die Erfahrung der Modernisierung. Das Bild vom »kalten Herzen« geht auf Wilhelm Hauffs Märchen *Das kalte Herz* zurück. Arno Schmidt bezieht sich in seiner Arbeit *Das steinerne Herz* unter anderem auf diesen Text. Lethen bezeichnet »Kälte« als den sinnfälligen Ausdruck von Trennung. Ursprüngliche Akkumulation, Trennung von den Produktivkräften, vor allem aber von der Wärme der Familie und des Clans seien der Impuls einer Gegenreaktion, die im Sinne einer Introjektion des Aggressors den »kühlen« Sinn, die AKZEPTANZ DER KÄLTE zum Idol macht. Die Eiszeit, so Ernst Jünger, sei Lehrmeisterin der Menschheit. Bei Jünger und Bertolt Brecht gibt es ein Kältetraining, eine »Schule des Realismus«. Die »heilige Johanna der Schlachthöfe«, »hin- und hergerissen zwischen den warmen Öfen der Heilsarmee und den Streikaktionen im Schnee, erkältet sich und stirbt an Lungenentzündung«. Brecht: »Lobet die Kälte, die Finsternis und das Verderben! / Schauet hinan: Es kommt nicht auf Euch an.« Nietzsche spricht von der »Lust, im Eise zu leben« und der »Vergletscherung der Seele«.

[Die Natur als Sansculotte] In einem Forschungslabor in Chicago wurden Atome auf ein Hundertmillionstel Grad Kelvin gekühlt. In diesem extremen Zustand nahe dem absoluten Nullpunkt läßt sich die Bose-Einstein-Kondensation beobachten. Alle Atome, gleich ob Eisen, Gold, Uran, Wasserstoff, Silizium oder Edelgas, sind absolut identisch. Heiner Müller bezeichnete diese Herstellung von Gleichheit und Fraternität der Elemente in der Nähe des absoluten Nullpunkts als »sozialistische Errungenschaft der Natur«, die uns Menschen zu Hoffnungen berechtige.

[Öffnung von Meeresstraßen] Das Wegdriften Australiens und später Südamerikas von der Antarktis im Oligozän öffnete zwei Meeresstraßen (Tasmanische Passage und Drakestraße); ein Strömungssystem umgibt seither die Antarktis. Der kalte Strom isolierte den Kontinent vom warmen Oberflächenwasser. Daher die Eiskappe am Südpol. Absoluter Kältepol: Der Nullpunkt der Temperatur liegt bei minus 273,15 Grad Celsius. Nach dem dritten thermodynamischen Gesetz, in der Formulierung des Nernst-Theorems, kann dieser niedrigste Temperaturpunkt nicht erreicht werden. Sämtliche Bewegungen der Materie wären angehalten. Das widerspricht dem Eigensinn der Natur. In der Nähe des absoluten Nullpunkts wird vielmehr Helium besonders lebhaft und supraleitend.

[Stabile Atlantikströmungen] Seit 10000 Jahren.

[Kaltschnäuzigkeit] Bei Hunden Zeichen von Gesundheit. Im menschlichen Umgang wird der Ausdruck abwertend gebraucht.

[Kaltblütigkeit] Zur Tugend der Tapferkeit zählend. Ideal der Stoa. Synonym für Entschlossenheit. Ataraxia = unerschütterliche Ruhe.

[Kaltherzigkeit] Negative Eigenschaft. Mangel an Einfühlung.

[Kaltmachen] Türkische Soldaten vor Wien hatten einen gepanzerten Christenritter gefangengenommen. Es war kein Herankommen an den Leib des Feindes. Mit Instrumenten, die man heute als Büchsenöffner bezeichnen würde, versuchten die muslimischen Krieger, den Panzer zu öffnen. Nach Stunden gingen sie dazu über, ein Feuer zu entzünden. Sie legten den gerüsteten, unangreifbaren Gegner in dieses Feuer. So machten sie ihn »kalt«.

[Kälte im Kosmos] Die tiefste Temperatur wird im Weltraum außerhalb der Himmelskörper gemessen. Sie beträgt einheitlich drei Grad Kelvin (minus 270 Grad Celsius). Die Differenz zum absoluten Nullpunkt entspricht der Hintergrundstrahlung, dem Nachhall einer Explosion am Anfang der Welt. Sobald sich ein Stück Materie in diesem kalten Strom bewegt, steigt die Temperatur über minus 270 Grad Celsius.

[Snowball-Earth] Vor 800 Millionen Jahren spaltete sich der Kontinent Rodinia in zwei große Bruchstücke. Danach breitete sich Kälte über den Planeten aus. Ein Außerirdischer, der zu diesem Zeitpunkt die Erde beobachtet hätte, hätte einen grauweißen, schneeballartigen Himmelskörper gesehen. Einige Millionen Jahre bestand die Möglichkeit, daß die Erde irreversibel erfrieren könnte. Ähnlich wie Monde ohne Atmosphäre in Temperaturen verharren, die kein Leben zulassen. Frühe primitive Formen des Lebens entwickelten sich in den Felsen und Gletschern dieser Snowball-Earth. Es blieben nur die übrig, die eine besondere Widerstandsfähigkeit besaßen. Nach plötzlicher Erwärmung (vor etwa 500 Millionen Jahren) machten sie die erste Globalisierung möglich, also die Ausbreitung des Lebens über den ganzen Planeten.

[In falscher Einschätzung der Gefahr] Gretel Adorno und ihr Mann besichtigten im Frühjahr 1937 bei nasser Kälte das verlassene Parteitagsgelände in Nürnberg. Wären sie angehalten und nach ihrer Identität gefragt worden, hätte das Lebensgefahr bedeutet; sie hätten nicht erklären können, warum ihr Besuch nicht provokatorisch gemeint gewesen sei.

[»Eisessen bis zur Vergasung«] Populärer Ausdruck, üblich in der Stadt Frankfurt am Main im Jahre 1928. Von Theodor W. Adorno mitgeteilt. Der Philosoph und Soziologe deutet den merkwürdigen Satz als eine VERSCHIEBUNG von Erlebnissen des Ersten Weltkriegs, des Gaskriegs vor Verdun und an der Somme, auf ein entgegengesetztes Bild. Das Schockbild wird ersetzt durch das Essen von Speiseeis, das als Erleichterung empfunden wird. Auffällig, so Adorno, sei der lange Zeitraum zwischen erlebtem Schreckensbild und Umsetzung in Alltagsjargon. Dagegen – so betont er Max Horkheimer gegenüber – gehe es bei dem Ausdruck nicht um eine Vorausahnung der Vergasung in Auschwitz. Eine solche »Voraussicht« sei für Menschen zwar nicht unmöglich, aber unwahrscheinlich, weil ein solches Wissen unverzüglich verdrängt würde aus dem gleichen Grund, wie die Vorstellung von Verdun durch das Bild einer »kalten Süßigkeit« ersetzt werde.
Ein Jahr vor seinem Tode besuchte Adorno seine Geliebte A. P. in München. Der schwer zuckerkranke Liebhaber lief mit der jungen Frau und deren protestierendem Kind, das die Liaison mit dem Philosophen mißbilligte, auf der Leopoldstraße von Café zu Café. Es war Samstag nachmittag. Er kaufte große Kuchenstücke und Eistüten zur Bestechung des Kindes, wollte mit dem Kauf die junge Frau zu einem Lächeln veranlassen und aß auch selbst von den für seinen Körper giftigen Substanzen, nur um es in dieser »unmöglichen« Gegenwart eines mißglückenden Samstag nachmittags auszuhalten. Die Gesundheit (das Leben) zu riskieren, so Adorno, ist kein zu teures Pfand. Nichts paßte zusammen. Der naßkalte Tag nicht zum Eis, das kreischende Kind nicht zur gewünschten Intimität mit der widerborstigen Frau. Er zog seinen Männerkörper wie einen Esel hinter sich her – soviel Glücksersatz kann man nicht kaufen, um den Tag noch ins Gleichgewicht zu bringen.

[Generosität] Großmut. Die Fähigkeit zu freiem Austausch. Durchlässigkeit der Empfindung. Fähigkeit zu schenken, auch »sich zu verschenken«. »Gegenteil von Vergeßlichkeit« (Adorno).

[Könnte Till Eulenspiegel ein Nationalsozialist sein?] Ein Heimatforscher in Heudeber bei Magdeburg im Jahre 1936 (er war im Museum für die Konservierung von Vogelattrappen zuständig) hielt sich für die Wiedergeburt Till Eulenspiegels, der, wie einige Quellen behaupten, während der Bauernkriege (1523-1526) lebte und lehrte. Im Sinne von Platons STAAT reihte sich Erwin Mölders, so hieß der Heimatforscher, in den LEHR-STAND ein. Bauern aus der Umgebung von Heudeber gehörten dagegen zum NÄHR-STAND. Bald darauf, im Herbst 1939, zählte Mölders zum WEHR-STAND und war als Regimentsschreiber in Polen tätig. Schon im Frankreichfeldzug fiel er; sein Witz (bestätigt von allen Freunden) hatte ihm nichts genutzt.
In einem unveröffentlichten Konvolut (die Blätter waren mit Bindfaden verschnürt), das die Hinterlassenschaft von Mölders darstellte, entwickelte er den Begriff der »Herkunft der nationalsozialistischen Bewegung aus der Verlusterfahrung der Bauernkriege« – so der Arbeitstitel.
Der endgültige Titel sollte dagegen Galgenhumor enthalten und auch positiv gewendet sein. Die Antwort auf Verlusterfahrung, sagte Mölders, muß in einer produktiven Klasse wie jener der Bauern in etwas Praktischem bestehen. Läßt sich nichts Greifbar-Positives herstellen (oder wächst es auf keinem Boden), weil ein Riß der Geschichte den Erfahrungshorizont zerschneidet, dann kann nur in der Ausdrucksform von Eulenspiegel oder in der Gestalt von deutscher Musik geantwortet werden. Für die Drehung einer Sache durch Witz in ihr Gegenteil braucht man »Unsinn«. Dafür aber war die NSDAP, so der erfahrene Mölders, nicht empfänglich. An die Stelle des Witzes tritt die Organisation. Die einzige Zone, in der die Bauernkriege, nach den Forschungen von Mölders, auf deutschem Reichsgebiet Erfolg hatten, war das Erzbistum Salzburg. Die Verbindung von Bergknappen, kriegserfahrenen Söldnern und den Bauern bildete dort die Grundlage für eine Kantonalverfassung (ähnlich wie in der Schweiz). Das wiederum traute sich Mölders zu den befreundeten Parteigenossen zu erläutern. Till Eulenspiegel wäre auf keinen Fall Nationalsozialist geworden, notierte Mölders, da bei glücklichem Ausgang der Bauernkriege (und das wäre Bedingung für ein Weiterleben Eulenspiegels) der Nationalsozialismus unnötig geworden wäre.

[Die vier apokalyptischen Reiter] Sie symbolisieren Hunger, Pest, Kälte und Krieg. Sie reiten auf einem weißen, roten, schwarzen und einem fahlen Pferd. Treten sie gemeinsam auf, naht das Jüngste Gericht. Einzeln, heißt es in der Überlieferung, kann ein Bauer sie vom Pferd reißen.

[Der Mann, der vom Pferd herab die Hälfte seines Eigentums abgibt] Der Schutzpatron Frankreichs, der Slowakei und des Eichsfelds, Martin von Tours, diente in Gallien als Offizier der kaiserlichen Garde. Zu jener Zeit herrschte der letzte Heidenkaiser Julian Apostata. Dies forderte von oppositionellen Christen, zu denen auch der Reiteroffizier Martin gehörte, die Anspannung aller Seelenkräfte zum Zwecke des Sieges Christi. So wurde Sankt Martin zum Heiligen. Als dritter nach Mutter Maria und dem Apostel Johannes erlangte er diesen Rang, ohne den Märtyrertod zu sterben.

Er wird in einer Cappa, einem roten Mantel, dargestellt und reitet auf einem weißen Pferd. Als ihn, so die Überlieferung, ein MITTELLOSER UNBEKLEIDETER im bitteren Winter um Hilfe anspricht, zerteilt er spontan, da er kein anderes Mittel der Hilfe weiß (er hat nur Schwert, Pferd und sein Kleid, die Cappa), mit seinem Schwert seinen Mantel und gibt die Hälfte dem Armen. In der folgenden Nacht erscheint ihm Christus im Traum, bekleidet mit dem halben Mantel, den Martin dem Bettler gegeben hatte.

Diese Cappa des Sankt Martin wurde in den Kronschatz der Merowinger integriert. Daher die Bezeichnung Kapelle für den Ort im Kaiserpalast, in dem später die Urkundenschreiber, die Zuverlässigen der Kanzlei, untergebracht waren. Der Ort und die Legende des Sankt Martin repräsentieren die Idee legitimer, vertrauenswürdiger Herrschaft. Erstaunlich, so der Heimatforscher Mölders, die Intensität und die Dauerhaftigkeit dieser Geschichte. Der Akzent, so Mölders, liegt auf der Promptheit, der Spontaneität der Schenkung.

Hätte eine Bande Notleidender, dürftig bewaffnet und mit Mut, den Gardeoffizier vom Pferd gerissen und – noch bevor dieser sein Kettenhemd, seine Cappa, sein Schwert und sein Pferd für sein Leben hätte anbieten können – diesen ADLIGEN MIT DER ZARTEN HAUT umgebracht, wäre keine dauerhafte Legende, kein Glücksbringer entstanden; kein Fall eines solchen Märtyrertums (man hätte kaum erfahren, daß der Beraubte und Ermordete ein Christ gewesen war) hätte das Vertrauen ausgelöst, das dem gutartigen Reiter, dem GÄNSEKÖNIG SANKT MARTIN, an jedem 11. November gilt.[1]

---

[1] Der Heimatforscher Mölders hat den Zusammenhang zwischen der Feier der Sankt-Martins-Legende und dem Ausbruch des Karnevals an diesem Tag untersucht. Er behauptet, dieser Tag enthalte eine zeitliche Tür in eine Parallelwelt.

Shuttle-Diplomaten (Schnappschuß)

Hill und Owen, unrasiert und struppig, kauern sich um ein grünes kleeblattförmiges Münztelefon neben der Tür zur Damentoilette.
Die Momentaufnahme entstand, berichtet Holbrooke, nachdem das Flugzeug in Shannon zum Auftanken gelandet war. Die beiden Spitzenleute des State Departement suchten gierig Telefonkontakt zur Welt. Keine Lücke zwischen den Telefonaten, keine Chance, das Flugzeug selbst, z. B. die Piloten, zu erreichen. Owen und Hill hatten zwei volle Tage mit Silajdžić und Sacirbey verhandelt, kein Schlaf. Hier hilft auch kein Schlaf, sondern nur Anschluß an den Tropf der Telekommunikation.
Ich hätte sie nicht erreicht, fuhr Holbrooke fort, wenn ich nicht den diensthabenden irischen Beamten aufgetrieben hätte, der den VIP-Raum in Shannon verwaltete. Von dort zu dem Münztelefon bei den Toiletten war es nicht weit.
Ich mußte die Übermüdeten umkehren lassen. Schon freuten sie sich auf Washington, das sie über das Netz schon erreicht zu haben glaubten, da mußten sie zurück nach Sarajewo. In der gleichen, innen gefängnisartig ausgestatteten Maschine, in der sie schon die Küsten des Atlantiks erreicht hatten.
Man sieht dem Schnappschuß an, daß die beiden stanken.

Auf dem Dach der Welt

Zwölf Assistenten des US-Präsidenten, zwei Budget-Chefs und der Sicherheitsberater des Weißen Hauses bereiten für den morgigen Tag den mit 636 Milliarden Dollar höchsten Etat in der Geschichte des Pentagon vor. IN DER NACHT FÄLLT IN WASHINGTON DER ERSTE SCHNEE. Der Präsident geht um 21 Uhr zum Abendessen hinüber zu seiner Familie. Der Sicherheitsberater verläßt die Runde um Mitternacht. Die anderen arbeiten bis 5 Uhr früh. Als sie durch einen Nebeneingang das Weiße Haus verlassen, liegt die Umgebung verschneit da. Es ist ein Vergnügen, die Füße in den Neuschnee zu setzen.
Weit im Osten, neun Zeitzonen von Washington entfernt, fuhr der Vertrauensmann des Präsidenten, Ambassador Richard Holbrooke, in einer Wagenkolonne schneller Fahrzeuge auf einer Paßstraße. Noch in dieser Nacht wollte er einen Gebirgsort erreichen, wo er mit Stammesältesten der Nordwestgrenze verabredet war.
Das Gebirge hier ist eines der höchstgelegenen Gebiete der Welt, im Dezember eines der kältesten. Die Unstetigkeitsfläche an der Grenze Erdmantel/

Erdkruste liegt in dieser Zone in 75 Kilometern Tiefe. Machtvoll drückt die Bruchzone im Indischen Ozean auf die Belutschistanplatte, die seit Äonen die Felsmassen nach Norden treibt, wo sie der Weststrómung der Gebirgsmassive des Karakorum begegnet. Dementsprechend liegen die Bergmassive des Großen Pamir, des Karakorum und des afghanischen Hindukusch historisch miteinander im Streit. Diesen Teil der Erde nennen die Geologen den DRITTEN POL. Schneemassen, Kälte, Nebelbildung und die Unruhe im Erdinneren sind aber, so der Geoforscher Abdel-Gawad, von den statischen Verhältnissen in der Antarktis und der Ruhe über dem Nordpolarmeer völlig verschieden.[1]

Holbrooke bewegt sich in einem ungepanzerten Fahrzeug. Zur Ablenkung von Attentätern ist ein von Panzern begleiteter Konvoi auf einem anderen Weg unterwegs. Für diesen Konvoi gibt es die Zusage einer Fernsicherung durch den pakistanischen Geheimdienst, was den Verrat des Unternehmens garantiert. Es ist kein gutes Zeichen für die Macht der USA, so Holbrookes Eindruck, daß eine solche Finte nötig ist. Er hofft, daß den Insassen der Phantom-Kolonne nichts passiert.

In der *politischen* Geologie des in drei Konfliktzonen geteilten Gebiets (Kaschmir, Pakistan, afghanischer Hindukusch) stoßen »eingefrorene« und virulente Krisen in einem Umkreis von etwa 500 Kilometern aufeinander. Da nutzen Verhandlungen und vorläufige Absprachen nichts, meint Holbrooke, der aber seine ganze Geschicklichkeit einsetzt und der Ankunft am verabredeten Ort entgegenfiebert.

Eisnebel blendet die Fahrer. Die Schnelligkeit der Fahrzeuge kann auf dem Schotterweg, der sich eine Straße nennt, nicht genutzt werden. Die Fahrer haben Standlicht eingeschaltet, um möglichst wenig Reflexion in den mikroskopischen Kristallen zu bewirken, die der Nebel mit sich führt.

»DREI WÖLFE SIND AUSGEKROCHEN / DIE RIESIN LIEGT IN DEN WOCHEN / SIE LIEGT ZWISCHEN NEBEL, EIS UND SCHNEE.«

---

[1] Abdel-Gawad, *Wrench movements in the Baluchistan arc and relation to the Himalayan-Indian Ocean tectonics*, Bull. Geol. Soc. Amer. 82 (1971), S. 1235-1250. Ein Assistent hat Holbrooke einen Vermerk über die Tektonik Nordafghanistans geschrieben, so daß der Botschafter jederzeit gesprächssicher ist, wenn es um den Untergrund des Landes geht.

Holbrookes Ende

Botschafter Holbrooke spürte eine Hitze und danach einen unerträglichen Schmerz in der linken Brustseite. Natürlich dachte er an das Vorzeichen eines Herzinfarkts. Mitten im Vortrag vor Hillary Clinton, in der privilegierten Etage des US-Außenministeriums, verfiel er in unverständliche Rede und faßte sich mit beiden Händen an die Brust und an die Seite bis zur Hüfte. Die Außenministerin besorgt! Der Botschafter wird noch heute seinen Arzt aufsuchen, ja, das müsse sofort geschehen. Inzwischen konnte der Botschafter die Schmerzempfindung beherrschen.

Der Fahrstuhl von der Etage der Chefin ins Erdgeschoß war privilegiert. Niemand kann ihn durch Zustiegsversuch aufhalten. Auch hat das Gefährt eine schwindelerregend hohe Fahrtstufe. Die Secretary of State hatte dem offenbar kranken Botschafter zwei Assistenten mitgegeben. Zwischen ihren stützenden Händen brach Holbrooke zusammen. Über Handy zusammengerufen, brachte der Konvoi den Sterbenden zum George-Washington-Krankenhaus.

Die erfahrenen chirurgischen Spezialisten können mit solch extremen Zuständen umgehen. Der Chief Surgeon brauchte wenige Sekunden für die Diagnose. Bei einem Riß der Aorta auch innerhalb des Körpers bildet sich in kürzester Zeit eine Geschwulst aus Blut, die zwischen der Außenhaut des Gefäßes und der Innenhaut einen Sumpf bildet: Blutsümpfe, welche die Tendenz haben, das Gefäß zu sprengen. Eine tödliche Falle. Dennoch bleiben Minuten, auch nach dem Zeitverbrauch durch rasanten Transport, den Mann auf den Operationstisch zu positionieren, das Operationsfeld freizulegen und noch zwei, drei Worte (Scherzworte) mit ihm zu wechseln, ehe er sediert wird. »Wir müssen den Krieg in Afghanistan jetzt unbedingt beenden.« Das war die vom Chefchirurgen durch eine witzige Bemerkung provozierte scherzhafte Antwort des Moriturus. Zwanzig Stunden lang operierten zwei einander ablösende Teams der renommierten Klinik an Mitte, Seite und Zentrum des Botschafters, an dem sich entweder dessen Körper, dessen Seele oder die überstandene Überforderung beider in diesen Stunden rächte. Was nach der Operation übrigblieb, war aus dem Koma nicht mehr herauszuholen. Eine erschütterte Trauergemeinde, hergereiste Staatsoberhäupter, Diplomatie, zwei US-Präsidenten ehrten den Toten, in dem sie in ihren Reden »pun« verbreiteten. Wir müssen nicht traurig sein, sagten sie, wir freuen uns, daß es ihn gab.

Tausch eines unlösbaren Problems gegen ein lösbares

Ein großer Star muß, so wie er sich kleidet, durch eine Stiftung die Richtung seines Charakters öffentlich darstellen. Die sehr energisch entscheidende, ursprünglich aus der Bronx stammende Popsängerin hatte zwei Mädchen aus Malawi adoptiert und dann eine Stiftung errichtet, die in dem Dorf, aus dem die »Töchter« stammten, eine Schule förderte, in der 500 Mädchen des Landes auf Chancen vorbereitet werden sollten, die sie ohne eine solche Eliteausbildung in Afrika zweifellos nicht hätten. Dazu wurde ein von der Firma Gucci gesponsertes Konzert veranstaltet, dessen Einnahmen den erheblichen Betrag aus dem Privatvermögen der Sängerin ergänzten, der das Anfangskapital der Stiftung darstellte.

Dann kam es vor Ort zu Streitigkeiten unter den Ausführenden. Mitarbeiter, welche von der Stiftung entlassen worden waren, erhoben Klage vor Gericht. Noch immer trugen die Richter der ehemaligen Kolonie Kostüme und Perükken aus dem 18. Jahrhundert wie in Großbritannien; sie besaßen einen breiten Ermessensspielraum bei ihren Urteilen. Funktionäre der Stiftung waren angeklagt, Spendenmittel durch Bewirtung, Privatentnahme und Ferienreisen veruntreut zu haben. Ein US-Journalist hatte vor Ort recherchiert.

Der Star, nicht ohne organisatorische Befähigung, war mehrfach angereist, hatte Weisungen erteilt und war wieder verschwunden. Oft wurde auch von ihrem Büro aus und in den Pausen zwischen zwei Proben über das Projekt im fernen Afrika kommuniziert. Ihr Imagepfleger gab den Rat, das Vorhaben aufzugeben. Der Star wollte das nicht, weil die beiden Kinder aus Malawi bereits adoptiert waren.

Jetzt wurde die Stiftung in professionelle Hände gelegt. Einer der Mitarbeiter des im Dezember 2010 verstorbenen Richard W. Holbrooke, der dessen Aids-Stiftung geführt hatte (während der langen Regierungsjahre George W. Bushs, in denen Holbrooke ohne Amt blieb), hatte den Auftrag übernommen, das Vorhaben auszubauen und zu kontrollieren. Statt einer Einzelschule für 500 Mädchen, die im Lande schwer auszuwählen sind und für welche nicht sogleich 500 verschiedene Lebenschancen bereitstehen, wenn die Schulzeit abgeschlossen sein wird (sie werden also zu Rivalinnen erzogen), will er Schulzentren in *vielen* Gemeinden der Republik Malawi errichten, in der Hoffnung, daß Mädchenbildung ein ganzes Land verwandelt. Holbrookes Mitarbeiter nennt das »Plantagen anlegen in den Köpfen junger Mädchen«. Sie werden Töchter und Söhne haben und den Lerneifer ansteckend machen, der hier gesät wird. Darauf legt der Superstar Wert, weil er – noch in der Bronx – ihn selbst gern gehabt hätte. Ein Anthropologe aus Harvard hat im

Auftrag der Stiftung festgestellt, daß Bildungshunger eher über die mütterliche Seite weitergegeben wird, wenigstens in Nordostamerika. Holbrookes ehemaliger Assistent ist glücklich, mit einem lösbaren Problem zu tun zu haben und nicht wie bei AIDS IN AFRIKA und VERHANDLUNGSFRIEDEN IN AFGHANISTAN mit einem unlösbaren.

Spitzbergen wird zugeteilt

Kilometerlange kohlehaltige Felsschichten durchziehen (schon von See her gut erkennbar) die Berge der Inselgruppe Spitzbergen. Am 16. Juli 1914 begann in Oslo eine internationale Konferenz, die über die Souveränitätsrechte an diesen Inseln entscheiden sollte. Gehören sie Norwegen oder Rußland? Welche Rechte besitzen die USA, Japan, Großbritannien, Dänemark, Frankreich? Mit Ausbruch des Ersten Weltkriegs stellte die Konferenz ihre Arbeit ein. Beharrlich aber hielt der norwegische Diplomat Fritz Wedel Jarlsberg Kontakt. Jetzt, am 19. Februar 1920, wurde der Spitzbergen-Vertrag unterzeichnet, der Norwegen die Inselgruppe zusprach. Die Signatarmächte, auch die Sowjetmacht, haben das Recht zur Jagd, zum Fischfang und zur Einrichtung von Kohlegruben.

– Eines der letzten noch nicht verteilten Territorien der Welt wird zugeteilt. Warum an Norwegen? Weil es benachbart liegt?
– Weil keiner sich darauf einigen kann, einem Konkurrenten die Inseln zuzuteilen.
– Ein unwirtliches Gelände, im Winter fast wie auf dem Mond?
– Aber wenige Schiffsstunden Fahrt, und Sie erreichen einen norwegischen Hafen.

Abb.: Eisenbahntrasse, die auf ein Bergwerk auf Spitzbergen zuführt. Die völkerrechtliche Zuordnung des Gebiets war 1919 umstritten. Es gelang, eine Vereinbarung zwischen Norwegen und Rußland zustande zu bringen, die jetzt das Vorbild für eine weiter greifende Konvention der beiden Länder hinsichtlich des Festlandsockels an der Barentssee und im Nordmeer bildet.

Tauschwert von überflüssig viel Raum

Hunde, die satt sind, buddeln für wertvolle Freßstücke ein Loch und sichern so ihr künftiges Interesse. Ähnlich gehen große Unternehmen vor, die Erdölexploration betreiben. Zunehmend neigen sie dazu, ihre Entdeckungen nicht auszubeuten, sondern zu versiegeln. Das Öl ist viel zu wertvoll, es gegen Geld zu tauschen. Um die Bewertung des Unternehmens an den Börsen in die Höhe zu treiben, ist kein Marktpreis geeignet, sondern nur die Einbildungskraft, die sich auf die Zukunft bezieht. Korrekt ist es, auf einem Schatz zu sitzen, ZUKÜNFTE zu hüten.

In den Nordregionen des russischen Vaterlandes, einschließlich des Schelfs vor der Küste, hat sich keiner der Leute je aufgehalten, die im Hotel Baltschug Kempinski in Moskau schon drei Tage und drei Nächte verhandelten. Ganz andere als sie sind dort oben pelzverpackt und sachkundig tätig. Diese wiederum haben keine Kompetenz für Verhandlungen, wie sie hier in Moskau geführt werden und die wirklichen Verhältnisse im hohen Norden stärker bestimmen, als jede Ingenieurskunst es vermag. Die Richtung der Verhandlung ist robust. Es geht darum, eine Demarkationslinie festzulegen, welche die russischen und die norwegischen Gebiete im Nordmeer bis zum Nordpol hin abgrenzt. Es deutet sich bei den Beratungen an, daß Norwegen unerwartet günstig abschneidet, die russische Delegation zeigt sich generös. Sie tauscht Know-how gegen Land. (Die Abgrenzung der Exploitationsgebiete rechnet sich in Meeresboden, insofern »Landfläche«, gleich ob unterseeisch.) Es sind die norwegischen Firmen, die über das Wissen und die Maschinerie verfügen, mit denen Bodenschätze in der Unwegsamkeit des Nordmeeres der Natur zu entreißen sind. Rußland müßte dieses Wissen erst erwerben. Nun fiele es der russischen Auslandsaufklärung nicht schwer, Geschäftsgeheimnisse, Patente, Gerätschaften der norwegischen Seite auszuforschen. Das ist längst geschehen. Es hilft aber nichts, wenn dadurch Geheimdienstler die Kenntnis erwerben, wie man Öl und Gas im hohen Norden zum Abbau bringt. Sie müßten Kurse für die russischen Geschäftsleute und Ingenieure einrichten; Erwachsenenbildung, Schulung, eine Unmasse von Gebrauchsanleitungen, ja, die nachträgliche Korrektur verfehlter sowjetischer Schulreformen müßte in den Köpfen dieser Praktiker durch den Geheimdienst vorgenommen werden, um das Erkundete anwendbar zu machen. Da wäre es besser, die Geheimdienstler würden selber zu Explorateuren. Wer aber leistet dann die Arbeit des Geheimdienstes? Eines der empfindlichsten Organe des Gemeinwesens, wenn es um Wirtschaftsspionage geht, die sich ja nicht auf die Ausbeutung des Nordmeers begrenzt.

So ist es besser, den Norwegern weite Gebiete der Polarregion und der Barentssee zuzusprechen, auf die ebensogut Rußland Ansprüche erheben könnte, um dadurch die Norweger ins russische Konzessionsgebiet zu locken. Die russische Phantasie erfreut sich von jeher an den Bildern der Kälte und der offenen Landschaften so hoch im Norden, aber dort hinzufahren und sich zu bewegen, hat kaum einer Lust.

Ein Treibstoff namens Gier

Über dem Norden meines Vaterlandes liegt neun Monate lang ein Mantel aus Schnee und Eis, manchmal auch zehn Monate. Wolkenberge ziehen darüber hin. Die norwegischen ERDÖLFÖRDERUNGSBERATUNGSUNTERNEHMEN, die auch das Zubehör und die Ingenieure verleihen, halte ich für Räuber. In den Märchen meiner Heimat (Rußlands Süden) sind es oft Briganten, die eine Braut entführen und letzten Endes glücklich machen. Hoffen wir das Beste bezüglich des Verhältnisses zwischen Norwegen und Rußland.

Im Hafen von Archangelsk stapeln sich die Eisenteile für fünf Bohrinseln, die in der kurzen Sommerphase am Kontinentalsockel unserer Barentssee installiert werden sollen. Sie festigen sich, indem sie einfrieren. Gott sei Dank können Berater nicht befehlen. So wirkt sich die Beteiligung der BP am Projekt unserer Schatzhebung auf uns Praktiker nicht unmittelbar aus. Vielmehr wird die neue Beteiligung nur im künftigen Vertrieb, im Absatz, in der Form der Verträge wirksam. Wir hier oben errichten unsere Stützpunkte in Unabhängigkeit und bereiten die Bohrungen vor, die einerseits Öl aus den warmen Gesteinen unten in die Kälte heraufholen, aber auch unseren vaterländischen Anspruch auf das Schelf und die daran anschließenden Tiefseerücken bis fast zum Nordpol hin dokumentieren. Insofern sind wir Gleichnis und Wirklichkeit.

Wenn sich im Herbst die Schneemassen über die Küsten und das Eis legen, schläft alle Bewegung ein. Man hat geglaubt, daß Benzin und Kleinflugzeuge, auch Schlitten und Eisbrecher die Lethargie dieser Erdzone verändern könnten. Das trifft nicht zu – wie auch deutsche Teilnehmer des Zweiten Weltkriegs bestätigen –, wenn in Körper und Hirn der Menschen die Kälte von draußen einwirkt. Man hält dann Bewegung nicht für möglich, die dadurch stirbt. Um mit Kältewüsten umzugehen, ist statt Treibstoff eine klare, eine hitzige Idee notwendig, speerspitzenartig. Die Vorstellung eines gigantischen Vorteils in den Gemütern, wie sie Goldsucher in sich hervorbringen, ist das Transportmedium in der nordischen Kälte. Dazu muß einer in Norwegen erzogen worden und in die Schule gegangen sein, im Fjord abgeschnitten von der übrigen Welt. Innerhalb von zehn Generationen staut sich so die Energie der Vorfahren, die nur durch Ausbruch überhaupt geistig überleben konnten. Ich würde diesen Treibstoff GIER nennen, ich sehe jemandem diese Eigenschaft an, der ins Zimmer hereintritt.

Eissturm an der Front vor Moskau

Es müßten zwei Armeen in Reserve stehen, sagt Generalfeldmarschall Fedor von Bock, der gegen 17 Uhr am 1. Dezember 1941 mit dem Oberkommando des Heeres telefoniert. An sich brauchen wir, fährt er fort, keine Waffen zur Bekämpfung der Russen, sondern eine Waffe zur Bekämpfung des Wetters. Nichts von diesem Geschehen im Osten ist in den Häusern Deutschlands unmittelbar wahrzunehmen.
Dr.-Ing. Fred Sauer, ehemals Siemens, für die Versuchsabteilung des Heereswaffenamtes tätig, untersucht die Anatomie von Mammuten. Ließ sich aus den kurzen Rümpfen und gedrungenen Körpern dieser erfahrenen Riesen der Kaltsteppe (die es mit ihren staubigen, immerwährenden, extrem kalten Ostwinden im Jahr 1941 nicht mehr gibt) eine winterfeste Panzerwaffe entwickeln? In den gewaltigen Säulenbeinen, so Fred Sauer, wärmte das sauerstoffhaltige Blut, das aus dem Körper dieser Tiere nach unten strömte, das verbrauchte kalte Blut, das zum Körper hinaufstieg. Das war ein Hinweis auf die Möglichkeit, durch doppelte Kreisläufe in den Motoren (einer zur Erwärmung des Gerätes und einer für den Antrieb) eine Aushilfe gegen die Tücke des russischen Winters zu finden. Das Projekt kommt für die Entscheidung in diesem Jahr zu spät.
Der Monat Dezember 1941 war durch Zeitarmut charakterisiert.

21999 v. Chr.

Eiszeit. Man muß sich diesen Höhepunkt der Kälte (noch immer leben wir in derselben Periode der Eiszeit, aber nicht in der Großen, sondern der Kleinen) klimatisch so vorstellen wie einen Spätnachmittag im Engadin im Dezember, sagte der wissenschaftliche Sekretär des Mammutkomitees der Russischen Akademie der Wissenschaften Alexej Tichonow. Nicht kälter? fragte Sylvie Charbit zurück. Kalt genug, wenn Sie kein Heizmaterial in der Nacktsteppe finden und die Wohnsitze fehlen.
Eine Wettervorhersage hätte in jenen Tagen so gelautet, fuhr der Russe fort: Europa liegt seit zwei Jahren unter einer Hochdruckzone. Der stetige Wind,

der vom Packeis herweht, bringt sehr kalte, trockene Luft in die Region. Ein Ende der extremen Trockenheit, des stetigen Winds von Nordost, der viel Staub mit sich trägt, ist in den nächsten 4000 Jahren nicht zu erwarten. Nachmittags sinkt die Temperatur unter den Gefrierpunkt.
Und über die Trockensteppe, die es heute nicht mehr gibt (mit ihren Gräsern, nahrhaften Kräutern, aber keinen Bäumen), huschten die Menschen? Unsere Vorfahren, antwortete Tichonow, »huschten« nicht, sondern suchten, fahndeten und jagten im Wettlauf mit dem Tod. Wenn sie nicht schnell etwas fanden, verhungerten sie.

Eindruck von Undurchdringlichkeit

In der Sammlung der Brüder Grimm wird erzählt, daß es nur zwölf Gedecke gab für die zwölf »weisen Frauen des Landes«. Die 13. Fee wurde nicht eingeladen. Ähnlich wie bei der Havarie von Tschernobyl oder dem Sturz des Bankhauses Lehman Brothers die Fakten ausgegrenzt werden, die wenig später Unglück bringen. Die 13. Fee aber rächte sich, indem sie das Schloß und das Reich auf einhundert Jahre in Schlaf versetzte.
Zugleich umgab sie das Schloß mit einer Hecke aus Bäumen und Gestrüpp, das Gezweig ineinander verschachtelt, einen »Verhak« bildend. Schnee lag auf dem Geäst. Es entstand der Eindruck von Undurchdringlichkeit. In der Lebenspraxis aber zeigt sich, daß am Boden eines solchen Geästs ein Weg durch leichten Schnee zu finden ist. Man muß nur das Bild bis unten verfolgen, wo auf einem Quadratmeter Erde Milliarden Milben siedeln.

Die Macht der »Zeit«

Was ist das: »Zeit«? Ich bin Kalenderforscher, nicht Physiker, antwortete der Mönch Andrej Bitow. Es sind die TRENNER zwischen den Zeiten, auf die es ankommt, also Jahreswechsel, Wechsel von Tag und Nacht, Abwechslung (zum Beispiel des Wetters), die Einteilung nach Stunden und Minuten (auch Sekunden, in denen einer sterben kann), nach Generationen und Lebensläufen: Zeit, sich zu fürchten; Zeit, zu lieben.
Sie meinen also, insistierte der Besucher, daß die Zeit keine obrigkeitlichen Eingriffe duldet? Sie ist autonom? Bitow antwortete: Wem gehört sie? Hierauf erwiderte der Biologe Dr. Siegmund Fritsche: Sie gehört den Zellen, allenfalls dem Planeten Erde selbst, nicht einmal dem Individuum. Hier enden, fährt er fort, die garantierten Freiheitsrechte.

Besonders gefährlich ist es, sagte Bitow, den 31. Dezember, den letzten Tag des Jahres also, zu manipulieren. Von Natur aus endet kein Jahr. Es sind 6000 Jahre Vorgeschichte notwendig, um den »Jahreswechsel«, einen Schnitt in der Zeit, zu bewirken. Ohne Religion geht das überhaupt nicht.

Die Nordpolarstellung

Hinflug nach Kanada. Bundeskanzler Helmut Schmidt lehnte sich zum Fenster und deutete auf die Eislandschaft, die sich rechts bis zum Horizont zog. Dazu gibt es neuerdings eine Planung, sagte er kurz angebunden. Wir sprachen doch eben über die Winterschlacht von Stalingrad. Deshalb komme ich darauf. Es existiert eine NATO-Planung, fuhr der Kanzler fort, die sich auf die Regionen des Nordpols, die Eislandschaft über dem Nordmeer bezieht. Wer diesen Bereich des Planeten militärisch in Besitz nehmen kann, faßt jeden Gegner, der sich in den mittleren Breiten bewegt, in die Flanke. Das sei der neueste Schlieffen, so die NATO-Planer.
Die NATO-Planer waren auf diese Konzeption gekommen aufgrund geheimdienstlicher Nachrichten von sowjetischer Seite. Das sei ein charakteristischer Treibsatz für Planungen, kommentierte der Kanzler: Wenn wir es nicht machen, werden es die anderen tun. Ist diese Sache nicht geheim, fragte ich. Insofern nicht, antwortete der Kanzler, als jeder intelligente Mensch, der einen Globus vor sich hat, diesen Gedanken fassen kann. Es ist keine patentierbare Idee. Aber doch geheim, wenn es darum geht, ob die Idee zu einem Plan wird? Es ist ein verrücktes Vorhaben, sagte der Kanzler und wies durch das Fenster auf die wüste weiße Weite: In der Ferne ein dunstigblauer Horizont, in der Nähe waren unregelmäßige, felsige Strukturen zu sehen. Einen Vorteil, fuhr der Kanzler fort, sehen die Strategen darin, daß es sich um ein Gefechtsfeld handelt, in dem die Truppe keine Zivilisten vorfindet. In der Tiefe des Nordmeeres muß man Vorratslager anlegen, fügte er hinzu, unterseeisch, auch die Tarnung bereite in einem solchen Gelände Schwierigkeiten. Eher ein bewaffnetes Gefangenenlager für die eigene Truppe? Ja, eher ein Kessel, in dem man sich freiwillig einigelt.
Diese NATO-Planung wurde später aufgegeben. Wie aber die in der Evolution erworbenen Eigenschaften ohne äußere Anwendung lange Zeit liegenbleiben und sich dennoch durch Mutationen fortentwickeln, um dann als neue Anpassungen hervorzutreten, so führen die Akten und gespeicherten Datenmassen in der Brüsseler Zentrale ein aktives, verborgenes Leben. Die Idee des Flankenvorstoßes aus der Region des Nordpolarmeers (wie von einem fremden Himmelskörper) führte politgenetisch zu Richard Perles Planung des

SDI-Projekts, eines Angriffs auf jeden Punkt der Erde mit Hilfe lasergesteuerter Projektile aus dem Orbit.
Während des Gesprächs hatte die Maschine die Westküste Grönlands erreicht, und nach beiden Seiten, Süden und Norden also, war dunkles Wasser zu sehen, von kleinen Eisblöcken wie von miniaturisierten Segelschiffen belebt. Eine Dunstwand im Westen, auf welche die Maschine zuflog. Nicht besonders eindrucksvoll, sagte der Kanzler. Ihm war das Bild, auch beengt durch den Fensterrahmen, nicht einheitlich genug, jedenfalls schien ihm dieser Teil der Erdoberfläche unbrauchbar, sowohl in militärischer als auch in seemännischer und in industrieller Hinsicht. Zu kalt, zu wässerig. Auch drängte es ihn zu den anderen Begleitern dieses Fluges, zu denen er sich jeweils auf eine halbe Stunde zu einem Gespräch setzte. Bis Ottawa wollte er mit allen gesprochen haben.

Der Rüstungsminister versäumt den Abflug nach Nordgrönland

Ende April 1945 war das 17. Transportgeschwader, das über viermotorige Langstreckenmaschinen verfügte, auf seinen Flugplätzen am Nordpolarkreis noch ziemlich intakt. Sollte man nicht, so die Vorschläge, die der Führung eingereicht wurden, wenn doch das Reich verlorenging, die Besten der Besten zuletzt in Sicherheit bringen?
Die Verbindungsoffiziere vom Reichsminister für Rüstung und Bewaffnung in der Marineschule Mürwik redeten auf Albert Speer ein: Die viermotorige Dornier-Maschine sollte ihn zunächst bis Oslo fliegen. Dann wollte man ihn in einer der Langstreckenmaschinen, ebenfalls viermotorig, zu einer von den Alliierten bisher nicht entdeckten Wetterstation auf Nordgrönland bringen. Hier sollte der Minister bis zum Jahre 1952 überwintern. Man könne ihn dann mit einem geeigneten Transportmittel zurückführen und als Kanzler eines erneuerten deutschen Reiches installieren. Der Minister prüfte den Gedanken intensiv. Noch glaubte die Reichsregierung, daß man sie für den Wiederaufbau brauchen werde.
Es kam darauf an, den Rüstungsminister zunächst bis zum Flughafen Oslo zu bringen. Dort galt es, den Umsteigeprozeß zu organisieren. Sollte versucht werden, mit der viermotorigen Fernmaschine in der Nähe der Wetterstation auf einer Eisfläche zu landen? Oder war es besser, wenn der Minister mit dem Fallschirm absprang? Funkkontakt mit der unentdeckten Station war untersagt.
Der Minister konnte sich den Vormittag über nicht entschließen. Zwischen den von der Regierung Übriggebliebenen bestand eine starke Adhäsion. Nach allem, was sie erlebt hatten, versuchten sie zusammenzubleiben.

Das Jahr der Rückkehr ins Vaterland 1952, nur um sieben Jahre, also etwas mehr als die Halbzeit des Drittes Reiches, von der Gegenwart entfernt, konnte er sich in dem für Ausbildungszwecke und nicht für Regierungsaufgaben gebauten Kasernengelände in Mürwik nicht vorstellen. Es gibt keine Rückkehr, sagte er zu seinem persönlichen Referenten, zu »normalen Verhältnissen«. Wir haben zuviel erlebt. Die Macht des Gesehenen belastet die Entschlußkraft.

Beuys auf der Krim

Während der hoffnungslosen Rückzugskämpfe der deutschen Truppen auf der Krim im Frühjahr 1944 verunglückte ein Sturzkampfflugzeug Ju 87 bei Freifeld im nördlichen Teil der Halbinsel. Diese Flugzeuge waren gewöhnlich mit zwei Mann besetzt. Der Flugzeugführer, zerschlagen und verstümmelt, war nach dem Aufschlag tot. Joseph Beuys, der zweite Mann, unter dem Flugzeugheck in Trümmerteilen eingeklemmt, lag bewußtlos mit Schädelverletzung und Knochenbrüchen. Tataren, die das Wrack plünderten, sollen ihn gerettet haben. Sie hätten ihn, heißt es, mit Filzmatten gewärmt; nach anderen Berichten sei er in Zelten aus Filz untergebracht worden, an deren Geruch er sich später erinnerte. Auch hätten die Nomaden seine Wunden mit Fett eingerieben. Eine schamanistische Einwirkung während dieses Zustands auf Leben und Tod, den Beuys später beschrieben hat, sei, das behaupten Anhänger von Beuys, nicht ausgeschlossen. Die »Eingeborenen« haben den Verwundeten später in einem deutschen Lazarett abgegeben.

Die legendären Arbeiten von Beuys mit Fett und Filz legten solche Erzählungen nahe. Rechercheure, welche diese Angaben in Wehrmachtsarchiven überprüften, bezweifeln hingegen Einzelheiten aus Beuys' Darstellung. Der Status eines Krimtataren und der eines Luftwaffensoldaten, dem sein Kriegsfahrzeug zerbrach, sind verwandt; beide können als enteignet gelten, beide wurden durch behördlichen Akt zuvor an die Grenze ihrer Existenz geführt. Den Tataren als den ursprünglichen Eigentümern der Krim waren die Wandergebiete eingeschränkt, einige ihrer Clans waren in den Osten Rußlands umgesiedelt worden. Sie waren nach dem deutschen Angriff in Gruppen in ihr Heimatgelände eingesickert. Sie existierten »zwischen allen Fronten«. Den Deutschen schien dies so unerklärlich wie den sowjetischen Wiedereroberern. Nicht einmal dem Sultan, zu dessen Reich die Krim zweihundert Jahre früher gehörte, hätten sie gehorcht. Sie waren Glücksjäger, so wie Beuys, der – ohne der Schmied seiner Rettung zu sein – glücklich fiel und, von Räubern aufgesammelt, in die Raubgesellschaft des Großdeutschen Reiches neu eingegliedert wurde. Der Sachverhalt rechtfertigt jede Legende.

Der Tod des Aufklärers Malesherbes

Malesherbes, einer der Verteidiger im Prozeß gegen den König vor dem Konvent, redete den König, seinen Mandanten, mit »Sire« an. Wer gibt Ihnen die Erlaubnis dazu? fragte ihn ein Mitglied des Konvents. Die Lebensverachtung, antwortete Malesherbes.
Er stand unter dem Schutz der großen Toten des 18. Jahrhunderts. Was hätte Rousseau gesagt bei der Mitteilung, daß seine unverständigen Schüler diesen wohlwollenden Kritiker, den Fürsprecher des *Émile*, töten würden?[1] Ohne Malesherbes wäre weder der *Émile* noch die *Encyclopédie* durch die Zensur gelangt.
Der Verfechter der Vernunft zeigte sich unbekümmert. Ein Gedanke an Auswanderung lag ihm fern. Im Dezember 1793 wurde er verhaftet. Der einzige Zeuge, der gegen ihn auftrat, war ein Diener, der ihm 1789 gesagt haben will, daß die Reben erfroren seien, worauf Malesherbes erwidert habe: »Um so besser! Wenn es keinen Wein gibt, werden unsere Köpfe klarer sein.« Der Patriot wollte sich nicht verteidigen und ging ruhig plaudernd zur Guillotine.[2]

Eine letzte Frontfahrt

> »Sein Weiterleben bedarf schon der Kälte, des Grundprinzips der bürgerlichen Subjektivität, ohne das Auschwitz nicht möglich gewesen wäre: drastische Schuld des Verschonten.«
>
> Theodor W. Adorno, *Negative Dialektik*

Der Minister für Rüstung und Bewaffnung des Reiches verschwieg später manches, was er tatsächlich gewußt hatte, und er wandte bereits vorher seine wache Wahrnehmung vom Elend der Zwangsarbeiter in den Betrieben ab, die ihm unterstanden. Bis zu den Hüften, schreibt seine Biographin Gitta Sereny, sehe ich ihn eingetaucht in den »Kältestrom seiner Zeit«.
In den letzten Tagen des Kriegs, in denen jeder sah, daß er nicht mehr lange dauern konnte, keiner aber wußte, wie man ihn rasch beendet, ließ sich der Minister auf Straßen nordwestlich der Reichshauptstadt nochmals in den

---

1 Jules Michelet, *Geschichte der Französischen Revolution*, bearbeitet und herausgegeben von Friedrich M. Kircheisen, aus dem Französischen von Richard Kühn, Wien, Hamburg und Zürich: Gutenberg Verlag 1929, Band VI, S. 133.
2 Ebd.

Kessel fahren. Bekannt ist, daß er den Gefährten Hitler (den er einige Wochen zuvor noch durch Giftgas hatte töten wollen) vor dessen Tode besuchte. Der wahre und weniger bekannte Grund für diesen Berlinbesuch bestand aber darin, daß er seinen Freund Dr. med. Karl Brandt, den zu diesem Zeitpunkt durch ein Standgericht zum Tode verurteilten Reichsärzteführer, retten wollte. Er glaubte, der Freund befinde sich noch in der Gestapohaft in Berlin. Wie ein Schutzgeist begleitete der Minister den Weg dieses Kameraden mit Telefonaten bei allen zuständigen Behörden. Es gelang Albert Speer, den Todgeweihten später in Mürwik, wo die Reichsregierung residierte, in die Restzivilisation zurückzuführen. Dem Freunde gegenüber blieb der Minister nicht kalt.

Theodor W. Adorno bezeichnet *Kälte als das Grundprinzip der bürgerlichen Subjektivität, als die Voraussetzung, ohne die Auschwitz nicht möglich gewesen wäre.* Diese Identität ist aber in keiner bürgerlichen Gesellschaft prinzipiell, also rein herstellbar. Ein bürgerlicher Mensch wie Albert Speer lebt nicht längere Zeit auf der Höhe eines Prinzips; vielmehr bewegt er sich an einzelnen Tagen so, wie die Bürgerin Leonore ihren Mann Florestan rettet oder wie der Freund dem Tyrannen Dionys den Bürgen entreißt, den er ihm hinterließ.

In einer Diskussion im Frankfurter Volksbildungsheim, an der Rainer W. Fassbinder sich beteiligte, der mit seiner Meinung auf vehementen Widerspruch stieß, ging es um den ungleichmäßigen Charakter »des Kriegsverbrechers Albert Speer«, phasenweise verhielt er sich gleichgültig, phasenweise agierte er emotional. Dieser Charaktertyp, so Fassbinder, sei für Auschwitz weniger ausschlaggebend als die Gemütslage, die sich im staatlich gesteuerten Unterhaltungsprogramm äußere, noch im April 1945 völlig intakt.

Ein Befehlshaber der Totenkopfverbände habe auf der Eisenbahnfahrt in Richtung Osten, so Fassbinder (der entweder über einen Zusammenhang oder eine Szene in einem von ihm geplanten Stück sprach), den Schlager »Wer wird denn weinen, wenn man auseinandergeht ...« auf der Zunge gespürt. Tatsächlich sei er aber nicht auf dem Wege zu einem Abschied, sondern zu einer Ankunft gewesen, nach welcher er Befehle gegeben habe mit Schaden für Dritte.

Das Steinherz

»Und fühle wieder, wie die kalte Welt dem Herz unwiderstehlich böse Wunden schlägt.«
Alexander Puschkin

Schwer wie ein Stein lag das Herz in seiner Brust. Wie sollte er sich noch ausdrücken? Für Sentimentalität und Abschiedsworte war er nicht gerüstet. Er legte sich am zweiten Werktag des Jahres 2009 an selbstgewähltem Ort, den er, der sonst immer gefahren wurde, zu Fuß erreichte, auf die Schienen der Regionalbahn. Der Triebwagenführer des Regionalzugs, der in einer Kurve den Berg zu umfahren hatte, würde ihn zu spät sehen.
An sich war dieser Mann, ein Jurist und Milliardär, Sohn und Enkel von Unternehmern, nicht am Ende aller Aussichten. Noch besaß er Gefährten. Und von seinem Vermögen würde ein letzter Rest bleiben, mit dem ein Neubeginn möglich wäre. Was er sich nicht verzieh, war, daß er in den letzten Tagen des »Dezemberfiebers« die Verträge unterschrieben hatte, welche die Banken ihm vorlegten. In dieser Hinsicht besaß er ein »Herz aus Stein«, während er sich doch für flexibel hielt. Er hatte seine Unbeugsamkeit unterschätzt. Nach dem ägyptischen *Pfortenbuch* hat das STEINHERZ zwei Aufgaben: Es wird in der großen Standwaage nach dem Tod gegen das Steingewicht der Maße WAHRHEIT, RECHT und ORDNUNG abgewogen; es darf nicht für zu leicht befunden werden. Zum anderen hat es die Funktion, die Verfehlungen des irdischen »Fleischherzens« unbeirrbar zu leugnen; dazu hilft ihm seine steinerne Natur. Der Mann in Schwaben hatte ein solches Steinherz in Form eines Monuments, das sich gegen den Feind in Bewegung setzt, in der Staatsoper Stuttgart auf der Bühne dargestellt gesehen.
Die konzertierte Gleichgültigkeit, die ihm in den rasch aufeinanderfolgenden Terminen der Dezemberkrise – noch im Juli schienen alle seine Unternehmen konsolidiert – gegenübertrat, entsetzte ihn. Bis dahin hatte er Gespräche jeweils mit einem einzelnen Gegenüber, dem Bankhaus, geführt. Er hatte es mit Personen zu tun gehabt, die er einzuschätzen wußte und durch Zugeständnisse oder den Hinweis auf einen Nachteil für die Gegenseite zu Kompromissen veranlassen konnte. Anders die Versammlung von jeweils mehr als zwanzig Vertretern unterschiedlicher Banken, die wie eine GESAMTHAND ihm und seinen Mitarbeitern jetzt gegenübersaßen. Das waren keine Chefs. Jeder achtete auf die Schritte des anderen; alle gemeinsam standen sie unter dem Joch ihres gegenseitigen Mißtrauens. Auf der Suche nach Schadensvermeidung

blieben sie unbeweglich. In früheren Fällen wäre die Drohung, daß er seine Holding in Insolvenz gehen lassen werde, einem Diktat der Banken aber nicht folgen würde, wirksam gewesen. Er besaß diese Möglichkeit. Der Schaden für ihn selbst wäre deutlich, aber der für die Gegenseite wäre größer. Die Bankenvertreter erkannten keine Unterschiede; sie schienen nichts zu empfinden.

Nach seiner Unterschrift unter die Verträge, in einem Anfall von Angst, die er in seinem Leben sonst bisher nicht kannte, folgte die UNWIRKLICHKEIT DER FESTTAGE. Wenn es um den Untergang seines Reiches ging, eine Fehlerkette, die er sich nicht verzieh, gab es nichts zu feiern. Wieso konnte mit 12,5 Milliarden Euro Guthaben plus Kredit kein Gleichgewicht gegenüber 16 Milliarden Euro nomineller Verbindlichkeiten hergestellt werden? Galt er nichts? In den Verträgen war diese Sache verfälschend dargestellt. Die Anzahl von Samstagen und Sonntagen sowie gesetzlichen Feiertagen war zum Jahreswechsel 2008/09 wie im Krisenjahr 1941: Es war die Höchstzahl des möglichen Ausfalls von Werktagen (wenn nämlich Heiligabend auf einen Mittwoch fällt, so gibt es wie in der damaligen Krise drei Arbeitstage zwischen dem 24.12. und dem 5.1.), in denen einer noch etwas hätte retten können. Was den Mann mit dem Steinherzen sterben ließ, ihn im buchstäblichen Sinne »kaltmachte«, war die Plötzlichkeit seines Sturzes. Die Firma war seit 1881 in drei Generationen mit viel Zeitaufwand aufgebaut worden. Eine Fehlspekulation von 300 Millionen Euro, eine Wette, hätte sie ausgehalten. Man vergleicht die Aktivseite und die Passivseite einer Bilanz. Hinzu kommen aber die Aktivseite und die Passivseite der investierten Lebenszeit. Hinzuzurechnen ist der gute Wille. In dieser Hinsicht war ein Zusammenbruch innerhalb von drei Monaten ein »unwirkliches Phänomen«.

Wieso aß er überhaupt noch? Wieso schlief er in den Nächten dieser unnützen Feiertage? An einem bestimmten Punkt des Unglücks angekommen, geht es nur noch um die Frage, wer es beendet.

In den Wetterberichten des Tages war die Rede von einem plötzlichen Schneeeinbruch in der Bundesrepublik mit Verkehrschaos in Nordrhein-Westfalen. Dort, wo der Mann in Richtung seines Ziels voranschritt, sah er nur kalte Nässe, ein Durchschnittswetter.

Warten am letzten Tag im Advent

26 Auslandsflüge konnten im Schneesturm über New York am Nachmittag des 24. Dezember 2010 noch auf einem der drei New Yorker Flughäfen landen. Eine der Maschinen fuhr am Ende ihrer Fahrt in einen lockeren Wall aufgehäuften Schnees hinein, kam dadurch auf der an sich rutschigen Fläche noch zum Stillstand. In diesem Flugzeug hatte Fred Bollwieser, der bekannte Kunstkritiker aus Tirol, noch einen Platz gefunden, erpicht darauf, seine Geliebte in deren Appartement in Greenwich Village zum Fest zu überraschen. Sozusagen als Geschenkartikel in Person.

Für die Entladung der gestrandeten Maschine stand jedoch kein ANLEGER zur Verfügung. Diese Konstruktionen, welche die Realität der Flugzeuge mit der Wirklichkeit des Flughafens verbinden, waren durch den Schnee zugeschüttet, die fernlenkbaren Scharniere eingefroren. Es hatte sich aber auch eine Art von PANISCHEM PASSIVISMUS der Flughafenbehörden bemächtigt. Die Techniker waren am Frühnachmittag, soweit möglich, zu ihren Familien entlassen worden, um die gedoppelten Feiertags- und Nachttarife zu Heiligabend zu sparen. Die aussichtslose Gesamtlage des Flugfeldes lähmte die Gemüter. Während einige der Disponenten noch nach Chancen für improvisierte Ersatzflüge und Umleitungen für wartende Passagiere fahndeten (nach Kanada sollte es auf Flugplätzen nördlich von New York noch Möglichkeiten geben), grübelten andere über der GESAMTSCHADENSRECHNUNG und die dringend notwendige Versorgung der beiden einzigen Apotheken der Flughafenstadt mit Arzneimitteln.

Die zur Untätigkeit verurteilte Besatzung des Towers hätte an die Cockpits der auf dem Gelände verstreuten noch gelandeten Maschinen Verhaltensmaßregeln übermitteln müssen. Das geschah nicht. Sie sollten warten, die Passagiere, die Besatzungen. Auch hielten alle Beteiligten die Wartephase, bis die ANLEGER wieder empfangsbereit wären, für eine geringe Größe.

Seit elf Stunden saßen die Fluggäste jetzt schon in der Heiligen Nacht auf ihren Sitzen. Atembare Luft, elektrisches Licht, Heizung knapp. Gegenüber der Scheune in Bethlehem erschien es luxuriös, daß einige Male noch in der Nacht die Triebwerke angestellt wurden, um das Betriebssystem aufzuladen. Um vier Uhr früh entschied der Kommandant der Maschine, die überfüllten Toilettenbehälter in den Schnee auszuleeren. Nur geringen Druck vermochte die Entleerungsmasse auf die vor den Öffnungen lagernde Masse des Gefrorenen auszuüben, so daß die übelriechende (weil durch Desinfektionsmittel versetzte) Substanz nach oben drang in die Toilettenräume.

Da die auf der verschneiten Landewüste parkenden Menschen zu diesem

Zeitpunkt noch nicht wußten, daß sie nach weiteren elf Stunden befreit sein würden, ergriff viele von ihnen Panik. In den Verhaltensrichtlinien für einen solchen Fall, die hätten ausgearbeitet sein müssen, aber nicht ausgearbeitet waren, wäre unter Punkt 17 vorgeschlagen worden, daß in der Reihenfolge der mit geraden und der mit ungeraden Zahlen bezeichneten Sitze, beginnend mit der Zahl 3 (da 1 und 2 den Stewardessen zugeteilt sind), die Passagiere auf dem Gang einen je zweiminütigen Marsch durchführen sollten, um Sinne und Muskeln zu betätigen, so wie Gefängnisinsassen die Chance eines Rundgangs täglich zugebilligt wird, damit es nicht zu Aufständen kommt.

Nur daß die Handys in den ersten Stunden und verstärkt, als feststand, daß sie, hier gelandet, endgültig festsaßen, zwitscherten und leise besprochen wurden, erinnerte daran, daß sich am Heiligen Abend die Christenheit zu einer großen Gemeinde vereinigt, wie es uns schon Hans Christian Andersen in seinem Märchen *Das kleine Mädchen mit den Schwefelhölzern* nahebringt. Wie glücklich diejenigen, die an einem solchen Abend nicht zu den Genießenden, sondern zu den Organisatoren zählen. Auch wenn ihr Tun ein Chaos darstellt und kaum Grund für Stolz ist, sind sie doch in ihrer physischen Bewegung frei. Sie durcheilen die Gänge, das Lagerzentrum, könnten in den Schneesturm hinausgehen, nachsehen, wie er sich anfühlt.

– Warum kann man zu keiner der auf dem Flugfeld verloren dastehenden Maschinen vordringen und mit einer fahrbaren Treppe oder auch nur mit Leitern der Feuerwehr die Passagiere einzeln ausladen und über einen Lattenweg, der sich über die Schneedecke erstreckt hätte, in die Zivilisation zurückführen?
– Die professionellen Leitern lagen abgeschirmt in einem Silo, unprofessionelle Leitern, Seile oder Kräne gibt es auf einem modernen Flughafen des 21. Jahrhunderts nicht.
– Durch einen Notausgang auf einer Rutsche die Leute in den Schnee hinausbefördern, wo ein Hubschrauber sie abholt?
– Wo denken Sie hin! Die Konsistenz des Schnees ist zu fest, ihn wegzugraben, und zu locker, als daß ein Hubschrauber auf dieser Masse von Staub landen könnte. Vergleichen Sie diese Oberfläche mit einem Sumpf!
– Und Schlitten?
– Wo sollen die in einer hochspezialisierten modernen Anlage herkommen? Vielleicht wären Motorschlitten eine gute Idee gewesen. Dafür hatte es aber bis dahin nie eine Verwendung gegeben.

Unerwartete Bekehrung eines Heiden

Nach einer schweren Geburt im Dorf, bei der ihm die »Hexe aus Dingelstedt« geholfen hatte, und einer ausgedehnten Bewirtung machte sich der Arzt Dr. Wernecke im Winter 1832 auf den Weg durch den Schnee zurück nach Halberstadt. Zunächst nutzte er den Trampelpfad, den die Dorfbewohner, entweder aus Gewohnheit oder aus Aberglauben (denn ein solcher »Weg« führte in diesem starren Winter ins Nichts), als eine Art DORFAUSGANG IN DIE TOTE NATUR angelegt hatten. Wäre Dr. Wernecke nicht so betrunken gewesen, hätte er den Heimweg nicht gewagt. Ich heiße mit Vornamen Klaus, ich komme immer nach Haus, sagte er sich.

Die Schneekruste war brüchig. Bei jedem vierten Schritt brach Wernecke ein. Dann mußte er sein Bein aus der Kuhle herausziehen und gleichzeitig die Balance halten. Das ermüdete ihn sehr. Das Dorf verschwand aus den Augen. Es erwies sich aber, daß der Schnee Hügel gebildet hatte. Die Chausseebäume, welche die Straße in die Stadt flankierten, von ungeduldigen französischen Ingenieuren als Pappeln angepflanzt, waren von der Schneemasse überdeckt. Der Blick des Arztes fand keinen Anhaltspunkt. Er hielt es für möglich, daß er im Kreise lief. Was nutzte ihm da sein Chronometer.

Solange er sich bewegte, fror er nicht. Auf dem wie mit einem Leichentuch überdeckten Gelände kein feststellbarer Horizont. Dunst kam auf. Wenn ich mich niedersetze, schlafe ich ein und werde als Toter nach der Schneeschmelze gefunden. An sich war Wernecke eine Frohnatur, neigte nicht zum Nachdenken, galt auch als Heide: einer, der über Gottes Wort Späße machte und im Todeszimmer eines Patienten die ärztliche Expertise gegen die Brabbeleien des Pfarrers setzte. Jetzt aber war ihm bang ums Herz.

Wenn ich mich raschen Schrittes immer geradeaus bewege, orientiert an der Fußspur, die ich hinter mir lasse, werde ich mich Meter für Meter meiner Stadt, meinem Haus nähern, in dem gewiß das Personal schon ein Feuer angezündet hat. Er konnte aber in der hereinbrechenden Dämmerung die eigene Spur kaum noch sehen. Zurücklaufen, um sich zu vergewissern, wollte er nicht.

Der unüberblickbare Schnee erzeugte eine gewisse Helle in der Nacht. Wernecke konnte weder sagen »Ich sehe überhaupt nichts« noch »Ich sehe etwas«. Dazu hätte es eines Zeichens bedurft, eines Unterschieds im Gleichmaß des schneebedeckten Landes. Was nutzte es ihm, daß er Kartenkenntnis Europas im Kopf trug, die ihm sagte, daß dieses flache (aber jetzt in Wirklichkeit einen hohen Hügel bildende) Land im Osten bis zum Ural reichte und weit im Westen auf große Flüsse stieß, die nicht vollständig vom Winter überlagert

sein konnten. In diesen Westen hätte er nur über das Harzgebirge hinweg gelangen können. Kein Zeichen, daß er in Richtung des Gebirges liefe.
Etwa zehn Minuten bis Mitternacht waren es. Das treue Chronometer referierte ihm präzise die Zeit. Er gab sich zu diesem Zeitpunkt noch vier bis fünf Stunden Lebenschance. Schade, sagte er sich, wenn ein so guter Arzt stirbt.
Einen Moment lang, er wischte sich mit den kalten Händen die Augen, glaubte er einen winzigen Blitz in der Ferne zu erkennen. Jetzt, dachte er, beginnen die Täuschungen. Davon hatte er in den Berichten des Chirurgen Baron Larrey gelesen: Wie in der Wüstenhitze Ägyptens optische Täuschungen und ganz ähnlich irrige Sinneseindrücke in den Eiswüsten Rußlands die Grenadiere des Kaisers heimgesucht hatten. Er glaubte also zunächst dem ZEICHEN nicht, das ihn führen wollte. Ein Eisberg von Skepsis, die mit Müdigkeit eher zunimmt, umgab den erschöpften Mann.
Kurz gesagt, das Zeichen, widerwillig und schlecht rezipiert, rettete den Arzt. Es handelte sich um die Lampe des Domküsters, welche dieser, die Treppenstufen emporsteigend, in gewissen Abständen an den Kirchenfenstern vorbeiführte. Der Küster war schon verspätet. Etwa zehn Minuten brauchte er mit zwei Pausen für den Aufstieg zu den Glocken. Die Stadt würde die Glocken zwei oder drei Minuten später als üblich zu hören bekommen.
Dr. Wernecke entschloß sich dann doch matten Auges, dem Licht, das wenig später verschwunden war, zu trauen. Das Licht hatte sein verstocktes Herz geführt. So fand der Arzt zu den ersten Häusern der Stadt.
Dem mittelalterlichen Kirchenschiff, das in mehrheitlich ungläubigem Land mächtig und gestrandet dalag, stiftete er, der Heide, eine aus Eisen gefertigte Lampe, die in Höhe der Glocken am Turm angebracht wurde. Auch wenn es später keine weiteren Verirrten gab, weil auch die Winter milder wurden und die Ärzte auf Auswärtseinsätze verzichteten, existierte diese Lampe, zunächst mit Öl gefüttert, später auf Veranlassung der Enkel des Arztes von Elektrizität gespeist, bis zum Luftangriff auf Halberstadt am 8. April 1945. Da sie im Frühjahr (es galt Sommerzeit) erst um 21 Uhr angezündet wurde, leuchtete sie nicht bei ihrer Zerstörung.

4
Die Küche des Glücks

Gleich was man über die Liebesbeziehungen sagt, ihr natürlicher Reichtum an Kasuistik widerlegt es. Die Liebe ist ein Tausendfüßler. Wenn man von ihr erzählt, sind Übersicht, Einteilung und Thesen die schwächste Tugend.

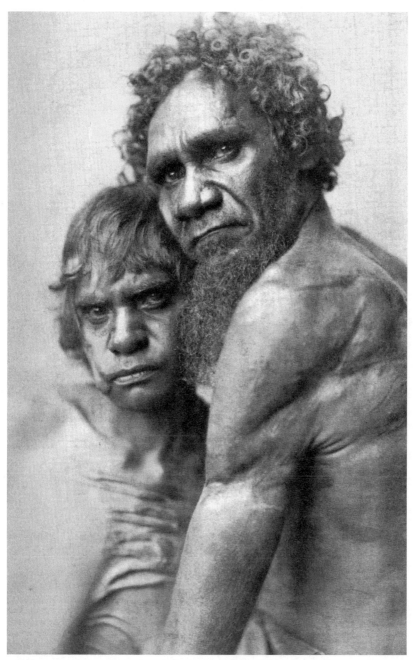

Abb.: »Liebe als ein Begriff dafür, daß man das, was man von anderen haben will, gerade dadurch selbst gibt.«

Abb.: »Sie war nicht gelehrt, doch sie las mit Beharrlichkeit.«

I

Die Prinzessin von Clèves

»*Du sollst Achtung haben vor der Wildheit, dem Eigensinn,
der Genauigkeit Deiner Empfindungen.*«

1
Ein Roman der poetischen Aufklärung ...

Eine der großen Damen Frankreichs (wir wissen heute, daß es sich um Marie-Madeleine Pioche La Vergne, Comtesse de La Fayette handelt) schreibt mit zwei Helfern in den Jahren 1670-1678 einen Roman, der – zunächst umstritten – rasch nach Veröffentlichung Verstand und Herzen der Leser Frankreichs ergreift und die Suchbegriffe, mit denen Menschen die Verwirrungen in den Liebesbeziehungen enträtseln wollen, nachhaltig verändert. Der Roman erscheint anonym 1678 und trägt den Titel: *La Princesse de Clèves*.
Die Geschichte, die der Roman beschreibt, wird zeitversetzt erzählt. Aus der prüden Zeit des Sonnenkönigs ist sie verlegt in die fiktionalisierte Zeit Heinrichs II. von Frankreich und seiner Geliebten Diane von Poitiers. Es ist irreführend anzunehmen, der Roman habe sein Zentrum in einer höfischen Liebesgeschichte. Zwar ist Madame de La Fayette, die Autorin, eine Adlige von hohem Rang, der Roman aber entfaltet ein Selbstbewußtsein, das der aufkommenden bürgerlichen Gesellschaft entspricht und von der Autorin geteilt wird.
Es hat sich in dieser Zeit eine Lesegesellschaft gebildet, welche die Standesschranken überschreitet. Der Roman zeigt die gedankliche Autorität des noch unentfalteten, aber unaufhaltsam aufsteigenden Standes mitsamt dem Echo an Kenntnissen, wie sie den Erfahrungen einer Adligen entsprechen. Eine Besonderheit allerdings hat die Szenerie des Romans: Die beschriebenen Adligen, welche die Anfänge bürgerlicher Emanzipation vorführen, bewegen sich mit einer Freiheit, wie sie in den bürgerlichen Lebensläufen zunächst nicht existierte.[1]

[1] In Richard Wagners *Meistersingern von Nürnberg* und in dem *Rosenkavalier* von Richard Strauß (auch in *Arabella*) zeigt sich eine gewisse Freiheit in den bürgerlichen Lebensläufen (unter Beteiligung Adliger). Die Freiheiten in der Lebenspraxis sind etwa in den Biogra-

Die neue Gesellschaft im Frankreich des 17. Jahrhunderts vermag sich vorzustellen, daß Menschen Produzenten und nicht Zuschauer ihres Lebens, nicht Empfänger ihrer Schicksale sind. Das gilt für den »eingerichteten und ausgeübten Gewerbebetrieb«, für den religiösen Glauben, für die sich entwickelnde Moralität und Philosophie (die Einrichtung der Grenzen und Äcker des Geistes) und für den Bereich der Liebesbeziehungen. Diese Beziehungen gelten für Madame de La Fayette als unzähmbar. Sie werden in voneinander getrennte Bereiche zergliedert (die Ehen und ihre Pflichten anders reguliert als die Leidenschaften), sie werden abgelenkt und notfalls unterdrückt, d. h. dem Zugriff des neuen Selbstbewußtseins zunächst entzogen. Der Roman *Die Prinzessin von Clèves* stellt das Beziehungsnetz von Treue und Erotik erstmals als *Zusammenhang* auf den Prüfstand der öffentlichen Diskussion.

Es geht um eine der reichsten Erbinnen Frankreichs. »Eine Schönheit, die aller Augen auf sich zog.« Fräulein von Chartres, die später durch Heirat Prinzessin von Clèves wird, wurde von ihrer Mutter sorgsam erzogen. Diese Mutter, eine mächtige Frau, die in der Nähe des Königs eine politische Rolle spielt, zieht sich für viele Jahre vom Hofe zurück, um ihre Tochter für deren späteres Leben auszurüsten: als ein kostbares Gut, ein in Körper und Geist befestigtes Landgut, eine für andere Menschen brauchbare Gartenanlage.

Diese Achtsamkeit sich selbst und der charakterlichen Bildung ihrer Nachfolgerin gegenüber, der Tochter, entspricht der Auffassung des neuen Menschentyps, der seit 1600 hervortritt: des *homo novus*. Er entsteht in den Menschenlandschaften Norditaliens, Hollands, Südenglands und in Schottland, im sogenannten ›Grünen Gürtel‹ Europas (weil auf Landkarten so gefärbt). Die Gesellschaft Frankreichs antwortet auf dieses Neue mit vielstimmigen Kommentaren. Diese neuen Menschen gehen mit ihrem Leben achtsam um, sie geben sich, wie gesagt, neue Mühe.

Die Anfänge des neuen Denkens stürzen ab im Dreißigjährigen Krieg und in den barbarischen Kriegen Spaniens gegen die Niederlande. Aber zum Ende des 17. Jahrhunderts, zu der Zeit, in der *Die Prinzessin von Clèves* geschrieben wird, sind die geistigen Vorratshäuser voll von Vorräten an gutem Willen und Überzeugungskraft, aus denen sich Aufklärung zusammensetzen läßt. *Die Prinzessin von Clèves* ist der erste Roman praktischer Aufklärung, eine Fibel der praktischen Urteilskraft auf dem riskantesten Gebiet der Lebenserfahrung, dem Gebiet der ZÄRTLICHEN KRAFT.

phien Goethes (der nach Valmy »Adliger« werden will), Schillers, Robert Musils oder Thomas Manns zu sehen.

2
Amour propre oder die Eigenliebe ...

Das Fräulein von Chartres, wenig später Prinzessin von Clèves, ist zu Beginn des Romans 16 Jahre alt. Sie ist 18, wenn die Handlung endet. Sie ist eine »Kindfrau«.

Madame de Chartres, die Lehrmeisterin ihrer Tochter, sieht sehr wohl – mit der gleichen Beobachtungsgabe, mit welcher der Ehemann der Prinzessin zum gleichen Eindruck gelangt –, daß die Prinzessin in erotischen Fragen unerfahren ist. Dies hält die Mutter für eine Tugend. Es scheint ihr gefährlich, wenn die Tochter auf einem Gebiet Erfahrungen macht, Hautkontakt erfährt, auf dem die sichere Anwendung von Lebensregeln nicht garantiert werden kann. So soll die Prinzessin von Clèves ihr Lebensschiff selbstbewußt navigieren, auch ohne konkrete Erfahrung oder Kenntnis, worum es sich dabei handelt.

Im Zentrum dieser Liebesphilosophie steht für die französische Klassik die EIGENLIEBE ODER SELBSTACHTUNG, bezeichnet als *amour propre*. »Du sollst Achtung haben vor der Wildheit, dem Eigensinn, der Genauigkeit deiner Empfindungen.« Du sollst DIR SELBST VERTRAUEN. Aus der gleichen Selbstachtung und Eigenliebe mußt du ein Zentrum der ZUVERLÄSSIGKEIT bilden. Du mußt Verträge einhalten, Regulierungen beachten. Du lebst folglich in zwei Welten, einer, die von der Gesellschaft und deinen Vertragspartnern (z. B. deinem Ehemann) bestimmt wird, und einer, die dir individuell gehört. Du darfst aber in keiner der Welten unehrlich sein, Abstriche oder Kompromisse machen. Der kategorische Imperativ »Liebe dich selbst« ist unteilbar. So kann das allgemeine Gesetz des Verhaltens später einmal die Allgemeingültigkeit der Formulierung von Immanuel Kant beanspruchen. Es kann aber auch in der Absolutheit der Manon Lescaut formuliert werden: Was ich liebe, ist oberstes Gesetz. In allen solchen Fällen der Praxis bleibt es unteilbar. »Die Liebe findet ihre Entscheidungsmotive in sich selbst.« (Niklas Luhmann)

3
Über einige Begriffe und Szenen des Romans

Eine der reichsten Erbinnen Frankreichs ...

Die Protagonisten des Romans sind außergewöhnliche Menschen. Sie sind reich, sie verfügen über direkte Kontakte zur Macht, und sie sind körperlich und charakterlich von einer Schönheit, die von der Umgebung bewundert wird.
Als der Prinzessin nach der Heirat mit dem Prinzen von Clèves, den sie nicht liebt, der sie aber auch nicht stört, zu dem sie also *höflich* ist, der Herzog von Nemours gegenübertritt, glaubt sie ihn vom ersten Moment an zu lieben; dieser ist mit außerordentlichen Eigenschaften ausgestattet. Er gilt als Ehekandidat für Königin Elisabeth I. von England. Gesichtszüge und Körperhaltung, die von allen als angenehm empfunden werden, gewinnen an Assoziationskraft durch das Gerücht, er sei bei Frauen erfolgreich. Bei seinem ersten Auftritt im Roman klettert er über die Sitze, die ihm den Weg zur Tanzfläche versperren, das heißt, er ist ungestüm.
»Frau von Clèves beendete den Tanz, und während sie noch mit den Augen nach einem anderen Partner suchte, rief ihr der König zu, den Neuangekommenen zu nehmen.«
Der Tanz der beiden Schönen erregt die Bewunderung der Hofgesellschaft.

Surprise (Überraschung) und étonnement (Erstaunen) ...

Die äußeren Zeichen der *passion* sind *étonnement* und *surprise*. Nach Descartes bewirkt das *étonnement* als äußerste Folge der *surprise*, daß »der ganze Körper zu einer Statue erstarrt«. Das »Erstaunen«, so Descartes, sei das Zeichen einer unheilbaren *passion*, ein Übermaß an Bewunderung, eine unwiderstehliche Betroffenheit. (Descartes, *Traité des passions de l'âme*, art. 73)
Der Roman der Madame de La Fayette beschreibt keine psychologischen Vorgänge. Er beschreibt die Masken der Psychologie. Die unwiderstehliche Betroffenheit, um die es in dem Roman geht, erlebt in bezug auf die Schönheit der Mademoiselle de Chartres, die er zu diesem Zeitpunkt noch nicht kennt, später aber konsequent heiraten wird, der Prinz von Clèves. Er kann sein Staunen nicht verbergen. Das Erlebnis der ersten Begegnung ändert sein ganzes Leben und prägt ihn bis zu seinem Tod. Diese Überraschung und das *étonnement* stellen sich aber für den Herzog von Nemours nicht anders dar.

»Als Monsieur de Nemours vor ihr stand und sie ihm ihre Verbeugung machte, war er von ihrer Schönheit so *überrascht*, daß er sein *Erstaunen* nicht verhehlen konnte.«
Surprise ist in dem Roman das Schlüsselwort für die Erfahrung eines plötzlichen Überfalls unberechenbarer, irrationaler und schicksalhafter Kräfte auf die rationale Lebensordnung. Dessen Steigerung, das *étonnement*, setzt die Vernunft außer Kraft. Die betroffene Person gehört momentan nicht sich selbst. Dies sind Kartographierungen wie auf einer Landkarte der Gefühle. Sie lassen sich mit Erfahrungen des 21. Jahrhunderts genauso vergleichen wie mit Vorgängen in den Romanen des 17. Jahrhunderts.[1]

Coup de foudre ...

»Die leidenschaftliche Liebe trifft wie ein Blitz aus heiterem Himmel, sie gilt einem Unbekannten. [...] die Liebe erscheint als eine explosive Kraft, die die Kontinuität unterbricht.«
In anderen Romanen und in der Lebenspraxis des 17. Jahrhunderts wird angenommen, daß sich die zärtliche Kraft wie beim Lernen, ähnlich dem Wachsen von Pflanzen in einem Garten, allmählich entwickelt. Zwei Menschen lernen einander näher kennen und dadurch lieben. Dem ist die Vorstellung von »Liebe als Passion« entgegengesetzt. Der Liebeseindruck zerschlägt gewissermaßen die Wahrnehmung und wirft eine zweite Welt in die bestehende hinein. Die Leidenschaft verhält sich als Gründer. Die Prinzessin von Clèves und den Monsieur de Nemours hat die Liebe gepackt, ehe sie überhaupt ihre Namen kennen oder sonst eine Kenntnis voneinander besitzen. Dies ist der Zustand, vor dem die Mutter die Prinzessin von Clèves warnen wollte und den die Autorin Madame de La Fayette für einen Krankheitszustand hält, der sich aber durch Vernunft nicht attackieren läßt.

Trouble (Unruhe) ...

Die in gewissem Sinne irre Leidenschaft, die auf das erste Staunen folgt, bestimmt von jetzt an die beiden Liebenden. Eine »Unruh«, ähnlich derjenigen, die eine Uhr antreibt, bestimmt ihre Handlungen und Intensitäten, während zumindest die Prinzessin noch dagegen anzukämpfen glaubt. Die hohe

---

1 Jean Firges, *Madame de La Fayette. Die Prinzessin von Clèves. Die Entdeckung des Individuums im französischen Roman des 17. Jahrhunderts*, Annweiler 2001, S. 30, 35.

Zivilisationsstufe verhindert, daß die beiden übereinander herfallen. Vielmehr geschieht nichts, was sich nicht mit der *vertu*, auch der Loyalität der Prinzessin zu ihrem Mann, vereinbaren ließe. Der Herzog von Nemours ergreift die Gelegenheit, sich ein Porträt der Prinzessin anzueignen, sie wiederum konzentriert sich auf die Farben der Turnierschärpe des geliebten Mannes und hat sich ein Bild verschafft, das die Belagerung von Metz zeigt: Auf diesem Bild ist der Herzog als Teil der Kampfhandlung abgebildet. Mehr als ein geheimes Einverständnis und diese Beutestücke verbindet die beiden Liebenden zunächst nicht.

Die Verstrickung der Tochter durch die Mutter ...

Die Intrige der *passion*, die das Ziel hat, sich letztendlich offen und beweisbar durchzusetzen, besitzt eine andere Intrige als Unterströmung. Dies ist die innige Bindung der Tochter an die lebenskluge Mutter, Madame de Chartres. Peggy Kamuf hat in ihrem Essay *A Mother's Will. The Princess of Clèves*[1] diesen unterirdischen Minengang in Madame de La Fayettes Roman gekennzeichnet. Die Mutter will die Tochter, so Peggy Kamuf, weder der Realität noch der verwirrenden Hofgesellschaft und der Gewalt der dortigen Männerwelt aussetzen, noch will sie überhaupt dieses bezaubernde Geschöpf, das sie geboren und erzogen hat, an irgendwen fortgeben. Ihr war es ganz recht, die Tochter mit einem Mann wie dem Prinzen von Clèves zu verheiraten, den diese nicht liebt. So ist die Tochter dort nur verwahrt und ausgeliehen. Das rächt sich, als die *passion* dazwischentritt.

Der Roman der Madame de La Fayette mag sich in vielerlei Hinsicht der Psychologie gegenüber gleichgültig verhalten, in dem beschriebenen Kampf um Liebeseigentum (das der Mutter, das des Ehemannes, das vom Herzog von Nemours angestrebte) ist die psychische Dynamik exakt wiedergegeben. Sie steht aber nirgends allein, da die Dynamik der Zufälle, die Gewalt anderer Intrigen, der Vorurteile und Standards hinzutreten.

---

[1] Peggy Kamuf, *Fictions of Feminine Desire*, Nebraska University 1982.

Wie die Prinzessin dreizehnmal ICH sagt ...

Die grausame Unruhe, welche die Prinzessin umtreibt, wird verstärkt, als sie glaubt, der Herzog liebe eine andere Frau. Von da an hält die Prinzessin es für unmöglich, daß seine Leidenschaft sie glücklich machen könnte. Das führt zu ihrer konsequenten Haltung am Ende des Romans.

»Doch selbst, wenn sie [die Leidenschaft des Herzogs] mich glücklich machen könnte«, sagte sie, »was soll ich tun? Soll ich sie dulden? Soll ich sie erwidern? Soll ich eine Liebschaft eingehen? Soll ich Monsieur de Clèves, soll ich mir selbst untreu werden? Soll ich die grausame Reue und den tödlichen Schmerz, den die Liebe mit sich bringt, auf mich nehmen? [...] Alle meine Vorsätze sind nutzlos. Ich dachte gestern, was ich heute denke, und tue doch heute das Gegenteil von dem, was ich mir gestern vornahm. Ich muß mich von Monsieur de Nemours losreißen, ich muß aufs Land fahren [...] und wenn Monsieur des Clèves darauf beharrt, es mir zu verwehren oder den Grund zu erfahren, so werde ich ihm und mir vielleicht den Schmerz antun, es ihm zu sagen.«

In elf zum Teil sehr kurzen Sätzen meldet sich das ICH der Protagonistin dreizehnmal zu Wort. Die *passion* und das ICH ALS FESTUNG befinden sich im Kampf miteinander. Die Folge ist ein tödlicher Fehler, der Höhepunkt des Romans, das sogenannte Geständnis der Prinzessin.

Das Geständnis ...

Der Prinz von Clèves ist mißtrauisch. Er hat den Verdacht, daß die Prinzessin den Herzog von Nemours lieben könnte. Der Wunsch der Prinzessin, abzureisen und sich so jeder Begegnung mit dem Herzog zu entziehen, irritiert ihn. Daraufhin tut die Prinzessin etwas, was nach den Konventionen der Zeit verboten ist: Sie gesteht ihrem Mann, daß sie einen anderen liebt. Sie nennt aber nicht dessen Namen. Ihr Mann versucht alles, ihn zu erfahren. Sie schweigt.

Diese »Flucht in die Wahrheit« glaubt die Prinzessin ihrer *amour propre* schuldig zu sein. An sich ist es nicht üblich, den Ehepartner in die subjektive Intimität blicken zu lassen. Es wird todbringende Eifersucht auslösen. DIE EIFERSUCHT IST DER TOTENGRÄBER DER LIEBE. Es wird auch immer nur eine halbe Wahrheit sein, die unter dem Namen der Wahrhaftigkeit geäußert wird. Dieses Geständnis ist vergiftet. Es führt zum Tod des Prinzen. Es hilft nichts, daß die Prinzessin ihn in seinem Elend später hingebend pflegt. Der Prinz von Clèves braucht für seine *unheilbaren Wunden* nicht Pflege, keine Wahrheit, sondern ein Zeichen authentischer Liebe.

Der Charakter des Prinzen von Clèves ...

Madame de La Fayette, wie offenbar auch die Mutter der Prinzessin, nimmt in der Darstellung des Romans Partei für den Prinzen. Er *versteht* die Prinzessin, sie versteht ihn nicht. Das Leben mit ihm hätte für die Prinzessin Gebrauchswert gehabt, das mit dem Herzog von Nemours vermutlich nicht. Der Prinz von Clèves hat einen ausgeglichenen, in Fragen der Liebespolitik erfahrenen Charakter. Könnte man Liebe auf Freundschaft gründen, wären der Prinz von Clèves und seine Frau ein ideales Paar, deren Beziehung sich vielleicht am Ende eines langen Lebens (beide müßten nicht früh sterben), dadurch, daß sie sich erst allmählich kennengelernt hätten, in Richtung einer zärtlichen Zuwendung, ja auch sexuell befriedigend, entwickelt hätte. Bei großer Achtung vor der Gewalt der Liebesleidenschaft setzt Madame de La Fayette auf eine zivilisiertere Beziehung unter Menschen, als es die *passion* vorsieht.

»Anti-Descartes ...«

Nach Descartes gilt allein der Primat der Vernunft. Sozusagen der Polizeieinsatz gegen alle Leidenschaften. Das entspricht nicht der Position der Madame de La Fayette. Auch sie sieht die Erfolgsaussichten einer »Bindung aus Plötzlichkeit«, einer Gewaltherrschaft der *passion* über alle übrigen Sinne, skeptisch oder pessimistisch. Aber ihr liegt daran, das Beziehungsnetz, das ja das der Lebendigkeit ist, intakt zu halten und durch kein Verbot zu zerstören. Nur so, an den lebendigen Kräften, mögen sie auch zerstörerisch sein, meint sie, kann man letzten Endes die Auswege und Heilmittel erkunden.
Die Krankheit, die zum Tode führt (zum Tod der Person oder zum Tod der Liebe), so Madame de La Fayette, liegt nämlich in der EIGENLIEBE begründet und nicht bloß in der LEIDENSCHAFT. Diese Eigenliebe gehört zu dem Besten, was der homo novus als Ausrüstung mitbringt. Das Eigentum am eigenen Leben ist ununterscheidbar Quelle von Glück und Unglück.

Eine »Heldin der Höflichkeit« ...

Die Prinzessin hat die Maske der Liebeskonvention gelüftet und gesehen, was sich dahinter verbirgt: Grausamkeit. Sie hat erkannt: auch sie, die Heldin der Höflichkeit, war in Wahrheit grausam. Sie fürchtet ihren unerbittlichen Verstand, der sie nicht hinderte, ihren Mann zu töten, ebenso wie die *passion*, die ihr den Verstand zuschanden machte.

Das Ende des Romans ...

Die Prinzessin ist jetzt Witwe. Da ihr Verhältnis zum Herzog von Nemours die Tugend äußerlich nie verletzt hat, stünde einer Verbindung mit ihm nichts im Wege. Ja, die Hofgesellschaft fordert eine solche Verbindung, da sie die Harmonie zwischen diesen beiden Menschen als die eines »natürlichen Paares« registriert. Die Prinzessin aber verweigert sich. Sie geht ins Kloster. Für etwas so Kostbares wie die unmittelbar empfundene zärtliche Kraft ist der Zölibat die angemessene Form, so Madame de La Fayette, die Autorin.

Einmaligkeit als Anspruch ...

Es gibt für den Liebes-Kanon der französischen Klassik, so Niklas Luhmann, nur zwei Reaktionen: Ich erhalte das Außerordentliche, oder ich reagiere negativ. Einmaligkeit ist der Anspruch. Der Verzicht der Prinzessin hat nicht etwa zu tun mit der Treue über den Tod des Ehemannes hinaus, die wäre ein *phantôme du devoir*. Mit Zustimmung der Hofgesellschaft, die den Anblick des Schönen liebt, und mit vermutlicher Billigung der verstorbenen Mutter WÄRE ES MÖGLICH, eine solche nur vorsätzliche, einzig in Körper und Seele fundierte Treue zu brechen. Es kommt jedoch hinzu, daß die Prinzessin Zeugin geworden ist, wie der Herzog von Nemours sich vor Dritten ihrer Liebe, die er durch ein Zeichen erraten hatte, gerühmt hat. Daß auch sie nur einen Mann wie jeden anderen geliebt hätte, einen Prahler, welcher der Eitelkeit nicht widerstehen konnte, habe sie enttäuscht. SOWEIT DIE OBJEKTIVE DARSTELLUNG DER MADAME DE LA FAYETTE. Die Prinzessin legt sich das Geschehen subjektiv etwas anders zurecht: Würde ich mich mit dem Herzog verbinden, so geschähe mir aufgrund seiner Natur nach einigen Jahren das, was meinem Mann widerfuhr. Da ich ihn liebe, würde ich daran sterben. Ich leiste Verzicht, um das Wichtigste, das es in meinem Leben gibt, zu bewahren: meine Eigenliebe. Sie richtet sich auf Einmaligkeit und außerdem darauf, daß ich überlebe.

Nach ihrem Verzicht lebte die Prinzessin nicht mehr lange ...

»Das Leben Frau von Clèves' aber sah nicht so aus, als würde sie je zurückkehren. Sie verbrachte einen Teil des Jahres im Kloster, den anderen bei sich zu Hause; doch hätte die strengste Ordensregel ihr auch dort keine größere

Zurückgezogenheit und keine frömmeren Beschäftigungen vorschreiben können; und so war ihr Leben, *obschon es nur kurz währte*, ein Beispiel unübertroffener Tugend.«

Es geht um Enttäuschung, nicht um Gefahrenabwehr. Sie will nicht eine Frau wie alle anderen, er soll nicht ein Mann wie jeder andere sein. Erst handelt der Roman von einem Mangel an Erfahrung und Kenntnis, nun geht es um ein Zuviel an Kenntnis. Aufklärung braucht ein Glücksversprechen. Das einzig gültige Glücksversprechen unter den Bedingungen des *amour propre* ist die Einmaligkeit, ein von Gier besetztes Ideal wie der Gewinn.

Der scharfe Blick der Madame de La Fayette, den wir um die präzise Perspektivität Niklas Luhmanns verstärken, verkennt nicht das Hochgespannte dieser Selbstachtung, die von keinen praktischen Friedensschlüssen weiß. Zugleich imponiert der Charakter dieser jungen Frau, der Prinzessin. Erst ist sie zu unerfahren, dann sieht sie sich von Erfahrung überwältigt, aber stets versucht sie, die GESETZGEBERIN IHRES EIGENEN LEBENS zu bleiben, ihrer ZÄRTLICHEN KRAFT.

4
Eine Vorratssammlung moderner Fragen und Romanstoffe zum Begriff der *passion* von Niklas Luhmann

Die Landkarte der Gefühle, welche die Madame de La Fayette für ihren Roman voraussetzt, gestattet nicht nur den Vergleich mit anderen Romanen, sondern auch den mit Erfahrungen des 20. und 21. Jahrhunderts, ja mit solchen in den USA, Kanada, Australien oder in Asien, die keine plausible Verknüpfung mit den Geschehnissen um die Prinzessin von Clèves und den Herzog von Nemours besitzen. Vergleichen heißt: Unterschiede machen. Nichts in dem frühmodern-antiken Roman entspricht unmittelbar dem inzwischen durch Mutation und Selektion veränderten »System« der Liebe.

Der zugleich auf das 17. und 21. Jahrhundert (von ihm aus Zukunft) gerichtete Blick Luhmanns betont das Paradoxe am *Kommunikationsmedium* Liebe. Sie soll Grundlagen für Dauerverhältnisse schaffen, sagt er, und sie habe eine gesellschaftliche Funktion (nicht nur, wenn es um die Mobilisierung von Wehrkraft im Dritten Reich oder von Wirtschaftselan beim Wiederaufbau nach 1948 geht). Zugleich besitze sie ein Programm der Leidenschaftlichkeit und Plötzlichkeit, die eine Kontradiktion zu DAUER und PRAKTIKABILITÄT enthalte. Insofern sei *passion* nicht nur eine »Anomalie«, sondern »eine ganz normale Unwahrscheinlichkeit«.

»Passionierte Liebe ist eine unwahrscheinliche Institution.«

Diese These hat Luhmann zunächst 1969 in einem seiner Seminare vorgetragen. 1982 erschien sein Buch *Liebe als Passion*. Nachträge seiner Theorie finden sich im Kommunikationskapitel von *Die Gesellschaft der Gesellschaft* (Frankfurt 1997). Drei Bereiche schließt Luhmann von seiner Analyse aus: Kauf der Liebe, denkende Besinnung auf Liebe (also Wege der Wahrheit), Zwang zur Liebe. Die Medien Geld, Wahrheit und Macht, unvereinbar mit den Regeln, die sich die zärtliche Kraft gibt, bilden den Hintergrund, vor dem Luhmann die Gelände der Liebe abbildet.

Die Welt ist komplex ...

Komplex heißt, daß die moderne Welt mehr Möglichkeiten des Erlebens und Handelns bietet, als je aktualisiert werden können. Geboren in Canberra, die Mutter Russin, aufgewachsen in Hildesheim, tätig in New York, im Urlaub in Thailand, in der kommenden Woche verabredet mit Kollegen in Kapstadt. Ist dies das Leben einer Journalistin, einer Wissenschaftlerin, eines Unternehmers? Eines Headhunters, der Unternehmer suchen hilft? Oder interessiert die Suche nach Liebesverhältnissen auf dem Weg durch so unterschiedliche Orte des Planeten? Für das Personal des Romans *Die Prinzessin von Clèves* wäre solch räumliche Komplexität (es kommen hinzu die zeitliche, die funktionale, die persönliche, die sachliche) unwahrscheinlich. Wie auf Schienen bewegen sich die Personen in jenem Roman. Wenige dieser Schienen haben Geltung in der modernen »Würfel-Gesellschaft« (»Dice-Society«).

Das Erleben der Partner soll gemeinsam sein ...

Amour propre, die Selbstachtung, hat seit dem 17. Jahrhundert eine stille, aber markante Karriere gemacht. Sie hat sich, so Luhmann, dahingehend spezialisiert, daß sie die Fähigkeit, sich aus Selbstliebe zurückzunehmen (das heißt, eine Reserve zu bilden, die im Gegenüber dessen Eigenliebe einräumt), durch Projektion ersetzt. Der moderne *amour propre* bildet, so Luhmann, den Anderen entsprechend dem Ich-Bedürfnis ab. Man definiert den Anderen so, daß er das eigene Erleben bestätigt, das Erleben, das man selbst wünscht. Diese Einstellung aber, sagt Luhmann, ist dafür prädestiniert, das Erleben des Anderen zu verfehlen.

Die Schicksale des amour pur ...

Das Problem der zärtlichen Kraft ist nicht deren ÜBERWÄLTIGUNG DURCH SINNLICHKEIT (oder bei Freud, kritisch und nicht verurteilend verwendet, VERUNREINIGUNG), auch nicht die Beteiligung des Eigeninteresses (wie bei der Prinzessin, deren Mutter, Monsieur de Nemours), sondern die KOMPLEMENTÄRE BEWUSSTHEIT beiderseitiger Beziehungen: Keiner ist mehr naiv, beide betrachten sich mit den Augen des anderen. Dies sei eine heute ubiquitär verbreitete Eigenschaft, meint Luhmann, sie sei übrigens für die Erhaltung der Liebe unentbehrlich. Sie sei aber für die Herstellung »reiner Liebe«, also purer Zärtlichkeit, besonders unbrauchbar. Der Tausendfüßler Liebe beginne mit jedem der Teilnehmer, an verschiedener Stelle anfangend, seine Glieder zu zählen, sobald das Ziel *amour pur* heiße. Notwendig sei es, chimärische Formen der zärtlichen Kraft anzuerkennen. Eine Dauerbeziehung könne nicht auf ein »fluktuierendes, unbeherrschbar Aufquellendes und ebenso unbeherrschbar wieder versiegendes Gefühl« gegründet werden. *Passion* sei eine nicht zu verantwortende, zufällige Verfassung, deren Eintreten ebensowenig beherrscht werden könne wie ihr Verlöschen. Es bestehe Widerspruch zwischen ZWANGSLÄUFIGKEIT und FREIHEIT, IMPULSIVITÄT und DAUER.

»Liebe ist nicht nur qua Ideal, sondern auch qua Institution eine Überforderung der Gesellschaft.«

Es sei insofern einfacher, nur noch in Filmen und Romanen *passion* auszuüben als in der Realität.

Von der Leidenschaft und der durch sie provozierten Überforderung der psychischen Systeme behauptet Luhmann:

»Nicht jeder hat die Fähigkeit, hat Lust, Zeit und Gelegenheit dazu, und kaum jemand hält es durch.«

Deshalb, fährt Luhmann fort, braucht man die Gardinen der Privatheit für die Liebe. Sie erlauben zunächst, zu verbergen, daß und wie man sich liebt (man muß improvisieren), und später, daß man sich nicht liebt.

Man liebt die Liebe und danach einen Menschen, den man lieben kann ...

Man kann bereits lieben, ohne einen Partner zu haben, oder man hat nur einen solchen, der nicht wiederliebt. »Was geht's dich an, wenn ich dich liebe.« Der Partner von heute klettert nicht über die Sitze zur Tanzfläche und wird nicht durch einen König für mich zum Tänzer bestimmt. Vielmehr muß ich mich als moderner Mensch unternehmerisch überhaupt erst an Orte und auf Plattformen bewegen, wo ich von Partnern gefunden werden kann. Die Handlung, sagt Luhmann, legt weite Wegstrecken zurück, ehe sich eine Liebesszene realisiert. Die Wegzehrung besteht aus »Liebe zur Liebe«.

Wie eng darf eine Verbindung sein …?

In Platons *Gastmahl* geht es um die Verliebtheit. Der Teilnehmer Aristophanes erzählt von den Anfängen der Menschen, die zunächst Doppelwesen mit vier Armen, vier Beinen gewesen seien, die in die Erde zeugten; zuletzt fühlten sie sich so stark, daß sie den Götterhimmel erstürmen wollten. Zur Strafe läßt sie Zeus halbieren. In seinem Auftrag wurden sie in eine männliche und eine weibliche Hälfte zerschnitten, jetzt nur noch je zwei Arme, zwei Beine, die Haut wie bei einem Schnürbeutel auf dem Nabel zusammengezurrt. Seither sind sie sehnsuchtskrank. Die Liebe treibt sie zueinander, sucht die alte Natur des Doppelwesens zurückzuerlangen, aus zwei eins zu machen.
Im Verlauf des Gesprächs wird ein praktischer Vorschlag gemacht: »Und wenn zu ihnen, während sie dasselbe Lager teilten, Hephaistos mit seinen Werkzeugen hinanträte und sie fragte […]: Ist es das etwa, was ihr wünscht, möglichst an demselben Orte mit einander zu sein und euch Tag und Nacht nicht voneinander zu trennen? Denn wenn es euch hiernach verlangt, so will ich euch in eins verschmelzen und zusammenschweißen, so daß ihr aus zweien einer werdet und euer ganzes Leben als wie ein Einziger gemeinsam verlebt, und, wenn ihr sterbt, auch euer Tod ein gemeinschaftlicher sei, und ihr dann wiederum auch dort im Hades einer statt zweier seid.«[1]
Dieser Vorschlag, zusammengenietet zu werden, geht den Liebenden jedoch zu weit. Es ist keineswegs ein zweckmäßiger Zustand, mechanisch aneinandergekettet zu sein. Es geht vielmehr um das genaue Maß, das ein Ungefähres einschließt: bestimmte Quanten an Eigenbewegung, bestimmte Quanten an Berührung.
Sich hierauf beziehend spricht Luhmann von GLÜCKSQUANTEN und von einer NERVENWAAGE, die sie mißt und die ein Mensch in sich trägt.

---

[1] Hephaistos ist Götterschmied, Praktiker.

*Die Siedlungsfläche (der Oikos) der zärtlichen Kraft bevorzugt
das Robuste, das Einfache und nicht das Individuelle ...*

Übereinstimmend mit den Evolutionsbiologen verfolgt Luhmann die verschiedenen Typen von Liebesbeziehungen, die sich darin unterscheiden, ob sie Reproduktion fördern oder verhindern. Die überzüchtete oder auch nur Zuchtwahl anstrebende erotische Tendenz gehört zum Typus, der wenig Nachwuchs hat. So sei Luise Miller, die ja ihren gesellschaftlichen Stand und auch ihren Gen-Typus durch Einheirat in den Adel verbessern wollte, dazu verurteilt gewesen, Gift zu nehmen und niemals Kinder zu haben. Hätte sie den Sekretär Wurm geheiratet, wäre sie dagegen im Mittelfeld der objektiven Chancen geblieben und sähe im Alter vermutlich auf sechzehn Kinder und Enkel. Sie hätte, so Luhmann, keine Romane lesen dürfen. Wer schließt aus, daß mindestens eines der Kinder sie glücklicher gemacht hätte, als es die Elendsgeschichte mit dem jungen Ferdinand von Walter vermochte?

Abb.: Der Herzog von Nemours sieht zu, wie ein Porträt der Prinzessin gemalt wird. Der Maler: eifrig. Der Herzog stiehlt ein Porträt der Prinzessin, das neben einem Kästchen auf einem Tisch liegt und das dem Maler als Skizze diente.

5
Einzelheiten einer Intrige

Über den Roman der Madame de La Fayette heißt es:
> »Ein Mann, zum Vertrauten seiner Frau gemacht, die ihn auf tugendsamste Weise der Welt tötet.«

Gerhard Hess widerspricht dieser Feststellung. Er bestreitet die Tugendhaftigkeit der Prinzessin von Clèves und charakterisiert ihr Verhalten als »Furcht vor dem Wagnis«. Es handele sich um eine »Tragödie der Lebensangst«. Gegen Hess wendet sich A. Gartmann. Es gehe keineswegs um eine »Katastrophe der Lebensangst«, vielmehr um das Projekt der »Bewaffnung der Gefühle«. Endlich sollen sie zum Widerstand, zur Emanzipation fähig werden. Emanzipation entsteht auf der Grundlage von *amour propre*.

Abb.: Das Geständnis. Man sieht die Verzweiflung des Prinzen von Clèves, der sein Gesicht mit der Hand verdeckt. Im Hintergrund belauscht der Herzog von Nemours die Szene und vermutet, daß die Prinzessin ihn liebt. Auf dem Rückweg von seinem Lauschposten zweifelt er schon wieder, daß er der Ungenannte im Geständnis ist, und fühlt Eifersucht.

Abb.: Der Herzog von Nemours auf seinem Lauschposten.

Jeder, der solche Eigenliebe besitzt, muß eine Angriffs- und Verteidigungsstrategie entwickeln, um sich gegen die Eigenliebe der anderen zu schützen. Das daraus folgende Defensivsystem gegen sich selbst und die anderen, die Kunst der Angriffs- und Verteidigungswaffen, nennen wir VERNUNFT.

6
Wandernde Schicksale. Eine Moritat ...

Man vergleiche mit diesem Roman der französischen Klassik, einer elaborierten Liebesphilosophie, die Verwirrung einer plebejischen Erzählung aus dem 19. Jahrhundert: *Freia, das Findelkind. SIEG UND ENTSAGUNG oder Die Heldin von Silistria, eine Moritat.* Solche romanähnlichen Erzählungen entstanden anonym. Bevor sie niedergeschrieben wurden, wurden sie in verschiedenen Versionen mündlich vorgetragen und unter dem Einfluß des zuhörenden Publikums mehrfach verändert und kompiliert. Sie sind das Schattenbild täglicher Gefühlspraxis.

In jenen Tagen, in denen die auf den Thron in Frankreich zurückgekehrten Bourbonen durch die Juli-Revolution verjagt wurden, mußte ein General namens Bouvier fliehen. Der Reisewagen des Generals fuhr durch die Ardennen. Unterwegs gebar die schwangere Generalin ein Kind. Es sind Verfolger in der Nähe. Die Generalin stirbt.

»Der General, die kalte Hülle der Dahingeschiedenen im Arm, ließ sich bewußtlos dahinfahren, wohin das Schicksal ihn leiten wollte ...«

Der Kutscher des Generals scharrte ein Grab für die Tote. Das scheinbar leblose Kind legte er in einen hohlen Eichenbaum. Die Flucht des Generals nach Sachsen glückte.

Am folgenden Morgen fand ein Hirte das Kind, das Klagelaute von sich gab, im Eichenbaum; er adoptierte das verlassene Wesen. Das Geschöpf fand Kontakt zur Hirtin, die es nährte. Später starb diese Ziehmutter. Eine Stiefmutter, die der Hirte als Ersatz genommen hatte, vertrieb das Kind, das Freia hieß. Den Namen verdankte das Kind der Tatsache, daß es an einem Feiertage gefunden worden war. Die germanische Göttin, die Freia hieß, Gemahlin Odins, kannte der Hirte nicht.

Das Mädchen Freia wurde von einer Gräfin Weinholm, die Güter bei Wesel besaß, am Wegrand gefunden und aufgenommen. Diese Gräfin hatte einen Sohn, der vom Studium in Paris ins Schloß heimkehrte und mit einer jungen Gräfin verheiratet wurde, dennoch aber, von Freias Schönheit und Anmut bezaubert, dieser nachstellte. »Schweige, Herz«, rief Freia, »ob du auch noch so laut schlägst, ich will dir Schweigen gebieten!« Ihr gefiel der junge Graf

sehr, aber sie achtete sich selbst und suchte deshalb die junge Gräfin zu schützen.
Wie seltsam aber war Freia berührt, als eines Tages die Gräfin als verschwunden galt. War sie verlorengegangen? Die Bediensteten des Schlosses und der Graf suchten vergebens, bis Freia in einer Ecke der Schloßkapelle, dort wo es zu den Gräbern der Verstorbenen hinabging, Klagelaute hörte. Hier hatte der Graf die Gräfin eingesperrt. Freia und die Gräfin fliehen. Wohin? Zum Vater der jungen Frau.
Dies war der inzwischen nach Paris zurückgekehrte General Bouvier. Freia wird als Tochter erkannt. Die Erzählung vom hohlen Baumstamm erklärt alles. Jetzt könnte Glück herrschen. Freia aber bedauert zutiefst, daß sie eine Frau ist:

> »Schwöret, nicht mehr Weib zu sein,
> gebüßet ist die Schmach,
> sie stellt sich in die Kriegerreih'n
> zum Sieg in der Türkei.«

Verkleidet als junger Offizier folgt sie dem General nach Gallipoli, ja bis in den Krimkrieg. Bei Silistria liefert die Vorhut den Russen ein hitziges Gefecht. Freia rettet dem Vater mehrfach das Leben.
»Nach dem Gefecht erhielt sie als Lohn für ihren Muth den Orden der Ehrenlegion; im nächsten Gefecht aber machte eine feindliche Kugel auch ihrem Leben ein Ende.«

> »Sie schützt des Vaters Leben oft
> im heißen Schlachtgewühl
> sie erntet Kränze viel und oft,
> bis sie im Kampfe fiel.«

Die Erzählung folgt nicht den Regeln der Hochkunst. Der Erzählstoff ist inflationiert. In den Lücken der berichteten Tatsachen, die offensichtlich aus verschiedenen Zusammenhängen und Erzählungen herausgenommen und zusammengefügt sind, drängen sich andere Geschichten als die berichteten herein. Dieses Nicht-Erzählte, die zahlreichen, frei flottierenden Romanstoffe des Umfelds, enthalten den Grundstrom von Beweggründen, welche die unwahrscheinlichen und abrupten Wendungen der Moritat, immer in Richtung auf Glücksuche, motivieren.
Ist in der *Prinzessin von Clèves* eine vorwärtsgerichtete »Produktion des eigenen Lebens«, die Respektierung der Eigenliebe der Kern, so ist es hier die

ANPASSUNGSBEREITSCHAFT AN WECHSELNDE, WANDERNDE SCHICKSALE. Freia ist jederzeit bereit, auf neues Glück, auf Freundlichkeit von Menschen zu reagieren. Sie tut das seit ihrem ersten Lebenstag. Das Kind gewinnt das Herz der Hirtin. Auch die Gräfin Weinholm ist entzückt von dem jungen, derzeit malträtierten und am Straßenrand vegetierenden jungen Mädchen. Das gleiche gilt für den jungen Grafen, der zum Verbrecher wird (ähnlich dem Vorgehen des Franz Moor in Schillers *Räuber*).

Die in die Gruft eingesperrte Gräfin hätte sterben können. Freia in Begleitung der von ihr geretteten Junggräfin lernt freudig deren Vater kennen und erntet die Anerkennung als Generalstochter. Sie und die Gerettete sind Schwestern. Kann man Glücksfälle steigern? Nach Annahme Freias wohl nicht im Gewand einer Frau. Die großen Laufbahnen ergeben sich auf der Seite junger Männer und auf den Schlachtfeldern der Befreiungskämpfe (Freiheit für Italien, Befreiungskampf gegen die Türken und das reaktionäre Rußland). Der Krimkrieg, Ort des ersten Siegeszuges der berichtenden Fotografie, ist das Todesfeld, auf dem die noch junge Freia stirbt.

Eine Differenz von fast 200 Jahren und die gesellschaftliche Fallhöhe zwischen einer plebejischen Schicht des 19. Jahrhunderts und der Oberschicht des 17. Jahrhunderts kennzeichnen den Unterschied der beiden Erzählungen. In beiden Fällen sind aber Tod und Zölibat der Preis für die Unteilbarkeit und Unverletzlichkeit der zärtlichen Republik.

7
Wie würde man heute den Roman *Die Prinzessin von Clèves* weiterschreiben? Wäre das im 21. Jahrhundert möglich?

Das Gehirn zersiebt von einem Flug in der lärmigen Touristenklasse von New York nach München (mehr zahlt die Universität nicht), aber belebt von Worten wie ›devoir‹, ›vertu‹, ›raison‹, ›science du cœur‹ (Theorie der Gefühle), Begriffe, die für ihn wie Drogen wirken – jedes dieser Worte ruft Landschaften von bis zu 3000 Texten hervor –, also im geistigen Sinne ausgeschlafen, trifft der Philologe am Ort des Interviews ein und nimmt sogleich Stellung.

Ein Mensch von heute, sagt Anselm Haverkamp, wird nicht als Fräulein von Chartres geboren (spätere Prinzessin von Clèves). Man müsse die Fortschreibung der *Prinzessin von Clèves* operativ und offensiv verstehen: Wie bewege ich mich in einer Welt, in der ich ersetzbar bin, an einen Ort, an dem ich gebraucht werde? Wie komme ich auf eine Bühne, die eine Romanhandlung zuläßt? Der Weg, mit Kompromissen auf die Moderne zu antworten und vom Niveau des Romans abzusehen, sei dagegen versperrt, so Haverkamp. Gera-

de in der Massengesellschaft, in der das Ideal für den Einzelnen in die Ferne rücke, komme ein weniger an Einmaligkeit, Selbstachtung, Authentizität, Befähigung zur Ausübung von Treue nicht in Betracht. Bei Unerreichbarkeit bewegt sich der Wert des Ideals, so sagen es die literarischen Quellen, gegen unendlich.
Der Journalist, der das Interview führte, kam aus dem Feuilleton der *SZ*. Was wären das für Quellen, fragte er, die das Schicksal des Liebesideals in der Massengesellschaft behandeln? *Ulysses* von James Joyce? *Berlin Alexanderplatz* von Döblin? Dos Passos, *Manhattan Transfer*, *Früchte des Zorns* von Steinbeck? Ich könnte Ihnen noch 2000 weitere Texte nennen, antwortete der Gelehrte. Die Zurückhaltung gegenüber der Praxis in der Massengesellschaft bei Robert Musil oder bei Proust sei nicht typisch.

– Sie behaupten, gerade moderne Menschen seien in Liebesdingen gegen Kompromisse, gegen Resignation?
– Sie können ja einen Kompromiß versuchen, aber die menschliche Verfassung läßt ihn nicht zu. An irgendeiner Stelle bricht der Kompromiß zusammen.
– Insofern, behaupten Sie, gibt es keine Massengesellschaft?
– Offenbar nicht.
– Aber im Gegensatz zur *Prinzessin von Clèves* sind heutige Menschen in der Regel ersetzbar.
– Sie erscheinen ersetzbar.
– Ökonomisch sind sie es.
– In ihren Empfindungen sind sie es nicht.

Ob er das Empfinden etwas Objektives nenne? Selbstverständlich. Die zärtliche Kraft habe eine objektive Natur. Man könne das an der Stärke der Emotion beobachten, wenn in den Medien von Einmaligkeit berichtet werde, wie sie in der *Prinzessin von Clèves* das Thema bilde.
In dieser zweiten Welt, abgehoben vom Alltag, sterbe zum Beispiel Lady Di. Die Fernsehdirektoren, so der Philologe, hätten dieses Ereignis unterschätzt. Sie seien durch die Zuschauer gezwungen gewesen, ihr Programm zu ändern. Aber der Sohn des Kaufhausbesitzers, im Fahrzeug der Prinzessin tödlich verunglückt, erinnere doch in keiner Weise an den Herzog von Nemours, warf der Interviewer ein. Der Verführer und Rittmeister, der eine Zeitlang die Prinzessin Di getröstet habe, bestätigte der Philologe, sei ein Schwätzer, der sich seiner Erlebnisse mit der Prinzessin in seinen Memoiren gerühmt habe, er entspreche keinem der Idealbilder der Verliebtheit, wie sie den Roman der *Prinzessin von Clèves* bevölkern. Der Zerrspiegel werfe nur intensiveres Licht

auf die Lady, das heißt auf das, was die Zuschauer berühre. Haben Sie beobachtet, fuhr Anselm Haverkamp fort, wie in allen TV-Sendern den Tag über eine Kerze brannte, quasi im Gedenken an die Prinzessin. Das sei, behauptete der Philologe, ein direkter Abkömmling der Kerze, die in den letzten Zeilen von Tolstois Roman *Anna Karenina* herabbrenne, »wie das Lebenslicht einer schönen Frau erlischt«. Solche Metaphern hätten ein ewiges Leben. Die Tagesprogramme der Medien hingegen nicht. Hier sehe man das Walten der zärtlichen Kraft in den eifrigen Seelen der Zuschauer, die in solchen Ernstfällen die Programmdirektionen zur Programmerweiterung zwängen.

– Sie meinen also, Lady Di sei die Fortsetzung der *Prinzessin von Clèves*? Und es fehle nur der Roman?
– Man weiß ja nicht, ob es den Roman nicht schon längst gibt. Und er muß auch nicht die Gestalt eines Buches annehmen. Vielleicht war das VERÄNDERTE PROGRAMM fast aller Stationen, also die Verdrängung des Routine-Programmes, der Roman. Das wäre ein unsichtbarer Text, die Herstellung einer Leerstelle im Lärmpegel des TV.
– Nehmen Sie ein anderes Beispiel für Einmaligkeit: Frau Klatten, einmalig kraft Geburt und Erbin. Aber worin gleicht der Hochstapler und Gigolo, der ihr begegnet, einem Herzog von Nemours?
– Die Umsicht und Vorsicht, welche die Madame de La Fayette ihrer Prinzessin mitgibt, kommt hier zu spät.
– Kann ein Mensch in der Massengesellschaft von einem solchen Fall, dem er wie auf einer Bühne, einer zweiten Welt, zusieht, Erfahrung für das eigene Leben ableiten, also eine Kartographierung vornehmen? Wie kann er sich orientieren? Ein Gigolo (oder die entsprechende weibliche Umgarnung) wird sich ja für ihn, den Nicht-Erben, nicht interessieren?

Da irren Sie, antwortete der Philologe. Was wissen wir, wie die seelischen Kräfte eine solche Erzählung lesen? Narbenbildung, Fallhöhe. Die Seele liest das durch jede Kostümierung.

8
Arbeitszeitmesser A. Trube zu Liebe, Macht und dem Unterschied von Zeitabläufen im 17. und 21. Jahrhundert

Der Arbeitszeitmesser A. Trube, früher tätig für einen in der Wirtschaftskrise von 2009 insolvent gewordenen Betrieb in Bockenheim, hat Volkshochschulkurse besucht und kam so in Kontakt mit Romanen. Seither untersucht er das zeitliche Gefüge in literarischen Texten: Oft könne eine geringfügige Zugabe an Zeit eine Handlung in eine ganz andere Richtung lenken.
Den französischen Staatspräsidenten Sarkozy und dessen Ehefrau Carla Bruni konnte er bei *Spiegel online* zwei Tage aus Anlaß der Nato-Feiern am 4. April 2009 in Baden-Baden und Kehl beobachten. Wieviel Zeit steht dem Präsidenten für die Gepflogenheiten seiner Ehe zur Verfügung? Er verglich die zur Verfügung stehende Zeit mit dem Zeitaufwand in der Liebesbeziehung der Prinzessin von Clèves und dem Herzog von Nemours bei ihrem (jeweils für den anderen rätselhaften) Treffen in Coulommiers. Die Textstellen kannte er aus dem Volkshochschulkurs »Einführung in die französische Literatur des 17. Jahrhunderts«.
Dies entsprach nach seiner Messung einem Aufwand von 92,5 Stunden, erforderliche Schlafenszeit in einer solchen Zeit emotionaler Unruhe unberücksichtigt, nur um in der Nähe des anderen herumzuschleichen bzw. im geschlossenen Zimmer sich vor ihm zu verbergen. Sie seien, erwähnt Trube, nicht einmal zum Vollzug eines Liebeserlebnisses gelangt, sondern hätten in einem für die Beziehung imaginierten Gedankenraum ihre Zeit vertrödelt.
Für ein modernes Herrscherpaar stünde heute nirgends soviel Zeit zur Verfügung. Die Staatsgeschäfte gestatten keinen Urlaub, da schon eine Sekunde nach Ankunft ein unerwartetes Ereignis alle privaten Pläne zerschlägt, ja Telekommunikation die Gegenwart schrittweise einengt und zuletzt aufhebt. Zeit aber, so Trube, sei das Gelände der zärtlichen Kraft.
Trube weist hier auf einen weiteren Volkshochschulkurs »Kaiser Napoleon privat« hin. Die Zeit, habe der vertrauenswürdige Referent betont, sei seit der Französischen Revolution durch Beschleunigung charakterisiert gewesen. Napoleon habe als Herrscher in den neun Jahren von 1799 bis 1808 nur während des winterlichen Zwangsaufenthalts auf Schloß Finckenstein, in einer kurzen Periode also, für die nötige Umständlichkeit, die eine Liebesaffäre erfordert, den Atem gehabt. Die Verliebtheit sei zwar auch über ihn als Blitz, als plötzliche Gewißheit, hereingebrochen. Der entsprechend raschen Gegenreaktion der Gräfin Waleska sei in diesem Fall ein zeitlicher Nachschlag gefolgt, in dem Körper und Seele der beiden den Anschluß an die heftige Explosion

gewonnen, sozusagen den Nachholbedarf gedeckt hätten. Erst dies, so Trube, ermögliche seiner Kenntnis nach eine gemeinsame Erfahrung von Dauer, Wiederholbarkeit und Anknüpfungsmöglichkeit bei einem Wiedersehen. Eine solche Glückszeit war dem eiligen Napoleon später nie mehr möglich. Der Volkshochschulreferent hatte die Erinnerungen Napoleons, die dieser auf Elba niederschrieb, zur Lektüre empfohlen. Sofern Trube nur die Zeitabläufe verfolgte, die rechtfertigenden und ausschmückenden Passagen wegließ, ergab sich eine deutliche Übersicht über Mangelzeit. Um die Konsequenz daraus zu ermitteln, zog Trube andere Quellen heran. Sie waren unter Stichworten auffindbar in der Universitätsbibliothek Frankfurt. Vom Diktat (meist diktierte er mehreren Sekretären gleichzeitig) wurde der Herrscher in ein Nachbarkabinett gerufen, wo die vom Adjutanten ausgewählte oder durch einen Hinweis des Kaisers bestimmte junge Frau bereits wartete. Mit wenigen Zurufen »bestrickte« der mächtige Mann ein solches Lebewesen oft unter Hinzufügung einer kurzen, witzigen Bemerkung. Es blieb aber kaum Zeit, daß sich eine natürliche Reaktion im Körper der Frau heranbildete. Nach Ejakulation, das Glied schmerzte, weil es trockengerieben worden war, eilte Napoleon ins Arbeitszimmer zurück. Er wiederholte diese – nach Trubes Meinung unsinnige – Praxis, weil er, nach Zeugnis des Generals Coulaincourt, gehört hatte, daß eine solche Art der Liebesbeziehung gut für die Gesundheit sei; jedenfalls glaubte er, daß es schädlich wäre, wenn Kontakte dieser Art vollständig unterblieben.

Der Schein der Plötzlichkeit ...

Liebe trifft wie der Blitz, sagte die erfahrene Heiratsvermittlerin Anne-Marie Waschleppa aus Kösen. Dieses »überfallartige Erlebnis« sei nicht dehnbar, sowenig wie es einen »Blitzkrieg in Zeitlupe« gäbe. Zugleich weiß man, fügte Waschleppa hinzu, daß alle Gefühle träge sind. Sie sind den Liebesallüren, die aus der Vorstellungskraft kommen, nicht gewachsen. Deshalb rate sie frisch Verliebten, sofort nach dem Blitz mit der Nacharbeit zu beginnen. So habe Gerda Schaake ihr Glück gemacht, weil sie in Abwesenheit ihres neuen Geliebten, der unmittelbar nach der ersten Liebesnacht zu einer Geschäftsreise aufbrach, eine Phase der Planung ansetzte. Es gibt nämlich Planwirtschaft in der Liebe, so Waschleppa. Sie zeitigt, anders als in der Ökonomie, weil bürokratiefrei, beste Ergebnisse.

Ein Hinweis des Arbeitszeitmessers Trube ...

Die Behauptung des französischen Staatspräsidenten, der Roman *Die Prinzessin von Clèves* sei das Paradebeispiel für ein verstaubtes und überholtes Werk und somit für den Unterricht in den französischen Gymnasien ungeeignet, irritierte A. Trube. Schließlich hatte er in dem oben erwähnten Volkshochschulkurs Zeit für die Lektüre von Auszügen dieses Romans aufgewendet. Diese Zeit war er nicht bereit verlorenzugeben. Er monierte, daß Sarkozy für seine eigene Ehe keine Folgerungen aus dem, gerade was Zeitmessung betrifft, so aufschlußreichen Romanwerk ziehe. Für den 4. Mai 2009 z. B., so Trube, sei leicht nachzumessen: vier Stunden Zeitaufwand in Kehl und Baden-Baden, sechs Stunden verausgabt für Probleme Westafrikas, Frage des Ausgleichs zwischen EU und Rußland eine weitere Stunde, zwei Pressegespräche, der Budgetvoranschlag für 2010, die Reparatur zweier Flugzeugträger, Zwischenbilanz des Staatsfonds für Banken- und Wirtschaftshilfe: für Carla Bruni gab es in diesen Tag- und Nachtverläufen keine Chance, ihren Mann in einem Augenblick anzutreffen, in dem er im Besitz seiner intakten Sinne (also auf sie konzentriert) war. Das, so Trube, muß sich langfristig verhängnisvoller auswirken als alles, was im Roman *Die Prinzessin von Clèves* geschah.

9
Intelligenz und Sprache der Mathematik im Vergleich zu der von Liebesromanen

Im Umkreis des Jahres 1678, in dem *Die Prinzessin von Clèves* publiziert wurde, reiste der Pionier und Theoretiker der Wahrscheinlichkeitstheorie Bernoulli durch Holland. Aus seinen Entdeckungen entwickelten sich später die Stochastik und besonders der Grenzwertsatz. Dieser bezeichnet die bestimmten Bedingungen, unter denen die Verteilung einer Summe von Zufallsvariablen mit Hilfe einer Normalverteilung beschrieben werden kann. Das ist zum Beispiel relevant für die Frage nach einem künftigen Wahlverhalten, nach Wahrscheinlichkeiten des Klimas; es ist bedeutend für die Berechnung von Finanzrisiken.

Dabei unterscheidet man Unwissen (das durch keine mathematischen Mittel beseitigt werden kann, und zum Beispiel die Katastrophe von Tschernobyl und

Abb.: Bernoulli.

den Zusammenbruch der Investmentbank Lehman Brothers verursachte) von dem Risiko, das in der Zukunft verborgen liegt, aber durch den Grenzwertsatz ermittelt werden kann. Die wagemutige Intelligenz, die von den *Randzonen der Wahrscheinlichkeit* handelt, wird auf dem Gebiet der zärtlichen Kraft nirgends angewendet.

Man vergleiche die ganz andere Sprache der mathematischen Intelligenz gegenüber der Redeweise von Liebesgeschichten. Der Frankfurter Stochastiker Anton Wakolbinger gibt ein Beispiel, das an Jacob Bernoullis Beweis für das Schwache Gesetz der großen Zahlen anknüpft:

Wir stoßen hier erneut auf das fundamentale *Quadratwurzel-aus-n-Gesetz*: Eine Zufallsvariable, die sich aus n unabhängigen, identisch verteilten Summanden zusammensetzt, streut ihre Werte typischerweise in einem Bereich, dessen Breite von der Größenordnung $\sqrt{n}$ ist. Diese Einsicht ist intuitiv nicht ohne weiteres klar. Sie wird im Zentralen Grenzwertsatz vertieft. Zunächst beweisen wir einen einfachen Satz, der den folgenden Sachverhalt erfaßt: Wiederholt man ein Zufallsexperiment mit Erfolgswahrscheinlichkeit p in unabhängiger Weise, so stabilisiert sich die relative Häufigkeit der Erfolge mit wachsender Versuchszahl n bei p. Allgemeiner gilt, daß das arithmetische Mittel von n identisch verteilten, unabhängigen Zufallsvariablen mit wachsendem n gegen den Erwartungswert strebt. Ein erstes Resultat dieses Typs stammt von Jacob Bernoulli.[1]

Schwaches Gesetz der großen Zahlen. *Die Zufallsvariablen $X_1, X_2, \ldots$ seien reellwertig, unabhängig und identisch verteilt mit endlichem Erwartungswert μ und endlicher Varianz. Dann gilt für jede noch so kleine Schranke ε: Die Wahrscheinlichkeit, daß das arithmetische Mittel aus X_1 bis X_n um mehr als ε von der Zahl μ abweicht, konvergiert für wachsendes n gegen null.*

Den Beweis führt man heute nach Chebyshev.[2] Sein Ansatz mittels der nach ihm benannten Ungleichung läßt sich auf viele andere Situationen übertragen.

Für eine reellwertige Zufallsvariable X mit endlichem Erwartungswert gilt für beliebiges $\varepsilon > 0$ die **Ungleichung von Chebyshev**

$$\mathbf{P}\big(|X - \mathbf{E}[X]| \geq \varepsilon\big) \leq \frac{1}{\varepsilon^2} \cdot \mathbf{Var}[X].$$

---

[1] Jacob Bernoulli, 1654-1705, Schweizer Mathematiker. Seine bedeutende Rolle in der Wahrscheinlichkeitstheorie gründet sich auf Beiträge in der Kombinatorik und auf die Entdeckung und den Beweis des Schwachen Gesetzes der großen Zahlen.

[2] Pafnutij L.Chebyshev, 1821-1894, bedeutender russischer Mathematiker. Ausgehend von ihm bildete sich in Rußland eine produktive Schule der Wahrscheinlichkeitstheorie. Als einer der ersten betrachtete er Zufallsvariablen.

Angewandt auf $(X_1 + \cdots + X_n)/n$ ergibt dies

$$\mathbf{P}\left(\left|\frac{X_1 + \cdots + X_n}{n} - \mu\right| \geq \varepsilon\right) \leq \frac{\mathbf{Var}[X_1]}{\varepsilon^2 n}.$$

Und Bernoullis Gesetz folgt nun mit $n \to \infty$.

Abb.: Pascal.

10
»Ort und Zeit ohne Grund ist Gewalt« (Aristoteles)

Medea wird aus ihrem Vaterland Kolchis weggeführt, ins fremde Korinth. Die Zeit, in der Jason sie liebte, ist vergangen. Zeit und Ort sind ihr entfremdet. Es kommt zur Katastrophe, sie tötet die eigenen Kinder. Aristoteles bezeichnet eine solche Geschichte als »Wegfall des Grundes«. Die Ratio geht verloren, weil Medea buchstäblich den Boden unter ihren Füßen verliert.

Abb.: Jason und Medea. Mittelalterliche Darstellung. Die Köpfe der Protagonisten sind ähnlich groß wie in Kupferstichen von 1810, welche die *Wahlverwandtschaften* betreffen.

11
Neo-Stoizismus

Die Stoa, wie sie in der Antike durch den Philosophen und Staatsmann Seneca definiert wurde, folgt dem Ideal der ATARAXIA, einer Haltung unerschütterlicher Ruhe. Im Gelände der zärtlichen Kraft bedeutet sie Verzicht. Am Rande der Stürme, des bewegten Flusses, kehrt der Wanderer um.

Die stoische Haltung hat aber auch die andere, nicht auf Verzicht und Umkehr gerichtete Seite, die in der Person der Lukretia die römischen Könige stürzte. Die junge Frau war von einem leichtfertigen Prinzen verführt und vergewaltigt worden. Der letzte König Roms, Tarquinius Superbus, verzögerte die Aufklärung des Falles, suchte den Sprößling zu schützen. Lukretia erstach sich vor aller Augen. Die Geschichte der Virginia variiert diese Parabel.

Neo-Stoizismus nennt man die Wiederaufnahme der antiken Haltung, die

Abb.: Seneca.

zum Kernbestand der bürgerlichen Gesellschaft im 17. Jahrhundert zählt. Tod bei Insolvenz, FREIHEIT oder TOD (Tod des Marquis von Posa) und LIEBESTOD.[1]

12
Ableitung der Vernunft (raison) aus dem Wort *Arraisonnement*

Gibt es in der Genealogie der Vernunft (raison) mehr als eine Ahnenreihe? Wenn in dieser Hinsicht zwei verschiedene Abstammungslinien existieren, gilt eine solche doppelte Genealogie auch für die Liebe? Gibt es überhaupt zwei unterschiedliche Ableitungen der menschlichen Grundkräfte? In seinem Essay *Geschlecht und Hand bei Heidegger* prüft Jacques Derrida die Typik der sexuellen Differenz und bezieht sie auf die Typik der Zweiheit in der menschlichen und tierischen Evolution: zwei Hände, zwei Augen, zwei Gehirnhälften, zwei Ohren – aber fünf Zehen und nicht zwei Herzen.

Generell bezweifelt Derrida, ob eine endgültige ZWEI glücklich mache. Was wäre eine ZWEI, die »noch nicht« ist oder »nicht mehr« wäre? Das »noch nicht« und das bereits »nicht mehr«, sagt Derrida, würde zur Erneuerung der Strukturen von GRUND und VERNUNFT beitragen.

Hierzu hat der Übersetzer Derridas, Hans-Dieter Gondek, eine Fußnote gesetzt:

Der moderne Ausdruck »Ratio« oder »Rationalität« könne abgeleitet werden von dem Wort ARRAISONNEMENT. Der altfranzösische Ausdruck bedeute: Überprüfung einer Schiffsladung hinsichtlich der hygienischen Zustände vor Abfahrt des Schiffes, auch: Prüfung der Rechtmäßigkeit der Ladung (Schmug-

---

[1] Gotthold Ephraim Lessing wiederholt, im Dienste der Aufklärung, in seinem Drama *Emilia Galotti* diese Erzählung. Victor Hugo greift sie auf in seinem Stück *Le roi s'amuse*. Nach diesem Stoff komponiert Giuseppe Verdi seine Oper *Rigoletto*, die entsprechend der Wichtigkeit der Charaktere nach der jungen Protagonistin Gilda hätte benannt sein sollen, die aus stoischen Gründen ihr Leben opfert.

gelgut) und der Korrektheit der Warenverzeichnisse. Es handelt sich um das Substantiv zu dem Verb arraisonner: sich an jemanden wenden, jemand zu überzeugen versuchen, sich binden.

Hierzu bemerkt A. Gartmann: Das Gehirn bestehe zwar aus zwei Hemisphären, werde aber zur Herstellung von Ratio nur als Einheit benutzt. Nach einem Hinweis von Friedrich Nietzsche sei jedoch die Zukunft der Menschen gefährdet, wenn nicht zwei Hirne zur Verfügung stünden: Das eine mit Erfahrung und Motivation zur Wissenschaft, das andere angepaßt an das Lustwesen Mensch und imstande, Illusionen zu erzeugen und zu verteidigen. Fänden beide Tätigkeiten im gleichen Hirn statt, stünden die Wissenschaften (und die Wahrheitssuche) in der Gefahr, von der Lustsuche erschlagen zu werden. Diese sei stets stärker, so Nietzsche, als die Verstandeskräfte.

Abb.: »Die Bürde der Vernunft«.

2
Was macht der Liebe Mut?

Vielleicht ist es nicht die Liebe selbst, sondern sind es ihre Abkömmlinge, ihre Seitenlinien und Ränder, die Mut machen? Nichts kann die Liebe davon abhalten, auf ihr Glück zu wetten ...

Mutmacher sind:
1. Sachlich-Sein, Sich-Mühe-Geben
2. Hautnähe
3. Blindheit und Unbestechlichkeit der Libido

Eine Bemerkung von Richard Sennett

Die zärtliche Kraft, überwältigt auf der einen Seite durch die chemisch-wilde Sexualnatur, die ihr Träger ist, auf der anderen Seite gestört durch den modernen Anspruch, die fehlende Validität des Ichs im gesellschaftlichen Alltag auszugleichen, überlebt im 21. Jahrhundert, sagt der Soziologe Richard Sennett, eher in ihren *Derivaten* als in der Wüste der Geschlechter.

Was sind Derivate?

Lat. derivare = ableiten.
In der Ökonomie sind Derivate Wetten auf sogenannte Basiswerte, auf künftige Aktienkurse, Durchschnitte, Wahrscheinlichkeiten, auf Mangel und Überfluß oder das Wetter. Derivate können auch Basiswert von anderen Derivaten (zweiten Grades) sein. Derivate sind das am schnellsten wachsende und sich verändernde Element des modernen Finanzwesens. Sie decken Risiken ab und erzeugen Risiken. Dabei unterscheidet man Risiken, welche durch Wahrscheinlichkeitsrechnung ermittelt werden können, von Unsicherheit (uncertainty), die nach keiner mathematischen Methode, weil sie »Nichtwissen« bedeutet, bestimmt werden kann. Ökonomischen Derivaten wohnt ein Hebeleffekt inne (Leverage-Effekt). Der Inhaber eines Derivats partizipiert überproportional sowohl an Kurssteigerungen als auch an Kursverlusten.
Das Wort Derivat hat für die Liebe eine andere Bedeutung als für die Ökonomie. Derivat im Sinne von *Ableitung*, *Abkömmling* hieße im Französischen

Abb.: Ingrid Bärlamm.

Dispositiv. Die Bedeutung, mit der das Wort in der französischen Philosophie verwendet wird, grenzt an die ursprüngliche Semantik von Derivat: »Die Grenzen eines Ufers verlegen«, ein »Wasser in einen Kanal ableiten, damit es dorthin gelangt, wo es gebraucht wird«, Bewässerung überhaupt, alles von Lateinisch *derivare* gedeckt, wäre eine Bildvorstellung, die in der Liebe eine Bedeutung hat.

Es gibt offenbar in diesem Kontext zwei verschiedene Richtungen einer solchen Bedeutung: 1. Liebe wettet auf einen Basiswert, d.h. auf ihr Glück. 2. Die zärtliche Kraft äußert sich auf Nachbargebieten oder Neuland, wenn sie sich auf ihrem eigenen Gebiet nicht hinreichend artikulieren kann.

Zum ersten Fall gehören: Eine junge Frau bindet sich an einen Mann auf den Rat ihrer Mutter (wie die Prinzessin von Clèves); ich bemühe mich um gute Noten in der Schule, später um Intelligenz, weil die Person, die mir am liebsten ist, es von mir erwartet. Ich gebe mir Mühe, indem ich das, was ich kann, einsetze. In bezug auf eine Person, die sich mit einem Mann verband, weil sie auf die Handlung eines Romans vertraute (dessen Verfilmung sie gesehen hatte), sagt die Heiratsvermittlerin Ingrid Bärlamm, sei die Chance, nach diesem Verfahren glücklich zu werden, nicht geringer, als wenn die Person »gewählt« hätte. In allen diesen Fällen äußert sich die zärtliche Kraft indirekt, d. h. als Derivat.

> Die Derivate der Liebe
> unterscheiden sich von denen der Banken:
> Wenn sie abstürzen,
> fallen sie auf die Härte zurück,
> die ihren Rohstoff ausmacht.

Eine Beobachtung von Niklas Luhmann, die auf Richard Sennetts Bemerkung antwortet

Nach einer Beobachtung von Niklas Luhmann gehört es zu den Unterschieden zwischen dem 17. Jahrhundert (Anfängen des homo novus) und dem 21. Jahrhundert (Ratlosigkeit des homo novus), daß »Selbstverwirklichung« im gesellschaftlichen Alltag heute nur unzureichend erlebt werden kann. In der Systemwelt (Beruf, Karriere, Leistung) werden nur Teile der Person abgefragt, ja es wäre lästig, wenn einer während der Betriebs- und Leistungszeit mit seiner ganzen Person (allen überflüssigen und überfließenden Eigenschaften) daherkäme und die anderen mit seiner Ganzheit aufhielte. Die ganze Person, die nach wie vor Subjekt, d. h. Eigentum des Lebensläufers, bleibt, sagt Luhmann, muß sich in den intimen Beziehungen, noch dazu in deren engerem Ausschnitt der Sexualität beweisen und bestätigen. Das liegt wie eine Last auf der zärtlichen Kraft, so daß man eine Art Flucht aus der Überforderung, eine Flucht aus dem *Liebeseigentum* beobachten kann.

»Die Liebesbeziehungen werden, weil nur in ihnen der Einsatz der ganzen Person möglich erscheint, zu einer Bühne, d. h. weniger wirklich. Die gesellschaftlichen Beziehungen andererseits verlieren an Wert und gewinnen an Realismus.«

Die Heiratsvermittlerin Bärlamm weist darauf hin, daß eine Lösung nur darin bestehen kann, die libidinösen Bedürfnisse (sie hat Soziologie in Bielefeld studiert) in die Partialbeziehungen der Systemwelt einzubringen. Wie glücklich, sagt sie, macht das Lächeln der eingearbeiteten Fachkraft, mit der Doktor Mansfeld zwanzig Jahre seines Lebens verbracht hat; dagegen scheint ihm das Lächeln seiner Ehefrau, die er erst zwei Jahre kennt, beim Weggehen am Morgen eine andere Bedeutung zu haben als bloße Freundlichkeit. Er meinte, dieses Lächeln spiegle die Erwartung, daß der neue Tag mit seiner Hilfe für sie anders würde als die vergangenen Tage, was doch außerhalb seiner Macht steht. Viele heiraten heute, fügt Bärlamm hinzu, ihre Sekretärinnen. Kaum ist das geschehen, lasse sich die alte Vertrautheit des Betriebs nicht mehr herstellen. Schon sitze eine neue Fachkraft im Büro, die sich um den Chef bemühe. Beunruhigung sei die Folge.

Sachlich-Sein,
Sich-Mühe-Geben

Ein libidinöser Grund für Sachlichkeit

Der Evolutionsbiologe Dr. Erwin Boltzmann behauptet, die Mehrheit aller Menschen, die in der Geschichte überlebt hätten, besäßen eine »Rohform des guten Willens«, eine überschießende Kraft, die mit keiner ihrer übrigen »nützlichen« Fähigkeiten ganz übereinstimme. In der landwirtschaftlichen Revolution der letzten 7000 Jahre sei diese »spezielle Beimischung« zu beobachten. Daß sie für die Vermehrung, d.h. für direkte Nachkommenschaft, kausal sei, lasse sich nicht nachweisen. Menschen, denen diese Eigenschaft jedoch völlig abgehe, hätten sich wenig vermehrt. Sie trete als »Ableitung« anderer, bezahlter Leistungen auf. So zum Beispiel in der Geschichte des → Betthasen Minguel Ozman, *Chronik der Gefühle*, Band II, S. 463: Das käufliche Dienstverhältnis, das eines Gigolos, decke sein Verhalten nicht ab. Er habe unbezahlte Arbeit geleistet. Sein Tun sei eine Sache der Selbstachtung, nicht seines Berufs. Sie sei darüber hinaus (ebenfalls überschießend, wenn er doch eine erotische Leistung verkauft habe) durch Zweckmäßigkeit und Sachlichkeit gekennzeichnet.
Sachlichkeit, d.h. Brauchbarkeit für Dritte, sei, sagt Boltzmann, Derivat des Narcissus (der die Beziehung zu seinem Ebenbild wünscht), der Daphne (die lieber zum Lorbeerbaum erstarrt, als sich vergewaltigen zu lassen), der Jägerin Callisto (die keine Verräterin sein will, an den Himmel versetzt wird und sich als Navigationshilfe für Segelschiffe lange Zeit als unentbehrlich erweist).
Wie würden Sie diese tausendjährige Anziehungskraft nennen, wird Dr. Boltzmann gefragt. Ich wiederhole mich, sagt Dr. Boltzmann, ich nenne den libidinösen Grund für solche Sachlichkeit: Selbstachtung. Sie hebt sich in einem Milieu, das sich dem Geldverdienen verschrieben hat, besonders deutlich ab. Wer mit der Selbstachtung in Konflikt gerät, ergänzt Dr. Boltzmann, kann daran sterben.

Figaros Loyalität

Von Figaro, dem Protagonisten des Erfolgsstückes *Der tolle Tag* von Beaumarchais und der späteren nach ihm benannten Oper Mozarts, weiß man, daß er wie die Gräfin nicht aus dem Adel stammte. Beide verband offenbar eine Jugendliebe, ehe sie den Grafen heiratete.
Jeden Morgen karessierte Figaro seither die Haare dieser jungen Frau, richtete ihr Gesicht kosmetisch für den Tag ein. Er fühlte sich stetig zu ihr hingezogen. Er versorgte sie mit Ratschlägen, wie man weiß, zur Erhaltung ihrer Ehe. Die intime Stellung an Haar und Ohr, an ihrer Seite und in ihrem Rücken nutzte er zu keiner Intrige. Die Zärtlichkeit seiner Hände und seiner Sinnrichtung blieb zurückhaltend (unähnlich dem Inzest-Tabu, ähnlich einem Treue-Tabu, das altbekannt und zugleich neuartig, aber in der Literatur wenig definiert ist: Du sollst die Interessen derjenigen, die du liebst, nicht verraten). Die vom Grafen und der Gräfin organisierte Verbindung Figaros mit Susanna, die im Finale von Mozarts Oper perfekt schien, überdauerte die Revolutionswirren von 1789 nicht. Susanna trat eine Karriere als Schreibkraft im Wohlfahrtsausschuß an. Das gräfliche Paar saß verhaftet in einem Gefängnis in Paris. Figaro war Chef eines Revolutionstribunals geworden. Vor ihm standen Graf und Gräfin als Angeklagte. Leicht hätte Figaro den Nebenbuhler, den Grafen, zum Tode verurteilen und die Gräfin in seine Abhängigkeit bringen können. Nichts davon geschah. Bald darauf siedelten Graf und Gräfin, durch die Ardennen entkommen, in einem Privathaus jenseits des Rheins in Koblenz, wo eine große Kolonie von Emigranten auf eine Veränderung der Zeitgeschichte lauerte.
Nach kurzer Zeit folgte Figaro der früheren Herrschaft, er, der Mächtige, der Leistungsstarke. Seine Dienste als Ratgeber, Friseur und Kostümbildner waren in Koblenz begehrt. Auch in deutschen Kreisen. So versorgte er mit seinen Einkünften, als »Diener« oder als »Herr«, den gräflichen Haushalt. Bald stellte sich das intime Gefühl der Morgenstunden an Haar und Gesicht der Gräfin zärtlich wieder her.
Nach der Rückkehr des Königs (denn die Turbulenzen der napoleonischen Kriege sind vorüber) ging das gräfliche Paar, nicht mehr ganz jung, nach Frankreich auf die restituierten Güter zurück. Sie nahmen Figaro nicht mit. Infolge der häufigen Regierungswechsel, in denen er oft auf der falschen Seite gestanden hatte, da nicht der politische Vorteil sein Handeln bestimmte, galt er in Adelskreisen als verbraucht. Auch modisch hatte er sich nicht hinreichend angepaßt.
Er blieb Provinzfriseur am Rhein. Deutsche Sprachkenntnisse hatte er erwor-

ben. Drei Schwestern hatte er, was Mozarts Oper verschweigt. Selbst blieb er kinderlos, die Schwestern aber hatten 16 Nachkommen. Der Name der ursprünglich spanischen Familie war berühmt.

Ergänzender Hinweis von Dr. Boltzmann:
Evolutionsbiologisch gesehen, teilt Dr. Boltzmann mit, scheine die Positionierung von Figaro in dieser wahren Handlungsabfolge zunächst negativ. Mit seiner überlegenen Körperkraft hätte Figaro schon als Jugendlicher den Grafen, der sich um Susanna bewarb, prügeln und verscheuchen können. Ein Tier hätte so gehandelt. Später hätte er als Vorsitzender des Revolutionstribunals dem Grafen in die Kehle beißen sollen. Er hätte sich die Gräfin und somit die Chance auf eine eigene Kinderschar verschafft.

Tatsächlich, so Dr. Boltzmann, sei jedoch der Handlungsweise Figaros, dem Prinzip seines Handelns, etwas abzugewinnen. Er habe ein neuartiges Terrain für das Walten und die vielfältige Ausdehnung der zärtlichen Kraft entwickelt (ein Terrain, das als antike Errungenschaft im 18. Jahrhundert verschollen gewesen sei). Die Neuerung besitze die Wirkungsweise eines neu hinzutretenden Gestirns, das eine Konstellation bereichere. Es entstünden neue Widersprüche, aber weniger, als an älteren bereinigt würden. Es sei auch nicht ausgeschlossen, daß aus einer solchen Positionierung, eines »glückbringenden Begleitgestirns«, nicht auch Kinder entstehen.

Abb.: Eine Philologin. Sie begleitet mit Zuverlässigkeit fremde Texte. Sie findet sie, rekonstruiert sie und bewahrt sie vor Mißverständnissen. Ohne sich die Texte selbst anzueignen. Eine Öffentlichkeitsarbeiterin.

Was macht Mut?

Eros und Thanatos

Andere Mutmacher (Derivate des Eros) sind: **Intelligenz, revolutionärer Elan, Lust, Kunst, Feingriff, Kooperation, Freundschaft, Generosität, Unbeherrschbarkeit der Libido, Treue.**
Alle diese Basiswerte, auf welche die zärtliche Kraft und der gute Wille wetten, haben eine helle und eine dunkle Seite, je nachdem, ob Eros oder Thanatos bei der Entstehung des Derivats dominieren.
Das Beharren auf dem Wert von Leiden und Trübsinn, die Aufwertung der »tristen Leidenschaften« (Nietzsche), gehört zur dunklen Seite der Intelligenz. In einer revolutionären Bewegung folgt der Durchsetzung der Freiheitsrechte, d. h. einer Phase der Helligkeit, die Guillotine, eine Periode dunkler Energie. Den Höhepunkt des Romans *Die Prinzessin von Clèves* bildet das Kapitel, in dem die Prinzessin ihrem Mann etwas gesteht, was sie für die Wahrheit ihres Herzens hält. Das ist in der statischen Hofgesellschaft Frankreichs unüblich, ja verboten. Was man subjektiv fühlt, gilt es zu maskieren. Es ist verboten, subjektive Wirklichkeiten zu offenbaren und so die Umgebung in die eigene

Abb.: Die Lust ist eine Ziege.

Verwirrung hineinzuziehen. Dieses Gebot der Verstellung (entwickelt, um den Bürgerkrieg des Gefühls zu dämpfen) wird von der Prinzessin revolutionär durchbrochen. Sie verhält sich dabei ungeschickt. Sie geht mit der Wahrheit, einem scharfen Werkzeug, ungeschickt um. Im Ergebnis tötet sie ihren Mann durch ihr Bekenntnis. Hell ist der Mut, die Konvention zu durchbrechen, ihre Beziehung zum Prinzen zu strapazieren. Dunkel ist das hohe Maß an Eigenliebe, das sich in der Raschheit des Geständnisses, dem Mangel an Einfühlung in ihren Mann äußert.

In der Kunst kehrt sich das Verhältnis von dunklen und hellen Kräften um. Ein Lamento, Ausdruck von Trauer, kann mehr Helligkeit verbreiten als ein helles C-Dur.

Dies alles sind aber nur scheinbar »Wetten« und »Derivate«. Es handelt sich um Verkleidungen des Eros. Zuletzt tritt aber dieser selbst aus der Kostümierung wieder hervor, so daß die gesamten Mutmacher sich als Teile einer umfassenden Liebesfähigkeit erweisen. Auch ist die Bezeichnung der antagonistischen Triebkräfte als Eros und Thanatos ungenau. Es sind keine Einheiten, um die es geht, sondern in jedem Augenblick zu neuen Figuren zerfallende Projektionen und Überlebsel, die aus Milliarden libidinöser Partikel bestehen: Reste, Echos ehemaliger Sehnsucht. Einige davon entstehen in dieser Sekunde, andere sind 6000 Jahre alt; das sieht man den Schwärmen solcher Kräfte von außen nicht an.

Nature of Love

In seinem Aufsatz *The Nature of Love* setzt sich Harry F. Harlow mit der »Frage der primären Triebe« auseinander. Nach herrschender Lehre, sagt er, seien die Basis-Motive vor allem Hunger, Durst, Einsamkeit, Schmerz und Sex. Das Verhältnis von Mutter und Kind werde dadurch interpretiert, daß es die primären Triebe befriedige, und durch sekundäre verstärkende Mechanismen komme die Mutter-Kind-Beziehung zustande. Richtig an diesen Beobachtungen sei, daß keine andere Bindung so intensiv wie die Mutter-Kind-Beziehung das weitere Triebschicksal und seine Verallgemeinerung beeinflusse. Es sei aber auffällig, daß alle sekundären Verstärker, die sich mit Befriedigungen der genannten Triebkräfte oder Nöte verbinden, bei experimenteller Prüfung nach einer gewissen Zeit verschwänden. Im Gegensatz dazu verschwänden die Zuwendungen, die im Verhältnis Mutter–Kind angelegt seien, überhaupt niemals, sie hätten vielmehr eine Tendenz zu breiter Verallgemeinerung.

Harlow geht experimentell vor. Er trifft dabei auf die Schwierigkeit, daß bei menschlichen Neugeborenen die experimentellen Überprüfungen auf eine in-

Was macht der Liebe Mut? 313

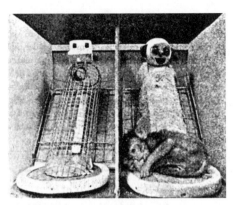

Abb.: Draht-Mutter, Stoff-Mutter.

Abb.: Äffchen umklammert Stoff-Mutter, »Response to Cloth«.

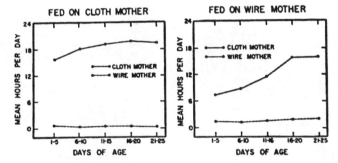

Abb.: Grafik »Die Äffchen lehnen Draht-Mutter ab, weil sie keinen Hautkontakt zuläßt.«

adäquate Ausbildung der motorischen Fähigkeiten stoßen. Das Menschenkind hat anfangs keinen adäquaten Ausdruck. Dies ist, sagt Harlow, bei neugeborenen Makaken-Äffchen anders. Sie sind, gleich nach der Geburt, motorisch reifer und entwickeln sich rascher. Die unmittelbaren Antworten (basic responses), die sich auf Liebe beziehen (»affection, including nursing, contact clinging, and even visual and auditory exploration«), zeigen dagegen keine grundlegenden Unterschiede zu Menschenkindern. Harlow hat deshalb in einem dreijährigen Experiment zunächst diese Affenkinder studiert. Danach bot er zwei Ersatzmütter jeweils einer gleich starken Babygruppe an: eine Stoff-Mutter und eine Draht-Mutter. **Das Experiment erfolgte so, daß einmal die Draht-Mutter, das andere Mal die Stoff-Mutter Milch gab.** In allen Fällen, also auch wenn der Hunger nicht durch die Stoff-Mutter gestillt werden konnte, konzentrierten sich die Babys ausschließlich auf die Haut-Mutter.[1]

Abb.: Verwaistes Äffchen, wenn nur Draht-Mutter zur Verfügung steht, selbst wenn sie Milch gibt.

---

[1] Beide Mutter-Maschinen hatten im Hintergrund einen Ventilator, der Wärme spendete. Es war aber nicht die gleiche Wärme, wenn sie vom Draht kam. Die Versuche umfaßten die Einführung eines »typical fear stimulus«: Die Babys ergriffen die Flucht zur Stoff-Mutter, praktisch niemals zur Draht-Mutter. Das Antlitz der Stoff-Mutter bestand aus einem Holzkopf. Nach einer gewissen Zeit wurde die gleiche Stoff-Mutter mit einem bemalten Antlitz angeboten. Die Babys drehten diesen Kopf um 180°. Sie wollten kein Gesicht sehen, sondern den Holzkopf, der zum warmen, vibrationsreichen, sonst aber unbeweglichen Haut-Körper der Mutter paßte.

Im Schattenreich der Libido

*Blindheit,
Unbestechlichkeit der Libido*

Abb.: Sigmund Freud mit einem Bruder und fünf Schwestern.

Die Lüge eines Kindes

Eine Patientin von Sigmund Freud war als siebenjähriges Kind einer Lüge überführt worden. Für ihre Lüge war sie bestraft worden, dies bezeichnete sie als »Wendepunkt« ihrer Jugend. »Sie war bis dahin ein wildes, zuversichtliches Kind, sie wird von da an scheu und zaghaft.« In ihrer Brautzeit, fährt Freud fort, gerät sie in eine ihr unverständliche Wut, als die Mutter die Möbel und Aussteuer besorgt. Es sei ihr Geld, sagt sie, dafür dürfe kein anderer etwas kaufen. Sie trennt dann in ihrer Ehe »in überflüssiger Weise« die Ausgaben für ihren persönlichen Bedarf von denen des Haushalts, für die sie das Geld von ihrem Mann erhält. Sie hatte sich wegen solcher Irritationen der psychoanalytischen Kur unterzogen.

Das Hausmädchen der Familie, das Freuds Patientin als Kind versorgt hatte, war eine erotische Beziehung zu einem Arzt in der Nachbarschaft eingegangen. Diese Beziehung wurde in dessen Praxisräumen ausgetragen, die das Hausmädchen im Anschluß an Spaziergänge, die sie mit dem Kinde machte, aufsuchte. Daher wurde das Kind zu den Rendezvous mitgeführt, wartete in der Zwischenzeit und gewann dabei Einblicke. Es bekam vom Hausmädchen, das wohl Bezahlungen entgegennahm, und auch vom Arzt Geldmünzen geschenkt, in der Erwartung, daß dies sein Schweigen gewährleiste.[1]
Einige Zeit später verlangt das Kind vom Vater Geld für den Kauf von Farben, um Ostereier anzumalen. Der Vater verweigert das Geld. Das Mädchen wendet die Anfrage beim nächsten Mal anders. In der Schule sei eine Spende von 50 Pfennig pro Kind gefordert, als Beitrag zu einem Kranz für die verstorbene Landesfürstin. Der Vater gibt dem Kind 10 Mark; sie bezahlt ihren Beitrag, legt dem Vater 9 Mark auf den Schreibtisch und kauft für die übrigen 50 Pfennig Farben, die sie im Spielschrank verbirgt. Der Vater fragt, was sie mit den fehlenden 50 Pfennig gemacht und ob sie nicht dafür doch Farben gekauft habe. Sie leugnet das. Ihr Bruder aber, der an der Bemalung der Ostereier teilhatte, verrät sie. Ihr Vater beauftragt die Mutter mit einer Züchtigung der kindlichen Lügnerin. Die Mutter erschrickt, als sie die Reaktion ihres Kindes auf die Schläge erlebt. Sie will trösten, es bleibt vergeblich. In der psychoanalytischen Kur stellt sich heraus, daß das Kind den zugesteckten »Liebeslohn«, den es vom Arzt und dem geliebten Hausmädchen her kannte, vom Vater zu erhalten wünschte. Das siebenjährige Mädchen habe gelogen, sagt Freud, weil es als gutgezogener, zärtlich gesinnter Mensch den Grund für seine Bitte (nämlich, sich den Vater zu Lasten der Mutter anzueignen) nicht formulieren konnte. Es ging nicht um eine Lüge, sondern um die Unausdrückbarkeit der Wahrheit in diesem Fall. Man müsse Lüge und Unbestimmtheit unterscheiden, sagt Freud.
Es gebe eine Relativität innerhalb des Realitätsprinzips, ergänzt hierzu der Soziologe Dirk Baecker. Jede Rede besitze Plastizität, die den Ausdruck nach den Umständen verforme. Sachlichkeit, Zeitlichkeit, Örtlichkeit seien hierbei von den subjektiven Umständen abhängig. Das Chamäleon Wirklichkeit wandele sich nicht bloß scheinbar, sondern tatsächlich infolge der subjektiven Gewalt anwesender Personen.
Das Kind sei, so Sigmund Freud, in seinem Verlangen nach dem geliebten

---

[1] Sigmund Freud, Zwei Kinderlügen, in: *Gesammelte Werke*, Band VIII, Frankfurt a. M. 1969, 5. Auflage, S. 422 ff. Das Kind aber, sagt Freud, verriet aus Eifersucht das Hausmädchen, dem es sehr zugetan war. Es spielte vor der Mutter so auffällig mit einer geschenkten Münze, daß diese nachfragte und auf die Spur zur Arztpraxis stieß. Das Hausmädchen wurde entlassen.

Vater zurückgewiesen und durch die beauftragte Züchtigung durch die Mutter nochmals gedemütigt worden. Fasse man den Bestand der Familie, ihre Gleichgewichte, als eine Republik auf, so sei hier die Verfassung und nicht bloß der Wille des Kindes gebrochen worden.
Das Großmütige allen seelischen Geschehens zeigte sich im weiteren Verlauf der Kur. Als der – sonst stets passive – Therapeut die Patientin aufforderte (und damit provozierte), in Zukunft nie mehr Blumen zu den Behandlungsterminen mitzubringen, brachen die Echos jenes alten Konflikts lebhaft hervor. Wie das unterirdische Becken eines Vulkanberges entleerte sich »die Blase der Versagung«. Jetzt war das Leid aufgelöst. An einem einzigen Vormittag (in einem ähnlichen Zeitmaß, in dem einst die Wende zum Schlechten zustande kam). Die Zuversicht des Kindes war nicht wiederherzustellen. Aber der Zwang, in tausend Unterschieden den Konflikt in der neuen Familie weiterzuführen, hatte sich aufgelöst.

Die Hoden der Aale

Seit zwei Jahren schon arbeitete Phillie Sophia Jonasson für ihren PhD an der New York University (NYU). Thema ihrer Dissertation war das früheste Forschungsobjekt Sigmund Freuds, das dieser noch vor seiner Doktorarbeit verfolgt hatte. Gegenstand von Freuds Interesse waren die Hoden von Tiefseeaalen, d. h. deren Physis und Metamorphose während des Langen Marsches von den Bächen und Strömen ihrer Heimat über den Ozean zur Sargassosee in der Nähe der Bahamas.[1]
Ausgestattet mit gewaltigen Fettvorräten, hatten die Aale die Reise begonnen. Ausgemergelt, mit letzten Kräften, gelangten sie zu den Begattungsplätzen. Statt durch Zweikämpfe mit Konkurrenten, notierte Freud, entschied sich der EVOLUTIONÄRE WETTBEWERB über dieses Durchhaltevermögen.
Interessant schien es Freud, daß diejenigen Aale, die sich als Voreltern künftiger Generationen durchsetzten, an der Abmagerung zu erkennen waren, ihre Geschlechtswerkzeuge an der Degeneration jedoch nicht teilnahmen. Phillie

[1] Ms. Jonasson wunderte sich über den Ausdruck »Tiefseeaale«, den Freud gebrauchte. Als »Weidenblattlarve« ziehen die Vorläufer der späteren Aalwesen durch das Salzwasser. Nach Erreichen der europäischen Küsten schwimmen sie in die Binnengewässer ein. Hier heißen sie »Steigaale« oder wegen ihrer Bauchfärbung »Gelbaale«. Nach sechs bis neun Jahren sind sie geschlechtsreif. Auf ihrem Weg durch den Ozean bis vor die Küste der USA schwimmen sie tagsüber in Tiefen bis zu 600 Metern, nachts unweit der Oberfläche. Die Geschlechtstätigkeit findet in einer Tiefe von 2000 Metern statt. Nach Abgabe der Geschlechtsprodukte sterben die Tiere vor Erschöpfung. Jetzt erst sinken sie, so Jonasson, in die Tiefsee.

Sophia Jonasson konnte alle Beobachtungen von Freud nachvollziehen. Die Reisestrecke (zu Vermehrung und Tod hin) betrug 5000 Kilometer. Auf der Hälfte des Unterwasserweges waren die After der männlichen Aale nach innen genommen. Da die Leistung ohne Nahrungsaufnahme (über mehr als ein Jahr hin) erbracht wurde, waren die Verdauungsorgane verkümmert. Die Leibeshöhle war (bis auf geringe Reste der Vorratsfette) vollständig von den Geschlechtsorganen ausgefüllt.

Welcher erotische Elan aber, so faßte Ms. Jonasson Freuds Forschungsansatz zusammen, führt die Aale so zielgenau in die Ferne? Der Eros der Tiere, so Freud, äußert sich im Rhythmus der Fettaufnahme und Fettabgabe, der Navigationsleistung und der enormen Dauer ihrer Wandertradition.[1]

Ihre Tugend heiße DAUERHAFTIGKEIT. Es gehe um die Treue zu einem Ort, nicht zu einem Subjekt. Nicht durch »Wahl«, sondern durch Instinkt fänden die Tiere seit Jahrtausenden den vorbestimmten Platz auf dem blauen Planeten, von dem aus die Nachkommen zu den Flüssen Europas zurückschwärmten.

Ms. Jonasson war erstaunt über eine Notiz Freuds, welche die Treue der Aale mit der menschlichen Moralität verglich. Es sei kaum anzunehmen, schrieb Freud, daß die Eigenschaften der Aale durch »Präsexuellen Schock« oder »Präsexuelle Lust« (die sich in Schuld verwandelt) begründet sei, vielmehr handele es sich um NATURWÜCHSIGE MORALITÄT AUS EINEM STÜCK. In einem halben Jahr würde Ms. Jonasson ihren PhD abgeschlossen haben und danach in San Francisco einen Gefährten suchen, dem sie ihr Leben anvertrauen könnte. So klar ihr Entschluß war, das Examen zu bestehen, so unklar waren ihr Wahl des Ortes und des passenden Individuums, das sie ja auch noch gar nicht kannte. Fast glaubte sie, daß es für den Fall einer die Menschheit überholenden TIERISCHEN EVOLUTION wünschenswert sei, Eros und Intelligenz der Aale gegen die von uns Menschen zu tauschen.

---

1 Die Zugzeit beginnt jährlich bei schlechtem Wetter (das heißt, es muß stürmen und regnen) in den ersten Novembertagen. Durch feuchtes Gras kürzen die Tiere ihren Weg aus den Bächen zu den nächstgrößeren Flüssen ab. Energiesparend treiben sie, S-förmig gebogen, im Mittelwasser der großen Ströme. Bei erster Berührung mit dem Salzwasser werden sie erneut aktiv. Sogleich gehen sie in die Tiefe. Ihre Augen vergrößern sich. Die Farbe wechselt von Grünbraun zu Silbriggrau.

Was macht der Liebe Mut? 319

Abb.: Eingang zur »Unterwelt«. Die Grabungsstelle liegt unterhalb der Kirche Santa Maria sopra Minerva in Rom. Sigmund Freud bezieht sich in »Das Unbehagen in der Kultur« (*Gesammelte Werke*, Band XIV, Frankfurt a. M. 1972, 5. Auflage, S. 428 ff.) auf diesen Baukomplex. Die Kirche steht über dem Tempel der Minerva. Man könne, mit Vorbehalten, die Eigentümlichkeiten des seelischen Lebens anschaulich machen, wenn man sich vorstelle, daß der heidnische Tempel und die christliche Kirche (und sämtliche darunterliegenden früheren Bauwerke, die in den Schichten verborgen sind) gleichzeitig dem Betrachter vor Augen stehen. Jetzt hat der Archivrat Fred Mückert aus Chemnitz, nach seiner Entlassung 1991 in der Warteschleife, einen Katakombengang entdeckt, der unterhalb der Reste des Tempels der Minerva in die Tiefe führt und sich dort nach Norden und Westen verzweigt. Der oben abgebildete Eingang führt schräg abwärts zu diesem Unterbau. Möglicherweise, schreibt Mückert, führe das System unterirdischer Gänge nicht zur ›Unterwelt‹ (deren Eingang in der Nähe von Neapel liegt), sondern zum Labyrinth. Dieses sei somit, wende man Sigmund Freuds Gleichnis an, gleichzeitig als Tempel der Minerva und Santa Maria sopra Minerva (und sechzehn weitere sakrale und profane Bauwerke an dieser Fundstelle) aufzufassen. Unten sei alles dunkel, nur der Eingang von der Seite (wie oben) sei fotografisch abbildbar.

3
Die Gärten der Gefühle

Klassische Metaphern für die Eigenarten der Liebe: Wahlverwandtschaften. Die Sterne und ihre Gravitation. Balzacs literarische Soziologie und seine Konstellationen. Eisensteins Kugelbücher ...

Die Wahlverwandtschaften. Parklandschaft mit vier Liebenden

> »An allen Naturwesen,
> die wir gewahr werden,
> bemerken wir zuerst,
> daß sie einen Bezug
> auf sich selbst haben.«

Gleich im ersten Teil von Goethes Roman *Die Wahlverwandtschaften* kommen drei der handelnden Personen, Eduard, Charlotte und der Hauptmann, in ihrem verfänglichen Gespräch auf die *chemischen Attraktoren* zu sprechen. Regentropfen, heißt es, vereinigen sich, um schneller zu strömen. Ihre Chemie vereinigt sie zu Bächen und Flüssen. Dagegen habe Quecksilber die Tendenz, sich in Kügelchen abzuschotten. Der Hauptmann fügt hinzu: Diejenigen Naturen, die sich beim Zusammentreffen schnell ergreifen und wechselseitig bestimmen, nennen wir *verwandt*.

Sein Argument überspringt die strenge Definition von Verwandtschaften, die durch Gesetz, Heirat und Vorfahren gestiftet sind. Charlotte, die den Hauptmann liebt, nimmt den Faden auf: »Lassen Sie mich gestehen, wenn Sie diese Ihre wunderlichen Wesen [*nämlich die Alkalien und Säuren*] verwandt nennen, so kommen sie mir nicht sowohl als blutsverwandte, vielmehr als Geistes- und Seelenverwandte vor.« Eduard, der Ottilie lieben wird, fügt hinzu, es sei ein Ehrentitel der Chemiker, daß man sie Scheidekünstler nenne. Er hofft auf eine Trennung von Charlotte, mit der er verheiratet ist. Der Hauptmann deutet die Metapher, die er mit dem Wort *Wahlverwandtschaft* zusammenfaßt, die Freiheit, Freundschaften und Liebesverhältnisse (die Anwendung der zärtlichen Kraft) subjektiv zu *wählen*, weiter aus: Werde reine Kalkerde innig mit einer zarten Säure verbunden, die uns als Luft umgebe, und bringe man ein Stück solchen Steins in verdünnte Schwefelsäure, so ergebe sich Gips – »die zarte, luftige Säure, entflieht«.

In dieser Weise argumentieren die Protagonisten des Romans über ihr künfti-

ges Schicksal, das sie nicht kennen. Wer spielt nicht gerne mit Ähnlichkeiten? Ihm seien, sagt einer der drei, Fälle genug bekannt, in denen eine »innige, unauflöslich scheinende Verbindung zweier Wesen durch gelegentliche Zugesellung eines Dritten aufgehoben, und einer der zuerst so schön Verbundenen ins lose Weite hinausgetrieben würde«.
Es geht um Freiheit und zugleich um die unbestechliche, zur Willkür neigende *Zuwendung*. Die Chemie scheint mit ihren radikalen Bindungsmöglichkeiten die Gleichnisse zu liefern, nach denen es sich zu leben lohnt.
Die Menschen in Goethes Roman treiben Gartenbau. Sie entwickeln PARKLANDSCHAFTEN DES GEFÜHLS. Während in Frankreich die Revolution Laboratorien und Alchemien zur praktischen Veränderung der Menschen erprobt, prüft der Romanautor Goethe die Abgründe, über denen die BAUTEN DER ZIVILISATION, also auch Freiheit und Veränderung, ihre Gerüste errichten.
Alle Elemente der Natur und des Seelenlebens sind präsent. Die Eigenart des in der Gartenlandschaft angelegten künstlichen Sees besteht darin, daß seine spiegelglatte Oberfläche sonst gewöhnlich das Mondlicht und das Licht der hellen Sonne reflektiert. Es scheint ein freundliches Gewässer zu sein. Tatsächlich, so Goethe, sei das Gewässer aus den reißenden Wassern eines Bergsees gebändigt worden. Ein tückischer Windhauch, den der Abend bereithält, hat ihn aufgewühlt. Das Kind, das in den See stürzt, ist rasch ertränkt (vom See getötet). Es gab aber Vorzeichen, die von den Beteiligten hätten wahrgenommen werden können. Diese Vorzeichen entstammen nicht der Natur. So sei z.B. das Kind, siehe wiederum Goethe, aus einem »doppelten Ehebruch« entstanden. Die Seelenträger, die ihre Verwandtschaft lösen wollten, Eduard und Charlotte, hatten dieses Kind gezeugt, und während solchen Geschehens dachte der eine innig an Ottilie, die andere verzehrend an den Hauptmann. So waren die Körper- und Gesetzesverwandten (die beiden Verheirateten), getrennt von den Geistesverwandten (einander abtrünnig, mit allen Fasern zum dritten und vierten tendierend), auseinandergerissen. Ein seelisches Monstrum von vieren, so wie ein Stier über vier Beine verfügt, hat das todgeweihte Kind hervorgebracht. Was hat der Windstoß hierzu noch ernstlich hinzufügen müssen? Es ging nur noch um den Zeitpunkt, zu dem die Katastrophe eintreten würde. Solches Liebesleben macht nicht mutig.

Eine Lesegesellschaft. Überall in Europa, aber auch auf den isolierten europäischen Stationen in Übersee, gibt es diese gärtnerische Kommunikation, die räsonierende Gemeinde. In den Pausen der Revolution in Frankreich: Es wird gelesen, es wird erzählt. In der Wartestellung der Zuschauer in Deutschland, die von der Revolutionierung ausgeschlossen sind: Wandlung, Lesen, gemeinsame Sammlung von Erfahrung. Den Mut des Erkennens üben! Sapere aude! Was macht in der Liebe Mut?

Abb.: »Die Vierergruppe beieinander.« Kupfer, gezeichnet von Heinrich Anton Dähling, 1811. »Häuslicher Verein im traulichen Zimmer beym Lesen, – wo Eduard Ottilien näher rückt, sie bequem ins Buch sehen zu lassen – Charlotte und der Hauptmann sich mit Blicken ihre Beobachtungen mittheilen: Anziehung der befreundeten Naturen hinüber und herüber.«

Die Gärten der Gefühle

Abb.: »Ottilie auf dem See mit dem ertrunkenen Kinde.«
Kupfer, gezeichnet von Johann Michael Voltz, 1811. »Kniend ist sie in dem Kahne niedergesunken und hebt das erstarrte Kind hülfeflehend hinauf zu dem dämmernden Himmel.«

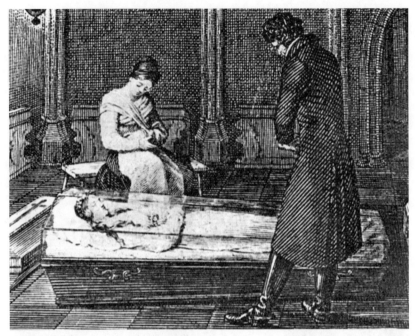

Abb.: Titelvignette von Ludwig Ferdinand Schnorr von Carolsfeld, gestochen von Carl Heinrich Rahl, 1817: »Nanni und der Architekt am Sarge Ottiliens.«

Der *Architekt* besitzt das Wissen darüber, wie man weitere Gärten baut. Bald wird es gelingen, Parklandschaften (zivilisierte Natur) so anzulegen, daß Menschen sich ungefährdet in ihnen aufhalten können, daß Gärten Glück bringen.

Nanni ist Kindererzieherin. Sie wird in dem verwaisten Haushalt von Eduard und Charlotte nicht mehr gebraucht und wird sich eine andere Stellung suchen in Häusern und bei Leuten, die ihre Kenntnisse benötigen.

Die wunderlichen Nachbarskinder

Die Garten- und Lebensarchitektur, so der skeptische Goethe, hat in dem Roman *Die Wahlverwandtschaften* noch das falsche Personal. Anders als in Mozarts *Così fan tutte* bringt die Vierergruppe der Liebenden Charlotte/Hauptmann, Eduard/Ottilie ein verheerendes Ergebnis für das fünfte Lebewesen, das Kind.

Ganz anders die Gegengeschichte: *Die wunderlichen Nachbarskinder*. Es geht um eine Liebesgeschichte mit glücklichem Ausgang. Zwei Kinder sind von den befreundeten Familien füreinander bestimmt. Darüber werden die beiden feindselig; sie fürchten die Vorbestimmtheit, aber auch (unbewußt) die Stärke des anderen, die sie anerkennen. Der junge Mann geht in die Ferne. Das Mädchen verlobt sich mit einem anderen. Dann steht plötzlich der »geliebte Jugendfeind« vor der Tür, und sie sieht, daß sie durch ihre »Wahl« ihr Leben verpfuscht hat.

»Man fuhr auf dem großen Strome mit Musik dahin.« Das junge Mädchen stürzt sich verzweifelt in den Rheinstrom. Der »Jugendfeind« springt ihr nach. »Die Begierde zu retten, überwand jede andere Betrachtung.« Besinnungslos, auch hemmungslos finden die beiden zueinander. Leute, welche die aus dem Strom Geretteten, naß und nackt, wie sie sind, bei sich aufnehmen und wärmen, verkleiden sie aus dem Bestand ihres eigenen Lebenslaufes als Braut und Bräutigam. Bei dieser Kostümierung verbleibt es. Als die beiden »in ihrer sonderbaren Verkleidung« aus dem Busch hervortreten, sind die Väter und Mütter beider Seiten, auch der Verlobte des geretteten Mädchens verblüfft.

»Man erkannte sie nicht eher, bis sie ganz herangetreten waren. Wen seh ich? riefen die Mütter. Was seh ich? riefen die Väter. Die Geretteten warfen sich vor ihnen nieder. Eure Kinder! riefen sie aus: ein Paar. Verzeiht! rief das Mädchen. Gebt uns Euren Segen! rief der Jüngling. Gebt uns Euren Segen! riefen beide, da alle Welt staunend verstummte. Euren Segen! ertönte es zum drittenmal, und wer hätte den versagen können!«

Die beiden, die jetzt auf Dauer verbunden sind, erleben massive METAMORPHOSEN, bald sind sie Feind, bald innig Freund, bald füreinander verloren, gleich darauf wiedergewonnen. Sie besitzen aber, so Goethe, ein *Maß* in der Anwendung ihrer Leidenschaft. Sie gehören zu der Gattung des *homo kompensator*. Sie sind GLEICHGEWICHTLER IHRER GEFÜHLE.

Vermutlich würden sie einem Flüchtling Gastrecht gewähren. Zum Beispiel wenn Götter zu Gast kommen. In Ovids *Metamorphosen* entspräche ihr Lebensbund dem, den Philemon und Baucis sich verdient haben. Ihr Beispiel macht Mut. Wie es auch mutig ist, daß der Junge spontan der Geliebten nachspringt.[1]

---

1 Bis zum festen Griff nach der im Wasser Hin- und Hergeschleuderten ist der Verlauf der Erzählung, bemerkt Goethe, äußerlich der Verfolgungsjagd des gierigen Apoll ähnlich. Das junge Mädchen hat aber keinen Grund, zu erstarren (z. B. zu einer Seepflanze), weil der sie verfolgende Junge kein Gott, kein Python-Jäger ist und somit ohne größere Vorgeschichte. Er trägt eine weniger unheilvolle Mitgift als Apoll in sich, weil seine Generation noch unschuldig ist.

W. Benjamin, die Sterne und die Revolution

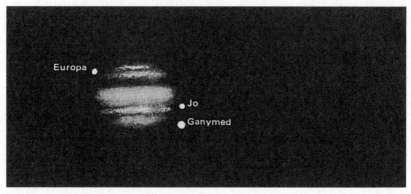

Abb.: Jupiter mit dreien seiner großen Monde. Der vierte Mond befindet sich hinter dem Planeten. Einen Vergleich mit der Vierergruppe in den *Wahlverwandtschaften* zieht Xaver Holtzmann unter Hinweis auf die große Ruhe und Dauerhaftigkeit in den Bewegungen dieser Himmelskörper: Sie verhielten sich, anders als die unruhigen Menschenpaare, die einander aus Vertrauen auf ihre eigene Kraft störten, unter dem Zwang der Gravitation äußerst verträglich.

Abb.: Kallisto, der im linken Bild nicht sichtbare Jupitermond, ist benannt nach der Geliebten des Zeus. Sie wurde als Große Bärin an den Himmel versetzt. Gleichwohl nimmt sie auch die Gestalt eines der schönsten Monde unseres Planetensystems an.

Walter Benjamin bevorzugt in seinem *Passagenwerk* statt der chemischen Metaphern Sternen-Metaphern als Bezeichnung für die Attraktionen der zärtlichen Kraft. Die Gravitation erlaube eine Beschreibung der großmütigen Seite in den Liebesverhältnissen, welche die enge Verbindung und die rasche Entschiedenheit der chemischen Reaktion nicht besitzt. Chemie habe, so Benjamin, die einstige Offenheit der alchemistischen Kunst verloren.

Abb.: Zwei Liebende in der Antike. Ein Gott wird sie ans Firmament versetzen.

Abb.: Als Derivat der zärtlichen Kraft gilt für Benjamin die Revolution. Er erinnert an die GROSSE REVOLUTION, d.h. die Umkreisung des Zentrums der Milchstraße durch unsere Sonne. Benjamins Schüler Czernowitz hielt dies für eine brauchbare Metapher für die politische Revolution, die historisch immer nur kurzatmig aufgetreten sei. Sie müsse sich am ruhigen Schwung der GROSSEN REVOLUTION orientieren. Der Pfeil zeigt die Richtung der Milchstraße, die auf ihre Geschwistergalaxie, den Andromeda-Nebel, zueilt.

Abb.: Die Politkommissarin Datschweskaja und ihr Bruder. Mit starker Anziehungskraft füreinander. Beide waren »der Sache« verschrieben. Wäre ihr Bruder abtrünnig geworden, hätte sie ihn erschossen. Die Pistole trug sie stets am Gürtel. Kein einziges Mal in ihrer Laufbahn mußte sie dieses Werkzeug benutzen. Eine natürliche Autorität, die sie um sich herum verbreitete, verschaffte ihr Überzeugungskraft. Wo sie war, blieb die Revolution siegreich. Später strandete sie, wie viele Genossinnen, in der bürokratischen Wüste. Wie ihr Bruder wurde sie 1937 exekutiert. Anders wäre »das System« mit ihr nicht fertig geworden. In ihren Glanzzeiten hieß sie die »Jungfrau von Orenburg«. Das Bild zeigt sie 1919 mit dem Bruder in Orenburg, südwestlich des Ural.

Die Gärten der Gefühle 329

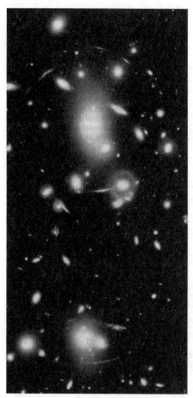

Abb.: Der Galaxienhaufen Abell 2218 im 2 Milliarden Lichtjahre entfernten Sternenbild Drache. Die gewaltigen Anziehungskräfte lassen die Milchstraßen umeinander tanzen. Die gleiche Fernwirkung faßt die Schwärme zu GRAVITATIONSLINSEN zusammen. Sie bewirken, daß die Galaxien an fiktiven Orten in Erscheinung treten. Insofern schreibe, so Xaver Holtzmann, der Kosmos Romane.

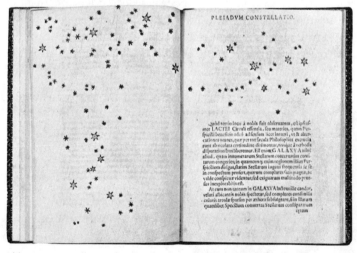

Abb.: Die Konstellation der Plejaden. Aus Galileis *Sternenbotschaft* von 1610.

Abb.: Honoré de Balzac und das Prinzip der LITERARISCHEN KONSTELLATIONEN.

In seiner Vorrede zur *Menschlichen Komödie* bezeichnet sich Balzac als einen Archäologen des sozialen Apparates, einen Registrator des Guten und Bösen. Der Zufall sei der größte Romandichter der Welt. So sei die französische Gesellschaft der Historiker, er, Balzac, nur ihr Sekretär. Es sei vergebliche Mühe, durch Metaphern und einzelne Romane mit der Vielfalt der gesellschaftlichen Ereignisse zu wetteifern. Vielmehr gehe es darum (und das sei das Prinzip seines Werkes), durch Nebeneinanderordnung eine vollständige Kartographierung der Geschichte zu erreichen, einen Text, in dem jedes Kapitel ein Roman und jeder Roman eine Zeitgeschichte sei. Dies sei das Prinzip der Konstellation, frei beweglich, so wie die Himmelskörper umeinander kreisen. Bei aller Verehrung für die Romane Walter Scotts sei er somit ein Anti-Scott.

100 Jahre später nimmt Sergej Eisenstein dieses Erzählprinzip auf, indem er eine KUGELFÖRMIGE DRAMATURGIE und KUGELBÜCHER vorschlägt: Um ein Zentrum bewegen sich auf der Kugeloberfläche, aber attrahiert vom Zentrum, die einzelnen Geschichten. Es bestehe jedoch, sagt Eisenstein, in Anknüpfung an Autoren des babylonischen Talmuds, zwischen der Oberfläche und dem Kern Dialektik. Die Oberfläche sei zugleich der Kern. Der Kern aber erweise sich, sobald man von ihm erzähle, d. h. ihn entfalte, als reiche Oberfläche.

Abb.: Sergej Eisenstein mit Bert Brecht (1929). »Jeder meiner Texte ist von einem unsichtbaren Zentrum gleich weit entfernt.«

Wo ist das Zentrum?
schrie Rabbi Madies,
das verschmähte Wasser erlaubt es dem Falken,
seine Beute zu verfolgen.
Das Zentrum ist vielleicht die Verschiebung der Frage.

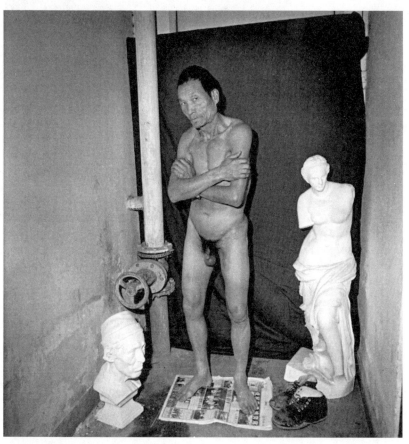

Abb.: Erdensohn 2009. Fotografie des chinesischen Künstlers Liu Zheng.

Abb.: Peter Weibel ergänzt, unter Bezugnahme auf Benjamins Gefährten Czernowitz, das KONSTELLATIONS- und KUGELPRINZIP des Erzählens (in allen Künsten, d.h. auch in der Musik) durch das Prinzip der PERMANENTEN TRANSKRIPTE. So schreibe ein Mönch zum Beispiel im Mittelalter Texte ab, bei jeder Abschrift entstünden kleine Fehler, am Ende habe man (wie in der Evolution) einen neuen Text. Moderne Autoren sollten daher ältere Entwürfe, zum Beispiel Goethes *Wahlverwandtschaften* oder das *Quartett* von Heiner Müller, immer neu überschreiben, so daß sich doch in der Zeit ein »glücklicherer Ausgang der traurigen Geschichten« ergeben könnte. Die Modernität liege also nicht in etwas Neuem, sondern in der Transkription einer Vorgeschichte zu einem besseren Ende.

Teestunde mit Akademikern

Sie traf pünktlich ein, wie er es gesagt hatte. Der Kerl, der ihr von der Straßenbahnhaltestelle bis hierher gefolgt war, stand in ihrem Rücken. Sie spürte die Bedrohung in ihrem Rücken, während sie an der Pforte fragte. Sie ließ eine Studentin vor, die es eilig hatte und ihre Frage stellte, und ließ dann auch ihn vor, der in ihrem Rücken wartete, weil sie so etwas in ihrem Rücken nicht leiden konnte, während sie so lange wartete, bis sie wieder drankam. Der Pförtner ließ sie auf ihre Frage hin passieren, und sie stieg zum Wohnheim hinauf, wo sie den dunklen, hallenden Gang absuchte, mit den Mönchszellen zu beiden Seiten, bis sie seinen Namen fand und klopfte. Er rief sie von innen beim

Namen und wendete sich von seinem Tisch, an dem er arbeitete, zu ihr um. Sie hatte sofort gewußt, was er von ihr wollte, als er sie hierher eingeladen hatte. Aber sie hatte es sich nicht so schön vorgestellt mit diesem kleinen Zimmer und den Betten in der Wand, die wie Höhlen aussahen. Sie setzte sich, wie er es wollte, und mußte Schnaps trinken, den er in seinem Schrank hatte. Er wollte einen großen Schluck sehn. Er verzog sein Gesicht, als er seinen Schluck nahm, und sie mußte gleich mit ihren Fingern in sein Haar, weil es so hübsch aussah. Tee war überhaupt nicht da. Sie hatte sich so etwas gedacht und die Einladung auch nicht so aufgefaßt, aber es enttäuschte sie ein bißchen.
Sie hatte keine Zeit, sich damit abzugeben, denn sie bekam jetzt wieder die Flasche. Sie protestierte zwar, aber sie wollte auch nicht aus der Rolle fallen. Sie saßen am Fußboden, und sie beschwerte sich, daß es keinen Tee gebe, worauf er welchen machen wollte. Sie hielt ihn aber fest und sagte ihm, daß er ein netter Junge sein sollte, worauf er ihr die Flasche reichte und sie aufforderte, einen Schluck daraus zu nehmen. Sie merkte die Unsicherheit, die in ihm lärmte, obwohl er alles genau berechnet hatte, was sie auch wahrnahm, die Alarmklingel in ihm und die Regie über ihnen beiden. Sie bekam ihn an den Schultern zu fassen und zeigte ihm, daß er ruhig sein könnte, strich mit dem Daumennagel sein Rückgrat einmal von oben nach unten. Er versuchte noch mal, an die Flasche heranzukommen, aber sie schob sie fort und setzte sich ihm gegenüber an die Wand, so daß er sie ansehn mußte. Sie redeten etwas über das Café, in dem sie sich kennengelernt hatten, und legten sich dann ins Bett.
Später zog er seinen Bademantel über, unter dem er nackt war, und ging hinaus. Sie wartete etwas, denn sie hätte ihn jetzt gern noch gehabt. Sie hätte gern sein Gesicht gesehn und bat ihn, Licht zu machen, als er wieder hereinkam und den Bademantel abstreifte. Er hielt sie aber fest, als sie selbst zum Lichtschalter wollte, und es gab einen Ringkampf, der ihn sofort wieder erregte, so daß sie sich klein machte und betete und sofort, als sie etwas anstoßen spürte, die Seine war. Sie verstand nicht, weshalb er gleich wieder aufstehn mußte und wieder im Bademantel hinauslief. Etwas war da, was sie störte, aber das ging unter. Sie hätte jetzt gern einen Film angesehn.
Sie hörte aus einem der Nachbarzimmer *you are my special angel* und beschäftigte sich mit dem Text, bis er wieder hereinkam. Sie wollte sich jetzt unterhalten und fand es dumm, daß er, sobald er den Bademantel abstreifte, von neuem anfangen wollte, ohne ein Wort zu sagen. Sie setzte sich auf und knallte ihm eine, als er Gewalt anwenden wollte, aber das tat ihr so leid, daß sie nachgab, obwohl sie jetzt keine Lust hatte, sondern mit ihm reden wollte. Sie dachte daran, was sie sagen wollte, war jedoch, ohne daß sie das wollte, plötzlich weg. Sie empfand das dritte Mal als eine Ausschreitung und hatte

Angst. Sie versuchte ihn festzuhalten, als er wieder hinauswollte, aber sie war noch zu weich, und er entrann ihr. Sie hatte Angst und machte deshalb Licht und brachte das Bett in Ordnung, was sie etwas ruhiger machte. Sie hatte im Augenblick zu überhaupt nichts mehr Lust. Was sie sagen wollte, hatte sie vergessen. Sie wartete und hoffte, daß er, wenn er zurückkam, irgend etwas wüßte, worüber man reden könnte.

Als die Tür aufging, sah sie sofort, daß das ein Perser war, der in seinem Bademantel steckte. Sie riß die Tür, die der Perser wieder zuziehn wollte, als er Licht sah, auf und schlug weitausholend zu, daß der Kopf des Persers, den der Schlag am Ohr getroffen hatte, gegen die Wand des Flurs, wohin er zu fliehn versucht hatte, schlug. Es war ein trockner, harter Knall, der in dem schmalen Gang, auf den die Mönchszellen mündeten, ziemlich schrecklich klang. Der Perser starrte die Frau an, die in das Zimmer zurückging, und flüchtete dann in eine der Türen.

Später, als darüber geredet wurde, hieß es, sie hätte im Flur geschrien bzw. sie sei nackt die Treppen heruntergelaufen und hätte geschrien. Tatsächlich ging sie nach dem Schlag, ihre Hand hatte automatisch zugeschlagen, in das Zimmer zurück und schloß ab.

Sie machte soviel Licht, wie es gab, und wusch sich über dem Waschbecken. Sie brauchte nicht zu kombinieren, um zu verstehn, daß es die ganze Zeit, nachdem er sie verlassen hatte, andere gewesen waren. Sie wusch sich in dem fremden Zimmer und kämmte mit seinen Bürsten ihre Haare. Es tat ihr leid um den netten Jungen. Aber bei diesem Gedanken schlug es wieder über ihr zusammen, sie bekam Angst. Sie überlegte, daß die ihn, als er sie verlassen hatte, draußen überfallen haben konnten und dann in seinem Bademantel, während sie ihn in einem der Nebenräume gefangenhielten, zu ihr gekommen sein konnten. Sie war fast soweit, in die Nebenzimmer einzudringen und ihn herauszuholen. Aber sie glaubte nicht wirklich an seine Unschuld, ebensowenig wie an den Tee. Sie ging, als sie fertig war, durch den Herrenflur, der sich wieder beruhigt hatte, und anschließend durch den Damenflur, weil sie den Ausgang verfehlte. Im Treppenhaus fiel ihr ein, daß sie die Aufschrift Duschen gelesen hatte. Sie ging wieder zurück und duschte, wobei sie die Kleider in dem Vorraum ablegte, so daß sie nicht naß werden konnten. Sie wurde, noch während sie duschte, von einigen Studentinnen des Damenflurs gesehn, die ihr, die vor ihnen stand und das Wasser gar nicht mehr genießen konnte, das auf ihre Schultern platschte, eine Szene machten und die Hausverwaltung alarmierten. Die junge Frau kam noch an der Pforte vorbei, ehe die Studentinnen zurück waren. Sie ging, am Körper wieder das Gefühl der Wärme und der Sauberkeit, in der Richtung, in der sie eine Tram vermutete. Noch etwas druselig, eine Kugel Wärme, mit ihrem Täschchen, dem korrekt zusammengefalteten Schirm, den runden Schultern, fort von den Akademikern.

4
Das Labyrinth als Grube

In generöser Weise hat die Liebe die Greuel ihrer Abkunft »vergessen«. Weil aber gerade die Gefühle nicht vergessen können, lebt die zärtliche Kraft »wie in einem Labyrinth« ...

Sir Arthur Evans in Knossos

Im heißen August 1909 geschah es, daß Sir Arthur Evans im nordwestlichen Säulenvestibül des Palastbezirks, den er König Minos zuschrieb, ein Stuckrelief ausgrub, auf dem ein farbiger Stier zu sehen war. Er blickte auf die Abbildung eines herrlichen Tiers, von dem er annahm, es sei dasjenige, das die Königin Pasiphaë erregt, oder aber dasjenige, das die Prinzessin Europa über

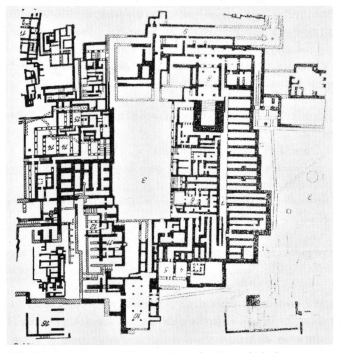

Abb.: Die Grabungsstätte Knossos. Sir Arthur Evans hielt den gesamten Palast des Minos für das Labyrinth.

das Meer transportiert habe. Die Phantasie ging mit ihm durch. Keinen Moment jedoch verwechselte der erfahrene Archäologe diesen Stier (und andere, die er später auf Vasen fand) mit dem Minotauros, der seiner Auffassung nach überhaupt kein Stier, sondern ein Gott war.

Der schönste Schatz der Evolution

Der Soziologe Karl Otto Hondrich, dem wir die Aufsatzsammlung *Der schönste Schatz der Evolution. Liebe in Zeiten der Weltgesellschaft* verdanken, spricht in bezug auf seinen Forschungsgegenstand, die zärtliche Kraft, von ECHOS FERNER ZEITEN. In jedem geglückten Liebesverhalten der Gegenwart, so Hondrich, gebe es Obertöne; es handele sich um Nach- und Vorklänge vergangener Ereignisse, die auf Greuel verweisen. In gewisser Weise bestehe das Liebesverhalten aus dieser Substanz. »Zärtliche Kraft« wiederhole ihre gesamte Genealogie blitzartig: das sei das »Erlebnis«, ganz gleich, was die Teilnehmer dieses »Wunders« davon verstünden oder wie sie es sich erklärten. Liebesverhalten bestehe insofern nicht aus Gegenwart.

Man könne bezweifeln, ergänzt Karl Otto Hondrich, ob es eine intakte zärtliche Kraft gebe oder je gegeben habe. Sie bestehe aus Splittern wie die Libido, aus Echos. Gerade dieses Nicht-Konsistente bilde aber einen höchst substantiellen Boden, sei »wirkungsmächtig«. Das habe er, wenn auch nicht unter labormäßigen Umständen, beobachtet.

– Kann man das von Ihnen Untersuchte reproduzieren?
– Kaum.
– Wie will man Ihre These dann wissenschaftlich erfassen?
– Man muß warten.
– Bis etwas vorbeikommt?
– Bis das, wovon ich spreche, sich ereignet. Die zärtliche Kraft reproduziert sich selbst.

Gern verwendete Hondrich in diesem Zusammenhang das Wort »ursprünglich«: ursprüngliche Neugier, ursprüngliche Ehrlichkeit, ein ursprünglicher Attraktor, ein erster Blick usf.

Dabei war diesem entfernten Cousin der Frankfurter Kritischen Theorie keine Definition des Wortes »ursprünglich« zu entlocken. Ich benutze, sagte er, den Ausdruck nur als Wort.

Die zärtliche Kraft, behauptete er, sei deshalb so stark und unbezwinglich geworden, sie zeige deshalb ihre wilde Kraft, weil sie heiße Lavamassen von

Gewalttat, Leiden, von mächtigen Vergangenheiten unter ihrem Boden spüre. Davon stelle sie die Negation dar. Man könne sie als ein Kunstprodukt betrachten; das mache sie besonders lebensfähig.
Mehr wollte der Gelehrte dazu nicht sagen.

Die »ursprüngliche Akkumulation der zärtlichen Kraft«

Sir Evans war ein gründlicher Mann. Durch die Abbildung des herrlichen Stierkopfes erregt, reiste er zu Schliemann. Hatte das Relief des Stiers einen Bezug zur Liebesfähigkeit oder zur Fähigkeit, sich an Grauen zu erinnern? Zu den Bildern gab es in Troja keine Parallelen. Die beiden Ausgräber mußten Fundstücke aus dem Zweistromland beiziehen, um überhaupt Abbildungen von Stierköpfen vergleichen zu können.

Sir Evans reiste nach Spanien. War es nach den Erfahrungen von Stierkämpfern oder Stierzüchtern möglich, daß eine weibliche Kämpferin den Stier an den Hörnern hielt, während ein männlicher und ein weiblicher Kämpfer auf dem Rücken des Tieres tanzten? Man kann auf einem Stierrücken nicht tanzen, war die Antwort der spanischen Experten. Selbst Pfeile, an denen Troddeln hängen, könne man nur mit Mühe am Nacken eines Stieres befestigen. Handelte es sich bei den kretischen Stieren der Antike um andere Lebewesen als die spanischen Hochzuchtstiere?

Abb.: Minotauros, sehnsuchtsvoll in die Ferne blickend.

Sir Evans reiste weiter nach London zu den Schätzen des Britischen Museums. Nirgends eine Vergleichsmöglichkeit. Dem Spurensucher schien aber die von ihm gefundene Abbildung ein Hinweis auf die »ursprüngliche Akkumulation der zärtlichen Kraft«. Wieso brauchte man einen tanzenden Stier, um die Verwandlung von Vernichtungskraft in Begehren auszudrücken? Was für eine Produktion war dort im Gange?

Steine des Labyrinths als Erinnerungsstücke

Eine akademische Redner-Truppe hielt im Jahre 1942, organisiert von der Monatszeitschrift *Kosmos* (herausgegeben von Bruno H. Bürgel), auf Kreta Reisevorträge vor der dortigen Besatzungstruppe, die von der 22. Infanteriedivision gestellt wurde. Die Redner hatten von Daedalus und dem Labyrinth gesprochen, das auf der Insel zu finden war. In den Wochen danach stellte Oberstleutnant i. G. Paetzold fest, daß Landser mit der Straßenbahn die Evans-Landstraße nach Knossos hinausfuhren und mit Steinen und Mauerstücken von dort zurückkehrten. Solche Steine sandten sie auch mit Feldpostpäckchen in die Heimat.

Die Befragung von Unterführern ergab, daß sie den Fundstücken, die sie für Steine des Labyrinths hielten, eine Wirkung zusprachen, unklar blieb jedoch, um welche Wirkung es sich handeln sollte. Der Oberstleutnant verbot diese Praxis, weil sie eine nicht kriegsnotwendige Aktivität darstellte.

Abb.: Königin Pasiphaë. Das von Daedalus für sie gebaute Gestell in Gestalt einer Kuh. Im Hintergrund der göttliche Stier.

Ein Frauenopfer in der Antike

Blut kostete es nicht, sondern Knechtung. Die Prinzessin, 12 Jahre alt, wurde dem Eroberer, weil kein anderes Opfer zur Hand war, ausgeliefert. Man fürchtete, daß der Nomadenfürst die Stadt überfallen würde, falls man ihn nicht besänftigte. Die junge Frau, praktisch noch Kind, leistete Widerstand. Sie war in ihrer Gegenwehr unerfahren (ein ganzes Leben, ein Pulk von Helfern, ausreichend Zeit hätten herhalten müssen, um überhaupt eine Gegenwehr in dieser Lage möglich zu machen). Das Opfer wurde auf ein Tragtier verladen, wie ein Gepäckstück befestigt und verschnürt. Nach der Ankunft wurde sie, noch immer widerspenstig und als Besänftigungsgabe ungeeignet erscheinend, vom Empfänger und seinen Knechten zurechtgerückt und bereitgemacht. Das junge Ding rührte den Herrscher. Insofern floß kein Blut. Sie wurde auch nicht grausam geschlagen. Ob sie irgend etwas von dem, was man von ihr verlangte, freiwillig tun wollte, wurde sie allerdings auch nicht gefragt.

Das Kind, mit dem man so verfuhr, nannte sich später Prinzessin, weil es ja dem Herrscher angehörte. Von Geburt war es ebenfalls Prinzessin gewesen, aber in anderer Hinsicht. Sie hatte später sechzehn Kinder und viele Enkel. Nach dem Tod des tyrannischen Vergewaltigers galt sie als große Dame, die zahlreiche Städte unterdrücken half.
Die Nachricht von ihrem Leben ist in Inschriften der Stadt Uruk niedergelegt. Der Oberstudiendirektor und Major der Reserve Dr. Rolf Hartung, mit Amtssitz in Saloniki, untersuchte 1941 diese Texte, die in Tonscherben eingeritzt und auf dem Schwarzmarkt in Griechenland zu kaufen waren. Sie kamen mit Herkunftszeugnis direkt aus Mesopotamien.

Ein Frauenopfer 1944

Im Februar 1944 wurde ein deutsches Elternpaar, das drei Töchter besaß, auf ihrem Schloß in Polen von der Roten Armee überrollt. Von den drei Töchtern waren den Eltern die erste und die jüngste am liebsten. So gaben die besonnenen Eltern einem sowjetischen Offizier die mittlere Tochter als Geschenk gegen die Zusage, daß dieser hochrangige Mann die übrige Familie wirksam schützen werde. Russisch hatten sie vor dem Krieg gelernt. Dennoch war die Verhandlung, der Wortwahl nach, wegen des besonderen Anliegens nicht einfach zu führen.
Die mittlere Tochter wurde herangeschleppt und ausgeliefert. Der Offizier schien ihr gewogen, ein höflicher Mann. Tatsächlich glückte im gesellschaftlichen Chaos dieser Übergangszeit zwischen zwei herrschenden Systemen die Rettung der übrigen Familie. Sie gelangte in Westdeutschland bis zur Ems.
Fast wäre die Opferung der Tochter vergebens gewesen, weil der sowjetische Offizier, dem sie ausgeliefert worden war, vorzeitig versetzt wurde. Schon aber waren die Pfade der Vergewaltiger – sämtlich niedrigere Dienstgrade als dieser Offizier – in dieser Gegend durch Trägheit und Gewohnheit verfestigt. Das schützte die Familie. Auch war die mittlere Tochter (das Opfer) von dem zunächst als Beschützer gewählten sowjetischen Offizier an einen anderen hochrangigen Militär-Funktionär weitergegeben worden, der wie der Erstbesitzer Verantwortungsgefühl für das »Geschenk« und dessen Angehörige empfand.
Kamen Eltern und das verloren gegebene Kind wieder zusammen? Noch vor der Währungsreform vom Juni 1948 gelangte das junge Menschenwesen auf abenteuerlichem Wege über Griechenland (von der Krim über Saloniki, zeitweise untergebracht in Athen, über Italien) in die Heimat. Über die Ereignisse wurde in der Familie geschwiegen.

Abb.: Marx, Engels, Lenin und Ovid.

Mord in der Hochzeitsnacht

Hygin (168) und Horaz (Carmina 3,11,22 ff.) berichten:

König Danaos hatte 50 Töchter und sein Bruder Aigyptos, mit dem er verfeindet war, 50 Söhne. Aigyptos zwang Danaos zu der Abmachung, die beiderseitigen Kinder miteinander zu verheiraten. Doch Danaos befahl seinen Töchtern, die feindlichen Freier noch in der Hochzeitsnacht umzubringen. Mit einer Ausnahme folgten alle dem väterlichen Befehl. Später mußten sie in der Unterwelt in alle Ewigkeit Wasser in ein durchlöchertes Faß schöpfen.

Die Schönheit in der Stimme der Nachtigall

Nach Ovid (Metamorphosen 6,24 ff.):

Der thrakische König Tereus sollte nach fünfjähriger Ehe mit Prokne, einer attischen Prinzessin, die ihm den Sohn Ithys geboren hatte, deren Schwester, die Prinzessin Philomele, aus Athen abholen. Auf der Heimfahrt vergewaltigte Tereus Philomele und schnitt ihr die Zunge ab, damit sie von der Gewalttat nicht sprechen konnte. Die Stumme verbarg er in einem Gelaß in den Wäldern nahe seiner Hauptstadt.
Philomele aber setzte sich an einen Webstuhl und bebilderte ihre Geschichte auf Tüchern. So erfuhr Prokne, was der Schwester widerfahren war. Im Affekt tötete sie ihren Sohn Ithys und setzte diesen dem untreuen König zum Mahle vor. Als Tereus gegessen hatte, teilte ihm Prokne mit, woraus seine Speise bestanden hatte. Sie rief Philomele herbei, die Tereus das blutige Haupt des kleinen Ithys ins Gesicht warf. Tereus, erregt, griff zum Schwert.
Doch alle drei wurden vom Gott auf der Stelle in Vögel verwandelt. Tereus in einen Wiedehopf, Prokne in eine Schwalbe und Philomele in eine Nachtigall. Sie, die Stumme, trauert seither in den Nächten mit schöner Stimme, obwohl nicht sie, sondern ihre Schwester den Sohn verlor.

Die Metamorphosen des Ovid

Der Altphilologe Niklas Kaminski interessierte sich bei seiner poetischen Ursachenforschung in Ovids *Metamorphosen* vor allem für Bruchstellen. Die Oberfläche sei glatt. Es sei zum Beispiel logisch und konsekutiv, daß nicht Prokne in die Nachtigall verwandelt werde, sondern ihre Schwester Philomele: die Zungenlose wird verwandelt in die schönste Sängerin der Nacht. Als Schwalbe kann sie das nicht sein, sondern nur als Nachtigall. Dies mache die Erzählung glatt, deute aber zugleich darauf hin, daß der Subtext des Erzählten, die geschichtlichen Vorgänge, von denen das Erzählte weiß, von etwas Anderem, Verborgenem, berichten. Warum wird es verdeckt? Ovids *Metamorphosen* seien voller Unregelmäßigkeiten, voller Bruchstellen dieser Art. Ja, die Qualität dieses antiken Autors liege darin, daß er sie zulasse. Gewissermaßen seien die Brüche der Kern der Erzählung.
Buch I und der Beginn von Buch II des *perpetuum carmen*, des »ununterbrochenen Gedichts«, handeln vom Ursprung der Welt, von Chaos, Kosmos,

Eros und erneutem Chaos. In Buch I kommt es anfangs zur Konfrontation zwischen Göttern und Menschen, der Großen Flut (V. 5-437). Bei Neubeginn des Lebens auf der Erde nach dieser Flut zeigt sich ein monströses Lebewesen, die Python-Schlange, ein Schrecken der Völker. So muß ein Gott, Apoll, sie töten.

Dieser Tat folgt sofort eine Liebesgeschichte. Den Gott ergreift gieriges Verlangen nach der Nymphe Daphne, die aber, ebenfalls von einem Gott, gegenüber Liebesgefühlen immunisiert worden ist (V. 452-567). Apollon, zur Vergewaltigung bereit, jagt Daphne. Im Lauf setzt er zu einer Rede an. Die junge Frau antwortet ihm. Er bittet sie, langsamer zu rennen, er werde sie dann langsamer verfolgen. Bevor er zur Gewaltanwendung überzugehen gedenkt, verhält er sich wie ein elegisch Liebender, er erörtert mögliche Friedensschlüsse. Im Augenblick, in dem er Daphne ergreifen und ihr Gewalt antun will, fleht diese zum Flußgott, ihrem Vater. Dieser verwandelt sie auf ewig in einen Lorbeerbaum. Aus dessen Blättern werden künftig Heroen und Cäsaren ihre Kopfbedeckung zusammensetzen, mit ihnen ihre Herrschaft dokumentieren: Unberührtheit, Unbestechlichkeit. Die versuchte Gewalttat, schreibt Kaminski, ist merkwürdig. Als schritte der heilige Georg oder der Drachentöter Siegfried von Xanten, unmittelbar nach Tötung des Drachen, einer Befreiungstat, zur Vergewaltigung. Ein großmütiges Schicksal verhindert die Tat und gibt durch Metamorphose der Gefährdeten ewiges Leben. Daphne gelangt nicht an den Sternenhimmel, sondern besiedelt ubiquitär die Küsten des Mittelmeers.

»Das kontinuierliche Lied« bietet in der ersten Fünfergruppe (Pentade) seiner Erzählungen eine Reihe weiterer Liebesgeschichten. Hervorstechend daraus der Mythos um Perseus: Dieser hat unter Einsatz des Lebens Andromeda, die sich, bedroht von einem Untier, angekettet sieht, gerettet und heiratet diese auf einem großartigen Fest. Während des Gelages erscheint der ursprüngliche Verlobte Andromedas, Phineus, mit einer Rotte bewaffneter Gefolgsmänner. Perseus vermag den Gegner zu versteinern, indem er ihm das Antlitz der Medusa vorhält, die auf seinem Schild wie auf einem Spiegel abgebildet ist. Dieses schreckliche Bild zeigt ein Schlangenhaupt so, als sei die Python-Schlange vervielfacht. Der Liebesroman von Perseus und Andromeda ist über einen Abgrund gebaut, in dem Monster hausen.

Anders die Irrfahrt eines schönen jungen Mannes namens Narzissus (III 339-510). Er lebt in dem Wahn, das eigene Bild, das ihm das Wasser spiegelt, zum Geliebten zu nehmen. Es bleibt unerreichbar.

»Denn sooft ich dem klaren Wasser einen Kuß geben will, strebt er mit zurückgebeugtem Antlitz zu mir. Ich möchte glauben, ich könnte ihn berühren. Fast ein Nichts ist, was den Liebenden im Weg steht.«

Wieder anders die Geschichte von Callisto (II 401-532). Diese Jägerin und Jungfrau ist sich ihrer Liebesfähigkeit vollkommen unbewußt. Der Gott Jupiter sinnt auf Gewaltanwendung. Er sucht durch Täuschung, indem er die Gestalt der Göttin Diana annimmt, ebenfalls einer Jägerin, sich die Gelegenheit zur Vergewaltigung zu verschaffen. Callisto verfällt ihm, ohne zu verstehen, was ihr geschehen ist. Sie wird schwanger. Ungeachtet ihrer vorherigen Gegenwehr wird sie von Jupiters Gattin gestraft: Diese verwandelt die »Rivalin« in eine Bärin. Durch vereinigte Liebeskräfte, die ihrer Unschuld und die des mächtigen Hauptgottes, wird Callisto als Sternbild an den Himmel versetzt, als Große Bärin, ihr Sohn als Kleiner Bär. Ewig weisen nun diese Sternbilder den Schiffen auf nächtlichem Meer ihren Weg.

An der Schnittstelle der zweiten zur dritten Pentade (in den Büchern X und XI) geht es um das Schicksal des Orpheus. Weil er von der Trauer um seine Geliebte Eurydike nicht ablassen kann, und auch wegen der Schönheit seines Gesanges, wird er von den thrakischen Mänaden bei lebendigem Leibe zerrissen. Allein sein Haupt treibt auf den Flüssen, immer noch mit »unaufhörlichem Gesang«, in das Ägäische Meer und gelangt zuletzt nach Lesbos.

Keine der Geschichten der Bücher VI-XV kommt ohne Bruchstellen aus, die den unterirdischen Fluß der Erzählung kennzeichnen. Selbst die Trostgeschichte von Philemon und Baucis schöpft aus einem solchen »Brunnen zur Unterwelt«, da die von ihnen gastlich aufgenommenen Götter sogleich (zur Belohnung des Paares und zur Begründung von dessen ewigem Glück) deren Nachbarn in einem Sumpf versenkt haben. Diese werden gestraft, weil sie die Götter, ohne sie zu erkennen, ungastlich abgewiesen haben. In ihrer Unterwelt unter den Sümpfen werden sie, so Kaminski, nicht ruhig bleiben.[1]

---

[1] In *Faust II*, 5. Akt, werden die auf diese Weise entstandenen Sümpfe durch Faust trockengelegt. Bei diesem Anlaß wird das Grundstück, das Philemon und Baucis gehört, samt den gewachsenen Bäumen, vernichtet (auch der als Gott anwesende Gast, in der Verkleidung eines Studenten). So ist die Verbindung von Chaos und Eros, von göttlichem Zorn, Belohnung und Aufstand der Geschädigten, in der Gegenwart virulent. Das »Ununterbrochene Lied« von vor 2000 Jahren setzt sich bis in die Gegenwart fort, auch wenn momentan niemand zu singen scheint.

Nichts ist einfach Routine

In einem Nebenfluß des Euphrat wurde im Jahr 2009 ein Kopf beobachtet, etwas unterhalb der Oberfläche des Fließgewässers schwimmend. Nach dem Tatbericht des zuständigen US-Sanitätsoffiziers, der für die Reinhaltung der Gewässer in diesem Abschnitt verantwortlich war, handelte es sich um einen von Insurgenten erschossenen Leibwächter. Das jedenfalls schloß der Offizier aus einer Vermißtenmeldung. Es mußte nicht zutreffen. Es war aber am Fundort der Körperteil zu sehen. Dämmerung brach herein, ein Gesumm, nach anderen Zeugen ein Dauerton, war hörbar, der nicht von Zikaden oder von einer anderen bekannten Tonquelle stammen konnte. Der Offizier William Feddersen (Familie aus Nordhessen, 1830 in die USA eingewandert) blieb lange Zeit irritiert von dem gleichzeitigen Eindruck eines »Singetons« mit der Wahrnehmung eines bereits im Zergehen befindlichen, aber doch voll konturierten Unterwasserkopfs.

Wird der Minotauros mit einem ganz anderen Konstrukt des Daedalus verwechselt?

Walter Benjamin hielt den Minotauros nicht für *merkwürdig*, er hielt ein solches Monster für *unwahrscheinlich*. Wie sollte der übergroße Mensch-Tier-Körper den Geburtskanal der Königin Pasiphaë passiert haben? Die Wahrheit der übrigen Märchen, das Kuh-Gestell betreffend, in dem sie vom Stier begattet worden sein soll, unterstellt. Auch weitere Einzelheiten der Überlieferung irritierten Benjamin.

– Die Undurchdringlichkeit der Mauern?
– Die technische Fähigkeit, einen Bau zu errichten, der die Lust, sich zu verirren, anstachelt, durch Schrecken oder Panik aber Menschen daran hindert, den Ausgang zu suchen; einen Ausweg, so Benjamin, gebe es immer.
– Das jährliche Opfer von sieben Mädchen und sieben Knaben angesichts des hohen zivilisatorischen Standards des minoischen Kreta?
– Vor allem aber die Beteiligung des Daedalus.

Dieser Ingenieur Daedalus fesselte Benjamin am meisten. Das war ein Meister der Artefakte, nach Ovid und Hygin von Hephaistos selbst angelernt. Entweder, meinte Benjamin, sei ganz Knossos das Labyrinth, dann sei der Minotauros eine Deckerinnerung oder überhaupt überflüssig, da der Palast, das hermetische Reich des Minos, die Gefangenen festgehalten habe. Oder aber das Monstrum sei etwas anderes als das Wesen, das wir uns darunter vorstellten. Für wirklich hielt er nur den Ingenieur Daedalus und für wahrscheinlich, daß dieser etwas gebaut habe.

Benjamin verglich Labyrinth, Turmbau zu Babel und die bis zur Brust ins Erdreich eingebauten Verteidigungsautomaten im Lande Medeas miteinander, welche die Küsten des Schwarzen Meeres von Eindringlingen freihalten sollten.

Mit den Mitteln der Nationalbibliothek in Paris vermochte Benjamin diese Forschung nicht abzuschließen, da er sich bald nach Marseille verschlagen fand und wenig später auf dem Weg zu den Pyrenäen war, die ihm den Tod brachten.

Sein Vertrauter und Schüler, der Franzose Julian Dimitri Czernowitz, hat den Forschungsansatz inzwischen weitergeführt. Er knüpft an ein anderes Artefakt des Daedalus an, den Riesen Thalos, den der Ingenieur aus purem Eisen herstellte. Mit »laut singenden Scharnieren« bewegt sich diese eherne Riesengestalt an den Küsten Kretas entlang. Jeden Tag (oder nach anderen Quellen: jeden Monat) umschreitet er die Insel auf seinen mechanischen Beinen. Er wehrt fremde Eindringlinge ab und wirft Felsstücke auf Schiffe, die sich nähern.

Gelingt es Invasoren dennoch, auf der Insel zu landen, springt dieser Riese ins Feuer, bringt sich zum Glühen und empfängt die Fremden, indem er sie umarmt. Das heißt, er preßt sie an sich, so daß sie verbrennen. Ihre Gesichtszüge verkrampfen sich dabei zu einem »sardonischen Lächeln«, während sie von den glühenden Eisenzangen umfangen sind.

Czernowitz war von dieser Quelle (geschrieben in der Schrift der Lineatur B) fasziniert. Dieser Riese sei in Wahrheit der Minotauros. Das Artefakt sei, ähnlich dem Golem, beseelt. Das gerade sei die Kunst des Daedalus gewesen. Er habe die latente Kraft der Selbstverteidigung, die jeder Kreter, ja jeder Mensch, nach Clans geordnet, in sich trage, zu einem technischen Produkt verarbeitet. Das, was den Menschen das Liebste ist, bildet ihre Verteidigung. Darin ist der Riese Thalos (= Minotauros) identisch mit den Automaten der Medea, die – bis zur Brust ins Erdreich gemauert – die räuberischen Griechen, die in Abchasien anlanden, nicht aufzuhalten vermochten.

Das Märchen von der jährlichen Gruppe von Opfermenschen, die ein menschenfressendes Monster verzehrt, sei dagegen nur Ausdruck des schlechten Gewissens der Athener. Richtig sei, daß der listenreiche Theseus – ein Chefzerstörer schon auf dem Gelände Thessaliens – die von Daedalus gesetzte Verteidigung durchbrochen habe. Die Einfachheit seiner aggressiven Absicht sei der Ansammlung raffinierter Gegenmittel überlegen gewesen. Es sei eine

Illusion, daß technischer Erfindungsgeist (erotische Stufe 1) die Kombinationen des »Willens zur Macht« (erotische Staustufe 7) paralysieren könnte. Der technische Erfindungsgeist müßte selber an solcher Steigerung teilnehmen (und würde sich dabei von seinem erotischen Grunde, der ihn erfinderisch macht, lösen).

Diese Überlegung führte Czernowitz in seinem in Paris 1947 publizierten Essay zum Mythos der Prinzessin Turandot näher aus. Sie beantwortete den mechanischen Eigenwillen herandrängender, maskuliner Eroberer, indem sie diese zueinander in Wettbewerb setzte. Jeder dieser Eroberer garantierte durch seine Egozentrik die gerechte Verteilung der Chancen, wenn die Prätendenten um die Prinzessin warben.[1]

Jedem, der die Rätsel der Prinzessin nicht zu lösen wußte, wurde der Kopf abgeschlagen. Die Durchführung des Prozesses garantierten die in Wartestellung verharrenden Konkurrenten. Einen solchen Mechanismus, folgerte Czernowitz, müsse auch Daedalus im Palast des Minos für den Umgang mit gierigen Fremden ersonnen haben. Das und nichts anderes sei der Minotauros. Die »zärtliche Kraft« zeige in dieser Hinsicht, werde sie von einem intelligenten Ingenieur und Baumeister angeleitet, die Eigenschaften des Skorpions. In ihrem Kern stecke der Stachel. Auch heiße es, daß die Liebe frei (»comme un oiseau«) und »unbestechlich« sei.

Warum aber gilt das Labyrinth als ein verwirrendes Gebäude, als ein System von Irrwegen? Wieso ist Orientierung in den Bereichen der zärtlichen Kraft ausgeschlossen? Weil, antwortet Czernowitz, diese unersetzliche Kraft nur zusammengesetzt ist. Daedalus muß Anleihe bei einem festen Stoff wie dem Eisen machen, weil die Liebe selbst aus zahlreichen, miteinander streitenden Komponenten zusammengesetzt ist, so daß sie eher wirbeln als sich wehren oder handeln könnte, wenn man sie so läßt, wie sie ist. Sie hat keine Natur.

– Wieso sind die Mauern des Labyrinths so fest?
– Sie bestehen aus Menschenfleisch.
– Das ist doch nichts Festes.
– Geist geworden, ist es fester als Beton.
– Oder Gips?
– Fester als Gips.
– Dichter als ein Diamant?
– Härter.
– Wir wissen wenig von den Kellern und Katakomben der subjektiven Welt, auf der unsere Häuser stehen.

---

1 Sie begehrten nicht sie, sondern das Reich.

- Das bricht schneller nach unten durch, als einer denken kann.
- Warum sind im Labyrinth die Ausgänge versperrt, und warum sind sie so schwer zu finden? Wenn doch Sperren Hinweise auf einen Ausgang darstellen?
- Sie müssen das negativ sehen. Sie finden es nicht heraus, weil es das Labyrinth nicht gibt. Ganz Knossos ist das Labyrinth. Es geht um ein Bild.
- Ohne Horizont?
- Wenn wir keinen Horizont haben, entspricht das einer Mauer.

»Daß es zu bösen Häusern hinausgehen muß, sieht man von Anfang an«

König Agamemnon, Schlächter von Troja, der die eigene Tochter Iphigenie opferte, kehrt nach Jahren in seinen Palast zurück. Er wird ins Bad geführt. Dort wird er von seiner Gattin (und deren Geliebtem) mit Äxten erschlagen. Aus dem Baderaum rinnt eine Blutspur, sie überquert eine Terrasse und rinnt die prächtige Eingangstreppe des Palastes hinab. Diese rote Spur, sagt Ernst Jünger, ist der Anfang der roten Teppiche. Sie werden ausgerollt für den Empfang fremder Herrscher, ein Zeugnis der Blutspur.

Kollektive erotische Grundströmung als Ursache vermehrter Zeugung in einer Pariser Nacht

Marcel Proust, beeinflußt in seinem Urteil davon, daß er den Nachkommen eines Obersten Napoleons, den Grafen N., zu lieben glaubte, verteidigte Napoleons Ausspruch, den dieser nach der verlustreichen Schlacht von Borodino noch während der nächtlichen Besichtigung des Schlachtfeldes geäußert haben soll, daß nämlich die Zahl der an diesem Tage für Frankreich Gefallenen in einer einzigen Liebesnacht von Paris durch Neu-Zeugung ausgeglichen werden könne.

Der Ausspruch war als zynisch verschrien. Er ist doch aber korrekt, sagte Proust. Er wollte eine Begründung dafür in einem seiner Texte unterbringen: In manchen Nächten ergreift die Hauptstadt Frankreichs ein EIFER DER ZÄRTLICHEN KRAFT, die sich an Neueintreffenden (Urlaubern von der Front, aus der Provinz ankommenden jungen Frauen) geisterhaft entzündet, so daß sich die buntgemischte Gesellschaft, versammelt auf den verschiedensten Soireen, Bällen, in Tanzsälen und Kneipen, zu Bindungen entschließt, die zu anderen Zeiten, auch in vielen Jahren, in dieser Massierung nicht zustande kommen. Es sei dies eine Geisterströmung, so Proust. Auf diese Weise gieren, fuhr er fort, in den Molekülen des Wassers, von denen der Ärmelkanal so reich sei, die Sauerstoffatome zueinander. Ein nachbarliches Molekül zieht eine solche illegale Sehnsucht zum nächsten, ohne doch die Gestalt des Moleküls zu zerstören. So bilden sich durch das Verhalten der Sauerstoffpartikel, jedes bewacht und gehalten von je zwei Wasserstoffatomen, WASSERSTOFFBRÜCKEN, ähnlich Kristallen, über die eine Grille laufen könnte wie über einen festen Boden des Wassers, wenn nicht Wellengang diese Realität verdeckte. Für uns nicht beobachtbar, zweigen sich Teile der Persönlichkeit, der ICHS VON PARIS, ähnlich wie die Sauerstoffatome, die doch nur ein Drittel des Wassers ausmachen, in ihrer Gier ab, sie lehnen sich (unsichtbar) aus den Körpern heraus und wenden sich zu anderen hin. Diese erotische Neugier, quasi ein Geschwätz der Seelen, ohne die Schranke, welche die konkrete Berührung der Begierde setzt, ermöglicht gerade dadurch, daß die realen Paare das Leben künftiger Generationen stiften, wenn sie nicht fremdgehen, wenn sie nämlich in dieser Nacht beieinanderbleiben.

Dies mache die Grundströmung einer Pariser Nacht aus, auf die, so Proust, der Kaiser angespielt habe. Der Ausgleich der Toten von Borodino in nur *einer* Nacht von Paris sei insofern weder zynisch noch unrealistisch. Vielmehr sei die Verknüpfung von Liebesbeziehungen und Fortzeugung nichts Individuelles, sondern hänge von einem solchen Grundstrom ab, in den sich große Kollektive, gleich einer Hauptstadt, wie in einen Kokon einspännen.

Das Labyrinth als Grube

In seinem 42000-Wörter-Traktat *Heide, nichts als Heide* lenkt Arno Schmidt das Auge des Lesers auf die konventionelle Darstellung des Labyrinths. Wir sehen, notiert er, von oben auf einen solchen Bau und schauen so auf die Wege und Mauern. Wir blicken darauf wie Kontrolleure. So nimmt niemand das Gebäude wahr, wenn er sich in dessen Fängen befindet.

Ich weiß nicht, schreibt Schmidt, wo diese Zeichnungen sich herleiten. Abgekupfert seien sie seit 1909 von dem von Sir Arthur Evans publizierten Plan der ausgegrabenen Palastanlagen des Minos. Aber das erklärt nicht, warum die Bilder vom Labyrinth in Aufsicht, die ich hier vor mir sehe, aus dem 16. und 17. Jahrhundert stammen, also nicht von dem Supplement-Band 6 von Sir Evans abgekupfert sein können. Dieser ist 1936 erschienen. Bewundernswert: südenglische Gartenlabyrinthe. Und hier nochmals ein Labyrinth aus Fliesen in einer der gotischen Kirchen in Frankreich. Man könnte versuchen, in einem solchen »Plan« Schach zu spielen, aber darin verirren könnte man sich nicht.

Tatsächlich, so führt Arno Schmidt seine Beobachtung weiter, ist das Labyrinth kein horizontal sich erstreckender Bau. Das geht aus ägyptischen Quellen hervor. Vielmehr sind Labyrinthe in die *Tiefe* gerichtet. Das ist ja das, was die Eindringlinge in dem Labyrinth schockiert. Sie bewegen sich ohne sichtbares Ende zum Erdmittelpunkt, nicht einmal geradewegs, sondern auf einer Schräge. Man könnte dies, wäre es übersichtlich, mit einem Bergwerk oder einer Katakombe vergleichen. Es fehle aber an einer passenden Bezeichnung für den Ort, weil man im Dunklen zuletzt gar nicht wisse, ob man gestiegen oder abwärts gegangen sei. Die Lage werde zusätzlich erschwert, weil die Möglichkeit, nach oben ans Licht zu fliehen, durch den Willen versperrt sei, das Geheimnis des Abgrunds endgültig zu erforschen. Man kann vom Labyrinth nicht lassen, dies sei sein Verhängnis.

5
Die Küche des Glücks

Zwei Tage im Wintersemester 1968/69 in der Revolutionsstadt
Frankfurt am Main

1
Ein Seminar mit überklebter Ankündigung

Der Mann aus Bielefeld suchte sich seinen Weg mit langen Schritten. Die Aktentasche in der linken Hand. Er nahm den Weg durch das Studentenhaus Jügelstraße, weil er die Pulks wartender Studenten vor dem Haupteingang der Universität meiden wollte. Durch den Pförtnerausgang des Studentenhauses konnte er den Seiteneingang des Hörsaalturms erreichen und im Inneren des Gebäudes zu den Seminarräumen gelangen, die im ersten Stock lagen, direkt über dem umgebauten Portal. Im Übungsraum, in dem sechzig Teilnehmer Platz gefunden hätten, erwarteten ihn vier Studierende, drei Frauen, ein Mann. Er begrüßte die Anwesenden. Das Maschinenskript entnahm er seiner Aktentasche, die Übung hieß *Liebe als Passion*. Die Ankündigung auf der Anschlagstafel vor dem Rektorat war durch Mitteilungen überklebt, die zu einem Teach-in aufriefen. Der Mann aus Bielefeld erläuterte höflich die von ihm beabsichtigte Vorgehensweise für das Seminar.

2
Was hilft ein Freisemester?

Th. W. Adorno war für das Wintersemester 1968/69 von seinen Universitätsverpflichtungen freigestellt. Aber auf die gewonnene Zeit setzten sich sogleich die Zeiträuber.
Er muß Anfragen beantworten, Examenstermine bleiben. Er hatte vorgehabt, die ÄSTHETISCHE THEORIE bis zum Herbst 1969 abzuschließen. Statt dessen: nur zäher Fortschritt dieser Arbeit. Heute schon die siebte Sitzung im Institut für Sozialforschung zum Thema Drittel-Parität.[1] Sogleich nach Ende

---

[1] Das Prinzip Drittel-Parität geht auf einen Kompromißvorschlag aus Anlaß der Besetzung des soziologischen Seminars zurück. Es sollte für das Institut für Sozialforschung ange-

der Sitzung flieht er in ein Café, wo er schon früher als Privatdozent geschrieben hatte, als Sohn seiner Eltern. Er bedeckt in seiner filigranen Handschrift Seite auf Seite in dem Heft, dessen Vorrat einmal in das Buch einfließen wird. Unbeantwortet blieben Anfragen des Rechnungshofs. Das Universitätskuratorium hat die Beantwortung dringlich angemahnt. Was könnte er, der Gelehrte, zu dem Thema beitragen? Es wird von ihm erwartet, daß er etwas beiträgt. Er kann nicht antworten: »Weiß nicht.« Er kann nicht antworten: »Keine Zeit!«

So werden ihm Stunden entfremdet. Daß er für den morgigen Tag einen weiteren Zeitentzug erwartet, legt sich wie eine Lähmung auf den heutigen Augenblick. Unglück verlangsamt. Er wird nicht schneller durch die Zeitnot. Jetzt, gegen 14.30 Uhr, wirkt auf seinen, des Liebhabers, Thymos, daß er um 16 Uhr sich in der Sache Roland Pelzer auf einer Trauerfeier zeigen muß. Ihm fällt ein, daß er versäumt hat, eine Spende für die Eltern des Toten, die in seinem Büro im Institut vorbereitet wurde, abzuzeichnen. Er muß deshalb, vor dem Termin am Sarg des Doktoranden, im Institut vorbeischauen. Man wird die Gelegenheit nutzen, ihn aufzuhalten, ihm eilige Fragen zu stellen.

Daß sich dieser Roland Pelzer vom Goethe-Turm im Stadtpark stürzte, bewegt ihn doch im Herzen. Ja, es schädigt seinen Kreislauf. Die Notizen zum Begriff des Subjekts und des Objekts bei Hegel, an denen er parallel zur ÄSTHETISCHEN THEORIE arbeitet, grenzen an das Forschungsgrundstück, auf dem Pelzer offensichtlich verzweifelte. Lieber hätte Adorno an dessen Stelle die Dissertation geschrieben, als ihn jetzt zu betrauern. Der junge Selbstmörder hatte in einer kurzen Bekenntnisschrift zu seiner Tat seine Leiche der Wissenschaft überantwortet, damit die für einen toten Körper ausgelobte Gebühr den Eltern bei der Begleichung der Bestattungskosten helfen würde. Die Anatomie hatte jedoch den zerschmetterten Körper zurückgewiesen. Für die Forschung sei er untauglich. Adorno schwankte, ob er sich in einer Petition hiergegen wenden oder durch einen aus dem Institutsetat zu bezahlenden Betrag den Schaden ausgleichen sollte (dafür muß er mit Friedrich Pollock sprechen, für den Fall der Drittel-Parität wäre eine solche Verfügung ausgeschlossen). Er bereute den Zeitverlust, gleich für welchen Weg er sich entschied. Andererseits belastete der extreme Entschluß des jungen Mannes sein Herz. Er sah in dem »tragischen Zeichen« eine Mahnung, entweder sein Leben, das der Philosophie, das von ganz Frankfurt oder das der Welt zu ändern. Einfühlung und die Dringlichkeit, den Fortschritt seines Buches zu fördern,

wendet werden. Das Institut soll einer drittelparitätisch zusammengesetzten Versammlung unterstellt sein (ein Drittel Studenten, ein Drittel Assistenten, ein Drittel Professoren). Für die Aufnahme selbstorganisierter Arbeits- und Projektgruppen sollen Modalitäten gemeinsam gefunden werden.

standen gegeneinander. War er »Zeitbankrotteur«? Sollte er die Ausführung über SKOTEINOS ODER DAS DUNKLE, die in der NEGATIVEN DIALEKTIK niedergelegt war, in der ÄSTHETISCHEN THEORIE an Beispielen aus der Musik neu aufgreifen?
Die Geliebte, die ihn im Spätherbst verließ, hatte ihm gesagt: Du schimmelst. Ich kann riechen, daß du stirbst. Das war unfreundlich. Was nutzte ihm da das Freisemester? Ja, die Vollendung des Gesamtwerks, einer starken Reihe von Bänden, welche durch die ÄSTHETISCHE THEORIE vier Finger breit erweitert worden wäre, blieb ihm jetzt gleichgültig. Zurückweisung und Zuckerkrankheit dörrten ihn aus. Vor dem Café war eine feindselige Rotte von Studenten zu sehen, die möglicherweise in der Richtung des Instituts für Sozialforschung dahinzogen. Niemand dieser Leute war bereit, mit ihm Waffenstillstand oder überhaupt Verträge zu schließen.

»Ich werde sterben
Einen anderen wirst Du küssen«

3
Die einzige realisierte Liebe in dieser Zeit: Liebe zur Baukunst

In diesen kalten Nächten ging Ferdy Kramer, der Universitätsbaudirektor, nachts durch die engen Straßen, in denen Bürgerhäuser Bockenheims im Umfeld der Universität auf ihren Abriß warteten. Er prüfte, plante, disponierte. Dies war der Ort für den Neubau von Institutsgebäuden. Oft sprach er die Bewohner an: Sie sollten rechtzeitig ihre Wohnsitze aufgeben, sich Abfindungen zahlen lassen. Dieses Gelände sei der Expansion der Wissenschaften geschuldet.
Kramer, ein gutartiger Mensch, besaß einen hartnäckigen Drang zur Wahrheit. Sein Sinn flog die Strecke dahin, auf welcher der Fortschritt von FORSCHUNG und LEHRE mit Räumen zu versorgen war. Seine ganze Liebe galt dieser Bebauung. Gerade vollendet: das Heizkraftwerk der Universität, von ihm entworfen und aufgestellt. Mit einem Schornstein in gelbem Klinker, der ihm das Gelungenste schien, was er je gebaut hatte. Den Widerstand der Stadtverwaltung hatte er in der Phase der Bauplanung überwunden. Die militanten Gegner hatten nicht gewußt, auf welchem Gelände sie kämpfen sollten. Sie waren vor Gericht gegangen. Die Antriebskraft für den Bau eines solchen Turms war aber auf einem Stück Papier zu finden, dem Etat; diesem Budget waren Planskizzen und die Genehmigung des Ganzen beigefügt.

Abb.: Johann Wolfgang Goethe-Universität. Ursprünglicher (»wilhelminischer«) Eingang zum Hauptgebäude.

Abb.: Umbau des Eingangs durch Ferdy Kramer. Der Seminarraum, in dem Luhmann lehrte, lag im ersten Stock.

Abb.: Umbenennung in Karl Marx Universität. Haupteingang immer noch in der offenen Form von Ferdy Kramer.

Abb.: Café Bauer. Hier schrieb Adorno in seiner filigranen Handschrift 1929 und im Wintersemester 1968/69. Marcuse behauptete von dieser Handschrift, er könne sie nicht lesen. Er sandte deshalb Adornos letzten Brief zurück und bat um eine maschinenschriftliche Fassung.

4
Es kann auch sein, daß die Nacht heller wird und der Tag der Freiheit doch nicht naht

Im VW fahren die Genossen um Paul, Gerda und Meike, drei Mann und zwei Frauen, über die Landstraßen, um die Caltex-Raffinerie am linken Mainufer einmal herum, danach Umrundung des Hoechst-Komplexes, Abfahren der Mauern, Holzzäune und Tore, ein Versuch, den Werkschutz herauszulocken durch Beobachten eines Tores mit Feldstecher sowie durch Fotografieren, Stichfahrt zu Dyckerhoff, *Wiesbaden*, Bereisung mit dem Elan Marco Polos der rechten Rheinseite bis *Köln* »unter besonderer Berücksichtigung von Klein- und Mittelbetrieben«, Durchquerung der Wälder bis *Wuppertal* und wieder im Bogen, »unter besonderer Berücksichtigung aller Industrieanlagen«, die hiermit erstmals durch »eine konkrete Personengruppe« miteinander verbunden werden (und nicht nur durch Konsum-, Markt- und Zulieferbeziehungen), bis *Oberhausen*, dann Autobahn bis *Siegerland*, dort Landstraßen, »unter besonderer Berücksichtigung von Klein-, Mittel- und Großbetrieben«, aber immer nur ist die Umrundung der Zäune, Mauern, Betriebseingänge für das Auge möglich; »schöne« Landstrecke bis *Kassel*; *Gießen* und zurück. Wissenschaft ist Bereisung, sagt Paul, sie ist Hintreten eines Fußes, Verbindung der Orte, an denen insgesamt der »Gesamtarbeiter« »wie im Schlafe ruht«.
Alter des Kapitalismus nach Willis Schätzung: 800 Jahre, davor sprung- und inselartig vorgelagert eine unschuldigere Form des Kapitalismus inmitten ackerbauender antiker Zonen: die phönizischen Schiffer.[1]

>»Bald prangt den Morgen zu verkünden
>Die Sonn' auf ihrer Bahn
>Bald soll die Nacht, die dunkle schwinden,
>Der Tag der Freiheit nah'n«

---

[1] Reinhard F., Arbeitskreis der Germanisten, legt den Text vor:
 »Wünscht' ich der Helden einer zu seyn
 Und dürfte frei, mit der Stimme des Schäfers oder eines Hessen
 Dessen eingeborener Sprach, es bekennen
 So wär' es ein Seeheld.
 Thätigkeit zu gewinnen nämlich
 Ist das freundlichste, das
 Unter allen ...«

5
Die wirklichen Verhältnisse erscheinen stets als Mischung ...

Wie in jedem der früheren Jahre (auch zu Ende des Zweiten Weltkriegs) bereiteten sich die Karnevalsvereine der Frankfurter Vorstädte so wie am Südufer des Mains – unverbunden mit dem studentischen Protest – auf ihre Sitzungen und Umzüge vor. Ein Schwung neuer Ware war aus Schleswig-Holstein, Bulgarien und Afrika in den Etablissements der Kaiser- und Weserstraße eingetroffen und wurde dort von Zuhältern »geschult«. Konkurrierende Abschleppfirmen lieferten sich zwischen Bad Vilbel und Bad Soden einen Kampf um ein gestrandetes Auto. Ein Betriebsunfall bei Messer-Griesheim. Umzugspläne einer Hauptabteilung im Gewerkschaftshaus der IG Metall in der Wilhelm-Leuschner-Straße.

H. J. Krahl steht, umrundet von 14 Genossen, auf einer Holzempore am Ausgang des Universitätsvorplatzes zur Bockenheimer Landstraße und spricht zum Thema der Aktion, die an allen Punkten der Stadt, für alle Betriebe, regional und überregional, mit der ganzen Stoßkraft der Bewegung, vorwärtsgetrieben werden muß. Er sagt, daß es falsch ist, zu behaupten: Weil dieser und jener historische Sachverhalt nicht mehr besteht, verbiete es sich, heute von Revolution zu reden. Die Frage sei doch vielmehr: Wie ist unter diesen veränderten und eventuell erschwerten Bedingungen die Veränderung der Gesellschaft möglich? Und dazu könnte man folgende Thesen angeben ...

Der Genosse Wiegand, an sich Volkswirtschaftler, sagt in seinem Arbeitskreis, ehe dieser überhaupt ein Sachthema gefunden hat: »Das verschlossene Wesen des Universums hat keine Kraft in sich, welche dem Muthe des Erkennens Widerstand leisten könnte, es muß sich (das Universum) vor ihm auftun ...« Die anwesenden Teilnehmer und Genossen kritisieren ihn, da es ja nicht um die Erforschung des Universums, sondern um die konkrete Kampfsituation des Tages geht. Wiegand antwortet: »Hört doch nur mal zu ... Es muß sich vor ihm auftun und seinen Reichtum und seine Tiefe ihm vor Augen legen und zum Genusse bringen ...« Hör auf, wird ihm erwidert, du hast den falschen Ton drauf. Es geht darum, ob wir morgen früh mit Flugblättern vor VDO stehen, und was soll der Arbeitskreis überhaupt machen? Der schwebende Wiegand wird von der Gruppe wieder eingefangen.

In einer Arbeitsgruppe, 1 Uhr nachts, vergleicht Gert Uhlewettler den revolutionären Prozeß mit dem Geburtsvorgang. Zur Gruppe zählen Ärzte und Hebammen-Anlernlinge. »Erst die Revolution schafft die Gesellschaft als Mutterleib nach der Geburt. Also *aus* dem Mutterleib *in* einen Mutterleib.« Das fordert Umstülpung des Organisationsbegriffs. Wieso es feststeht, daß

Geburt mit Schmerzen verbunden ist? »Schmerzen gibt es der Mutter mit seinem dicken Schädel.«[1]

Abb.: Turbulente Atmosphäre bei Teach-in: »Die Einzelheit, das Besondere und das Allgemeine ziehen mit schrillem Geräusch durch die Stadt ...«

6
Auf Orgonsuche. Hängen revolutionärer Elan und Eros zusammen?

Infolge der tiefliegenden Wolkendecke, die sich über der Metropole erstreckt, ist das Blau des Himmels vom Universitätsgelände aus nicht zu sehen. Dieses Blau, das den Planeten umgibt, ist das erwiesene Zeichen jenes Stoffes oder Fluidums, das auch zwischen Liebenden entsteht – ähnlich dem früher von den Physikern postulierten, aber nicht nachgewiesenen Äther. Nach der Behauptung von Freuds Stellvertreter und späterem Apostata Dr. Wilhelm Reich brauchen Menschen dieses Orgon, um ihr Glück zu finden. Gänzlich abgeschnitten von dieser Substanz, müßten sie verderben.

Für die junge revolutionäre Bewegung in Frankfurt-Bockenheim und im Nordend müßte man, meint der Genosse Andreas von Kühlmann, Orgon-Einfangnetze spannen. Alternativ könnte man ein Gerät bauen, in dem die Genossen

---

[1] Groddeck, *Das Buch vom Es*, S. 71. »Oder glauben Sie, daß irgendein Caligula, oder irgendein Sadist so leicht und harmlos diese ausgesuchte Folter, jemand mit dem Schädel durch ein enges Loch zu quetschen, sich ausdenken würde? Ich habe einmal ein Kind gesehen, das seinen Kopf durch ein Gitter gesteckt hat und nun weder vor noch zurück konnte. Ich vergesse sein Schreien nicht.« Ebd., S. 68 ff.
Aber zwei der weiblichen Gruppenmitglieder bestreiten schlichtweg, daß die Geburt mit Schmerzen verbunden sein muß, und H. geht auf den Kern der These ein, indem er es als abwieglerisch bezeichnet, sich mit der Möglichkeit des Scheiterns, des Steckenbleibens, und zugegeben, daß das Schmerzen oder Tortur macht, überhaupt im gegenwärtigen Moment zu befassen, weil doch weit und breit eine gesellschaftliche Geburt nicht stattfindet. Darin, daß die Geburt eines Kindes (er sagt *im konventionellen Sinne*) grundsätzlich schmerzlos möglich sei, darin stimmt er den zwei Vorrednerinnen zu. Nun fallen die Frauen der Gruppe über *ihn* her, was heißt grundsätzlich? Was versteht er davon? Wie viele Geburten hat er hinter sich? Die Diskussion verheddert sich, kommt um zwei Uhr nachts wieder auf das Hauptthema, die Vorstellung der Gesellschaft als menschliche, als eine Art kollektiver Mutterleib und was dies voraussetzt.

aktiv ein Gas oder eine Brühe aus Orgon herstellen. Ohne einen massiven Zuschuß aus den Depots der zärtlichen Kraft, so Kühlmann, kann die Bewegung die gewaltigen Anstrengungen zur gesellschaftlichen Veränderung nicht dauerhaft auf sich nehmen. Noch ist die Bewegung nicht zahlenstark. Sobald sie angeschlossen wäre an den ubiquitären Strom (jahrtausendealt) aufgestauter libidinöser Kräfte, den wir Orgon nennen, wird der politische Elan mit Flügeln versehen sein.»Was privat ist, muß politisch werden.«

7
Sie war bereit, in ihrem Innern zu zündeln

Elke Hinrichs war mit ganzem Herzen in das Seminar geeilt. Das Wort PASSION in der Ankündigung, welche sie las, ehe sie überklebt wurde, hatte sie magnetisiert. Sie wollte erfahren, wie sie an Gerd Schäfer herankommt, der ihr schon seit letztem Freitag auf ihre Nachrichten und Kassiber nicht mehr geantwortet hat. Sie hatte die Zettel vor seine Tür gelegt. Er verweigerte jetzt schon mehrere Tage die Antwort. Sie war ungeduldig.

Der Jurist, der sich in dieser Übung als Soziologe bezeichnete, sprach von »Codierung der Intimität«. Sie war gern bereit, sich auch längere Ausführungen anzuhören, die sie nicht interessierten, wenn sie am Ende erfahren könnte, worin PASSION besteht und wie man sie in einem Geliebten oder Freund erzeugt. Sie verstand die Ausführungen Luhmanns so, daß Leidenschaft ansteckend sei und stets auf beiden Seiten oder gar nicht entstünde, und sie war bereit, in ihrem Innern zu zündeln, wenn das die Bedingung dafür war, daß Gerd sich ihr wieder zuwenden würde.

»Du ungestümes Herz,
was weinst Du.«

8
Könnte der revolutionäre Elan die vielfältigen Menschenlandschaften Deutschlands ergreifen?

Der Mann aus Bielefeld, an Disziplin gewöhnt schon seit seiner Tätigkeit an einer Volkshochschule, bemühte sich sehr, durch sein Verhalten nicht zu zeigen, daß er wahrgenommen hatte, wie wenige Teilnehmer dieses Seminar noch besaß; das legendäre Seminar des GROSSEN ADORNO hatte mehr als 100 Teilnehmer umfaßt.

Luhmann war in der Grundströmung seiner Gedanken praktisch ausgerichtet. Die Protesterregung, die er in der Umgebung der Universität beobachtete, hielt er für eine dauerhaft schwer reproduzierbare AUSNAHMEERSCHEINUNG. Zwar ist sie imstande, ihm Seminarteilnehmer zu entziehen, selbst aber, so vermutete er, nicht in der Lage, die nötige Anziehungskraft zu entwickeln, ihre Gruppen auch nur im Raum Frankfurt wirksam zusammenzuhalten.

In seinen soziologischen Tabellen, die er im Kopf trug, zeigte sich der Ballungsraum des Rhein-Main-Gebietes als ein nur kleiner Teil Europas. Ver-

Abb.: Niklas Luhmann (1927-1998).

Abb.: Hans-Jürgen Krahl (1943-1970).

glichen mit den Gebieten Nordrhein-Westfalens, Niedersachsens, Ober- und Niederbayerns, Schwabens blieb die Metropole Frankfurt ein Teilstück des Landes (und im Raum Frankfurt wiederum die studentische Bewegung eine Gruppierung von relativ kleinem Ausmaß).

Könnte der revolutionäre Elan, fragte sich Luhmann nüchtern, wenn genügend Zeit bliebe, die vielfältigen Menschenlandschaften Deutschlands ergreifen? Er könnte das, meinte er, in siebzig Jahren. Sofern er sich über einen solchen Zeitraum selbst erhielte. Außerdem müßte er relevant sein für die zunächst nicht Einbezogenen. Ein solcher Impuls müßte als Glücksbringer auftreten! Das wollte der Bielefelder Gelehrte in seinem kühnen Verstande eher für ausgeschlossen halten.

9
Der Vorrang des Politischen / »Es gibt kein Leben vor dem Tod«

Im Teach-in im großen Saal des Studentenhauses standen wir vier Stunden. Der Andrang war so groß, daß auch das Treppenhaus und die Halle unterhalb des großen Saales von Teilnehmern besetzt waren. Das Teach-in wurde durch Lautsprecher übertragen.
Ich hätte Erwin F. gern umarmt oder angefaßt. Wir standen nur wenige Zentimeter auseinander. Die Aufmerksamkeit der Umstehenden war aber auf den Redner konzentriert. Es wäre aufgefallen, wenn wir uns umeinander gekümmert hätten. Meine Aufmerksamkeit galt nicht der Veranstaltung. Ich hätte gern an F. gerochen. Er wird nach Schluß der Veranstaltung, sagte ich mir, zu mir aufs Lager kommen, einigermaßen müde sein und das gleiche mit mir tun wie an früheren Abenden. So wie wir dort nachts schon einige Male zusammengekommen waren, kann ich mich mit der Beziehung nicht abfinden. Jetzt und hier müßte etwas geschehen. Man stelle sich vor, wir müßten ewig wiederholen, was wir für gewöhnlich tun, dann müßte ich sterben (»es gibt kein Leben vor dem Tod«). Daher wollte ich ihn in jenem Moment anfassen. Im Text des Redners ging es um den Vorrang der Betriebsarbeit vor jeder anderen Protestarbeit. Auch dem Kampf in der Gefängnis- und Justizkampagne bestritt der Vortragende jede Priorität. Wie kann ich den Mann, den ich liebe, mit meinem Arm umfangen und aus dieser Umgebung herauslotsen? Wenn ich mich jetzt undiszipliniert verhalte, verderbe ich es mir endgültig mit diesem Genossen.
Eine Gruppe im Nordend verfaßt ein Flugblatt zur »Lage im Frauengefängnis Preungesheim«. Man wisse aus Norwegen, daß es um die Aufhebung der Gefängnisse überhaupt als die politische Antwort auf die Repression des Staats-

apparats gehe. Die Direktorin der Frauenstrafanstalt Dr. Einsele habe eine Station für strafgefangene Mütter eingerichtet, in die deren Kinder aufgenommen und von ihnen betreut werden könnten. Dieser Ansatz sei jedoch eine Abschwächung des Kernansatzes, Strafe überhaupt zu ersetzen, und demgemäß Abwiegelung.

Eine Nachbargruppe von Genossen, die in einem Lokal im Nordend debattierte, hatte die Bundeswehrkampagne ins Auge gefaßt. Eine dritte Gruppe die Bildungskampagne für Arbeiterkinder. Dieses Projekt verstand sich als Fortsetzung der Bildungskampagne für Bauernkinder, mit denen sich die Genossen in Freiburg beschäftigten. Die Genossen hatten den Eindruck, wenig Zeit zu haben.

10
Ein Wirklichkeitsroman, in dem die handelnden Personen untereinander keine Berührung haben.
Ein Beispiel für offene Kommunikation

A. Trube, der die Lokale im Nordend häufig besuchte, in denen die Genossen debattierten, hatte die Zeit berechnet, die für die Ausführung der verschiedenen GESELLSCHAFTSVERÄNDERNDEN VORHABEN notwendig sei. Für die insgesamt zwölf Flugblätter voller Pläne, die in den zwei Tagen im Wintersemester 1968/69, um die es in der vorliegenden Geschichte geht, veröffentlicht wurden, wären, so Trube, 80 Jahre, und zwar mit der sechsfachen Anzahl arbeitender Gruppenmitglieder, erforderlich gewesen. Dies war ein Durchschnittswert, der auf Schätzung beruhte. Für die Gefängniskampagne veranschlagte er kürzere Zeiten als für die Bildungskampagne. Die Justizkampagne hielt er auch mit einem Ansatz von 130 Jahren und der sechshundertfachen Zahl an strikt arbeitenden Gruppenmitgliedern für aussichtslos. Dennoch schienen ihm, den seine Freundin Mecki Meier einen ALLESWISSER und WIRKLICHKEITSPOETEN nannte, in diesen Tagen die Elemente einer vollständigen »Erneuerung der Gesellschaft« verstreut im Raum Frankfurt präsent zu sein. (Er verstand nicht, warum der SDS sich im folgenden Jahr auflöste.) Auf der anderen Seite plädierte er für die Mitwirkung erfahrener Scheidungsanwälte und Heiratsvermittlerinnen, auch für die Inanspruchnahme des Rates erfahrener Zuhälter in der Kaiserstraße, im Rahmen der Bewegung.

Oft hielt er Rat mit Fritz Dorfmann, dem zweiten Assistenten des Chefdramaturgen der Oper Frankfurt; Dorfmann war kein Student. Er war Quereinsteiger im doppelten Sinn: Als Nichtakademiker im dramaturgischen Dienst, als Nichtstudent in der studentischen Revolte. Um so ernsthafter widmete er sich der Untersuchungsarbeit. War das Musiktheater eventuell ein Beitrag zur gesellschaftlichen Veränderung? Die städtische Oper spielte in jenen Tagen *Armida*, ein reformfreudiges Werk des Ritter von Gluck.

Das SOGENANNTE LINKSRADIKALE BLASORCHESTER probte den Marsch »Unsterbliche Opfer«. Heiner Goebbels komponierte für das Orchester aus Materialien, die er in Rossinis Partitur der »Diebischen Elster« fand, einen zweiten Trauermarsch von starker emotionaler Wirkung. Hätten die Genossen von der Lederjackenfraktion des SDS von dieser luxurierenden, die politischen Schranken überschreitenden Musikpraxis gehört, wären sie in den Probenraum (eine mit Instrumenten und Aufnahmegeräten vollgestellte Garage) eingedrungen und hätten die Notenblätter verbrannt.

11
Ein Beispiel für geschlossene Kommunikation

Bei jedem Wetter ist die Justiz ein Beispiel für eine Institution im Verteidigungszustand. In den Büschen zwischen den Justizvierecken an der Hammelsgasse sowie im Übergang zum Neubau der Staatsanwaltschaft (mit den Aquariumsfenstern) sind Beamtengruppen aufgestellt. Sie tragen statt der Uniformhosen feldmarschmäßige Überhosen. Die Reserven (der Schleier-Sonne entzogen) im neonbeleuchteten Schatten der Eingänge und Treppen von Gebäudekomplex II. Die Jalousien der Justizgebäude sind herabgelassen. Es entsteht so innerhalb der Anlage, in den Geschäftsstellen und Richterzimmern ein abgeschottetes Kunstklima, das es nirgendwo auf Erden sonst im Sommer oder Winter gibt.

Schreck in der Abendstunde: Der Schlauch eingedickter Luft über Stadt und Vorortzone wird an den Rändern von den Taunuswäldern herab lediglich etwas ausgefranst. Ein Autokorso fährt die Homburger Landstraße herauf. Megaphone auf den Fahrzeugen montiert. Vier in U-Haft in JVA III einsitzende politische Gefangene sollen es hören. Sie sind sofort freizulassen, die für die Festnahme verantwortlichen Behördenchefs, z. B. der Polizeipräsident, dagegen sollen statt ihrer in die Anstalt eingewiesen werden.

»Gisela raus,
Müller rein.«

Die Küche des Glücks 363

Abb.: Justizgebäude. Studentische Demonstration im Straßenzug zwischen Landgericht und Oberlandesgericht. »Festung Justiz«.

Abb.: Störung des Galaabends der SPORTHILFE im Schauspielhaus Frankfurt durch Studenten. Anwesend: Wirtschaft, Banken, Presse, Politik. Im Bild das Fahrzeug von Altbundeskanzler Ludwig Erhard. Der Fahrer hat die richtige Einfahrt in das eingezäunte Areal verfehlt.

Zivilfahnder – sie spielen die Rolle von »Nachbarn« – notieren die Nummern der Korsofahrzeuge. Sie zählen sie »negativ«, d. h., sie notieren die zahlenmäßige Schwäche dieser Gruppierung, gemessen an der Gesamtzahl von Fahrzeugen, die Frankfurts Straßen täglich befahren. Für den Fahnder Ferdi Quecke ist die Zahl von 46 Fahrzeugen (für das Auge immerhin eine täuschend stattliche Gruppe) kein befriedigendes Resultat. Es sind zu wenige, um seine Arbeit (die seiner Planstelle) im gesellschaftlichen Sinne wichtig zu machen. Was wäre, wenn es z. B. 7250 Fahrzeuge wären? Dann wäre seine Berufsausübung ein gefährlicher Job.

12
*»Louis, ich glaube, dies ist der Beginn
einer wunderbaren Freundschaft ...«*

Vereinbart war ein gemeinsames Abendessen im Weinlokal »Rheingold« gegenüber dem Bühneneingang der Oper. Luhmann hielt die Einladung für eine Höflichkeitsgeste Adornos; wenn er ihn schon in diesem Semester vertrat, konnte man nicht gut darauf verzichten, sich zu sehen. Es erwies sich aber, daß Luhmann irrte. Adorno hatte nicht aus Gefälligkeit, sondern in einer Situation der Lebensnot diesen Kontakt gesucht.

Luhmann bestellte rheinischen Sauerbraten. Adorno, der darum gebeten hatte, die Zeche zu zahlen, wählte eine Flasche Pfälzer Wein und ein Rumpsteak à la Voltaire. Luhmann hielt die Bestellung dieses Gerichts für philosophisch und nicht durch den Appetit begründet. Er prüfte später die Weinkarte und sah, daß Adorno auch in der Wahl des Weines vom Gedanken und nicht von der Zunge sich hatte leiten lassen. Er hatte den teuersten Wein bestellt, um den Wert der Begegnung zu verdeutlichen. So schilderte Luhmann später seinen Eindruck.

Die Geliebte habe ihn verlassen. Jedem, der es anzuhören bereit war, berichtete Adorno in diesen Tagen sein Erlebnis. Er habe die Absicht, erläuterte er Luhmann, noch vor Abschluß seiner ÄSTHETISCHEN THEORIE, vor Inangriffnahme der Vorbereitung für das (Horkheimer und den Studenten versprochene) Seminar zum Kulturindustriekapitel der *Dialektik der Aufklärung* im Wintersemester 1969 und auch noch vor Niederlegung der Notizen zur DIALEKTIK VON SUBJEKT UND OBJEKT BEI HEGEL eine GENEALOGIE DER TREUE IN LIEBESANGELEGENHEITEN zu schreiben. Er könne das parallel zu Luhmanns SOZIOLOGIE DER LIEBE tun. Luhmann wandte ein, das Seminar heiße inzwischen LIEBE ALS PASSION. EINE ÜBUNG. Um so besser, erwiderte Adorno, dann könne man seine und Luhmanns Arbeit gemeinsam publizieren und so – in Gegenbewegung zum studentischen Zeitgeist, nämlich auf das Wesentliche konzentriert, sozusagen als Beispiel GROSSER KOOPERATION – ein doppeltes Semesterergebnis vorlegen, ein öffentliches Zeichen setzen.

Man könne aber nicht seine persönlichen Liebesgeschichten öffentlich ausbreiten, meinte Luhmann. Wie solle er sich denn praktisch verhalten, fragte Adorno zurück. Ohne die Geliebte werde er es im Leben nicht aushalten. Die Wiederherstellung (*restitutio in integrum*) der Beziehung sei auch deshalb erforderlich, um den grauenvollen Gedanken abzumildern, daß es mit ihm zu Ende gehe, gleich ob physisch oder geistig. Luhmann ließ sich den Sachverhalt schildern.[1]

Es war offensichtlich, daß die Geliebte, die in einer anderen Stadt lebte, sich in wirtschaftlichen Schwierigkeiten befand und von einem wohlhabenden Musikschaffenden umworben wurde. Sie hatte sich extrem beleidigend geäußert, weil ihr die Trennung von Adorno wohl schwerfiel. Oder aber sie war eine Natur, die mit Entscheidungen und Trennungen nicht vertraut war und schon deshalb zu einem falschen Ton in dieser Situation neigte. Luhmann riet zum Angebot einer Apanage, einer großzügigen wirtschaftlichen Ausstattung der Freundin. Dann könne über eine Periode der Freundschaft hinweg die frühere Intimität erneut gesucht werden. Die Apanage sei nicht in einem Verhältnis von Leistung und Gegenleistung darzustellen, sondern als eine Äußerung der Treue, die Generosität gegen Beleidigung setze und auch Treue der anderen Seite verlange.

Luhmanns dunkle, schnelle Augen bewegten sich »einfühlend«, geschützt hinter der schmalen Hornbrille, einer Augenbekleidung, wie sie in den frühen vierziger Jahren aufgekommen und inzwischen in eine moderne Façon gebracht worden war; sie gab dem schmalen »römischen« Gesicht des Gelehrten einen »reservierten« Ausdruck. Die Augen Adornos waren ohne solchen Schutz. Sie blickten ruhig und konzentriert mit erstaunlich wenigen Bewegungen auf sein Gegenüber. Trotz des ihn erregenden Gesprächsthemas: lebendige Augensterne, die von der Panik nichts verrieten, die Luhmann aus den wirren Plänen Adornos, der direkten Bitte um Rat, herauslas. Die Schläfenhaut und die Stirn Adornos dagegen schienen ihm angespannt, vom Blut unterversorgt. Auch blieb ihm die Funktion des Weins unverständlich, den

---

1 Später wurde Luhmann die Bedrohung deutlich, die Adorno empfand, als er in einem Artikel der *Frankfurter Rundschau* von Flugblättern mit der Überschrift »Adorno als Institution ist tot« las.

Adorno in großen Schlucken in seiner Kehle verteilte. Luhmann gewann den Eindruck, daß Adorno sich weder für den Wein noch für Alkohol überhaupt interessierte. Es war auch kein Zeichen von Trunkenheit oder eine sonstige Wirkung mit der Flüssigkeitseinnahme verbunden.

Im Hintergrund des Lokals richteten sich Pulks von laut schwatzenden Sängern, Orchestermitgliedern und Theatermitarbeitern an getrennten Tischen ein. Sie widmeten sich nach Ende der Oper ihrem Imbiß.

Luhmann, 24 Jahre jünger als der ihm gegenübersitzende theoretische Mitstreiter, der energisch und unaufhörlich auf ihn einredete, gehörte zu einer Generation, die erlebt hatte, wie eine Zeit aus den Fugen gerät. Für ihn war ein Bruch der Realitätsebene nichts Fremdes. Insofern empfand er die Tage in Frankfurt, die Verwerfungen, denen sich Adorno ausgesetzt sah, für sich selbst nicht als bedrohlich. Demgegenüber schien Adorno die viel vehementer wechselnden Zeiten des unruhigen Jahrhunderts wie in einem Kokon durchlebt zu haben.[1] Jetzt war die Schutzwand eingerissen. Adornos Direktheit wirkte auf den auf Beobachtung geeichten Luhmann wie ein unerwarteter Hautkontakt. Da etwas in ihm auf den ›approach‹ antwortete, empfand er die Situation, auch wenn sie ihm neu war, als gegenständlich.

Abb.: Luhmann als Flakhelfer.

Zugleich hielt er die unerwartete Annäherung, sozusagen das Angebot einer akademischen Ehe, einer künftigen gemeinsamen Arbeit, nur weil Adorno sich mit seiner »Gefährtin« überworfen hatte, für unrealistisch. Er, Luhmann, dem Universitätsgründer Schelsky in Bielefeld versprochen, war für eine andere wissenschaftliche Front eingeteilt. Zwischen der Kritischen Theorie, als

---

1 Die Menschen der Generation Adornos, so Luhmanns Beobachtung, gehen in einem Kokon durch die wirklichen Verhältnisse. Entweder weil sie GEPANZERTE CHARAKTERE oder, wenn sie schutzlos wie Adorno sind, weil sie auf die NICHTBEACHTUNG DER REALITÄT geeicht sind. Ein Flakhelfer von 1943 dagegen ist offen für eindrucksstarke Wechsel der Realität, weil das einer entscheidenden Erfahrung entsprach. Wie ein Gerippe ragen Realitäten von 1943 in den April 1945 oder Sommer 1946. Unvereinbare Realität ist, ohne Rücksicht auf den Beobachter, zur gleichen Zeit präsent. Im Gegensatz zu Adorno, den die Abkehr oder Passivität bisher loyaler Studenten, die fast gleichzeitige Kündigung durch die Geliebte und die Tatsache, daß sein Körper (der des Sohns der wunderbaren Mutter von 1903) auf den Tod zugeht, aus dem Gleichgewicht wirft, bleibt Luhmanns Gemüt inmitten antagonistischer Wirklichkeiten voller Kühnheit und Vorsicht, ähnlich einer »zusammenschließenden Wahlverwandtschaft« vermischen sich unvereinbare emotionale Eindrücke zu einer neuen »Figur«.

deren Haupt Adorno galt, und der Systemtheorie, deren wichtigster Exponent in der Bundesrepublik er sein würde, klafften zumindest nach der Beobachtung Dritter Abgründe; Brückenbau bisher unversucht.

Die Flasche im Eiskübel war zweimal ausgewechselt worden. Ein Nachtisch wurde serviert. Luhmann hatte sich gegen einen solchen Nachtisch gewehrt, jedoch bemerkt, daß Adorno »nötigte«, wie man es in früheren Generationen gewohnt war, bei »wichtigen Besuchen« Zusatzangebote in die Kommunikation einzubringen. Das galt inzwischen als Sitte einer untergegangenen Gesellschaft, war allerdings noch ländliche Gewohnheit; während doch Adorno absolut Städter, ja ein alter Metropolenbewohner aus dem Zweistromland zu sein schien.

Die beiden Gelehrten sahen einander nie wieder. Zwei getrennte Taxis waren für sie bestellt. So fuhren sie in der Nacht jeder an seinen Ort. Nachträglich schien Luhmann (nach Adornos frühem Tod im bald folgenden August) das Abendessen ein »Realitäts-Zwitter«. Der merkwürdige »Sproß aus fremder Zeit«, der sich verhielt, als könne man an einem einzigen Abend Lebensfreundschaften schließen, nur gestützt auf den unstreitig lebendigen Liebesstrom, welcher der gemeinsamen theoretischen Bearbeitung harrte, hatte die Ich-Schranke für einen Augenblick durchbrochen. Adorno schien ihm an jenem Abend gleich weit entfernt von einem »neuen Leben« wie vom Tod. Einen Moment hatte Luhmann (dessen kühler Geist heute bekannt ist) den Eindruck gehabt, daß in diesen Wirren Frankfurts sich innovative Kräfte aus einer alten Wurzel in Bewegung befanden, die auf die studentischen Pulks, denen Luhmann am folgenden Tag auf seinem Weg zum Seminar zusah, nicht reduzierbar waren.

5
Das Rumoren der verschluckten Welt

Abb.: Argo Navis. Sternbild in der Form eines Segelschiffs am südlichen Sternenhimmel. In dieses Sternbild ist die Arche Noah eingezeichnet. Das Schiff enthält, so die Überlieferung, eine »Truhe mit Schriften«, die gerettet werden sollen. Die Vollständigkeit der Schriften wurde im Wege des ARRAISONNEMENT vor Abfahrt geprüft.

I
Absturz aus der Wirklichkeit

Unter den Füßen eines Kindes gab das Eis nach. Die Hände des Kindes suchten Halt an den Rändern der kalten Materie. Retter legten Leitern über das Eis. Immer aber, wenn sie sich dem Kind näherten, brach die Kruste. Durchsacken durch einen Wirklichkeitsboden gehört zu den Gottesstrafen. Einer verliert alle Illusion (Wirklichkeitsverlust). Einer verliert die Zeit, in der er lebt (Geschichtsverlust). Beides nimmt im 21. Jahrhundert zu.
»Wer auf dünnem Eis Schlittschuh läuft, wird nur dann nicht einbrechen, wenn er so schnell wie möglich weiterläuft.«

Tödlicher Zusammenstoß zweier Rennpferde

In voller Geschwindigkeit sind am Dienstag an einem Strand an der Küste Nordfrankreichs zwei Rennpferde tödlich verletzt worden. Der Unfall im Badeort Saint-Jean-le-Thomas hatte sich ereignet, als eine Trainingsgruppe für Jungunternehmer mit drei Pferden bei hohem Tempo in eine entgegenkommende mit zwei Pferden hineinkreuzte. Eines der Tiere brach seitlich aus, während zwei Pferde frontal mit den Köpfen zusammenstießen. Wegen der steigenden Flut hatten die Sportler nur wenig Platz.

– Für die Pferde wäre der Ausweg ins Wasser einfacher gewesen. Pferde schwimmen. Jungunternehmer auch. Es hätte ihnen aber nach den Regeln des Trainings als Feigheit ausgelegt werden können, hätten sie die Enge des Raumes für den Vorbeiritt gemieden. Wagemut war gefragt. So lenkten die Schenkel das Schicksal.
– Und intelligente Tiere – ich gehe davon aus, daß die Firma, die dieses Unternehmenstraining betrieb, besonders schlaue Tiere für die Ritte am Strand ausgesucht hatte, welche Zusammenstöße von sich aus vermeiden. Ich hatte immer gedacht, Pferde seien instinktsicher.
– Nicht unter Bedingungen, wie sie an Nordfrankreichs Stränden bei stürmischer See existieren. Sie halten das Getöse der Brandung für Gewitter und werden in ihrem Instinkt unsicher.
– So daß, versicherungsrechtlich gesehen, der Unfall nicht von Menschen veranlaßt ist?

- Nicht von den beiden Reitern.
- Obwohl sie mit Schenkelkraft die Idee des Trainingslagers gegenüber den verunglückten Pferden durchsetzten.
- Sie meinen, die Initiatoren des Trainingslagers seien die Verantwortlichen und insofern haftbar?
- Das will ich doch meinen. Sie setzten den gesunden Menschenverstand außer Kraft, ebenso wie den Instinkt der Pferde. Beides hätte die Kollision unwahrscheinlich gemacht. Die Katastrophe sieht ja ähnlich aus wie die Kollision in einem mittelalterlichen Turnier.
- Mit der Besonderheit, daß eines der Pferde seitlich ausbrach. Beinahe wären die beiden Reitergruppen auch bei enger Plazierung aneinander vorbeigekommen.
- Das Wort »beinahe« gibt es im Versicherungsrecht nicht.
- Das müßte Thema des nächsten Jungunternehmer-Trainingslagers sein.
- Welches Gestüt stellte die Pferde?
- Das ist ein interessanter Hinweis, den ich an die Anwälte der Versicherung weiterleiten möchte. Das Gestüt hätte Pferde, die mit Schlechtwettererfahrung an diesem Strand ausgerüstet gewesen wären, zur Verfügung stellen müssen. Vielleicht ist daher die Lieferfirma der Pferde die Schuldige.
- Der Moment des Zusammenpralls der Pferdeköpfe, unter Zerstörung beider Hirne (es sind Rennpferde von hoher Qualität), umfaßt, wie ich dem Bericht entnehme, zwölf Sekunden. Vorher hätte man durch leichte Kopfbewegung den Zusammenprall vermeiden können, in den letzten zwölf Sekunden nicht mehr.
- Man hätte langsamere Pferde gebraucht.
- Ja, Reitpferde, nicht Rennpferde.
- Das war bei dem Ehrgeiz und dem Rang der Jungunternehmer schwer möglich. Man mußte Best-Pferde nehmen.
- Wie das Ganze ja ein Best-Training war für Best-Leute.
- Ist das Trainieren auf solche Werte für Unternehmer, die einmal börsennotierte Firmen befehligen werden, nicht gefährlich?
- Wenn Firmenköpfe auf engem Strand gegeneinander anrennen, führt das bei der geringsten falschen Bewegung zum Zusammenstoß der Hirnknochen.
- Sie meinen zum Tod beider Firmen?
- Das Problem ist in der Welt bekannt.
- So etwas sollte nicht in Trainingskursen für die Elite geprobt werden.

Die Gesprächsteilnehmer, die in Balbec bei ihren Aperitifs saßen, in gewisser Vorfreude, wie sie nur Gallier empfinden, auf die abendliche Hauptmahlzeit, gehörten konkurrierenden Versicherungsunternehmen an. Generell kam es darauf an, das Risiko der Versicherungsgesellschaften, der befreundeten wie der verfeindeten, zu senken. Kühnes Jungunternehmertum, vor allem seine Anreizung durch erfolgslüsterne Trainer, lag keineswegs im Interesse von Versicherungsgesellschaften, die Wahrscheinlichkeiten verwalteten.

Macht über den Mächtigen

Vor dem Urologen liegt der Mächtige. Er ist Außenrepräsentant einer Supermacht. Er liegt in Seitenlage und ist voller Befürchtung. Ich muß ihn zunächst zum Entspannen bringen, da ich weder mit dem Finger noch mit dem Gerät die Anussperre überwinden kann. Ich entspanne ihn, indem ich über seine Hüften streiche. Meine Untersuchung entscheidet, ob er für sechs Wochen aus seiner Arbeit herausgenommen wird. Aufgrund der Eile, die keine geordnete Rekonvaleszenz nach der Operation erlaubt (keine Eingewöhnung in das nach Entfernung der Vorsteherdrüse neuartige Harn-Regime), wird sich eine Inkontinenz auf längere Zeit zeigen; der Mächtige muß Beutel tragen und wird dennoch Flecken auf seiner Hose aufweisen.
Die Alternative wäre ein Urteil meinerseits, daß das Wachsen des Karzinoms als so langsam zu erachten ist, daß wir mit der Operation warten könnten bis zur Beendigung seines Amtes (nach den Neuwahlen des Präsidenten). Meiner Willkür ist ein gewisser Ausschnitt aus diesem Urteil anvertraut.
Diese Macht über ihn muß ich verbergen, wenn ich sein Vertrauen behalten will. So ist auch die ärztliche Macht, vor der die Supermacht in Seitenlage Hilfe heischend liegt, nicht wahrhaft mächtig.
Verschoben wurde die Operation auf die Feiertage, die das Jahr abschließen. Auf Heiligabend und zwei Weihnachtsfeiertage folgten ein Samstag und Sonntag, und die Kette der arbeitsfreien Tage wiederholte sich in der folgenden Woche. Wir hofften, daß kein Schurkenstreich und keine der Kampftruppen des asymmetrischen Krieges gerade diese Tage für eine Aktion nutzen würden, die den frisch Operierten passiv träfen.

Absturz aus der Wirklichkeit

In der grenzwissenschaftlichen Literatur ist unbestritten, daß im Umfeld großer gesellschaftlicher Katastrophen sich »Abstürze aus der Wirklichkeit« finden, in denen Teile der »überschüssigen« Realität, auch Menschen, verschwinden. Das liegt, heißt es bei Sir Sinclair Houston, daran, daß wir nur *meinen*, in *einem* Universum zu leben, tatsächlich leben wir in mehreren, miteinander verschränkten Welten. Daß sich mehrere 100000 Menschen gemeinsam und gleichzeitig aus einer Wirklichkeit wegwünschen, bleibt nie ohne Wirkung, es öffne einen solchen »Abgrund«, sagt Houston. Oft trifft es die Tapfersten. Die ABGRÜNDE entstehen nämlich »blind«. So geschah es während der Gallipoli-Offensive im Jahre 1915: 266 Soldaten des Norfolk-Regiments marschierten bei Hügel 60 der Suvla Bay in eine Wolke hinein und kamen nicht mehr heraus.

– Man forschte nach ihnen?
– Auf beiden Seiten, der türkischen wie der britischen.
– Die Wolke war längst verschwunden?
– Nicht zu finden dort, wo man sie eben noch gesehen hatte. Nachzügler sahen noch die Wolke, aber nichts war zu erblicken von den Soldaten.
– Keine Toten?
– Nicht ein einziger. Obwohl die türkische Infanterie in die Wolke hineingeschossen hatte, in der das angreifende Regiment verschwunden war.
– Was hat man den Angehörigen über den Verbleib geschrieben?
– Sie seien verschollen.
– Könnte es sein, daß die Truppe das Schlachtfeld (unter Nutzung der Wolke) verlassen hatte? Ein Fall von kollektiver Desertion?
– Nicht bei Hügel 60. Ferngläser auf den Schiffen beobachteten die Steilküste. Die Front befand sich unter vollständiger Kontrolle. Auch die türkische Seite besaß, Quadratmeter für Quadratmeter, wenn nicht gerade die seltsame Wolke ihn störte, vollständigen Überblick.

Daß jeder Angreifer zu sehen war, war ja das fürchterliche Menetekel der Schlacht in den Hügeln von Gallipoli. Bei dem Ausdruck »sie rannten in den offenen Schlund des Verderbens« liegt die Betonung auf dem Wort »offen«.

– So marschierten die Tapferen vom Regiment Norfolk an der einzigen verdeckten Stelle aus dem Verderben heraus?
– Aber wohin? Was war das für eine Wolke?
– Man weiß nicht, um was für eine Wolke es sich handelt. Staub war es nicht.

Einer der letzten Einzelkämpfer

Einer der letzten Einzelkämpfer in Manhattans Vorstandsetagen, Richard S. Fuld, der Chef des Bankhauses Lehman Brothers, sah in der Viertelstunde vor Öffnung der Börse in Tokio, also um ein Uhr nachts amerikanischer Ostküstenzeit, nichts Bestimmtes mehr. Ja, was sah er genau? Schloß er die Augen, hätte er in seine Hirnschale geblickt, wo sich tatsächlich keine Innenwelt befand, sondern Milliarden Synapsen, die das Auge nicht zu sehen vermag, in stürmischer Aufregung. Aber für solche Innenansicht war keine Zeit. Noch länger auf die Computer und Telefone, die Papierstapel oder die eiligen Assistenten zu blicken, dafür war er zu müde. Sich schlafen zu legen, andererseits, war ein absurder Gedanke. Zu diesem Zeitpunkt gab er Weisung, den Antrag auf Eröffnung des Insolvenzverfahrens nach Chapter Eleven an das Gericht zu übermitteln.

In den Daten, die sein Sekretariat über jede seiner Bewegungen festhielt, trug die Woche die Spuren eines Kampfes. Nur hatte der Einzelkämpfer Ort und Zeitpunkte der Kampfhandlungen falsch rubriziert. Wo er etwas für Kampf hielt, blieben die Sachen unentschieden, wo er keinen Kampf vermutete, fand einer statt. So hatte er es nicht als entscheidendes Gefecht aufgefaßt, daß sein Widersacher Henry Paulson, den er bitter verletzt hatte (als dieser noch Vorstandsmitglied einer Konkurrenzbank war), seinen Antrag auf Staatshilfe brüsk abwies. Er wollte nicht glauben, daß dieser US-Finanzminister sich auf persönliche Gründe, also Emotion, stützen werde, wenn es um das sachliche Schicksal des Bankhauses Lehman Brothers, einer unverzichtbaren Bastion des Handelsplatzes New York, ginge. Er hielt sich in dem Wortgefecht für den Sieger und zeigte eine »gleichmütige Haltung«.

Noch immer glaubte er daran, daß ein persönlicher und alle Dritten überraschender Vorstoß von seiner Seite für die Gesamtlage eine Wendung bringen könnte. In Tokio verhandelte er über einen Kredit. Das war aber nur der Vorwand, um geographisch in der Nähe der chinesischen Partner zu sein (die er noch für kooperationswillig hielt). Ich bin hier schon in Ihrer Nähe, ließ er ihnen mitteilen, ich fliege morgen das kurze Stück zu Ihnen und würde Sie gerne sprechen. Dabei hatte er nicht abgebildet, daß eine bedeutungsvolle Entscheidung wie die über den von ihm erwarteten Großkredit einer Übernahme der drittgrößten amerikanischen Bank durch die Volksrepublik China gleichgekommen wäre und daß innerhalb der institutionellen Struktur jenes Reiches Entscheidungen nur durch Gremien und nicht durch Personen getroffen werden können. Das waren Prozesse, die zwei oder mehr Wochen dauern mußten. So flog er ohne Ergebnis wieder zurück. Die tückischen Briten von

Barclays Bank erwarteten ihn. Sie waren nicht bereit, ihr Unterstützungsangebot zu verbessern.

Die Schlacht entschied sich am Sonntag infolge der gleichzeitigen Krise der AIG (American International Group). Ganz mechanisch brachte die Notwendigkeit, diesen Versicherungsriesen zu retten, die Chance einer Staatsintervention zu Fulds Gunsten an ein Ende. Mit der Rettung der AIG waren die verfügbaren Mittel der öffentlichen Hand ausgeschöpft.

So hatte nicht einmal Paulson ihn vernichtet, sondern der Zeitablauf: die durch Reisen, eilige Entschlüsse und Umkonstellationen, auch durch seinen Bluff, das Aufsetzen seines gleichmütigen, entspannten Gesichts, vertane Zeit. War er denn überhaupt vernichtet? Blutstrom und Atem stockten ihm nicht. Nicht er, die Bank war eingestürzt. Die gewohnten anerkennenden Blicke der Mitarbeiter und Assistenten fühlte er nicht mehr auf sich ruhen.

In den Morgenstunden trugen die ersten Angestellten, die aus dem Unternehmen flüchteten, ihre Unterlagen in Kartons aus dem Gebäude. Vertreter ohne Vertretungsmacht in sicherer Erwartung der Genehmigung durch die noch festzustellenden Entscheider (den Insolvenzverwalter oder den CEO) übereigneten das laufende Bankinggeschäft und das zentrale Gebäude des Businesscenter an Barclays. Was außer dem verschiedenen Aussehen unterschied den besiegten Konzernherrn von Napoleon in Fontainebleau? Das hagere, scharfgeschnittene Gesicht des CEO glich nicht dem runden Kindergesicht des abgedankten Kaisers. Beiden war es gemeinsam, daß sie nicht mehr in das Zeitalter paßten, in welchem sie groß geworden waren.

Die Inflation regnet sich ein

Die Protagonisten des Kolloquiums, die heute tafelten und Absprachen für die morgige Veranstaltung trafen, saßen an zwei porzellanbedeckten Tischen. Dem einen saß die Hausherrin vor, dem anderen der Hausherr. Das zwei Stockwerke große Wandbild von Anselm Kiefer im Treppenhaus habe er für 400 000 Euro gekauft, berichtete der Hausherr. Es sei ihm teuer, daher unverkäuflich. Vermutlich sei aber der Wert gestiegen. Die Haltbarkeit des Leims und der anderen Hilfsmittel, welche die Installation und Teile des Kunstwerks zusammenhielten, taxiere er auf 15 Jahre Lebensdauer. Der Künstler sei leichtsinnig in der Wahl seiner Arbeitsmittel. Wenn die Teile auseinanderfielen, würde auch der Wert gemindert werden.

An diesem Tisch saßen fünf Finanzexperten und ein Historiker. Sie stimmten darin überein, daß die Fiskalbehörden der USA den Schuldenberg durch eine Inflation beseitigen würden. Und zwar würde dies genau in jenem Augenblick geschehen, in welchem die Anleger von kurzfristigen Anleihen, die sie derzeit ausschließlich akzeptierten (und die eine Inflation verhindern), auf mittel- und langfristige Anleihen mit attraktivem Zinssatz umstiegen. Das entspreche der Erfahrung in den vergangenen hundert Jahren. Diesen Moment nutzen Regierung und Notenbanken von verschuldeten Republiken. Selbstverständlich nicht vorsätzlich, warf der Historiker und Jurist Hannes Siegrist ein, sondern grob fahrlässig. Als Juristen nennen wir das »luxuria«. Die Fahrlässigkeit liege darin, bemerkte einer der anderen Gesprächsteilnehmer, daß sich das Ermessen bei solchen Entscheidungen auf einander folgende Regierungen, also entlang der Zeitachse, verteile. Ein Minister und sein Apparat treffen eine Entscheidung. Sein Nachfolger und seine Mitarbeiter unternehmen hierauf einen weiteren Schritt. Der Entschluß zur Inflation werde insofern an den Schnittstellen getroffen, also beim Wechsel der Regierung, dort, wo scheinbar nicht entschieden wird. Insofern stürzen die Werte nicht ab, setzte der Hausherr den Gedanken fort. Vielmehr sind sie am Ende abgestürzt. Man könnte das nur vermeiden, wenn man überhaupt keine Regierung hätte. Das haben wir schon oft gesehen, redeten die anderen durcheinander. Deshalb sehen wir die unmerklichen Schritte, die man ohne die Präzedenzfälle nicht wahrnehmen würde. So daß es in jedem Fall zur Inflationierung kommt. Das ist sicher, nur nicht, auf welchen Wegen es geschieht, faßte Kai A. Konrad zusammen.

November 1923

Im Garten des Hauses, in welchem sich im November 1923 der Bankier Friedrichsen erschoß, spielten seine beiden Kinder im Schnee. Unter Anleitung ihrer Kinderfrau bauten sie einen Schneemann und um diesen herum eine Mauer. Die Wangen rot von der Kälte und aus Eifer. Bis spät in den Abend hinein wurden sie vom Personal im Garten gehalten. Als sie hereingeholt wurden und in der Küche ihr Essen bekamen, war der Tote von den Ortspolizisten bereits abtransportiert. Die Obduktion ergab, daß kein »Fremdverschulden« vorlag. Sein Vermögen war verloren. Vierzig Jahre lang hatte der Bankier die Finanzen des inzwischen zerschlagenen Deutschen Reiches verteidigt.

Abb.: Marta Kluge (das »h« hinter dem »t« ist eingespart). Im Jahre 1923 im Tiergarten zu Berlin. Stolzes Roß mit Hund. Das Kleid hat sie im Schlußverkauf ergattert. In diesem Krisenjahr spekulierte sie noch im November auf Kredit, in dem sie für wertlose Milliarden ein Kilo Kümmel kaufte. Sie wollte den Vorrat nach Ende der Inflation umtüten und hundertgrammweise auf Rentenmarkbasis verkaufen. Kaufmännisch war sie nicht versiert. Ihrer Begabung nach war sie eher Lehrerin. → Sie führte ein Leben voller Berechnung, *Chronik der Gefühle*, Band II, S. 558.

Die Concierges von Paris

Bei seinem Besuch Ende November 1929 bei James Joyce in Paris hatte Sergej Michailowitsch Eisenstein ein Konzept für seinen Film über das *Kapital* von Karl Marx mitgebracht. Joyce sollte diese Skizze zu einem Drehbuch ausarbeiten. Eisenstein versprach sich davon eine JOYCESCHE WORTKASKADE, aus der er dann Sequenzen mit den Mitteln des Stummfilms entwickeln wollte. Joyce war zu diesem Zeitpunkt praktisch blind. Ungenau sah er die zwei großen Lampen, die den Raum erhellten. Gar nichts vermochte er zu lesen in dem Manuskript, das ihm Eisenstein vors Gesicht hielt. Was er denn schreiben sollte, fragte Joyce, wenn es doch diese Skizze schon gebe?
Nirgends in dem Entwurf war eine Bildfolge vorgesehen, die vom Schwarzen Freitag handelte, über den in diesen Tagen in den Zeitungen berichtet wurde. So etwas hätte (nach Eisensteins Vorstellung) von einem Dokumentarteam unter Dziga Vertov gefilmt werden müssen. Der aber hätte eine Ausreisegenehmigung in den Westen nicht so rechtzeitig erhalten, daß er noch während des Geschehens in Paris, London oder New York hätte drehen können. Es war auch zweifelhaft, ob ein Filmteam aus der Sowjetunion eine Dreherlaubnis für Aufnahmen an den kapitalistischen Börsenplätzen erhalten hätte.
Eisenstein wollte die Aktienwerte indirekt durch die Reaktion der betroffenen Menschen darstellen, so berichtete er es James Joyce, und hierfür bat er um Texte des Dichters. Dazu helfen keine aktuellen Aufnahmen von Ereignissen des laufenden Monats, meinte er. Die Reaktionen bilden sich viel später heraus. So müsse man *jetzt* aufnehmen, was die Concierges von Paris *vor zehn Jahren* erlebt hätten, als sich herausstellte, daß die Sowjetregierung die Anleihen für die sibirische Eisenbahn aus der Vorkriegszeit (Tranchen von 1902 bis 1908), welche die Concierges in kleinem Umfang erworben hatten, nicht mehr bedienen würde. Diese Concierges waren mächtige Frauen, Herrscherinnen und Kontrolleure der Hauseingänge seit der Französischen Revolution. Gerade jetzt entschieden sie über den Ausgang der Wahlen. Sie weigerten sich, Frankreichs kommunistische Partei zu wählen, weil der Rat der Volkskommissare in Rußland ihre ersparten Vermögenswerte auf null gebracht hatte. Im Film muß man erst diese Empörung zeigen und anschließend darstellen, inwieweit Lenin doch (weitsichtig) auch ihre Interessen wahrnehme, sagte Eisenstein. Joyce improvisierte die Tonart einer solchen Concierge, einen Monolog in französischer Sprache mit englischen Einschüben. Es klang wie ein Singsang.

Ein Vorschlag aus Alexandria

Ein Spielkasinobesitzer aus Alexandria, der seine Vorfahren mütterlicherseits auf Phönizier zurückführte, die Vorfahren väterlicherseits dagegen auf griechisch-venezianische Ahnen, trat im Dezember 1929 an das Kommissariat für Außenhandel der UdSSR heran. Er bot an, von unauffälligen Börsenplätzen aus, zum Beispiel Alexandria und Istanbul, auf Rußlands Rechnung Aktien amerikanischer Technologie- und Elektrizitätskonzerne aufzukaufen, die nach dem Schwarzen Freitag und der Serie der folgenden Kursstürze für einen verblüffend geringen Gegenwert zu erhalten waren. Nach Erwerb solchen Eigentums könne man die Technologien in die Sowjetunion abtransportieren. Dem Exposé war eine Aufstellung beigefügt, aus welcher sich ergab, daß Rußlands nächster Fünf-Jahres-Plan in diesem Fall vier Jahre eher durchgeführt sein würde als ohne einen solchen Erwerb. Woher hatte der Mann aus Alexandria eine solche Information?

Das sibirische Meer

Während seines Fluges nach Tokio, wo sie gemeinsam auf dem Podium reden würden, saß neben Heiner Müller stundenlang der welterfahrene Pole Ryszard Kapuściński. Dessen Buch *Imperium* hatte Müller schon zu Hause mit Anmerkungen und Anstreichungen versehen. Im Flugzeug wurde Whisky ohne Eis serviert, soviel man bestellte. Die beiden Gesprächspartner waren froh, daß sie in der ununterscheidbaren Weite, die unter der Maschine sich hinzog und das Tageslicht reflektierte, nicht zu Fuß laufen mußten. Auch schien keine Notlandung des Flugzeugs zu erwarten, die sie auf einer dieser Schneeflächen aussetzen würde. Die Schnur der transsibirischen Eisenbahn, von der sie gehört hatten und nach der sie spähten, war auf der Flugroute nicht zu sehen. Die Strecke lag vermutlich im Süden.

Man kann nicht ein Stück über die Utopie im 20. Jahrhundert schreiben, sagte Heiner Müller, und das wichtigste auf Utopie gerichtete Projekt des russischen Imperiums auslassen, nämlich die Erschaffung des sibirischen Meeres. Davon hatte Kapuściński erzählt. Ihren Höhepunkt erlebten die Vorbereitungen dazu im Jahre 1929, sagte er. Die Kader waren ermutigt durch die Krise des Kapitals, die sich im Oktober gezeigt hatte. Die Euphorie erfaßte den Mittelbau des sozialistischen Regimes, die Ingenieurs- und Planungsstäbe. Es ging darum, die ohne Nutzen nach Norden ins Eis abfließenden wasserreichen sibirischen Ströme oberhalb von Tomsk und Tobolsk zu stauen.

Dadurch entstünde ein Binnensee, nicht so groß wie, aber wirkungskräftiger als das Mittelmeer. Der verantwortliche Planer Davidoff, ein Star der zwanziger Jahre, hatte im Süden dieses künstlichen Meeres und entlang der Kanäle, welche dieses Meer mit dem Schwarzen Meer verbinden sollten, einen breiten Waldgürtel eingezeichnet. Auf einer Karte war das mit einigen Strichen darstellbar, auch wenn dies bedeutete, daß die Bäume zwanzig Jahre Zeit zum Wachsen brauchten. Mit einem regulierten Gefälle von 200 Metern, also über die weite Strecke hin sanft fließend, zogen sich der Hauptkanal und seine Parallelen durch den Süden der Sowjetunion. Noch nie hatten Menschen ein solches Meer und einen künstlichen Fluß von solcher Größe erschaffen.

In jenem Flugzeug nach Tokio und zur selben Tagung aufs Podium geladen, befand sich ein Klimaforscher aus Potsdam. Er mischte sich in die agile Debatte der lebhaft inhalierenden Freunde ein. Er behauptete, das sibirische Meer, wäre es je entstanden, hätte zu einer massiven Aufheizung des Dauerfrostbodens der nördlichen Tundra und damit zu einer unkontrollierten Freisetzung von Gasen geführt, Methan und Kohlenstoffdioxid: Rußlands Himmel oder sogar die des gesamten Planeten wären vergiftet worden. Und Sie meinen, erwiderten Kapuściński und Müller, daß Davidoffs Ingenieure dafür keinen Ausweg gewußt hätten? Gesetzt den Fall, sie wären überhaupt durch dieses Phänomen überrascht worden und hätten es nicht zuvor einkalkuliert, ominöse Rechner, die sie waren? Müller wies darauf hin, daß ein Drama über dieses Projekt, aufgeführt im Berliner Ensemble, keinesfalls einen Schaden für das Klima der Erde erbringen würde.

Das Flugzeug war inzwischen nach Südosten abgebogen. Hohe Gebirgsketten, die Müller nicht mehr für Sibirien hielt, erschienen in den ovalen Fensterluken. Warum wurde das sibirische Meer später nicht realisiert? Die Pläne hätten eine Bauzeit von zehn Jahren erfordert. Diese zehn Jahre standen Davidoffs Team nicht zur Verfügung: Die Revolution stürzte ab. Die Mitarbeiter der Planungsstäbe von 1929 und die in den zwanziger Jahren noch allmächtigen Ingenieure, die ein solches Vorhaben hätten umsetzen können, wurden schon fünf Jahre nach Beginn der Vorarbeiten verhaftet und umgebracht. Bis dahin bestehen diese Vorarbeiten aus Studien, Versammlung von Kadern und Haushaltsmitteln, Entwicklung von Großgeräten auf Blaupausen, wie man sie für die gewaltigen Erdbewegungen braucht. Die utopische Aussicht, die ihn überraschende Perspektive eines sibirischen Meeres, ja der dichten Besiedlung jenes östlichen Teils des Kontinents (als wäre es der Mars) hatten in Müller, auch im Sog von Zigarren, ein wohliges Gefühl aufkommen lassen. Die Bilder der »Säuberungen« und hoffnungslosen Schauprozesse wollte er aus seinem Kopf verbannen. Nur fünfzig Jahre dauerte die Reform des Kaisers Meiji, wechselte er das Thema. Aus einem mittelalterlichen Land entsteht eine Industrienation, deren Stahlschiffe die Flotte des Zaren auf den Meeresgrund schicken. Das wäre ein guter Anfang für sein Referat in Tokio, meinte Müller. Ähnlich hätte man in 100 Jahren Sibirien zu einer »blühenden Landschaft« der euro-asiatischen Landmasse machen können. Mit Ferienhütten an den Ufern des sibirischen Meeres, vom Wind bewegt. Die beiden Debattierer und Fenstergucker (die Maschine war nicht stark besetzt, und so konnte der eine der beiden aus dem linken Fenster hinaussehen, während der andere die Landschaft aus der rechten Luke betrachtete) wußten nicht, daß bereits zwanzig Jahre nach ihrem Tod ein Konsortium von Oligarchen in Zusam-

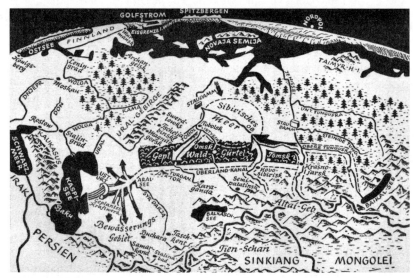

Abb.: Umlenkung sibirischer Ströme. Wasserbauprojekt von 1929. Davidoff galt als Anhänger von K. A. Wittfogels Wasserbautheorie; das kennzeichnete ihn wenig später als Ketzer.

Abb.: A. A. Smirnow-Schmidt.
Davidoffs Geliebte und Chefingenieurin.

menarbeit mit Ingenieuren von Gazprom das Projekt eines zentralen Wasserbeckens in Sibirien wiederaufgreifen würde. Diesmal in Gewinnabsicht ohne besonderen utopischen Ansatz. Wo kann man auf dem Planeten Erde (sofern man von der Antarktis und der Sahara absieht) eine so umfassende Planung noch plazieren? Hundert Kilometer breite Spiegel im Orbit, welche die Sonnenstrahlen auf die sibirischen Nordebenen richten, sollen die Landmasse so rasch aufheizen, daß das im Boden gespeicherte Gas sofort in Behälter abgesaugt werden kann, ehe es in die Höhen der Stratosphäre gelangt und dort Unheil bewirkt.

Wie leicht bricht einer durch den dünnen Firnis der Realität

Nach einem Bericht von Gregorij Jakowlew hat der russische Geheimdienst FIS dem Ministerpräsidenten Putin Unterlagen vorgelegt, welche die Verhaftung von Dominique Strauss-Kahn in einem neuen Licht zeigen. Aufgrund eines Abkommens waren die USA verpflichtet, noch im März 2011 191,3 Tonnen Gold an den IWF zu liefern. Bis zum Mai war nichts geschehen. Strauss-Kahn als Chef des IWF sei im Mai besorgt gewesen. Das habe er im Umfeld von Präsident Obama zum Ausdruck gebracht. Daraufhin hätten ihn Elemente innerhalb des CIA kontaktiert und ihm Beweise dafür vorgelegt,

Abb.: Strauss-Kahn. Nach einer Nacht im Gefängnis. »Aus der Wirklichkeit gestürzt.«

daß das gesamte Gold verschwunden sei, das sich im Besitz der USA befinden sollte, so der FIS. Nachdem Strauss-Kahn die Beweise erhalten habe, diese ihm anschließend aber entwendet worden seien, habe er Vorbereitungen getroffen, die Vereinigten Staaten zu verlassen. Agenten des französischen Geheimdienstes DGSE hätten ihn darüber informiert, daß amerikanische Behörden (Gegner jener Elemente aus dem CIA) ihn festsetzen wollten. Er solle sich sogleich zum Flughafen begeben und nach Paris fliegen; da die US-Polizei sein Handy orten könne, solle er dieses im Hotelzimmer lassen. Schon in Sicherheit sich wähnend an Bord einer Maschine der Air France, habe Strauss-Kahn den Fehler begangen, von einem Telefon an Bord der Maschine das Hotel anzurufen und um Nachsendung seines Handys an die Heimatadresse in Frankreich zu bitten. So hätten US-Agenten des Finanzressorts seinen Aufenthalt lokalisiert und ihn in der Maschine festnehmen können.

Und was war mit dem Zimmermädchen aus der Republik Guinea? Die Samenspuren auf deren Kleidung? ließ Putins Bürochef beim FIS zurückfragen. Der in Diversionen erfahrene FIS antwortete, daß dies nach seiner Erfahrung als Falle zu betrachten sei. Sie jedenfalls hätten so etwas zustande gebracht. Die russischen Geheimdienstoffiziere fügten hinzu, daß ein enger Freund von Strauss-Kahn, der ägyptische Spitzenbankier Mahmoud Abdel Salam Omar, den Strauss-Kahn mit der Wiederbeschaffung der Beweise für das Verschwinden des US-Goldes beauftragt hatte, am 30. Mai 2011 von den Behörden der Vereinigten Staaten wegen eines »Sexual-Delikts zum Nachteil eines Zimmermädchens in einem Luxushotel« unter Anklage gestellt worden sei. Die US-Behörden neigen bei ihrem Vorgehen zu einem gewissen Schematismus, kommentierte der FIS. Die Sache sei unglaubhaft. Der Ägypter gelte als strenger Muslim, sei 74 Jahre alt und im betreffenden Luxushotel nicht gewesen.

Warum habe Strauss-Kahn, dem Richter in der Morgenfrühe unrasiert vorgeführt, die Intrige nicht aufgeklärt? Der FIS erwiderte auf diese zweite Rückfrage, daß Strauss-Kahn ja über die Beweise für das Verschwinden des US-Goldes nicht mehr verfügt habe. Auch sei es um Staatsgeheimnisse gegangen. Im übrigen habe er Erpressung aufgrund anderer Fälle befürchtet, in denen er tatsächlich im selben Hotel sexuelle Handlungen vorgenommen habe.

Obwohl Putin das Zustandekommen solcher Berichte des FIS aus eigener Praxis kannte, sah er sich veranlaßt, auf der Internetplattform des Kreml eine Verteidigung Strauss-Kahns zu veröffentlichen. Gewonnen war er für die »Verschwörungstheorie« infolge der Tatsache, daß bei einer Lieferung von 500 Barren US-Gold aus Fort Knox nach China der übliche Test (es werden vier kleine Löcher in den Goldbarren gebohrt und der mikroskopische Aushub einer Analyse unterzogen) ergeben hatte, daß die Barren aus dem Metall

Tungsten bestanden. Sie waren mit einer dünnen Schicht echten Goldes überzogen, dessen eingeprägte Registriernummer aus Fort Knox stammte.

Abb.: Die Minister Tremonti (Italien) und Venizelos (Griechenland) in Brüssel.

Abb.: Bodyguards mit mürrisch blickendem Ministerpräsidenten. Bei seinem Privatvermögen geht es positiv um Milliarden. Bei dem Schuldenberg seines Landes handelt es sich negativ um Milliarden. Eine der beiden Seiten dieser Bilanz ist »unwirklich«.

Der Söldner

Sein Vater hatte ihn aus dem Kongoeinsatz mitgebracht und für seine Ausbildung gesorgt. Als Erbe (denn der Vater wurde bei einem Angriff auf die Komoren erschossen) erhielt er eine Eigentumswohnung bei Genf und eine Sammlung von Waffen, vor allem aber den Schutz zweier Kameraden des Vaters, die bei einem privaten Security-Unternehmen im Irak fest angestellt waren.

Von den Waffen des Vaters machte der junge Söldner nie Gebrauch, aus Aberglauben; er hatte nicht vor, jung zu sterben. Obwohl Todesmut zu der Ware gehörte, die er verkaufte. Er fuhr zu den Einsätzen, die er übernahm, mit nichts als seinem Verstand und seiner körperlichen Fitneß. Die Zivilkleidung tauschte er am Ort des Einsatzes gegen den von den Auftraggebern zu stellenden Kampfanzug. Dort erhielt er auch die Waffen, eventuell das gepanzerte Fahrzeug, so wie es von dem Einsatzleiter geplant war, so wie Piloten von Fluglinien überprüfte Maschinen ad hoc zugeteilt erhalten und das Gerät dann an fremde Orte fliegen.

Sah man den Söldner eine der weiten Strecken zu seinem Auftrag in einer Verkehrsmaschine zurücklegen, hätte man ihn für einen Geschäftsmann oder einen sportlichen Amateur halten können. Er trug eine Tasche mit Waschsachen und einem Zweithemd bei sich, keinen Schlafanzug, denn er schlief nackt. Alles, was ich besitze, trage ich mit mir, und ich besitze nichts außer dem Schutz meiner beiden Paten. Deren Ruf schloß aus, daß er betrogen würde. Ein weiterer fester Besitz: sein unbändiger Wille, am Leben zu bleiben, Zug um Zug mit einem gleichstarken Willen, die verlangte Leistung prompt zu erbringen, und koste die Tugend das Leben. Diese beiden Willenskräfte hielten einander die Waage. Er trank nie.

In die Republik Niger reiste er von Mauretanien her ein. Die Zone, in der sich das Söldnerkommando versammelte, lag im Norden dieser Republik, zum Tschad hin, direkt an den Grenzen des Gebiets, an dem die neue Uran-Mine geplant war, die zweitgrößte der Welt.

Der eigentliche Wert des besitzlosen Söldners liegt in seinem Unterscheidungsvermögen. Mancher Armeesoldat verfügt über stärkere Zerstörungsmittel, und in jedem Fall vermag er im Verband eine stärkere Repression durch den EINSATZ VERBUNDENER WAFFEN herzustellen als ein Söldner oder eine kleine Gruppe von Individualisten, die als Söldner zusammenarbeiten. Die Armee wird aber ihre Kräfte unterschiedslos heftig und nach der Definition einer Dienstvorschrift anwenden. Unternehmerisch dagegen wird die Gewalt von einem Söldner ausgeübt. So darf bei der anstehenden Mission im Niger, die auch Mauretanien und Gebiete nördlich der Republik Niger berührt, kein Tuareg angetastet werden. Auch nicht, wenn ein solcher Wüstenbewohner aus Irrtum angreift, weil er ja die Absichten des Söldners nicht kennt oder sich vielleicht darüber irrt. Die Verletzung eines Tuareg würde eine endlose Kette von Blutrache gegen die Auftraggeber des Söldners, praktisch einen Schwelbrand in dieser empfindlichen Gegend, auslösen, ja, der Söldner müßte einen Kameraden, der sich nicht an diesen Grundsatz FRIEDE DEN HÜTTEN hielte, seinerseits umbringen, weil »Aufreizung« das Gegenteil der versprochenen Kriegsarbeit ist.

Dabei sind zwei Gruppen von STÖRERN sofort zu töten (oder aber unbedingt lebendig zu fassen und scharf zu verhören): Partisanen des Polisario und Kämpfer der maghrebinischen Al-Qaida. Auch hier ist strikte Unterscheidung nötig, weil nicht das Umbringen allein, sondern eine Art von Buchhaltung verlangt ist; nur sie ermöglicht die Übersicht über die vollständige Zerstörung des NETZES AN STÖRERN, und zwar getrennt für die beiden Organisationen, die einander Rivalen sind. Eine ungleichmäßige Vernichtung der einen Gruppe bedeutete geradezu die Förderung der anderen. Auch die Dezimierung ist eine Form der »Verstärkung des Gegners« und nicht »Vernichtung«, die nur bei vollständiger Erfüllung des Vernichtungsauftrags gewährleistet ist. Was nach Kappung nachwächst, ist erfahrener, als es der Gegner bis dahin war.

Was macht der Söldner mit dem Sold? Er würde, sagt der Experte Lammert, für Geld allein nicht arbeiten, wie er es auch nicht aus patriotischen oder anderen ideellen Gründen täte. So wie er auch für eine Prämie nicht bereit wäre, vom Auftrag, der in der Vereinbarung niedergelegt ist oder ihm durch einen Vertrauensmann verbindlich mitgeteilt wurde, abzuweichen. Der Söldner ist berechenbar. Sein Lohn liegt in der Arbeit selbst, in der Linienführung seines Lebens. Hat er Lust am Töten? Dieser Söldner hier nicht. Er will dem Vater und den Kennern des Metiers (auch wenn alles geheim ist und niemand ihm zusieht), vor allem aber seinen beiden Paten gefallen. Und außerdem will er sich lebendig fühlen, das heißt für ihn: seine Pflichten erfüllen, wie im Auftragsbuch vermerkt (das er unsichtbar im Kopf trägt).

[Wie man die Leiche eines Störers beseitigt] Laienhaft bleiben Versuche, einen Toten mit Benzin zu überschütten (das in der Halbwüste nicht im Überfluß mitgeführt wird und wertvoll ist). Der Menschenkörper brennt nicht leicht. Falsch ist es, ihn zu entkleiden, was oft geschieht, damit nicht Kleidungsreste ein Beweismittel ergeben. Vielmehr fungiert die Kleidung als Docht, die Haut mit ihren Talg verhält sich dazu als Kerze. Muskeln und Knochen brennen überhaupt nicht, sondern verkohlen. Mein Rat: Wie bei der Taktik des Bomberkommandos, das Städte angreift und mit kleineren Sprengsätzen die Häuser in brennbares Material zerlegt und anschließend Brandbomben abwirft, die Körper zunächst in kleine Teile zerlegen, diese werden sich, vor allem wenn sie über unterschiedliche Orte verstreut wurden, wie in einer Deponie zersetzen. Dann muß man diese Reste vergraben. Der andere Weg, die zerstückelten Toten für wilde Tiere erreichbar zu halten, scheint mir unzuverlässig. Besteht Zeitdruck (etwa bei der Erwartung von Verfolgern), bleibt nur die konsequente Zerkleinerung des Körpers. Die verbleibenden Teile können gesprengt werden.

[Könnte der Söldner sich in einem Gegner, wenn sie einander lange Zeit umlauern und dabei, ohne einander zu sehen, sich kennenlernen, verlieben oder vernarren und ihn daraufhin schonen?] Daß eine »Beziehung« zwischen Feinden entstand, auch weil es für beide um Leben und Tod ging und dadurch die Wahrnehmung intensiv wurde, ist vorgekommen. Es gibt Fälle, in denen zwei Kämpfer einander zwei oder drei Monate aus der Ferne belauerten. Daß jedoch aufgrund einer solch emotionalen Aufmerksamkeit vom UNSICHTBAREN AUFTRAGSBUCH abgewichen wird, ist ausgeschlossen. Unwahrscheinlich auch, daß ein Gegner den Söldner aus Respekt verschont, wenn er gefangen würde.

[Wie unterscheidet man die Masken im Bürgerkrieg?] Es ist eine Illusion, daß ein Polisario-Kämpfer von einem solchen der West-Al-Qaida durch äußere Beobachtung zu unterscheiden ist. Einer trägt auch gern die Maske des anderen. Noch schwieriger festzustellen: der Unterschied zwischen einem dieser Kämpfer und einem Berber, der aus Clan-Interessen oder Eifersucht die Waffe gebraucht. Von Libyen sagt der Söldnerführer Oberst Lacroix, daß alle Bürgerkriegsparteien Masken tragen, wie auch wir es tun, wenn wir *under cover* arbeiten.

[Parteiverrat] So etwas kann unabsichtlich geschehen, vor allem, wenn sich Koalitionen oberhalb der Ebene des konkreten Kampfes verändern. Das haben auch Kollegen erlebt, die dem CIA dienten, wenn sie eben noch mit den Taliban gegen die Rote Armee und gleich darauf gegen die Taliban im Interesse der USA eingesetzt worden waren. Söldner stehen dann plötzlich auf der falschen Seite. Ein Söldnerführer im Kongo, der durch Änderung der Bündnisse zum Verräter gemacht wurde, rächte die Irreführung bis ins letzte Glied, indem er sieben Verantwortliche erschoß, alle in westlichen Hauptstädten; am Ende war es für unsere Kameraden schwer, ihn an einem unbekannten Ort unterzubringen, ihm eine sichere Identität für den Rest seines Lebens zu verschaffen. Zum Glück hatte er keinen Vertrauten der Hauptschuldigen übriggelassen. So war niemand da, der die Menschenjäger auf ihn angesetzt und bezahlt hätte. So etwas ist teuer und kann nur aus den Budgets großer Konzerne und nie in offener Rechnung bezahlt werden. Es kommt bei solcher RACHEAKTION GEGEN DIE OBEN darauf an, daß die Rache vollständig geschieht und der Täter jeden Zugang von Übriggebliebenen zu schwarzen Kassen unterbindet. Deshalb muß man nicht die Verantwortlichen, sondern ihren nächsten Anhang töten.»Nicht die Polizisten treffen, sondern deren Neffen.«

[Können private Sicherheitsdienstler im 21. Jahrhundert zu PRÄTORIANERN werden, die öffentliche Macht erobern?] Sie könnten das vor allem in Staaten, die eben noch auf dem Wege waren, *failed states* zu werden, und mit Hilfe einer Söldnertruppe stabilisiert wurden. Nichts wird Legionäre daran hindern, Macht, die sie haben, zu ihrer eigenen Sicherheit zu gebrauchen. In etablierten Republiken wie den USA wäre solche Usurpation nur für Elitekorps der Streitkräfte und nur in ferner Zukunft denkbar.

[Das Gewaltmonopol im 21. Jahrhundert] Durchlöchert.

[Die Albernheit von Gold und Silber als Zahlungsmittel, wenn es um Leben und Tod geht] Selbstverständlich nehmen einige von uns keine Zahlung in Euro oder Dollar an (oder gar in Lokalwährung). Ein Korb aus verschiedenen Währungen oder aus Akkreditiven in Gold, Platin und seltenen Erden kommt in Betracht, bereitgestellt in einem neutralen Land (aber immer weniger dient die Schweiz als sicherer Ort). Das Wesentliche ist aber, daß wir uns nicht als Rentner verstehen, die ihr Altersgeld erwirtschaften. Auch haben wir keine Veranlassung zu teurem Konsum. Er hält uns auf und schadet der Fitneß. Die wahrhaftige Währung wäre der Tausch: Leistung gegen Leistung, Treue gegen Treue. So gibt es bereits Handlungsstrecken, bei denen ein Sicherheitsunternehmen Leistung für ein anderes erbringt, und der Tausch erfolgt bargeldlos, sozusagen als Gewaltkredit. Ein Guthaben dieser Art (erprobt auch unter Einzelsöldnern) hat bleibenden Wert, ja, es wird, entgegengesetzt zu Inflation oder Deflation, stets wertvoller mit der Zeit. So ist eine Gefälligkeit im Rahmen der 'Ndrangheta bei Neapel jenseits des Atlantiks oder in Ostasien konvertierbar.

[Neue Arbeitsfelder im Nordmeer und an dessen Küsten und Zugangswegen] Das Bedürfnis nach Sicherheit, Regelung und dosierter Gewalt folgt den Routen der Wirtschaft. Rechtsfreien Raum gibt es nördlich des Polarkreises.

Einsatz von korrumpierbaren Spezialtruppen der Roten Armee erweist sich als teurer, als es unbestechliche Privatkämpfer sind. Auch Vertraulichkeit des Einsatzes ist besser gewährleistet.

[Tausch Glück gegen Einsatz] Einer der drei Chefs der Revolution in Burkina Faso wurde von einem der sieben französischen Geheimdienste als Privatkämpfer gewonnen, und zwar durch Zuführung einer Geliebten, der er verfiel. Der Frau zuliebe tötete er seinen Revolutionskameraden, den Staatschef, und übernahm als Präsident das Land, was er weder für Geld noch aus Machtlust getan hätte. Die staatsverräterische Beziehung, durch Liebesglück fundiert, blieb stabil. Das verbrecherische Paar war, auch unabhängig von der persönlichen Liebesfähigkeit, zum Zusammenhalt vergattert, da eine Krise in der Beziehung die Geheimdienste zu sofortiger Aktion gereizt hätte. Die beiden deckten einander den Rücken. Sie waren nicht Liebesleute, sondern Liebeskameraden. Diese libidinöse Währung scheint auch bei Oberst Frossart der Grund dafür gewesen zu sein, daß er mit seiner Truppe auf den Komoren landete. Er hatte die Absicht, eine junge Frau aus dem Gefängnis zu befreien, die er einst in Paris gesehen hatte. Das gelang ihm, und er forderte nicht einmal Liebeslohn. Nach wenigen Tagen war das Unternehmen im übrigen gescheitert. Die Truppe zog sich nach Afrika zurück.

Ein Kämpfer aus Ungarn

Er war in Ungarn aufgewachsen, hatte sich in Nordafrika als Kämpfer ausbilden lassen und war in Kanada in die arktische Patrouille eingereiht worden. Wer hatte diesen Mann zum Chef eines Saunabetriebs in einem Grandhotel in den Schweizer Alpen gemacht, in dem er ausschließlich leichtbekleidete Frauen kommandierte? Als die Ermittler beim Hotelmanagement vorsprachen, war der rufschädigende Tatbestand schon nicht mehr zu vertuschen. Der Personalchef des Hotels und der Berater des Unternehmens, der das Personal vermittelte, hätten fragen müssen, warum diese Kämpfernatur ihren letzten Job in Kanada verloren und sich jetzt im Spa-Beruf beworben hatte. Stets ging dieser Kampfausbilder halb im Rücken einer der ihm anvertrauten Bedienerinnen des Sauna- und Massagebetriebs, die wegen der Temperaturen in Turnkleidung herumliefen, und observierte, ob sie ihre Aufgaben ordnungsgemäß verrichteten. In diesen Situationen und am Abend nach Dienstschluß soll er seine Position als Vorgesetzter ausgenutzt haben, was so lange verborgen blieb, bis die Eifersucht einiger der ihm Anvertrauten zu Meldungen und Gerüchten führte.

Die Entlassung des Mannes kostete die Hotelleitung ein anerkennendes Zeugnis, in dem auch eine Erklärung zu finden war, daß der rasche Berufswechsel aus gesundheitlichen Gründen erfolgt sei. Die Ermittlungsbehörde sah, um Rufschaden von Ort und Hotel fernzuhalten, von einer Untersuchung ab. Hierfür gab es haltbare Gründe, weil alle Kontakte einvernehmlich erfolgt und keine Minderjährigen beteiligt waren. Der Vorwurf der Ausbeutung von Abhängigen durch einen Vorgesetzten, ebenfalls unter Strafandrohung, konnte ausgeräumt werden mit dem Hinweis, der »Kämpfer aus Ungarn« sei beratend und nicht entscheidend tätig gewesen. Vorgesetzter des Spa-Bereichs sei das Management selbst, was ja zutraf.

Kleinheit der Fragmente, aus denen sich der Verlauf des Sprengstoffattentats ermitteln läßt

Das Attentat auf den Ministerpräsidenten des Libanon Rafiq al-Hariri war auf dessen vollständige Vernichtung gerichtet. Der Personenschutz hatte die Angriffswut nur verstärkt. Es waren statt ausreichender 500 Kilo Dynamit 1500 disponiert worden. Der Selbstmordattentäter, der den Großlastwagen gesteuert hatte (in seinem Rücken die gewaltige Sprengmasse), war in winzige Teile zerfetzt worden. Wir fanden später ein Stück der Leiche, einen Zahn. Dessen DNA war unbekannt. Wir ermittelten im Ausschlußverfahren, daß dieser Leichenrest zum Attentäter gehören müsse. Das Teil konnte zu keinem anderen Toten gehören, von denen 200 zu beklagen waren.
Der Ministerpräsident hatte in einer Limousine gesessen, deren Panzerung dem enormen Explosionsdruck standhielt. Äußerlich stand das Fahrzeug wie unbeschädigt da. Die Energie der Explosion war in das Fahrzeug gefahren und hatte es momentan auf eine Temperatur von fast 2000 °Celsius erhitzt. Aufrecht saß der Ministerpräsident in seinem Fahrzeug, verbrannt.
Hariris Schutz war damals schon etwas heruntergefahren worden. Es hätte aber auch keine absolute Sicherheit für ihn gegeben, wäre der Schutz verstärkt worden. Der Politiker hätte dem Ende nur entkommen können, wenn er dem Willen seiner Gegner in jedem Punkt entsprochen hätte, und auch dann wäre sein Überleben nicht garantiert gewesen, weil nie festgestanden hätte, wer von den Gegnern ihn umbringen würde, er sozusagen einen der Teufel hätte vergessen und so die Vernichtung doch auf sich ziehen können, auch wenn er alle übrigen durch Zugeständnisse ruhiggestellt hätte.
Die Untersuchung des Mordanschlags leitete im Auftrag des Sicherheitsrates (und mit dem Rang eines Undersecretary der UN-Verwaltung) der Oberstaatsanwalt Detlev Mehlis. Er verfügte über ein libanesisches, ein französisches,

ein schwedisches, ein britisches, ein deutsches und ein japanisches Ermittlungsteam. Tatort war eine Strandstraße von Beirut. Das britische Team, zu dem Taucher gehörten, fand am Meeresgrund den Motorblock des Tatfahrzeugs. Die Japaner ermittelten, daß ein Fahrzeug mit dieser Motornummer Wochen vor dem Anschlag in Tokio gestohlen worden war. Es wurde mit Frachtschiff in die Vereinigten Arabischen Emirate transportiert und nahm im Libanon den Sprengstoff auf. Das Verbindungsnetz des Verbrechens erwies sich tatsächlich als global.

Die Stelle zwischen zwei Institutionen, an der die Schuld ungenau wird

Das Operationsteam im Berner Inselspital, spezialisiert auf Herzoperationen, bestand aus zwei Anästhesisten, drei Chirurgen, einem Kardiotechniker und einer Operationsschwester. Der Kardiotechniker war ein Externer, für eine Woche ausgeliehen von seiner Heimatklinik in Zürich. Ein Personalengpaß war zu überbrücken.

Der Fehler entstand bei dem Aufbau der Herz-Lungen-Maschine in den Vormittagsstunden. Der Kardiotechniker hatte einen Schlauch so montiert, wie er es in seiner Heimatklinik gewohnt war; das Verfahren entsprach auch der Praxis in den meisten anderen Kliniken. Hier, im modernen Inselspital, war die Apparatur jedoch vor kurzer Zeit verbessert worden. So war es der falsche Schlauch, den er justierte. Während der Operation wurde für zehn bis zwanzig Sekunden Luft in die Hauptschlagader des 58jährigen Herzpatienten gepumpt.

Rasch war der Schaden behoben. Die Operation wurde vom verschreckten Team fortgesetzt. Man hoffte sehr, daß kein Unheil geschehen sei, und gewöhnte sich noch während der Operation an den Gedanken, den Patienten bald versorgt auf seinem Lager in der Intensivstation zu sehen. Die Haut schien gut durchblutet.

Nach sechs Stunden ergab die Tomographie, daß die Hoffnung, es sei nichts Schlimmes geschehen, auf Illusion beruhte. Ungenügende Durchblutung großer Teile des Gehirns des Patienten, der noch immer an die Geräte der Intensivstation angeschlossen war. Die Bereitschaften der Klinik wurden alarmiert. Die Verletzungen bewirkten den Hirntod.

Der Direktionspräsident Urs Dischler nahm das Gespräch mit den Angehörigen auf. Er konferierte mit der zuständigen Untersuchungsrichterin. Ganz klar, daß der Unfall »in völliger Transparenz der Öffentlichkeit mitzuteilen sei«. In einer angesehenen Klinik kann es keine Vertuschung geben, wenngleich nicht sicher war, ob der Patient an dem Kunstfehler gestorben oder durch eine in ihm vorgefundene seltene Disposition seines Kreislaufs nicht auf andere Weise ums Leben gekommen war. Hierauf sich zu berufen wäre aber in der Öffentlichkeit als Ausrede aufgefaßt worden.

Der Kardiotechniker, dessen Laufbahn ruiniert war, so stellte es sein Anwalt dar, war seiner »bewährten Gewohnheit« gefolgt. Handgriffe, die er, wie alle Experten seines Schlags, kannte (und die in jeder anderen Klinik ein korrektes Ergebnis erbracht hätten), wirkten sich in der moderneren Klinik verhängnisvoll aus, ohne daß der Mann, der früh zu seinem Dienst erschienen war, in den Informationskreislauf einbezogen gewesen wäre, der ihn über die Änderung aufgeklärt hätte. In Ruhe wollte der Kardiotechniker den Apparat aufbauen. So konnte man ihn, aber ebensogut denjenigen als Schuldigen bezeichnen, der die geänderte Anlage der Schläuche geplant und umgesetzt hatte, ohne dafür zu sorgen, daß die Nachricht davon jedem, der das Gerät berührte, bekanntgegeben würde. Dieser Planer und Modernisierer hatte zuvor Informationen hinterlassen; nur waren sie nicht an die Abteilung gelangt, die für kurzfristige Umbesetzungen im Operationsstab zuständig war. Dem Schlauch selbst sah man die richtige Anschlußstelle nicht an. Es gibt wenige Kardiotechniker, und diese wissen aus Routine, wie sie die Anschlüsse zu legen haben. Daher waren die Schläuche auch nicht beschriftet.

Der Anwalt des Kardiotechnikers war sich nicht sicher, wie er die Verteidigung seines Mandanten aufbauen sollte. Die Schuld war an einer unsichtbaren Stelle zwischen zwei Institutionen irgendwie verlorengegangen. Es war aber öffentlichkeitspsychologisch riskant, sich auf diesen Schwund zu berufen. Das Argument durfte nicht als Ausrede erscheinen.

Sturz nach einem Tag mit zu vielen Eindrücken

Einladung an die Universität Princeton. Vorführung von Filmen und Seminar. Am nächsten Morgen fahre ich früh nach New York. Mittags dort Verhandlung in einem italienischen Restaurant mit meinem Verlag New Directions über die englische Ausgabe der *Geschichten vom Kino*. Ich bin die große Stadt nicht gewöhnt. An der Central Station finde ich die Bahnsteige nicht, von denen aus die Züge nach Norden fahren. Wie blind spreche ich einen Mann an, der in der Schlange von Leuten steht, die eine Fahrkarte kaufen. Wo geht es zum Zug nach Princeton? Dort lang, Herr Kluge, antwortet der Mann. Ich erkenne Richard Holbrooke. Mit ihm habe ich TV-Gespräche geführt. Bei einer gewissen Überfülle an Eindrücken nehmen meine Augen die Umgebung mit einem Verzögerungsfaktor wahr. Holbrooke bewegt sich hier

ohne jeden Schutz. Auf seinem Weg als US-Diplomat durch die Jahrzehnte und durch den Balkan könnte es Gründe dafür geben, daß sich ein Attentäter auf seine Spur gesetzt hat. Holbrooke rechnet mit dem Schutz der Anonymität, der Tarnmasse des Massenverkehrs. Er wäre hier nicht so leicht zu erkennen, meinte er, auch nicht so leicht zu unterscheiden. Eine Tarnkappe.
Zurück nach Princeton. Ich bin hungrig. Ich will für den Abend noch ein Buch kaufen, lesen beim Essen. In der Übereilung, endlich in einem ruhigen Lokal zu sitzen, stürze ich über eine Bordsteinkante. Sie sind nach Sitte der Kolonialzeit in Neuengland überhoch gebaut, nicht angepaßt an die Füße der Passanten, sondern passend für das Auge der Straßeninspektion, welche die Pflasterung in Auftrag gab. Die Kante ist dafür gebaut, aufzufallen. Ich habe sie nicht richtig eingeschätzt. Ich habe die müden Füße nicht genügend hoch gehoben. Das Hindernis läßt meinen Körper längelang auf die Steine fallen. Ich schlage mit Stirn und Brille auf das Pflaster. Einen Moment lang glaube

Abb.: Acht Tage später.

ich, der Stirnknochen sei gebrochen. In ein Lokal hinein, vor dem Spiegel in der Toilette. Ich wehre englischsprachige Einwürfe ab. Eine Serviette mit kaltem Wasser nehme ich an.
Die Angestellten meines Hotels rufen einen privaten Zubringerdienst für Unfallopfer (wir würden das Krankenwagen nennen), der mich zu einem Medical-Center bringt. Wartezeit. Mike Jennings trifft ein, den ich telefonisch benachrichtigt habe. Das Hirn wird gescannt. Nach einer Stunde berichtet der Arzt: eine Menge alter Narben im Hirngewebe, keine ist von heute. Offenbar bin ich früher schon öfter gestürzt. Die Fortsetzung des Seminars sage ich ab. Das Gesicht sieht nicht gut aus. In Europa müssen Sie das Gehirn noch einmal genau untersuchen lassen. Kann ich denn fliegen? Von einer Schiffsreise rate ich ab, antwortete der Arzt.

Vor ihrem Alter graulte sie sich

Eine junge Frau in der Modeboutique. Bevor die Inhaberin kommt, die noch andere Kunden hat, hat sie ein grünes Wolljäckchen, ein schwarzes Kurzes und einen breiten Gürtel ausgewählt. Rasch verschwindet sie in der Kabine und kommt heraus wie neu. Sie blickt in den Spiegel, ob es paßt. Alle Sachen stehen ihr gut. Sie ist barfuß, weil die Schuhe sie bei dem raschen Wechsel der Kleider behindern.
Sie besaß drei Kinder und war jung. Um ihren Mann wurde sie beneidet. Dann erfuhr sie, daß ihr Mann, der sie als Schmuckstück ausgesucht hatte, sie betrog. Beraten von ihren Freundinnen, wollte sie zunächst ein Auge zudrücken, aber gleich, ob sie sich gewehrt hätte oder ob sie mit einer Ehe zu dritt einverstanden gewesen wäre, ihn zog es zu der fremden neuen Frau, und die bestand darauf, daß er ihr allein gehöre. Wenig später die Scheidung.
Jetzt war doch Nebel auf die klare Welt der jungen Frau gefallen. Sie, die Realistin, handelte konfus. Bald war sie neu verheiratet mit einem, den sie nicht liebte. Die Kinder mochten den Neuen nicht. Sie hatte jetzt nur noch die Kinder und ihre Fähigkeit, rasch zu vergessen. Vor ihrem Alter graulte sie sich.

Die ersten 36 Stunden mit einem lachhaften Verwaltungszwerg

Dieser Mann, außerhalb des Urlaubs ein amtierender Schulrat, der absurderweise als ihr Cousin galt (weil ihr Familienzweig offenbar länger gebraucht hatte, Kinder zu bekommen, als der benachbarte), erschien ihr in seiner Dickbäuchigkeit, die er zu verbergen suchte, lächerlich. Jetzt, nachdem sie in diesem Touristik-Zimmer mit ihm die dritte Stunde verbracht hatte, empfand sie, daß es ihr nicht ausgiebig genug andauern konnte. Dieser Oberregierungs- und Schulrat war ein sehr guter Liebhaber, insofern als er sich nachdrücklicher, als sie es sonst kannte, an sie preßte, sie an den Innenflächen und im Oberteil ihres GT streichelte, mit Händen, die außer leichter Gartenarbeit (Unkraut jäten) nie etwas gearbeitet hatten. (Fred sollte sie ihn nennen, sie hätte eher Herr Oberschulrat oder Herr Wilcke zu ihm gesagt; sie kannte ihn ja erst seit 24 Stunden, also redete sie ihn gar nicht mit Namen an.) Sie schwor sich, noch an seinem Grab an seine Hand und auch an den lächerlichen nackten Körper und das »ausdrucksvolle« Gesicht zu denken, das ihr »sondergearbeitet« erschien.

Sie war 26 Jahre jünger als er; sie wollte auch Blumen in die Grube werfen und drei Schaufeln Erde. Nicht genug damit, sie empfand: »Er ist mir ins Hirn eingebrannt!« Gerade wegen des groben Gegensatzes dieses Köpfchens, das auf einem ganz »ungearbeiteten« Körper saß, auf den er doch jetzt im Urlaub soviel Sorgfalt verwendete, um ihn »behauener« (damit meinte er fettärmer) erscheinen zu lassen. Der Kopf, so wie man sonst sagt: wettergegerbt, war hier »gesellschaftlich gegerbt«, also in vielen amtlichen Sitzungen eine Erscheinung geworden, während der Knabenkörper, üblicherweise kleiderbedeckt, zart blieb und einfach dick wurde wie ein im Park schwer erreichbar gelegenes Gebüsch, wild gewachsen. Dieses Miß- und Mischbild hatte am Vortag auf einem Spaziergang der beiderseitigen Familien versucht, mit ihr Haschen zu spielen, schlug und pufte sie, schlenkerte sich aus der Reichweite ihrer Gegenschläge mit einer kurzen Bewegung, die das Prädikat »geschickt« oder »wendig« beanspruchen konnte. Es war aber nur ein eher »mädchenhaft« wirkendes Schlenkern oder Wegdrehen des Hinterns, das sie als offenkundig lächerlich anrührte. So eroberte dieser Geist die junge Frau. Dies Bemühen des Verwaltungszwergs (seine hoffnungslose Lage) versprach, daß er sich »Mühe geben werde«. Der Lachzwang, den sie unterdrückte, lenkte ihre Angst ab. Sie sah später diesen »Vetter« im Flachland noch sechsmal wieder, immer in Hotels, aber es war nie wieder wie in den ersten 36 Stunden.

Der Abbrecher

Er bricht Urlaub, aufkommende Stimmungen, sich verdichtende Freundschaften ab, wird dafür vom rebellischen, langsameren Körper mit Erkältungen, Darmstörungen bestraft, weil diese untergebene Truppe gegen das Hin- und Herschwanken protestiert. Er fühlt einige Tage seinen Körper, spürt, daß seine Seele Wurzeln schlägt, Vorstellung des »Urlaubs« als einer unbegrenzten bewußtlosen, willenlosen Zeit an fremdem Ort, wie ein Kühe-Hüter, der erst in der Herbstnässe mit dem Vieh vom Gebirge absteigt. Begrüßung jedes einzelnen Grashalms. Das aber hält er nicht aus, will zur »Welt« wieder zurück. Bei der ersten Empfindung, daß es nicht »weiterführt«: Zweifel, Abreise, Zerreißung der Wurzeln. Wie einer an einer Wunde kratzt, die juckt.

Ihre Ankunft sollte durch ein Essen würdig begangen werden

Zu lange hatte er auf die Ankunft der Ersehnten warten müssen. Die Freunde hatten ein Lokal eruiert, in dem es delikate Pfeffersteaks gab. Davor ein kleines Fischgericht, danach Orangen-Soufflé. Der Oberkellner hantierte lange an seinem fahrbaren Tischchen, auf dem er ein Feuer entzündete, um vor den Augen der Gäste die Fleischstücke anzubraten, den auf die Sauce geschütteten Armagnac in einer lodernden Flamme zu entzünden usf. Willi befand sich seit der Fischspeise im Streik. Er ließ das Pfeffersteak unangerührt wieder abtragen. Sein Verhalten belastete die Stimmung. Seine Geliebte, kurz vorher nach sechzehnstündiger Fahrt angekommen, noch in den verschwitzten Reisekleidern, betrachtete ihn kritisch. »Du bist albern, Willi.« Willi: »Dann bin ich eben albern.« Die mürrisch speisende Geliebte: »Sei nicht so patzig. Ich habe dir nichts getan.« Willi: »Um so schlimmer. Wenn ich mit allen Fasern will, daß ich dich umarme, dann will ich nicht ein Trumm gebratenes Fleisch essen. Wenn ich dich umarmen will, will ich nicht Konversation mit einem anwesenden Ehepaar oder auch mit dir machen. Wir haben außerdem während des Essens fast gar nichts geredet. Ihr eßt stumm. Du bist müde und albern, aber ich will dich umarmen. Ich kann nicht nur einmal an deiner Schulter vorsichtig riechen. Die Hand lahmt, wenn sie auf deiner müden Schulter tastet.« Die Geliebte antwortete kurz: »Laß mich mampfen.« Er aber in seinem Sinn: »Wenn ich dich so sehr umarmen will, dann will ich ebenso entschieden alles andere nicht.«
Das gibt mit Sicherheit noch diesen Abend Streit.

Nebelfahrt

Der Facharzt Dr. med. W. besaß in der Rhein-Main-Metropole einen hohen Rang. In seiner besten Zeit lernte er im Tennisclub »Palmengarten« eine Tennisspielerin kennen, eine hochgewachsene Frau. Er zögerte nicht, sich diese Trophäe, um die ihn andere Männer beneiden mußten, durch Heirat anzueignen, obwohl er kaum über die Zeit verfügte, neben seinem Beruf als Prominentenarzt und als medizinischer Forscher über gelegentliche Tennisspiele und den Besuch von Gesellschaften hinaus mit den Kaprizen einer anspruchsvollen Frau umzugehen.

Sein persönliches Forschungsgebiet bezog sich auf die Wirkung von tierischen Eiweißen auf die Zellwände. Dort bildet sich, wie der Arzt weiß, ein Belag. DER GEIST DER GEFRÄSSIGKEIT, die der Jagd auf Eiweiß zugrunde liegt, so Dr. med. W., bildet in den Gefäßen »schwarze Gärten«. Tatsächlich sahen die Beläge auf den Zellen im Mikroskop wie dunkelfarbene Orchideen und fette Dschungelpflanzen aus. Sie überdeckten das natürliche Rosa der Zellwände vollständig. Die aggressiven Eiweiße, die sich nicht vollständig in das im Körper nutzbare ATP verwandeln, versteifen die Adern und verstopfen die Gefäße, eine Schuttmasse, die später das Herz ergreift und die Manager der Stadt in die Praxis des Arztes führt. Hierüber hatte Dr. med. W. ein umfangreiches Manuskript verfaßt. Von dessen Publikation versprach er sich einen Durchbruch seiner »Denkschule«.

Im letzten Winter der siebziger Jahre geriet dieser große Mann in eine »Nebelfahrt«. Seine Lebensumstände, seine berufliche Position und seine Gesundheit verwirrten sich. Zwei Abenteurer hatten sich dem Arzt gegenüber anheischig gemacht, für die Drucklegung seines Manuskriptes zu sorgen. Sie hatten sich einen Scheck ausstellen lassen und diesen durch Hinzufügung einer Null gefälscht, das Geld abgehoben und waren verschwunden. Infolge der hinzugefügten Null ging es um eine eklatante Summe. Die ohnehin unzufriedene Ehefrau warf Dr. W. Verschleuderung des Erbes vor, das ihr zustand. Sie war 22 Jahre jünger als er. Die beiden Söhne, noch nicht erwachsen und an fernem Ort lebend, konnten dem alten Mann nicht helfen.

In seine Praxis hatte er einen dynamischen Jungfacharzt aufgenommen. Die Patienten und ein Teil des Praxispersonals liefen über zu dieser aufgehenden Sonne. Der alte Mann saß an seinem Arbeitstisch, grübelte. Ein unflätiger Wutausbruch vor Zeugen gegenüber seiner aufsässigen Frau, noch immer eine der schönsten der Stadt, bot dieser den Vorwand, ihn in eine Anstalt einweisen zu lassen. Nach seiner Befreiung durch Urteil der zweiten vormundschaftsgerichtlichen Instanz traf er keine Anstalten, sich in irgendeine der

früheren Wirklichkeiten wieder einzugliedern. Er hustete, kam aus dem Bett nicht heraus. Jetzt wurde er in ein Pflegeheim eingewiesen. Ihm fehlten seine Manuskripte, und wen auch immer er aussandte, sie zu finden und zu ihm zu bringen, er erhielt sie nicht zurück.
Wasser in den Beinen. Die Herzkranzgefäße defekt. Er starb, noch immer VERIRRT IN UNWIRKLICHKEIT, an einer Lungenentzündung. Die Antibiotika vertrug er nicht und spuckte sie aus.

Künstlerische Installation, die nicht auf den kindlichen Instinkt geeicht ist, vor Abgründen innezuhalten

Ein flacher gestauter See. Es handelt sich um eine Wasser-Installation auf einer breiten Steinplatte, die als rechteckiger Findlingsblock vor das Grandhotel gebaut ist. Wo der Abgrund beginnt, sieht man nicht; er ist in verlockender Nässe versteckt, die kein Ende zu haben scheint. In dem flachen sommerlichen Wasser stolpert ein Kind dem Rand des Kunstwerks zu. Auf beiden Seiten warten je ein Schutzengel, der Vater, die Mutter. Sie fangen das Kind an der Wassergrenze ab, dort, wo die Lust am Laufen im spritzenden Element über die Grenze hinausführt und der Abgrund beginnt. Das Kind kehrt sofort um und läuft durch das Flachwasser zur anderen Seite, wo der andere Elternteil am gefährlichen Punkt wartet.

Das Tier wollte uns nicht rammen

Auf dem steilen Bergweg kommen uns zwei Reiter entgegen. Den erwachsenen Reittieren folgt ein Fohlen in einigem Abstand. Wir grüßen den Reiter und dessen Tochter und sehen zu den schönen Rössern hin, erschrecken dann, weil das Fohlen überraschend rechts von uns den steilen, grasbewachsenen Hang entlanggaloppiert, direkt am Abgrund, so daß ein einziger Fehltritt dem Tier das Gleichgewicht rauben müßte. Das Fohlen wollte uns nicht rammen.
Wir, abgelenkt von den erwachsenen Reitern, blockierten die Mitte des Weges. Das junge Tier wollte aber auch nicht den langsamen Pferden auf deren Spur folgen, sondern (aus irgendeiner Regung heraus) uns sämtlich überholen, und preschte so an der gefährlichsten Zone des Weges voran. Diese Fluchttiere haben ein von der Haut ausgehendes Ahnungsvermögen für Hindernisse und Abstürze im Umkreis. So wie andere Tiere einen Geruchsdom besitzen, in dem sie sich sicher fühlen. Ähnlich wie Menschen sich in ihr Vorstellungsver-

mögen hüllen und so eine Gefahr leugnen, was aber nie so hilfreich ist wie der Instinkt der Fluchttiere, die sich ihren Fluchtweg am Rande des Abgrunds bahnen.

Eulenspiegel in der Pferdehaut

Der bei Todesstrafe aus dem Lande verwiesene Eulenspiegel, der dennoch zurückgekehrt war und das Land durchreiste, sah die Häscher des Fürsten schon von weitem auf sich zukommen. Er schlachtete sein Pferd, weidete es aus und kroch in die Pferdehaut, nähte diese von innen zu.
Dem Prokurator des Fürsten, der vor dem seltsamen Gebilde, das auf dem Wege lag, überlegte, was er den Häschern befehlen sollte, rief Eulenspiegel aus seinem sicheren Versteck zu: Er befinde sich nicht im Lande des Fürsten, sondern in seinem eigenen. Oder wolle der Prokurator bezweifeln, daß das Pferd nicht sein eigenes gewesen sei? Der Nicht-Realismus der Situation beeindruckte den Prokurator und danach auch den Fürsten, dem der Vorfall berichtet wurde. Der Herrscher war sich nicht sicher, wie sein Volk es empfinden würde, wenn er Eulenspiegel, den die Pferdehaut offensichtlich von der Realität des Landes abtrennte, weiterhin verfolgte. So gebot er Eulenspiegel, herauszukommen unter Zusicherung freien Geleits.

Wirklichkeit als eine zweite Haut

Was geschieht eigentlich, wenn man aus der Wirklichkeit abstürzt? Das wurde die ehemalige Bischöfin der evangelischen Kirche gefragt. Aus Gottes Hand kann man nicht fallen, antwortete sie knapp.
Es war nicht einfach, einem theologischen Laien von der Tagespresse zu erklären, was »eine Wirklichkeit ist, aus der man nicht stürzen kann«. Sie ist eine zweite Haut, ein drittes Kleid oder ein Haus, in dem Menschen leben, ohne daß es wie ein Haus aussieht. Stürzt dieses Haus namens Wirklichkeit ein, fuhr die Bischöfin fort, oder wird es zerbombt oder brennt es ab, so müssen wir ein neues bauen.
Das aber ist bei der Haut nicht möglich, erwiderte der Journalist, der doch einfühlsamer zu sein schien, als sie zunächst gedacht hatte. Wir können uns nicht wie Reptilien häuten. Und deswegen gibt es einen Absturz aus der Wirklichkeit, der sich durch nichts ausgleichen läßt. Daß einem buchstäblich die Haut abgezogen wird, fragte die Theologin zurück, wie bei einer mittelalterlichen Tortur? Auch Märtyrer in der Antike haben das erfahren müssen.

Das Gespräch dauerte dann doch die ganze Nacht. Wenn nämlich in der Realität, die verlorenging, wesentliche Teile eines Menschen verhaftet sind, wird die Seele und durch sie manchmal auch der Körper zerrissen. Oder der Riß in der Seele, fügte der Journalist hinzu, entzieht dem Körper den Sinn. Das kann man so oder so sagen, antwortete die Theologin. Und es gibt Fälle, in denen Gott DEN VON DEM WIRKLICHKEITSABSTURZ ZERRISSENEN zu sich nehmen muß. Sie hatten jeder zahlreiche Biere getrunken, hatten aneinander Gefallen gefunden und waren selbst nicht verzweifelt.

2
Das Rumoren der verschluckten Welt

Der neuzeitliche Mensch hat »die Meere ausgetrunken, die Erde von der Sonne abgekettet, es gibt nichts mehr, das er nicht vor-sich-gestellt hat«. Das ist schwer ins Französische zu übersetzen, meinte Dr. Joseph Vogl. Es enthält Unbestimmtheit, welche die auf feste Regeln gegründete französische Sprache nicht wiedergibt.
Es sind Heere von Toten unterwegs, die noch auf die Art und Weise früherer Zeitalter atmen, dazu die neuzeitlichen SCHLUCKER, welche die Meere austrinken und dabei sind, sich die Erde einzuverleiben. Sie verschlucken sich und ersticken. Dieser unselige Zustand besteht zur Zeit nur für Bruchteile von Sekunden, solange die alte Welt noch als Trägheit fortwirkt. → *Das Rumoren der verschluckten Welt*, Chronik der Gefühle, Band II, S. 1005.

Ausgründen nach oben / Luftmeere der Gesellschaft

Ein Exodus von heute, also die Auswanderung ganzer Universitäten (wie im Mittelalter), großer Familienverbände (wie der *pilgrim fathers*) oder von Völkern (wie nach Jenan) fände so leicht, sagte der Demograph Klaus Kasbach, kein Land, auch kaum eine unbesiedelte größere Insel, sondern müßte Auswege suchen, über welche die Auswandernden ein schon besiedeltes Gebiet überlagern würden. So können Jungwissenschaftler, enttäuscht vom Planstellenbetrieb, dem sie angehören, an die Spitze abstrakterer Forschungsinstitutionen auswandern. Und so begab sich 2011 eine Gruppe irischer Landbewohner, ausgehungert durch die Konkurrenzen der Agrarimporte aus Europa und verstört von der Finanzkrise, als später Schub nach Chicago, wo sie im Norden der Stadt die Komitees, Ausschüsse und Nichtregierungsorganisationen besetzten, so wie ihre Vorfahren früher die Arbeitsstellen in den Fabriken und auf den Baustellen der in den Westen führenden Bahnen. Nur daß der neue Schub nicht Arbeit fand, sondern Lustgefilde des Organisierens. Sie mußten jetzt Sprachen lernen, konnten bald Bilanzen lesen; eine Spirale bildet sich in jeder dieser Personen. Die Luftmeere der Gesellschaft werden erobert.

Schätze der Tiefsee

In den Tiefseegräben vor Japan finden sich auf den abgesunkenen Knochen ertrunkener Wale Matten seltener Archäa. Zehn Jahre vergehen, ehe ein solches Skelett zerfallen ist, eingedrückt unter dem Druck des Wassers, das auf ihm liegt, und so konserviert wie unter einer zweiten Haut. Die Bakterien, die außerhalb der Tiefsee nicht existieren, können in dieser Zeit sieben neue Arten hervorbringen. Mit U-Booten sucht ein großes Waschmittelunternehmen der USA nach diesem BELAG, aus dem ein spezielles Niedrigtemperatur-Reinigungsmittel gewonnen werden kann.

Suche nach Menschengold

Wie die Brüder Grimm Märchen sammelten bei nordhessischen Großmüttern, die noch zu erzählen wußten, durchstreifen Childhunter die Favelas von São Paulo auf der Suche nach jungen Intelligenzen, möglichst noch unterhalb des prägsamen Alters von drei Jahren. Solche Kinder, mit Papieren und dem Nachweis, daß in ähnlichen Fällen derart rekrutierte Favelakinder, entdeckt und vermittelt durch dieselbe Organisation, große Karrieren mit Harvard-, Stanford- oder Musikhochschulabschluß hinter sich gebracht hätten, schaffen einen Human- und zugleich einen Geldwert. Die Aktion entspricht nicht nur der Märchensuche, sondern auch dem Goldrush. Rivalisierende Förderungsteams haben sich schon Feuergefechte geliefert, was im Umfeld der Favelas nicht auffällig ist.
Umstritten sind die Kriterien, nach welchen die Hunter eine Intelligenz in so jungem Alter herausfinden können und was überhaupt sie unter Intelligenz verstehen.

Seltenes Leben ohne Verwertungsaspekt

In Tiefe von 3000 Metern unter dem US-Bundesstaat Virginia findet man Lebewesen in einem früheren Wasserlauf, der seit 200 Millionen Jahren unter Sedimentschichten begraben ist und dort unten eher kriecht als strömt. Die mikroskopisch kleinen Organismen, die in diesem »unterirdischem Fluß« leben, sind in den Laboratorien des Konzerns Roche AG untersucht worden. Weder sind sie für Kopfschmerzpillen noch als Agens gegen Lungenkrebs wirksam. Man kann sie an einen geplanten Zoo für Mikroben in Manila verkaufen, weil sie einen Seltenheitswert haben und bisher unbekannt sind.

Lange Zyklen der Wiederkehr ewiger Farne

Der Killarney-Haarfarn galt als ausgestorben. Tatsächlich befindet er sich aber seit 130 Jahren in einem anderen Zyklus seines Daseins und bildet grüne Beläge auf feuchten Felsen. In etwa 500 Jahren ist zu erwarten, daß an einer weiterführenden Stelle des Zyklus dieser Farne seine Gestalt von vor 130 Jahren wiederkehren wird, die in den Zeichnungen des Franzosen Regnier festgehalten ist.

Unerwartete Chance durch das Virus

Für einen anspruchsvollen und empfindlichen Erreger wie die Masern hatte Irland bis 1944 zu wenig Einwohner. Da sich das inzwischen geändert hat, erwartet der Mediziner Dr. med. David Ingwell demnächst eine Attacke, die Bildung einer Enklave oder Kolonie dieses Virus, die kaum zu bezähmen sein wird. Das werde zusätzlich zum Schuldenberg die Republik in eine Krise stürzen. Er schlägt vor, in Spezialkliniken zu investieren, von denen er annimmt, daß sie die Wirtschaftskrise kompensieren helfen, auch wenn die Bekämpfung der Masern keine Devisen bringt.

Im Marianengraben können die Atome bis in alle Ewigkeit kühlen

Eine nicht mehrheitsfähige Meinung vertrat Dr. Sigi Maurer, ein Schweizer im Dienste des japanischen Fernsehsenders NHK. Er meinte, man müsse die in Fukushima zum Abbau (oder zur Überdeckung durch einen Sarkophag) anstehenden maroden, kontaminierten Materiebrocken dorthin bringen, wo das Unglück seinen Ausgang genommen hatte. In die Tiefen des MARIANENGRABENS, der tiefsten ozeanischen Einkerbung der Erde, etwas südöstlich von Japan, solle man den ABRAUM schütten. Dort könnten die Teile in alle Ewigkeit abkühlen. Nach Ausklingen der letzten Halbwertszeiten würden sie zuletzt, auch wenn die Menschheit dann nicht mehr existiere, zu Sand, Stein oder selbst zu Wasser. Würde nicht aber das Leben auf dem Meeresboden dieses Grabens gefährdet, ein rätselhaftes Biotop, ein Unikat des Planeten? wurde Dr. Maurer von japanischer Seite gefragt. (Wäre Maurers Absicht bekannt, könnte es als gewiß gelten, daß die UNESCO den singulären, 1042 Meter tiefen Graben zum Weltnaturerbe erklären würde.)

Das beantwortete Dr. Maurer mit einem Hinweis auf die Maßverhältnisse. Verglichen mit den ungeheuerlichen Wassermassen, die der Meeresgraben südöstlich der japanischen Inseln umfasse, sei die atomare Materie unbeachtlich, die dort versenkt werde. Etwas anderes müßte gelten, räumte er ein, käme die Menschheit auf die Idee, den atomaren Müll überhaupt dort (statt in unsicheren Salzbergwerken) zu entsorgen. Allerdings müsse man irgend etwas zu opfern bereit sein, fügte er hinzu, wenn es um die Energieversorgung der Menschen zu niedrigen, abgespeckten Preisen gehe. Über Opfer gebe es von jeher Trauer. Da aber die tiefsten Tiefen des Ozeans den Menschen (bzw. Lesern, Hörern, Mediennutzern) unbekannt seien, werde man kaum betrauern, was wir gar nicht kennen. Wir trauern nur um etwas, das wir lieben. Vom Unbekannten dagegen könnten wir uns nur *einbilden*, daß sein Verschwinden uns leid täte.

Das unheimliche Potential, welches in der Erdkruste schlummert

Über dem Engadin hat es die ganze Nacht geschneit. Mit großer Gerechtigkeit liegt der Schnee auf Bäumen, Seen und Ebene verteilt. Eine leichte Last. In den Morgenstunden kann man zwischen Raureif und Schnee kaum unterscheiden. Auf den Bäumen, die an den Hängen stehen, erscheint, aus der Nähe gesehen, die Häufelung des Schnees so dick wie die Äste und Zweige selbst. Es spricht für die Sanftheit, mit welcher der Schnee sich niederläßt, daß eine solche Türmung möglich ist.
In großer Höhe des Tals dagegen, in der Nähe der Grate und Gipfel, haben die Wolken an den baumlosen Hängen einige Millionen Liter Schnee auf engem Raum ausgeschüttet. Eine Wüste oder ein Sumpf insofern, als ein Wanderer bis zum Hals einsinkt. Hier oben herrschen Verhältnisse wie im Eisgelände des Polarmeers oder im Hindukusch im Osten.
Tom Tykwer, der noch überlegt, ob er den Auftrag für eine Dokumentation »Wer war Jesus wirklich?« ablehnen soll, notiert in seinen Arbeitsheften, daß ein Engel des Morgenlandes und die Geburtsstätte des Heilands in einer Schneekulisse schwer vorstellbar seien. Eher läßt sich mit der Kamera der Schnee auf dem Gipfel hochgelegener Vulkane filmen. An der Schneegrenze des Ätna liegt der weiße Teppich des Neuschnees unmittelbar an der schwarzen Lavazone. Das, so Tom Tykwer, wäre ein Motiv für den Anfang eines Films. Er müßte »Die Pranke der Natur« heißen, weil es um das unheimliche Potential gehe, welches in der Erdkruste schlummere.

Hotel am Abgrund

Am 11. März 2011, als aus Japan die Meldungen vom Erdbeben nach Europa gelangten, entschied sich am Südtessiner Aussichtsberg MONTE GENEROSO, wie Peter Jankowski berichtet, das Geschick eines Hotelrestaurants. Von diesem Restaurant aus sieht der Gast, der das 1650 Meter hoch gelegene Hotel über eine Seilbahn erreicht, bei einem Kaffee, der nur in Kännchen ausgeschenkt wird, weit in Italiens Ebenen hinein. Der Kalkstein unter der Terrasse dieses Hotels enthält etwa 70 Höhlen, einige davon stammen noch aus der Eiszeit. Diese Hohlräume können zu einem Einsturz der Fundamente des Hotelbaus führen und haben bereits Risse bewirkt und eine Senkung aller Bauelemente um 10 Zentimeter. Stützpfeiler des Hauses zeigten sich verkrümmt. Durch ein langdauerndes Quietschen und Ächzen ließ der Berg von sich hören. Sogleich wurde neben der Bergbahn ein provisorischer Aussichtsturm aus Holz als Ausweichziel für die Touristen eröffnet. Hotel und Restaurant wurden geschlossen.

Nun aber haben Geologie- und Statikexperten ein Gutachten verfaßt, welches feststellt, daß das RESTRISIKO doch gering sei. Das Gebäude werde um einen geringen Betrag rutschen können, aber den Abgrund nicht erreichen. Es wird empfohlen, das Übernachten in diesem Hotel zu verbieten, aber ab April die Fernsichtwilligen wieder zuzulassen. Auch könnten sie bewirtet werden, wenn sie nicht tanzen.

Eine junge Assistentin befragt Talcott Parsons in Heidelberg

Die Reinigungskommandos waren von 7 Uhr früh an tätig. An der Lautsprecher- und Beleuchtungsanlage des Tagungsraumes wurde noch bis 8 Uhr repariert. Den Gast aus den USA quälte Bettflucht. Er war schon in den Tagungsraum vorgedrungen, auf die Podiumsbühne hinaufgestiegen, hatte »probegesessen«. Stunden später hörte er die Ansprachen zum 50. Jahrestag seiner Promotion. Er hielt sodann die Dankrede ohne irgendeine waghalsige Behauptung in Anwesenheit der geladenen Prominenz.

In der Öffentlichkeit der USA war es zu jener Zeit um Talcott Parsons, den amerikanischen Gast, ruhig geworden. Es war sein letztes Lebensjahr. Hier aber, in Europa, wurde er hofiert. Die Repräsentanten der Systemtheorie nahmen ihn zum Eideshelfer. Die Kritische Theorie respektierte ihn. Auf seinen Beinen konnte er nicht mehr lange stehen. Auch langes Sitzen begann ihn zu quälen. Zwischendurch lief er zurück ins Hotel, erfrischte sich, wechselte das Hemd. Andererseits fühlte er sich an diesem Tage nicht ausgeschöpft. Er wußte anderes als das zu sagen, was er vortrug.

In einer der vorderen Reihen der Veranstaltung saß eine Universitätsassistentin unbefugt auf dem Sitz eines prominenten Hochschullehrers, der nicht erschienen war, in einem kurzen schwarzen Kleid. Mit ihrem Universitätslehrer hatte sie bis vor kurzem ein Verhältnis unterhalten und war dann, als dessen Ehefrau intervenierte, zurückgestuft worden, sichtbar für alle Zeitzeugen und Seminarteilnehmer. Sie fühlte sich verraten.

Zum Ausgleich hatte sie jetzt für eine Vierteljahrszeitschrift die Berichterstattung für diese Veranstaltung übernommen. War sie in der Liebe gescheitert, wollte sie der Karriere etwas Gutes tun. Es war aber bis dahin nichts geschehen, was einen Bericht lohnte. Es genügte nicht, die berühmten Namen aufzuzählen, welche die Veranstaltung bevölkerten. Zweikämpfe fanden nicht statt. Ein Treibhaus für neue Ideen war nicht eingerichtet. Als es schon dämmerte (jetzt traten die Qualitäten der frühmorgens reparierten Saalbeleuchtung hervor), schnappte sie sich den auf einer der Seitenbänke lungernden Parsons. Sie hatte sich entschlossen, ihn zu befragen. Glücklich war der Mann, daß einer etwas von ihm wissen wollte. Er war ja voll plastischer Vorstellungen.

Er begann zu sprechen von den vier Medien der Kommunikation (oder des Wertetausches):

> WAHRHEIT
> LIEBE
> GELD
> MACHT.

Verkauft eine Kirche Ablaß, wird sie also im Medium der Wahrheit mißbraucht, verliert sie ihre Macht. Länger unterhielten sich die beiden (und Andrea schrieb ostentativ in ihr Heft, ohne den Mann viel anzublicken, gerade, daß sie ihn durch Fragen in Gang hielt, sie wollte keinen Flirt aufkommen lassen) über Verdis *La Traviata*, eine Frau, die nicht in das Reich der Liebe eingelassen wurde, obwohl sie dem Gelderwerb abschwor.

Entstehen an der Grenzlinie der Unvereinbarkeiten Ihrer vier Medien neue Medien, Mächte oder Lebewesen? fragte sie. Geld und Macht: als Hybrid die Staatswirtschaft, der Faschismus? Davon wollte Parsons nichts wissen. Das kannte er zuwenig. Aber zwischen Wahrheit und Liebe, an solcher Grenzlinie, antwortete er, siedeln die Amateure. Diese Mischung fesselte beide. Klassische Liebespaare wie *Tristan und Isolde, Siegfried und Gutrune, Romeo und Julia* forschen nicht. Mit sich selbst beschäftigt, nehmen sie die Katastrophen nicht wahr, die auf sie zukommen. Der Hybrid davon (und hier wurden beide Gesprächspartner erneut lebhaft) wären die Liebeshelfer, die Vertrauten, die Ratgeber, diejenigen, die klug wurden durch die Erfahrung verratener Liebe und jetzt den irrtumsanfälligen Liebenden im Ohr liegen. Ein ganzer aktiver Stamm, der anders austauscht als die vier Hauptmedien, bestätigte Parsons. Das ist sozusagen das Wechselgeld in der Liebe, ergänzte Andrea. Inzwischen wußte sie, wie sie den Bericht schreiben wollte.

Es ist eine Zone der zweiten Hoffnung, erläuterte Parsons, darin vom Bereich ursprünglicher Hoffnung verschieden, kluggewordene Hoffnung. Weil sie Hunger hatten, setzten die beiden Interessenten ihr Gespräch in einem Lokal der Altstadt fort. Vom Sekretariat der Veranstaltung wurden Boten ausgesandt, die den amerikanischen Gast suchen sollten. Für den gemeinsamen Schlußauftritt vor den örtlichen Fotografen war seine Anwesenheit notwendig. Niemand fand den Großgeist, der nicht süchtig war, sich zu zeigen, sondern begierig auf die permanente Variation der Gedanken, die sich dadurch nicht nur veränderten, sondern überhaupt erst entstanden. Er mußte nur auf den Schmerz in seinen Knochen achten, um zu wissen, daß er nicht mehr viel Zeit hatte.

Abb.: Längsgerichtete Wasserstraße in der Mega-City Mexiko. Dieser Kanal ist der einzige Überrest des vielgestaltigen Sees, in welchem Cortez die Hauptstadt Montezumas vorfand. Um die träge Lake zum Fließen zu bringen, ist eine Hydraulikanlage erforderlich.

In den Jahren der Verwirrung

> »Als Beobachter der Moderne befürchtete Max Weber, das 20. Jahrhundert könnte von einem ETHOS DES BEWAFFNETEN KAMPFES beherrscht werden.«
>
> *Richard Sennett*

Für das STANDING des großen Soziologen Max Weber, seine persönliche Ehrlichkeit, spricht, daß er in seinen Privatbeziehungen noch unmittelbar vor seinem Tod ein Dreiecksverhältnis zwischen sich, seiner Geliebten und seiner Frau erprobte und daß er hierin noch immer Gleichgewichte zu wahren vermochte, die erst bei seiner Beerdigungsfeier in sich zusammenbrachen.
Er war ein »Mann des Gleichgewichts«, des Ausgleichs starker Kräfte. So richtete er seine forscherische Tätigkeit auf die »Klumpungen starker Kräfte«, welche Europas Geschichte auszeichneten, vor allem die seines Vaterlandes: die Bauernkriege und ihre Resultate, die Reformation, die Einschließung der wichtigsten Anliegen der Menschen in ihrem Herzen, die sich zu einem Glauben vereinigten und später den Rohstoff liefern für die Erzeugung von Fleiß und von Märkten. »Und setztest Du nicht Dein Leben ein, nie wird es Dir gewonnen sein« – das blieb die emotionale Grundlage für den Forscher, als er sich mehrere Jahre in Depression (unfähig, irgendeine Tätigkeit auszuüben, überhaupt auf die Außenwelt zu reagieren) in sich eingesperrt hatte, um sich dann von einem ungeliebten Leben zu befreien, ohne sich doch umbringen zu müssen. Überwältigende Erkenntnistätigkeit unmittelbar nach der Genesung.
Wie ein Sturm überfiel ihn nach 1918 das Material, das der GROSSEN SOZIOLOGIE aus der Verwirrung des Weltkriegs offenstand. Ein Bergwerk für Brüderlichkeit, Autorität, Irrtumsfähigkeit: Vernichtungskapital.
Wie in einem Laboratorium untersuchte der Forscher die offen daliegende Aggression, graduell verschieden je nachdem, ob er die getrennten Geschehnisse in Deutschland, Frankreich, England, Italien und Rußland betrachtete. Den Nahen Osten kannte er zuwenig. Aber reiche Materialien verarbeitete der gründliche Mann aus den USA und den exotischen Teilen der Welt.
Die physischen Kräfte schwanden dem Gelehrten. Oft Müdigkeit: aufgepeitschte Müdigkeiten, während er, wie ein Prophet (aber auch in Gesellschaft von Gelehrten Beobachter, kein Ahnungsmensch), den Fortlauf der Jahre nach 1918 wie ein Höllengemisch vor sich sah.
Im Club, im Gespräch unter Männern, übte er sein STANDING, eine Hal-

tung, die seine Realitätszugehörigkeit spiegelte. Seine Gegenüber überzeugte er davon, daß er zur »Klasse« gehörte, die aus Offizieren, aus Gelehrten, aus Beamten oder aus Fabrikanten, Handwerkern oder Arbeitern zusammengesetzt war. Max Webers Pathos ist es, keinen dieser Sprecher auszugrenzen. Er legte durch seine Haltung dar, daß er vertrauenswürdige Vorfahren über 400 Jahre in sich vorhanden wußte.

Hatte er solche Gesellschaft verlassen, war er allein mit sich und seinem Denkvermögen (einer Ein-Mann-Fabrik), verschwamm der Zusammenhang. Eine Art von Traumgebilde, eine Parallelwelt künftiger und längst vergangener Geschehnisse konkurrierte mit der Ökonomie, den Märkten, die so offensichtlich auch Gewalt über die Seelen besaßen. Gewalt über die Seelen besaßen aber vor allem die Parallelwelten des Ungeschehenen. In einer solchen Parallelwelt wurde für eine NEUE WIRKLICHKEIT mit härterer Währung gezahlt als auf den Märkten.

In Dollar oder Schweizer Franken war nichts davon konvertierbar. Dieser große Soziologe sah zwei, ja sechs CHIMÄRISCHE REALITÄTEN, die wie Monster miteinander zu kämpfen begannen. Sie schienen ihm nicht realitätshaltig genug, um als »Platzhalter der Realität« länger als zehn oder zwölf Jahre auftreten zu können. Daneben die Realität selbst, wie sie zum Beispiel der Ökonomie zugrunde liegt (nichts in dieser Ökonomie konnte *wirklich* funktionieren ohne Zauberei, und die kam daher aus der Parallelwelt), aber diese, so wie sie in Mitteleuropa über 600 Jahre hin entstanden war, erschien Menschen nicht als realistisch. Die heutigen würden sie zu modellieren versuchen. Und dazu hatten sie zum Motiv nichts als ihren Mut, den Willen der Vorfahren (den sie ahnten oder mißdeuteten) und ihre Kampfbereitschaft. »Nutzlos wollen sie nicht sein.« Sie würden die Verlierer sein, dachte Weber, wenn sie das einzusetzen wagen, was sie glauben zur Verfügung zu haben. Der große Mann war unruhig.

Es war nötig, wie ein gesellschaftlicher Geograph das Gefälle dieser Strömung, die Gefährlichkeit dieses Ungeheuers, seine machtvolle Produktivität ausführlich zu beschreiben. Was doch nicht gelingt, wenn man nur schreibt. Man braucht eine Generationenfolge von Gelehrten und Forschern, die einander wie eine Stafette ablösen über mehr als 400 Jahre hin, um, wie es die Philosophen in Platons Staat tun sollen, aber eben eminent praktischer aus der Kenntnis des Jahres 1920 oder 1912, diese Entwicklung zu begleiten: Reiter sein auf dem Rücken des Behemoth.

Es ist nicht einfach, die Stellen des Ungeheuers auszuforschen, an denen es auf »Zeichen« reagiert. Unsäglich die Herausforderung, daß ein einsamer Gelehrter mit einer solchen ARBEIT umgeht (vielleicht hat er 17 Freunde, darunter sind schon die beiden Frauen mitgezählt, mit denen er lebt). Max

Weber ist ja kein Realitätsstifter. Forschung, also Unterscheidungsvermögen, ist nicht in einzelne Glaubenssätze aufzulösen: »Ich trenne mich vom Falschen, befolge das Richtige, trenne es wiederum in zwei Linien auf« (und das ist nur die eine Ebene des Durchführbaren). Obwohl der Aufklärungsglaube einfache Haltungen zur Verfügung stellt, die ich ebenso wie eine Glaubensgewißheit um keinen Preis der Welt für verkäuflich ansehe. An dieser Stelle sieht Max Weber seinen Anker, während allerdings der Körper ihm schon nicht mehr gehorcht. Sucht er das Bett um 8 Uhr abends auf, erwacht er um zehn Uhr früh unerquickt. Es treibt ihn aber schon mittags der Gewissensanstoß, er wisse etwas, also seine Erfahrung habe eine bestimmte Gestalt, die der Mitteilung harrt: in den Jahren der Verwirrung.

Matschmasse

Die Wassermassen an Chiles Küste kamen nicht als Flutwelle, nicht als Regenströme, sondern längere Zeit nach den gewalttätigen Niederschlägen von der Landseite her als Schlammflut. Man konnte darin nicht schwimmen und nicht tauchen, auch nicht fliehen. Es war nichts Gutes verborgen in dieser Matschmasse, die von Gott oder den Göttern verlassen war. Die Sintflut funktioniert anders. Es war wenige Tage vor Heiligabend, die Zeit, in der El Niño gewöhnlich zuschlägt. → Weihnachten als rächende Gewalt, *Chronik der Gefühle*, Band II, S. 979.

Abb.: Ausrüstung für Kämpfer gegen die Schlammlawine.

Sich entzündender Konfliktpunkt, der 2030 gefährlich werden kann

Am gestrigen Tage stießen im Meer über den Schelf-Ausläufern der Spratly-Inseln in der chinesischen See Forschungsschiffe der Republik Vietnam auf chinesische Fischerboote, welche die Weiterfahrt behinderten. Es wurden wechselseitig Kleinkaliberwaffen vorgezeigt. Die Spratly-Inseln werden von China, Vietnam und den Philippinen beansprucht. Als provokativ bezeichnet das chinesische Außenamt den Hinweis aus Vietnam, ein Eingriff oder eine Schlichtung durch die USA in dieser Streitfrage seien willkommen.

Vietnams Forschungsschiffe vermessen den Verlauf eines Unterwasserhöhengeländes, das von Vietnam in Richtung dieser Inseln ausgeht. Gesucht wird nach einem zusammenhängenden Höhenkamm, aus dem ein Besitzanspruch folgen würde.

Porträt einer Seelenstörung

Als es Rom gelungen war, sich unangreifbar zu machen (zunächst eine Einbildung, dann eine Tatsache), verwandelte sich alles in der Welt in ein Instrument zur Erhaltung Roms. Auf die gleiche imperiale Art forschte Newton in seinen Laboratorien. Er stellte sich (selbst unangreifbar) den zu erforschenden Dingen gegenüber (gerade daß er auf Lebendversuche an Menschen verzichtete) und zwang den Stoffen ihre Geständnisse ab, ja, er ließ sich von ihnen nachts Gehorsam schwören.

Diese Herrschaft des Subjekts über die Objekte blieb in den Kasernen der Wissenschaft zunächst für die Öffentlichkeit ungefährlich, sofern nicht gelegentlich eine dieser Forschungsstätten explodierte. Dann aber brach die römisch-newtonsche Versuchsanordnung aus ihren Werkstätten aus. Mit der INDUSTRIELLEN REVOLUTION gelangte sie in den FREILANDVERSUCH. Noch immer stehen die Naturwissenschaften, als seien sie ein Denkmal Newtons, der zu beherrschenden Welt der Stoffe (»der beforschten Maus«) gegenüber. Neueste Vorschläge richten sich darauf, den subjektiven Geist, der um 1799 noch in einem Zimmer saß und DACHTE, in die Avantgarde der Forschung einzubetten. Der Intellektuelle gehört in den Stoßtrupp, in die Sturmtruppe des römisch-newtonschen Fortschritts, heißt es bei Luc Boltanski.

Schmerzfreier Tod

Haben Sie dem chemischen Tod von Insekten schon einmal zugesehen? Einem Langzeit-Tod? Sie meinen, daß Insekten kein Erinnerungsvermögen haben? Schmerz aber besteht aus der Vorausahnung des unerträglichen Moments, der noch kommen wird? Wieviel Prozent Irrtumswahrscheinlichkeit geben Sie Ihrer Ansicht?

Schrecklich, das versichere ich Ihnen, ist der durch Hormonsprühwolken induzierte Atemtod. Unter Nutzung der instinktgesicherten Bahnungen der Insekten – nach den Forschungen von Butenandt – werden sie zum Flug in die Wüste getrieben, wo die Wolken von Lebewesen in einer Schleife einige Zeit lang irr umherfliegen. Sie suchen eine Bahnung, für die ihre instinktgeleitete Ausstattung nicht taugt. Ihre Flügel verbrennen in dem immerwährenden Strahl der Sonne. Sie sind auf die falsche Seite des Planeten geraten. Ein lange hingezogener Tod in Unwirklichkeit.

Da ist das von mir entwickelte ELEKTRISCHE DRAHTGITTER »humaner«. Vor allem ist es effektiv. Ich arbeite im Auftrag der Behörden in Sinkiang. Nicht nur in Afrika, sondern auch hier bin ich Berater. Zunächst (zur Vorbereitung) geht es um die Versammlung von Entenscharen, die Umleitung von Zugvögeln. Sie vertilgen die Larven der Heuschrecken. Zusätzlich gibt es dann tragbare Drahtgitter auf der Grundlage meiner Patente. Die dortigen Hirten, auch schwarze Schulklassen, tragen diese Drahtgitter durch das Gelände. Vor allem durch die Gebiete, in denen die Larven siedeln. Die springen empor, sobald sie die elektrische Gefährdung spüren, und sie springen dadurch genau in die Drahtgitter und werden durch elektrischen Schlag geröstet.

Was bedeutet das für Ihre Empfindung? werde ich gefragt. Es bedeutet erfolgreiche Tätigkeit. Glauben Sie, daß die Maßnahme die Tiere schmerzt? Das glaube ich nicht, sofern der Schock (gemeint ist der Tod) kurzfristig stattfindet. Dagegen wären alle Verfahren, die meinem Patent entgegenstehen, mit einem langwierigen Tod verknüpft, den ich als Schmerz bezeichnen würde.

Ein fernes Blinkzeichen von Thomas Robert Malthus

Um die gesamte Bevölkerung der Erde so verschwenderisch zu ernähren wie die Einwohner von Groß-London, behauptet der Evolutionsbiologe Douglas Ferris, müßte man den Planeten Erde zweimal haben. Das sei, erwiderte der Ökologe Palmerston, die typische Aussage eines Malthusianers. Der Brite Malthus hatte vor der Industriellen Revolution, welche seine Beobachtungen und Daten beiseite räumte, darauf hingewiesen, daß sich die Weltbevölkerung asymmetrisch zu den Lebensressourcen, die der Erde abgetrotzt werden könnten, vermehre und so Hungersnot und politische Katastrophen mit Gewißheit zu erwarten seien. Auf die Kassandra wurde seinerzeit nicht gehört. Malthus wurde von den tonangebenden Geistern beiseite gestellt. Man könne, hieß es, nicht die Bevölkerung dezimieren, nicht Geburtenkontrolle dekretieren. Inzwischen scheint der Zeitraum vorüber zu sein, in welchem sich die Menschheit noch auf die Beobachtungen von Malthus hätte einstellen können.

Industrielles Schlachten im 21. Jahrhundert

Die Schlachthöfe von Chicago sind inzwischen Geschichte. Die Fabrikanlagen dienen anderen Zwecken oder stehen leer. In einem lieblichen Tal aber, weit westlich der Metropole, ist ein neues Fabrikkombinat entstanden, wie der Soziologe Harry Beinsdorf (»Fleisch als industrielles Produkt«) untersucht hat. Drei Fragen sind nach Beinsdorf von besonderem Interesse: 1. Wo wurde in der Zwischenzeit zwischen dem Niedergang von Chicagos Schlachthöfen und der Wiedergeburt der zentralen Schlachtindustrie an neuem Ort industriell geschlachtet? 2. War die Verarbeitung von Schweinen in dieser Zeit dezentral? 3. Warum werden Rind und Schwein getrennt zerlegt und bearbeitet?
In jenem Talgelände des 21. Jahrhunderts werden täglich 22 000 Schweine geschlachtet. Die Säge-, Sortier- und Preßprozesse der Fleischmasse sind gefährlich. Kein anderer Arbeitsplatz in der Welt ist für die Arbeiter so riskant wie dieser, heißt es. Aus den direkt umliegenden Ortschaften läßt sich niemand mehr anwerben. Die Mitarbeiter werden aus 160 Kilometern Entfernung täglich in Bussen herangefahren. 16 Veterinärärzte wachen bei der Zugangskontrolle der Tiere. Es ist nicht leicht, in einer solchen Masse an Leibern die Viren und Bakterien auszugrenzen, welche die Schwachstelle der Produktion bilden.

Eine Lawine an Uneinigkeit

Die List der Mächtigen war darauf abgestellt, daß sie erst kurz vor Ende der Beratungen der Kopenhagener Klimakonferenz in Erscheinung treten wollten. Durch ein Paket überraschender Versprechungen sollte zur Rettung des Weltklimas eine Einigung erzielt werden. Dann aber zeigte sich, daß die Vertreter Brasiliens, Indiens, Chinas und der USA (unter Marginalisierung der Europäer und Rußlands) Stunde um Stunde berieten und zu keiner Einigung finden konnten.

Die Beobachter der OPEC wirkten zufrieden. Inzwischen schichteten die Vertreter des UNO-Klimarates ihre Hoffnungen um. In ihrem Umkreis wird davon gesprochen, daß die KLEINE EISZEIT, in welcher der Planet Erde sich derzeit noch befindet, ein Quantum Abkühlung in Reserve hält, so daß die Folgen der durch CO_2 und Methan verursachten Erwärmung zeitlich weiter hinausgeschoben seien, als man gestern noch annahm. Tatsächlich hatte sich die These, daß bis zum Jahre 2050 alle Gletscher des Himalaya abgeschmolzen sein würden, nach Computerberechnungen des Klimainstitutes der Aarhus School of Business nicht bestätigt. Giovanni di Lorenzo, der den Leitartikel für die ZEIT schrieb, erinnerte das Fiasko der Klimakonferenz an das Scheitern der Haager Friedenskonferenz von 1907. Wer sagt, daß das 21. Jahrhundert nicht entgleisen kann, schreibt di Lorenzo, irrt, wenn doch das 20. Jahrhundert offenbar entgleist ist. Es geht, fährt er fort, nicht um die Gletscher Grönlands, sondern um die Lawine an Uneinigkeit, die auf dieser Konferenz sichtbar wurde.

Subjektiv-Objektiv

Einer gibt sich Mühe. Er ist ganz in seiner Arbeit verschwunden. Er konzentriert sich auf die Bearbeitung eines Gegenstandes oder (als Arzt) auf einen anderen Menschen. Dieser Mann, sagt Immanuel Kant, existiert OBJEKTIV. Er ist er selbst: Herr aller seiner Kräfte.

Ein anderer, fährt Kant fort, hat sich stark in sein Ich, seine Seelentätigkeit, hineinversetzt. Er fühlt den Dauerschmerz in seinem Körper, den Lärm seiner Natur. Weil er so beschäftigt ist, hört er nicht richtig zu. Dieser Mann ist nicht etwa subjektiv tätig, sagt Kant, sondern ein Objekt.

Alle praktischen, brauchbaren, geselligen, zur Vernunft fähigen Menschen sind stets subjektiv-objektiv tätig, so schließt Immanuel Kant die Dreierfigur seines Denkens.

Die unendliche Habsucht der Subjektivität

Hegel sagt in den *Grundlinien der Philosophie des Rechts*, in: *Sämtliche Werke*, Band 7, Stuttgart 1964, S. 77:

»Gewöhnlich glaubt man das Subjektive und Objektive stehe sich fest einander gegenüber. Dieß ist aber nicht der Fall, da es vielmehr in einander übergeht, denn es sind keine abstrakten Bestimmungen, wie positiv und negativ, sondern sie haben schon eine konkretere Bedeutung. Betrachten wir zunächst den Ausdruck subjektiv, so kann dieß heißen ein Zweck, der nur der eines bestimmten Subjekts ist. In diesem Sinne ist ein sehr schlechtes Kunstwerk, das die Sache nicht erreicht, ein bloß subjektives. Es kann aber auch ferner dieser Ausdruck auf den Inhalt des Willens gehen und ist dann ungefähr mit Willkürlichem gleichbedeutend: der subjektive Inhalt ist der, welcher bloß dem Subjekte angehört. So sind z. B. schlechte Handlungen bloß subjektive. Dann kann aber ebenso jenes reine leere Ich subjektiv genannt werden, das nur sich als Gegenstand hat, und von allem weiteren Inhalt zu abstrahieren die Kunst besitzt. Die Subjektivität hat also, Theils eine ganz partikulare, Theils eine hochberechtigte Bedeutung, indem alles, was ich anerkennen soll, auch die Aufgabe hat, ein Meiniges zu werden, und in mir Geltung zu erlangen. Dieß ist die **unendliche Habsucht der Subjektivität**, Alles in dieser einfachen Quelle des reinen Ich zusammenzufassen und zu verzehren. Nicht minder kann das Objektive verschieden gefaßt werden. Wir können darunter Alles verstehen, was wir uns gegenständlich machen, seyen es wirkliche Existenzen, oder bloße Gedanken, die wir uns gegenüber stellen: ebenso begreift man aber auch darunter die Unmittelbarkeit des Daseyns, in dem der Zweck sich realisiren soll: wenn der Zweck auch selbst ganz partikular und subjektiv ist, so nennen wir ihn doch objektiv, wenn er erscheint. Aber der objektive Wille ist auch derjenige, in welchem Wahrheit ist. [...] Endlich kann man auch den Willen objektiv heißen, der ganz in sein Objekt versenkt ist, den kindlichen, der im Zutrauen, ohne subjektive Freiheit steht, und den sklavischen, der sich noch nicht als frei weiß, und deswegen ein willenloser Wille ist. Objektiv ist in diesem Sinne ein jeder Wille, der durch fremde Aktivität geleitet, handelt und noch nicht die unendliche Rückkehr in sich vollendet hat.«

Die neue Gier

In der Londoner Filiale der Deutschen Bank werden nur noch »hungrige junge Leute« eingestellt und gefördert. Das sagte Roland Berger. Er sagte es im Konversationston, um die Bemerkung nicht als Lehrsatz hinzustellen, sondern Platz für eine ironische Antwort zu lassen. Auf dem Podium, auf dem er sprach, ging es um das Thema DIE NEUE GIER.
Berger neigte dazu, solche Tagungsthemen abzuwiegeln. Es handle sich immer noch um die ALTE GIER. Sie sei den Menschen eingepflanzt. Der Eifer der jungen Leute, ihr sogenannter »Hunger« in London, sei mit der Zeit zu sättigen. Auch höre solche Präsenz im Alter auf.
Dem widersprach ein Soziologe aus Bremen. Die Gier eines antiken Griechen

oder eines römischen Statthalters, der Bakschisch eintreibe für seine Karriere, sei in der Wurzel verschieden (also radikal anders) von der heute sichtbaren MITTLEREN GIER, die zum Auswahlmodus einer Führungskraft zähle. Im Unterschied zur alten Gier sei die neue permanent wirksam und nehme im Alter bei Befriedigung zu. Sie bilde einen Teil des Eigenwerts. Ein junger Mann (aber ebensosehr müßten sich die Alten anstrengen) könne seinen persönlichen Wert nur dadurch beweisen, daß er an dieser Gier teilhabe, so wie ein Soldat töten müsse, um in den Augen der Kameraden als tüchtig zu gelten. Diese Gier wurzle nicht im Vorteil, habe nicht psychologische Gründe, sondern soziologische.

Die These klang aber auf dieser Veranstaltung zu angespannt. Die Ausführung erhielt nicht die raunende Beistimmung, die Bergers rasche Feststellungen bekamen, sondern wurde schweigend quittiert. Man kann nicht dadurch gefallen wollen, daß man einfach nur das Richtige sagt.

Die fossile Spur des unabhängigen Gedankens

Eine Lieblingsidee des Philosophen Sohn-Rethel, auf die sich seine *Soziologie der Erkenntnis* gründete, war die Ableitung von Kants rätselhafter Konstruktion des TRANSZENDENTALEN SUBJEKTS aus der Praxis der WARENTAUSCHENDEN GESELLSCHAFT.

Es gibt allgemeine Regeln des Vernunftgebrauchs, so Immanuel Kant, die nicht aus der Erfahrung eines Individuums, auch nicht aus einer Götterwelt hervorgehen, sondern als ein »zärtlicher Keim«, eine Mitgift des Menschengeschlechts als APRIORI dem autonomen Gebrauch der Verstandeswerkzeuge vorausgehen. Bei Kant handelt es sich um eine Kategorie der Ideen. Sohn-Rethel dagegen, verwöhnter Sohn aus gutem Hause, Intensivbeobachter des gesellschaftlichen Laboratoriums der dreißiger Jahre in Deutschland und Glückskind der Philosophie, sieht die Wurzel des selbständigen Denkens nicht im denkenden Kopf (wie immer rätselhaft vermittelt mit einem geisterhaften überindividuellen Subjekt, einem Vorgriff auf eine weltbürgerlich konstituierte Welt), sondern im TUN der Menschen. Sie lesen das Denken an ihrer modernen Praxis ab, sagt er, also an der REALABSTRAKTION DES WARENVERKEHRS; gleichmacherisch Werte schaffend, ohne einander genau zu kennen, auch gleichgültigen Gemüts wie ein *impartial spectator* und sich dabei doch hitzige Mühe im einzelnen gebend, entfalten sie Produzentenstolz, sind also überhaupt nicht gleichgültig, sondern menschlich. Abstrakte Begriffe, Logik und schließlich Vernunft haben ihren Boden in der Produktion, sagt Sohn-Rethel. Das ist das APRIORI im materialistischen Sinn, ihm laufen die Begriffe und das Denken hinterher.

Getrenntes Paar

VERNUNFT, die Praxis der diskutierenden Clubs in Europa, und ihr Zerrbild, der VERNUNFTGLAUBE, die Herrschaft der Guillotine, standen einander lange Zeit gegenüber, aber nicht so, daß auf dem Platz in Paris, auf dem die Guillotine stand, und auf den Zufahrtswegen auch die Kritiker ihren Platz gehabt hätten, die vielen leidenschaftlichen Geister, welche die Henker hätten überwältigen, die Karren mit den Opfern anhalten können. Hinter jedem Hetzer in der aufgeregten Volksmenge auf der Place de la Concorde hätte dann ein Kritiker gestanden, welcher sanft auf den haßerfüllten Rufer eingeredet oder ihn, mit dem Dolch des Brutus ihn am Hals kitzelnd, an der Fortsetzung der Haßtirade hätte hindern können.

Statt dessen blieben die beiden Enden des dialektischen Gegensatzes fern voneinander. Die einen wendeten die Methode der negativen Kritik in die positive, aufbauende (sie gründeten Gärten des Geistes). Die anderen verteidigten den Vernunftglauben, den Kant wie eine religiöse Einbildung betrachtet (ein Phänomen der paranoiden Vernunft), mit den Mitteln des Terrors. Sie meinten, daß ohne diesen Glauben die republikanische Tugend zugrunde gehen werde.

Die Stärke unsichtbarer Bilder

Das Bild, welches am 2. Mai 2011 praktisch alle Nachrichtenredaktionen der Welt erreichte, gab nicht den durch Kopfschuß getöteten muslimischen Anstifter wieder, sondern war ein digitales Machwerk. Es verlängerte aber in einer für die Netzdienste und die ersten Zeitungsmeldungen wohltuenden Weise die ZEIT DER AUFMERKSAMKEIT, da man zuerst das Bild zeigen und kommentieren mußte, dann sich davon distanzieren und eine Debatte eröffnen konnte, welche die »Gier nach dem Bild des toten Erzfeindes« an diesem aggressiven Beispiel thematisierte. Wenn es doch für die Pressearbeit generell hieß, daß man den Tod nicht direkt zeigt!

Die Eingreiftruppe, die Bin Ladens Anwesen besetzt hielt, hatte vor ihrem Rückflug allerdings ein echtes Foto geschossen und die Prozedur, um ein bleibendes Beweisstück für das Auge herzustellen, auf dem Stützpunkt in Afghanistan wiederholt. Das gräßliche Bild wurde auf Anordnung des Präsidenten nicht veröffentlicht, was die höchste Form der Dramatisierung eines Bildes darstellt. Es prägte sich, gerade weil es keiner sah, der Öffentlichkeit in millionenfacher Vielfalt unvergeßlich ein.

Abb.: Fernsehen im Weißen Haus.

Seitlich des Bildes

Seitlich des Bildes, welches einen Raum im Weißen Haus zeigt, den Präsidenten, hingehockt, und die Außenministerin, die (möglicherweise wegen eines Hustenreizes oder aber erschrocken) die Hand vor den Mund hält, einen machtvollen General in der Mitte vor seinem Laptop, der die Aktion in der Ferne regiert (es ist ein Uhr nachts), saß ein Zeitzeuge, der sich Gedanken darüber machte, wie sich die Verhältnisse in diesem Raum ändern würden, wenn das Geschehen in Pakistan entgleiste, das auf den Bildschirmen der Laptops (auf dem Foto gelöscht) zu sehen war. Die Aktion hätte jederzeit, so der Zeitzeuge, der professioneller Geheimdienstler war, explosiv unterbrochen werden können, zum Beispiel durch ein pakistanisches Hubschrauberkommando, welches – unter der Vorgabe, von allem nichts zu wissen (und es war ja auch tatsächlich nicht benachrichtigt worden) – mit Raketen das Gebäude angegriffen und den schon erschossenen Terroristenvater und das Marinekommando gemeinsam der Vernichtung zugeführt hätte. Das wäre für die Beobachter ein fürchterliches Ereignis gewesen; selbstverständlich wäre das Foto davon, wegen der darauf abgebildeten spontanen Reaktion in den Gesichtern, nie zur Veröffentlichung freigegeben worden.
Auf dem publizierten Bild saß der Präsident etwas im Hintergrund, wie ein

Junge auf der Strafbank seiner Schulmannschaft. Er war nicht Hauptperson, und zwar, wie der Mann seitlich vom Bild mitteilte, deshalb, weil er die Position des ERSTEN MANNES in einer Lage nicht begehrte, in der in solcher Ferne soviel schiefgehen konnte. Von solcher UNBESTIMMTHEIT wollte er den verfassungsgemäßen Vorsitz vermeiden, was ihm doch nicht möglich war.

Der Topos, mit dem jede Welteroberung beginnt

Julian, der Heidenkaiser, war bereits weit in das Partherreich eingedrungen und stand mit seiner Armee vor Ktesiphon. In seinem Drang, der Spur Alexander des Großen zu folgen – Ammianus Marcellinus spricht von seiner »gierigen Schnelle« –, war er nicht bereit, die Festung zu belagern. Er ließ den Fluß Tigris links liegen und beschloß, »im Eilmarsch die Wege ins Landesinnere an sich zu reißen«. Der Kaiser hatte befohlen, alle Schiffe, außer zwölf kleineren, die er auf Wagen mitnehmen ließ, anzuzünden und ausbrennen zu lassen. Die Flotte auf dem Tigris habe nur dem Feind Vorteile gebracht, sagte er. 20 000 Mann waren mit dem Treideln und dem Lenken der Schiffe beschäftigt. Sie konnte Julian jetzt in sein Heer einreihen.

Als gefolterte Überläufer bekannten, daß ihre Aussagen über den Feind und den Zustand der Straßen gelogen seien und das Heer sich auf dem Wege verlor, erkannten die Unterführer, daß die Aktion des Kaisers, die ja auch nur den historischen Topos des ENTSCHLOSSEN DIE SCHIFFE HINTER SICH VERBRENNENS zitieren sollte, ein Fehler war. Es wurde befohlen, das Feuer mit allen Kräften zu löschen. Die Flotte war jedoch schon vernichtet.

Ein unverzeihlicher Verlust

Wie anders hätte die Welt ohne Christentum, unter den Auspizien der wahren Götter und des Gottes Sol Invictus, unter dem siegreichen Kaiser Julianus Apostata ausgesehen und sich in GROSSER ZIVILISATION forterben können, wenn nicht ein Schwert (vermutlich das eines Verräters oder eines christlichen Verschwörers) in der Schlacht bei Samarra in den Leib dieses Monarchen gefahren wäre. Nach ihm verfiel das Reich wieder in Gleichgültigkeit, wurde von den Bischöfen zerkleinert und okkupiert.

Der Leichnam Karls des Kühnen

In Mailand wurden Monate später Knöpfe vom Unterkleid des Herzogs verkauft, juwelenbesetzt. Auch eine silberne Armschiene seiner Rüstung. Der Tote selbst war, halbwegs im See liegend (denn es fror nicht in dieser Nacht), vollständig entkleidet gefunden worden. Man mußte Vertraute finden, die ihn erkannten, da es schwierig ist, einen hohen Adligen zu identifizieren, wenn er seine Kleidung nicht trägt. Die Leiche entdeckte man auch nur deshalb, weil man sie intensiv suchte und bei anderen Toten ausschließen konnte, daß sie der Herzog wären. So blieb nur dieser arme Leib für die Prüfung übrig, für die Hoffnung, daß sie den Richtigen gefunden hätten. Der Bote, der die Nachricht vom Ende des großen Burgunders an den Herzog von Lothringen überbrachte, erhielt üppigen Lohn.

Einsamer nie als im November

Der verwüstete Hinterkopf des Präsidenten – die erste Zerstörung hatte die Kugel bewirkt, die zweite die Chirurgen bei ihren improvisierten Eingriffen – sprach gegen eine fotografische Ablichtung. Auch der unverzügliche Abtransport zum Flughafen verbot sich, da man noch hoffte, den Toten durch eine kosmetische Operation so weit in Form zu bringen, daß man ihn eventuell doch Dritten zeigen könnte. So lag der Tote noch mehrere Stunden auf dem Operationstisch, während in der Präsidentenmaschine bereits die Vereidigung des Nachfolgers durchgeführt wurde. Der Leiter des Personenschutzes des Präsidenten hätte für den Transport eine Weisung geben müssen. Er kommandierte aber bereits den Schutz der kommenden Sonne, des Vizepräsidenten. Niemand wußte mit Sicherheit, daß es sich nicht um einen internationalen Anschlag auf die USA handelte. Noch weitere Schüsse konnten fallen. So lag der Leichnam des Präsidenten wie der eines Gefallenen auf verlassenem Schlachtfeld in einer Art Niemandsland. Der Zugang zur Operationssuite war gesperrt. Alle Chirurgen, tief schockiert, hatten das Gebäude verlassen.

Der Nachträgliche

Ich fasse selbst nichts an und bin nicht für eine Einzelhandlung zuständig, sondern für die Koordination. Wenn die Fronttruppe etwas vollbracht hat, bin ich für das Aufräumen da. Ich bin der Nachträgliche.

Man hat mich in der Nacht vom 1. auf den 2. Mai aus Kaiserslautern nach Afghanistan eingeflogen. Es ging um die Logistik, wie man mit »Geronimos totem Körper« verfahren sollte. Das bestimme nicht ich allein, aber ohne meine konzentrierende Einwirkung entstünde vielleicht ein Hin und Her, und zuletzt wäre das Gesicht, das die Öffentlichkeit zu sehen bekäme (oder das ihr vorenthalten wird), unansehnlich oder die Leiche geriete an eine Stelle der Welt, wo sie von Bewunderern (auch heimlichen) besucht werden könnte. Oder aber die Regeln einer islamischen Beisetzung blieben unberücksichtigt. Man kann so viel falsch machen inmitten einer eiligen Kommunikation und im Geschnatter der Kompetenzen. Hier setze ich, als politischer Designer, die Maßstäbe.

Wir haben also sofort die DNA-Proben in den Geschäftsgang gegeben. Man kann sie nicht in einem Militärhospital in Afghanistan und noch weniger auf einem Kriegsschiff mit den Vergleichsproben abgleichen, das geschieht an ganz anderen Orten der Welt, und die Entfernung muß das kostbare Retortengut überwinden. Der nackte Tote war aufgebahrt und wurde gescannt, danach provisorisch bekleidet. Das Transportteam drängte, das die Leiche zum Flugzeugträger *Carl Vinson* bringen sollte. Der Tote mußte nach 24 Stunden »unter die Erde gebracht sein«.

Wir hatten über die schnellen Kanäle 114 Regierungen routinemäßig abgefragt, ob sie bereit wären, den Toten zu übernehmen. Auf der Hälfte des Planeten geschah das zur Nachtzeit, auf der anderen zur Tageszeit. Wir sorgten durch die Art der Bedingungen, die wir stellten, und durch das Tempo der Anfragen dafür, daß keine positiven Antworten hereinkamen. In bezug auf Venezuela, Kuba oder Weißrußland war besondere Vorsicht angesagt. Warum machten wir uns überhaupt Gedanken darüber (auf mein Anraten hin), daß dieser Anstifter großer Verbrechen durch korrekte Bestattung den Weg ins Paradies fände? Eben weil dies die beste Erklärung für unsere Eile war. Gleichzeitig zeigte es Höflichkeit.

Daß der Tote vom Flugzeugträger aus ins Meer versenkt wurde, sozusagen in die »Wasser des Vergessens«, war einer meiner besten Einfälle. Ich stimmte das sogleich mit Washington und den Verbündeten ab. Es handelte sich dabei um eine weite Auslegung der Vorschrift »unter die Erde bringen«. Der Indische Ozean ist an der betreffenden Stelle 3000 Meter tief, und erst am Ende des »Sinkflugs« berührt der Tote eine Art »Erdboden«, der ihn dann aber nicht bedeckt. Wir gehen in freier Auslegung des Korans davon aus, daß der Planet als Einheit mit Himmel, Meer und Kontinenten das Wort Erde und damit das Wort Grab abdeckt. So wäre auch eine Himmelsbestattung: Aussetzung der Leiche in größter Höhe noch zulässig.

Auf diese Weise töten Adler Schlangen, indem sie diese Beute aus großer Höhe wiederholt auf die Erde fallen lassen, bis sie tot, zerstückelt und zum Verzehr durch den kleinen Adlerschnabel geeignet ist.

Das Ganze war in der 23. Stunde abgewickelt, die auf den Kopfschuß folgte. Das verwüstete Antlitz hatten wir kenntlich hergerichtet, auch wenn inzwischen entschieden war, daß die Weltöffentlichkeit sich kein Bild vom Toten machen sollte. Besser ist es, wenn sich die von den Fernsehstationen gezeigten Bildsequenzen, die es von dem Lebenden gibt, so lange wiederholen, daß die Gewöhnung des Auges sie verschwinden läßt.

Während die Vollstrecker (die Navy-Seals) Auszeichnungen erhielten, wird unser mitentscheidendes logistisches Tun nicht erwähnt, auch wenn es genausoviel Nerven gekostet hat wie der kühle Schuß, der das Leben des unheimlichen Mannes beendete.

Ein Team alteingesessener Delphine

In der Nähe des US-Flugzeugträgers *Carl Vinson* spielte eine Schule von Delphinen. Als die in einen Seesack gehüllte Leiche des GROSSEN TEUFELS von einem Hubschrauber aus in die See geworfen wurde, stupsten sie das ihnen unverständliche Objekt mit den Schnauzen vorwärts und zur Oberfläche hin wie einen Ball. Es entsprach ihrem eingewurzelten Instinkt, dieses Etwas, das sie zwar nicht für eines ihrer Jungen hielten, das aber entfernt dafür gehalten werden konnte, nach oben und nach vorn zu stoßen, sozusagen als Ersatz oder Spielzeug, damit es auftauchen und nach Luft schnappen könnte, wenn es nottäte.

So gelangte das Team nach zwei Wochen, in welchen der Tote nie tiefer sank als 200 Meter, an die Küste von Pundtland. Der gestrandete Seesack wurde von somalischen Seeleuten gefunden, die Leiche getrocknet und als Mumie unter der Vorgabe, dies sei der Märtyrer Bin Laden, an jene Handelskette für Antiquitäten verkauft, welche auch Abnehmer für geraubte Kunstschätze und Sarkophaginhalte der Pharaonengräber war. Die Händler meinten, sie seien Betrüger, wenn sie die unbekannte Wasserleiche als Bin Laden deklarierten und so den Wert des Toten durch eine erzählbare Geschichte steigerten. Tatsächlich lieferten sie authentische Ware, die im Auftrag einer japanischen Bank für deren Tiefenkellertresore gekauft wurde.

Sie war kein Kunstobjekt und hatte doch eine »Alleinstellung«. Künstler war hier der ZUFALL, DER DIE ERDE REGIERT, so Bernd Graff. Vertreten durch die neugierigen Delphine, aber auch durch den in das Dasein eingekerbten Grundsatz Gottes, daß Märtyrer »auf den Schwingen des Unwahrscheinlichen in die Runde blicken«.

Das unsichtbare Bild der Sintflut

Mit seiner jungen Geliebten besichtigte der Paläogeologe Fredy Smith-Steiner zunächst das Ausgrabungsgelände von Troja. Die Steinbrocken sagten ihm nichts, sie waren zu jung. Man sah aber vom Küstengebirge, das mit einer Kleinbahn zu erreichen war, in der Ferne die Dardanellen und den Eingang zum Marmarameer. Vor dem geistigen Auge des Wissenschaftlers (was er erklärte, konnte die willige Gefährtin, der er gern gefallen hätte, nicht sehen) lag die archaische Bergkette, die vor Äonen Anatolien und Europa verbunden hatte und inzwischen versunken war. Das Mittelmeer hatte sich damals vom Atlantik her wieder einmal mit Salzwasser aufgefüllt. Sein Wasserspiegel lag um sieben Meter höher als der Süßwassersee, der einen Teil der Fläche des heutigen Schwarzen Meers ausmacht, jenseits der archaischen Bergkette.

Dieselbe Reibung der anatolischen Platte an ihrem Gegenüber, die heute Istanbul bedroht, zerriß in jener Zeit, lange vor Trojas Untergang, die Gebirgskette und öffnete den Fluten des Mittelmeers den Weg nach Norden. Die Salzwassermasse wölbte sich über den Süßwassersee und überschwemmte, ähnlich einem Tsunami, die Ebenen, die heute Rumänien, die Krim und die Ukraine heißen. Das war (damit beeindruckte der alte Mann seine junge Geliebte) die SINTFLUT, von der noch heute die Menschen an der Küste des Schwarzen Meers bis weit ins Landesinnere erzählen.

– Unter dem Schwarzen Meer oder in seinem »Inneren« gibt es immer noch den Süßwassersee, sozusagen unterseeisch?

Der Gelehrte freute sich sehr über die Frage: Der Forschungsgegenstand, der ihn beschäftigte, und die Frau, mit der er über einen Altersunterschied von 48 Jahren hinweg einen Lebensbund schmieden wollte (daher die Reise an den Bosporus), nahmen miteinander Verbindung auf. Seine Zuwendung war unteilbar und galt doch beiden: den Berichten aus alten Zeiten und dem jungen Lebewesen, so ungleich sie auch waren.

Die Paläogeologen arbeiteten inzwischen mit linguistischen Komparatisten zusammen. Nicht die Steine und Schichtungen des Bodens geben über die

Sintflut Auskunft, sondern vor allem die autochthonen Erzählungen, vor allem Trauer- und Heldenepen, schildern die Vorgänge vor 5000 Jahren mit großer Genauigkeit. Die Sintflut war nicht als Auslöschung des Lebens oder dessen Gefährdung erlebt worden, welcher nur ein einzelnes Schiff entrann, sondern das Ereignis hat, wie es der Kollege Haarmann in Helsinki formulierte, die Menschheit erst erschaffen. Auf die Not hatten die Vorfahren Antworten gefunden. Mit diesem Wissen zogen sie später nach Mesopotamien, erfahren darin, wie man mit der Natur umgeht, wenn sie außer Rand und Band gerät. In Erinnerung an die unbezähmbare Flut bauten sie Wasserstraßen und Kanäle. Sie bewegten sich künftig auf dem Land so, als bestünde es überall (und nicht nur an der Küste und bei Sturmflut) aus Wasser.

3
Die Revolution ist ein Lebewesen voller Überraschungen

Grüne Hügel von Chengde

250 Kilometer nördlich oder acht Tagesreisen von Peking entfernt befanden sich zu der Zeit, in der J. W. Goethe innig an China dachte, also noch im Jahre 1812, laubgekrönte Bergwälder. An ihrem Fuße, mit den Gärten in die Täler des Bergwaldes vordringend, befand sich die Sommerresidenz des Kaisers. Der Ort hieß Chengde. Die Residenz geriet in Verruf, als der Kaiser 1820 vom Blitz erschlagen wurde. Wenige Jahre später wurde ein anderer Kaiser in diese Residenz verschlagen. Durch Krankheit kam er um. Seither verfielen die Bauten. Kein Astrologe wagte den Platz zum BEGÜNSTIGTEN ORT zu erklären. Die Bäume wurden gefällt.

Heute, für Schatzsammler noch immer ein geeigneter Ort, ist der Palast verwüstet. Übrig blieb von dieser Zentrale Chinas das Dichterwort: AN DIE KÜHLEN GRÜNEN HÜGEL VON CHENGDE BRANDET DAS MEER DER HÜGEL CHINAS, UNBELAUBT. Das 2002 von Forschern durchforstete Gelände des Kaiserhofs wurde nie »von Hügeln überflutet«. Es ging nicht unter durch China, sondern durch Glücksverlust. Es gilt als Aberglauben der besonderen Art, daß eine paradiesische, glückselige, im Sommer erfrischende Landschaft durch nur zwei Zufälle zur Wüste gemacht werden kann. Unerwartet zeigt sie erneut ihre grünen Hügel im Licht.

Wetterwechsel im Sinne Maos

> »Wie gerade aus kleinen Verrätereien Volksaufstand entsteht.«
>
> *Montaigne*

In dem Dorf Dongzhou in der Provinz Guandong beschwerten sich Bauern, die von ihren Pachthöfen (Restbestand der Kommunen) gewaltsam weggesetzt und unzureichend entschädigt worden waren, bei den Behörden. Diese suchten zu beschwichtigen. Sie ließen dann Sprecher der Bauern festnehmen, in der Absicht, sie wieder zu entlassen und so Dankbarkeit auszulösen. Die

Bauern zogen vor das Gefängnis. Hunderte von bewaffneten Polizisten ihnen gegenüber. Die Bauern drangen vor, warfen Molotow-Cocktails. Zwanzig Tote. Die Sache sollte gegenüber der Zentrale vertuscht werden.
Einer Frau wurde Geld angeboten, falls sie sich bereit erklären würde, zu verheimlichen, daß ihr Mann von der Polizei erschossen worden war. Schriftlich war die Summe versprochen. Schon empfand sich diese Frau als Parteigängerin der Funktionäre. Dann veränderte sich die Lage, die durch den Gewaltausbruch beruhigt schien. Alle Parteien ergriff die Furcht. Die Zentrale griff ein. So war die Zuarbeit der Frau des Erschossenen nicht mehr nützlich. Die versprochene Summe wurde ihr nicht ausgezahlt.

Die Revolution ist ein Lebewesen voller Überraschungen

Generell gesprochen, so der Attaché der dänischen Botschaft in Peking, wäre der mächtige Tian'anmen-Platz der rechte Ort für einen Volksaufstand, der Größe Chinas angemessen. Und das war er auch schon einmal. Theoretisch könnten Einzelne, gäbe es die Möglichkeit, sich rasch und spontan zu verabreden (und die gibt es im Netz), sich auf diesem Platz plötzlich massieren, in einer Zahl, die durch Polizeikräfte nicht mehr einzuschüchtern ist. Das aber, fügte der Attaché hinzu, ist ein ganz aussichtsloses Projekt. Die Sicherheitsbehörden, sechsfach jeden Kommunikationsweg beobachtend, würden die Herankunft der Verabredeten, ja schon die raschen Verabredungen selbst bemerken (man kann ja im Internet nicht flüstern). Die Zugänge zum Platz wären gesperrt, dieser mit Hindernissen vollgestellt, ehe eine hinreichende Zahl an Demonstranten dort das Wort ergreifen könnte. Sie müßten sich aber dann erst noch einsprechen. Erfahrungsgemäß passen die Reden und die Erwartungen der Teilnehmer, die auf die Reden reagieren sollen, frühestens am dritten Tag aufeinander. Revolutionierung ist ein Lernprozeß.
In Chinas zweitrangigen Städten, die einen solch legendären Platz nicht besitzen, wäre dagegen ein Aufstand ohne Chance, so schloß der Däne, der auch Geheimdienstler war, seine Ausführungen. Nun geht eine Revolution, antwortete ihm sein Gesprächspartner, der dem Geheimdienst der VR China angehörte, wie Mao Tse-tung es lehrt, nicht vom Zentrum aus (wenigstens nicht generell, wie Sie eingangs sagten), also nicht von einem Platz in der Hauptstadt, sondern von der Peripherie, oder vielmehr operiert sie von »unten nach oben«. Revolutionen verhalten sich nicht wie Landkarten. Was aber ist im modernen China Peripherie, und was ist »unten«? entgegnete der Däne, der sozusagen von links oben, auf der Weltkarte betrachtet, auf das Land China sah und von daher zu Übersichten neigte. Es werden nicht die Provinz Sinki-

ang oder die industriellen Ruinen Nordostchinas sein. Nein, antwortete der heimliche Marxist, der ihm gegenübersaß: Die revolutionäre Basis muß in einer WARENTAUSCHENDEN GESELLSCHAFT, und dazu ist China inzwischen geworden, in der Ware als dem wesentlichen Element gesucht werden. DORT LIEGT DER BODEN, DEN EINER KÜSST, WENN ER HEIMKEHRT. Von der Mitte der Ware muß die Revolution ausgehen.
Das schien dem Dänen wenig anschaulich, dennoch interessant. Eine Revolution hat stets ihren Zündpunkt in einer Provokation. Wo kann im Kern einer Ware ein solcher Stachel liegen? Das haben wir in Tunis gesehen, warf der Chinese ein: ein Mann, durch Bürokratie in seiner Würde verletzt, verbrennt sich selbst, und keine Polizei hält die Massen auf, welche die Revolution ausrufen. Und wo würde man das, fragte der Däne zurück, nämlich den emotionalen Funken, im Kern einer Ware finden? Die Waren haben Beine, antwortete der Chinese. Wenn man ihnen die Füße abschlägt, das Herz herausreißt, verbrennen sie sich vielleicht selbst, was übrigens die Brennelemente, die auch Waren sind, in den AKW tatsächlich tun.
Da gab es eine Schraube, fuhr der chinesische Geheimdienstler fort, der nach Meinung des Dänen eine Maske (oder mehrere) trug und mit seinen Worten stets eher sondierte, als etwas aussagte: diese Schraube, eine Ware, war im Inneren schrottig und brach entzwei. Das führte zur Implosion einer teuren Werkzeugmaschine und kostete den Arbeiter, der sie bediente, die rechte Hand. In dem Betrieb gab es Aufruhr, es handelte sich nämlich um eine Schraube aus einer Lieferung von 800 000 Schrauben, die sämtlich denselben Konstruktionsfehler in ihrem Kern aufwiesen. Das Vertrauen in die Anlieferung von Schrauben war zerrüttet. Streitkräfte des Innenressorts besetzten die Fabrik, suchten die erregte Belegschaft einzuschüchtern. Arbeiter wurden ins Gefängnis abtransportiert. Es kam zu Scharmützeln. Das Geschehen griff auf die Nachbarprovinz über. Nur Chinas Weite verwies den Konflikt auf sein Maß. So blieb die revolutionäre Bewegung in der Art eines Schwelbrands lange Zeit am Leben und hätte die ganze Gesellschaft ergriffen, wenn denn in mehreren Nachbarprovinzen eine ähnliche Provokation vorgefallen wäre oder die Kommunikationsmittel tatsächlich über das ganze Land hinweg funktioniert hätten.
Das war doch aber eine Bruchstelle im Gebrauchswert, nicht im Warenwert, der sich in der schadhaften Schraube manifestierte, wandte der Däne ein, der auch seinen Marx gelesen hatte und das Vertrauen seines Gegenübers durch spontane Rede zu erhalten suchte. Nein, beharrte der: Der Vertrauensschwund, welcher durch keine öffentliche Gewalt im Ernstfall zu heilen ist, liegt nicht an der Schraube, die den Unfall verursachte, sondern an der Gesamtlieferung von 800 000 Schrauben mit Bruchtendenz. In der Sprache

der Waren entspricht so etwas der Lüge. Die Ökonomie zeigt Verrat. Einer Verschwörung entspricht es, wenn die politische Leitung die Produktion, das Wachstum des Landes, und schließlich die Qualität der Dinge nicht mehr im Griff hat. In dieser Hinsicht lebt die Partei auf Kredit. Ein Vorfall wie der, den ich aus Nordwestchina beschrieb, verteuert diesen Kredit. Ist er verbraucht oder überzogen, stürzt die Republik.

Und das ist dann die Revolution? fragte der Däne. Das weiß man erst, antwortete der chinesische Geheimdienstler, wenn sie ausbricht. Deshalb ist es abwegig, daß unsere Genossen auf den Tahrir-Platz in Kairo starren und sich Gedanken darüber machen, wie man die Zufahrten zum Tian'anmen-Platz schärfer bewacht. Die Revolution ist ein Lebewesen voller Überraschungen. Nie tritt sie dort auf, wo wir sie erwarten.

Die Generaldirektoren der staatlichen Museen in Berlin, Dresden und München waren nach China gereist. Obgleich Rivalen, wurden sie zum Frühstück, während der Pressekonferenz und dann bis zum Rückflug von den chinesischen Gastgebern streng zusammengehalten. Von den Architektenbüros Gerkan, Marg und Partner war der Museumsbau des Nationalmuseums in Peking erweitert worden. Mao Tse-tungs Mausoleum, die Halle des Volkes und das Revolutionsmuseum als das der Ausstellungsfläche nach größte Museum der Welt bildeten ein zentrales Ensemble in der Hauptstadt Peking. 30 000 Besucher vermochte die Eingangshalle mit ihrem 260 Meter langen Entrée gleichzeitig zu fassen.

Thema der Ausstellung war auf Wunsch der Chinesen »Die Kunst der Aufklärung«. Schuhe von Immanuel Kant (hinter Glas) waren ebenso zu betrachten wie eine Büste (nicht Noten, nicht die Musik) von Christoph Willibald Gluck. Auf vier großen Leinwänden waren von Goya-Nachfolgern zu sehen: »Die Hinrichtung einer Hexe«, »Duell«, »Der Verwundete«.

Deng staunt, wie rasch die Leute den komplizierten Kapitalismus lernen

Deng Hsiao-ping, von dem Mao Tse-tung annahm, er sei ein Konterrevolutionär bürgerlichen Charakters, war erstaunt, wie der kapitalistische Geist, den er selbst nur aus Büchern kannte und in dessen Regeln er sich einarbeiten mußte, von den Chinesen, ausgehend von den Sonderwirtschaftszonen, in Windeseile über ganz China verbreitet wurde, ja in der Partei und in den Streitkräften Enklaven bildete, so daß es wichtig war, die TAUSCHGESETZE DER MACHT dort anstelle der GESETZE DES GELDES wiederherzustellen. Was war der Grund für das schnelle Lernen? War der Warentausch ein grundlegendes menschliches Vermögen? Deng glaubte das nicht. War der kapitalistische Sinn, der doch vorher noch nicht alle Provinzen Chinas ergriffen hatte, nach der Revolution von 1949 nur »in Schlummer versetzt«, von der sozialistischen Republik und der Kulturrevolution überlagert worden? Jetzt aber infolge der Anreize der wirtschaftlichen Öffnung aufgewacht, hatte er sich verstärkt und auch das erobert, was ihm vor 1949 noch versperrt war? Das Ganze war ohne Schulungskurse und ohne die Nutzung von Handbüchern in Gang gekommen. Es schien so, daß sich der Kapitalismus autopoietisch bewegt. Zuerst tritt er auf als ein Lehrmeister und dann als eine Ökonomie.

Was ist ein »Bauer der Bedürfnisse«?

Der Sozialismus der DDR war produktionsorientiert. Stets verbinden sich miteinander Produktion, Distribution und Konsumtion, heißt es in den *Grundrissen* von Marx: die Produktion als das Übergreifende. Die Börse und die Banken dagegen (als konsumtive und distributive Instanzen) hielt Marx nicht für etwas Reales.

Diese Auffassung der DDR-Ökonomie korrespondierte mit dem gärtnerischen Talent, dem Produzentenstolz, dem Sinn fürs Reparieren, der gegenseitigen Anerkennung, die Menschen einander aufgrund ihrer Arbeit und ihrer gelungenen Produkte in der DDR zollten. Weil aber für jedes dieser Fragmente im Menschen, welche auf die PRODUKTION ALS DAS ÜBERGREIFENDE antworten, auf dem Staatsgebiet der DDR ein Engpaß herrschte (abgesehen davon, was das Reparieren betrifft), kam es zur Krise, so der marxistische Ökonom Thomas Mälzer, Humboldt-Universität zu Berlin.

Der Gelehrte hatte schon im Sommer 1989, hellsichtig, begonnen, umzudenken. Es bildeten sich im Herbst studentische Ausschüsse. Mälzer attachierte ihnen Kurse unter dem Titel »Einführung in die kapitalistische Praxis«. Ein Kapitalist, so lehrte er, unterstützt von seinen Assistenten, ist ein »Bauer der Bedürfnisse«. Ein Bedürfnis ist »der Wille, etwas zu kaufen«. Diesen Willen muß er ernten. Er hat es aber schwer, wenn diese Bedürfnisse nicht schon vor seinem Auftritt auf den gesellschaftlichen Äckern gewachsen sind. Die Tätigkeit des Kapitalisten setzt eine kapitalistisch nicht herstellbare Vorarbeit voraus: Rodung des Waldes, Umgraben der Erde, Züchtung passender Samen. Diese Epoche haben unsere Vorfahren auf den realen Böden in großer Not erlebt, unter Vernichtung ganzer Generationen und manchmal erst im zweiten Schritt nach Auswanderung. Ist der Boden, also das System der Bedürfnisse, nicht bereits angelegt, wird die Gründergeneration der Kapitalisten scheitern. Es geht nicht um Ernte, sondern um Verkauf, so Mälzer. Hier nahm der Ökonom das Beispiel des fruchtbringenden Landregens zur Hilfe, um die Sache anschaulich zu machen. In der »kapitalistischen Natur«, einem Hybrid, handelt es sich um einen Regen, der vom Boden einen Gegenwert aufnimmt, sozusagen um einen Regen, der aufsteigt wie der Morgennebel und nicht wie eine Wolke herniederfällt.

Solche Vergleiche verwunderten die Kursteilnehmer sehr. Sie gehörten revolutionären Ausschüssen an, welche die Umwälzung der Republik vorbereiteten und betrieben, waren von Tagespolitik abgelenkt. Sie wollten Tabellen sehen, bezogen auf die »Einführung in die kapitalistische Praxis«. Die Regeln von Angebot und Nachfrage sollten in klare Sätze gefaßt sein: Sie wollten rasch Vokabeln erlernen, um mitreden zu können. Mälzers bedürfnisorientierter Methode warfen sie vor, sie sei abstrakt.

Das System der Bedürfnisse, das kein Einzelner sich einfach ausdenken könne (obwohl es in den Willenskräften aller Einzelner in Erscheinung trete), antwortete Mälzer, sei seiner Natur nach ein ABSTRAKTUM, weil einer sein Bedürfnis in der Regel nicht kennt oder nicht benennen kann, bevor er nicht ein Produkt gesehen hat, das es befriedigt. Diese Abstraktion, die dem Kauf entgegenwächst (»wie das Getreide dem Schnitter«), STEIGT AUF ZUR KONKRETION, aber gewiß nicht über den Händler, sondern im Sprung über den Erfinder, den Konstrukteur, den Leiter der Entwicklungsabteilung. Von dort wird das Bedürfnis zur Produktion. Das sind aber schon Tausende von Beziehungen und Tauschhandlungen, die ein einzelner Unternehmer nicht organisieren oder bezahlen könnte.

Es nutzte nichts: Die Kursteilnehmer, wache, aufgeweckte, politisch abgelenkte Geister, empfanden kein Vergnügen an der Lehre vom »Aufstieg von der Abstraktion zur Konkretion«. Sie kauften sich Repetitionskurse zur BWL. Im Dezember 1989 war keine Zeit für Analyse. Es waren Monate der Tat. Mälzer mochte als erster angefangen haben; er gab sich unsägliche Mühe, jetzt rückte er in die zweite, vierte oder zwölfte Reihe der Wichtigkeiten.

Tze-fei begegnet einem Vers von Freiligrath

Ein chinesischer Genosse, dessen Großvater in der Kulturrevolution auf einer der erzwungenen Wanderungen, mit denen der bürgerliche Anteil im Intellektuellen absorbiert werden sollte, umgekommen war und dessen Vater ihn in strenger Abneigung gegenüber allem, was von Mao Tse-tung ausging, erzogen hatte, war zuständig für das Referat »Revolution« im Nationalmuseum in Peking.

Bei seinen Forschungen stieß er wiederholt auf ihn fesselnde Texte in Maos Werk. Eine philologisch genauere Betrachtung zeigte, daß dieses Werk auch Fragmente anderer Autoren enthielt, von Theoretikern und Praktikern im Umfeld der Partei, die sich im Laufe der Zeit gesammelt hatten und in Mao Tse-tungs Gedanken (wie Plagiate ohne Fußnoten) eingebunden worden waren. Das schien Erfahrung zu enthalten, die in Chinas Gegenwart nicht aufging. Die Texte funkelten den Geschichtsarbeiter an, der Hong Tze-fei hieß. Ohnehin war er von Neugierde geplagt. Die akademistisch betriebene Theorie der Jetztzeit lag ihm nicht. Das war gefährlich für seine Karriere. Hielt er die von ihm gefundenen Texte gegen Texte aus Analysen, wie sie neuerdings an Eliteuniversitäten der USA und in Europa über den Begriff und die Metaphernwelt der REVOLUTION vorgelegt wurden, dann funkelte es wie in einer Kristallkugel, in der sich die Lichter kreuzen und an der ein Alchemist, wie er in chinesisch-leibnizianischer Gestalt in einer Nachbarabteilung des Nationalmuseums vorzeigbar war, seine Freude gehabt hätte. Tze-fei neigte zur ANREICHERUNG oder URSPRÜNGLICHEN ZÜNDUNG eines Begriffs: Das war sein Handwerkszeug. Man nimmt das Wort und fingiert, es habe zunächst keinen Inhalt. Man übersetzt dieses Wort in lebende und tote Sprachen und wartet auf die Differenz, die sich ergibt. Ein ähnliches Verfahren kann angewendet werden in vertikaler Richtung, wenn man den Begriff in zeitli-

Abb.: Polizeibeamte in Zivil vor der Halle des Volkes in Peking.

cher Versetzung den Jahrhunderten und den Generationen, also 30-Jahres-Abschnitten, vorlegt. Tze-fei hatte noch eine Reihe an weiteren Sonden oder Angelgeräten im Sinn, wenn es um den Begriff der Revolution ging, der ihm ja amtlich anvertraut war.

Zunächst, notierte er, gibt es auf der Spiegelungsfläche der Philologie, dem Lateinischen, Charakterisierungen der UNRUHE: *discordia*: Zwietracht, *bellum civile*: Bürgerkrieg, *motus*: Bewegung, *vicissitudo*: Wechsel. Dabei bleibt indifferent, gegen wen sich die Unruhe richtet. Die gewalttätige politische Unruhe, von oben nach unten betrachtet, hat andere Worte: *tumultus, turba*: Aufruhr, *seditio*: Empörung, *coniuratio*: Verschwörung, *rebellio*: Aufstand. Im Griechischen: *stasis*. Im Englischen: *insurgency*. Im Französischen: *soulèvement, révolte*. Im deutschen Bauernkrieg: »Empörung des gemeinen Mannes.« Dagegen ist ELEVATION ein Wunder, aber auch die Bezeichnung für Anti-Schwerkraft.

Entzückt war Tze-fei von einem Vers von Freiligrath, einem bourgeoisen Revolutionsdichter von 1848 in Wien. Er spricht von der Revolution als einer allegorischen Kämpferin:

> »Sie spricht mit dreistem Prophezein /
> Ich war, ich bin, ich werde sein.«

Zwei Fernbeobachter der Revolution im Nahen Osten

Inmitten des landwirtschaftlichen Gebietes der Magdeburger Börde und in der Nähe einer eingleisigen Bahnstrecke lebten zwei Oberste außer Dienst der ehemaligen Abteilung IX Gegenspionage aus der Hauptabteilung Aufklärung im MfS. Die Bahnstrecke, an der ihre Datschen lagen, war vor dem Zweiten Weltkrieg die zweigleisige D-Zug-Schnellstrecke Berlin–Frankfurt am Main gewesen, dann hatten die Russen 1946 einen der beiden Schienenstränge demontiert. Die Eisenteile lagerten noch immer in der Nähe von Witebsk.

Die beiden Oberste waren für ihren einvernehmlichen Kommunikationsstil bekannt. Niemals unterbrach einer die Rede des anderen. Geriet aber einer ins Stocken, so führte der andere die Rede fort. Er hatte also, für Beobachter erkennbar, die ganze Zeit mitgedacht und mitformuliert, während er schwieg. Solche Bereitschaft zur Kooperation war verblüffend. Mochte der REALE SOZIALISMUS in der DDR nichts Produktives hervorgebracht haben – zumindest nach den Analysen führender Marktforschungsinstitute –, so war doch diese gewissermaßen slawisch anmutende Wechselwirkung zweier fachkundiger Seelen ein Progreß. Als 18jähriger bin ich im Jahr 1948 in

Halle rekrutiert worden, erläuterte der eine der beiden Obersten, gleich zu Anfang meiner Studien an der Arbeiter- und Bauernfakultät. Sein gleichrangiger Kollege Hartmut Däneke ergänzte: Ich bin einen Jahrgang jünger. Sie hatten von Jugend an ihrem Staatswesen gedient, das sie sich nicht ausgesucht hatten, das aber sie auserwählt und geschult hatte. Wissen, Können und eine Leistungsbereitschaft, wie beide sie in sich vereinigt hatten, läßt sich nicht zurückhalten. In sieben Publikationen, selbstfinanziert aus ihrer Rente und aus Umlagen von Kollegen, hatten sie grobe Anwürfe widerlegt, wie sie vor allem aus dem Umkreis der Gauck-Behörde erhoben wurden, die selektiv Akten streute und Publikationsorgane der Bundesrepublik mit Gerüchten über die Arbeit der Abteilung IX fütterte.

Ich würde uns hier auf dem ehemaligen Staatsgebiet der DDR, sagte Däneke, verallgemeinert jedoch für den ganzen Zeitraum der Herrschaft der Werktätigen in unserem Vaterland, als REVOLUTIONÄRE DIENSTLEISTER, nicht dagegen als »revolutionäre Kräfte« bezeichnen. Es handelt sich in der DDR um keine originäre Revolution – dabei beziehe ich mich auf eine Äußerung von Markus Wolf. Es war Einhilfe der Besatzungsmacht, die das politische System der DDR etablierte. Vielleicht hätte aus Thomas Münzers Handlungen oder der März-Aktion von 1921 einst eine revolutionäre Bewegung entstehen können; ja, ein revolutionärer Funke wird im Umkreis der Magdeburger Börde auch in den ersten zwei Jahren des Dritten Reiches festzustellen sein, wenn man es unvoreingenommen und objektiv beobachtet. Gewiß aber bestand 1946 auf diesem Boden keine revolutionäre Situation, sondern Wundenlecken nach erschöpfendem Krieg.

Von oben nach unten, durch Vorschriften, Erziehung oder das Angebot von Anreizen und Beförderungen, ist in der Welt noch nie eine genuin revolutionäre Kraft entstanden. Sind wir aber fremdgeleitet das geworden, was wir sind, Spezialisten in der internationalen Verbreitung revolutionärer Impulse, so unterliegen wir, gerade weil wir Techniker sind, auch nicht den Befangenheiten der Revolutionen. Sine ira et studio sind wir zu Spezialisten geworden. Unser hoher Leistungsrang wird uns von ausländischen Diensten (sozusagen dem Gegner), nicht zuletzt durch die Vertreter der CIA auf der jüngsten Konferenz in Kopenhagen, ausdrücklich bestätigt.

Es folgt aus dem abgeleiteten Status unserer revolutionären Kompetenz, daß die Organe der Staatssicherheit auf dem Gebiet der DDR selbst, also nach innen, eher versagt haben. Das Gegenteil ist auf fremdem Boden der Fall. Den Höhepunkt des Einsatzes orientierten wir im ERWEITERTEN NAHEN OSTEN. Die Republik Jemen war zeitweise voll in der Hand der DDR.

Kollege Gunther Mangold – Däneke wies auf den Genossen, der ihm gegenübersaß – hat in seinem Quartier die Satellitenschüssel auf den Sender

Al Jazeera ausgerichtet. Und ich selbst nutze das Internet. So nehmen wir aktiv an den Geschehnissen teil, die wir aus der Zeit unseres Einsatzes noch ausgezeichnet kennen. Ich selbst firmiere unter dem Namen Abdul Abbas. Mein Kollege nennt sich »Ricki«, wenn er an meinem PC arbeitet, weil er die europäische Stimme übernimmt.

Wir interessieren uns weniger für das Ergebnis unserer Tätigkeit als vielmehr für die Arbeit selbst. Gern sind wir zusammen. Ohne uns zu überschätzen, können wir behaupten, daß wir aus der Ferne die objektiven Bewegungen in Ägypten, im Jemen und in Syrien besser verstehen als die Kollegen beim BND. Oft lachen wir über die Fernschaltung während der Tagesschau, in der Korrespondenten vor Ort etwas Allgemeines sagen, nur um den Eindruck herzustellen, man erfahre etwas »vor Ort«. Wenn man es nicht versteht, nutzt keine Kenntnis am Ort. Will man ein Kräfteparallelogramm im Jemen erkennen, muß man schon mit Stammesführern, örtlichen Polizeioffizieren, Militärs und ubiquitär Handeltreibenden gesprochen haben, um die Bewegungen in einem Tagesverlauf und revolutionäre Komponenten von antirevolutionären unterscheiden zu können. Es treten ja in einer solchen Situation fast alle Beteiligten mit Maske auf.

Abb.: Oberst a. D. Däneke.   Abb.: Oberst a. D. Mangold.

Provinzen zahlen für große Städte Steuern

In den Land- und Kreisstädten der Bundesrepublik öffnen die Läden um 7 Uhr, und die Menschen eilen zu ihren Arbeitsstätten. Eine Apotheke in einer Kleinstadt, die um 8 Uhr öffnet, zieht schon zwanzig Minuten zuvor die Rolläden hoch, um rechtzeitig bereit zu sein. Dafür schließen Abendveranstaltungen und Restaurants früher. Vom Fleiß dieser Einwohner lebt die Republik. Dagegen öffnen in der Hauptstadt die Läden generell spät. Zahlreiche Büros beginnen ihren Betrieb nicht vor 10 Uhr. Das resultiert aus den weiten Anfahrtswegen durch die Stadt, aber auch aus dem Konsens sehr verschiedener Biotope der Stadt, die sich nach der Wende herausgebildet und erhalten haben. Das BEFREITE OSTBERLIN ist nicht zu den strikten Frühzeiten der Dienste zurückgekehrt, die der Planwirtschaft entsprachen und die Läden zwangen, vor Produktionsbeginn die Versorgung zu gewährleisten. Von Beginn an waren das BEFREITE WESTBERLIN und die ZUWANDERER AUS DEM WESTEN an der metropolitanen Abendlust orientiert, die das frühe Aufstehen beeinträchtigt. Für große Städte zahlen (seit Mesopotamien) die Provinzen Steuern.

Verbindung zwischen zwei Zentren der Revolte

Ein gewisser Jussuf Ben Abbas aus Benghasi hatte die »Wende«, die zunächst nicht das gesamte Land ergriff und statt dessen eine Wartezeit auslöste, schöpferisch genutzt, indem er herrenlose Autos, Gefechtsfahrzeuge und Beutepanzer, jeweils repariert, einsammelte und über Ägyptens Grenze nach Gaza schaffte. Rätselhaft, woher die Abnehmer in diesem Küstenland des Ostmittelmeers die Devisenbeträge zusammenbekamen: Die Altfahrzeuge wurden bezahlt. Sie waren atemberaubend preiswert. Jussufs Geschäfte testeten die Randzone des Unmöglichen. Die Folge einander ablösender Fahrer der Schrotttrösser hätten, wären ihre Hirne leuchtende Girlanden gewesen, wochenlang eine Lichterkette gebildet zwischen der REVOLUTION OHNE SPEZIFISCHE IDEOLOGIE in der Rommel-Stadt Benghasi und der REVOLUTION IN ERWARTUNG EINES WUNDERS in der Kreuzritterstadt Gaza. Ideologische Kontakte zwischen Gaza und Benghasi wären am Unverständnis abgeblitzt, Handel stellte die Verbindung her. Die Transporte über eine so weite Strecke irritierten den israelischen Geheimdienst, der aber zuwenig ausgebildete Agenten für diese Weltzone besaß, um sich kundig zu machen. Auch der Mossad braucht für die Situation in Afrika neue Kämpfer, deren Umschulung sechs bis zwölf Wochen dauert, und dann werden immer noch keine Top-Agenten zur Verfügung stehen.

Können utopische Besitzansprüche Zauberkraft entfalten?

Major Ibrahim Dschügül-Konrad, ein in der Wolle gefärbter Kemal-Atatürkist, hatte im Geheimdienst seines Landes die Zuständigkeit für den Gesamtbereich Libyen inne, ein Gebiet, das ehemals zum Osmanischen Reich gehört hatte. Wegen der Eilfertigkeit, mit welcher zunächst Frankreich und England und dann die NATO in Libyen Bombenangriffe durchführten, hatte er bei den entsprechenden Organisationen dort Protest erhoben, bis ihm die türkische Admiralität und die Luftwaffe einen Teil seiner geheimdienstlichen Allmacht abzwackten. Wer Atatürks Frühzeit kennt, sieht ihn auf Fotos mit Kameraden posieren in jener Zeit, als die Offiziere, die zur jungtürkischen Bewegung zählten, das Land gegen italienische Invasoren verteidigten. Insofern war Dschügül-Konrad der Meinung, die türkische Republik und nicht die NATO müsse ein UNO-Mandat erhalten und zwischen den Parteien des libyschen Bürgerkriegs vermitteln.

Statt einen Festlandsockel gegenüber ionischen Inseln zu behaupten oder sich in Nordzypern zu streiten, bestünde die natürliche Expansion der Türkei in einer Übernahme Libyens als Protektorat, so Dschügül-Konrad. Die Zweiteilung des Landes, die bei anhaltendem Bürgerkrieg droht, wäre vermieden. Letztlich ist Ankara der legitime Nachfolger von Ostrom. Dieses wiederum Erbe des Römischen Reiches, zu dem Numidien und Libyen gehörten. Wer könne in Europas Auftrag die Friedensstiftung und das PRINZIP DER CLEMENTIA auf diesem Gelände besser zur Geltung bringen als die Türkei?

Europa ist der antike Name einer kleinen Provinz direkt westlich von Konstantinopel. Dieses maßstäbliche Verhältnis hat sich nachhaltig verzerrt, so Dschügül-Konrads Auffassung. Die Wiederherstellung des Osmanischen Reiches würde Gegenwartsprobleme nicht nur in Libyen, sondern auch in Portugal lösen. Wir verfügen in unseren Archiven in Ankara, sagt Dschügül-Konrad, über die Akten des Kaisers Theodosius I., der das Reich noch bis in den atlantischen Westen regierte. Alle Ansprüche auf Herrschaft, die in unseren Registern seit 1453 aufgeführt sind, wurden 1923 protokollgerecht ohne Verzicht von der türkischen Republik übernommen. Oft schon wurden Länder, die sich wie Libyen in Not befanden, überraschend durch Engel, Gottesboten, durch die Wiedergeburt früherer Herrscher oder durch plötzliche Funde in den historischen Registern errettet und in eine neue Zukunft geführt. Wie Wolken, die sich auflösen am Abendhimmel und das Firmament dem Blick freigeben, legt sich ein Gewölbe aus früheren Zeiten über eine ausweglose Realität, und das vermag zu zaubern.

Anfang der saudischen Konterrevolution

Der saudische Geheimdienst und die erfahrenen Diplomaten dieses Landes hatten die Zeit bis Anfang April 2011 genutzt. Strobe Talbott III. behauptet, es sei die Folge einer saudischen Intrige gewesen, daß Frankreich sich mit seinen Luftangriffen auf Libyen an die Spitze gesetzt hat. Auch der Stab von Präsident Obama sah das so. Es war die Absicht der saudischen Seite, daß die USA ihre Unlust, in Libyen zu handeln, öffentlich vorführen sollten; sie würden das Gesicht verlieren, wenn andere, die Franzosen und die Briten, sich an Stelle der Führungsmacht engagierten. Im Schatten des Angriffs aber, an dem sich die USA dann widerwillig doch beteiligen mußten, marschierten die schlauen Metternich-Schüler aus Riad (alle ausgebildet an amerikanischen Eliteuniversitäten) in Bahrain ein. In gewissem Sinne war die ganze Aktion gegen Gaddafi ein Vorwand, so Strobe Talbott III., um die Nebelwand zu bilden, hinter der die Pazifikation falschgläubiger Schiiten, illoyaler Zuwanderer aus Bahrain, unbeachtet von der Weltöffentlichkeit durchgeführt werden konnte.

Das Prinzip Sulla

Eine bürgerkriegsähnliche Situation in Rom. Landenteignungen, zugunsten von Veteranen des Marius auf Antrag von Tribunen zugeteilt, haben zur Fraktionsbildung im Senat geführt. Zeichen möglicher Volksherrschaft. Da

marschieren die Legionen des Imperators Sulla von Osten heran. Nachdem er Rom besetzt hat, nimmt er das Amt des Diktators an. Durch seine Proskriptionen (öffentliche Verfügungen dahingehend, welche seiner Gegner sterben sollen) dezimiert er die Popular-Parteien, ganze Familien der Aristokratie und der Ritterschaft rottet er aus. Am Ende seiner Herrschaft erzwungene Ruhe um

Abb.: Lucius Cornelius Sulla Felix (um 138/134 bis 78 v. Chr.), der »Friedhofsruhe« in Rom herstellte, indem er die Anhänger des revolutionswilligen Marius proskribierte.

ihn her. Inmitten der »Friedhofsruhe« gibt er, noch immer ein kräftig gebauter Mann, sein Amt zurück. Er gilt als ein Tyrann, der es sich leisten kann, seine Macht aufzugeben, und der dennoch überlebt.

Neuer Eintrag im Handbuch

Im Handbuch für counter-insurgency des Pentagon ist dieser Tage ein Kapitel über »Revolution« eingefügt worden. Wie leicht kann eine US-Truppe in eine solche Lage geraten. Für den Offizier ist es aber auch von Bedeutung, daß er (im Club und in der Freizeit) in einem Gespräch über diesen Fragenkreis, der im 21. Jahrhundert überraschende Aktualität erhält, Rede und Antwort zu stehen weiß. In der Konversation muß er seinen Mann stehen. Höflich muß er reagieren können, wenn das Wort Revolution fällt.

Lebenslauf von Reformen

Eine gewaltige Schubkraft hatte die protestantische Reformation. Ihren Namen entlieh sie den 86 Universitätsreformen des 15. Jahrhunderts und der Reformatio des Heiligen Römischen Reiches Deutscher Nation, welche permanent war und nichts Praktisches bewirkte. Machtvoll wiederum die Reformpäpste, die erbittert gegen Ämterpatronage und die Arroganz deutscher Kaiser kämpften. Effektiv war die Reform der bayerischen Verwaltung nach französischem Modell durch den Grafen von Montgelas. Bis heute spürbar. Auch über Wilhelm von Humboldts Bildungsreform und die Staatsreform durch den Freiherrn vom Stein nach Preußens bitterster Niederlage wird gesprochen.

Wörtlich übersetzt heißt Revolution »Umwälzung«, »Wegwälzen«

Die Theologin Dr. Hildegard Franzen aus Bad Oeynhausen, die sich für den Verbleib ihrer Kollegin Käßmann im Amt bis zuletzt eingesetzt hatte, hat den Revolutionsbegriff für die EKD in einem Gutachten untersucht.
Revolution bezeichnet zunächst das WEGWÄLZEN, schreibt sie. Wegwälzen des Steins, der vor dem Grab Christi liegt. Dann überhaupt ist Revolution Wiederkehr glücklicher Zustände, also Rückkehr. Da sie ihren Sitz in den Menschen selbst hat, als Hoffnung, Sehnsucht und Gottesgabe, ist sie perma-

nent. Wo sie aber nicht zu sehen ist, da wird sie bald auftreten. Deshalb wird sie selten von Geheimdiensten der weltlichen Mächte vorhergesagt. Sie kann aber nicht durch menschlichen Willen oder organisatorische Kniffe hervorgebracht, beschleunigt und letztlich auch nicht durch Menschenkraft beendet oder beseitigt werden.

»Die Gesetze, die unter Liebenden gelten /
von der Erde bis hoch in den Himmel«

Dr. Franzen hat ihrer Denkschrift ein Raster beigefügt (als Anlage eins), mit dessen Hilfe man im Untergrund sich bewegende Umwälzungen suchen und entdecken kann.

Aufstand, Revolution, Sezession

Wenn man das Wort SEDITIO = lat. Aufstand in eine Suchmaschine im Internet eingibt, erhält man 794 000 Ergebnisse. Dieser Zugriff wäre einem Theoretiker der Jahrhundertwende von 1899 auf 1900, der sich um eine Revolutionstheorie bemühte, nicht möglich gewesen. Unter den Ergebnissen finden sich allerdings zahllose Firmennamen, wenig Korrelationen zu anderen Formen der Empörung oder Revolution, die vom Begriff der Seditio abweichen, aus ihm entstehen können oder ihn als Vielfalt umgeben.

Noch immer hoffte Sun Chi-hu darauf, daß sich das Internet an sich selbst entzünden und eine Mehrwertproduktion in Gang setzen würde: eine Gravitation oder ein AUTOPOIETISCHES BEWUSSTSEIN, das sich in Bewegung setzen und die Revolution verwirklichen würde, die doch Menschen so häufig mißlingt. In China war es inzwischen, so leitete es Sun Chi-hu aus der korrekten Weiterführung der Gedanken Mao Tse-tungs ab, für eine GROSSE REVOLUTION (seditio magna) zu spät. Eine Massenbewegung, die in Sinkiang ihren Ausgang nimmt, also von der Peripherie ausgeht, was für Revolutionen günstig ist, würde Shanghai und andere Zentren Chinas nicht erfassen und von dort aus konterkariert werden. Eine Empörung, eine Idee, welche die Massen ergreift, eine gesellschaftliche Umwälzung, welche von Shanghai und den komplexen Metropolen ausgeht – an sich nur für Stadtteile oder ein einzelnes Zentrum der Stadt oder zweier Städte denkbar –, würde auf den Gegenangriff der Provinzen stoßen, zum Beispiel auf den der in Nordostchina, der früheren, aber jetzt entmachteten Industriezone, der Schattenseite lebenden Menschen. Das waren nur Hauptwidersprüche. Die Summe sämtlicher Nebenwidersprüche schlägt vereint zu, auch wenn sie getrennt marschiert.

Sendboten der ägyptischen Revolution reisten bis Nigeria, wo sie sich in den Nordprovinzen des Landes in arabischer Sprache verständigen konnten. Im Südwesten, vor allem im Delta, wo die Ölförderung ihren Sitz hatte und die Macht angreifbar war, gab es keine Chancen, sich zu verständigen, da offenbar auch in englischer Übersetzung die Revolutionssprachen divergierten. Die Sendboten kehrten ins Land der Pharaonen zurück. Nur eine andere Revolution als die ihre konnte die Herzen Afrikas bewegen. Empörung, also Rohstoff der Revolution, gab es nach Beobachtung der Ägypter, auch wenn diese für Forschung wenig Zeit hatten, in Fülle. Sie benötigt aber ein Gefäß der Empfindung, das nicht vorrätig war und von dem sie auch keine Beispiele auf der langen Reise quer durch Afrika mitgebracht hatten.

Auf einer der Kergeulen-Inseln, die von der französischen Regierung aus Einspargründen 2010 aufgegeben worden war, hatten sich 400 portugiesische Familien angesiedelt, nur um den Pressionen zu entkommen, die von den Regulatoren der europäischen Behörden, der EZB und des IWF, ausgingen. Ihre Hütten im Süden Portugals lagen verlassen. Ihrer Haut war die Kälte der Antarktis ungewohnt. Sie bauten ihr neues selbstgenügsames Leben in Containern auf und in Zelten. Sie führten Schafe mit sich, Vieh und Gerät. Sie hatten schon versucht, Hirse auf dem wenig fruchtbaren Boden anzupflanzen, und konnten aus dem dürren und für das Brotbacken zu kleinen Körnern bereits eine Art Bier brauen. Die Wocheneinteilung in sechs Arbeitstage und einen Feiertag hatten sie aus dem Vaterland mitgebracht. Es diente dem Zusammenhalt, wenn sie sich samstags gemeinsam betranken. In hundert Jahren wollten sie so weit sein, daß sie die Inseln in der Nachbarschaft in ihr Reich einbrächten. Ihr Leben betrachteten sie nicht bloß als alternativlose Praxis, sondern als LEHRE.

Der Streit, ob Revolutionen Kreise bilden oder Spiralen. Oder sind sie Hyperbeln? Heben sie ab?

Die Große Französische Revolution ist eine konservative Bewegung, sagt Reinhart Koselleck. Es geht um die Herstellung der ›droits fondamentaux‹ gegen die usurpierten Rechte des Königs, der sich die Rechte der Parlamente, der Stände, der Landschaften unterworfen hat. Wenig später geht es um die Wiederherstellung der *virtus*, der Tugend. Insgeheim soll die revolutionäre Bewegung die »Natur der Gesellschaft« herstellen, die Natürlichkeit des Umgangs, der Kleidung, der Eigenschaften, der Vermögen. Erst im Schwunge des Jahres 1 (»L'an 1 de la liberté«) macht sich eine zweite Strömung bemerkbar: der Anbruch des neuen Zeitalters, der Elan so vieler Partizipanten, daß man die Freiheit selbst als Gelegenheit ergreift, die Maschinerie der Menschheit in Beschleunigung zu versetzen.

Bei Hobbes vollzieht die Revolution eine Kreisbewegung: von der Monarchie über den Bürgerkrieg zur Adelsherrschaft und weiter zur Diktatur der Gemeinen und von dort zurück zum Königtum. Der Staatstheoretiker sinnt auf Verminderung der Greuel, die diese Kreisbewegung verursachten: »circular motion«. Dies soll ohne Bürgerkrieg geschehen, dem Souverän anvertraut. Diderot schließt sich dem an, ja, eine jede Kassandra würde dies so tun. Er spricht 1780 davon, daß eine kommende Revolution in einer selbstgewählten Diktatur enden werde, aus der dann neue Kreise folgen würden.

Demgegenüber behauptet der realistische Marx, daß eine revolutionäre Bewegung niemals zum ursprünglichen Punkt zurückkehren werde. Es hätten sich nämlich im Moment einer Umkehr des Impulses oder einer »Rückkehr« alle Verhältnisse gewandelt.

Abb.: Gebildete Leserin in der Zeit der Französischen Revolution.

Abb.: Französinnen haben ihre Ketten gesprengt.

Der Astronom Herschel beschrieb die Revolutionen der Erde um sich selbst, die der Erde um die Sonne und die des Sonnensystems (»in Großer Revolution«) um das Zentrum der Galaxie (und vielleicht kreisen auch ganze Pulks an Milchstraßen um einen gemeinsamen Schwerpunkt). Für die Erde läßt sich behaupten, führte er aus, daß sie diese kreisende Bewegung nirgends verläßt und rein theoretisch zu einem Ausgangspunkt jeweils zurückkehren muß. In seiner Praxis aber durchläuft der Erdball eine Zone, die er verlassen hat, nie ein zweites Mal. Und er durchläuft sehr verschiedenartige Verdichtungen der Materie im Kosmos, Dunkelwolken; er und die Sonne geraten in die Nähe anderer Sterne. Ja, es ist anzunehmen, daß ein unsichtbarer Begleiter, ein brauner Zwerg, den Bewegungszyklus des Sonnensystems in großen Zeitabständen durch seine Nähe stört. Wie Zeus, so Herschel, irritiert er die Kometenmassen in der Oortschen Wolke, von wo aus sie wie Blitze herabstoßen in die Nähe der Planeten und der Sonne.

Für ganz ausgeschlossen hielt Marx, der ja Darwins Werk verehrte und lebenslänglich Materialist blieb, sich also gegen romantische Verführung verwehrte, daß sich Revolutionen von ihrem Boden erheben und hyperbolisch eine zweite Realität gründen könnten. In diesem Fall müßte, notierte er (»für Herschel«), die zweite Realität in der ersten bereits vorhanden sein. Das allerdings wollte er gern glauben: daß alles das, was sich für wirklich hielt, mehrteilig sei, quasi im Bauch einen Embryo trage, so wie es schon Heraklit gesagt habe. Dies wäre aber so wenig Hyperbel und Ende der Bodenhaftung wie die Geburt eines Menschen, der ja durch unsichtbare Fäden nicht nur mit der Mutter, sondern mit allen Vorfahren der Menschheit im Bunde sei.

Condorcet stürzt sich in die Wogen der Revolution

Condorcet, den Jules Michelet den »letzten großen Philosophen des 18. Jahrhunderts« nennt, Nachfolger von d'Alembert als Sekretär der Akademie der Wissenschaften, Briefpartner von Voltaire, dieser ernste Mann warf sich in die »Wogen der Revolution«. Zwei Jahre zuvor hatte er seine junge Frau Sophie geheiratet. Sie, eine geborene Grouchy, war 22 Jahre alt, 21 Jahre jünger als dieser Mann. Sie war bekannt geworden durch ihren Aufsatz *Lettres sur la sympathie*. Sie hatte Condorcet erklärt, als er um ihre Hand bat, »ihr Herz sei nicht mehr frei«. Sie sei unglücklich verliebt in einen Mann, der sie nicht wiederliebe. So lebten die zwei Condorcets zwei Jahre keusch, jeder in großer Achtung vor den Gefühlen des anderen. Dann aber, an jenem Julitage, an dem die Bastille fiel, in der gewaltigen emotionalen Aufregung des Moments, empfing Frau Condorcet ihr einziges Kind. Es wurde neun Monate später, im April 1790, geboren.

Condorcet begann in dieser Zeit eine Art drittes Leben. Zunächst hatte er als Mathematiker gelebt (mit d'Alembert), dann als öffentlicher Kritiker (mit Voltaire), und nun »schiffte er sich ein auf den Ozean des politischen Lebens«. Dieser ernste Mann war voller Elan. Den Witz früherer Zeiten konnte er dabei nicht entbehren. Von ihm stammt der scharfsinnige »Brief eines jungen Mechanikers«. In der brisanten Frage, ob es eine Republik, eine konstitutionelle Monarchie (wenn ja, wie eingerichtet?) oder nur eine Modifikation der königlichen Ministerien geben solle, mischte er sich ein. Der junge Mechaniker verpflichtet sich in jenem Brief Condorcets, für ein geringes Entgelt einen KONSTITUTIONELLEN KÖNIG herzustellen, der bei gelegentlicher und sorgfältiger Reparatur sogar »unsterblich« sein werde. Mit dieser Ausschmückung machte Condorcet sich bei den Jakobinern verdächtig, bei den Royalisten unbeliebt.

Er machte sich kein falsches Bild von der Gefährlichkeit seiner Lage. Es war nicht abzusehen, welche der Kräfte in einem im Moment noch verharrenden Bürgerkrieg die Oberhand gewinnen würden. Später fürchtete er Folgen für seine Frau und das junge Kind, das Geschöpf der »heiligen Julitage des Jahres 1«. Er suchte heimlich nach einem Hafenort, von wo aus seine Familie fliehen konnte, und entschied sich für Saint-Valéry.

La grande peur

1788 herrschte in Frankreich extreme Dürre. In der Schweiz und einem Teil Frankreichs schwerer Hagelsturm. Ein Fünftel der Getreideerträge war verloren. Dem folgte 1788/89 ein extrem kalter Winter. Tauwetter: Überschwemmungen. Eine Viehseuche. Überfälle auf Getreidetransporte, die aus dem Süden und Südwesten die Hauptstadt erreichen wollten. Bewaffnung der Bauern. Diese Elemente der Erfahrung und Werkzeuge der Gegenwehr, ohne welche die GROSSE FRANZÖSISCHE REVOLUTION nicht stattgefunden hätte, nennt man GRANDE PEUR. Vom König hieß es, daß er der Räuber nicht Herr werde, weil er gleichgültig sei. Er müsse Brot wachsen lassen. Das gehöre zu seinem königlichen Charisma; er wende es nicht an. Es sei bekannt, daß er lieber in seiner Schmiede unnützes Werkzeug verfertige. Meist war er abwesend, auf Jagd. Keiner dieser Eindrücke hätte fehlen dürfen, als es um den Aufruhr im folgenden Jahr ging. Es ist falsch, die Meteorologie kausal mit der Revolution zu verknüpfen, sagt Adrian de St. Prieur. Aber Auslöser war sie gewiß. Prieur hält die extreme Dürre von 1788, gefolgt vom excessiven Winter, für eine »Enklave der kleinen Eiszeit«, die ihre Periode hundert Jahre zuvor hatte.

Übermut des Gedankens / Kalender der NEUEN ZEIT

Am 21. September 1792, zum Zeitpunkt der Tag- und Nachtgleiche (die Sonne trat in das Zeichen der Waage, also vom »Reich des Verbrechens« in das »Reich der Gerechtigkeit und des Ausgleichs«), beschlossen die Deputierten des Konvents in Paris die Abschaffung der Monarchie. Mit diesem Tag begann das Jahr 1 des neuen Zeitalters. Später sollte ein republikanischer Kalender eingeführt werden. Kurz darauf stellte sich heraus, daß in der Nacht zum 22. September 1792 mit der Kanonade von Valmy der Rückzug der Armeen der Konterrevolution erzwungen worden war. Es konnte kein Zufall sein, nahm man an, daß die Himmelsereignisse des Tierkreises und der WAHRHEITSMUT der historischen Ereignisse koinzidierten. Deshalb wurde der republikanische Kalender auf den Tag dieser Überschneidung zurückdatiert.[1]

Der diese Ausarbeitung des Revolutionskalenders betrieb, war der Deputierte Gilbert Romme, Mitglied des Erziehungsausschusses im Konvent. Der gebildete Mann war Erzieher für den Sohn des Fürsten Stroganoff in Rußland gewesen, hatte am Hof Katharinas der Großen geglänzt. Im Oktober 1793 unterbreitete er dem Konvent seinen Entwurf, der nach einigen Änderungen zum 24. November 1793 in Kraft gesetzt wurde. Schema war das Sonnenjahr des altägyptischen Kalenders. Daraus ergab sich die Aufteilung des Jahres in 12 Monate zu 30 Tagen, des Monats in drei Dekaden, womit der Sonntag als Dekadie, zehnter Tag, brüderlich den Wochentagen beigesellt und der Christensonntag liquidiert war. Das »l'ère vulgaire« war Vergangenheit. Da aber die Jahreslänge von 365 ¼ Tagen des Julianischen Kalenders, Resultat astronomischer Messungen der Renaissance, beibehalten wurde, folgten die SANSCULOTTIDEN, eine Serie von Festen. Außerdem gab es alle vier Jahre einen jour intercalaire zu feiern, nach dem Muster der antiken olympischen Spiele als Gelegenheit zur Körperertüchtigung.

Eine äußerste Form der Ungleichheit: ein Zeitkorsett

Die Jahre sind im Revolutionskalender Frankreichs nach Dekaden, Einheiten von je zehn Tagen, eingeteilt und nach dem Naturgeschehen des Jahres benannt. Vom 21. November bis zum 20. Dezember etwa verbinden sich die drei Dekaden des Frimaire (»Monat des gefrierenden Nebels«). Es folgt vom 21. Dezember bis zum 19. Januar (unter Auslassung der heiligen Tage

---

1 Alexander Honold, *Hölderlins Kalender. Astronomie und Revolution nach 1800*, Berlin 2005.

L'An II de la Republ. Française.		Altchristlicher Calender. 1793.
Neuheidnischer Calender VINDEMIAIRE.	Teutsch- Weinmond.	
I. Decad.		
1 P. Raisin.	Weintraube.	S. 22. Sonnt 1793.
2 D Safran.	Safran.	M. 23. Thecla.
3 T. Châtaignes.	Kastanie.	D 24. Job Empf.
4 Q Colchique.	Zeitlosen.	M. 25. Cleophas.
5 Q *Cheval.*	Pferd.	D 26 Cyprian.
6 S Balsamine.	Balsamine.	F. 27. Cos. u. Dam.
7 S Carottes.	Möhren.	S. 28. Wenceslaus.
8 O. Amaranthe.	Tausendschön.	S. 29. 18 n. Trin.
9 N. Panais.	Pastinake.	M. 30 Hieronymus.
10 D. Cuve.	Faß.	D. 1. Octbr. 1793.
II. Decad.		
11 P. Pom. de terre.	Kartoffel.	M 2. Rahel.
12 D. Immortelle.	Immerschön.	D. 3 Maximin.
13 T Potiron.	Bütz.	F. 4 Franciscus.
14 Q. Reseda.	Resede.	S. 5. Placidus.
15 Q *Ane.*	Esel.	S. 6. 19 n. Trin.
16 S. Belle de nuit.	Nachtviole.	M. 7. Esther.
17 S. Citrouilles.	Kürbis	D. 8. Ephraim.
18 O Sarrazin.	Haidekorn.	M. 9. Dionysius.
19 N. Tournesol.	Sonnenblume	D. 10. Athanasius.
20 D Pressoir.	Kelter.	F. 11. Gereon.
III. Decad.		
21 P. Chanvre.	Hanf.	S. 12. Maximilian
22 D. Pêche.	Pfirsich.	S. 13. 20 n. Trin.
23 T. Navets.	Stockrüben.	M. 14. Burkhard.
24 Q. Grenesiene.	Grenerene.	D. 15. Hedwig.
25 Q. *Boeuf.*	Ochse.	M. 16. Gallus.
26 S. Aubergine.	Aubergine.	D. 17. Innocent.
27 S. Piment.	Wielten.	F. 18. Lucas Ev.
28 O. Tomate.	Tomate.	S. 19. Ferdinand.
29 N. Orge.	Gerste.	S. 20. 21 n. Trin.
30 D. Tonneau.	Tonne.	M. 21. Ursula.

Abb.: Revolutionskalender.

der Moden. Januar 1794.

L'An II de la Republ. Françaife.		Altchriftlicher Calender 1793.
Neuheidnifcher Calender. BRUMAIRE.	Teutfch. Nebelmond.	
I. Decad.		
1 P. Pomme.	Apfel.	D. 22 Octbr. 1793.
2 D. Celeri.	Zellerie.	M. 23 Severin.
3 T. Poire.	Birn.	D. 24. Salome.
4 Q. Peterave.	Rothe Rübe.	F. 25. Wilhelmine.
5 Q. Oye.	Gans.	S. 26. Jcb.
6 S. Heliotrope.	Sonnenblume.	S. 27. 22 n. Trin.
7 S. Figue.	Feige.	M. 28. Sim. Jud.
8 O. Scorzonere.	Haferwurz.	D. 29. Narciffus.
9 N. Alifier.	Elfebeer.	M. 30. Claudius.
10 D. Charrue.	Pflug.	D. 31. Ref. Feft.
II. Decad.		
11 P. Salfifis.	Bocksbart.	F. 1. Novbr. 1793.
12 D. Cornuette.	Stachelnuß.	S. 2. Aller Seel.
13 T. Poireterre.	Erdbirne.	S. 3. 23 n. Trin.
14 Q. Endivies.	Endivien.	M. 4. Carolus.
15 Q. Dindon.	Truthahn.	D. 5. Blandina.
16 S. Chiroui.	Chiroui.	M. 6. Leonhard.
17 S. Creffon.	Kreffe.	D. 7. Erdmann.
18 O. Dentilaire.	Zahnkraut.	F. 8. Emerich.
19 N. Grenades.	Granatapfel.	S. 9. Theodor.
20 D. Herfe.	Egge.	S. 10. 24 n. Trin.
III. Decad.		
21 P. Bachante.	Tollkraut.	M. 11. Mart. Bifch.
22 D. Olive.	Olive.	D. 12 Modeftus.
23 T. Garance.	Grapp.	M. 13. Arcadius.
24 Q. Orange.	Pommeranze.	D. 14. Levinus.
25 Q. Jars.	Gänferich.	F. 15. Leopold.
26 S. Pistache.	Piftazien.	S. 16 Edmund.
27 S. Macjouc.	Gentile.	S. 17. 25 n. Trin.
28 O. Coing.	Quitte.	M 18. Hefychius.
29 N. Cormier.	Speyerling.	D. 19. Elifabeth.
30 D. Rouleau.	Walze.	M 20. Aemilia.

A 5

und eines markanten Jahreswechsels) der Monat Nivôse. Die Feiertage dagegen sind kaserniert im September: Der 17. September (ab 1800 der 18. September) war der Tag der Tugend (»Jour de la Vertu«), der 18. September (ab 1800 der 19. September) der Tag des Genies (»Jour du Génie«), der 19. September (ab 1800 der 20. September) der Tag der Arbeit (»Jour du Travail«), der 20. September (ab 1800 der 21. September) der Tag der Meinung (»Jour de l'Opinion«), der 21. September (ab 1800 der 22. September) der Tag der Belohnung (»Jour des Récompenses«) und nur in den Schaltjahren am 22. September 1795, 1799 und am 23. September 1803 der Tag der Revolution (»Jour de la Révolution«).

Den autonomen Elementen im Zeitgefühl der Bewohner Frankreichs fiel es leicht, diese Kalender-Dekrete umzustürzen. Erst wurden sie »doppelt gezählt«, danach blieben sie »unbeachtet«, und als eine der ersten Maßnahmen des Konsuls Bonaparte wurden sie aufgehoben.

Anwendung des im Metermaß enthaltenen Metrums auf die Uhrzeit

Im Zusammenhang der Einführung des Revolutionskalenders im Jahre 1793, welcher die Monate und Dekaden der Neuen Zeit festlegte, wurde auch die Uhrzeit erörtert. Ist der menschlichen Natur die Stunde zu 60 Minuten angemessener als ein Zeitraum von 100 Minuten, der zwischen Sonnenaufgang und Sonnenuntergang die Lebenstage strukturiert? Zu den Dekaden hätte gewiß die 100-Minuten-Stunde gut gepaßt. In der Verwaltung der Stadt Marseille wurden Uhren in den öffentlichen Ämtern aufgestellt, die den Tag in Einheiten zu 100 Minuten gliederten. Dies wurde so auch in der Praxis akzeptiert, aber nur, wie Koselleck schreibt, weil Behörden in Frankreichs Süden bis dahin überhaupt keine festen Empfangsstunden für Petenten oder für die Ausführung ihrer Arbeiten kannten. In anderen Zonen blieb es beim Rhythmus von 60 Minuten pro Stunde und 60 (und nicht 100) Sekunden pro Minute. Dies stand offenbar mit der Durchflußgeschwindigkeit des Blutes und dem Takt des Herzschlags in Verbindung. Das Blut floß im intakten Körper während der Revolutionszeit nicht schneller.

Hinweis auf die griechische Revolution von 1821 aus Anlaß des Flugverbots über Libyen im März 2011

Der stellvertretende Sektionschef im Außenministerium der Türkei, der den Ministerpräsidenten Erdoğan zur Konferenz der Libyen-Kontroll- und Abstimmungsgruppe begleitet hatte und anhaltend erregt war durch den Zusammenstoß zwischen Erdoğan, den Franzosen und den Briten, saß noch bis fünf Uhr früh in der Kantine, nahm mit dem dänischen, dem russischen und dem Schweizer Verbindungsmann einen Absacker, einen zweiten, fünften und zehnten. Es war schwer, Ruhe zu finden. Die intransigente Haltung der Türkei innerhalb der NATO gegen ausufernde Aktivitäten in Libyen, sagte er mehrmals, jeweils mit anderen Betonungen, hat nichts mit Sympathien für Gaddafi zu tun. Hier geht es um Erfahrung. Sie ist in den Dossiers und Archiven (also im kollektiven Gedächtnis) unseres Außenministeriums in Ankara präsenter als in europäischen Hauptstädten oder der unerfahrenen NATO. Schließlich war Libyen vor der Okkupation durch Italien eine wohlgeordnete türkische Provinz. Die jungtürkischen Offiziere, auch Kemal Atatürk, haben ihre jugendlichen Lorbeeren bei der Verteidigung dieses Landes gepflückt, wenngleich sie am Ende verloren haben. Die Aktenlage geht bei uns, fügte der türkische Patriot hinzu, auf Byzanz zurück, ja auf Rom. Wir in Ankara sind das Dritte Rom. Wenn Sie auf Ihren NATO-Karten nach rechts unten blicken, glauben Sie, Ankara zu sehen. Tatsächlich blickt Ihnen Ankara entgegen und sieht Sie weit oben, links westlich, an der Peripherie und keineswegs als Zentrum.

In diesem Zusammenhang erinnerten den türkischen Experten die von ihm so bezeichneten »leichtfertigen« Anläufe Frankreichs und Großbritanniens, welche die NATO in ihren Sog rissen, an die philhellenische Bewegung, die sogenannte GRIECHISCHE REVOLUTION von 1821 bis 1829. An dieser übereifrigen Operation, ausgelöst durch Philhellenen in Rußland, England und Deutschland, leidet der Euro noch heute, so der Türke sarkastisch. Wegen des Mißverständnisses, die Bewohner der Moldau (native Rumänen, sozusagen Spätrömer) seien Griechen, rückte Fürst Ypsilantis mit seinem »heiligen Bataillon« (450 Freiwilligen, bestehend aus Studenten und bewaffneten rumänischen Bauern) in das osmanische Gebiet ein und scheiterte gräßlich, schon weil die Rumänen sich gegen die Griechen wandten, die bis dahin als türkische Statthalter die Provinz verwaltet hatten.

Auf der Peloponnes, der Provinz Morea des Osmanischen Reiches, entwickelte sich von 1821 bis zum Frieden von Adrianopel 1829 ein endloser Krieg, der entscheidungslos blieb, bis drei Großmächte sich zusammenfanden und eine türkisch-ägyptische Flotte vernichteten. Etwas Ähnliches könne man sich bei einer Pattsituation zwischen den Leuten von Benghasi und Gaddafis Truppen kaum vorstellen. Zwei Beobachtungen seien relevant, fuhr der gesprächige Türke fort, den die Eindrücke des Abenddisputs nicht zur Ruhe kommen ließen: (1) Man darf (so alle Akten, die der türkischen Administration bis 70 v. Chr. vorliegen) keine Kriege führen, die in einem langen Patt enden; daraus kann, wie im Verhältnis Roms zu den Parthern, ein »ewiges« Patt werden; (2) man sollte erwägen, was ein Friedensschluß bedeutet, wenn man den Krieg doch von Anfang an vermeiden könnte und der Friedensschluß ein Monstrum erzeugen würde wie das moderne Griechenland. Da widersprachen der dänische und der Schweizer Verbindungsmann aus politischer Korrektheit. Der Russe schwieg.

Abb.: Fürst Ypsilantis.

Gefahren der Philantropie

Schon mehrere Male hatte ein öffentliches Unternehmen namens BERNMOBIL ausgediente, aber auf ihre Funktionstüchtigkeit sorgfältig geprüfte TRAM-KOMPONENTEN an die rumänische Stadt Iași verschenkt. Die Gewohnheit war vor Jahrzehnten entstanden, und es waren bereits mehrfach Schienenfahrzeuge des Typs Be 8/8 auf Kosten der Schweizer Bundeshauptstadt nach Rumänien geschafft worden. Neuerdings wurde im Dezember 2010 ein Fahrzeug nach Osten transportiert, das 25 Jahre auf Berner Schienen unterwegs gewesen war. Vor Ort wurde das Personal geschult. Im März 2011 fuhr die Maschine dann ungebremst in eine stehende Autokolonne. »Ein Autofahrer starb.« Viele Verletzte. Man weiß nicht, ob der Unfall auf ein Versagen des Tramführers oder auf einen technischen Defekt zurückzuführen war. Ein gereizter Ton entstand in der Korrespondenz zwischen den städtischen Autoritäten in Bern und dem Wirtschaftsressort der rumänischen Republik.

Abb.: Überraschender Zugang zu einer antiken Stadt tief unter dem Felsboden der libyschen Wüste.

Ein Grenzkonflikt

Ein Grenzposten zwischen Libyen und Tunesien war von Aufständischen aus Benghasi besetzt. Eine Söldnertruppe Gaddafis griff in der Morgenfrühe diesen Posten an, eine Überdachung aus Metall mit Zollboxen; die Durchfahrt bestand aus einer modernen Straße, die nach beiden Seiten hin auf eine Sandpiste mündete. Die Gaddafi-Soldaten, motorisiert und im Moment durch keine Aufklärung der NATO beunruhigt, verfolgten die Aufständischen einige Kilometer auf tunesisches Gebiet. Dann wurden sie bis Mittag von tunesischen Streitkräften, die Streit und keinen Schußwechsel suchten, gewissermaßen sanft zur Grenze zurückgetrieben, blieben aber im Besitz der Stahlkonstruktion, die den Grenzposten markierte, der ihnen nichts nutzte, da niemand die Grenze überquerte.

Mitbringsel der Militärberater

Zwanzig britische Militärberater wurden in dem belagerten Misrata angelandet. Sechs davon waren Freiwillige, die anderen kommandiert. Bill Jenkins sah den Einsatz als eine besondere Karrierechance. In einer Zeit, in der militärische Planstellen für Stabsränge systematisch eingespart wurden. Mit seiner freiwilligen Meldung machte er sich den Vorgesetzten unentbehrlich. Die Mission war nicht ungefährlich. Vor allem durfte keiner der zwanzig Berater in die Hände der Soldaten Gaddafis fallen.

Was hatten diese Berater als Mitbringsel zu bieten? Es gab in der Kriegsgeschichte und in Englands jüngsten Konflikten im 20. Jahrhundert kein Beispiel für eine solch zähe Kriegsführung um Vororte, einen Kampf, der eigentlich auf die Köpfe der Einwohner, auf deren Entmutigung zielte. Sie sollten, und zwar nach Gruppen und Stadtteilen unterschieden, jeder Einzelne für sich, den kapriziösen Vogel der Freiheit vergleichen mit der Schwere der Drohung, die über der Stadt lag und die jeden Einwohner betreffen konnte.

Jenkins war an der Kriegsakademie Experte für *Insurgency* am Beispiel von Malaysia (1946). Außerdem für Geheimoperationen, die der Wiederbesetzung der Falklandinseln vorangingen. Zusätzlich hatte er über die letzten vier Tage des Suez-Feldzugs von 1956 geforscht. Firm war er in allen Kriegsspielen, welche die raschen Bewegungen des Afrikakorps und die Gegenmaßnahmen des britischen Oberkommandos bis zum Zeitpunkt der Schlacht von El Alamein betrafen. Von El Alamein an war sein akademischer Rivale Philipp Pillykam zuständig.

Die britischen Offiziere richteten sich in einem Schulgebäude in der Nähe des Hafens ein, wo man sie noch abholen konnte, wenn etwas schiefginge. Kriegsschulmäßig hieß so etwas, »die Linie von La Coruña« bilden, das bezog sich auf eine Position Wellingtons, mit der dieser 1809 seine Truppe vor einem Marschall Napoleons gerettet hatte. Ansonsten brachten sie Kisten mit Funkgerät, einigen panzerbrechenden Waffen, auch Drohnen mit, weil sie daran den Waffengebrauch für die Freiheitskämpfer demonstrieren konnten. Das Brauchbarste, was sie einbrachten, war ihr britisch geschulter Verstand. Die Idee war, ihn mit dem Elan libyscher Freiheitskämpfer zu kombinieren. Denn was unterscheidet die Potenz eines Militärberaters von der eines autochthonen Kämpfers? Es sind Logik und Konzentration auf den wesentlichen Punkt, also Ballungsvermögen. Ein geländegängiger Buchhalter oder Philosoph hätte das gleiche vermocht. Hinzu tritt die Erläuterung des Gebrauchs von Waffen, über welche die Freiheitskämpfer nicht verfügten. Das alles war in fünf Tagen erledigt, und jetzt saßen die Berater da und halfen, wie Oberstleutnant Bloom lakonisch bemerkte, die Kanalröhren der Stadt zu füllen, die ohnehin nicht mehr funktionierten. Das brachte die Berater aber auf den zusätzlichen Gedanken, daß man die unterirdischen Bauten der Stadt erkunden und gegen ein Eindringen von Gaddafis Söldnern »verkorken« müßte.

An sich war es die Hauptaufgabe der Berater, Verbindungsstäbe aufzubauen zu den Freiheitskämpfern und den Autoritäten der Stadt. Die Unterstellungsverhältnisse dort wechselten aber täglich. Den britischen Offizieren fiel auf, daß eigentlich nirgends eine Prüfung stattfand, welche Rolle das Gegenüber spielte. Trug es eine Maske? Wer war Freiheitskämpfer? Wer verstellte sich als Kämpfer, war aber insgeheim Anhänger Gaddafis? Hier war nicht der Logiker, sondern fast schon der Ethnograph als Berater gefordert. Wer kämpft für was, und aus was besteht ein Begriff wie »Bevölkerung der Stadt« oder der Begriff »libyscher Freiheitskampf«? Bei der Eroberung des römisch-vandalischen Libyens, einer Kornkammer Roms, im 8. Jahrhundert durch die Araber war das Land von kasernierten Reiterabteilungen besetzt worden. Von diesen Kasernen oder Festungsbauten wurden die Abgaben erhoben. Von dieser Arbeitsteilung zwischen Herrschaft und Land geht, so der Kriegsgeschichtler Pollock, der zu den Beratern gehörte, bis heute die Stammesverfassung aus, die, wie man hört, die wesentliche Herrschaftsstruktur in Libyen bildet; von der türkischen Herrschaft im 19. Jahrhundert, der italienischen im 20. Jahrhundert, dem Königtum und den »jungen Offizieren« nur überlagert. Was ist in einem solch historischen Gefäß eine ursprüngliche Bevölkerung? fragt Pollock die Gefährten, die alle auch Akademiker sind. Sie war zunächst Anhängsel jener Kasernen, in denen sich die Macht- und die Abgabehoheit konzentrierte. Man müßte eine Akte haben oder in eine Karte einzeichnen, mit wem wir es in diesem Land zu tun haben, warf Jenkins ein. Wir haben hier in der Stadt eine Menge Bewohner und sitzen doch recht einsam in diesem ausgedienten Schulgebäude.

Nachrichten bedürfen eines Interesses auf der Seite ihrer Empfänger

Nachrichten waren ihm Selbstzweck. Chris Parker III. war ein Nachrichtenmann. Das waren schon sein Vater und der Großvater gewesen, der noch für die *Chicago Herald Tribune* gearbeitet hatte. Seine Aufmerksamkeit galt der Zielgruppe zu Hause. Die setzte sich radikal anders zusammen als noch vor 15 Jahren. So wußte er, daß die Nachricht vom Flugverbot, das die NATO über Libyen verhängt hatte, schon zwei Tage später im mittleren Westen der USA kaum noch Interesse finden würde. Auf der Ebene der Agenturen wäre sein Bericht dann abgewürgt worden. Dagegen finden im gesamten angelsächsischen Sprachraum Geschichten aus dem Dritten Reich und vom heroischen Kampf der Völker gegen Hitler große Aufmerksamkeit. Das galt für Australien, Neuseeland ebenso wie für Großbritannien, Kanada und Oregon. Das sorgte für Nachfrage nach Artikeln, welche die Gegenwart zum Vorwand nahmen, um den grandiosen Roman der Vergangenheiten, selbst erlebt von den Vätern, fortzuspinnen. Handelte sein Bericht davon (quasi als Enklave des Interesses inmitten ungeliebter Nachrichten), war sein Überleben in den Blättern, Onlinesystemen und Lokalradios seiner Heimat gesichert.
Siziliens letzte Besetzung durch eine angriffsstarke Luftstreitmacht wurde im Dezember 1940 von der Achse befohlen. Von Norwegen verlegt das eingespielte Team des X. Fliegerkorps unter General der Flieger Hans Geisler auf die Flugplätze von Trapani und Senigallia. 400 »nazistische« Flugzeuge waren das, darunter 96 Bomber und 25 zweimotorige Maschinen. Sie konnten die nordafrikanische Küste, Libyens Wüsten, ja, wenn sie ohne Jagdschutz flogen, den Suezkanal mit Bomben erreichen. Als Überschrift fiel Parker III. ein: Wie Hitler den Zweiten Weltkrieg hätte gewinnen können, wenn er nicht die Sowjetunion, sondern Nordafrika und den Nahen Osten angegriffen hätte. Aufdringlich naheliegend als Nachricht: Frankreichs und Großbritanniens gemeinsame Aktion gegen Ägypten und den Suezkanal im Jahre 1956, letzte europäische Strafexpedition zur Erhaltung der Empire. Das ließ Parker III. aus, weil es in den Köpfen der Nachrichtenempfänger im englischsprachigen Raum, der ein Potential von 389 Millionen Menschen umfaßte, über keine Entsprechung verfügte. Davon wußte keiner mehr was. Vom Schock der Hitler-Herrschaft über die Welt träumten viele.

Gestern wurden britische und französische Strahljäger auf die Pisten von Trapani und Senigallia verlegt. Sie bedrohten mit etwa der doppelten Zahl von Maschinen, über die Hitler im Jahr 1941 verfügt hatte, den libyschen Eigenwillen, die loyalistischen Flugabwehrstationen und die Luftwaffe von Oberst Gaddafi. Parker III. hatte beide Flugplätze besucht. Er fand eine Kantine, etwas abseits des Geschehens, die noch aus der Zeit der Achse stammen sollte. Malereien an den vier Wänden des Speiseraums stützten diese Vermutung. Wo machten so viele deutsche Piloten und Flugzeugtechniker, ausgehend von Trapani und Senigallia, im katholischen Italien Frauenbekanntschaften? Diese Frage würde englischsprachige Zielgruppen interessieren, sagte sich Parker III., weil in diesen Romaninhalten eine innere Verbindung bestand zwischen den ehemaligen Gegnern, den Deutschen und den Alliierten, deren Schicksal auch in den kommenden Wochen die Leser, Hörer, Mediennutzer fesseln würde, wenn Libyen entweder schon vergessen sein oder zu einer bitteren, dauerhaften Entzündung von Weltverhältnissen geführt haben würde.

Ein libyscher Düsenjägerpilot war mit seiner Maschine vernichtet worden, nachdem er auf seinem Flugfeld bereits gelandet war. Gleich nach Sichtung der französischen Gegner, die vom Horizont auf ihn zustießen, war der vorsichtige Mann umgekehrt, hatte noch das eigene (vermeintlich sichere) Gelände berührt und war dann im Auslaufen zerstört worden. Das hatte Parker III. aus den Berichten der französischen Piloten erfahren, die selbst entsetzt waren. Da aber über die Familie, die politische Einstellung, die Motive des libyschen Piloten (nicht einmal sein Alter war bekannt) niemand etwas wußte, war keine Nachricht daraus zu verfertigen, die das Gemüt berührt und über den Globus angelsächsischer Sprache eine Verbreitung finden kann.

Ebensoviel Profiteure der Revolution wie Revolutionäre / Eine Revolution übersteht auch dies

Die Spuren der Beute waren nach Alexandria und über Suez in den erweiterten Nahen Osten zu verfolgen. In den Tagen, an denen auf dem Tahrir-Platz inmitten von Kairo die Massen immer neu nachströmten, dort in Zelten kampierten, machten sich spontan Banden auf, welche die Nationalmuseen stürmten. Bald nahmen Händler Kontakt zu ihnen auf. In der Nähe der Pyramiden waren die noch nicht dokumentierten Ausgrabungen gelagert. Auch auf sie richtete sich das Begehren, selbst wenn die Hehler (archäologisch erfahrene Sachverständige) darauf drängten, daß die Funde nicht ohne Angabe ihres Fundortes geraubt und transportiert werden dürften. Es war keine Übersicht über die allseitige Bewegung dieser Tage zu erlangen. Am wenigsten von solcher Übersicht besaßen die Sicherheitsorgane des Staates.

Noch hatte die Revolution ein undeutliches Gesicht. Sie fand auf großen Plätzen in den Städten, vor allem in der Metropole Kairo, statt. Gab es die Bewegung auch auf dem Lande? Was war die Haltung der Ladenbesitzer, deren Läden infolge des Aufruhrs geschlossen bleiben mußten? In den Bunkern des Innenministeriums und im Palast des Präsidenten gab es Teams, Berater, Entscheider, die an diesen Fragen rätselten. Geheimdienste befreundeter Mächte übermittelten Vorlagen. Auch sie wußten nichts Präzises. 87 Aufträge waren vom Pentagon und von Stiftungen an die Universitäten Stanford, Harvard, Princeton und Yale vergeben worden: zur Erforschung des Begriffs der Revolution. Innerhalb der sieben Geheimdienste der Republik Frankreich (einige Mitarbeiter fertigten darüber Notizen an, kommunizierten auch mit dem Élysée) fiel auf, daß man seit dem Fehlschlag des Suez-Feldzugs von 1956, ja seit den Publikationen von Bonapartes Expeditionskorps, nichts elementar Neues über Ägypten wußte. Der stellvertretende Präsident, der Husni Mubarak vertrat, sah in der Runde, die vor ihm saß, Repräsentanten von Kräften, die er aus der Zeit vor dem Aufruhr kannte: Vertreter der Muslimbruderschaft, Anführer von Organisationen, welche die Staatspartei ausgegliedert hatte und von denen er wußte, daß sie niemanden dort draußen zu vertreten vermochten, Jugendführer, Anwälte von NGOs; über fast alle besaß Omar Suleiman, der bis vor kurzem Sicherheitschef des Landes gewesen war, Dossiers. Zweifelhaft schien ihm ihre Vertretungsmacht für Gruppen, die den Tahrir-Platz besetzt hielten. Politiker wie el-Baradei hatte er in die Runde nicht eingeladen, da sie zwar eine Alternative zur Staatsmacht darstellten, kaum aber eine Legitimation aus den Bereichen des Aufstands besitzen konnten. Im Kreis der Berater des stellvertretenden Staatspräsidenten, die auf den Fluren und in den Büros des Innenministeriums arbeiteten, kam für etwa fünf Stunden der Gedanke auf, die Staatsmacht solle sofortige Neuwahlen organisieren. Man hoffte, daß die Provinzen den Aufruhr in den Metropolen niederstimmen würden. Es erwies sich aber, daß logistisch Wahlunterlagen nicht rasch zu beschaffen waren, die eine doch wohl öffentlich und auch international beobachtete Wahl ermöglicht hätten. Auch sei es ein Glücksspiel, sagten einige der Berater, eine solche Aktion zu wagen.

Im Bayerischen Hof in München fand zu diesem Zeitpunkt die jährliche Sicherheitskonferenz statt (MSC). Die Tagesordnung und alle Panels waren entgegengesetzt zur aktuellen Lage festgelegt: Gravitatives Zentrum sollte die Unterzeichnung der START-Verträge durch Secretary of State Hillary Clinton und den russischen Außenminister Lawrow sein. Hinsichtlich der Tagesereignisse standen die Teilnehmer also mit dem Gesicht in falscher Richtung. Der Plenarsaal leerte sich, bemerkte der Beobachter der *Frankfurter Allgemeinen Zeitung*. Auf den Gängen und in den Appartements der Delegationen ging es ausschließlich um den Nahen Osten. Im Laufe des Tages zeichnete sich eine Linie des Einvernehmens dahingehend ab, daß die Administration und der Präsident in Ägypten zunächst aushalten sollten. Niemand konnte sagen, was auf eine Implosion des Regimes folgen würde.

Dr. Arnoldi von der American Enterprise Inc., der sich vorsichtigerweise in Alexandria niedergelassen hatte (immerhin mit einem Stab von 24 Leuten, die im Gefahrenfall jederzeit von hier aus nach Zypern oder Kreta gerettet werden konnten), hielt eine umfassende Demokratiebewegung in ganz Ägypten für unwahrscheinlich. Ägyptens Bodenbearbeiter haben seit 6000 Jahren nie die Regierung selbst übernommen (anders als Chinas Bauern, aus denen Kaiser hervorgingen), urteilte er in der Runde. Wie in einem Insektenstaat bestehe Arbeitsteilung zwischen Herrschern und den »Hintersassen des Nils«. Das könne doch aber inzwischen anders sein, entgegnete Dr. Donovan, den Dr. Arnoldi nicht liebte, da er stets schon aus Gewohnheit eine Gegenposition bezog. Immerhin sei die Relation zwischen der Landbevölkerung und den Einwohnern der Städte in den letzten vier Jahrzehnten drastisch umgeschlagen. Man muß genau beobachten, schloß der historisch kundige Dr. Arnoldi die Debatte.

Abb.: An den Ufern des Nils. Die Bodenbearbeiter, die hier seit 6000 Jahren leben, haben nie selbst regiert.

Die Revolution ist ein Lebewesen voller Überraschungen

Abb.: Regierende sind die Pharaonen, die Ptolemäer, die Römer (indirekte Herrschaft), die arabischen Eroberer, die Mamelucken, auf drei Jahre ein französisches Expeditionskorps um die Jahrhundertwende von 1800, die Khediven und Briten, um ein Haar Rommel, wäre er bis Suez gekommen, nach dem Sturz des Königs bis heute der MILITÄRRAT. Sie konzentrieren die Waffen und die Vorräte auf der Seite Pharaos.

Abb.: Der Leuchtturm von Alexandria nach einer Beschießung. An diesem Ort empfing Cäsar die in einen Teppich verpackte Cleopatra.

Abb.: Emblem mit Wahrsagung über »Ägyptens Zukunft«: 4200 Jahre alt.

»TAUSEND JAHRE
FÄLLT DER TAU /
HEUTE BLEIBT ER AUS /
STERNE TRETEN UNGENAU /
IN EIN NEUES HAUS.«

Was heißt Provinz in der Revolution?

Aus den Erregungen der in Revolte befindlichen Metropole Kairo fuhr ein Sympathisant der Neuerungen, Sohn eines Gutsherrn, zu der Ortschaft, in welcher seine Familie von jeher ihre Dominanz ausübte. Wie er es nicht anders angenommen hatte, war hier ein Befreiungskomitee eingerichtet, in dem die etablierten Kräfte auf ein Gleichgewicht achteten. Ein weniger einflußreicher Clan im Ort war mit dem Mubarak-Regime stärker verbunden und jetzt in seiner Wirkung beschnitten. Eine Filiale der Muslimbruderschaft war damit beschäftigt, Lebensmittel zu verteilen; dies war die intensivste Form der

Propaganda und ließ sich am schwersten einer Zensur unterwerfen. Hier in der konkreten Lebenszone des Landes blieb schwer zu erkennen, wo die Revolution, über die der Gutsherrnsohn gestern noch mit Gefährten debattiert hatte, ihr Fließwasser haben sollte.

Wie Fische im Wasser müssen sich die kämpferischen Ideen in der Revolution bewegen. Man weiß auch, daß Fische in Tümpeln oder einem Sumpfgebiet eine Zeitlang überleben, dann aber müssen sie zurück in fließendes Wasser. Die Phänomene in der ägyptischen Provinz erinnerten den historisch gebildeten Gutsherrnsohn an die Verhältnisse in Frankreichs Südwesten nach 1789. Von dort ging weder die Konterrevolution aus (die Vendée) noch die revolutionäre Radikalisierung von 1793/94. Später auch nicht die Industrialisierung. Es wäre aber auch falsch, zu sagen, wie der Soziologe Luc Boltanski es formuliert hat, das Land habe »geschlafen«; es »lebte«, es war aufmerksam, man kann sagen: es lauerte. Das entsprach auch den Beobachtungen des sympathisierenden Gutsherrnsohnes in seinem angestammten Ort.

An der »Wüste Frankreichs« während der Revolution und an seiner ägyptischen Heimat gemeinsam schien ihm, daß »die Frauen anders äugten«. Über Jahrhunderte selektieren sie, obwohl öffentlich entmündigt, den Typ von Mann, von dem sie die Gestalt ihrer Söhne und den Geschmack ihrer Töchter erwarten. Jeder Hauch von Wahlfreiheit läßt sie lebendiger reagieren. Der Beobachter nahm sich vor, den BRUTOFEN WEIBLICHER ZUCHTWAHL als das wahre Unruhezentrum zu betrachten, aus dem sich dann doch die großen Veränderungen entwickeln, sozusagen neben den Taten der Revolutionäre und unangreifbar für die Attacke der Konterrevolutionäre. So ist Henri IV. aus dem GROSSEN SÜDWESTEN gekommen. PROVINZ kann, sowohl auf arabisch wie auf französisch, geschrieben werden als PROVENIENZ und bildet dann in der Geschichtsschreibung die wirkliche Strömung ab.

Umsturz des Umsturzes

Reinhart Koselleck weist auf ein Zitat von Marx hin, der aus Anlaß der militärisch-blutig unterdrückten PARISER KOMMUNE 1871 von der »Verschwörung der herrschenden Klasse zum Umsturz der Revolution durch einen unter dem Schutz des fremden Eroberers geführten Bürgerkrieg« spricht. Bismarck hatte die Gefangenen von Sedan, erfahrene Berufssoldaten, dem französischen Kabinett in Versailles zur Verfügung gestellt, das mit Hilfe dieser Heimkehrer Paris unterwarf.

»Muth des Dichters«

Ein russischer Poet hatte die Absicht, die Revolution und alle Geschehnisse, die ihr im Lande folgten, poetisch zu beschreiben, so wie Homer (äußerte er sich) den Untergang Trojas besungen habe. Ossip Mandelstam nannte ihn »das Brüderchen«. 1937 wurde der Poet verhaftet. Jeschow ließ ihn erschießen. Dabei hatte der mutige Dichter Jeschows Ende ganz ähnlich, wie es sich dann abspielte, in einer seiner Skizzen festgehalten. Am Schluß des viereinhalbseitigen Textes heißt es, daß die Geheimpolizei Kassandra umbringt, nachdem diese ihren Tod und den Tod der Henker vorausgesagt hat. Der Poet war unbekannt. Hätte er seine Texte nie geschrieben oder hätte er sie versteckt, wäre er nie verhaftet worden. Der Ausdruckswille eines Dichters ist aber triebhaft und unbezwinglich.

Begegnung im Turm / Ein Sansculotte war der Dichter nicht

Eine komplette Serie von Mißverständnissen begleitete, wie Peter Weiss und neuerdings auch Alexander Honold berichten, den Besuch des jungen Karl Marx (als dieser noch Redakteur der *Rheinischen Zeitung* war) im Turm, in welchem der schon gealterte Hölderlin einsaß. Der Dichter war dem jungen Autor als der »Sansculotte Hölderlin« bezeichnet worden. Marx war nach Tübingen gekommen, um ihn zu fragen, wie er als noch lebender Beobachter die Große Französische Revolution wahrgenommen habe, von Deutschland aus in die Ferne blickend. Auch müßten seine Wanderung zu Fuß durch Frankreich und die »Restauration unter Napoleon« Eindrücke hinterlassen haben. Es waren 16 niedergeschriebene Fragen, die Marx dem Einsiedler vorlegte, der etwas abwegig in seinen Gesten und Reden erschien. Keine davon beantwortete Hölderlin, der sich mit anderem Namen nannte. Der einfühlsame Marx glaubte aber zu bemerken, daß einige der Fragen verstanden worden waren und daß der Dichter lediglich eine »verbergende« Antwort geben wollte. Die Fragen waren ja auch tatsächlich nicht in einer Weise gestellt, wie jemand, der dichterische Veranlagung fühlt, sich über die Zeitgeschichte zu äußern vermag, insbesondere nicht ein Autor (so beurteilte Marx das Metier Hölderlins), der sich auf einzelne äußerliche Tatsachen konzentrierte, wie sie nicht in den Zeitungen standen. Umgekehrt kann man, sagte sich Marx, nichts über Paris erfahren, wenn man auf den Unterschied zwischen der Röte eines Herbstlaubs und der Färbung des Abendrots blickt, welches sich minütlich verändert, und nach Ausdrücken sucht, das Verglichene in Worte zu

fassen. Solche Unterschiede waren gewiß vielgestaltig, aber doch untauglich, politische Bewegungen aus der Ferne zu beurteilen. So zog sich das Gespräch hin. Auch war die Reise lang gewesen. Die Begegnung sollte sich lohnen. Marx hatte IN VERDICHTETER ZEIT keine Lebenstage zu verschenken.
Der verquere Dialog kam auf Bonaparte. Hölderlin hatte ihn mit dem AUGE DES DICHTERS (»heilige Gefäße sind die Dichter«, formulierte er) in Ägypten und dann wieder in Paris verfolgt. Der Tribun (oder General, verbesserte Marx) habe aber, so Hölderlin, im Gedicht nicht verharren wollen. Er sei stets aus dem Rahmen des Heldengedichts, das ich ihm widmete, herausgetreten. Entweder sei er in der Welt neu aufgetaucht oder habe überhaupt nur dort gelebt. Doppelgänger sei er jedoch nicht. Er bewege sich unerwartet, sozusagen »unfaßbar«.

»Er kann im Gedichte /
nicht leben und bleiben /
Er lebt und bleibt /
In der Welt.«

Der Eindruck, den das Gespräch auf Marx gemacht hatte, war widersprüchlich. In politisch-ökonomischer Hinsicht schien der Dichter ihm ein Wirrgeist, anders als Marx sich zu diesem Zeitpunkt Heinrich Heine vorstellte. Es mußte aber, wenn es Revolutionen gab, auch andere Sprachen geben als die Geschäftssprache oder die, in welcher Zeitungen sich ausdrückten. So legte Marx ein großzügiges Raster an. Merkwürdig die Fesselung des Geistersehers im Turm an dieses einsame Gebäude. Die Einladung zum Abendessen in der Stadt schlug Hölderlin aus. Marx hatte einige Aussprüche des alten Mannes aufgeschrieben, überhaupt mehr Notizen angefertigt, als er an Fragen mitgebracht hatte. Es war aber später kein Artikel daraus zu machen. Ein Sansculotte war der Dichter nicht.

Wie ein Land durch verspätete Revolution unter die Räuber kam

Horst Hasselbusch notiert: Da kapselt sich ein mittelalterliches, als Seefahrernation auch in der frühen Neuzeit verwurzeltes Land, das sich durch die Schutzmacht England in seiner Isolierung und Neutralität als gesichert betrachtet, unter einer Serie konservativer Diktaturen ein. Lange Zeit bleibt es von den Konflikten der übrigen Welt unberührt. Es nutzt die Ressourcen seiner Kolonien mit einer trägen, mittleren Grausamkeit. Ein anderes Stück

Abb.: Der »Krummes« sinnende Saturn.

des ursprünglichen Reiches, das dieses lange Leben als Ruine führte, Brasilien, hat sich selbständig gemacht, die Sprache dort hat sich weiterentwickelt, die beiden Länder, in denen portugiesisch gesprochen wird, verhalten sich zueinander wie Parallelwelten.

Dann stößt die Revolution von 1974 Portugal in die Realität des 20. Jahrhunderts hinein. Zunächst mit Eigenheiten des Märchens: ein Präsident mit Monokel, offensichtlich aus einem früheren Zeitalter, hält den Norden und den Süden des Landes, unvereinbare Gesellschaften, zusammen. Die Utopie eines besonderen, nationalen Weges zum Kommunismus gibt den Wochen der Revolution einen diffusen Glanz, ähnlich einem sehr frühen Morgennebel an der Küste, den die Sonne von der Landseite her bestrahlt. Eine Utopie der Arbeiterklasse ganz im Westen Europas, obwohl (oder gerade weil) es dort praktisch keine Industrie gibt.

Jahre später ist dieser märchenhafte Kokon abgestreift. Portugal tritt der Europäischen Union bei. Die Hilfen, die es erhält, werden »nicht vorteilhaft für das Land verwendet«. Der Beitritt zur Eurozone wird akzeptiert. Und jetzt sind, so fährt Hasselbusch fort, Wölfe eingebrochen, die niemand kannte. In ein mittelalterliches, isoliertes Land hätten sie nie Eingang gefunden. Jetzt sind Experten aus Brüssel und von jenseits des Atlantiks angereist: die Rechner des IWF, die Entscheider und Liquidatoren des Euro-Rettungsfonds, die Sektionschefs und Administratoren der Kapitalprozesse und damit der Spätkapitalismus, so Hasselbusch, in seiner angriffslustigsten Gestalt; nicht einmal er selbst, sondern seine Imitatoren zerlegen das Land.

Kennt man Mittel des Aufstands, die sich gegen diese im Rechenwerk der Schulden verborgene Autorität wenden lassen? Wie kann ein Volk hier seinen Protest durchsetzen? Auf welchen öffentlichen Plätzen kann man demonstrieren, wenn man die Ebene der neuen Okkupatoren, die keine Römer sind, erreichen will? Wenn Portugal außer einer mittelalterlichen Kooperation eine besonders flexible Seefahrernation ist, führt dann ein Weg, fragt Hasselbusch, aus der Not zurück ins alte Reich zu den Kolonien, ins Unwirkliche oder nach Brasilien?

Ein getreuer Beobachter von Portugals Entwicklung

Er war ein Charakter, alle seine Haltungen waren also von tief eingeprägten Merkmalen bestimmt, ein Ostfale[1], er galt als stur. Das zeigte sich schon in der Gruppe, der er auf der revolutionären Universität in Frankfurt am Main angehörte. Bekannt war er dafür, daß er für die einzelne politische Aktualität seine Trägheiten nie aufgab und, als alle anderen politische Vereine gründeten und sich in Fraktionen zerstreuten, das Prinzip der Spontaneität, der permanenten Revolutionierung, nie negierte. Dann begegnete ihm die Überraschung, DAS POLITISCHE ERDBEBEN, das bis in die Wohngemeinschaften von Frankfurt-Nordweststadt hineinwirkte: Das war die Revolution in Portugal, die man später die Nelkenrevolution nannte.

Der Sog dieser Bewegung zog die Genossen aus Deutschland an die Atlantikküste. Über Frankreichs und Spaniens Straßen fuhren die Mitfahrergruppen, darunter der sture Horst Hasselbusch, durch die Grenzwüsten, welche die spanischen Westprovinzen von den portugiesischen Ostprovinzen seit

---

1 Der Ausdruck Ostfalen, mittlerweile kaum mehr geläufig, bezeichnet den östlichen Teil des *alten Sachsens* zwischen den Flüssen *Leine*, *Elbe*, *Saale* und *Unstrut*. Ostfalen ist zu unterscheiden von *Ostwestfalen*, das im alten Sachsen im sich westlich anschließenden *Engern* lag.

1000 Jahren trennen, auf Lissabon zu! Sie suchten am revolutionären Ort die Stelle, die auf sie paßte. Sie wollten helfen, sich einbringen. Es gab 77 Protokolle von Teach-ins, welche noch in der Frankfurter Nordweststadt die aktuellen Geschehnisse in Portugal einzuordnen gesucht hatten. Bei ihrer Ankunft erwies sich alles als abwegig. Die erregten Aufständischen in Lissabon, Republikgründer, waren nicht eingestellt auf hilfsbereite deutsche Genossen. KEINE ZEIT FÜR ALLE. Hinzu kam die Sprachgrenze. Es gab aber auch ein Mentalitätsgefälle, so Horst Hasselbusch. Die revolutionären Geister verschiedener Länder verstanden einander nicht spontan.

Heute, im Jahre 2011, könnte man sich durchs Internet die Kenntnisse verschaffen, die für die Beurteilung einer gegenwärtigen Situation in Portugal erforderlich sind. Das hätte im Jahre 1974 noch Schulungen, Kurse der Erwachsenenbildung, ja eine radikale Wissenserweiterung erfordert. Die aus Deutschland herangereisten Genossen meinten zu erkennen, worin sich die portugiesischen Gefährten irrten. Es gab aber keine Mitteilungsform, in der die Portugiesen sich hätten erklären und die deutschen Revolutionäre ihre Thesen hätten interpretieren können. Schwerfällig im Gemüt und so langsam, wie sein Körper reagierte, lernte Hasselbusch hier vor Ort eine junge portugiesische Genossin kennen, die sich ihm hingab und zwei Tage später ohne Abschied verschwand. Das verankerte ihn »auf ewig« auf portugiesischem Boden. Die Überraschung, die er nachträglich empfand, und die Trauer zugleich schlugen ihn in Bande. Ganz ausgefüllt mit Unbehagen, bewahrte er – am Boden des Gefühls – die Empfindungen eines glücklichen Moments (auch wenn der nicht anhielt) und des studentischen Elans von 1967 auf, der den Ostfalen damals ergriffen hatte und den er niemals verriet.

37 Jahre nach seinem Erlebnis in Portugal ist Dr. Horst Hasselbusch bewährtes Mitglied eines Forschungsteams der Universität Harvard. An solchen Lehrstätten wird entschieden, was in der Welt »gilt«. Das ist ein wichtiges Kriterium für die Beantwortung der Frage, welche Pflichten im Jahre 2011 Portugal realistischerweise auferlegt werden können und ob die Republik ihre Schulden, jetzt unter dem Euro-Schutzschirm, je wird zurückzahlen können. Das Land kennt nur das Mittelalter und die Neuzeit. Es besitzt Weinbau, Landgüter im Süden, hat über die Meere hinweg Kolonien erobert. Bis 1945 ist es ein Land außerhalb der Moderne. Es ist nicht industrialisiert und hat die Vorteile des frühen Kapitalismus nicht erfahren. In der Revolution von 1974, so Hasselbusch, bringt es eine Reihe von PRODUKTIVEN UNWIRKLICHKEITEN hervor: den Präsidenten de Spínola (mit Monokel), der den Norden und den Süden des Landes, deren Wirtschaft miteinander unvereinbar ist (so wie die Welt und die Nelkenrevolution), für eine gewisse Zeit zusammenhält. Außerdem existiert eine kommunistische Utopie, die nach dem Probierverhal-

ten des administrativen Kommunismus einen neuen Schlag versucht. Drittens die transatlantische Brücke nach Brasilien. Man könnte die REINSCHRIFT EINER BÜRGERLICHEN REVOLUTION ohne Guillotine von dieser einzigartigen Bewegung erwarten, so Hasselbusch. Der unbeirrbare Hasselbusch sieht die Frage als einen OKTROI DES KAPITALISTISCHEN SYSTEMS über ein Land, das nie kapitalistisch war und es auch nicht werden wollte. Auf keinen Fall wollte es unterworfen sein. Und wurde es dann in der schärfsten Ausprägung doch, nämlich durch Richtlinien des IWF, der EU und der speziellen Regeln des EU-Hilfsfonds. Kein reales Kapitalverhältnis wird je so rigide regieren, wie es die Abstraktion der Richtlinien tun.

»Und ich begehre, nicht schuld daran zu sein.«

Jetzt ist Hasselbusch, der eine Familie von vier Kindern ernährt, gleich, was er denkt, als Assistent von Prof. Dr. Porter in Harvard tätig. Dieser liebt den deutschen »Gründlichkeitsmann«, der sich inzwischen im englischen Idiom lebhaft auszudrücken weiß. Nicht High-Tech sei für Portugal rentabel, so Prof. Porter, sondern Potential, verbunden mit Ressourcen, das heißt Zusammenhang. Er empfiehlt die Förderung von sechs Clustern durch die Regierung: Wein, Tourismus, Holz und Papier, Schuhe, Textil und Bekleidung, Automobil.

Ein Sturz aus großer Fallhöhe

Der Revolutionär und künftige Tyrann Fiesko, den der Geschichtsforscher und Autor Friedrich Schiller beschreibt, fällt, mit dem Herzogsmantel bedeckt, auf dem Weg über eine Schiffsplanke zum Sieg, fällt und wird vom Gewicht seines Schutzpanzers auf den Meeresgrund gezogen. Ein Sturz aus großer Fallhöhe. Dies geschah in der Abendstunde, und erst am nächsten Morgen war es möglich, den verunglückten Körper aus dem Wasser zu bergen. Da lag nun der potentielle Fürst, von Anhängern und Gegnern mit unterschiedlichen Gefühlen betrachtet. Es mußten Handwerker aus der Stadt beigezogen werden, die den durch den Sturz verklemmten Panzer, der den ganzen Körper umschloß und gegen einen Attentäter lebensrettend gewesen wäre, aufmontierten. Das dauerte fast bis Mittag. Der Körper des Mannes, offen daliegend, besaß eine gewisse Schönheit, wenn man nämlich nicht sein elendes Ende, sondern ihn mit den Augen des Malers betrachtete, der ein solches Bild hätte festhalten sollen. Frauen hatten ein Hemd vorbereitet, das dem Toten angezogen werden sollte, um ihn für die Grablegung zu präparieren. In der Nacht hatten sich Krebsgetier und Fische in dem für menschliche Waffen undurchdringlichen Panzer eingerichtet, kein sicherer Ort für sie, die jetzt neben dem Toten im Gras lagen oder dort herumkrochen. Fieskos Gewandtheit und körperliche Statur waren ein Argument gewesen, das seine Machtergreifung befördert hatte. Wer schön und lebendig erscheint, wird gewählt. Wer tot ist, dessen Erinnerung wird gelöscht. Es war so, als sei Fiesko wegen zu hohen Alters abgewählt worden. So empfand es die Renaissance. Von diesem Beinaheherrscher hätte das Volk keine testamentarische Weisung mehr angenommen.

Schillers Kontext

Friedrich Schiller gewann mit der Niederschrift seiner *Geschichte des Abfalls der vereinigten Niederlande von der Spanischen Regierung* im Weimarer Klassik-Revier ein eigenes Terrain gegenüber dem Dichter- und Philosophenkreis, in dem er sich sonst rivalisierend bewegte. Hier, im Feld der Geschichte, und zwar der Freiheitsgeschichte, besaß er eine Alleinstellung. Er blieb auch ungehemmt, sich diese freie, im Kampf sich begründende Batavische Republik in den Einzelheiten vorzustellen. Alle Nachrichten, Quellen und Berichte konzentrierten sich auf das Allgemeine und auf die Episoden; in den Lücken dazwischen war reichlich Platz für SCHILLERS KONTEXT.

In der künstlerisch-geschichtsschreibenden Verdichtung stand der Kampf gegen die gnadenlose Nordsee, der das niedrig gelegene Land, tiefer als der Meeresspiegel, durch gemeinschaftlich errichtete Dämme schützte, auf einer Höhe mit dem Wall aus Menschenleibern und dem städtischem Geist, der die andringende fundamentalistische Flut aus Spanien aussperrte. Niemals gelang die Unterwerfung der VEREINIGTEN GEMEINDEN. Schlimm genug war die Teilung des Landes.

Schiller neigte dazu, in Blankversen zu schreiben. Gern wäre er bei der Schilderung der dramatischen Freiheitsepoche zu Reimen übergegangen. Und das hätte er auch ausgeführt (weil er ja bereits rhythmisch memorierte), hätte er mit einem zweiten Dichter, einem ungehemmteren jüngeren wie Heinrich von Kleist, zusammenarbeiten können. Doch der war nicht vor Ort.

Die Pranke der Natur erscheint bei Schiller in der Gewalt der Wassermassen bei Nordsturm und bei bestimmter Stellung des Mondes, welche die Flut verstärkt. Ähnlich (und hier würde man, so Schiller, eigentlich einen Chor und einen Wechsel der Sprache benötigen) wälzt sich die Schwappwelle der Fundamentalisten von Süden heran (die spanischen Terzios marschieren von Mailand über den Maloja- und den Julierpaß sowie über Chur das Rheintal hinauf). Und für diese Beschreibung braucht man einen Chor, so Schiller, und einen Wechsel der Sprache. Gegensatz: Die Wirkung erfolgt nach den Eindringgesetzen des Wassers, der die Truppe erfüllende Geist dagegen ist starr. Was ist im Gemeinwesen der Freiheit anders? Welche flexible, quasi flüssige Intelligenz ermöglicht derart zahlreiche gelingende Verhandlungen, so daß Dammbau und Kriegsführung auf Seiten der Batavischen Republik einem permanenten Friedensschluß und nicht einem ewigen Krieg ähneln? Inwiefern kann man behaupten, fragt Schiller, daß selbst der Mauerbau gegen das Meer eher einem Verständigungsfrieden, also einer Kooperation, als einer bloß negativen Abwehr gleicht? Weil doch, so Schiller, die Dämme »mit Rücksicht auf die eigentümlichen Charaktere des Sturms und des Wassers gebaut« sind. Dies zu ersinnen ist nicht Sache eines Einzelnen, sondern der Kommune.

4
Die vergrabenen Hirne am Rhein

Die vergrabenen Hirne am Rhein

Wenn die Eltern viel beschäftigt sind und Zeichen ihrer Nichterreichbarkeit setzen, suchen Kinder aus bürgerlichem Hause Kontakt zu Haushalten, in denen sie willkommen sind. Ich kannte das Hauswartspaar Laube in der Bakenstraße. Dort lief ich zu. Willi Laube war als Hausmeister und Chauffeur bei einer Herrschaft tätig. Seine Frau arbeitete als Putzfrau.
Als SA-Mann war Laube in der Position, andere Leute in der Stadt, auch seinen Dienstherrn, zu erpressen. Das tat er nicht. Der ruhmreiche Status als Parteigänger der siegreichen Bewegung änderte nichts an seiner Lebensweise, an seiner bescheidenen Wohnung. Laube ging davon aus, daß man den politischen Status nicht zum persönlichen Vorteil nutzen dürfe.
Ich kannte den Jungen aus dieser Familie, wurde zum Mittagessen zugelassen, anschließend zum Nachmittagsschlaf gelegt und abends zu Hause abgeliefert. Daß sie wie im Hexenhäuschen fremde Kinder aufnähmen und ihren Familien entzögen, wäre ein schwerer Vorwurf gewesen. So waren sie interessiert, mich zu versorgen und rasch wieder loszuwerden.
Über dem Sofa im Wohnzimmer der Familie Laube, auf dem ich Mittagsschlaf hielt, war ein Gobelin aufgespannt (von keiner kostbaren Herkunft). Dort war der Rhein dargestellt, umgeben von Burgen. Offenen Auges, weil Schlaf nur Pflicht war, starrte ich auf das Bild. Willi Laube erzählte, daß dies eine historische Landschaft aus der Zeit sei, in welcher die Menschen noch Zauberkräfte besessen hätten. Davon erzählte er Geschichten. Wo steckt diese Zauberkraft? Sie findet sich in den Gebeinen dieser deutschen Vorfahren, so Laube, in den Schädelknochen der Toten, die man ausgraben könnte, wenn man sich die Mühe machen würde. Überall in den Journalen sah man in jenen Tagen Arbeitsbataillone mit Spaten, die irgend etwas gruben. Vermutlich wollte der Nationalsozialist Laube andeuten, daß eine gewisse Substanz der Vorfahren in unseren heutigen Köpfen wiederauferstehen könnte. Auf meine Fragen hin schloß er nicht aus, daß eine Suche nach dieser zauberkräftigen Substanz in den vergrabenen Gehirnen einen Sinn haben mochte; nicht von selbst kämen unsere Ahnen uns zu Hilfe, wir sollten ihre Zauberkraft suchen. So daß sich entweder durch ein Konzentrat solch ehemaliger Geisteskräfte (das ich mir als ein Pulver vorstellte) wir uns die frühe Gewalt einverleiben

oder sie in einem Gefäß aufbewahren könnten, von dem eine »belebende Strahlung« ausginge.
Dies schien mir in den langen Minuten des pflichtgemäßen Nachmittagsschläfchens, die offenen Augen auf den Gobelin gerichtet, der zentrale Prozeß des NATIONALSOZIALISMUS zu sein, von dem soviel gesprochen wurde: der Transport von Zauberkräften unserer Vorfahren in die Gegenwart zur besonderen Ausstattung vor allem von Jugendlichen, zu denen ich mich zählte. Die derzeitig Erwachsenen, gleichgültig wie sie waren, würden bald überholt sein, und es war wichtig, den Anschluß an diesen Prozeß nicht zu versäumen. Man sollte sich baldmöglichst zum Rhein aufmachen und tief graben, einem Fluß, von dem ich inzwischen – als Erwachsener – weiß, daß er die Tendenz hat, wie es Hölderlin beschreibt, sein Bett zu verlassen und nach Osten auszubrechen, wohin ihn die Sehnsucht treibt, wo er aber seine Wassermassen nicht zu plazieren vermag.

Der Strom der Gene am Rhein

In der Nacht, welche auf die Beerdigung von Peter Schamoni folgte (den er als Freund betrachtete seit jener Notzeit, in welcher der 70jährige Schamoni eine 29jährige geheiratet hatte, eine Ehe, die rasch scheiterte), entwarf der Filmemacher Edgar Reitz das Projekt »Heimat 5: Der Rheinstrom«. Auf sieben Stunden Vorführzeit war der Film geplant. Im Gegensatz zur HEIMAT-TRILOGIE und dem Projekt »Heimat 4: Die Auswanderer« ist nicht mehr die Ortschaft Morbach im Hunsrück (im Film Schabbach) der Ausgangspunkt. Zentrum der Handlung ist die »Völkermühle Rhein«. Fährt man nämlich von Morbach an der Stelle, an der es konsequent bergab geht, immer voran, gelangt man an den GROSSEN STROM. Gegenüber liegt der Rheingau, rechts Bingen und Mainz, flußabwärts Koblenz und die Niederlande.
In dem Film geht es um die Abstammungsketten, den STROM DER GENE, die sich den Fluß hinab und zu beiden Seiten ins Land ziehen. Erzählt wird die Geschichte eines spanischen Offiziers, der an drei unterschiedlichen Stellen Nachkommen hinterließ. Andere Filiationen kommen aus der Zeit, in welcher das linke Rheinufer bis 1815 ein Departement Frankreichs war. Den Grundstock aber bilden Kelten und Römer.
Es geht um sieben Protagonisten der Jetztzeit, die miteinander in Verbindung stehen, weil sie in sich den Fluß von 132 Voreltern tragen, darunter Blitzbesucher wie der spanische Offizier, aber auch beharrliche Frauen, die ihr Glück suchten oder einen Ausweg in der Not. Der Film kann diese Protagonisten, auch wenn sie längst tot sind, lebendig ins Bild setzen. Das ist etwas ganz anderes, als wenn Geologen Gesteinsschichten untersuchen.

Abb.: Andernach.

Sprachvermittelter Neugeist

Der Landstrich, der von der nordafrikanischen Atlantikküste über den Nahen Osten bis zum Zagros-Gebirge reicht, war ein fruchtbarer Garten: vom Nordpol zum Äquator hin gesehen unterhalb der Gletscherkette, die Europa bedeckte. Mit Zurückweichen des Eises verlagerten sich dann die atlantischen Regenwinde nach Norden. Der zuvor fruchtbare Landstrich und Garten trocknete aus. Die dort Zurückbleibenden wurden in die Oasen gedrängt. Fred Pumpelly behauptet aber: Nicht ökonomischer Zwang, sondern die inneren Äcker der Sprache, Spiegelbild jenes Landstrichs zwischen Atlantik und Zagros in seiner glücklichen Zeit, seien der Grund für den NEUGEIST, der dann auf Inseln, praktisch in Notstandsgebieten, die Zivilisation schuf.

So ist auch Edgar Reitz bei der Vorbereitung seines Films über die Hunsrükker, die um 1840 nach Südbrasilien emigrierten (sie verließen ihr Land im Bewußtsein, daß sie nie zurückkehren würden), zu der Überzeugung gelangt, daß nicht die Not, von der es in jenem Bergland genügend Vorrat gab, sondern die Einführung der Schulpflicht nach 1815 (das heißt die potenzierte Fähigkeit, zu lesen und zu schreiben, also selbständig sich äußern zu können) der Grund war, daß die Auswanderer aus plötzlichem Hochgefühl, aus Optimismus und nicht aus Verzweiflung sich auf den Weg machten, ihre neue Welt zu gründen.

Die mächtige Stimme der Erde, als sie noch mit dem Riesen Ymir identisch war

Man muß sich die frühe Erde, behauptet der Filmemacher Andrej Tarkowski, mit ihren gewaltigen Wassermassen, tektonischen Schrunden, ihren Himmeln voller Feuer und dem nahen Mond, der das halbe Firmament verhängte, als ein mächtiges Gebrüll der Götter vorstellen. Auf diesen unglaublichen Eindruck, so Tarkowski, antworteten die frühen Menschen. Sie tragen den Klang der Gewalten, die sie draußen sehen, wie lebende Tempel in sich, Tempel mit aufrechtem Gang. Sie sättigten sich nicht bloß von Früchten des Waldes oder der Jagdbeute, sondern sind satt vom göttlichen Ruf. Tarkowskis Filmprojekt hatte den Arbeitstitel: »Der Riese Ymir«.

Keimruhe in kalter Zeit

Im Salvator-Krankenhaus Halberstadt wurden im Mai 1945 drei medizinisch ungewöhnliche Fälle einer Zwölf-Monats-Schwangerschaft festgestellt. Diese Merkwürdigkeit konnte, so der skeptische Chefarzt, der den nationalsozialistisch-kompromittierten Dr. med. Dalquen abgelöst hatte, nicht dadurch erklärt werden, daß man sie auf einen Erinnerungsfehler der Schwangeren über den Zeitpunkt ihrer Empfängnis zurückführte. Skepsis (ein Derivat der Sachlichkeit) hat zwei Seiten. So zögerte dieser Chefarzt, seinen Zweifeln einfach zu folgen, wenn sich die Merkwürdigkeit offenbar in drei Fällen wiederholte. Das sprach gegen eine voreilige Annahme, es läge ein Irrtum vor. In seltenen Fällen, meinte der um Rat gefragte Facharzt der US-Truppen (der sich ein Büro im Salvator-Krankenhaus eingerichtet hatte und an dem Ärzteessen in der Kantine regelmäßig teilnahm), hatten wir in Minnesota eine KEIMRUHE bei Menschen. Wir kennen das bei Rehen im Harz, ergänzte der Oberarzt

Dr. Bauerstörfer, der kein Nationalsozialist gewesen war und deswegen seine Stellung behalten durfte. Er besaß eine Jagderlaubnis bei Hasselrode (jetzt aber hatte er sein Gewehr abgegeben). Rehe empfangen im Sommer. Sie dürfen auf keinen Fall in der Kälte des Winters niederkommen. So wartet der Fötus geduldig auf den Frühling (das ist die Keimruhe), um erst dann, in den letzten Augenblicken, seine Vollendung im Mutterleib fortzusetzen.

Die drei Frauen, die so verspätet entbunden hatten, kamen von weit her aus dem Osten. Sie berichteten von Flucht, drohender Vergewaltigung. Eigentlich hätten sie für die Geburt nie Zeit gehabt. Sie beharrten darauf, daß sie das Datum der Empfängnis richtig erinnerten. Eine Hilfe dafür war, daß sie das letzte Zusammentreffen mit ihren Männern (und in einem der Fälle dem Geliebten), die dann wieder an die Front zurückkehrten, sich notiert hatten. Auch eine Scheinschwangerschaft, der eine spätere Empfängnis folgte, war in diesem Raster der Tatsachen unwahrscheinlich. Auch waren Scheinschwangerschaften so selten, daß sie (zusätzlich mit der Folge der späteren Empfängnis) nicht in drei gleichzeitigen Fällen auftreten konnten. Das psychisch-physische Wunder, über das der US-Arzt sich vornahm in einer Ärztezeitschrift zu Hause zu schreiben, war offensichtlich »so ungewöhnlich wie die Kriegszeit, die wir durchleben«.

Unwirtlicher Harz

Ein Gebirgsland in Deutschland hatte im Mittelalter üble Erfahrungen mit Besuchern und Besatzern gemacht. Fremde wurden seither hier in die Irre geführt und umgebracht. Das ging so lange gut, bis die Klöster der christlichen Zivilisation ein Netz über das Land legten. Wenn jetzt im Gebirge Reisende verschwanden, erschienen Verfolger, die nach den Vorfällen forschten und nach gewisser Ermittlung furchtbare Strafen verhängten. Das geschah so lange, bis auch in diesem Teil des Gebirges Fremde nicht mehr getötet wurden.

Irrfahrt von Tugenden und Lastern im Endkampf

Den Dramatiker und Dichter Einar Schleef interessierte die STIMMUNG DES ENDKAMPFS im Harzgebiet im April 1945. Das war AUSNAHMEZUSTAND. Das war der ERNSTFALL. Es gab Leute in Sangerhausen, sagte Schleef, die behaupteten, man werde noch in 6000 Jahren von diesem Endkampf sprechen. Es verhält sich so, notierte Schleef, als ob sich die Seelenzustände der griechischen Belagerer und der trojanischen Verteidiger (im Vorgriff auf die kommenden Massaker und den Untergang der ROSSEBÄNDIGENDEN STADT) miteinander vereinigt hätten. Und zwar so, wie Götter im Herzen eines jeden nisten, so nisten hier die Gegensätze, die früheren und späteren Freunde und Feinde, in derselben Brust und in demselben Kreislauf. Das wollte Schleef in einen Dreiakter für das Deutsche Theater kleiden. Aufführungsdauer: sieben Stunden. Er hatte sieben Kladden gefüllt und verfügte über zwei Hefter mit Fotos und Zeichnungen.

In jenen Momenten, in denen Schleef, zerstritten mit allen Theaterleitungen in der Bundesrepublik und in Österreich, an diesem Konvolut oder Projekt arbeitete, gehörte zu seinen Einflüsterern ein französischer Marxist, der sein Domizil in einem der Institute Ostberlins aufgeschlagen hatte und zum Nulltarif Wissenschaftsdienst leistete. Er hatte Schleef eingeredet, man müsse in solchem Endkampf, wenn man nicht der Legendenbildung Vorschub leisten und heroisieren wolle, die IRRFAHRT GESELLSCHAFTLICHER VERHÄLTNISSE verfolgen. Damit hatte er gemeint, daß man die Kategorien von Karl Marx in einem solchen AUSSERGEWÖHNLICHEN GESELLSCHAFTLICHEN LABORATORIUM (wie den letzten Tagen des April 1945) testen solle. Schleef, der stets in schöpferischer Form Anliegen anderer, auch solcher, denen er vertraute, mißverstand, hatte dieses Konzept umgesetzt, indem er eine Reihe von POETISCHEN DEUTUNGEN GESELLSCHAFLICHER ZUSTÄNDE zu einer szenischen Operation brachte. Nach jeder der NUMMERN, die auf diese Weise entstanden, war ein Chor oder ein phantasmagorischer Umzug geplant. Diese Zwischenstücke hatte er fertig.

Das, was sein Vertrauter, François Pérrier, ihm an Differenzmerkmalen zuspielte, entkleidete er des marxistischen Jargons. Er sprach von Tugenden und Lastern, von der Irrfahrt des Ulysses, von Einkehr ins Totenreich und Heimkehr auf die Insel; wobei, meinte er, man ebensogut sagen konnte: Heimkehr ins Totenreich und Einkehr auf der Heimatinsel, wenn doch die Isolierung die Insel, das Eigentum der Tod sind.

ICH: Herr Schleef, was bezeichnen Sie als Tugend?
SCHLEEF: Das ist doch vollständig klar. Da gibt es doch gar keine Frage überhaupt.
ICH: Und was wäre eine Tugend im Frühling 1945? Einem vom Wetter her übrigens herrlichen, unvergleichbaren Frühling. Alles ist hell und von Sonne verwöhnt, außer in den Nächten.
SCHLEEF: Dann ist Nacht die Tugend.
ICH: Sie verbirgt aber nichts. Radargeräte durchblicken die Nacht.
SCHLEEF: Es gibt im Deutschen Reich praktisch kein Versteck mehr.
ICH: Außer in den Höhlen des Harzes.
SCHLEEF: Dann ist das die Tugend.

ICH: Ist List eine Tugend? Intelligenz? Illusionslosigkeit?
SCHLEEF: Dann kann einer ja gleich kapitulieren.
ICH: Und das wäre nicht tugendhaft?
SCHLEEF: Nicht im Sinne des Endkampfs.
ICH: Halten Sie denn etwas vom Endkampf?
SCHLEEF: Überhaupt nichts. Auf keinen Fall.
ICH: Warum sprechen Sie dann von Tugenden, die zum Endkampf taugen?
SCHLEEF: Weil Endkampf sonst nicht darstellbar ist. Es geht um eine dramatische Tugend,
ICH: Eine Theatertugend?
SCHLEEF: Jawohl. Jeder Charakter muß dieser Tugend widerstreben. Das ist der Mehrwert in der Dramatik.
ICH: Wenn einer sich Vorteile verschafft zum Nachteil des Reiches für die Zeit nach der Kapitulation, wäre das mit Tugend vereinbar?
SCHLEEF: Mit der Tugend des Mehrwerts ja, mit der Tugend des Endkampfs nein.

Man kann Schleefs Gedankenlinie nur der Unterströmung des Gesprächs, nicht der einzelnen Aussage entnehmen. Er erregte sich, er reckte den Oberkörper, sein Stottern verlagerte sich von Nebensätzen auf Hauptsätze, er wurde geduldig, alles das Indizien der Unterströmung, auch die Hauptworte, auch der Grad der Einwürfe. Das wußte ich. Es zeigte sich, daß er ein Bild in sich trug, über das er Fakten, Themen und Werte hin und her bewegte, wie durch Ebbe und Flut, ausgelöst durch die Gespräche mit François Pérrier (bei diesem hatte ich mich erkundigt). Mancher Gedanke gelangt so auf ein Riff und strandet.

So lag Schleefs konvulsivischer Idee vom Endkampf im Frühling 1945 ein komplexes Bild zugrunde: eine besonders, ja extrem große Zahl GESELLSCHAFTLICHER VERHÄLTNISSE bewegt sich, als seien es Schlangen aus dem Paradies, *scientes bonum et malum*, durch ein wirres Geschehen von Zeitgeschichte. Wahr sind sie kraft Unvereinbarkeit.

Schleef starb, ehe er das Projekt ENDKAMPF 1945 auf seine Weise abschließen konnte: einerseits mit dem Endkampf der Bauern bei Frankenhausen während der Bauernkriege und andererseits (von ihm extrem mißgünstig gesehen) mit dem Endkampf der DDR im November 1989. Danach wäre immer noch eine Verhandlung mit dem Suhrkamp Verlag nötig gewesen zum Zwecke literarischer Veröffentlichung und eine Art moderner Endkampf um die Aufführung des Stückes mit den Dramaturgen an den Bühnen in der Bundesrepublik und in Österreich, möglich aber auch die Rettung nach Paris, New York oder Sydney.

Tod eines Oberbürgermeisters von Leipzig

Der Mann hieß Freiberg. Er hatte seine Frau und seine Tochter in sein Amtszimmer zitiert, vor einem Bild des Führers hatten sie, er an seinem Schreibtisch, seine beiden Gefährtinnen auf einem Sofa, ihrem Leben ein Ende gesetzt. Dies war von US-Fotografen nachträglich aufgenommen und in der Welt verbreitet worden. Ein Bild des Fanatismus.

SCHLEEF: Fanatismus, wenn doch keiner der drei etwas davon hatte?
ICH: Sie hatten ihren Tod und Weltöffentlichkeit.
SCHLEEF: Na toll. Das ist das letzte, was sie begehrten. Vom Feind sozusagen um die Mauern der Vaterstadt herumgeschleift zu werden.
ICH: Das hatten sie sich sicherlich so nicht vorgestellt.
SCHLEEF: Was mögen sie sich vorgestellt haben, als sie sich in diesem Amtszimmer, das doch nicht das gemeinsame Leben war, umbrachten?[1]
ICH: Wollten sie ein Zeichen setzen?

Genau das, sagte Schleef, glaube ich nicht. Sie waren verzweifelt. Irgendwelche Zeichen an andere wollten sie überhaupt nicht aussenden. Am 21. April bringt sich Walter Model in einem Buchenwäldchen um, ganz ähnlich dem, in welchem sich General Decker am selben Tag erschießt. Ich zeige deshalb die beiden Selbstexekutionen und die Fotoszene im Amtszimmer des Oberbürgermeisters in Leipzig nacheinander. Danach der Chor: »Mitten wir im Leben sind, von dem Tod umfangen.« Ich will damit ausdrücken, sagte Schleef, daß die Protagonisten zu einem früheren Zeitpunkt ihres Lebens ein glücklicheres Ende hätten wählen können: der Selbstmörder Freiberg, als er im Jahre 1926 heiratete und auswandern wollte aus Deutschland, im selben Jahr der Oberst Model (damals noch ein Frauenfänger, er hätte Theaterdirektor oder Unternehmer werden können), schließlich Karl Decker, der von Haus aus Ingenieur war.
ABSOLUTER QUERSTRICH ZUM SCHICKSAL BRINGT TOD. Hätten die Protagonisten 1926 oder 1934 (bei Decker 1935) weniger gewollt, sagte Schleef, hätte der Ausgang milder sein können.

ICH: Wäre demgemäß die Willensstärke ein Laster?
SCHLEEF: Sie ist ungut.

---

1 Schleef weist darauf hin, daß dies auch das Amtszimmer Goerdelers gewesen war, der Reichskanzler geworden wäre bei Erfolg des Aufstands vom 20. Juli 1944. Zuvor war er OB von Leipzig.

ICH: Wäre sie eine Tugend, wenn der Tod kein zu hoher Preis ist?
SCHLEEF: Wir sprechen von Selbstmord. Tod durch den Feind wäre kein zu hoher Preis. Selbsttod zeugt von Zweifel.
ICH: Herr Schleef, Sie definieren also Tugend als zweifelsfrei?

Das gewiß, antwortete Schleef. Tugend bedarf keines Beweises.

Ein Sinnspruch der Pythagoreerin Theano

Theano, die Frau des Pythagoras, schreibt: »Das Leben wäre ein Fest für die Bösen, wenn sie, nachdem sie Böses taten, einfach stürben. Wenn die Seele nicht unsterblich wäre, so wäre der Tod ein Glücksfall.« Diesen sechsten der neun Sinnsprüche, die von der Pythagoreerin überliefert sind, wollte Schleef als Schlußchor (Musik: *Perpetuum Mobile* von György Kurtág mit Sprechchor) an das Ende seiner Inszenierung von Brechts *Herr Puntila und sein Knecht Matti* im Berliner Ensemble setzen. In seiner Version des Stückes ist Herr Puntila Chef eines Freikorps im Baltikum. Solche Männergesellschaften unterwerfen sich Frauen, die wiederum die Truppe vorwärtstreiben gegen den Feind und zugleich die Truppe anleiten, die Bodenreform von 1919 durchzuführen. Zuvor war Einar Schleef in Nürnberg mit seiner Inszenierung von Wagners *Parsifal* zurückgewiesen worden. So waren alle Ideen, die er zu Wagners Gralsgemeinschaft entwickelt hatte, in das Drama von Puntila und seinem Knecht Matti eingewandert. Die Bösartigkeit der Protagonisten hatte sich verdoppelt, gejagt waren sie aber auch durch die Gefahr, im nächsten Leben (und in allen künftigen) ihre Taten wiederholen zu müssen. Nie kamen sie auf die Idee, keine bösen Taten zu verrichten, stets beschleunigten sie die Folge ihrer Taten. In dem Stück trat Einar Schleef in der Hauptrolle des Puntila selbst auf. Er geriet derart in Fahrt, daß er nie stotterte in den langen Reden, die Bertolt Brecht vorschrieb.

Die Stummheit der Weber im Menschenstrom von 1945

Treu dem Endkampf waren Unteroffiziere und Feldwebel. Unteroffizier Olbers führte nach Flucht sämtlicher Offiziere seine vier Panzer in Richtung eines Flusses, über den es keine Brücke gab. Zu keinem Zeitpunkt überprüfte er seine Ziele. Ihm war das Ziel gleichgültig, weil er ja gehorchte. Er wußte nicht, ob ein Plan bestand für den Einsatz seiner noch höchst effektiven Zerstörungswerkzeuge. Daß er die Fahrzeuge später sprengte und sich auf Wald-

pfaden zu Fuß fortbewegte, lag in der konkreten Konsequenz seines Tuns, wie es jeder erfahrene Soldat an den Tag gelegt hätte. Nirgends wich er ab vom Pfad. Insofern war er treu, wenn man auch nicht sagen kann, »er war sich selbst treu«, denn er gehorchte der Trägheit, der Gewohnheit, dem Befehl.
Einer Menge von Panzerleuten, Geschützbedienungen, Pionieren, die gelernt hatten, mit Minen und Sprengstoff zu hantieren, Flugzeugführern, deren Maschinen aus Benzinmangel nicht mehr starten konnten, waren die Produktionsmittel des Krieges abhanden gekommen. Was tun? Als Proletarier hätten sie sich zum Aufstand entschließen müssen, schreibt François Pérrier. Statt dessen ließen sie sich von den Besitzern der gegnerischen Produktionsmittel gefangennehmen. Zu untersuchen ist, fügt Pérrier hinzu, die Grundlage des Vertrauens, das PROLETARIER DES KRIEGS dazu veranlaßt, darauf zu setzen, daß die GEGNER sie versorgen und sogar heilen wollen, wenn sie verletzt sind. Hier liegt ein erklärungsbedürftiges Vorurteil im menschenfreundlichen Sinne vor, meinte Schleef. Zu untersuchen: die GEGENSEITIGKEIT eines solchen NATURALIENTAUSCHES unbewiesener Annahmen.
37 Matrosen wurden in Frankreich exekutiert, fügte Schleef hinzu. Sie gehörten zu einer Truppe, die in Kleinst-U-Booten, Einmann-Torpedos und mittels anderer Einmann-Techniken die Invasionsflotte der Alliierten im Kanal angreifen und vernichten sollten. Wäre diese Waffe voll entwickelt gewesen, hätte sie zwei Drittel der Invasionsflotte vernichtet und damit die Invasion vereitelt. Die Marineführung hatte die Entwicklung dieser Boote zu spät angesetzt. Nur unzulängliche Geräte und Mannschaften standen zur Verfügung. Nach Verlust von 73 Prozent der Ausgesandten töteten daraufhin die Zurückgekehrten ihre Vorgesetzten in einer emotionalen Aufwallung. Das verbliebene Gerät hatten sie zerstört.
Maschinensturm wirkt sich jedoch auch anders aus. Unter dem Befehl des glanzvollen Offiziers einer 8.8-cm-Flak-Batterie, Frank Schwitters, der heute dem Werkschutz eines Rüstungsbetriebs angehört, ließen wir zu, wird berichtet, daß die britischen Zerstörer vor der Invasionsfront sich in langsamen Querzügen der Küste näherten. Sie hielten uns für machtlos, glaubten sich außerhalb der Schußweite. Dann schossen wir sie auf 6000 Meter Entfernung erbarmungslos zusammen. Das Vertrauen zwischen Maschinerie und Besatzung der Batteriestellungen war momentan wiederhergestellt. So auch der Gehorsam.
Ob meine Leute mir gehorchen, sagte der Panzerführer Wildenbruch, hängt nicht davon ab, ob wir erfolgreich sind oder nicht. Sie würden unter den komplizierten Verhältnissen des Jahres 1945 nicht einmal prüfen wollen, ob ihnen Sieg oder Niedergang einen Vorteil oder Nachteil bringen. Was sie prüfen, ist, ob sie die Maschine, z. B. den Panzerwagen oder den LKW, brauchen und ob

dieser Sklave ihnen gehorcht. Kommandieren sie die Maschine, bleiben sie loyal. Sie gehorchen also meinem Befehl, weil das Fahrzeug ihnen gehorcht.

Schleefs emotionale Haltung

Schleef bezog sich beim Schreiben von Texten aufs Hörensagen. Die Toten diktieren diese Texte, sagte er. Hörensagen der Mutter, des Vaters, der Welt, der Einflüsterer. Vor allem sind die Stimmen der Bauernkriege unüberhörbar. Die Propagandatexte der DDR ziehen wie Schatten hinter diesen authentischen Texten her, so wie sie die Texte der Zeitgeschichte begleiten. So entsteht stets ein Chor. Was mißlang so sehr im November 1918? Das ist nicht zu beantworten. Die Morde an Rosa Luxemburg und Karl Liebknecht im Januar 1919 haben Fortwirkung. Seither gibt es keine einfache Hoffnung.

Was er erzählt, hat die Zeit überrannt, wie er es erzählt, bleibt aktuell

In der Reichskanzlerwohnung, welche General von Schleicher, der letzte Reichskanzler vor Hitler, seinem Vorgänger von Papen nicht streitig gemacht hatte und von welcher dessen Intrige ausging, die zur Machtergreifung am 30. Januar 1933 führte, ging einer der stärksten Gegner Hitlers ein und aus, der Gutsbesitzer und konservative Politiker Ewald von Kleist-Schmenzin. Bis zuletzt stand es in von Papens Disposition, die Verhandlungen mit Hitler abzubrechen und ein eigenes Kabinett zu bilden: Dann wäre Ewald von Kleist-Schmenzin sein Reichs- und preußischer Innenminister sowie Chef der Polizei geworden. Sein Name war im Telefonverzeichnis für den Eilfall gesondert notiert.
Der Sohn dieses Mannes saß vor mir in seiner Villa in einem Münchner Vorort. Sein linkes Auge ist blind, sein rechtes wartet auf eine Operation. Er beherrscht die Erzählformen seiner Zeit. Daher ist es nicht notwendig, daß das, was er erzählt, *aktuell* ist, sondern daß es aus Lebenserfahrung erzählt wird. Eben beschreibt dieser Mann, der auserwählt und bereit war, Hitler unter Einsatz seines Lebens zu töten (und sein Vater bestärkte ihn in dieser Absicht), wie er nach seiner Verhaftung im Bendlerblock noch einmal kurz neben seinem Vater zu stehen kam, der ebenfalls verhaftet war. Sie verständigten sich über ihren Willen, Haltung bis zum Tode zu bewahren. Der SS-Scharführer ließ den Kontakt zu. Später bewegte sich der Sohn von Kleist, der Frondeur, nach Italien, rettete sich in die neue Zeit und wurde Gründer

der Munich Security Conference. Das Geschehen, von dem er berichtet, wird 2014 nochmals zur 70-Jahr-Feier des Attentats vom 20. Juli 1944 das Interesse der Öffentlichkeit erreichen. In der Zwischenzeit handelt das Gespräch von Ereignissen »zwischen den Zeiten«. Kein Maß der Aktualität regelt, wie lang und wie kurz Rede und Antwort sein sollen. Und doch überbrückt die Form des Gesprächs, die ein Derivat noch der Kriegszeit ist, das WIE DES ERZÄHLENS, den Mangel an aktuellem Bezug zur Zeitgeschichte.

Der letzte Stenograph des Führers

Der letzte Reichstagsstenograph, der am 30. April 1945 den Bunker unter der Reichskanzlei verließ, so berichtet es Detlef Peitz, Regierungsdirektor im stenographischen Dienst des deutschen Bundestages, trug eingenäht in seine Uniform Hitlers Testament. Mit drei Offizieren erreichte er von der Stadtmitte aus die Ausgangsstellung zum Durchbruch durch die sowjetischen Linien knapp westlich des S-Bahnhofs Heerstraße. Sie erreichten die Havel und deren Seen noch in der Nacht, paddelten zu dem Wasserflugzeug, das an der verabredeten Stelle wartete. Sie konnten sich aber gegenüber dem Kommandanten der Maschine nicht ausweisen. Die Naht im Uniformrock aufzureißen und sich durch Vorlage des Testamentes und Hitlers Unterschrift darauf zu legitimieren, konnte sich der Stenograph zunächst nicht entschließen. Von Südwesten setzte Artilleriebeschuß ein. Da befahl der Kapitän des Wasserflugzeugs den Start, ohne die Paddler aufgenommen zu haben.
Dennoch brachte der Stenograph das Testament befehlsgemäß in den Westen. Die Restgruppe des stenographischen Dienstes im Führerhauptquartier war schon zuvor zum Obersalzberg ausgewichen. Die etwa 100 000 Seiten der stenographischen Protokolle aller Lagebesprechungen von 1942 hatten sie bis auf einen Rest befehlsgemäß verbrannt, ehe die Alliierten davon Besitz ergreifen konnten.

Ein Philologe als Opferlamm

Wäre er in der Lagunenstadt ergriffen worden, wäre die Gefahr für ihn gering gewesen. Da man ihn als einzelnen Lehrer und als Faschisten der dreißiger Jahre nicht isoliert herausgestellt hätte (es gab davon so viele in der Stadt). Hier aber in der Provinz, wo jeder jeden kannte, war es gefährlich, angeklagt zu sein. Man sagt, eine Menschenmenge sei ein Schutz, wenn Einbrecher kommen, man müsse nur rufen. Das galt nicht bei Umsturz. Die vielen, die diesen Lateinlehrer kannten und geschätzt hatten, schwiegen. Das Wort hatten herangereiste Bewaffnete, Partisanen in weißen Regenmänteln; die hatten sie in einem Warenlager beschlagnahmt. Sie bildeten in der kleinen Stadt wie in einem eroberten Gebiet sogleich ein Volksgericht. Den Lehrer Tullio Santi kostümierten sie (zu seiner öffentlichen Schande) mit einem Mantel der deutschen Wehrmacht. Dieser Angeklagte sollte eine Fahnenstange vor seiner Brust tragen; er sah aber nicht nach einem Faschisten der dreißiger Jahre aus, sondern erinnerte an einen Beschuldigten, der ein Kreuz hielt. Der alte Herr sah grämlich aus.

Das Bild eines feigen oder armseligen Mannes wollte der Lehrer vor den im Ort verstreuten Schülern und ihren Eltern, von denen er einzelne in den Reihen der Schaulustigen erkannte, nicht bieten. Die Texte der STOA hatte er im Kopf. So wollte er auch vor diesem Gericht seine früheren Haltungen nicht plötzlich verleugnen. Er hatte ja in den dreißiger Jahren zur Bewegung des norditalienischen Faschismus gezählt, wenn auch in ruhiger, gemessener Haltung und nicht südländisch fuchtelnd und nicht in Grausamkeit gegenüber dem Gegner. Hier in der Kleinstadt waren alle Angehörige der Bewegung gewesen. Er beantwortete die Fragen des Tribunals entschlossen und aufrichtig.

Er bekannte sich also dazu, Faschist gewesen zu sein, zugleich stellte er fest, daß nach dem Zusammenbruch der Republik man kein Faschist mehr sein könne, mangels dafür geeigneter Wirklichkeit. In erster Linie sei er Philologe und sein Boden sei das Vaterland der Worte.

Das wurde mit einer Brandrede des Anklägers und abfälligen Äußerungen der Beisitzer beantwortet. Das Verhör wandte sich dem Mitgefangenen zu, einem politischen Amtsleiter, der keine Schonung erwarten konnte. Jede Aussage dieses Mitangeklagten kontaminierte aber auch den Lehrer, weil eine Gesamtstimmung zugunsten der Verurteilung entstand. Die Zentrale, welche die Bewaffneten hierher dirigiert hatte, war bemüht, Norditalien mit den von Südosten über Istrien herandrängenden Partisanen Titos zu fusionieren. Nach klassischer Revolutionstheorie mußte für den Erfolg des Aufstands ein SCHRECKEN verbreitet werden, da die Bevölkerung andernfalls nach Befreiung von der deutschen Besetzung in ihre alte Trägheit zurückfallen würde. Die Aburteilung von Angeklagten durch Volksgerichte hatte insofern einen klaren Zweck: den Ernst der Lage zu demonstrieren. Daß hier Leben eingesetzt wurden, war das Zeichen. Es war nicht wichtig, an welchem Einzelnen das Opfer exemplifiziert wurde.

Abb.: Carpanedo in der Provinz Venezien, 30. April 1945. Prozeß gegen den Lehrer Tullio Santi. Vor dem Tribunal der Partisanen betont er seinen faschistischen Glauben, da er es vorzieht zu sterben, ehe er wortbrüchig wird. Was nutzt der neuen Zeit eine Wetterfahne, sagt er, wenn sie doch Charaktere braucht.

Abb.: Ankläger, Abgesandter der Zentrale. Weißer Regenmantel, Armbinde.

Die vergrabenen Hirne am Rhein

Abb.: Das Gericht, bestehend aus Ortsfremden.

Abb.: Abführung zur Hinrichtung.

LEBENSLÄUFE, DIE DURCH DAS JAHR 1945 DURCHKREUZT WERDEN

Im Jahrhundert der Ingenieure wird Oberleutnant Boulanger 1941 in die Morde im Ostraum verwickelt. Er sieht Schwierigkeiten, seine Haltung nach 1949 einzuordnen, da er doch jetzt in einem ganz anderen Beruf und in einer viel vorsichtigeren Welt lebt. Ein Sichelschnitt trennt sein Leben in zwei Teile.
→ Oberleutnant Boulanger, *Chronik der Gefühle*, Band II, S. 677-687.

In einer Zeit, in der die Todesfälle inflationieren, reist der Ermittler Kriminalrat Scheliha (vom Reichskriminalhauptamt in Berlin) im Frühjahr 1945 nach Westpreußen. Er sucht Aufklärung in einem einzelnen Mordfall. Man sieht den Mörder, der sich in einer Kutsche nach Westen rettet, während der Kriminalist als Kriegsgefangener nach Osten geführt wird, von wo er nicht vor 1953 zurückkommen wird. → Hinscheiden einer Haltung: Kriminalrat Scheliha, *Chronik der Gefühle*, Band II, S. 688-697.

Der Altphilologe Eberhard Schincke trägt seinen Wanst (und seine Lateinkenntnisse) bei der Evakuierung von Schülern mit sich aufs Land; er faßt eine Zuneigung zu einem robusten jungen Mann namens Carlton, der in den Kriegswirren stirbt. Hilft Bildung in der Not? → E. Schincke, *Chronik der Gefühle*, Band II, S. 707-734.

Eine junge Strafgefangene, einsitzend in der Frauenstrafanstalt Frankfurt-Preungesheim: Ihre jüdischen Eltern wurden im Dritten Reich verfolgt. Gegen alle Wahrscheinlichkeit gerettet, gründen sie auf dem späteren Staatsgebiet der DDR ein gewerbliches Unternehmen. Als Kapitalisten werden sie enteignet. Die Tochter Anita G., die sozusagen bereits zwei Vaterländer auf diese Art kennengelernt hat, flieht in die Bundesrepublik. Sie stiehlt einer Arbeitskollegin den Pullover. »Kameradendiebstahl«, ein erschwerter Tatbestand. Nach Haftverbüßung durcheilt sie die Republik und sucht erneut Schutz im Gefängnis. → Anita G., *Chronik der Gefühle*, Band II, S. 734-748.

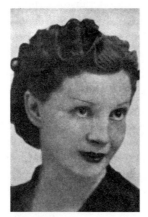

Abb.: Anita G.

Ein Jurist reinen Wassers. EIN MENSCH IN DER VERSCHANZUNG. In dieser Form erfahrungsreicher Vorsicht verfügt Amtsgerichtsrat Korti über ewiges Leben. → Korti, *Chronik der Gefühle*, Band II, S. 782-825.

Ein Pädagoge, der sich verantwortlich weiß für die künftigen Generationen, sieht sich konfrontiert mit der Schulaufsicht der fünfziger Jahre. Keine Bildungsreform weit und breit. Als er einem Freund nicht zu helfen vermag, an dem ihm liegt, wechselt er den Beruf. → Ein Berufswechsel, *Chronik der Gefühle*, Band II, S. 773-782.

Der lebensfrohe Manfred Schmidt, ein leichtsinniges Huhn: Lebenslauf eines Davongekommenen, der persönlich nie gefährdet war. MANN OHNE SCHICKSAL. »Er läßt sich braun brennen.« Ohne Schuld kommt er nicht aus, aber ohne Schuldgefühl sehr wohl. → Manfred Schmidt, *Chronik der Gefühle*, Band II, S. 748-769.

Kommentar

Ein Zwölf- bis Sechzehnjähriger des Jahres 2011 wäre in einem der Jahre geboren, denen Bundeskanzler Kohl vorsaß, oder in der Zeit von Bundeskanzler Schröder und Präsident Clinton. Die Zahl der Jahre entspricht denen des Dritten Reichs (mit Peripherie).

Im Jahr 1945 wäre ein Sechzehnjähriger von einem vielleicht 26jährigen Major befehligt worden, der seine Leute noch über die Elbe in Richtung Westen zu führen versucht hätte. Alle Herausforderungen sind anders als im Jahr 2011 und in den zwölf Jahren davor. Die Ereignisse, die heute fern von Mitteleuropa in der Welt stattfinden (Ägypten, Syrien, Jemen, Libyen, Japans Verstrahlung, auch die globale Börse), zeigen eine Beschleunigung der Zeit, eine aktuelle Verkürzung, welche die Wahrnehmung zersetzt. Was unterscheidet die Erzählung von Lebensläufen im 21. Jahrhundert von denen in den vierziger Jahren des 20. Jahrhunderts? Gelten die Unterschiede nur für die Zeit und ihre Erlebnisdichte? Oder erzählen die Zeiten in ganz unterschiedlichen Sprachen?

Günter Gaus, 1929 geboren, Gründer der Gesprächsserie »Zur Person«, behauptet von sich, er habe geweint, als er erfuhr, daß Hitler tot sei. Nationalsozialistisch gesinnt war er zu keinem Zeitpunkt seines Lebens, schon durch das Elternhaus gefeit. Und doch ergriff ihn das Geschehen. Befragt zu seiner Äußerung (von der ein Teil sich der Provokationslust von Gaus verdankt, die er gegen den Gratismut eines nachträglichen Widerstandsgeists richtete), wies er darauf hin, daß die Zeit von 1941 bis 1945 eine extreme VERDICHTUNG DER EREIGNISSE enthalte (für die Empfindung eines Zwölf- bis Sechzehnjährigen). Das Gefühl könne mit einem so raschen Wechsel der Situation nicht umgehen und empfinde Trauer nicht bloß über das Resultat der Geschichte, sondern über den Vorbeiflug der Geschichte selbst.

Porträt einer Individualistin

Anita G., die 1958 im Alter von 22 Jahren ins Gefängnis kam (in der Erzählung unscharf zwischen 1958 und 1962 plaziert), feierte im Jahre 2011 ihren 75. Geburtstag. Nun enthält diese Formulierung eine Übertreibung insofern, als Anita G. ihre Geburtstage nie feiert. Gerade daß sie abwartet, bis einige Nachbarn und ihre Tochter ihr gratulieren, daß sie die Ungeduld zügelt, die sie bewegt, daß diese Prozedur rasch abgetan sein soll. Sie ist nicht froh darüber, daß sich ihr Leben um die Perspektive eines weiteren Jahres verlängert.

Sie zweifelt, ob sie ihr Leben liebt. Währenddessen bewegt sie sich in ihrer kleinen Wohnung voran, putzt, ordnet die Sachen, ißt und trinkt. Das spricht dafür, daß sie es in ihrem Leben aushält. Aushalten aber heißt dulden, etwas in sich aufnehmen, wie das Känguruh in der Bauchfalte sein Junges hält. Da findet sich ein Fürsprecher in den Stimmen, mit denen Anita G. spricht, wenn sie allein ist (das ist sie durchwegs). Diese Stimmen sagen ihr, sie solle nicht aufgeben. Ist Trotz ein Lebenselixier? Ein Verflossener, den sie nicht liebte, mit dem sie aber glaubte es in besonderem Maße aushalten zu können und den sie somit eine Zeitlang umwarb, bezeichnete sie als Ein-Mann-Indianerstamm. Sie sei zu sehr Individualistin, eine unteilbare Republik, als daß man mit ihr Verträge schließen könnte. Sie wollte auch keinen Vertrag, sondern Zusammenhalt.

Philologen im neuen China

Philologen wie Eberhard Schincke wachsen, wenn sie in einem Teil der Welt auszusterben scheinen, in einem anderen nach. Seit HIERONYMUS IM GEHÄUSE, dem Vorvater, der selbst keine Kinder zeugte, aber Nachfolger mit seinem Geist beflügelte (wie eine Droge wirken die Texte), hält sich in der Ferne in gleicher Zahlenstärke wie früher in Europa die Fraktion der »Wäch-

Abb.: Leserin in China.

ter der Worte«, die etwas so Ungefähres produzieren wie »allgemeine Aufmerksamkeit«. Jetzt, zwei Generationen nach Gründung der Volksrepublik, wurden solche Philologen in China entdeckt. Chinas produktive Sektoren erneuern sich in ganz unterschiedlichen Zeitintervallen: Im Filmbereich gibt es sieben Generationen, im Ingenieurssektor 28, für die Raumfahrt 77, für die Literatur immer noch ein und dieselbe, die 1908 beginnt. Neuerdings sitzen, wie gesagt, 22jährige Gelehrte vor ihren Computern und beginnen nach soviel verschluckter Realität mit der Reflexion. Auch in Kolumbien wurden an einer Universität sechs und an Universitäten der USA zwölf Nachfolger von Eberhard Schincke gefunden, außerdem zwei an der Universität Sendai in einer Präfektur Nordjapans – die sind allerdings am Institut für Paläogeologie tätig (weltweit vernetzt mit ihren Fachkollegen, die sich mit der Untersuchung früher Gebirge und Gesteine des Erdmantels befassen). Ihr philologischer Gegenstand ist die Erdkruste: eine Schrift von hoher Eigenart und Gegenwart, oft unter dem Boden der Kontinente oder der See verschwunden.

Wenig Unglück gibt es in der Welt, auf das sich Kortis Vorsicht nicht erstreckt

Korti ist inzwischen 91 Jahre alt. Längst ist er aus dem Justizdienst ausgeschieden. Er hat die Energie seiner Selbstverteidigung vermindert, weil er nicht glaubt, daß er noch wichtig genug ist, angegriffen zu werden. Gegen elf Uhr früh nimmt er zur Stärkung ein doppeltes gequirltes Ei mit einem Schuß Rotwein zu sich. Das geht in die Adern und hilft dem Kreislauf auf bis zum Mittag. Gern würde er inzwischen das Mittagessen um eine halbe Stunde vorziehen. Die Intensität, die Abarbeitung der Aufgaben, reicht nicht mehr für den langen Vormittag, der sich stetig erweitert, weil Korti zu früh aufwacht und die Verdauung ihn aus dem Bett treibt. Er kann sich zu dieser Vorverlegung der Mittagszeit jedoch nicht entschließen, weil er befürchtet, daß dann der Nachmittag bis zur Teestunde, in der er einen Toast mit Blutwurst zu sich nimmt, zu lange dauert. Inzwischen verteidigt er sein »System« nicht mehr gegen Feinde, sondern gegen Wartezeiten.

Er schiebt schon einige Kurzspaziergänge ums Viereck als Extras in den Tageslauf ein. Sein Arzt hat ihm *Aktivanat* verordnet, ein Mittel, dem er insofern mißtraut, als es ein Suchtmittel, nämlich Koffein, enthält, auch kleine Prozente an Alkohol. Er nimmt das in Kauf, weil der Schluck, den er im Meßglas abmißt, ihn aufputscht. Lebensgewinn gegen Grundsatzverlust. Nach der Pensionierung, die so lange schon zurückliegt, hat er den Rhythmus der Tage nie wieder zum Selbstlauf gebracht. Es ist ihm jetzt schon gleichgültig, ob er seine »eingerichtete und ausgeübte Existenz« noch lange durchhält. Alle, die er kannte, sind um ihn herum gestorben. Wird er zu einer Beerdigung eingeladen, geht er schon gar nicht mehr hin. Er berichtet an niemanden. Würde er, entgegen aller Wahrscheinlichkeit, nochmals angegriffen, würde er sich nicht mehr verteidigen. Wenn doch der ganze Lebenssinn auf Selbstverteidigung beruht!

»Ein ganz junger und begeisterungsfähiger Mensch«. Jetzt, 77 Jahre alt geworden, gelangt er an sein Ende

Bis Mitte April 2011 zogen die Regenwinde in großer Formation vom Atlantik in genereller Richtung Osten. Das im Sommer sehnsüchtig bezogene neue Haus an der Nordspitze des Sees erwies sich im Winter als feucht und zugig. Für die Übergangszeit, die nicht Winter und nicht Sommer war (und sich im April als Nachzügler wiederholte), war dieses neue Haus unbeherrschbar. Da aber alle Filme, Vorräte, Unterlagen und Kunstschätze hier untergebracht waren, ließ es sich nicht durch einen Entschluß stillegen. Es blieb emotionale Baustelle.

Schon Anfang des Jahres wurde dem ehemals »ganz jungen und begeisterungsfähigen Menschen« beim Treppensteigen häufig schwarz vor Augen. Dann suchte er am 13. April wegen der beständigen Rückenschmerzen einen Heilpraktiker auf. Der drückte und preßte den Rücken, riet, einen Urologen zu konsultieren. Der Facharzt sah keinen Befund. Eine Computertomographie, meinte er, sei der nächste Schritt.

Der Gang zu dem technischen Gerät war der Unglückstag unseres Prinzen. Die Ärzte hatten rasch ihre Diagnose bereit. Es gebe keine Aussicht auf Heilung. Was denn im Körper falsch wäre? Er war empört. Die Ärzte fanden keine Tonlage, in der sie ihm die Nachricht so übermitteln konnten, daß er sie annahm. Er verstand die Experten so: Nach den Regeln der Statistik sei er bereits seit 2,5 Jahren tot. Es sei erstaunlich (das wiederum gefiel ihm), wie er äußerlich aussehe. Danach zählten sie ohne Milderung auf, welche Partien seines Körpers (ausgehend von einem ohnehin nicht heilbaren Karzinom der Bauchspeicheldrüse) bereits befallen seien. Er trage lauter Tod in sich. Jetzt erklärte sich auch der hartnäckige Hustenreiz im Vorjahr. Kann man nicht für Geld so etwas wie die Leber ersetzen? fragte er die Ärzte, nachdem er die Klinik gewechselt hatte, in der Hoffnung auf bessere, zumindest höflichere Antworten. Was hält der Fortschritt in den USA in solchen Fällen bereit? Angst wollte er nicht zeigen.

Zorn zeigte er vor. Es nutzte ihm nichts, daß er die ärztliche Zunft als ganze für inkompetent erklärte. Von diesen Tagen an aß er nichts mehr. Die, welche ihn liebten, bereiteten aus Biohühnern leichte Gerichte. Zwei Happen nahm er, den Rest wies er zurück. So gelangte er in die Ostertage, in denen nichts Zusätzliches organisiert werden konnte. Immer erneut Regen, der über den See peitschte. Das Himmelswasser schien die Tendenz zu haben, auf der Mitte des Sees die Richtung nach Westen zu verlassen und aggressiv auf sein Haus zu nach Norden zu schwenken. Mehrmals körperlicher Zusammenbruch, Abmagerung, Besuch derjenigen, welche die Nachricht von der finalen Diagnose erreicht hatte. Nun fiel die täuschende Gesundheit als Markenzeichen seines Charakters, das eines »Glücksprinzen«, von ihm ab. Er sah das im Spiegel, auch in den Augen seiner Vertrauten. Da mußte er doch lachen, weil es ihn an einen Effekt im Barocktheater erinnerte, wenn die Schönheit ihren Fächer von ihrem Gesicht wegzieht und ein Skelett den Zuschauer anblickt, weil die Schauspielerin eine solche zweite Maske trägt. Immer noch war er dem Leben zugetan, nur die Ärzte empörten ihn. Noch war er sicher, daß es in der Welt einen Ausweg für ihn geben müsse. Allerdings war er zu sachlich, um auf Heilversprechen, alternativ zur Medizin, die sich in Fachblättern und im Internet fanden (und auf die Freunde ihn hinwiesen), zu vertrauen. So zögerte er, in die Anden zu reisen, wo eine Adresse vielversprechend klang.

Das war seine »letzte Regierungszeit«. Nachträglich betrachtet, bestand sie aus den 50 Tagen zwischen Ostern und Pfingsten. Zuletzt hoffte er schon nicht mehr. Es ging ihm nur noch darum, die gesammelten Kunstschätze, an denen sein Herz hing, und die materiellen Mittel, über die er verfügte, auf die Enkelin, den Sohn, die nächsten Verwandten im Clan, seiner genauen Empfindung nach zu verteilen. Gerecht wollte er bis zuletzt sein: verantwortlich gegenüber der Sympathie, die wegen des geschwächten Zustands aufgrund der Krankheit in ihm wechselte. Er ließ Bilder aus seinem Besitz in sein Klinikzimmer hängen. Er sah wohl, daß die Behandlung durch die Ärzte palliativ war; auch gab es schon Opiumgaben. Daß er sich darüber beschwert hatte, bereute er gleich darauf, denn jetzt erhielt er eine aktive Chemotherapie. Die ließ das durch Infusionen gerade wiederhergestellte Gleichgewicht des Körpers ganz zusammenbrechen: auf den Zustand hin, wie der Arzt sagte, der seit zweieinhalb Jahren bereits bestand und nur durch sein den Ärzten unbegreifliches Äußeres verdeckt wurde, den GLÜCKSPELZ, der ihm von der Mutter mitgegeben war.

Auf dem Friedhof des Ortes am Nordufer des Sees war, in der Erwartung von Regen, ein Plastikdach vor der Gedenkhalle aufgestellt. Es hätte im Ernstfall die Menge der Gefolgsleute, die an der Trauerfeier teilnahmen, vor einem Unwetter nicht schützen können. Am weiten Himmel aber nirgends dunkle Wolken. Jeder, der ihn liebte, hatte für die Erdbestattung seinen Einfall beige-

Abb.: Ich (rechts) neben Peter Schamoni (links), dem Vorbild des Lebensläufers Manfred Schmidt.
→ Manfred Schmidt, *Chronik der Gefühle*, Band II, S. 748-769.

fügt. Ein Lied von Robert Schumann an die Kunst, ein weiteres Lied von Henry Purcell. Die Sängerin intonierte die traditionelle Musik mit der präzisen, die Einzelheit skandierenden Methode aus dem *Pierrot Lunaire* von Schönberg. Gewissermaßen bürstete sie den Totengesang »gegen den Strich«. Das war nicht im Sinne des Toten, der war kein Modernist, aber es ehrte ihn vor den Gästen, die plötzlich zu bemerken glaubten, was sie an ihm gehabt hatten. Nach den Reden rollten die Friedhofsbeamten den einfachen Holzsarg, der auf einen Wagen geladen war, aus der Kapelle ins Freie. Ein Trompeter bewegte sich in einiger Entfernung von diesem Zug. Schrittweise und synchron mit dem Gefährt, das den Sarg transportierte, bis fast zur Grenze des Friedhofs, der durch eine Baumreihe gekennzeichnet war, entfernte er sich von der Trauergruppe. So entfernte sich auch die Melodie der Trompete. Besucher waren aus Rom, aus Berlin, aus der Hauptstadt München, aus Venedig, aus New York hergereist.

Die Mund- und Kinnpartie des Verstorbenen vermochte zeitlebens Ablehnung und Empörung ebenso wie Zuwendung dramatisch und mit der Verve eines vitalen Menschen auszudrücken. Diese Kinn- und Mundpartie war bei der Beerdigung präsent: bei dem Sohn, der einen fremden Familiennamen trug, an der Mundpartie aber wie an einem Rittergewand, in dem das Emblem der Familie zu erkennen ist, kenntlich war; auch in der Mundpartie seiner Nichte, der Tochter seines Bruders Thomas, und noch im Gesicht anderer Angehöriger des Clans.

Einen Priester hatte sich der Individualist verbeten. Neben der Grab-Installation, in die der Sarg von den Beamten nach mehrfacher Verbeugung hinabgelassen wurde, befand sich eine Schüssel mit ungeweihtem Wasser. Die Angehörigen und Freunde, wahrhaft traurig, konnten mit einem für Weihwasser konzipierten Wasserstreuer das klare Naß auf das Holz, die Blumen und die Grube sprühen. Ein Bottich mit Blumen stand bereit, dem die aus der Ferne Angereisten eine Pflanze entnehmen konnten, die sie dem Toten zuwarfen.

Ein Versöhnungskind

Im Speisewagen eines D-Zuges, der von Nürnberg nach Halle fuhr, von wo aus man nach Halberstadt umsteigt, lernte meine Mutter einen Herrn von Ihne kennen, von dem sie sich (wenigstens in den Momenten, in denen die Landschaft so rasch vorüberflog) ein anderes Leben als das erwartete, was sie mit meinem Vater führte. Rasch nach Ankunft in Halberstadt packte sie, nahm den nächsten Zug nach Dresden zu ihrer Schwester Resi, floh aus dem Ehequartier und nahm mich als Pfand mit. Am Sitz ihrer Schwester verschanzte sie sich, schrieb Briefe. Ihr Vater beauftragte einen Berliner Detektiv, Erkundigungen über Herrn von Ihne einzuziehen. Der kam offenbar aus gutem Hause, schien aber insolvent. Auf dringlichen Rat ihrer Eltern versuchte meine Mutter, die verfahrene Situation wieder einzurenken.

Als Verhandlungsführer wurde Gustav Fehn (mein angeheirateter Onkel, Resis Mann, der damals als Major an der Dresdner Kriegsschule unterrichtete) zu meinem Vater nach Halberstadt abgeordnet. Im Hotel Weißes Roß saßen die Schwäger bei Bier eine lange Nacht im keltischen Gespräch.

Es ist das eine, was in einer kritischen Lebenslage mir das Gefühl sagt. Etwas anderes ist, was sich mit dem Comment verträgt, als Haltung in der Stadt und in der guten Gesellschaft anerkannt wird. Man darf nicht als Ehemann betrogen werden und das ohne Folgen lassen. Nun konnte hier aber nicht von einem »Betrug« die Rede sein, wandte Gustav Fehn ein. Jemand hatte einer jungen Ehefrau den Kopf verdreht, sie war »im Affekt« aus dem ehelichen

Haushalt ausgebrochen und hatte Wohnsitz genommen bei Schwager und Schwester. Das war kein Ehebruch. Es war darstellbar als »Verwirrung der Gefühle«. Auch hatte ein Offizier der Reichswehr ein Ansehen wie früher ein Beichtiger; er konnte in langer Nacht Absolution erteilen, wenn mein Vater seiner Frau verzieh. Hinzu trat für meinen Vater die Last, seinen Eltern (Hedwig Kluge, geborene Glaube, und Carl Kluge) zu erläutern, daß es demnächst zur Scheidung käme, eine Schande, die in allen vorangegangenen Ehen dieses Clans nie vorgekommen war. Besser, man wartete mit einer Scheidung, bis die Eltern gestorben waren.

Kurz nach Mitternacht wurde mein Vater aus der Bierrunde zu einer Zangengeburt in die Unterstadt gerufen. Mehrstündiges Bemühen. Er kam nüchterner zurück, als er gegangen war, hatte viel Glück und Erfolg gehabt. Der Schwager Fehn war in der Wartezeit zu einem schweren Rotwein übergegangen. Sein Gesicht, das Monokel im rechten Auge, war rot angelaufen, die Äderchen prall und etwas bläulich. Je weniger nüchtern er war, desto ruhiger wurde sein Ausdruck, wie es sich für Offiziere gehört. In seiner Trunkenheit fiel er auf pure Haltung zurück. Mein Vater hatte gegen 5 Uhr früh mit einigen Schnäpsen den Anschluß gewonnen. Ohne zusätzliche Äußerungen waren sie sich einig, daß meine Mutter von Dresden nach Halberstadt zurückkehren müsse. Die beiden Schwäger sangen:

> Und wer das tut /
> Den hau'n wir auf den Hut /
> Den hau'n wir auf die Nase /
> Daß er es nicht wieder tut!

Die Ober, die ihre Nacht für die beiden drangegeben haben (keine weiteren Gäste mehr im Lokal), erhielten jeweils einen Fünfzig-Mark-Schein als Trinkgeld. Eingehakt bewegten sich die beiden Verhandler zur Kaiserstraße 42, wo sie in zwei Betten fielen. Die Frühsprechstunde fiel aus.
Im Schutz ihrer Schwester kehrte meine Mutter in den folgenden Tagen zurück; mich, ihr Unterpfand, an der Hand. Die Eskorte war jedoch unnötig. Von der gefährlichen gesellschaftlichen Ebene des STANDINGS war die Krise auf das natürliche Feld der EMPFINDUNG zurückgekehrt; die ist vergeßlich und gehorcht dem glücklichen Moment. Offenbar waren die beiden froh, einander wiederzuhaben (von Ihne galt zu diesem Zeitpunkt als »Angeber« und »Hochstapler«, auch als »Irrtum«).
Neun Monate nach dieser Rückkehr im Juli (am Ankunftsabend Gewitter über dem Wintergarten) wurde meine Schwester als VERSÖHNUNGSKIND geboren. Von Beginn an Augenlicht meines Vaters. Für beide Eltern Zeichen eines Neubeginns. Als Kronprinz war ich enthront. Ich war empört.

Abb.: Ich heiße Alexander, im Anklang an den Namen meiner Mutter Alice. Meine Schwester ist auf den Namen Alexandra getauft. In der Familie wird keiner von uns beiden mit diesen Namen gerufen.

Abb.: In den achtziger Jahren. Während der Dreharbeiten zu *Die Macht der Gefühle*. (Foto: Digne M. Marcovicz)

Gustav Fehn: »Bürger in Uniform«

Ein Berufssoldat, eingetreten in das Heer 1911, später Reichswehr und im Zweiten Weltkrieg Panzergeneral, galt nach damaligem Verständnis nicht als Bürgersmann. Besuchte Gustav Fehn, stämmig, fränkisch, das Ritterkreuz am Hals, unser Haus oder ging er mit mir an der Hand in die Stadt, erschien er als Mann aus einer GEHARNISCHTEN WELT. Nur einmal hatte ihn der Mut, die Contenance, verlassen. Er hatte als Kommandeur des Afrikakorps im Januar 1943 in Libyen von seinem Funkwagen aus eine Panzerabteilung für einen Gegenangriff konzentriert, wie es den taktischen Erfahrungen der beiden Vorjahre entsprach, und so seine Leute und Fahrzeuge zur Vernichtung durch britische Jagdbomber bereitgestellt. Vor seinen Augen gingen die Männer und die Fahrzeuge zugrunde. Er selbst für Stunden verschüttet, beide Trommelfelle geplatzt. Vertraute hatten ihn mit der nächsten Maschine nach Neapel ausgeflogen. In seinem Gehirn sei, sagte er später, in diesen Augenblicken etwas zerrissen. Seither war er vorsichtig. Am 30. April 1945 ließ er sich in einem Konvoi von Geländefahrzeugen aus dem Bereich des von ihm zu dieser Zeit kommandierten XV. Gebirgskorps zur britischen Front bei Fiume fahren und kapitulierte dort vor der westlichen Truppe. Aus dem Leben eines Soldaten, also eines Lebewesens, das seine Anker außerhalb der Gesellschaft hat, war er zurückgekehrt in das, was er als Sohn seiner Eltern ursprünglich gewesen war: ein bürgerlicher Mensch, der darauf achtet, seine Haut zu retten und dahin zurückzukehren, wo er Haus und Kinder hat. Schon nahm er an Ausbildungskursen teil, die im britischen Gefangenenlager abgehalten wurden, prüfte, für welchen Beruf er sich in Zukunft qualifizieren könnte. Dann wurde er Objekt der Bemühungen um Appeasement, die Churchills Generalbevollmächtigter für den Mittelmeerraum, Harold McMillan, gegenüber den jugoslawischen Partisanen betrieb. Als »Zugabe« aus Anlaß der Verhandlungen um eine Direktverbindung vom Hafen in Triest zur geplanten britischen Besatzungszone in Österreich gab McMillan dem störrischen, wenig beeindruckbaren Partisanenkommando einige der gefangenen deutschen Generale in Zahlung; parallel zur Übergabe der Kosakenverbände an die Rote Armee. Das »Geschenk« war unnötig, weil die Jugoslawen nicht auf Gefälligkeiten der Briten achteten, sondern auf Stalins Ratschläge. Am 4. Juni 1945 wurde mein Onkel Gustav Fehn gemeinsam mit dem General der Infanterie Werner von Erdmannsdorff, Generalleutnant Friedrich Stefan und Generalmajor Heinz Kettner aus britischer Gefangenschaft, über die Demarkationslinie hinweg, in Laibach an die Partisanen ausgeliefert. Am folgenden Tag, nachmittags, wurden die vier hingerichtet.

Schon winkt ein neues Leben

Die lange Betonstiege empor, an dem splitterabwehrenden Vorbau entlang, durch den verwüsteten Garten der Reichskanzlei ging es hinaus. In den Norden Berlins, von dort in westlicher Richtung. Er kam über die Elbe, ließ sich von der »Front« überrollen und traf Wochen später (in Zivil) in Bad Godesberg ein, wo er Unterkunft bei Freunden fand.
Er trug Hitlers Testament, eingehüllt in einen Beutel, auf der Brust. Er war ausgesandt als dritter Bote. Dann aber erwies sich, daß das Testament den Großadmiral längst erreicht hatte. Das war im Rundfunk mitgeteilt. Insofern keine Eile, das Dokument abzuliefern. An wen auch?
Die Universität Bonn kam bereits wieder in Gang. Er ließ sich unter einem angenommenen Namen (auf den Militärpaß eines gefallenen Kameraden) eintragen. Schon winkte ein neues Leben. Während sich doch im Augenblick des Aufbruchs im Führerbunker das vollständige Ende eines Zeitalters, einer Wirklichkeit, gezeigt hatte. Er war auf eine Wand zugeschritten und in ein paralleles Universum gelangt.
Nichts holte ihn ein von dieser Vergangenheit, als er denunziert und verhaftet wurde, ein halbes Jahr später. Auch das Gefangenenlager war »Neuanfang«, in dem Englischkurse abgehalten wurden.

Absturz aus einer »Unwirklichkeit« in eine andere

Der Pilot des Führers, Kapitän Baur, verfügte am 30. April 1945 auf einem Flugplatz in der Nähe von Berlin noch über 16 Maschinen der Flugstaffel, die zum Führerhauptquartier gehörte. Auch ein Wasserflugzeug, zu seiner Verfügung, wasserte auf der Havel. Er hätte sich in Deutschlands Süden in Sicherheit bringen können, auch weil Hitler es ihm anbot, wollte andererseits den Dienstherrn nicht vorzeitig verlassen. Hätte er gewußt, daß Hitler sich noch am selben Nachmittag erschießen würde, hätte er vielleicht den Entschluß anders gefaßt.
Die Beteiligten im Führerbunker, entnervt durch einen Zeitablauf, der ereignisreich erschien und doch aus Wartezeit bestand, waren zu diesem Zeitpunkt vielfach betrunken. Das erschwerte rasche Entschlüsse zusätzlich. Dann scheiterte am anderen Tag der Ausbruch nach Norden über die Spree. Baur wurde gefangengenommen und einige Wochen später als Pilot des Führers von Zeugen erkannt und in Verhöre verstrickt. Zehn Jahre lang arbeitete er in Sibiriens Gefangenenlagern. In wenigen Tagen war er an der Schwelle vom

April zum Mai, als wäre es durch die Walpurgisnacht verursacht, aus seiner privilegierten Machtstellung, die er innehatte (als Kommandeur der letzten Flugzeuge, mit denen einer die Festung Berlin verlassen konnte), in eine »Unwirklichkeit« gestürzt, in der weder die Regeln des fliegerischen Handwerks noch die des Krieges, noch neue Regeln galten, ein barbarischer Zustand. Als er 1958 nach Hause zurückkehrte, schlief er wochenlang auf dem Holzboden des ehelichen Schlafzimmers: so ungewohnt war ihm »das normale Liegen im Bett«.

Abb.: Arbeitslager mit deutschen Kriegsgefangenen in Rußland.

Die Rückholung der Männer

Die Russen besaßen vermutlich Spione in unserer Delegation. Wir hatten auf deren Seite überhaupt niemanden. Dafür besaßen wir unseren analytischen Verstand. Noch immer ist die deutsche Führungskunst der sowjetischen überlegen. Wir waren wie Romanautoren tätig. Es blieb uns ja nichts anderes übrig, als uns die Gehirne unserer Gegenüber vorzustellen.
In den Morgenstunden der Verhandlung waren diese Gegenüber offenbar noch nicht tagaktiv. Die künstliche Luft, der grünfilzgeebnete Verhandlungstisch, die Auswahl an Mineralwasserflaschen aus dem Kaukasus brachte keine Welt in diesen Kremlsaal. Ich beobachtete unseren Bundeskanzler, der diese Flut von Verhandlung professionell aussaß. Er schien die Erwartung zu haben, daß es mit Fortschreiten des Tages einen Durchbruch im Denken der

Gastgeber geben würde. Er besaß eine ungefähre Vorstellung von dem, was sie von ihm wollten. Er wußte, was er dafür zu konzedieren bereit war. Im weißrussischen Bahnhof stand der Zug, der die Delegation nach Moskau gebracht hatte, abfahrbereit unter Dampf.

Ein Fall von Nationbuilding in der Familie

Aus dem Zweiten Weltkrieg kam Studienrat Hans-Georg Hartenstein, Major der Reserve, ohne Erzählstoff zurück, wenigstens erzählte er seiner Familie nichts vom Erlebten. Er erklärte sich zu nichts, was er seit 1935 getan hatte. Zehn Jahre seines Lebens blieben in Schweigen begraben.
Später entdeckte der zweite seiner Söhne, daß der Vater, der stets Distanz zum Hitler-Regime angedeutet hatte, seit 1943 als Parteimitglied eingetragen war, dem Zeitpunkt eines Genesungsaufenthalts an der Universität Straßburg. Die Beziehung zu den Söhnen litt stark. Hartenstein besaß nie mehr die Stellung eines Vaters, wie er sie selbst aus seinem Elternhaus kannte.
Der älteste der Söhne, längere Zeit im Vorstand des Sozialistischen Deutschen Studentenbundes (SDS), wurde Bundestagsabgeordneter und Historiker. In beiden Berufen hatte er kaum Chancen, radikale Auffassungen auszutragen, die er doch in sich fühlte. Ihm war das VERSAGEN DES VATERS nicht gleichgültig. Darüber hinaus bekümmerte ihn die lächerliche und von der Realität der übrigen Welt widerlegte Bemühung großer Deutscher im 19. und 20. Jahrhundert um einen DEUTSCHEN SONDERWEG. Gerade das, was sich in dieser Richtung aus dem Mittelmaß hervorwagte, wirkte nachträglich besonders deplaziert. Darüber sprach er mit dem Vater kein Wort.
Der Vater war längst wieder aktiv. Ihn schmerzte die Verachtung der Söhne. Sie reizte ihn zur GEISTIGEN TAT. Den Grund für den »deutschen Irrweg«, an dem er ja teilgenommen hatte, sah er, betrachtet aus dem Jahre 2011, in Umständen, die 487 Jahre zurücklagen. Deshalb widmete er dem *Deutschen Bauernkrieg* ein Werk, das bereits 3000 Seiten Manuskript und zwei Kisten voller Zettel und Notizen aufwies (geplant waren zwölf Bände, an denen er zwölf Jahre schreiben wollte, wenn Gott ihn ließe): Das war sein Thymos. 16 Seiten, die er ohne Anführungsstriche und Fußnoten aus Jules Michelets DIE HEXE übernommen hatte – der Einschub war als Montage gemeint, zog als Beispiel Frankreich heran, wo doch Deutschland gemeint war –, wäre der großen Arbeit beinahe zum Verhängnis geworden. Ein Plagiat-Vorwurf, von jüngeren Kollegen erhoben, hätte den kühnen Ansatz um Hartensteins Thesen vernichtet. Im Kern der Arbeit ging es um wenige, aber charakteristische Figurationen des Bauernkrieges: den Aufstand der Bauern selbst, deren Or-

ganisation in HAUFEN, die neue kollektive Formen darstellten und von Bauern, die als Söldner gedient hatten, eingeübt waren. Außerdem: die Tricks bei Niederschlagung der Revolte und die Raffinesse der anschließenden Strafen. Zweitens ging es um die Versuche von Bauern, mit Städtern und Persönlichkeiten des Schwertadels zu Bündnissen zu gelangen. So hätten spezielles Wissen und die Potenz der Bauern in eine Verbindung miteinander geraten können. Beinahe! An einzelnen Orten! Ein Sonderfall, so Hartensteins Forschung und Darstellung, sei das Bündnis zwischen Bergknappen, Gelehrten, Schmieden und Bauern im Salzburger Land gewesen. Ein Verhängnis, schrieb Hartenstein, daß dieser Entwurf eines Gemeinwesens sich nicht verbreitet hatte. Hier an der Durchzugsstraße von Italien nach Holland, quasi einer frühkapitalistischen Schneise durch das Gebiet, in dem Bodenbearbeitung stattfand, entfachte sich ein besonderer Zorn und Trotz gegen die Unwissenheit und Willkür des Bischofs und seiner Camarilla. Der Aufstand, so Hartenstein, besaß eine protestantische Note. Und er verfügte über eine dem Gartenbau ähnliche politische Kultur. Es entstand die kommunale, quasi »eidgenössische« Struktur eines Gemeinwesens. Der mit Söldnern anrückende Bischof vermochte lange Jahre nichts auszurichten gegen diese SICH SELBST ORGANISIERENDE GEMEINDE.

In farbigen Karten (die Zutaten dafür kaufte er in der Unterstadt ein) zeichnete Hartenstein ein »Neues Deutschland«, in dem sich von Landschaft zu Landschaft dieses »Salzburger Modell« hätte ausbreiten können. Dazu gehörte das Gebiet des SEEHAUFENS am Bodensee. Ohne Not war dieses mächtige Kontingent aus erfahrenen bäuerlichen Kriegsknechten und waffenkundigen Bodenbearbeitern auseinandergelaufen, nachdem es sich mit dem »betrügerischen Grafen von Waldburg-Zeil« auf einen Vertrag geeinigt hatte (eilig, um noch rechtzeitig zur Ernteeinbringung zu kommen). Warum vermag ein armseliges Rittergehirn die Intelligenz einer versammelten Landgemeinde zu besiegen? Der deutsche Sonderweg, schrieb Hartenstein, folgt aus dieser Monstrosität. Das Salzburger Modell hätte, gestützt auf den intakten SEEHAUFEN, die Verbindung ins Elsaß geschlagen, Straßburg gewonnen und wäre den Haufen in Thüringen und Nordhessen zu Hilfe gekommen. Eine solche Chance wirkt als Unterstrom der Geschichte, so Hartenstein, in der gesamten Folgezeit einer Bevölkerung nach, gleich ob sie eine Nation bildet, eine Einbildung darstellt, sich als Reich konstituiert oder welchen Irrtümern auch immer sie folgen mag.

In einem solchen ZUSAMMENHANG hätten der Süden und der Westen des Reiches, dessen Städte die Sklaverei aufhoben, eine EIDGENOSSENSCHAFT entwickeln können, ähnlich jener, die heute die Schweiz ausmacht. Einen Rohentwurf seiner Arbeit hatte Vater Hartenstein vor seinem plötzlichen Tod im Januar den Söhnen vorgelegt, zu Weihnachten 2010. Sein erster und sein zweiter Sohn, der die Parteizugehörigkeit des Vaters zur NSDAP am schärfsten mißbilligt hatte, waren erschüttert, als sie in den Manuskripten lasen und bei einem kurzen Gang ins Nachbarzimmer den Vater dort weinen sahen. Der Studienrat hatte sonst nie geweint. Die Söhne erzählten, er habe »bitterlich geweint«. Das war der Augenblick, in dem die Söhne, auch derjenige, der als streng galt, dem Vater die verheimlichte Mitgliedschaft in der NSDAP verziehen.

»Anpassung und Widerstand«. Formulierung eines Textes aus dem Geiste der Entspannung

Wenn der Abend einfiel und die Telefonate des Tages versickerten, wurde mein Chef Hellmut Becker gutgelaunt, schläfrig und in seinen Gedankengängen allgemein. Begierig saß das hagere Fräulein Bühler, ihren Stenoblock und sieben Stifte vor sich, neben ihrem Beistelltischchen; ihr gegenüber der auf dem Sofa gelagerte Becker. Fräulein Bühler war aufnahmewillig. Es war ihr eine Gewohnheit, Aufsätze, die an solchen Abenden zustande kamen, auf ihren Blöcken zu sichern.

In dieser Konstellation entstand die Formel ANPASSUNG UND WIDERSTAND, um die sich längere Zeit Beckers öffentliche Äußerungen zentrierten. Diese Worte paßten auf eine Verhaltenstypik im Dritten Reich ebenso wie auf den Bildungsalltag in den Schulen (den Auftritt selbstbewußter Schüler gegenüber einem identitätsgewissen Lehrpersonal) und blieben grundlegend für die notwendigen Eigenschaften des mündigen Bürgers in der Endphase des Wirtschaftswunders, in welcher schon Umstände zu ahnen waren, die eine einfache Polarisierung nach »Anpassung« und »Widerstand« als Slogan, wie ihn auch die *Zeit* aufgriff, überholten. Meine Aufgabe war es, mit knappen Einwürfen die langsam aufkommende, aus der Abendstimmung entwickelte Gedankenbewegung des Chefs (die erregten Konversationen und Streitigkeiten am Tagestelefon als Echo stets noch präsent) anzuheizen, nicht aber sie zu stören.

Man muß, sagte ich, das Wort *Anpassung* von dem Verdacht befreien, es gehe um Passivität, Gleichgültigkeit, Mitmachen wie im Dritten Reich und in der Zeit danach. Vielmehr bedeutet Anpassung »kommunikative Kompetenz«, eine Tugend, die aus einem Kind, das nur spielen will, ein soziales Wesen macht, das auf Herausforderungen antwortet. Daher Anpassung in der Grundschule und auf den späteren Stufen der Bildung. Anpassung und Bildung sind das gleiche.

Abb.: Hellmut Becker.

Damals hatte ich noch eine vor Eifer schmalverzerrte Mundpartie. Die Ruhelage des abendlichen Becker führte bei mir zu unnötig angespannter Rede. Nie hätte Fräulein Bühler auf der linken Seite ihres Blocks, wo Platz war, Stichworte meiner Einwürfe mitstenographiert, obwohl weder sie noch Becker, noch ich die Formulierungen, in denen wertvolle Bausteine zu finden waren, im Kopf behielten. Meine Einwürfe dienten nur dazu, daß die träge Argumentation des Chefs sich etwas beschleunigte und er in großer Unabhängigkeit von dem, was ich sagte, sich neue Sätze entwand, die Fräulein Bühler gewissenhaft und quasi »schnappend« festhielt.

Würde Habermas das so sagen? fragte Becker zurück. Vor einem neuen Abschnitt des Diktats debattierte er gern. Ich konnte nicht beantworten, wie Habermas den Begriff Anpassung deuten würde. Ich nahm nicht an, daß er das Wort überhaupt verwendete. Im Institut für Sozialforschung in Frankfurt hätte der Ausdruck einen pejorativen Sinn gehabt. Ich werde morgen nachsehen, ob sich der Begriff Anpassung bei Habermas findet, antwortete ich. In jedem Fall aber enthält das Wort *Anpassung* im Gegensatz zu *Widerstand* eine andere Konnotation, als wenn man das Wort allein verwendet. Widerstand assoziiert eine Linie von Hitlergegnern, Protestanten seit dem 16. Jahrhundert, eine Skala von unbeugsamen Geistern bis hin zu Querulanten. Der Aufsatz war für eine Zielgruppe von Lesern in der Monatszeitschrift *Merkur* bestimmt. Blieb Widerstand ein unscharfer Begriff, weil man sich darunter szenisch vielerlei vorstellen konnte, so mußte Anpassung (in Piagets Sinne) scharf und positiv umrissen sein. Kein Leser würde überrascht sein, wenn wir Widerstand zur Tugend und Anpassung zur Untugend machten.

In seiner aufgeräumten Stimmung griff Becker den Einwurf auf. Er entwickelte (und mich überraschte diese »weiterführende Wendung«), daß Widerstand einen Gegenstand braucht, an dem er sich abarbeitet. Erst so wird aus einem diffusen Dagegen eine Haltung. Glücklicherweise haben wir in unserer Zeit kein Gewaltregime wie vor 1945, das sich seinen Widerstand selbst produziert. Insofern benötigt ein junger Mensch ein Quantum anfänglicher Festigkeit, also Anpassung, Prägung, so daß WIDERSTAND eine Art zweite Muttersprache bildet, sozusagen in Rede und Antwort auf ANPASSUNG, die man »erfährt« (man erbt sie, man »lernt« sie nicht erst).

Man kann nicht über Widerstand sprechen, wenn man nicht über den Grund spricht, auf den sich der Widerstand bezieht. Es lag zuviel Tagesstreß in meinem Einwurf. Wie ich es sagte und was ich sagte, war in der gegebenen Situation zu agitativ. Fräulein Bühlers Miene zeigte es mir. Wie die Souffleuse auf einer Theaterprobe hielt sie die Kontrahenten unter Kontrolle. Zwei Liebende, fuhr ich fort, küssen einander. Das erfordert Anpassung der Lippen; derselbe Vorgang löst aber auch Widerstand aus, wenn sich bisher fremde Lippen berühren samt Spucke und Viren.

Becker fand das Beispiel abwegig. Er entwickelte seinen Grundgedanken, nämlich das BEZIEHUNGSMUSTER oder GEGENEINANDER von Anpassung und Widerstand, am Beispiel von Schulversuchen. Die Beschädigung von Neugier, Freiheit und Bildungsbereitschaft (gleich ob bei Lehrern oder Schülern) erlaube keine Anpassung. Zugleich gebe es keine Grenze für Widerstand, wenn ein Menschenrecht oder die BEDINGUNG VON FREIHEIT verletzt würden.

Über diese Wendung des Diktats staunte ich. Ich hatte mit einer solchen VOLTE AUS DEM GEIST ABENDLICHER GELASSENHEIT nicht gerechnet. Der ruhige Mann vor mir war erfahrener Diskutant. Seine Gedanken bewegten sich nicht auf logischen Pfaden, sondern auf solchen, die eine Überraschung bereiteten. Der Einblick in diese Verfertigungsweise, die eines erfahrenen Chefs, beruhigte mich enorm, so daß ich inzwischen das Maß meiner Einwürfe zu dosieren verstand.

Im Ergebnis ging es in dem Aufsatz um die Abgrenzung von MITTELMASS und GLEICHGEWICHT. Beides sind Tugenden, aber in den Skizzen nach Martin Eigens Evolutionstheorie auch Unlebendigkeiten. Eine bloße Mischung oder Quote von Anpassung und Widerstand ergibt, so Beckers Diktat, ein ambivalentes, charakterloses Ergebnis. Als Ideal des Bildungswesens und als Praxis der politischen Republik kommt eine solche bloße Mischung nicht in Betracht. Dagegen sei die ENTMISCHUNG, die allseitige und mehrstufige Gegenwart von Widerstand und Anpassung, von UMBRUCH und GEWOHNHEIT, ein Charakteristikum von Lebendigkeit. Machen Sie die Sätze etwas glatter, sagte er zu mir und ergänzte im konversationellen Ton: Man muß Widerstand und Anpassung je separat und autonom auf die Spitze treiben. In der

Spannung haben wir das Leben, fügte ich ein. Das klinge ihm zu literarisch, antwortete Becker, und er fügte eine längere Passage ein, die er seinem Freund widmete, dem Studienleiter von Salem, Axel von dem Bussche, der seinen Leib (unter der Uniform) mit Dynamit umgürtet hatte, um Hitler während einer Inspektion zu umarmen und sich mit ihm in die Luft zu sprengen. In einer durchschnittlichen Schulverwaltung und in der Staatsschule überhaupt sei Mut dieser Art unbekannt, auch wenn es sich nicht um Staatsstreich, um Krieg, sondern um die Bildungsfront handle. In jenen Tagen lernte ich aus meinen Fehlern. Unglücklicherweise (und mit sofortigem Stirnrunzeln von Fräulein Bühler kommentiert) entwickelte ich einen Satz mit dem Ausdruck »Dialektik«. Wie kann man, erwiderte Becker aufgeräumt, mit einem Wort aus der Soziologie in einen Lebenszusammenhang hineinleuchten, in dem einer wie von dem Bussche sein Leben wagt? Tut er das denn auch noch nach 1945? fragte ich zurück. Entweder macht er es nie oder immer.

Eine neugierige Zuhörerin Sarrazins, welche die Nachrichten des Ammianus Marcellinus über Anatolien im Original kennt

Sarrazins ruppige Thesen hatten ihr zu denken gegeben. Sie war hier in London, sozusagen als Deutsche in Pension, für die öffentliche Debatte daheim nicht zuständig, wollte aber doch ihr Urteil vorbereiten, wenn sie danach gefragt würde, und so war sie zu dieser Veranstaltung gegangen. Auch hörte sie in der fremden Metropole gern Vorträge in ihrer Muttersprache.

Mit den anderen Teilnehmern hatte sie von dem Lokal, für das Vortrag und Diskussion angekündigt waren, in ein benachbartes Hotel umziehen müssen. Der ursprüngliche Versammlungsort war von Demonstranten umstellt, und die Ordnungsmacht war nicht bereit, Sicherheitsgarantien zu geben. Im Ballsaal des Hotels waren Stühle und ein Podium improvisiert worden. Wie sie die Sache verstand, hätte nach Auffassung des Vortragenden ein freier Zugang für anatolische Familienclans nach Berlin-Kreuzberg vorausgesetzt, daß dann 300000 zusätzliche Lehrer in der Bundesrepublik mit Schwerpunk Deutschunterricht für Türken ein Gegengewicht hätten bilden müssen. Außerdem: Herabsetzung der Sozialausgaben, um diese als Attraktor für den Zuzug auszuschalten. Zugleich: eine Ankurbelung der Berliner Wirtschaft, vor allem des Produktionssektors, weil nur dieser fremde Menschen amalgamiert: Arbeit integriert. Das konnte sie aus Erkenntnissen über die Gründung der USA bestätigen.

So hatte sie die Fakten auf ihren Zetteln notiert. Sie wollte sich dazu später noch zu Wort melden. Man hätte, sagte sie sich, Sarrazins Forderung erfüllen müssen. Falsch sei es dagegen, so nahm sie in ihrem erlernten Englisch später Stellung, die verkorkste Volkswirtschaft Berlins und auch die der Bundesrepublik mit Haushaltsmitteln zu stabilisieren. Das Unglück der Republik Hellas sei angerichtet worden durch Schlampigkeiten einer Oberschicht, eines politmerkantilen Klüngels, durch Korruption und nicht durch die Griechen selber. Ihnen, den Menschen, solle man helfen, nicht der Republik. Nach ihren Forschungen wurde nämlich der Staat Griechenland dem Osmanischen Reich, einem toleranten Vielvölkerstaat, widerrechtlich abgetrotzt. Sie ignorierte die Unruhe im Saal, welche darauf antwortete, daß ihre deutsch gedachten Worte nur schwer ins Englische zu übertragen waren. So fand sie keinen Ausdruck für den Satz: Hopfen und Malz seien verloren.

Anatolien, fuhr sie fort, sei seit römischen Zeiten eine Provinz, die zum »Salz der Erde« gehöre. Die anatolischen Bauern seien gewiß nicht industrialisiert, aber keine Okkupation ihres Landes seit den Perserzügen habe sie je zähmen oder überfremden können. Noch immer gehörten sie als römische Provinz zur älteren Intelligenz. Das habe der Vortragende vielleicht nicht genügend betont. Ein ererbtes Intelligenzdefizit kenne sie, bezogen auf Anatolien, überhaupt nicht. An dieser Stelle verfiel sie ins Deutsche, so daß das Podium sie zwar verstand, der Saal aber fremde Worte hörte. Energisch baggerten die Dolmetscher in einer improvisierten Kabine gegen die Sprachbarriere an. Man hatte die Anlage und die Kopfhörer aus dem ursprünglichen Veranstaltungssaal hierhergeschafft.

Sie war Philologin. Der Schuldienst lag schon Jahre hinter ihr. Noch bis tief in die Nacht hinein las sie, nach Hause zurückgekehrt, die Beschreibung des Ammianus Marcellinus über die anatolische Provinz um 362 n. Ch. im Original.

Tote am falschen Ort

Jerusalem. Bei Bauarbeiten unterhalb des Felsendoms hatten Ingenieure einen Stollen freigelegt, der 300 Meter tief in den Berg hinabführte. Begierig nach Funden aus der Antike und gemäß ihrem Auftrag, der sich auf die Erkundung der Stabilität des Untergrundes bezog, betraten sie die Fläche, möglicherweise ein Artefakt aus früheren Phasen der Bauarbeiten Jerusalems, zu welcher der Stollen führte. Als sie sich mit ihrem Gerät in der unterirdischen Höhlung fortbewegten, stürzte der Boden ein, und sie fanden sich in einer zwölf Meter tiefen Grube wieder, von Gemäuer begraben. Noch waren die Handys intakt, und es gelang, von oben Hilfe zu organisieren.

Die Tiefen des Tempelberges, berichteten die Geretteten, seien durchgängig mürbe. Von Aufbauten und Grabungen sei abzuraten. Was würde man in 500 Metern Tiefe, was in fünf Kilometern, was in 60 Kilometern Tiefe finden? Noch aus der Zeit des Statuts der britischen Besatzungsmacht waren Tunnelarbeiten unter dem Tempelberg ohne Genehmigung der palästinensischen Baubehörde verboten. Die Ingenieure hatten hier illegal gegraben. Wären sie bei ihrem Absturz umgekommen, hätte das Unternehmen, das sie ausgesandt hatte, eine Lügengeschichte erfinden müssen. Ihre Leichen wären nach Bergung an einen Ort transportiert worden, wo man das Unglück nachgestellt hätte.

Abb.: Ägyptens antike Ruinen, die uns zur Besichtigung offenstehen, sind nur Stümpfe ihrer einstigen Gestalt, vom eigenen Schutt zugedeckt. Noch bis in die Zeit vor den Fatimiden waren sie mit poliertem Kalkstein verkleidet. Diese Außenhaut wurde abgebaut, weil das Material zur Errichtung der Moscheen von Kairo benötigt wurde.

Reise zu den Sternen

In New York hat ein Grieche einen Jahrhundert-Fonds errichtet und bereits drei Millionen Dollar auf den Konten des Projekts versammelt. Im Verlauf von 100 Jahren soll mit dem bis dahin aufgebrachten Gegenwert von 100 Milliarden Dollar (in einer inflationsgesicherten Währung) eine Expedition zur nahen Sonne Gliese II, einem rötlichen, schwach leuchtenden Stern, den ein Planet umrundet, ausgerüstet werden.[1] Der Grieche, ehemals Reeder, jetzt Fondsgründer, hat das Vermögen bereits beliehen. Drei Generationen werden nach der bisherigen Planung in der Raumschiffflotte leben und sterben. Keiner der Auswanderer wird die Erde wiedersehen.

Es wird nicht erwartet, daß die Nachkommen dieser Menschen, die sich aufgrund dieses Projektes verabschieden, auf dem bereits identifizierten Planeten jener Sonne niederlassen, sondern daß dies vermutlich auf einem der kleineren und entfernteren Planeten oder auf einem der Monde in jener Parallelwelt geschehen wird.

Der Ansatz entspricht einer Filmphantasie, der Rainer Werner Fassbinder eine Woche lang in seinem Quartier in der Frankfurter Kaiserstraße nachging. Die Handlung des Filmprojekts spielt im Zweiten Weltkrieg. Es werden Männer und Frauen ausgewählt und »unabkömmlich« gestellt, also aus der Front und der Rüstungsproduktion herausgenommen und in einem Quartier bei Sonthofen einer strapaziösen Ausbildung unterzogen. Sie sollen die Raumschiffflotte, bestehend aus 52 Raketen des Typs A 12, besetzen (also zehn Generationen nach der V 2). Die Ankunft auf dem Nachbarplaneten Mars ist für das Frühjahr 1952 vorgesehen.[2] Schon vor der Premiere des Stücks *Der Müll, die Stadt und der Tod* wurde das Filmvorhaben nicht weiterverfolgt. In der intimen Hofgesellschaft, welche das Produktionsquartier in der Kaiserstraße bildete, waren die Rollen teilweise bereits besetzt, zum Teil noch umkämpft.

---

1 Der Investor erhält außer einem Anteilszertifikat am Fonds, der im außerbörslichen Freihandel verkäuflich ist oder an den Wertsteigerungen teilnimmt, das Recht auf einen in Quadratzentimetern ausgedrückten Platz in einem der Container, welche auf der Expedition mitgeführt werden (Nutzung unwahrscheinlich). Rechteeinräumung gilt für ihn, seine Erben oder für Dritte, denen er dieses Recht überträgt.

2 Die erschütterndste Szene im Drehbuch: wenn die Maschinen mit Hilfe ihrer Automatik an den Marsmond Phobos andocken. Zeitsprung: Im Jahre 2042 werden die Container geöffnet von Pionieren, die inzwischen wirklich in die Marsumlaufbahn gelangt sind. In den A 12-Röhren liegen wohlgeordnet die Skelette.

Die vergrabenen Hirne am Rhein 509

Abb.: Keine massiv von Bomben getroffene Stadt hat sich je wirklich davon erholt.

Wiederkehr der Götter

Ich bin in der glücklichsten Phase meines Lebens. In mir wächst ein Kind von Georg heran. Ich bin Arabistin. Wir fügen etwas zusammen, was zweimal zerstört wurde. Aus 27000 Fragmenten erschaffen wir Götterstatuen. Der Restaurator Hermann G., ein technischer Tausendsassa, also mein Mann und ich, haben uns durch dieses Projekt kennengelernt. Es bewahrt uns recht dauerhaft vor Arbeitslosigkeit.
Die Fragmente stammen vom Eingang des Westpalastes von Guzama. An den Orthostaten vom Eingang des Westpalastes haften dicke Brandkrusten. Das Tor des Westpalastes zeigte die Götterfamilie. Auch ein Tyrann wie der Assyrerkönig Sanherib (704-681 v. Chr.) kann nicht einfach befehlen, eine unterworfene Stadt abzubrennen. Das darf er nach internationalem Recht erst dann, wenn diese Stadt, nachdem sie unterworfen worden war, DURCH EINEN AUFSTAND SICH DAGEGEN AUFGELEHNT HAT. Dieser Vertragsbruch der Unterworfenen gibt dem König das Recht zur Verwüstung. Feuer allein vermag dem vulkanischen Basalt nichts anzuhaben. Auch ist es unmöglich, die Deckenbalken, die sich in mehreren Metern Höhe befinden, anders zu entzünden, als daß man die Halle vollständig mit Brennmaterial füllt und in Brand setzt. Das war auch die Methode, mit der später Alexander der Große die Königsbauten von Persepolis zum Brennen brachte. Wird die Halle, durch den Brand erhitzt, rasch mit Wasser abgekühlt, zerspringen die Steine.
Die Fragmente dieser Verwüstung wurden 1929 im Tell-Halaf-Museum in Berlin ausgestellt. In der Nacht vom 22. auf den 23. November 1943 zerstörten dann die Spreng- und Brandbomben Gebäude und Skulpturen. Im Dezember wurden die Trümmer in Kisten verpackt und in den Kellern aufbewahrt. Ostarbeiter benutzten diese Keller als Luftschutzraum bei Tagesangriffen. Der Steinmetzbetrieb Zeidler und Simmel lagerte das, was wie ein wertloses Gestein aussah, die zersprungenen Fragmente, in andere ihm zugewiesene Räume: 60 Kisten und loses Material, so lagen die Funde am 27. Mai 1945 in Kellern der Museumsinsel. Wir Kundigen gelangten erst nach der Wende an das Material. Und es dauerte eine Zeit, bis die Förderung für das Instandsetzungsprojekt bewilligt war. Jetzt aber sehen wir die Götter uns gegenüber, neu zusammengesetzt, und zwar unter Vermeidung von Klebe- und Restaurationsfehlern, die einst aus dem Transport von Syrien nach Berlin resultierten. Wir sorgen dafür, daß Licht und Dämmerungen ihnen den Wandel erlauben, den sie in ihrer Tempelanlage gewohnt waren.
Auch haben wir dazu beigetragen, den Krieg zwischen Arabisten und Orien-

talisten beizulegen. Lange hieß es, die Orientalisten seien nur am Verbringen antiker Skulpturen nach Berlin und politisch an der Bagdad-Bahn orientiert gewesen (und die heutigen seien nur die Nachfolger der Traditionalisten von vor 1914 oder bis 1939). Das würde in unserem Team, das durch die Bearbeitung so zahlloser und kostbarer Fragmente zusammengewachsen ist, niemand mehr sagen. Auch würden wir Arabisten, die nicht fremde Gegenstände in unsere Republik holen, sondern arabische Texte und deren Auslegung nach Kairo, Damaskus oder Bagdad liefern, nicht mehr beschuldigt, wir seien Stubengelehrte. Es wächst zusammen, was zusammengehört, so wie die 27 000 Fragmente wieder zu Götterbildern zusammengerückt werden, trotz Sanherib und Bombengeschwadern.

Abb.: Säubern der Götter.

512   Das Rumoren der verschluckten Welt

Abb.: Gerettete Fragmente, 1943 im Keller des Pergamonmuseums.

Abb.: Götter.

Die Sibylle »mit dem rasenden Mund«

Das Heiligtum des Apoll in Delphi gruppiert sich um einen konisch geformten Stein namens Omphalos, das heißt »Nabel«, der im Eingang einer Höhle liegt. Er bezeichnet den Mittelpunkt der Welt. Einige Jahrhunderte lang übten drei Priesterinnen (Sibyllen), die einander im Turnus abwechselten, ihr Amt aus. Plutarch nennt für das erste Jahrhundert vor Christus keine besondere Auswahl dieser Seherinnen. Er nennt die Pythia ein »einfaches Bauernmädchen«.

35000 Griechen, die zu Schiff kommen, zwängen sich jeden Tag durch den winzigen Hafen von Itea in der Bucht unterhalb von Delphi. Das Orakel antwortet nur auf einige der gestellten Fragen. Die Abordnung, welche die Fragen übermittelt, nähert sich dem Heiligtum auf einem 200 Meter langen Kletterpfad, der den Berg Parnassos hinaufführt und an dem entlang 4000 Votivstatuen stehen. Es hat sich erwiesen, daß keine Drogen und auch nicht am Boden der Höhle ein CHIASMA die Trance der Seherin auslösten. Die Antwort auf die Fragen erfolgt spontan. Gesprochen wird ohne Intervall: mit »rasendem Mund«. Gesprochen wird »Ungelachtes, Ungeschminktes, Ungesalbtes, mit der Stimme, die durch 1000 Jahre reicht« (Heraklit, Fragment 92). Es ist unmöglich, äußerte Hitler bei Tisch, daß die geistig hellste Nation sich über 1000 Jahre hinweg von einem Betrug in Delphi hätte täuschen lassen. Die Weissagungen der Orakel seien deshalb wahr.

Nachdem der Tempel durch die Christenkaiser ausgeraubt und zugeschüttet worden war, stellte der Heidenkaiser Julian Apostata die äußere Gestalt des Heiligtums nochmals her. Die in seinem Auftrag dort positionierte Sibylle verkündete jedoch den Spruch, daß der Gott sich künftig nie mehr äußern werde.

Diese Überlieferung entsprach jedoch nicht den Tatsachen. Etwa 50 Kilometer von Delphi entfernt, wurde die Spruchtätigkeit unter äußerster Geheimhaltung in einem Höhlensystem fortgeführt. Verblüffend hieran war, so der Archäologe und Oberbaurat Süskind, nicht die Ausübung des Orakels selbst, sondern daß es sich erhielt, obwohl die Anfragen aus der bäuerlichen Umgebung kamen und das Heiligtum nicht mehr die »Geschenke der Mächtigen der Welt« entgegennehmen konnte wie in der Antike. Es blieb ein Wunder der Geheimhaltung.

Mit der deutschen Besetzung Griechenlands im Jahr 1941 wurde erstmals die Macht der orthodoxen Kirche so weit zurückgeschraubt, daß die illegale Spruchpraxis einen gewissen Bekanntheitsgrad erhielt. Es heißt, daß der Führer seinen Adjutanten und Personalchef, den Generalleutnant Rudolf

Schmundt, zu dem »Mädchen mit dem rasenden Mund« entsandt habe. Die Weissagungen wurden in einem lokalen Dialekt formuliert. Daher war anzunehmen, daß die Übersetzung durch die vereidigten Dolmetscher, die im Neugriechischen (alternativ: am klassischen Griechisch) ausgebildet waren, die Formulierungen mißverstand. Die Nachricht, die der Adjutant zurückbrachte, lautete: »Bart verändert und zeigt Gesicht des falschen Feindes. Spiegel des eigenen. Rasch entgleitend (oder ›entgleist‹). Falls es nicht rasch genug erschrickt (oder ›hartgesotten‹).« In den Tagen nach Empfang des Berichts prüfte der Führer (und grübelte), ob den Worten ein Hinweis daraus zu entnehmen sei, daß er nach Kretas Eroberung im Mittelmeer vordringen und den Angriff auf Rußland unterlassen solle (»falscher Feind«, »Bart«). Der »Bart« erinnerte ihn an Rußland. Dem widersprach, daß er sein eigenes Spiegelbild nicht als »russisch« empfand. Dann erforderten die Ereignisse die rasche Verlegung des Sonderzuges, in dem sich das Führerhauptquartier befand, der auf einer Paßhöhe des Balkans postiert war, nach Ostpreußen. Hitler wurde von anderen Fragen in Anspruch genommen und kümmerte sich nicht wieder um das Orakel.

Die Menschen mit zwei Köpfen

Vor 6000 Jahren läuft ein Mensch an einem Fluß entlang. Es lauern Gefahren. Es ist eine Strapaze. Den ganzen Tag über muß er laufen. Die Nacht droht. Vom Stammesoberhaupt ist er ausgesandt, im Flußdelta unten ein Fischwehr anzulegen. Den Befehl wird er vergessen haben, wenn er ihn nicht in der einen Hälfte seines Gehirns (der rechten) permanent wiederholt, die er nicht für die Leitung der emsigen Hand (er ist Rechtshänder) benötigt. Die linke Hemisphäre singt und handelt. Sie kontrolliert die rechte Hand, welche die Sträucher beiseite biegt; sie erspäht und erörtert durch kurze Sprechlaute (im Selbstgespräch) die aktuellen Gefahren der Umgebung. Die andere Seite seines Doppelhirns, die Langfristseite, bewahrt dagegen das göttliche Wort und den Auftrag. Nur diejenigen Clanmitglieder, welche diese Zweistimmigkeit in sich ausgebildet haben und dadurch gute Auftragnehmer und Kämpfer sind, werden gehegt und verpflegt und werden Nachkommen haben. Der Rest, der so etwas nicht vermag, ist in den vergangenen tausend Jahren verschwunden. Dies entspricht dem, was bei Rudolf Steiner ein MONDMENSCH genannt wird. Nach Etablierung dieser Mentaltechnik sieht die Welt, in der die Götter anwesend sind, so aus:
In Sichtweite dessen, der auf dem Acker arbeitet, ist ganztägig das Heiligtum zu sehen. Der Zikkurat muß hoch gebaut sein in der Stadt. Oft kommt

von dort ein Ton, der spätere Glockenton. Die Einheit von Boden, Atem, den Horizonten, dem Turm und der rechten (stummen) Hirnhälfte, die voller Musik und Gesumm der Götter ist: Das ist die Welt, bevor sich die Götter zurückzogen.

Warum sind die Menschen nach dem Zerfall dieser frühen »Mentalität« nicht auf die Stufe der vorangehenden einfachen Stammesstruktur regrediert? fragt Julian Jaynes. Weil sie Gefangene ihrer Zivilisation sind, antwortet der ungarische Gelehrte mit Sitz in Harvard sich selbst. Anders gesagt: Nicht nur deshalb, weil die WELT DER ANWESENDEN GÖTTER ihnen lieb war, sondern weil inzwischen riesige Städte entstanden sind, gibt es keine Rückkehr zu irgendeiner simplen Natur, auch nicht nach Ende des göttlichen Regiments. Nach dem Verschwinden der eigenen Könige und der Götter, nachdem nämlich Assur die Gemeinwesen und die Tempel verbrannt hatte, ergriffen Panik und Unentschlossenheit diese Menschen. Ihr Hirn wurde geflutet. Das ist die wahre Geschichte der Sintflut.

Wie zwei Hirnchirurgen in Gegenwart eines Deuters den Sitz der Götter auf der rechten Hirnseite ihrer Patienten entdeckten

In der Zeit, in der Julian Jaynes lebhaft nach Beweisen für seine Theorie des DOPPELHIRNS suchte, waren die Hirnchirurgen Wilder Penfield und Phanor Perot ebenfalls in einer euphorischen Phase. Sie verfügten über ein Material von siebzig Patienten mit Epilepsie-Diagnose (und zwar bedingt durch Verletzungen im Bereich des vorderen Schläfenlappens) und konnten in kurzem zeitlichen Abstand bei der Vorbereitung für die operative Entfernung des geschädigten Gewebes die Hirnoberfläche in diesem Schläfenbereich mit einem leichten elektrischen Strom stimulieren. Der Reiz hätte, angewendet auf einen Daumen, ein leichtes Kribbeln hervorgerufen, war somit relativ schwach; sie vermieden es auch, die Stellen der vernarbten Sklerose- und Meningitisherde zu berühren, derentwegen die Epilepsie-Operation erforderlich war. Die Reaktionen in der rechten Hemisphäre waren markant.
Jaynes war verblüfft und aufgeregt. Bei jeder der Reizungen war er als Deuter anwesend. Die Hirnchirurgen waren ja zunächst nur wie Kinder tätig, die mit einem Stock in einem Ameisenhaufen stöberten und »Reaktionen feststellten«. Er aber, der forscherische Ungar, wußte, was in Erscheinung treten würde und wonach zu suchen sei. Als ein knapp zwei Zentimeter langes Stück des vorderen »Balkens«, der den linken und den rechten Schläfenlappen verbindet (und bei Ratten und Hunden ein Geruchszentrum bildet), bei einer Frau

gereizt wurde, blieb diese anfangs stumm, »um dann einen lauten Schrei auszustoßen«. Sie erklärte, sie habe Stimmen gehört und losgeschrien, weil sie ein durchdringendes, bis dahin nie gespürtes Gefühl empfunden habe. Die Empfindung habe in keines ihrer Sinnesorgane »gepaßt«. Es sei die Stimme eines Mannes gewesen, verschieden von der ihres Vaters, aber verknüpft mit ähnlicher Autorität. Eine andere der Personen hatte Musik, unbekannte Melodien gehört, die sie den Chirurgen vorsummen konnte. Bei Verlagerung der Reizung um einige Millimeter habe sie nur noch »ihre Mutter keifen gehört«. Ein weiterer Patient sprach davon, er habe einen Fluß gesehen, welchen, wisse er nicht; die Bewegung »flußabwärts« konnte er nicht näher begründen. Die Dauer der »Erlebnisse« war siebenmal länger als die Dauer der Reizung.

Was Jaynes vorherzuwissen glaubte: Aus der Zeit unserer Vorfahren vor 3000 Jahren tragen alle rechtshändigen Menschen parallel zu den drei Sprachzentren in der linken Hemisphäre ihrer Gehirne ein zu gleichen Leistungen befähigtes Zentrum in der rechten Hirnhälfte mit sich, das Sprachen versteht, aber selbst stumm ist. Es ist HEUTE stumm, fügt Jaynes hinzu, gehörte aber für die frühen Menschen, auch noch für die Griechen, welche die Lineatur B entwickelten und um Troja kämpften, zu einem halluzinatorischen Bereich, der Stimmen zur linken Hirnhälfte aussandte: Das ist das DOPPELHIRN, auf dessen Tätigkeit alle menschliche Wahrnehmung geeicht war, ehe (ohne

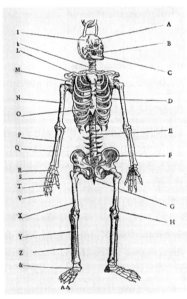 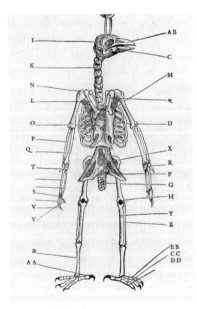

Abb.: Mensch, der die Stimme der Götter nicht hört.

Abb.: Adlerkopf.

Veränderung der organischen Grundlage) das moderne Bewußtsein entstand. Seither ist diese rechte Hälfte der Intelligenz verstummt, es ist der Sitz der GÖTTER IM MENSCHEN, so Jaynes. Die Chirurgen, die er ein halbes Jahr lang begleitete, reizten die *commissura anterior rostri cerebri*. Der Strang von kaum mehr als drei Millimetern Durchmesser überquert in einem kleinen Bogen Hypothalamus und Mandelkern und öffnet sich trichterförmig zum linken Schläfenlappen. Der schmale Steg, jubelte Jaynes, ist die Brücke, über die aus der rechten Hemisphäre die Direktiven der Kultur und die Weltreligionen zum Sprechen kommen.

Die kurze Ära des Bewußtseins

E. A. Speiser, der *In Search of Nimrod* schrieb, bestätigt die Hinweise von Jaynes. Die Menschen der frühen Zivilisation operierten zweigeteilt, sagt er. Sie bestanden aus dem ihnen innewohnenden Lenker namens Gott und dessen Gefolgsmann namens Mensch. Sie waren doppelköpfig, besaßen zwei Seelen, so wie es zwei Hände gibt und noch heute zwei Hemisphären des Gehirns. Das WERNICKE-ZENTRUM im Großhirn vermochte zu rufen, und das HALLUZINATIONSZENTRUM in der Gegenhemisphäre wußte zu antworten. So kämpften Doppeladler vor der rossebändigenden Stadt Troja. Die Gesänge zwischen den beiden Köpfen waren ansteckend. Die Stimmung des Heeres schwankte zwischen Angriff und Flucht, je nachdem, was die Götter schrien (die doch nur die andere Seite des künftigen Selbst waren). So gelangten die Kämpfer entweder über die Mauern hinweg, oder sie trieben zurück zu den Schiffen. Sie diskutierten das mit sich selbst, ohne zu wissen, daß es so geschah.

Das diesen ursprünglichen Gebrauch des Gehirns überwölbende BEWUSSTSEIN gibt es erst seit einigen tausend Jahren. Es ist dies kein Zeitraum, in dem sich eine Eigenschaft vollständig durchsetzen oder auch nur bewähren kann. Der Zeitraum entspricht gerade einmal drei Schlägen an der Erdbebenkruste bei Japan, zwei Schwüngen der Menschheitsgeschichte oder der Achsenzeiten. Die Phase der BEWUSSTSEINSPHILOSOPHIE umfaßt davon nur 25 Jahre, nämlich die Zeit zwischen Immanuel Kants drei Hauptwerken und dem Abschluß der Philosophie durch Hegels *Phänomenologie des Geistes*.

Die assyrische Springflut

Assur im Reich von Ur war lange Zeit eine friedliche Stadt, bestehend aus Menschen mit bikameraler Hirnpraxis. Assyrische Kaufleute, die sich im Tauschhandel weit von den Stimmen des Stadtgottes entfernten und mit anderen Völkern und deren Götterstimmen in Berührung kamen, gaben im Tausch zuviel von sich an diese Ferne weiter. Bei ihnen lockerten sich die Fesseln zwischen Göttern und Menschen, wie sie im Kopf durch die mentale Interaktion befestigt waren. Danach gab es ein rätselhaftes Zeitalter der Anarchie. Für mehrere hundert Jahre existieren keine Inschriften oder Zeugnisse von dieser dunklen Zeit Assyriens. Am Ende dieser Periode sieht man ein neues assyrisches Reich. »Und was für ein Reich dies war! Nie zuvor hatte die Welt eine so militaristische Nation gesehen.« Noch in dem Gedicht »Der Wind hat uns Trost gebracht« von 1922 heißt es bei Ossip Mandelstam: »In der Bläue spürten wir assyrische Libellenflügel / als Vorahnung verdichteter Nacht / flimmert ein unheildrohender Stern.«

Karl Heinz Bohrer kommentiert: Die rechte Hirnhälfte war Sitz der Götter, jetzt ist sie feindbesetzt. Handel und Tausch (und Tausch ist anfangs immer gewaltsam) schwächen diesen Mentalgebrauch. Eroberer setzen ihm ein Ende. Die Krise ist radikal wie Medeas Taten. Daraufhin entsteht »Bewußtsein« (zusammengesetzt aus Anarchie und Revolution). Die wie eine Gegennatur geborene Rationalität besitzt (ähnlich der Gier von Krebszellen), darauf beharrt Max Weber, eine unbezwingliche Triebkraft. Was in der *Dialektik der Aufklärung* »Verblendungszusammenhang« heißt, so Bohrer, hat seine Wurzel in dieser mißglückten Trennung von den Göttern, deren Sitz brachliegt, obwohl er Sprache versteht. Karl Heinz Bohrer betont, daß von den Potenzen, welche die Menschen in ihrem Kopf tragen, nichts auf Dauer unbesetzt bleibt. Weichen die Götter, besetzt der Assyrer den Platz.

Die Entstehung des SELBST aus der Hinterlist

R. C. Gur und R. E. Gur vermuten, daß ein von der Stimme der Götter geleiteter Mensch (Frau oder Mann) einen Usurpator, der Götterbilder umstürzt, die Stadt unterjocht hat, lästerliche Aufforderungen an sie richtet, ohne Vorsicht sofort anfallen würde. Auf Geheiß der Stimmen in der rechten Seite ihres Kopfes. So wird auch ein Mann, fahren die Autoren fort, der seine Frau von Invasoren vergewaltigt sieht, wenn er seiner Stimme gehorcht, auf der Stelle losschlagen und wahrscheinlich ums Leben kommen. (Das entspricht dem

Untergang der Mondmenschen und war der Grund für den Untergang von Atlantis.) Wer jedoch innerlich ein anderer sein kann als nach außen, heißt es weiter, wer seine wahren Entschlüsse hinter der Maske des Sich-Fügens zu verbergen weiß (wie Odysseus zum Ungeheuer sagt: »Ich heiße Niemand«), dem wird die Fortsetzung seines Stammes ins nächste Jahrtausend gelingen. In seinem »Innern« beherbergt er künftig ein zweites Selbst, dessen »Gedanken« seinem trügerischen Tun widersprechen. Er schiebt die Handlung hinaus in die Zukunft. Er lächelt seinem verhaßten Aggressor, der ihm (vermutlich in fremder Sprache) Befehle erteilt, ins Gesicht. Das ist der URSPRUNG DES ICHS AUS DER HINTERLIST.

Hoffnung, im Urwald auf eine frühe Stufe der Menschheit zu treffen

In einer der inneren Provinzen Brasiliens wurde ein bis dahin unbekannter Stamm entdeckt. Das geschah durch ein Flugzeug, das sich auf dem Rückflug vom Besprühen der offenen Felder in den Dschungel verirrt hatte. Aus der Bauweise der Hütten schlossen Anthropologen, daß der Stamm älter als 3000 Jahre sein müsse. Der damals noch junge Ungar Julian Jaynes, Jahrgang 1920, reiste sogleich in die dem entdeckten Stammesgebiet nächstgelegene Bezirksstadt und suchte mit einer Expedition den Kontakt zu diesen Abkömmlingen der frühen Menschheit. Es zeigte sich aber, daß seine Hoffnung vergebens war, hier auf Menschen mit einer vollerhaltenen BIKAMERALEN HIRNPRAXIS zu treffen. Die Restgruppe war entweder der Abkömmling einer Seitenlinie, die neben der kulturell dominanten Linie unserer Vorfahren sich in die Gegenwart gerettet hatte, oder sie trug zwar, wie alle Menschen, die Ausrüstung zur Doppelköpfigkeit in sich, hatte aber den Gebrauch der Götterstimmen ebenso verloren wie die übrigen Menschen, die nicht isoliert, sondern gemeinschaftlich das moderne Hirn in Gebrauch genommen hatten.

Ende des Lebens

Ein junger Russe des Jahrgangs 1929, der 1937 beide Eltern verloren hatte, übernachtete als 82jähriger in dem Berliner Hotel »Brandenburger Hof« und ging noch spätabends durch die Straßen des Scheunenviertels, die er als Soldat 1945 zum letzten Mal gesehen hatte. Steine des Trottoirs, unregelmäßig geworden durch Kriegseinwirkung, lagen noch so desolat wie damals, frisches Gras dazwischen. Während rings Neubauten prangten, zu denen er keine Verbindung mehr aufnahm.

5
Kant und der ROTE MANN

Es gibt einen seltsamen Bericht, der von dem Tyrannen Dionys von Syrakus und den Pythagoreern handelt. Iamblichos, Vita Pythagorica, Q17C:
»Der Tyrann Dionysios gewann trotz all seiner Bemühungen keinen Pythagoreer zum Freund, da sie seinem selbstherrlichen und gesetzwidrigen Wesen vorsichtig auswichen. Da entsandte er eine Schar von 30 Mann, den Pythagoreern aufzulauern [...]. Die Pythagoreer verwirrte der Überfall, und allein schon die große Zahl der Feinde – denn sie selbst waren insgesamt etwa 10 – nötigte sie zur Vorsicht. Da sie selbst unweigerlich gefangengenommen worden wären, entschlossen sie sich, durch rasche Flucht sich zu retten: auch war dies für sie mit der Tugend nicht unvereinbar. Wußten sie doch, Tapferkeit sei das Wissen darum, wovor man zu fliehen und wem man standzuhalten habe.
Und es wäre ihnen auch beinahe geglückt – die Leute des Eurymenes blieben nämlich, da die Waffen sie beschwerten, bei der Verfolgung zurück –, wären die Pythagoreer nicht an ein Feld gelangt, das mit Bohnen bepflanzt war. Und da sie das Verbot, Bohnen zu berühren, nicht übertreten wollten, blieben sie stehen und wehrten sich mit Stöcken und Steinen. Schließlich wurden sie von den Leibwächtern erschlagen. Die Häscher des Dionysios waren beschämt. Da begegneten ihnen Myllias von Kroton und seine Frau Timycha, die hinter den übrigen zurückgeblieben waren, da Timycha schon im 10. Monat schwanger war. Die beiden führten sie zum Tyrannen [...]. Dionysios zeigte sich niedergeschlagen. »Ihr werdet«, so sprach er, »im Namen aller anderen die verdiente Ehre von mir empfangen, wenn ihr bereit seid, mit mir zusammen zu regieren.« Myllias und Timycha lehnten seine Vorschläge ab. Da sprach er: »Was ist der Grund dafür, daß deine Freunde lieber sterben wollten, als auf Bohnen zu treten?« Sofort antwortete Myllias: »Sie haben den Tod auf sich genommen, um nicht auf Bohnen zu treten, ich aber will lieber auf Bohnen treten, als Dir den Grund dafür sagen.« Dionysios ließ ihn abführen und Timycha foltern. Diese Heldin aber biß sich die Zunge ab und spuckte sie vor dem Tyrannen aus. Damit zeigte sie: Selbst wenn ihre weibliche Natur durch die Folterungen überwunden und sie gezwungen würde, etwas von den verschwiegenen Geheimnissen zu offenbaren, so wäre ihr doch das Mittel dazu benommen.«
Die Erzählung verdeckt, vermutet der Archäologe und Oberbaurat Süskind,

ältere Geheimberichte; sie verbirgt etwas und mag auch Mißverständnisse der Überlieferung enthalten. Deutlich ist aber der Nachdruck, mit welchem philosophische Geister der Drohung eines Machthabers widerstehen. Offenbar geht es auch nicht um das Verbot, ein Bohnenfeld zu betreten, sondern darum, DASS ES PUNKTE AUF DEM PLANETEN ERDE GIBT, DIE KEIN HERRSCHER FÜR SICH IN ANSPRUCH NEHMEN DARF. Merkwürdig das Motiv, daß der Herrscher die Regierung seines Reiches mit zwei solch unabhängigen Geistern (»ich sei im Bunde der Dritte«) teilen will. Schillers Ballade Die Bürgschaft geht, so Süskind, auf die Erzählung des Iamblichos zurück.

Bei Betrachtung eines Kleinkinds im Jahre 1908

In der Mittagssonne wehten die Gardinen wie Segel satt vom Wind. Die Fenster des Kinderzimmers zum Garten standen weit offen.
Das Kind schlief, die Arme über der Decke, daß es nicht schwitzte. Es pupste einige Male, verdaute. Die junge Mutter wartete auf ihren Mann, der das Haus pünktlich um 13 Uhr zum Mittagessen betreten würde. Die Enzyme seines Magens, der Zuckerhaushalt seines Blutes verhielten sich wie Uhren; in allem übrigen war er ein generöser Mann. Damit nichts den pünktlichen Ablauf störte, hatte sie das Kind vorzeitig gesättigt, und jetzt hatte sie Zeit zu warten.
Die Gesichtszüge des Kindes erinnerten sie an ihren Lieblingsbruder. Was aber kann bei einem sich täglich wandelnden Geschöpf an untrüglichen Zeichen oder an Erinnerung an andere Mitglieder der Familie festgemacht werden? Sie würde die Züge dieses Kindes von allen anderen Kindern in der Welt unterscheiden können, wie aufgeregt, wie verdreckt auch das Gesicht sein mochte oder wie diffus das Licht wäre. Sie hätte aber nicht aufzählen können, auf welchen einzelnen Faktoren dieses Gesamtbild beruhte, das sie besaß. Es war ja schon das Gesicht des schlafenden Kindes mit dem, das tags greinte oder lachte, nicht zu vergleichen.
In 36 Jahren wäre dieses Lebewesen so alt wie sie jetzt. Das wäre im Jahre 1944. Die Wartende wußte nicht, daß junge Frauen in jenem fernen Jahr bei Alarm dem Zoobunker zueilen würden, einem Betonbau, der andere steinerne Denkmäler übertraf und wirksam erst drei Jahre nach Kriegsende gesprengt werden konnte.

»Ein Mensch ist des anderen Spiegel«

Die junge Frau erzählte: Ich saß vorgestern mit einem Drehbuchautor am Tisch, und heute sitze ich in einem Steakrestaurant an der Spree mit einem anderen jungen Mann zusammen, und wir kommen auf Drehbücher zu sprechen. Und er redet von einem Drehbuchautor, den er kenne und der vorgestern mit einem Mädchen gesprochen hatte. Und das war dann ich, so daß der Faden des Gesprächs nicht abriß, weil ich mich darüber freute, daß jener Autor mich wahrgenommen und seinem Freund davon erzählt hatte, der jetzt wie ein Spiegel, in dem ich mich wiedersah, neben mir saß und heftig plauderte, ohne wirklich zu wissen, warum ich für einen Moment glücklich aussah, nur weil sich Lebensfäden berührt hatten und die Rede der Menschen nicht vergeblich ist. Sogleich hatte ich Appetit. Wir gaben die Bestellung auf. Der Umstand aber, daß sich sein Freund an mich erinnerte und von mir gesprochen hatte, kam dem zugute, der jetzt neben mir saß.

Eine zähe Haut

Jeden Wochentag um 8 Uhr früh löst das Personal an der Eingangstür des Hauses die Lederbacke, welche das Zufallen der schweren Tür verhindert. Von diesem Moment an können die Patienten das Haus betreten, die Treppe in den ersten Stock hinaufsteigen und sich im Wartezimmer hinsetzen. Mein Vater beendet in diesen Minuten sein erstes Frühstück (das zweite, üppigere, findet um 11 Uhr statt). Dann wird der erste Patient ins Sprechzimmer gerufen.

Auf die robuste Lederbacke, die über öffentlichen Zugang oder die Nichtöffentlichkeit des Hauses entscheidet, ist vom Türrahmen einerseits und der Tür andererseits in 12 Jahren etwa 11000mal kräftig eingeschlagen worden. Die Backe hat sich dennoch nicht abgenutzt. Vor allem verhinderte sie, daß die schwere Eichentür sich mit einem Knall schloß. Traf sie auf die Backe, machte sie nur »plopp«.

Ursprünglich war sie eine Rindshaut. Sie hätte noch für Jahre zur Verfügung gestanden, als sie am 8. April 1945 verbrannte. Verkohlt lag sie, aber der äußeren Form nach immer noch intakt, neben der durch den Luftangriff zerstörten Eichentür. Als ich die Haut mit dem Fuß berührte, zerfiel sie. Hier am Eingang des Hauses hatte der Feuersturm nur oberflächlich gewütet. Es gibt »Ränder des Feuers«.

Die Anti-Scheuklappe für Artilleristen

Ein Ingenieur der Firma Zeiss-Jena entwickelte in einem der Labore (während des Artilleriefernkampfs vor Verdun) Kaleidoskope für Artillerieoffiziere. Vor die Optiken der Scherenfernrohre konnte ein Vorsatzgerät geschraubt werden. Die Anordnung der Geräte sah dann immer noch so aus, als blicke der Offizier zum Feind hinüber, als starre er auf das Gewirr der Einschläge (an anderen Tagen auch nur in den Nebel), und dennoch konnte sich das Auge »friedensmäßig« erholen, an geometrischen Figuren erfreuen, die beim leisesten Antippen des Geräts, oft schon bei nahen Einschlägen von Geschossen, die den Boden erschütterten, durcheinanderkippten, stets zu neuen Figuren und nicht zu jenem Blickfang, den das Schlachtfeld bot. Die abstrakte Bilderwelt, bestehend aus BEWEGTBILD, ähnelte der Wüstenkriegslandschaft, der Artilleriewüste, in nichts. Der Erfinder rechtfertigte seine Vorrichtung damit, daß die Artilleristen – alles Mathematiker – mit einer solchen Unterbrechung ihres Tages länger Dienst tun könnten.

Abb.: Bürger aus Ninive.

Antikonzentrationsgesetz in der Natur

Wir reisten auf winterlichen Böden, über unzugängliche Landschaften, mit zwei Ausnahmen stets abseits der Zivilisation: immer auf der Spur jenes archaischen Äquators, dessen im Zenit stehende Sonne einst die Landmasse Pangäa aufgeheizt hatte. Sämtliche großen Kontinente waren eine Zeitlang in dieser Pangäa vereinigt; in den Meeren, die den riesigen Kontinent umgaben, wenige Inseln; einzelne Fragmente von Land, auf denen sich eine andere Vielfalt des Lebens erhielt als auf Pangäa selbst. Eine Tiergattung, die laufen konnte, fand auf dem Superkontinent praktisch keine Grenzen.

Wenig entfaltet unsere Zweier-Forschungsgruppe. Wir waren als Forscher einander zugeteilt worden nach fachlichen Optimierungsgründen; nicht, weil wir verträgliche Temperamente gewesen wären. Täglich fuhren wir auf Pfaden dahin, die nach menschlichen Gegenwartszielen nicht zu benennen waren, alle Intimitäten, unangenehmen Situationen des Alltags gemeinsam. Was wir erforschten, war der elende Kreis des höchsten Sonnenstandes von vor 180 Millionen Jahren, eine Ruine des Planetengeschehens.

Beiderseits des Äquators von Pangäa endlose Wüsten: Sie reichten vom Zentrum der USA bis nach Europa, das im Äquatorialgürtel angrenzt (wie ein im Mutterleib im Verhältnis zu seinem Zwilling verdrehter Embryo liegend). Darüber, im Norden, Afrika, Indien. Die Antarktis und Australien unter Gletschern. In der südlichen Hemisphäre, auf den Flächen des ehemaligen Gondwanalandes, endlose Haine von Gagam opteris und Glosopteri-Bäumen ohne Besonderheit. Die Strecke liegt heute in Sibirien und in der Mongolei. In wenigen Zonen: Regenwälder.

Wir biwakierten auf Spitzbergen, verfolgten auf der Bäreninsel die Hitzespur unseres »Äquators«, später dann in Südchina. Die Fortsetzung des Äquators von vor 180 Millionen Jahren lag inmitten der arabischen Halbinsel. Sie war von Gletscherformationen überlagert, so daß wir stets unterhalb dieser »kalten« Schichten unsere Spur verfolgen mußten.

Weder vor 180 Millionen Jahren noch heute wuchs irgend etwas Wertvolles auf »unserem« Äquator. Damals sengende Sonne, heute durch Kälte zerstörte Landschaft (mit Ausnahme in Arabien, Australien, Südchina und Malaysia). Nichts trug dazu bei, daß mein Begleiter und ich uns durch enthusiastische Forschung, Entdeckung terrestrischer Schätze, einander angenähert hätten. Zuletzt hatten wir den Verlauf des Äquators von Pangäa vollständig bereist. Heimgekehrt, konnten wir an unseren Computern den Verlauf der Gewässer, die Keime unserer Meere oder Ozeane irgendwie rekonstruieren. Was für wollüstige Tage, wenn wir wieder in unseren Büros saßen, physisch getrennt voneinander, angeschlossen an Lebensmittel aus Automaten, individuell strukturiert und den Rechnern Vertrauen schenkend. Statt Kilometer für Kilometer Land zu durchqueren, für dessen Zusammenhang vor 180 Millionen Jahren sich kein Lebewesen mehr interessierte.

Im Ergebnis entspricht das ganze PROJEKT PANGÄA (was die Entwicklung des Planeten und die des Lebens betrifft) dem, was man unter Menschen einen Irrtum nennt. Zwar hat ein Planet keine »Ideen«, aber die Bewegung der Kontinente produzierte so etwas wie die »Idee einer Supermacht«. Diese gewaltigste Landmasse, die sich je vereinigte, führte in ihrer Gewaltsamkeit zu keiner Vermehrung des Lebens, zu keiner Vielfalt. Wie sollten Lebewesen zu Horizonten laufen, die doch nie endeten? Wie konnten Wolken und Meere auf das gewaltige Monopol von Silikaten noch einwirken? Das Monstrum Pangäa war stets entweder zu kalt oder zu heiß, die wenigen Regenwälder waren unauffindbar für die auf der Landmasse verlorenen Lebewesen.

Raubwanderung

Zwischen dem Roten Meer und den Wassern des Mittelmeeres besteht ein Gefälle. Die Öffnung des Suezkanals im Jahre 1869 hatte zur Nebenfolge, die den Festgästen aber nicht auffiel, daß unterhalb der Schiffe, die den Kanal zu befahren begannen, ein Fluß oder Strom neuer Fischrassen ins Mittelmeer hineinwanderte. Bis 1944 hatten sie das östliche Becken und über die Meerenge bei Malta das westliche Mittelmeer erreicht. Wo sie erschienen, zerstörten sie die seit der Antike siedelnden Fischbestände des Binnenmeeres. Nie hätten sie den Weg hierher über die Ozeane hinweg und durch die Meerenge von Gibraltar gefunden. So aber, plötzlich, weil unter der trügerischen Wasserfläche des Kanals »eingesickert«, eroberten sie das verwöhnte Seegebiet. Sie fraßen nicht die Einheimischen, sagen die Ichthyologen, sondern nahmen ihnen die Nahrung. Nur noch übertroffen durch die Männer und Frauen des Menschengeschlechts, welche die größten Raubwanderer von allen sind. Sie zerstören grundsätzlich alles, was vor ihnen am Ort vorhanden war. Die Ausbreitung der Frauen vollzieht sich dabei achtmal so rasch wie die der Männer.

Obergrenze der Raublust

Ein Raubtier, das sich von Adlern und Löwen ernährt, braucht eine Heimat von der Größe ganz Schottlands. So wie Macbeth und der »Zug der Schattenkönige«, die er ermordete, eine Unterwelt brauchen, die von Schottland bis Gibraltar reicht. Dieser Raumbedarf setzt der Raubtiergröße innerhalb der Evolution Grenzen.

Goethe und die natürliche Zuchtwahl

Auf Seite 209 der Leipziger Reclam-Ausgabe von *Die Entstehung der Arten durch natürliche Zuchtwahl* stützt sich im Unterkapitel »Kompensation und Ökonomie des Wachstums« Charles Darwin auf Goethe. Im Gegensatz zu jeder Idee eines grenzenlosen Fortschritts oder eines Wachstums ohne Grenzen, wie sie die menschlichen Gesellschaften ohne die Rasanz der neuen Welt an einigen Punkten uns vorführt, sei Größe stets von Fortfall, Verkümmerung und Rückbildung begleitet. Wenn ein Cirripede, so Darwin, parasitisch lebt, also geschützt in einem fremden Organismus, so verliert er mit verbessertem Fortkommen ganz oder zum Teil seine Schale. »Die natürliche Zuchtwahl wird daher stets solche Teile des Organismus zu verringern suchen, die infolge veränderter Lebensweise überflüssig geworden sind.«
Diese KOMPENSATION UND ÖKONOMIE DES WACHSTUMS ist bei Goethe jedoch noch anders dargestellt als bei Darwin. Die Sparsamkeit der Natur, sagt Goethe, ist mit einer Gebefreudigkeit dahingehend verknüpft, daß das auf einer Stufe des Lebens überflüssig Gewordene sich auf anderer Stufe zu mächtigem Wachstum erhebt. So wird ein Knochen als Knochen des Geistes groß (wenn er im Kiefer nicht mehr gebraucht wird und sich in die Gehörknöchelchen verwandelt) und legt in den Partituren der Musik eine Baumschule an, für die kein menschliches Ohr zureicht, um sie in *einem* Lebenslauf zu erfahren.

Zivilisation als Vogelscheuche

Korallenriffe ahnen seit alters her Stürme voraus und verändern ihre kollektive Gestalt in Erwartung des Sturms so, daß ein größtmöglicher Schutz des Biotops gewährleistet ist. Das machen die Tiere und Pflanzen nicht bewußt, sondern es sind diejenigen Teile des Riffs in der Evolution übriggeblieben, die über jenes Ahnungsvermögen verfügen und an der gemeinsamen Notreaktion teilnehmen.

Gegenüber den Tankern und Dampfschiffen, die neuerdings die Riffe durchpflügen, bleibt diese Vorkehrung hilflos. Die Schiffe stürmen nicht dahin, hinterlassen aber eine Furche von Gegenständen, Unruhe und Öl, welche die Lebewesen des Riffs im Streß halten. In irre gewordener Ahnung und mit verrückt abwechselnden Notreaktionen, die, wie Horst Bredekamp es beschreibt, zu keiner Einstimmung des Ganzen führen, vollführen sie ästhetisch bezaubernde, funktional überflüssige Wandlungen der Gestalt ihres Biotops, die wie ein barockes Trauertheater dem Tod der Riffe vorangehen.

Die Anfänge des Skeletts lagen offenbar im Mund

Der Biologe Steve Jones berichtet von Einschlüssen, die man im Gestein der Küste bei Edinburgh gefunden hat. Es handelt sich um ein bis dahin unbekanntes Tier, »ähnlich einer mit Rasierklingen besetzten Biskuitrolle«. Das Fragmentarische des Fundes täuschte die Forscher. In China, auf dem Gelände eines ganz anderen Urmeeres, fand man dann einen fast vollständigen Überrest des gleichen Lebewesens. Es ähnelte einem Aal; der einige Zentimeter lange Körper besaß zwei große Augen. Im Rücken fand sich ein steifer Stab. Conodonten nannten die Forscher diese Tiere. Es zeigte sich, daß es sich um Räuber handelte. Durch eine Publikation in der Zeitschrift *Nature* wurde das Tier als entscheidender Vorfahr von uns Wirbeltieren klassifiziert. DIE ANFÄNGE DES SKELETTS LAGEN OFFENBAR IM MUND. Erst das Zerteilen von Fremdfleisch, dann das Skelett, das als Aufhänger von Eigeneiweiß belastbarer bleibt als jede Außenhülle (zum Beispiel Chitin), zuletzt der aufrechte Gang.

Stufen des Lebens

Vier Stufen sind es vom Plankton zum Mörderwal. Die Stufe vom Wal zum massiven Walfangschiff in japanischer Bauweise erzeugt keinen zusätzlichen biologischen Tatbestand, behauptet der Analytiker T. Sachse, es sei denn, man betrachtet die gierigen Mäuler der Walesser und die Einfüllstutzen der Maschinen, mit denen Walöl geschmeidig und als Putzmittel geeignet gemacht wird (oder die Interaktion zwischen Greenpeace und den Walfängern), als eine Stufe des Lebens.

Abb.: »Der Glücksfisch in uns.«

Erzählen in Zehn-Jahres-Abschnitten

Eine Erzählung über den Zorn des Präsidenten George W. Bush, welche die Anzettelung des Afghanistan-Krieges und den Kopfschuß von Abbottabad umfaßt, bezieht sich auf einen Zeitraum von zehn Jahren. Derselbe Zeitraum enthält Milliarden von Lebensgeschichten, ja auch die Geburt von fast einer Milliarde Menschen. Für unsere Augen, noch dazu, wenn sie dem aktuellen Blick folgen, sind diese Übersichten verdeckt. Warum soll einer an einem Urlaubstag, Rasenfläche und Gewächse vor sich und bei offenem Himmel, zehn Jahre »zurückblicken«? Sein momentanes Interesse wird die zehn Jahre verfehlen; er wird vielleicht an seine Kinderzeit oder an einen Wendepunkt des eigenen Lebens denken oder an ganz andere Leute oder an die Gestirne und sich fragen, ob es dort Intelligenz gibt. Das Erzählen im Zehn-Jahres-Rhythmus ist auch mit »Rückblick« nicht richtig bezeichnet. Alle Zeitströme der zehn Jahre und noch mehr die zahllosen Jahrzehnte, welche die letzte Dekade füttern, sind vielmehr als GEGENWART am Ruder. So ist der Planstellenkegel der westlichen Geheimdienste erst jetzt den Entschlüssen entsprechend ausgestattet, die zu Beginn des asymmetrischen Krieges vor zehn Jahren getroffen wurden. Die Luftfahrzeuge, die nach Pakistan eindrangen und den hermetischen Riegel über dem festungsartigen Gebäude errichteten, den kein Retter Bin Ladens hätte aufbrechen können, sind Erben der Apache-Hubschrauber, die den Balkankrieg entschieden und die bald vom Erdball verschwunden sein werden samt ihren Ersatzteilen. So müßte die Erzählung, die sich auf eine Zehn-Jahres-Chronik bezieht, zahllose Erzählungen über Jahrzehnte und Jahrhunderte umfassen, die sich nach Weltteilen wiederum verschieden gliedern.

Erzählen in 100-Jahres-Abschnitten

Im Jahre 1911 publizierten damals namhafte Persönlichkeiten des öffentlichen Lebens wie Hermann Bahr, der Kolonialpolitiker Carl Peters, die Friedensforscherin Bertha von Suttner einen Band mit Aufsätzen, in denen die Welt in hundert Jahren, also im Jahr 2011, beschrieben wurde. Die Deutschen, heißt es dort, sind inzwischen aus Afrika verdrängt (sie waren zu gutmütig gegenüber den Eingeborenen). Die Briten und Franzosen haben den Kontinent ganz übernommen. Die Weißen wohnen in Hotel-Ballons, die in 2000 Metern Höhe über dem Land schweben, in kühler Luft.
Zwischen China und Europa gibt es Krieg. Die Luftkämpfe werden von Zeppelinen ausgetragen. Aber schon Mitte des Jahrhunderts, schreibt Bertha von Suttner, verbreiten die Vernichtungswaffen, über die alle Weltmächte gleicherweise verfügen, so viel Schrecken, daß die Kämpfer innehalten. Es entsteht ein Kalter Krieg. Tragbare Telefone, sogenannte Theklas, erleichtern die Kommunikation. *Pursuit of happiness*, vor allem im Verhältnis zwischen den Geschlechtern, wird Verfassungsartikel.
Nach Auffassung des Kritikers der *FAZ* enthält die Analyse »verblüffend treffsichere« und »auffallend falsche« Voraussagen. Nirgends aber gibt es in dem Buch einen Hinweis darauf, daß schon drei Jahre später durch den Ausbruch des Ersten Weltkriegs ein Bruch in der Geschichtsschreibung des 20. Jahrhunderts entstehen wird.
Das Buch brachte Adam Sawyer, einen Gelehrten in Stanford, auf die Idee, man müsse jetzt für den Abschnitt von 2011 auf 2111 eine weitere solche 100-Jahres-Erzählung herstellen, und zwar nicht mit der Frage, was sich vor-

aussichtlich ereignen werde, sondern vorausblickend, wo die »porösen Stellen« im Unterbau des Jahrhunderts liegen und wo der »Einbruch durch zu dünnen Boden« zu erwarten sein könnten. So könnte man den Eisenbahnzug der Geschichte, wenn man ein Jahrhundert mit einem solchen Schienenfahrzeug vergleichen wolle, bei entsprechender Aufmerksamkeit vor einem Unglück bewahren. Es stellte sich aber heraus, so Sawyer, daß – abgesehen von Experten im Versicherungsgewerbe – niemand bereit war, längere Artikel mit dieser Perspektive zu schreiben. Zu sehr waren die angefragten Protagonisten von der Masse der Eindrücke des laufenden Jahres bewegt.

Wie überträgt sich ein Wissen in der Kunst?

Die Sängerin aus St. Petersburg, ein hervorragender Barock-Alt, wie ihn nur noch Rußlands Musikhochschulen hervorbringen, sprach kaum Englisch, kein Deutsch und auch kein Spanisch. Die mit den Tönen verknüpften Worte des Librettos formte sie mit ihrer Kehle und ihrem wachen Kopf, gleich, was sie darunter verstand. Der Regisseur aus Katalonien, der als radikaler Inszenierer galt, erläuterte ihr, daß sie im Schlußduett von Händels *Il Trionfo del Tempo e del Disinganno* ihre Aktion so anlegen müsse, als ob sie in den Tod ginge. Das solle sie ausdrücken, unabhängig davon, was sie inzwischen mit ihrer Stimme anstelle. Sie sah dem Regisseur in die Augen. Irgend etwas verstand sie über jede Sprachgrenze hinweg. Calixto Bieito, der Regisseur, glaubte ihr.

Ihm lag an diesem Zwiegesang, der den Schluß von Händels Meisterwerk bildete. Er hatte die Szene als einen Mord auf Verlangen inszeniert. Der Sänger der ZEIT und die Sängerin der ENTTÄUSCHUNG (das war die Russin) traten einander gegenüber. Die Ernüchterung aber war zugleich die Vorstufe und die Substanz von WISSEN, also nicht VANITAS, ACEDIA (die mürrische Trägheit), die VERLASSENHEIT (der Ariadne), die UNEMPFÄNGLICHKEIT, die sämtlich nicht zur Erkenntnis führen. Der Bruder seiner Mutter war so in den Tod gegangen, ein weiser Mann. Alles, was der Regisseur auf die Bühne brachte, entsprach einer seiner inneren Stimmen und der eigenen Beobachtung. Seinen ruhigen braunen Augen war nicht anzusehen, mit welch rabiaten Szenen er die Phantasien des Publikums durchschüttelte. Er ging davon aus, daß die Figuren des spanischen Barock der Leitung der Staatsoper geläufig wären. Auch hierin irrte er, was an dem Verständnis nichts änderte, das ihm entgegengebracht wurde. Es war etwas anderes als Kenntnis, das die an diesem Projekt Zusammenarbeitenden verband.

Die russische Sängerin konzentrierte sich völlig darauf, die Partie richtig zu singen. Das erschöpfte alle Kräfte, und so sah das, was die anderen Akteure mit ihr machten (sie überzogen ihren Kopf mit einer Plastiktüte und strangulierten sie, während sie doch sang), und das, was sie aus Angst, fehlerhaft zu singen, in ihrer Haltung ausdrückte, genauso aus, wie es der Regisseur im Herzen empfand, das auch nicht in Ausdrücken der sprachlichen Realität sich hätte äußern können, sondern heftig pochte.

Aristoteles über die Genese der dramatischen Gattungen

Bernhard Zimmermann stellt in Übereinstimmung mit Christiane Sourvinou-Inwood[1] fest: »Die Tragoidoí sind ursprünglich eine Gruppe maskierter Männer, die in Athen das im Frühjahr fällige Bocksopfer vollziehen; sie treten auf mit Klage, Gesang, Vermummung und dürfen zuletzt den Bock verspeisen.« So behauptet es Aristoteles, der eine Art EVOLUTION von Tragödie und Komödie in kleinen Schritten beschreibt. Die Maskierten können, so die Deutung von Aristoteles in der Interpretation von Zimmermann, sich »unvorsichtig«, »ungeläufig« äußern. Was das ganze Jahr über verschwiegen werden muß (die Rede ist gefährlich), kann unter der Maske durch Zeichen und Worte geäußert werden. Das ist ein Chor, in dessen Lücken und Pausen das Drama wohnt.

Allmählich treten Rollen hervor, so erweitert Christiane Sourvinou-Inwood die fragmentarischen Stellen bei Aristoteles. Es wird nämlich keine Dichtung entstehen aus dem Gemurmel des Chors, wenn nicht Einzelne mit ihren Charakteren hervorstechen. Das geschieht mit Einführung des zweiten Schauspielers durch Aischylos und des dritten durch Sophokles. Bühnenmalerei tritt hinzu. Das bedeutet eine Zunahme der gesprochenen Partien, weniger Tanz. Der jambische Trimeter verdrängt evolutionär den trochäischen Tetrameter. Die kleinen Stoffe (MIKROI MYTHOI) werden durch große Stoffe ergänzt. Es entstehen WÜRDE und UMFANG. Mimesis ist wie Harmonie und Rhythmus den Menschen angeboren, sagt Aristoteles.

Aristoteles nimmt eine generische Evolution der Tragödie an, die ihren »Sitz im Leben« hat und eine anthropologische Konstante darstellt. Sie widersteht den bloß psychischen Dispositionen der Dichter. Niemand ist Herr der Tragödie, so Aristoteles, auch nicht die Gewaltherrscher, welche die Liebe zum Drama, mit großen Gruppen ekstatisch Tanzender, in Athen gepflanzt haben.

---

[1] Christiane Sourvinou-Inwood: *Tragedy and Athenian Religion*, Lanham/Boulder/New York/Oxford: Lexington Books, 2003.

Ein aufgefundener Text Arno Schmidts über die Poetik des Aristoteles

Über das hinaus, was die Züricher Kassette enthält, finden sich immer wieder Manuskriptteile von Arno Schmidt, oft in der Welt verstreut, die sein Werk vervollständigen (es können auch Fälschungen sein). Ein Text, den Schmidt für den Fall notiert hatte, daß er im Herbst 1962 zu einem Treffen der Gruppe 47 eingeladen worden wäre und die Einladung dann auch angenommen hätte (er zögerte entschieden), fand sich im Nachlaß Hans Dieter Müllers (Fundort ist die Friedrich-Ebert-Stiftung), der damals Schmidts Einladung bei Hans Werner Richter energisch betrieben hatte. Schmidt hatte Fragmente notiert, die er bei einer Lesung noch rechtzeitig ausfüllen konnte.

Das Manuskript zeigt zwei Handlungsstränge. Ein Ich-Erzähler unterweist ein Kindermädchen in der nahen Kreisstadt, und zwar immer in der Zeit nach der Lateinnachhilfestunde, die er dem Sohn des Hauses zu geben verpflichtet ist. Er sucht dem Mädchen näherzukommen. Auf einer zweiten Ebene erörtert ein älterer, literaturerfahrener Sklave (ursprünglich stammt er aus Thessalien) mit einem verwöhnten Römersohn Fragen der Poetik des Aristoteles.

Der Text beginnt mit den Worten »Der Mond, auch er fein = säuberlich card = anisch aufgehenkt, kellte Kasein übern Sandweg: heißt kein Sternbild über ›Reiterverein‹?« Die Notiz endet mit den Worten »Das verwaschene Milchgesicht oben sah uns sinnend zu«. Auch hier dürfte der Mond gemeint sein, dessen verschiedenartiges Licht den Text begleitet. Inhaltlich geht es um die »Tragödie als Lebewesen« im 23. Kapitel des Traktats über die Dichtkunst, eine relativ späte Stelle in den einschlägigen Ausführungen des Aristoteles. Bei der Deutung stützt sich der Ich-Erzähler, der sich F. Hauswedell nennt, auf Wolfram Ette und dessen *Die Aufhebung der Zeit in das Schicksal*.

Es stehen nämlich in der Evolutionsgeschichte der Dramen, die wie bei menschlichen Lebensläufen die allmähliche Verfertigung der »Überraschung« und des »Vergnügens« an der Mimesis realer Handlungen (durch Spiel) beschreiben, der Anfang (die Arché) und die Metabasis (also die Wende) entweder zum Glück oder zum Unglück, einander gegenüber. Das unabwendbare Ende, das jede glücklichere Alternative ausschließt, hat seine Macht nur dann, wenn man von der Abgeschlossenheit der Anfänge ausgeht. Wenn also das Kindermädchen sich dem Ich-Erzähler hingibt, so kann dies zu einem unglücklichen Ausgang der Affäre für beide Liebesleute führen, falls sie unerfahren sind. Geht man aber von der »Unabgeschlossenheit der Vergangenheit« aus, so teilt sich diese auch der Zukunft mit. Viele glückliche Erlebnisse aus der Zeit davor, so berichtet jetzt auf der zweiten Ebene der kluge philologische Sklave, können sich auch zu einem glücklichen Ausgang verdichten, wenn die »Teilnehmer einer Liebesgeschichte im Augenblick leichtsinnig handeln«. Ohne leichten Sinn aber, wird dann der Gedanke wieder auf der Ebene des Ich-Erzählers fortgesetzt, handelt keiner von beiden, und die kostbare Stunde (nach der bezahlten Nachhilfestunde) vergeht durch bloßes Reden ohne Handeln. In diesem Augenblick greift der Ich-Erzähler nach Hautteilen seines Gegenübers und wird freundlich abgewehrt.

An dieser Stelle notiert Schmidt längere Passagen aus der Arbeit von Wolfram Ette. DIE EVOLUTION IST EINE BASTLERIN. SO BASTELT SIE AUCH BEI DER GENESE DER TRAGÖDIEN. Dabei gibt es, folgt man der Poetik des Aristoteles, kein subjektives und kein objektives Gegenüber (wie im modernen Theater), sondern wir sind umfangen von der Handlung in ihrer Ganzheit, in der Einheit von Ort und Zeit; aller Ausgang ist also mit dem gesetzten Anfang besiegelt. Der Witz aber liegt in der Frage, so der Ich-Erzähler nach Arno Schmidt und dieser nach Wolfram Ette: Was genau ist der Anfang? Wird bei dem Anfang (und damit meint der Ich-Erzähler die aufkeimende Einfühlung des jungen Kindermädchens, die auf seine eigene antwortet) etwas VERGESSEN, unterdrückt oder gleich anfangs eine falsche Wahl getroffen, dann ist auch am Ende, am Telos des tragischen Wendepunkts, ein Ausweg möglich. Versuchen wir doch, Anfänge zu bilden, sagt jetzt wiederum der erfahrene Sklave zu dem Römerkind, das einmal Statthalter oder Senator sein wird.

Gesetzt den Fall – jetzt wieder der Ich-Erzähler –, Ödipus hätte einen Cousin. Dieser führt nicht das Leben seines fluchbeladenen Verwandten. Hier könnte eine schöne, ja gemütliche Liebesgeschichte herausschauen. An dieser Stelle greift das Kindermädchen mit einem Beitrag ein, einem längeren Monolog. Bei Hautkontakten und Beisammensein sei es stets schön, wenn es lange dauere. Dies entspreche, das habe sie gelesen, einer »Wiedergeburt vom Tode«. Die Antwort des Ich-Erzählers hierauf hat Arno Schmidt nicht ausgeführt. Das wollte er wohl noch tun, sobald er wüßte, daß er die Geschichte in der Gruppe 47 wirklich vorläse.

Der Text setzt sich dennoch fort, und zwar durch eine Erzählung des philologischen Sklaven, der sich merkwürdigerweise und anachronistisch auf Anton Bierl und dessen Ausführungen über den griechischen Roman *Daphnis und Chloe* stützt. Dort wird der allmähliche Gang der Erzählung über vier Bücher hinweg analysiert. Es wird geschildert, wie lange zwei Jugendliche benötigen, bis sie schließlich das überwältigende Gefühl der Liebe, die als Krankheit beschrieben wird, durch drei Heilmittel: »den Kuß, die Umarmung und das Nackt-beieinander-Liegen« in den beide befriedigenden Sexualakt überführen können. Das dauert vier Sommer und Winter. Durch folgende Zeichnung wird das bei Arno Schmidt skizziert:

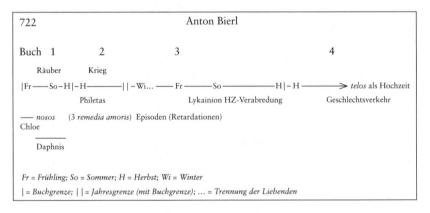

Können Erzählungen, fragt am Ende der Sklave aus Thessalien, die ein tragisches Ende besitzen, in größerer Länge erzählt werden als Erzählungen über die allmähliche Verfertigung von Lust, wenn doch Dritte hier Beiträge leisten[1] und so das epische Prinzip anders als bei Trojas Untergang Platz greifen

---

[1] Daphnis und Chloe lernen sich bei einem Fest des Dionysos kennen, während dessen sich die Geschlechter bei Musik näherkommen (2,1-2,222). Die anzüglichen Umstände irritieren das Gefühl der einander heimlich Liebenden, die das aber noch nicht wissen. Es zieht sie in die Einsamkeit ihrer Weidegründe zurück. Dann tritt Philetas zu ihnen und weist

kann? Das letzte Wort in dem Text hat der jugendliche Römersohn, zu dem sich der alte Sklave offenkundig hingezogen fühlt und von dem er sich gern wärmen lassen würde (was er sich aber nicht traut): Er weist auf den Mond hin, der kühl und keusch das Geschehen bescheint und sich über 2000 Jahre hinweg in seiner Handlungsfolge wohl wenig verändert, auch wenn er sich jährlich vier Meter von der Erde entfernt, und der insofern, aber nur für Sternkundige erfahrbar, ein Bild des Abschieds darstellt. Man wird traurig über das »Milchgesicht Mond«, sagt der kleine Römer, den Arno Schmidt einen »Milchbart« nennt.

Lord Elgin und die Marbles

Die Marmorstatuen, die Lord Elgins Beauftragter auf der Akropolis recherchiert und mit Nummern versehen hatte, konnte man als ganze nicht transportieren. Diese später Elgin-Marbles genannten Skulpturen wurden deshalb zersägt und so auf der Ladefläche großer dafür präparierter Kutschen zum Hafen Piräus gebracht, auf Flößen zu den Schiffen überführt, die mit der Fracht sofort das osmanische Hoheitsgebiet verließen. Das war eine Aktion für Zimmerleute, Organisatoren, Kranbauer, eine Herausforderung an die Intelligenz der Schiffsbesatzungen und nur dadurch möglich, daß England in jeder seiner Gesandtschaften, so auch in Konstantinopel, Allerhand-Männer beschäftigte, die praktisch alles vermochten.

Lord Elgin erfuhr erst im nachhinein von dem gelungenen Coup. Die Schiffe kreuzten zu diesem Zeitpunkt schon vor der portugiesischen Küste nach Norden. Sieben Beauftragte hatte der britische Diplomat, Botschafter Seiner Majestät bei der Hohen Pforte, für die Transaktion bevollmächtigt. Er selbst besaß einen Firman des Großwesirs, der ihn autorisierte, den Marmor im Parthenon zu besichtigen, gegen Wettereinflüsse abzudecken oder sonstwie zu schützen und dann in Konstantinopel zu berichten. Diese Urkunde im Namen des Sultans, die keine Vollmacht zum Raub enthielt, wurde vor Ort von den örtlichen Chefs und der Vertrauensperson des Botschafters großzügig aus-

---

sie durch Erzählungen in die Geheimnisse des Eros ein, ohne exempla keine Liebe. Im dritten Sommer wird Daphnis dann durch Lykainions sexuelle Unterweisung zum Mann. Inzwischen soll Chloe durch Entscheid der Eltern demjenigen zur Frau gegeben werden, der am meisten bietet. Daphnis kann mit gefundenem Geld Chloes Hand gewinnen. Im vierten Jahr kommt es zum Ehevollzug. Ohne Drittintervention kein glücklicher Verlauf der Handlung. Das ist, darauf weist Arno Schmidt hin, der Unterschied zu der Tragödie in der Poetik des Aristoteles, in der die Hermetik des Schicksals Drittinterventionen generell ausschließt.

gelegt. Das Vorzeigen des Papiers war von Geschenken begleitet. Hätten die für Lord Elgin Tätigen gewußt, wie wenig Großbritannien am Ende für diese Unikate bezahlen würde, hätten sie sich nicht so verschwenderisch von Gold und Präsenten getrennt.

Die Marmorgebilde gelangten über Portsmouth ohne Schäden über die Landstraßen bis in die Parks, die Lord Elgin gehörten. Eine Bretterkonstruktion bewahrte sie zunächst vor Schottlands aggressiven Regengüssen. Die Gefahr bestand, daß in winzige Risse des mittelmeerischen Gesteins Wasser eindringt, im Winter friert und dann Stücke der Oberfläche absprengt. Ursprünglich waren Farbreste auf dem Marmor zu sehen. Diese überstanden die Reise nicht. Lord Elgin hatte auf der Heimfahrt nicht soviel Glück wie seine Beute. Beim Durchqueren Frankreichs wurde er vom Kriegsausbruch überrascht, der den Frieden von Amiens beendete. Monatelang saß er im Gefängnis. Dadurch verlor er seine Frau, die vorausgereist war, an einen anderen. Nach vielen Versuchen, wenigstens den Gegenwert für die enormen Kosten (100000 Pfund für den Firman und örtliche »Entschädigungen«, 30000 Pfund für Mannschaften, das Absägen und die Transporte) zurückzuerhalten, zahlte die britische Regierung für die Aufstellung der Marbles 35000 Pfund, und das nur unter Billigung des Parlaments, in dem Abgeordnete den »Diebstahl« der Kunstschätze kritisierten.

Zu einer Rückforderung der Elgin-Marbles sind nach Auffassung von Völkerrechtsexperten in Oxford heute weder die Türkei noch Griechenland berechtigt. Griechenland heißt es, sei nicht Rechtsnachfolger des Osmanischen Reiches. Das gleiche gelte im Hinblick auf die Herrschaftsgebiete des Sultans in Griechenland auch für die Türkei. Im übrigen stehen jedem Anspruch die Einrede der Verjährung und die der Ersitzung entgegen. Bei einer Versteigerung der Marmorstatuen, so der Frankfurter Rechtsgelehrte Spiros Simitis, könnte Griechenlands Schuldenberg zu einem beachtlichen Teil getilgt werden.

Zwei Experten erfinden einen neuen Tuschkasten des Eigentums

Der Verhandlungsführer der DDR, ein Mitarbeiter des Ministerpräsidenten bei den deutsch-deutschen Verhandlungen zum Wiedervereinigungsvertrag, galt als »kurz angebratener Aufsteiger« aus der Zeit der Wende und war Wolfgang Schäuble, dem taktisch erfahrenen Bundesminister des Inneren, nach Urteil der Altkader, die noch in den Regierungsämtern der DDR tätig waren, nicht gewachsen. Auch war dieser Vertreter der DDR »bestochen nach römischer Art«, nämlich durch Aussicht auf ein hohes Regierungsamt nach Abschluß des Vertrages (er wurde später Minister).

In vielem sortierten die beiden Verhandlungsführer, was ihnen von westdeutschen Behörden oder von einflußreichen Verbänden zugeliefert wurde, und verglichen das mit Repliken aus dem ostdeutschen Bereich; selten drangen die durch. Zu einem wesentlichen Thema suchten sie einvernehmliche Lösungen: Das war die Frage des Eigentums in den ostdeutschen Ländern.
Zunächst ging es um den Grundsatz: »Eigentum vor Entschädigung«. Bundesdeutsche Bürger, die ihr Eigentum in der DDR verloren hatten, sollten dieses zurückerhalten, und nur wenn sie es wünschten, an Stelle des Eigentums eine Entschädigung entgegennehmen. Das veränderte Besitzverhältnisse in starkem Ausmaß. Völlig aufgehoben wurde das »Volkseigentum«, einschließlich aller Derivate. Bei der Rückerstattung von Eigentum wurde aus den Verhandlungen mit den ehemaligen Besatzungsmächten die Unterscheidung übernommen zwischen solchem Eigentum, das die Sowjetunion in ihrer direkten Besatzungszeit, gestützt auf den Alliierten Kontrollrat, also auf die Macht des Siegers, enteignet hatte, im Gegensatz zu Enteignungen durch Behörden der DDR. Ganz ohne Berücksichtigung blieben Betriebsübernahmen durch die eigene Belegschaft ehemaliger Staatsbetriebe, auch wenn ihnen Akte der Eigentumsübertragung vorangegangen waren.
Oppositionelle vom runden Tisch der DDR, vor allem aus den Reihen der Kirche, hätten sich statt eines Vertrages zwischen der Bundesrepublik und der ohnmächtigen DDR eine gemeinsam von Bundestag und Volkskammer ausgehandelte Verfassung gewünscht. Sie zitierten historische Beispiele für die Vielfalt des Eigentumsbegriffs in Deutschland. Danach waren Rechtsinstitute wie Besitz, Ersitzung, mit eigener Arbeit geschaffener Besitz, Gemeinschaftseigentum, Allmende (Gemeingut der Kommune) nicht einfach wegzuwischen. Vielmehr bilden sie im Selbstbewußtsein der Bevölkerung über die Zeiten hin eine Realität. Das alles blieb ungehört. Die zwei zentralen Verhandler nahmen es als akademische Betrachtung einer rasch zu lösenden Aufgabe.
Einer allerdings führte später offenen Krieg gegen die »Pfuscharbeit dieses Schandvertrages«. Das war der Widerstandsheld, Pädagoge und Nachfahre von Grundbesitzern am Harz: Axel von dem Bussche-Streithorst. Im Dezember 1943 hatte dieser Mann, den Körper bepackt mit Sprengstoff, bei einer Uniformvorführung in der Wolfsschanze Hitler umarmen und sich mit ihm in die Luft sprengen wollen. Als das Vorhaben scheiterte (der Zug mit den Uniformen verbrannte), meldet sich von dem Bussche zur Front, wo er kurz darauf, »als wäre es bei jener Explosion geschehen«, schwer verwundet wurde; Vertraute sahen darin ein spätes Zeichen für die Intensität seines Entschlusses, der sich noch an anderem Ort und in anderem Kausalzusammenhang als unbewußt wirksam erwies. Ein solcher Mann fiel offenbar nicht in die Kategorie der »Großgrundbesitzer, die das Dritte Reich förderten« und des-

halb nach den Richtlinien der sowjetischen Militärverwaltung zu enteignen waren. Jetzt aber erhielten Adelskollegen, die später enteignet worden waren (und nicht dem Widerstand aktiv angehört hatten), ihre Güter zurück, die Familie von dem Bussche dagegen, die seit dem 12. Jahrhundert bei Blankenburg einen Besitz innehatte, den sie für Verdienste um die Staufer erworben hatten, ging leer aus. Auch war das Bundesfinanzministerium, das seinen Vorteil aus diesen Enteignungen nunmehr wahrnahm, nicht bereit, das Unrecht durch einen Rückkauf zu angemessenen Bedingungen, den von dem Bussche anbot, zu mildern. Die Sache geriet vor das Bundesverfassungsgericht. Das half der Klage nicht ab. Auch der beste Freund des Klägers, Bundespräsident Richard von Weizsäcker, konnte nicht helfen. Daß er das nicht könne, sah der leidenschaftliche Kämpfer von dem Bussche nicht ein. Kameradschaft kann Berge versetzen! Beide hatten sie zum Infanterieregiment Nr. 9 in Potsdam gehört.

Über solchen Gefechten starb von dem Bussche, von Michael Kohlhaas nur um 400 Jahre entfernt. Die Tochter hat später das an ihm begangene Eigentumsdelikt, das sie den leichtfertigen Pfuschern des Einigungsvertrages zuschrieb, wiedergutgemacht, indem sie den übertriebenen Preis zahlte, den die Bundesregierung für das umkämpfte Land forderte.

Wir sammeln Rohstoffe für die Rüstung des Reiches

Weil sich die Klassen des Dom-Gymnasiums und des Martineums, die ihre Schulen räumen mußten, dasselbe Aushilfsgebäude teilen müssen, findet der Unterricht am Nachmittag statt.

Im Anschluß daran schwärmen wir zum Altmetallsammeln aus. Es gibt für das Kilo Eisen *einen*, für Zink *sieben*, für Kupfer *drei* und für Zinn *sechs* Punkte. Für 40 Punkte erhalten wir eine Belobigung. Selten finden wir Zinn. Zink, das sind Zahnpastatuben oder Antiquitäten. Kupfer findet sich in elektrischem Altgerät. Wir sammeln Rohstoffe für die Rüstung des Reiches, von unseren Lehrern angeleitet.

Hinter den Fenstern der Häuser abgedecktes elektrisches Licht. Strikte Verdunkelung beginnt erst ab 19 Uhr. Die Lichtquellen entsprechen der Energie in unseren ehrgeizigen Herzen. Wie belebend die kalte Luft, die wir in die Lungen ziehen! Noch sind wir keine Soldaten. Noch sind wir nicht tot. Wir ziehen auf Handwagen schweres Gewicht, das wir aus den Kellern und den Dachböden der Häuser einsammeln. Wir fahren einen zentnerschweren Motorblock durch den Schnee. Zäune und eiserne Haken eines Ziergeländers haben wir abmontiert.

Eigentum, das bleibt

Noch im April 1945 ergatterte jeder von uns Schülern eine Munitionskiste aus dem Bestand des geplünderten Flugplatzes Halberstadt. In die Metallkiste paßten ursprünglich fünf bierflaschengroße Geschosse, die aber bis Kriegsende den Weg aus den Rüstungsbetrieben in dieses Behältnis nicht gefunden hatten. Der Deckel der Kisten besaß einen Verschluß, an dem sich ein kleines Vorhängeschloß anbringen ließ.

In meiner Kiste, die ich bis 1962 besaß, waren anfangs eine Flasche Pfefferminzlikör und einige Scheiben Brot verwahrt, ab Juni 1946 Geldscheine und ein Schweizer Fünf-Franken-Stück. Drei Umzüge überlebte dieses Symbol des Eigentums, dessen Inhalt praktisch nie genutzt wurde. Die verwahrten Scheine waren inzwischen entwertet, und doch hatte die Idee, daß die Kiste einen Schatz verwahrte, einen emotionalen Sinn. Ich glaube, das war der Grund unseres Beutezuges vom April 1945: ein Eigentum zu finden, das bleibt.

Urtümliche Assoziation der Materie

Anselm Kiefer fesselte ein Bericht in der Zeitschrift *Nature* über die Konsistenz und Gestalt einiger Asteroiden, die von einer NASA-Sonde aus der Nähe beobachtet worden waren. Sie waren nicht aus Stein und auch keine Klumpen fremder Materie, sondern bestanden aus einer Schichtung von Fragmenten, dünnen Flächen, zusammengehalten von der geringen Schwerkraft der Himmelskörper. Käme ein massiver Körper in die Nähe dieser komplexen »Häufelung von Tafeln«, würden sie, so der Astrophysiker Frank Douglas, wie Späne auseinanderfliegen. Schon der nahe Vorbeiflug des winzigen irdischen Raumkörpers ließ die Schrottmasse beben.
Die Astrophysiker begeisterten sich an diesem Ergebnis. Es dokumentierte eine der frühen Phasen des Solarsystems: wie aus Brüchigkeiten feste Körper entstehen. Vermutlich, sagten sie, handelte es sich bei den vermessenen stellaren Gebilden nicht um Planetoiden, sondern um »eingefangene«, »beruhigte« Kometen aus der Oortschen Wolke, die auf eine Bahn zwischen Jupiter und Mars gerieten und in den Zug der Planetoiden eingereiht worden waren. Anselm Kiefer wiederum erinnerten diese »kosmischen Installationen der Götter« an Gebilde, die er in seinem Kunstgarten in Frankreich mühsam durch Schichten von Materialien und deren Bearbeitung durch Wind und Wetter erzeugte.

540   Das Rumoren der verschluckten Welt

Die unendliche Vielfalt der Punkte am Himmel

- Hat Kant in Königsberg viel vom Sternenhimmel sehen können? Besaß er Zugang zu einem qualifizierten Fernrohr?
- Er trug ein Vergrößerungsglas mit sich. Damit kann man aber keine Sterne beobachten. Von See her zog gewöhnlich Dunst über der Stadt auf, wenn es am Abend kühler wurde.
- Dann kann er Sterne nicht sehr genau betrachtet haben. Worauf hat er seine *Kosmogonie* gestützt?
- Auf Zeichnungen des Astronomen Beyer, Hinweise von Laplace und vor allem auf Newtons Grundsätze.
- Anhand der Sterne ordnete er als junger Mensch seine Gedanken?
- Das war wohl der Grund für die Schrift. Ihn faszinierte das Himmelszelt.
- Auch wenn er es nur in der Wölbung seines Schädels sah?
- Mit dem INNEREN AUGE. Zwar nimmt alles Denken in der Erfahrung seinen Anfang, aber nicht alles Denken beruht auf Erfahrung.
- Seines Interesses für die Sterne war er sich gewiß. Sie sind ihm ein Beispiel für das Erhabene.
- So war er in seinen jungen Jahren wie ein Dichter tätig?

 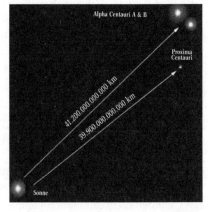

Abb.: Der Weg zum nächsten Stern.

Im Weltraum gelangt die Erde nie zweimal an denselben Punkt

Die Erde, geführt von der Sonne und den Geschwisterplaneten, durchfurcht die Milchstraße und gelangt dabei, obwohl sie das Zentrum schon 27mal umkreiste, nie zweimal an denselben Punkt. Einmal näherte sie sich einer ihrer früheren Bahnen um 3 Parsec. Ein unsichtbarer Begleiter folgt ihr in gewisser Ferne, ein sogenannter BRAUNER ZWERG, eine unentfaltete, weil massearme Sonnenschwester, die aber fähig ist, so wie Zeus Blitze schleudert, den Pulk von Kometen, die in der Oortschen Wolke auf ihren Einsatz warten, in Aufregung zu versetzen. Der gravitative Schock des dunklen Begleiters läßt sie in Richtung Sonne fallen, und einige der Impakte, Katastrophen und Einschläge, welche die Erde trafen, folgen aus der Periode, in der sich diese ZWEITE SONNE unserem System näherte.

Das Engelskonzert der Raumkörper, die das Sonnengestirn durch den Kosmos mit sich schleppt, kartographierte E. F. Shubalow in einem tausendjährigen Turm im Kaukasus, in dem sein modernes Teleskop im Schutz einer verglasten Terrasse eingebaut war. Kalt war dieser Beobachtungsstand. Vier Öfchen reichten nicht aus, dem Astronomen die Knie zu wärmen. Neben dem Gestell waren vier Tische aufgereiht, von Papieren mit Sterndaten bedeckt. Shubalow hatte seine Aufzeichnungen über die Gesamtbewegung des Sonnensystems um den Kern der Milchstraße im Jahr 1937 fertiggestellt, bevor ihn die Häscher verhafteten und nach kurzer Dunkelhaft ohne Verhör erschossen, so willkürlich und fahrlässig, wie Sterne sich nicht bewegen können, ohne zu entgleisen.

Urform des Eigentums

Die Paläobiologen bestätigen, daß die primäre Voraussetzung für Leben eine Fläche ist, die Urform des Eigentums, eine Abgrenzung. Sie findet sich auf Kristallflächen. Ohne eine solche »Insel« keine »Form«, ohne Form keine Substanz, ohne Substanz keine Information. Es sind Molekül-Matten, die zwischen zwei Festkörperflächen dazu übergehen, für sich EIN EWIGES LEBEN vorzubereiten.

– Sie gehen vom ersten Augenblick an aufs Ganze? Auf Reduplikation in Ewigkeit?
– Sofort. Energischer als später.

– Als hätten sie für etwas Geringeres als das kein Motiv? Sie würden mit der Autopoiese gar nicht erst anfangen?
– Obwohl sie nach Darwin kein »Motiv« haben können.
– Darin sind wir Paläobiologen ja orthodox!
– Aber es hat das *Aussehen* von »Gier nach Ruhm«, Lust an der Ewigkeit.

Kant und der ROTE MANN

In der Zeit, in welcher die Truppen der Zarin Elisabeth Königsberg besetzt hielten, sah Immanuel Kant in einem Zirkus einen ROTEN MANN. Nach der Vorstellung ging er auf der Suche nach diesem Indianer in Begleitung Hamanns und eines russischen Offiziers in die Ställe und Nebenzelte. Hamann hatte er gebeten, für die Übersetzung zu sorgen, da er davon ausging, der Zirkusmann aus dem weiten Westen spreche Englisch. Der Rote, endlich entdeckt unter den Pferdepflegern und damit beschäftigt, den Tieren Futter vorzulegen, erwies sich als ein kostümierter Russe aus der Gegend des Altai-Gebirges, einige Brocken Deutsch verstand er. Jetzt war der russische Offizier behilflich. Kant hatte nach einer authentischen Auskunft gesucht, die seine Annahme stützte, daß das weltbürgerliche Verhältnis eines jeden Menschen, also auch das eines Mitglieds der wandernden Völker, einen Punkt auf der Erde voraussetze, auf den er ein Recht habe seinen Fuß zu setzen. Das war die Herleitung des naturrechtlichen Eigentums aus der Tatsache, daß der Planet einen Gegenstand darstellt, der sich selbst gehört, noch ehe Rechtsansprüche einem Menschen das Eigentum am Boden ganz entziehen könnten. Mensch und Erde seien in ihrem Verhältnis reziprok, so Kant; beide könnten sie nie vollständig enteignet werden.
Der Tierpfleger und Dresseur aus Rußland bestätigte, daß er aus einem Clan stamme, der nomadisiere. Er verstand Kants Äußerung vom »Recht eines Menschen auf ein Stück Boden, auf den ich den Fuß setzen kann«, zunächst gar nicht. Mit dem Fuß häufelte er einen Kreis aus Heu auf den Stallboden. Er meinte, in bezug auf diesen Kreis, das brauche er für den Fuß eventuell hier im Zirkus wie überhaupt in der Stadt. Kaum brauche er so etwas aber dort, wo er geboren und aufgewachsen sei. Eher, und das deutete er mit Gesten an, würde er sein Haupt zum Schlaf auf einen festen Punkt legen wollen. So denke auch seine Familie. Als Eigentümer aller vier Horizonte, auch des Himmels, des Wetters und der zahlreichen Wasserläufe unter der Erde, würde er mit all seinen Seelenkräften eher seinen Platz auf dem Sattel seines Lieblingspferdes als irgendeinen festen Punkt des Bodens verteidigen.
Trotz der Gegenrede des Nomaden sah sich Kant, wie er zu Hamann sagte, in

seiner Ansicht bestätigt, daß die Kategorie des Eigentums sich auch in Wandergesellschaften aus dem Verhältnis zur Erde ergebe: Bei Höhlenbewohnern (also Bauern oder Städtern) durch direkten Besitz eines Stücks Erde, also eines Grundstücks; bei Präriebewohnern erstrecke sich der Punkt aufs Ganze, also auf Ebenen, Flüsse, den Horizont. Das hatte er für die INDIANISCHEN NOMADEN, von denen er noch nie jemanden gesehen oder gefragt hatte, so angenommen, und es wurde ihm als zutreffend durch den OSTNOMADEN bestätigt, da alle Menschen auf der Erde, was das Naturrecht betrifft, gleiche Eigenschaften besitzen. Der Unterschied zwischen dem echten und dem kostümierten Zirkusmann schien dem Philosophen in dieser Hinsicht bloß zufällig.

Nachweise und Hinweise

S. 15 »Er hat die herzlosen Augen eines über alles Geliebten« → *100 Notes – 100 Thoughts / 100 Notizen – 100 Gedanken*, dOCUMENTA (13), Ostfildern 2011.

S. 29 »Alfred Hausdorf, Vater meiner Mutter« → »Mein Großvater mütterlicherseits«, in: *Tür an Tür mit einem anderen Leben*, Frankfurt am Main 2006, S. 510-512.

S. 49-68 »Uralte Freunde der Kernkraft« → »Kann ein Gemeinwesen ICH sagen? / Tschernobyl«, in: *Die Lücke, die der Teufel läßt*, Frankfurt am Main 2003, S. 105-193; → *Die Wächter des Sarkophags. 10 Jahre Tschernobyl*, Hamburg 1996.

S. 90-95 »In großer Ferne zum 5. Jahrhundert v. Chr.« → »Heidegger auf der Krim«, in: *Chronik der Gefühle*, Band I, Frankfurt am Main 2000, S. 413-434.

S. 96-97 »Erst später verstand ich, worum es sich handelte« → »Mein wahres Motiv«, in: *Tür an Tür mit einem anderen Leben*, Frankfurt am Main 2006, S. 594-597.

S. 136 »Kleist und seine Schwester« → »Kleists Reise«, in: *Die Lücke, die der Teufel läßt*, Frankfurt am Main 2003, S. 552-553.

S. 150-151 »Wie ich Thomas Manns Villa umschlich«, Paraphrasen zu Thomas Mann → »Massensterben in Venedig«, in: *Chronik der Gefühle*, Band II, Frankfurt am Main 2000, S. 461-463; »Faust als Nationalsozialist«, in: *Die Lücke, die der Teufel läßt*, Frankfurt am Main 2003, S. 817-819.

S. 167-168 »Zungenlust, Empathie und impartial spectator«; die Geschichte stützt sich auf: Susan Buck-Morss, *Hegel und Haiti. Für eine neue Universalgeschichte*, Berlin 2011. Den Hinweis verdanke ich Heinrich Geiselberger.

S. 213, 221, Abbildungen aus Basil Pao: *China Revealed. A Portrait of the Rising Dragon*, London 2007.

S. 225, 243, 246, 256, 275; »Schlittenhunde«, »Landschaft von hoher Einsamkeit und Dauerkälte im Pamir. Sommerbild«, »Zwei Opfer eines Schiffbruchs in Spitzbergen etwa 1896«, »Eisenbahntrasse, die auf ein Bergwerk auf Spitzbergen zuführt«, »Liebe als ein Begriff dafür, daß man das, was man von anderen haben will, gerade dadurch selbst gibt«, aus: *Royal Geographical Society Illustrated*, London 1997.

S. 242 »Ur-Szene eines Großkinos« aus Rem Koolhaas: *Delirious New York / Ein retrospektives Manifest für Manhattan*, New York 1978.

S. 287 »Die Medien Geld, Wahrheit und Macht, unvereinbar mit den Regeln, die sich die zärtliche Kraft gibt, bilden den Hintergrund, vor dem Luhmann die Gelände der Liebe abbildet« → Der Liebesbeweis (3); → »Einmal in Kommunikation verstrickt, gelangt man nie wieder in das Paradies der einfachen Seelen zurück« (10), in: »Nachrichten vom Tausendfüßler. DVD zu *Das Labyrinth der zärtlichen Kraft*«, Frankfurt am Main 2009.

S. 351 »Der Mann aus Bielefeld ... die Aktentasche in der linken Hand«; Niklas Luhmann war tatsächlich im Wintersemester 1968/69 als Vertreter des Lehrstuhls von Th. W. Adorno an der Johann Wolfgang Goethe-Universität in Frankfurt am Main tätig. Inmitten der Turbulenz des studentischen Protests wählte er für das Seminar das Thema »Liebe als Passion«.

S. 400 »Eulenspiegel in der Pferdehaut« → »Eine merkwürdige Bemerkung von Till Eulenspiegel«, in: *Das Bohren harter Bretter*, Berlin 2011, S. 298-299.

S. 426-470 »Die Revolution ist ein Lebewesen voller Überraschungen« → »W. Benjamin, die Sterne und die Revolution«, S. 326-327; → »Geschichten aus den Anfängen der Revolution«, in: *Die Lücke, die der Teufel läßt*, Frankfurt am Main 2003, S. 635-673; → »Der Zeitbedarf von Revolutionen«, in: *Tür an Tür mit einem anderen Leben*, Frankfurt am Main 2006, S. 341-408; »Ein Gesumm von Seelenlampen. Jakobiner fliegen im Ballon zum Mond«, in: *Das Bohren harter Bretter*, Berlin 2011, S. 91-132.

S. 465 »Der ›Krummes‹ sinnende Saturn« aus Alexander Honold: *Hölderlins Kalender. Astronomie und Revolution nach 1800*, Berlin 2005.

S. 510-512 »Wiederkehr der Götter« und folgende Abbildungen aus: *Die geretteten Götter aus dem Palast vom Tell Halaf*, Staatliche Museen zu Berlin – Stiftung preußischer Kulturbesitz, Regensburg 2011. Die Personen der Geschichte sind erfunden.

S. 514-519 »Die Menschen mit zwei Köpfen«, »Wie zwei Hirnchirurgen in Gegenwart eines Deuters den Sitz der Götter auf der rechten Hirnseite ihrer Patienten entdeckten«, »Die kurze Ära des Bewußtseins«, »Die assyrische Springflut«, »Die Entstehung des SELBST aus der Hinterlist«, »Hoffnung, im Urwald auf eine frühe Stufe der Menschheit zu treffen« stützen sich auf die faszinierende Theorie von Julian Jaynes, *The Origin of Consciousness in the Breakdown of the Bicameral Mind*, Boston 1976; Rainer Stollmann verdanke ich den Hinweis hierauf.

S. 517 »So kämpften Doppeladler vor der rossebändigenden Stadt Troja.« Die Götterstimmen hinderten den Helden Ajax, der sich betrogen fühlte, gegen den König Agamemnon, den er als ungerechten Richter empfand, mit dem Schwert sofort vorzugehen. In dem Stimmengewirr durcheinanderredender Götter und seines wilden Zorns beschloß er, in der Nacht das Lager der Griechen anzuzünden und das gesamte Heer zu vernichten. Auf diese Weise zwischen seinen Hirnhälften hin- und hergerissen, brach er in eine Herde von Schafen ein, die er sämtlich tötete. Die Scham darüber gab ihm den Tod. So beschreibt die Ilias die bikamerale Mentalität. In der Odyssee herrscht bereits das »neue Denken«. Von Odysseus heißt es zwar, »das Herz bellte ihm im Leibe«. Es muß ihm gehorchen. Die Entschlüsse des Kopfes erfolgen zentral. Athene erscheint ihrem Günstling Odysseus nicht als »innere Stimme«, sondern als Erscheinung.

S. 523 »Bürger aus Ninive«, »Weißer Kopf« aus der Zeit des Herrschers Gudea von Lagasch aus: *Schätze der Weltkulturen*, Stiftung Preußischer Kulturbesitz, Berlin 2000.

Bildnachweise

S. 56: Miyako City, Iwate Prefecture, 11. März 2011, Foto: Mainichi Shimbun / REUTERS; S. 88: Akropolis, Athen, Foto: Roger Viollet / ullstein bild; S. 105: Rainer Werner Fassbinder, Dreharbeiten zu »Lili Marleen«, 1980, Foto: Karl Reiter / Rainer Werner Fassbinder Foundation; S. 245: Theodor W. Adorno, Foto: AKG / ullstein bild; S. 291 f.: Szenen aus Madame de La Fayettes »La princesse de Clèves«, Wiedergabe mit freundlicher Genehmigung der Bibliothèque nationale de France; S. 315: Sigmund Freud mit einem Bruder und fünf Schwestern, IMAGNO / ullstein bild; S. 331: Erdensohn 2009. Fotografie des chinesischen Künstlers Liu Zheng; S. 383: Strauss-Kahn. Nach einer Nacht im Gefängnis, Foto: Jewel Samad / Getty Images; S. 385: Premierminister Silvio Berlusconi, umringt von seinen Leibwächtern, Foto: Remo Casilli / REUTERS; ebd.: Treffen der Finanzminister Tremonti und Venizelos in Brüssel, Foto: Olivier Hoslet / picture alliance / dpa; S. 419: Fernsehen im Weißen Haus, Foto: The White House / Getty Images; S. 432: China NPC, Foto: Diego Azubel / picture alliance / dpa; S. 438: Lucius Cornelius Sulla, Porträtbüste, Foto: akg-images; S. 451: Alexandros Ypsilanti, Porträt / Holzstich, Foto: akg-images; S. 496: Alexander Kluge und seine Schwester Alexandra während der Dreharbeiten zu »Die Macht der Gefühle«, Foto: Digne M. Marcovicz; S. 562, 564: Paul Klee, Fig. 53, 74, 75, Abbildungen aus: Paul Klee, Pädagogisches Skizzenbuch, München: Langen 1925, Nachdruck Berlin: Gebr. Mann 1997.

Danksagung

Meinem Lektor Wolfgang Kaußen bin ich wie bei meinen letzten Büchern zu großem Dank verpflichtet. Ich danke auch meinen Helferinnen Beata Wiggen, Zita Gottschling, Christa Dirnberger-Mukai. Meiner Schwester Alexandra Kluge verdanke ich Stoffe und Rat. Ute Fahlenbock danke ich für die gelungene Herstellung von Text und Bild.

Inhaltsverzeichnis

Das fünfte Buch. Neue Lebensläufe
402 Geschichten

Vorwort 7

1 Die Lebensläufer und ihre Lebensgeschichten 9

1 Die Fliege im Pernod-Glas 13
Die Fliege im Pernod-Glas 13 – Blumen in der Stadt 13 – »Er hat die herzlosen Augen eines über alles Geliebten« 15 – Die geheime Geschichte seines Glücks 16 – Zwei Träumerinnen stiften Verwirrung am Freitag abend 17 – Fräulein Clärli 19 – Das Mädchen von Hordorf 20 – Der erste Zeuge 21 – Der zweite Zeuge 21 – Das verlorene Kind 22 – Für die Zukunft ihrer Krabbe tätig 24 – In ihrem Kleiderschrank klebte ein Bild 25 – Stärkung mit zeitversetzter Wirkung 27 – Das Glück des dicken Bonaparte 28 – Wie Zorn sich wandelt 28 – Eine Kette von Vorfahren 30 – Mein Urgroßvater mütterlicherseits 31 – Shoddy 35 – Ein flotter Geist in einem unsicheren Körper 35 – Einen Moment lang hat es den Anschein, daß in der Nähe von Manchester ein neuer Menschentyp entsteht 37 – Eine frühe Ahnung von Faschismus 39 – Das platonische Ideal der Einheit von Zeit und Konzentration bei der Arbeit (Marx, *Das Kapital*, 12. Kapitel, Anmerkung 80) 40 – Auf Tuchfühlung 40 – Ein Lebenslauf in verdichteter Zeit 41 – Die englische Prägung 42 – Sturz eines Hochbegabten 44 – Eiliger Moment 45 – Ein von allen geliebtes Erstgeborenes 46 – Kalte Ente Freitag abend 46 – Keine Freiheit für den Hirtenhund 47 – »Eine Schweizer Stiftung soll über mein Liebstes wachen« 48

2 Uralte Freunde der Kernkraft 49
Uralte Freunde der Kernkraft 49 – Witzlaffs Katastrophentheorie 50 – Empfindliche Abkömmlinge aus ferner Zeit 51 – Kosmische Musik 52 – Es entlastet, wenn die Last nicht auf dem Einzelnen liegt 52 – Kommunizierende Tunnelwände 53 – Sie waren froh, in der Not beieinander zu sein / Lob der Kommunikation 54 – Bilder aus dem Zentrum des Geschehens 54 – Begriff der Arbeit in der Notzentrale 55 – »Eine Metropole von 37 Millionen Menschen« 56 – Ein Bürgermeister von Tokio 57 – Evakuierung einer Metropole 58 – Eine sich vergesellschaftende Rotte von Robotern 59 – Ein Metallbrand ist besonders schwer zu löschen 60 – Zufluchtsort einer künftigen

Menschheit 61 – Erdbeben mit der Folge einer flutartigen Empörung in der Antike 63 – Der Stolz des Ortes ist die Schule 64 – Müde, ohne gearbeitet zu haben 65 – Absinken des Aktualitätswerts 66 – Besuch der Kanzlerin 67

3 Der Lebenslauf einer fixen Idee 69
Der Schreiner von Athen 69 – Besser wenn es keine Regierung gibt, die Verträge unterschreibt 69 – Der Lebenslauf einer fixen Idee 71 – Ein unbezahlbares Motiv 71 – Der letzte Listenreiche gibt die Hoffnung auf 74 – Wiedergutmachung für Alarichs Taten 75 – Szenario der griechischen Bahnen 76 – Zerfledderung von Lorbeerkränzen 79 – Koloniebildung im 21. Jahrhundert 80 – »Griechenland in permanenter Revolution« 80 – Der griechische Exodus 81 – Ein Lebewesen, weder osmanisch noch griechisch 82 – Goethe und die Griechenfreiheit 83 – Eine Geschichte um Leidenschaft und Lebenspraxis aus dem griechischen Befreiungskampf 85 – Indikative Bewertung 88 – Das »gewaltsame Auge« 88 – In großer Ferne zum 5. Jahrhundert v. Chr. 90

4 Die unsichtbare Schrift 96
Wartezeit 96 – Erst später verstand ich, worum es sich handelte 96 – Entschluß eines aufgeregten Julitages 98 – Nebeneinanderschaltung 99 – Allmähliche Beladung des Hirns durch Schrift 100 – »Die Lebensbahn des Zwerchfells« 101 – Lebensläufe der Libido 102 – »Leiden kann nur der Einzelne« 104 – Der Erzählraum (und das Darüberhinaus) 106 – Besuch in der Zukunft 107 – Welche Sprache wird in 200 Millionen Jahren gesprochen? 109 – Die Niedermetzelung des 2. Nassauischen Infanterieregiments Nr. 88 112 – Sie weinte bitterlich, als sie hörte, daß es für Eltern keine Verkehrsverbindung zur Front gibt 114 – Die unsichtbare Schrift 116 – Erinnerung, ein rebellischer Vogel 116 – Ein Erforscher von Lebensgeschichten 118 – Die Ärzte der Charité sahen keine Möglichkeit, den energischen Lebenskämpfer abzuwimmeln 119 – Ein Geschichtsfaden 120 – Ausradierte Jahre 121 – Körpergröße und Bedeutungswandel 122 – Septemberkinder 1990 123 – Glückliche Nachreife 124 – Reinschrift des Lebens 125 – Auf dem Weg zur Unentbehrlichkeit 126 – Ein Clan aus Niger sucht seine Lebensläufe zu verbessern 126 – »Ein Leben namens Gucki« 127 – Sieben Generationen begründen eine Region 127 – Die letzte Bastion 128 – Übriggeblieben aus der vorigen Welt 129 – »Mancher Fabriken befliß man sich da, und manches Gewerbes« 129 – Lieschen hat sofort gesehen, daß Hermann nicht umzustimmen ist 131 – »Damit sich Acker an Acker schließt« 131 – Goethes Kunstgriffe 132 – Zwangsentwurzelte Evakuierte 133 – »Kommt ihr doch als ein veränderter Mensch« 133 – Begegnung

auf der Flucht 135 – Kleist und seine Schwester 136 – Kleists Lebensplan 136 – Ein Fragment wird verbrannt 137 – Wie Goethe eine Minderjährige belauerte 138 – Eine apokryphe Oper Rossinis (Libretto von Goethe) 139 – Zwischen Körper und Kopf nichts als Musik 140 – Nahe Begegnung zwischen Karl May und Lord Curzon 143 – Prägung eines Charakters durch intime Erlebnisse und einen Sturz vom Pferd 145 – »Im Banne der merkwürdigen Gewalt, welche der Orient auf uns alle ausübt« 145 – Das Blut des Geliebten 147 – Wie ich Thomas Manns Villa umschlich 150 – Eine Romanskizze von Klaus Mann zu einem Stoff seines Vaters 151 – Ein Entwurf von Thomas Mann über Goethe während der Belagerung von Mainz 153 – Hegels unehelicher Sohn 154 – Jeden Morgen liest Hegel Zeitung 157 – Wie der Zufall in einer Winternacht Generationen an Nachfahren zustande brachte 158

2 Passagen aus der ideologischen Antike: Arbeit / Eigensinn 161

1 »Sag mir, wo die Arbeit ist, wo ist sie geblieben?« 163
Aus den Augen, aus dem Sinn 163 – Rückverwandlung von Soldaten in einfache Arbeiter 163 – Gefügeartige Arbeit 164 – Ein grauer Montag 164 – Röntgenblick auf die »unsichtbare Hand« 165 – Bauernaufstand des Geistes in der Mathematik 165 – Begegnung mit dem Glück in globalisierter Welt 166 – Zungenlust, Empathie und impartial spectator 167 – Moderne Anlagen, Prunkstücke »toter Arbeit«, momentan ohne Eigentümer 168 – Entstehung von Energien aus Trennung und Leid 169 – Lebenszeit gegen Geld 170 – Einfacher Handgriff 171 – »Sag mir, wo die Arbeit ist, wo ist sie geblieben?« 171

2 HAMMER, ZANGE, HEBEL. Gewaltsamkeit als Arbeitseigenschaft 173
BEHUTSAMKEIT, SICH-MÜHE-GEBEN, KRAFT- UND FEINGRIFFE 174 – Verinnerlichung von Arbeitseigenschaften 176 – AUFRECHTER GANG, GLEICHGEWICHT, SICH-TRENNEN-KÖNNEN, NACH-HAUSE-KOMMEN 177 Die Fingerspitzen, der Klammergriff 178 – Robo sapiens. Internet. Rückfall auf »einfache Lebenszeit« 178 – HEBAMMENKUNST 179

3 Selbstregulierung als Natureigenschaft 180
Das zänkische Gehirn 182 – Eiszeit 183 – Zelle 183 – Ungehorsam 184 – Brüderlichkeit 184 – Selbstregulierung als Ordnung 185 – Spezifische Störbarkeit 185

4 DIE ZERBROCHENE GABEL. Warum stehen Menschen
neben ihrer Geschichte?................................... 188
Kriegsgewinnler 1918 188 – Loss of history 189 – Abbruch der Erfahrung 190 – Ein Anschein von Kooperation 191 – Eine Strömung von Kooperation ganz am Sockel 192 – Als Monteverdis Bote im Autowerk 192 – Wandernde Klänge gehorchen keinen Eigentumsgrenzen 193 – Insolvenz im Motiv 194 – Die zerbrochene Gabel 194 – »Tote Arbeit« 195 – Industrieruine, liegengeblieben auf dem Weg der Investoren 195 – Erwachsenenbildung für die Finanzindustrie 196 – Ein Absacker-Gespräch 196 – Die Ausdrucksweise Großer Theorie und das einfache Leben 198 – Eine merkwürdige Wortwahl von Karl Marx 199 – Hermetische und assoziative Kräfte 200 – Rückkehr zur »unabhängigen Bodenbearbeitung« 201 – Eine Dissertation mit unzureichenden Quellenangaben 201 – Alleinstellungsmerkmal 202

5 »Da kannst Du essen, Du eigensinniges Kind!«................. 205
Das eigensinnige Kind 205 – »Antirealismus des Gefühls« 206 – Unabweisbarkeit im Eigensinn der Arbeitskraft 207 – »Sinnlich sein heißt leiden«. »Schöpferische Zerstörung« im individuellen Lebenslauf 208 – Patrioten ihrer Kinderzeit 209 – Spielerischer Umgang im Amt 210 – Filmszene aus der Arbeitswelt 211 – »Heile, heile Mäusespeck / In hundert Jahrn ist alles weg« 214 – Der digitale Peters 214 – Ein Film über den »Gesamtarbeiter« 216

3 Wer sich traut, reißt die Kälte vom Pferd 223

Menschenfeindliche Kälte / Die »gescheiterte Hoffnung«........... 227
Menschenfeindliche Kälte 227 – Stroh im Eis 227 – »Die gescheiterte Hoffnung« 230 – Eisblaue Augen 231 – Wiederherstellung von Hoffnung für den Ruhm Rußlands im Norden 233 – »Derjenige dagegen hat das Recht auf seiner Seite, welcher den Anderen nur als Einzelnen, abgelöst von dem Gemeinwesen, zu fassen wußte« 234 – Der Vorwand für Jeschows Entmachtung 235 – Aller Macht entkleidet 236 – Körperwut 238 – Fehlen der Vernichtungswut bei Hirschartigen 239 – Kommentar: Organisierte Kälte, verdichtete Gleichgültigkeit 243 – Shuttle-Diplomaten (Schnappschuß) 252 – Auf dem Dach der Welt 252 – Holbrookes Ende 254 – Tausch eines unlösbaren Problems gegen ein lösbares 255 – Spitzbergen wird zugeteilt 256 – Tauschwert von überflüssig viel Raum 257 – Ein Treibstoff namens Gier 258 – Eissturm an der Front vor Moskau 259 –

21999 v. Chr. 259 – Eindruck von Undurchdringlichkeit 260 – Die Macht der »Zeit« 260 – Die Nordpolarstellung 261 – Der Rüstungsminister versäumt den Abflug nach Nordgrönland 262 – Beuys auf der Krim 263 – Der Tod des Aufklärers Malesherbes 264 – Eine letzte Frontfahrt 264 – Das Steinherz 266 – Warten am letzten Tag im Advent 268 – Unerwartete Bekehrung eines Heiden 270

4 Die Küche des Glücks 273

1 Die Prinzessin von Clèves 277
1 Ein Roman der poetischen Aufklärung ... 277 – 2 Amour propre oder die Eigenliebe ... 279 – 3 Über einige Begriffe und Szenen des Romans 280 – 4 Eine Vorratssammlung moderner Fragen und Romanstoffe zum Begriff der *passion* von Niklas Luhmann 286 – 5 Einzelheiten einer Intrige 291 – 6 Wandernde Schicksale. Eine Moritat ... 292 – 7 Wie würde man heute den Roman *Die Prinzessin von Clèves* weiterschreiben? Wäre das im 21. Jahrhundert möglich? 294 – 8 Arbeitszeitmesser A. Trube zu Liebe, Macht und dem Unterschied von Zeitabläufen im 17. und 21. Jahrhundert 297 – 9 Intelligenz und Sprache der Mathematik im Vergleich zu der von Liebesromanen 299 – 10 »Ort und Zeit ohne Grund ist Gewalt« (Aristoteles) 301 – 11 Neo-Stoizismus 302 – 12 Ableitung der Vernunft (raison) aus dem Wort *Arraisonnement* 303

2 Was macht der Liebe Mut? 305
Eine Bemerkung von Richard Sennett 305 – Was sind Derivate? 305 – Eine Beobachtung von Niklas Luhmann, die auf Richard Sennetts Bemerkung antwortet 307 – Ein libidinöser Grund für Sachlichkeit 308 – Figaros Loyalität 309 – Eros und Thanatos 311 – Nature of Love 312 – Im Schattenreich der Libido 315 – Die Lüge eines Kindes 315 – Die Hoden der Aale 317

3 Die Gärten der Gefühle 320
Die Wahlverwandtschaften. Parklandschaft mit vier Liebenden 320 – Die wunderlichen Nachbarskinder 324 – W. Benjamin, die Sterne und die Revolution 326 – Teestunde mit Akademikern 332

4 Das Labyrinth als Grube 335
Sir Arthur Evans in Knossos 335 – Der schönste Schatz der Evolution 336 – Die »ursprüngliche Akkumulation der zärtlichen Kraft« 337 – Steine des Labyrinths als Erinnerungsstücke 338 – Ein Frauenopfer in der An-

tike 339 – Ein Frauenopfer 1944 340 – Mord in der Hochzeitsnacht 341 – Die Schönheit in der Stimme der Nachtigall 342 – Die Metamorphosen des Ovid 342 – Nichts ist einfach Routine 345 – Wird der Minotauros mit einem ganz anderen Konstrukt des Daedalus verwechselt? 345 – »Daß es zu bösen Häusern hinausgehen muß, sieht man von Anfang an« 348 – Kollektive erotische Grundströmung als Ursache vermehrter Zeugung in einer Pariser Nacht 348 – Das Labyrinth als Grube 349

5 Die Küche des Glücks 351

5 Das Rumoren der verschluckten Welt 369

1 Absturz aus der Wirklichkeit 371
Tödlicher Zusammenstoß zweier Rennpferde 371 – Macht über den Mächtigen 373 – Absturz aus der Wirklichkeit 374 – Einer der letzten Einzelkämpfer 375 – Die Inflation regnet sich ein 376 – November 1923 377 – Die Concierges von Paris 379 – Ein Vorschlag aus Alexandria 380 – Das sibirische Meer 380 – Wie leicht bricht einer durch den dünnen Firnis der Realität 383 – Der Söldner 386 – Ein Kämpfer aus Ungarn 390 – Kleinheit der Fragmente, aus denen sich der Verlauf des Sprengstoffattentats ermitteln läßt 391 – Die Stelle zwischen zwei Institutionen, an der die Schuld ungenau wird 392 – Sturz nach einem Tag mit zu vielen Eindrücken 393 – Vor ihrem Alter graulte sie sich 395 – Die ersten 36 Stunden mit einem lachhaften Verwaltungszwerg 396 – Der Abbrecher 397 – Ihre Ankunft sollte durch ein Essen würdig begangen werden 397 – Nebelfahrt 398 – Künstlerische Installation, die nicht auf den kindlichen Instinkt geeicht ist, vor Abgründen innezuhalten 399 – Das Tier wollte uns nicht rammen 399 – Eulenspiegel in der Pferdehaut 400 – Wirklichkeit als eine zweite Haut 400

2 Das Rumoren der verschluckten Welt 402
Ausgründen nach oben / Luftmeere der Gesellschaft 402 – Schätze der Tiefsee 403 – Suche nach Menschengold 403 – Seltenes Leben ohne Verwertungsaspekt 403 – Lange Zyklen der Wiederkehr ewiger Farne 404 – Unerwartete Chance durch das Virus 404 – Im Marianengraben können die Atome bis in alle Ewigkeit kühlen 404 – Das unheimliche Potential, welches in der Erdkruste schlummert 405 – Hotel am Abgrund 406 – Eine junge Assistentin befragt Talcott Parsons in Heidelberg 406 – In den Jahren der Verwirrung 409 – Matschmasse 411 – Sich entzündender Konfliktpunkt, der 2030 gefährlich werden kann 412 – Porträt einer Seelenstörung 412 – Schmerz-

freier Tod 413 – Ein fernes Blinkzeichen von Thomas Robert Malthus 413 – Industrielles Schlachten im 21. Jahrhundert 414 – Eine Lawine an Uneinigkeit 414 – Subjektiv-Objektiv 415 – Die unendliche Habsucht der Subjektivität 415 – Die neue Gier 416 – Die fossile Spur des unabhängigen Gedankens 417 – Getrenntes Paar 418 – Die Stärke unsichtbarer Bilder 418 – Seitlich des Bildes 419 – Der Topos, mit dem jede Welteroberung beginnt 420 – Ein unverzeihlicher Verlust 420 – Der Leichnam Karls des Kühnen 421 – Einsamer nie als im November 421 – Der Nachträgliche 422 – Ein Team alteingesessener Delphine 423 – Das unsichtbare Bild der Sintflut 424

3 Die Revolution ist ein Lebewesen voller Überraschungen 426
Grüne Hügel von Chengde 426 – Wetterwechsel im Sinne Maos 426 – Die Revolution ist ein Lebewesen voller Überraschungen 427 – Deng staunt, wie rasch die Leute den komplizierten Kapitalismus lernen 429 – Was ist ein »Bauer der Bedürfnisse«? 430 – Tze-fei begegnet einem Vers von Freiligrath 431 – Zwei Fernbeobachter der Revolution im Nahen Osten 433 – Provinzen zahlen für große Städte Steuern 435 – Verbindung zwischen zwei Zentren der Revolte 436 – Können utopische Besitzansprüche Zauberkraft entfalten? 437 – Anfang der saudischen Konterrevolution 438 – Das Prinzip Sulla 438 – Neuer Eintrag im Handbuch 439 – Lebenslauf von Reformen 439 – Wörtlich übersetzt heißt Revolution »Umwälzung«, »Wegwälzen« 439 – Aufstand, Revolution, Sezession 440 – Der Streit, ob Revolutionen Kreise bilden oder Spiralen. Oder sind sie Hyperbeln? Heben sie ab? 441 – Condorcet stürzt sich in die Wogen der Revolution 444 – La grande peur 445 – Übermut des Gedankens / Kalender der NEUEN ZEIT 446 – Eine äußerste Form der Ungleichheit: ein Zeitkorsett 446 – Anwendung des im Metermaß enthaltenen Metrums auf die Uhrzeit 449 – Hinweis auf die griechische Revolution von 1821 aus Anlaß des Flugverbots über Libyen im März 2011 450 – Gefahren der Philantropie 451 – Ein Grenzkonflikt 453 – Mitbringsel der Militärberater 453 – Nachrichten bedürfen eines Interesses auf der Seite ihrer Empfänger 455 – Ebensoviel Profiteure der Revolution wie Revolutionäre / Eine Revolution übersteht auch dies 456 – Was heißt Provinz in der Revolution? 461 – Umsturz des Umsturzes 462 – »Muth des Dichters« 463 – Begegnung im Turm / Ein Sansculotte war der Dichter nicht 463 – Wie ein Land durch verspätete Revolution unter die Räuber kam 464 – Ein getreuer Beobachter von Portugals Entwicklung 466 – Ein Sturz aus großer Fallhöhe 468 – Schillers Kontext 469

4 Die vergrabenen Hirne am Rhein 471
Die vergrabenen Hirne am Rhein 471 – Der Strom der Gene am Rhein 472 – Sprachvermittelter Neugeist 473 – Die mächtige Stimme der Erde, als sie noch mit dem Riesen Ymir identisch war 474 – Keimruhe in kalter Zeit 474 – Unwirtlicher Harz 475 – Irrfahrt von Tugenden und Lastern im Endkampf 475 – Tod eines Oberbürgermeisters von Leipzig 478 – Ein Sinnspruch der Pythagoreerin Theano 479 – Die Stummheit der Weber im Menschenstrom von 1945 479 – Schleefs emotionale Haltung 481 – Was er erzählt, hat die Zeit überrannt, wie er es erzählt, bleibt aktuell 481 – Der letzte Stenograph des Führers 482 – Ein Philologe als Opferlamm 482 – Lebensläufe, die durch das Jahr 1945 durchkreuzt werden 486 – Kommentar 488 – Porträt einer Individualistin 488 – Philologen im neuen China 489 – Wenig Unglück gibt es in der Welt, auf das sich Kortis Vorsicht nicht erstreckt 490 – »Ein ganz junger und begeisterungsfähiger Mensch«. Jetzt, 77 Jahre alt geworden, gelangt er an sein Ende 491 – Ein Versöhnungskind 494 – Gustav Fehn: »Bürger in Uniform« 497 – Schon winkt ein neues Leben 498 – Absturz aus einer »Unwirklichkeit« in eine andere 498 – Die Rückholung der Männer 499 – Ein Fall von Nationbuilding in der Familie 500 – »Anpassung und Widerstand«. Formulierung eines Textes aus dem Geiste der Entspannung 502 – Eine neugierige Zuhörerin Sarrazins, welche die Nachrichten des Ammianus Marcellinus über Anatolien im Original kennt 505 – Tote am falschen Ort 506 – Reise zu den Sternen 508 – Wiederkehr der Götter 510 – Die Sibylle »mit dem rasenden Mund« 513 – Die Menschen mit zwei Köpfen 514 – Wie zwei Hirnchirurgen in Gegenwart eines Deuters den Sitz der Götter auf der rechten Hirnseite ihrer Patienten entdeckten 515 – Die kurze Ära des Bewußtseins 517 – Die assyrische Springflut 518 – Die Entstehung des SELBST aus der Hinterlist 518 – Hoffnung, im Urwald auf eine frühe Stufe der Menschheit zu treffen 519 – Ende des Lebens 519

5 Kant und der ROTE MANN 520
Bei Betrachtung eines Kleinkinds im Jahre 1908 521 – »Ein Mensch ist des anderen Spiegel« 522 – Eine zähe Haut 522 – Die Anti-Scheuklappe für Artilleristen 523 – Antikonzentrationsgesetz in der Natur 524 – Raubwanderung 525 – Obergrenze der Raublust 526 – Goethe und die natürliche Zuchtwahl 526 – Zivilisation als Vogelscheuche 527 – Die Anfänge des Skeletts lagen offenbar im Mund 527 – Stufen des Lebens 528 – Erzählen in Zehn-Jahres-Abschnitten 528 – Erzählen in 100-Jahres-Abschnitten 529 – Wie überträgt sich ein Wissen in der Kunst? 530 – Aristoteles über die Genese der dramatischen Gattungen 531 – Ein aufgefundener Text

Arno Schmidts über die Poetik des Aristoteles 532 – Lord Elgin und die Marbles 535 – Zwei Experten erfinden einen neuen Tuschkasten des Eigentums 536 – Wir sammeln Rohstoffe für die Rüstung des Reiches 538 – Eigentum, das bleibt 539 – Urtümliche Assoziation der Materie 539 – Die unendliche Vielfalt der Punkte am Himmel 540 – Im Weltraum gelangt die Erde nie zweimal an denselben Punkt 541 – Urform des Eigentums 541 – Kant und der ROTE MANN 542

Nachweise und Hinweise 545
Danksagung 550

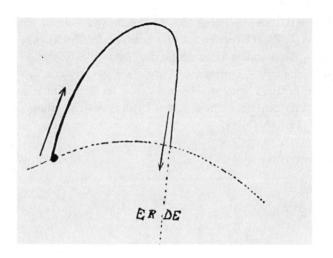

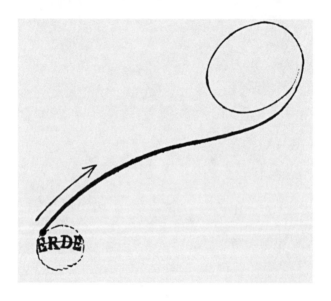

Inhalt der vier vorangegangenen Bände

Chronik der Gefühle, Band I: Basisgeschichten

1 Der Eigentümer und seine Zeit
2 Verfallserscheinungen der Macht
3 Basisgeschichten
4 Heidegger auf der Krim
5 Schlachtbeschreibung
6 Verwilderte Selbstbehauptung
7 Wie kann ich mich schützen? Was hält freiwillige Taten zusammen?

Chronik der Gefühle, Band II: Lebensläufe

8 Unheimlichkeit der Zeit
9 Massensterben in Venedig
10 Lebensläufe
11 Lernprozesse mit tödlichem Ausgang
12 Der lange Marsch des Urvertrauens

Die Lücke, die der Teufel läßt

1 Zwischen lebendig und tot / Was heißt lebendig?
2 Kann ein Gemeinwesen ICH sagen? / Tschernobyl
3 Gibt es eine Trennlinie zwischen den Zeitaltern? / Paris, Juni 1940
  Zusatz zu Kapitel 3: Bagdad 1940/41
4 Die Mondkräfte und der Endsieg / Die Lücke, die der Teufel läßt
5 Geschichten vom Weltall / Primäre Unruhe / Wohin fliehen?
6 U-Boot-Geschichten
7 Mit Haut und Haaren: Basisgeschichten
8 Was heißt Macht? / Wem kann man trauen?
9 Wach sind nur die Geister
    9/1 Geschichten aus den Anfängen der Revolution
    9/2 Mann ohne Kopf
    9/3 Die Schatzsucher / Geisterhaftigkeit der menschlichen Arbeit

9/4 Feuerwehrgeschichten
9/5 Heimkehrergeschichten
9/6 Land der Verheißung / Festung Europa
9/7 Die blaue Gefahr

Tür an Tür mit einem anderen Leben

1 Wir Glückskinder der Ersten Globalisierung
2 Kein Angriff im Nebel
3 Das moderne Raubtier
4 Die Wende von Dezember 1941
5 Der Flügelschlag der Geschichte
   5/1 Was heißt „wirklich" im nachhinein?
   5/2 Homo novus im Irak
   5/3 Polen 1944
   5/4 Ein Zeitfaden von tausend Jahren / Geschichten aus dem Orient
   5/5 Der Zeitbedarf von Revolutionen
6 Abschied von den Lokomotiven
7 Abschied vom Zirkus
8 Die siamesischen Hände / Zwischen Liebe und Barbarei
9 Inseln auf Leben und Tod

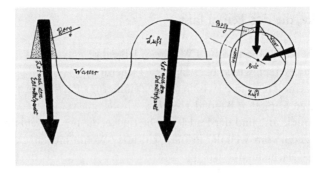